最新校勘精注今译本

四書五經

原　著　春秋　孔子等

学术顾问　汤一介　文怀沙

五

中國書店

隐公四年

经 四年春王二月，莒人伐杞，取牟、娄。戊申，卫州吁弒其君完。夏，公及宋公遇于清。宋公、陈侯、蔡人、卫人伐郑。秋，翚帅师会宋公、陈侯、蔡人、卫人伐郑。九月，卫人杀州吁于濮。冬十有二月，卫人立晋。

传 四年春，卫州吁弒桓公而立①。公与宋公为会，将寻宿之盟。未及期，卫人来告乱。夏，公及宋公遇于清②。

宋殇公之即位也，公子冯出奔郑，郑人欲纳之③。及卫州吁立，将修先君之怨于郑④，而求宠于诸侯以和其民，使告于宋曰："君若伐郑以除君害⑤，君为主，敝邑以赋与陈、蔡从⑥，则卫国之愿也。"宋人许之。于是，陈、蔡方睦于卫，故宋公、陈侯、蔡人、卫人伐郑，围其东门，五日而还。

公问于众仲曰⑦："卫州吁其成乎？"对曰："臣闻以德和民，不闻以乱。以乱，犹治丝而棼之也⑧。夫州吁，阻兵而安忍⑨。阻兵无众，安忍无亲，众叛亲离，难以济矣⑩。夫兵犹火也，弗戢⑪，将自焚也。夫州吁弒其君而虐用其民，于是乎不务令德，而欲以乱成，必不免矣。"

秋，诸侯复伐郑。宋公使来乞师⑫，公辞之。羽父请以师会之⑬，公弗许，固请而行。故书曰"翚帅师"，疾之也⑭。诸侯之师败郑徒兵，取其禾而还。

州吁未能和其民，厚问定君于石子⑮。石子曰："王觐为可⑯。"曰："何以得觐？"曰："陈桓公方有宠于王，陈、卫方睦，若朝陈使请，必可得也。"厚从州吁如陈⑰。石碏使告于陈曰："卫国褊小⑱，老夫耄矣⑲，无能为也。此二人者，实弒寡君，敢即图之⑳。"陈人执之而请莅于卫㉑。九月，卫人使右宰丑莅杀州吁于濮㉒，石碏使其宰獳羊肩莅杀石厚于陈㉓。

君子曰："石碏，纯臣也㉔，恶州吁而厚与焉㉕。'大义灭亲'，其是之谓乎！"

卫人逆公子晋于邢㉖，冬十二月，宣公即位，书曰"卫人立晋"，众也。

【注释】

①弒：古时称子杀父、臣杀君为"弒"。　②遇：相逢，不期而会。清：卫邑名，在今山东省东阿县南。　③纳：引进，接纳。　④修：治。修怨，即报仇。　⑤君害：指宋国公子冯，曾与宋殇公争夺君位。　⑥敝邑：对本国的谦称。赋：兵赋，即人力物力。蔡：国名，周武王弟蔡叔度之后，故城在今河南省上蔡县。从：从属。　⑦众仲：人名，鲁国大夫。　⑧棼

（fén）：纷乱。　⑨阻兵：倚仗武力。阻，依仗。安忍：安于残忍。　⑩济：成功。　⑪戢（jí）：收敛，止息。　⑫乞师：请求出兵援助。　⑬羽父：即公子翚，字羽父，鲁国大夫。⑭疾：憎恶。　⑮厚：即石厚，州吁的党羽，石碏之子。定君：使君安定。石子：即石碏。⑯觐（jìn）：古时诸侯朝见天子叫"觐"，"王觐"，是觐王的倒装。　⑰如：动词，往、到……去的意思。　⑱褊（biǎn）小：地方狭小。　⑲耄（mào）：年老。古时八十岁称"耄"。⑳敢：谦词，请的意思。即：就，就此机会。　㉑莅（lì）：临，到。　㉒右宰丑：右宰，卫国官名，丑，人名。濮：陈国地名，在今安徽亳县南。　㉓獳（mòu）羊肩：石碏的家臣。宰，家臣。　㉔纯臣：事君不贰称为"纯臣"。　㉕与：连同。　㉖公子晋：即卫宣公，名晋，卫桓公的弟弟。邢：国名，姬姓，故城在今河北省邢台市。

【译文】

四年春季，卫国的州吁杀了卫桓公，自立为国君。隐公打算会见宋殇公，以重温宿地结下的友好关系。但还未到预定日期，卫国人就来报告说发生了叛乱。夏季，隐公与宋殇公在清地不期而遇。

宋殇公即位时，公子冯逃到郑国，郑国人曾打算帮助他回国夺取君位。州吁自立为君后，便准备向郑国报复前代国君所结下的怨仇，并以此讨好诸侯，安定民心，便派人告诉宋殇公："国君倘若攻打郑国，以铲除公子冯这个祸害，我们就拥戴您为盟主，我国就可以发兵和陈、蔡两国跟随贵国。这是我们卫国的愿望。"宋殇公答应了。此时陈、蔡两国正与卫国交好，因此宋殇公、陈桓公、蔡国人、卫国人便联合起来攻打郑国，包围了郑都的东门，五天后才撤兵。

隐公问众仲："卫国的州吁将来能成就大事吗？"众仲回答说："我曾听说过以德安民，未曾听说过以乱治国。以乱治国，势必像梳理乱丝一样越梳越乱。州吁依仗武力而且非常残忍。依仗武力会失去民众，残忍暴虐则无亲近之人，众叛亲离，则难于成功。武力犹如大火，不加抑制，将会焚及自身。州吁杀了他的国君，并且虐待他的百姓，不致力于修德行善，反而要以乱取胜，必定难免灾祸。"

秋季，诸侯联军又攻打郑国。宋殇公派人来鲁国请求出兵助战，隐公推辞了。羽父请求出兵与联军会合，隐公不允许，但羽父一再请求，后来还是去了。因此《春秋》记载为"翚帅师"，这是表示对他不满。诸侯的军队打败了郑国的步兵，收割了那里的谷子后便回国了。

州吁终究没有能安定他的百姓，石厚问父亲石碏如何才能使君位安定。石碏说："如果能朝见天子，就能取得合法地位。"石厚又问："怎样才能朝见天子呢？”石碏说：“陈侯目前正受天子宠信，陈、卫两国正处交好，如果去朝见陈侯，让他代为请求，就一定能如愿以偿。”石厚便跟随州吁到了陈国。石碏又派人告诉陈国人说：“卫国地域狭小，老夫我年纪已大，不能有所作为了。这两个人确实杀了寡君，请贵国趁此机会设法对付他们。”陈国人便把州吁和石厚抓了起来，然后请卫国派人前去处置。九月，卫国人派右宰丑到陈国，在濮地杀了州吁，石碏派其家臣獳羊肩到陈国杀了石厚。

君子对此评论说：“石碏真是一个至纯的臣子。他憎恨州吁，并因此而连自己的儿子石厚也一并除掉。所谓‘大义灭亲’，大概就是这种情况吧。”

卫国人到邢国迎接公子晋，冬季十二月，卫宣公即位。《春秋》记载“卫人立晋”，说明宣公即位是出于众人的意愿。

隐公五年

经　五年春，公矢鱼于棠。夏四月，葬卫桓公。秋，卫师入郕。九月，考仲子之宫。初献六羽。邾人、郑人伐宋。螟。冬十有二月辛巳，公子彄卒。宋人伐郑，围长葛。

传　五年春，公将如棠观鱼者①。臧僖伯谏曰②：“凡物不足以讲大事③，其材不足以备器用，则君不举焉④。君将纳民于轨物者也⑤。故讲事以度轨量谓之轨，取材以章物采谓之物⑥，不轨不物谓之乱政。乱政亟行，所以败也。故春蒐夏苗，秋狝冬狩⑦，皆于农隙以讲事也⑧。三年而治兵，入而振旅⑨，归而饮至⑩，以数军实⑪。昭文章⑫，明贵贱，辨等列，顺少长，习威仪也。鸟兽之肉不登于俎⑬，皮革齿牙、骨角毛羽不登于器⑭，则公不射，古之制也。若夫山林川泽之实，器用之资，皂隶之事⑮，官司之守，非君所及也。”公曰：“吾将略地焉⑯。”遂往，陈鱼而观之⑰。僖伯称疾⑱，不从。书曰“公矢鱼于棠⑲”，非礼也，且言远地也。

曲沃庄伯以郑人、邢人伐翼⑳，王使尹氏、武氏助之㉑。翼侯奔随㉒。

夏，葬卫桓公。卫乱，是以缓。

四月，郑人侵卫牧㉓，以报东门之役，卫人以燕师伐郑㉔。郑祭足、原繁、泄驾以三军军其前㉕，使曼伯与子元潜军军其后㉖。燕人畏郑三军而不虞制人㉗。六月，郑二公子以制人败燕师于北制㉘。君子曰：“不备不虞，不可以师。”

春秋左传

中国书房

曲沃叛王。秋，王命虢公伐曲沃而立哀侯于翼㉙。

卫之乱也，郕人侵卫㉚，故卫师入郕。

九月，考仲子之宫㉛，将《万》焉㉜。公问羽数于众仲㉝。对曰："天子用八，诸侯用六，大夫四，士二。夫舞所以节八音而行八风㉞，故自八以下。"公从之。于是初献六羽、始用六佾也㉟。

宋人取邾田。邾人告于郑曰："请君释憾于宋㊱，敝邑为道㊲。"郑人以王师会之。伐宋，入其郛㊳，以报东门之役。宋人使来告命，公闻其入郛也，将救之，问于使者曰："师何及？"对曰："未及国。"公怒，乃止，辞使者曰："君命寡人同恤社稷之难㊴，今问诸使者，曰'师未及国'，非寡人之所敢知也。"

冬十二月辛巳㊵，臧僖伯卒。公曰："叔父有憾于寡人㊶，寡人弗敢忘"。葬之加一等。

宋人伐郑，围长葛，以报入郛之役也。

【注释】

①棠：鲁国边远地区的地名。鱼：同"渔"，即捕鱼。 ②臧僖伯：鲁臣，即公子彄（kōu），字子臧。 ③讲：讲习。大事：指祭祀与战争。 ④举：举动，行动。 ⑤轨：法度。物：事物。 ⑥章：显明，通"彰"。采：通"彩"。 ⑦蒐（sōu）、苗、狝（xiǎn）、狩：均为打猎，因四时不同而叫法不一。 ⑧讲事：讲习武事。古时常以狩猎之机习武。 ⑨振旅：整顿军队。 ⑩饮至：古礼，凡国君出外，临行时一定要告于宗庙，归来时也要告于宗庙。同时要宴请臣下，犒赏随从，称为"饮至"。 ⑪军实：战争中所有物资器械、兵员及俘获的战利品。 ⑫文章：文彩。这里指车服旌旗。 ⑬俎（zǔ）：祭器。 ⑭器：器物。 ⑮皂隶：奴隶中的等级。此泛指赋役。 ⑯略：视察边境。 ⑰陈：陈设。 ⑱称疾：推托有病。 ⑲矢：陈。 ⑳曲沃庄伯：晋国国君的宗室，封于曲沃。曲沃，地名，在今山东省闻喜县东。翼：晋国当时的都城，在今山西省翼城县东南。 ㉑王：指周桓王。尹氏、武氏：均为周世族大夫。 ㉒翼侯：指晋国国君晋鄂侯。随：晋国地名，在今山西省介休县东南。 ㉓牧：郊外。 ㉔燕：此指南燕，国名，姞姓，都城在今河南省延津县东北。 ㉕祭足、原繁、泄驾：三人均为郑国大夫。 ㉖曼伯：即郑昭公，名忽。子元：即郑厉公，名突。潜：埋伏。 ㉗虞：预料，防备。制：郑国城邑。 ㉘北制：地名，即虎牢关。 ㉙哀侯：晋鄂侯之子，名光。 ㉚郕：国名，在今河南省范县东南。 ㉛考：古时宗庙宫室或重要器物初建成而举行的祭礼，称为"考"，类似现在的落成典礼。宫：此指宗庙。 ㉜《万》：舞名，包括文舞与武舞。文舞左手执籥（yuè，古代一种管乐器），右手秉翟（dí，野鸡毛），因此也叫仓舞、羽舞；武舞手执干（盾牌）与戚（一种像斧的兵器）。 ㉝羽数：执羽的人数。众仲：人名，详见前注。 ㉞八音：即金、石、丝、竹、匏、土、革、木八种不同材料所制成的乐器之音。八风：

八方之风。　㉟六佾（yì）：六行列。佾，行列。古时乐舞，以八人为一列，称为一佾。此六佾，即四十八人。　㊱释憾：以打击报复而泄愤。　㊲道：同"导"，即向导。　㊳郛（fú）：外城，即"郭"。　㊴恤：忧虑。　㊵辛巳：二十九日。　㊶叔父：臧僖伯（公子彄）是鲁孝公的儿子，鲁惠公的弟弟，鲁隐公的亲叔父。

【译文】

五年春季，隐公打算到棠地观看捕鱼。臧僖伯劝谏说："凡是物品，如果不是用于讲习大事，其材料不是用于制造礼器和兵器，那么国君就不必亲自行动，国君的责任在于把百姓纳入法度和礼的规范。因此讲习大事以端正法度就称作'轨'，选用材料以制造重要器物称作'物'。做事不合'轨'与'物'，就称为乱政。乱政多次出现，必将导致衰败。因此春蒐、夏苗、秋狝、冬狩这四种打猎的仪式都是用来在农闲时间讲习武事的。每隔三年还要举行一次大的军事演习，在郊外演习完毕后，整治军队进入国都，祭告宗庙，饮酒庆贺，并清点俘获的战果。要表明各种器物的彩饰，分清高低贵贱，辨别上下等级，做到长幼有序，这是为了讲习威仪。如果鸟兽之肉不是用于祭祀，其皮革、牙齿、骨角、毛羽不是用于制造兵器，国君就不必去猎取，这是自古以来的制度。至于山林河泽中的物产，虽是制造器物的原料，但那都是皁贱之人所为。至于有关官吏的职责，更不是国君所应过问的。"隐公说："我是准备去巡视边境。"随后就前往棠地观看捕鱼去了。僖伯推说有病没有随从前往。《春秋》记载："公矢鱼于棠"，这是说隐公的行为不合于礼，而且是前往远离国都的棠地。

曲沃庄伯率领郑国、邢国人攻打翼地，周天子派尹氏、武氏帮助他。翼地的晋鄂侯逃到了随地。

夏季，安葬了卫桓公。由于卫国发生动乱，推迟了安葬时间。

四月，郑国人入侵卫国，攻到国都郊外，报了去年东门一战之仇，卫国人率南燕军队攻打郑国，郑国的祭足、原繁、泄驾率三军从正面进攻燕军，并派曼伯和子元设伏兵偷袭燕军背后，燕国人本来就惧怕郑国三军，更没有料到腹背受敌。六月，曼伯和子元率领制地人在北制打败了燕军。君子对此评论说："如不提防意外，就不可领兵作战。"

曲沃背叛了周天子。秋季，天子命令虢公攻打曲沃，并在翼地立哀侯为晋君。

卫国动乱时，郕人曾入侵卫国，因此，卫军攻入郕国。

九月，仲子庙落成，举行祭礼，准备演出《万》舞。隐公问众仲演出时有几人执羽而舞。众仲回答说："天子用八行人，诸侯用六行，大夫用四行，士用二行。这种舞是伴随着八种材料所制乐器奏出的声音，传播八方的风俗，因此，要在八行以下。"隐公听从了众仲的意见。于是第一次献演六羽乐舞，开始采用六行人演舞。

宋国人夺取了邾国的土地。邾国人告诉郑国说："请国君对宋国予以报复，我们愿做向导。"郑国人率天子的军队和邾军会合，讨伐宋国，一直攻到宋都外城，报了去年东门一战之仇。宋人以国君名义派人前来鲁国告急，隐公听说郑国军队已打到了宋都外城，便准备出兵救援，他问宋国使者："郑国的军队到了哪里？"使者回答："还未到国都。"隐公对使者不以实相告非常恼火，决定停止出兵，就对使者推辞说："贵君让我一起为宋国的危难担忧，如今问你，你却说敌兵还没有到国都。这我们就没有必要去了。"

冬季，十二月二十九日，臧僖伯去世。隐公说："叔父对我有过怨恨，我不敢忘记。"于是便提高一个等级安葬了他。

宋人攻打郑国，包围了长葛，以报郑人攻入宋都外城之仇。

隐公六年

经　六年春，郑人来渝平。夏五月辛酉，公会齐侯，盟于艾。秋七月。冬，宋人取长葛。

传　六年春，郑人来渝平①，更成也。
翼九宗五正顷父之子嘉父逆晋侯于随②，纳诸鄂③。晋人谓之鄂侯。
夏，盟于艾④，始平于齐已。
五月庚申⑤，郑伯侵陈，大获。
往岁，郑伯请成于陈⑥，陈侯不许⑦。五父谏曰⑧："亲仁善邻，国之宝也。君其许郑。"陈侯曰："宋、卫实难⑨，郑何能为？"遂不许。
君子曰："善不可失，恶不可长，其陈桓公之谓乎！长恶不悛，从自及也⑩。虽欲救之，其将能乎？《商书》曰⑪：'恶之易也⑫，如火之燎于原，不可乡迩⑬，其犹可扑灭？'周任有言曰⑭：'为国家者，见恶如农夫之务去草焉，芟夷蕴崇之⑮，绝其本根，勿使能殖，则善者信矣⑯。'"
秋，宋人取长葛。
冬，京师来告饥。公为之请籴于宋、卫、齐、郑⑰，礼也。

郑伯如周，始朝桓王也。王不礼焉。周桓公言于王曰[18]："我周之东迁，晋、郑焉依。善郑以劝来者，犹惧不蔇[19]，况不礼焉？郑不来矣！"

【注释】

①渝平：抛弃前嫌而和好，与"更成"同义。渝，改变。 ②翼：见前注。九宗五正：官名，顷父曾任此职。晋侯：即逃亡到随地的晋鄂侯。 ③鄂：晋国地名，在今山西省乡宁县南。 ④艾：地名，在齐、鲁两国交界处，即今山东省新泰县西北。 ⑤庚申：十一日。 ⑥请成：媾和。 ⑦陈侯：即陈桓公。陈，妫姓国，其地在今河南省淮阳县。 ⑧五父：陈国执政大臣，又称陈公子佗、陈佗、文公子佗、陈五父、五父佗。 ⑨难（nàn）：患。 ⑩从：随从。 ⑪《商书》：《尚书》中的一部分，引文见《盘庚》上。 ⑫易：蔓延。 ⑬乡：同"向"。迩（ěr）：近。 ⑭周任：古代著名史官。 ⑮芟（shān）夷：铲除，削平。蕴崇：堆积。 ⑯善者：双关词，既指嘉禾，又指善人、善事、善政。信：同"伸"。 ⑰籴（dí）：购买粮食。 ⑱周桓公：周公旦的后裔。周公原封于鲁，其嫡长子世袭君位，而次子则世守王畿内的采地，在王朝为官。 ⑲蔇（jì）：同"暨"，到、至。

【译文】

六年春季，郑国人前来要求捐弃前嫌，建立友好，这在当时称作是"更成"。

晋国翼地担任九宗五正官职的倾父的儿子嘉父前往随地迎接晋哀侯，把他安置在鄂地。晋国人称其为鄂侯。

夏季，隐公在艾地和齐僖公结盟，从此鲁国开始和齐国结好。

五月十一日，郑庄公入侵陈国，俘获很多。

往年，郑庄公曾请求与陈国和好，陈桓公不愿意。五父劝谏说："讲究仁义，与邻国和睦相处，这是治国最宝贵的。国君还是答应郑国吧！"陈桓公说："宋国和卫国才真正是祸患，郑国能把我们怎么样呢？"终究没答应。

君子对此评论说："友善不可丢失，怨仇不可助长，大概说的就是陈桓公吧！助长了怨仇而不悔改，灾祸将随之而来，即使想挽救，还能做到吗？《商书》说：'怨仇的滋生蔓延就如同大火在原野上燃烧，不能够接近，怎么还能扑灭呢？'周任有句话说：'治国理家的人对于怨仇，要像农夫对野草一样，尽力铲除，借以肥田，并掘其老根，使其不能生长，如此，友善就能够得以发展了'。"

秋季，宋国人夺取了长葛。

冬季，京城派人来说成周发生了饥荒。隐公为此向宋、卫、齐、郑等国请求购买谷物，这是合乎礼的。

郑庄公前往周室，开始朝见周桓王。桓王没有以礼相待。周桓公对桓王说："我们周室东迁，完全是依靠晋国和郑国的帮助。即使善待郑国，也还担心其他诸侯不来呢，更何况不对郑国以礼相待呢？郑国从此不会再来了。"

隐公七年

经　七年春王三月，叔姬归于纪。滕侯卒。夏，城中丘。齐侯使其弟年来聘。秋，公伐邾。冬，天王使凡伯来聘。戎伐凡伯于楚丘以归。

传　七年春，滕侯卒①。不书名，未同盟也。凡诸侯同盟，于是称名，故薨则赴以名，告终称嗣也②，以继好息民③，谓之礼经④。

夏，城中丘⑤，书，不时也⑥。

齐侯使夷仲年来聘⑦，结艾之盟也。

秋，宋及郑平。七月庚申⑧，盟于宿⑨。公伐邾，为宋讨也。

初，戎朝于周⑩，发币于公卿⑪，凡伯弗宾⑫。冬，王使凡伯来聘。还，戎伐之于楚丘以归⑬。

陈及郑平。十二月，陈五父如郑莅盟⑭。壬申⑮，及郑伯盟，歃如忘⑯。泄伯曰⑰："五父必不免，不赖盟矣⑱。"

郑良佐如陈莅盟⑲。辛巳⑳，及陈侯盟，亦知陈之将乱也。

郑公子忽在王所㉑，故陈侯请妻之㉒。郑伯许之，乃成昏㉓。

【注释】

①滕：诸侯小国，在今山东省滕县。　②告终：凡国君死要向同盟国报告，叫"告终"。称嗣：向同盟国宣布继承人，叫"称嗣"。　③继好：继续同盟的旧好。息民：安民。　④礼经：礼仪中的重要部分。　⑤中丘：鲁地名，故城在今山东省临沂县东北。　⑥不时：不是季节。　⑦夷仲年：齐国大夫。聘（pìn）：诸侯之间卿大夫互访，称作"聘"。　⑧庚申：十七日。　⑨宿：地名，在今山东省东平县东南。　⑩戎：国名，详见前注。　⑪币：财礼。　⑫凡伯：周王卿士。凡，国名，在今河南省辉县西南。伯，爵名。弗宾：不礼遇。　⑬楚丘：地名，在今山东省成武县西南。　⑭陈五父：见隐公六年注。　⑮壬申：二日。　⑯歃（shà）：古时举行盟会，杀牲饮血，以表示诚意。忘：意不专诚。　⑰泄伯：即郑国大夫泄驾。　⑱赖：依靠。不赖盟，即不以结盟为重。　⑲良佐：郑国大夫。　⑳辛巳：十一日。　㉑公子忽：见隐公三年注。所：处所。　㉒妻（qì）：用作动词，以女嫁人。　㉓昏：古时娶妻在黄

昏，称为昏礼。昏，同"婚"。

【译文】

七年春季，滕侯去世。《春秋》没有记载滕侯的名字，是因为滕国没有和鲁国结盟。凡是诸侯结盟，都要在盟约上写上名字，死后也要在讣告上写上名字，为的是向盟国通报国君去世和继位者是谁，以继续友好下去，安定百姓，这被认为是礼仪中的重要内容。

夏季，鲁国在中丘筑城，《春秋》记载此事，是由于此时筑城妨碍了农时。

齐僖公派其弟弟弟夷仲年来鲁国聘问，以进一步巩固两国在艾地结下的友谊。

秋季，宋国和郑国讲和。七月十七日，在宿地结盟。隐公攻打邾国，是为宋国而讨伐。

从前，戎人到周室朝见，并向公卿送上钱财，凡伯没有礼待戎人。冬季，天子派凡伯来访问。返回途中，戎人在楚丘拦截，将他抓住带回。

陈国和郑国讲和。十二月，陈国的五父到郑国参加盟会。二日，和郑庄公结盟，歃血时五父有点心不在焉。泄伯说："五父一定难免灾祸，因为他没有把结盟当做国家利益来重视。"

郑国的良佐到陈国参加盟会。十一日，和陈桓公结盟，这时他也看出了陈国将要发生动乱。

郑国的公子忽作为人质住在周室，陈桓公向郑国请求把女儿嫁给他。郑庄公同意了，就举行了订婚仪式。

隐公八年

经　八年春，宋公、卫侯遇于垂。三月，郑伯使宛来归祊。庚寅，我入祊。夏六月己亥，蔡侯考父卒。辛亥，宿男卒。秋七月庚午，宋公、齐侯、卫侯盟于瓦屋。八月，葬蔡宣公。九月辛卯，公及莒人盟于浮来。螟。冬十有二月，无骇卒。

传　八年春，齐侯将平宋、卫①，有会期。宋公以币请于卫，请先相见，卫侯许之，故遇于犬丘②。

郑伯请释泰山之祀而祀周公③，以泰山之祊易许田④。三月，郑伯使宛来归祊⑤，不祀泰山也。

夏，虢公忌父始作卿士于周。

四月甲辰⑥，郑公子忽如陈逆妇妫⑦。辛亥⑧，以妫氏归。甲寅⑨，入于郑。陈针子送女⑩。先配而后祖⑪。针子曰："是不为夫妇。诬其祖矣⑫，非礼也⑬，何以能育⑭？"

齐人卒平宋、卫于郑⑮。秋，会于温⑯，盟于瓦屋⑰，以释东门之役，礼也。

八月丙戌⑱，郑伯以齐人朝王，礼也。

公及莒人盟于浮来⑲，以成纪好也⑳。

冬，齐侯使来告成三国。公使众仲对曰："君释三国之图以鸠其民㉑，君之惠也。寡君闻命矣，敢不承受君之明德。"

无骇卒㉒。羽父请谥与族㉓。公问族于众仲。众仲对曰："天子建德，因生以赐姓，胙之土而命之氏㉔。诸侯以字为谥，因以为族，官有世功，则有官族，邑亦如之。"公命以字为展氏。

【注释】

①平：修好。使动用法。　②犬丘：卫国地名，即垂，在今山东曹县北。　③释：放弃。④祊：郑国祭祀泰山的邑名。易：交换。许：地名，原为周成王赏赐给周公的朝宿之邑。⑤宛：郑国大夫。　⑥甲辰：六日。　⑦逆妇：迎娶。古人娶妻，除天子外，均亲迎。妫：陈国姓，即以此名称新妇。　⑧辛亥：十三日。　⑨甲寅：十六日。　⑩陈针子：陈国大夫。⑪配：同床共寝。祖：告祭祖庙。　⑫诬：欺骗。　⑬非礼：不合礼仪。依礼，郑公子忽率妇返国。应先祭祖庙，报告迎娶归来，然后同居。但公子忽则先同居而后祭祖。　⑭育：生养教育。　⑮齐人：指齐僖公。　⑯温：地名，在今河南省温县。　⑰瓦屋：周地，在今河南省温县西北。　⑱丙戌：八月无丙戌日，恐有误。　⑲浮来：莒国地名，在今山东省莒县西。　⑳纪：见隐公二年传。　㉑鸠：安集，安定。　㉒无骇：鲁执政大臣，见前注。　㉓羽父：鲁执政大臣，即公子翚。族：即"氏"。古代姓氏有别，姓百世不改，氏是从姓分出来的。无骇的祖父是公子展，父亲是公孙夷伯，他的氏须请求鲁隐公赐予，而姓则同是"姬"。　㉔胙（zuò）：赐。即赏赐土地作为封国，并给予氏名。

【译文】

八年春季，齐僖公准备出面让宋国、卫国和郑国讲和，定下了结盟的日期。宋殇公通过馈送钱财向卫国请求，希望在结盟前两国先行会谈。卫宣公同意了，因此两人在犬丘会见。

郑庄公请求鲁国同意郑国放弃对泰山的祭祀而祭祀周公，并提出用泰山附近的枋地交换鲁国许地的田地。三月，郑庄公派宛前来送上枋地，从此不再祭祀泰山。

夏季，虢公忌父开始在周室做卿士。

四月六日，郑国的公子忽到陈国迎娶妫氏。十三日，带妫氏启程回国。十六日，到了郑国。陈铖子送新娘到郑国。公子忽和妫氏先同房，然后才祭告祖庙。陈铖子说：“这不能算是夫妻。欺骗他的祖先，是不合乎礼的，将来怎么能够教育好他们的子孙呢？”

齐国人终于让宋、卫两国和郑国讲和了。秋季，三国在温地会见，并在瓦屋结盟，以捐弃东门一战结下的怨仇，这是合于礼的。

八月某日，郑庄公率领齐国人朝见周天子，这也是合于礼的。

隐公和莒子在浮来结盟，以表示对纪国的友好。

冬季，齐僖公派人前来通报宋、卫两国和郑国讲和的消息。隐公派众仲答复：“国君使三国放弃互相报复的念头，以安定他们的百姓，这是国君的恩惠，寡君听说了，也十分感谢国君的大德。”

无骇去世。羽父请求赐给他谥号和氏族。隐公向众仲询问有关氏族的问题。众仲回答说：“天子封有德之人为诸侯，根据他们的生地而赐姓，又分封土地并且赐给他氏族。诸侯用字作为谥号，他的后代以此作为氏族，如果先辈担任某一官职而卓有功绩，其后人则以这一官职名称作为氏族。也有以先辈封邑的地名作为氏族的。”隐公命令用无骇的字为氏族，即展氏。

隐公九年

经　九年春，天王使南季来聘。三月癸酉，大雨，震电。庚辰，大雨雪。挟卒。夏，城郎。秋，七月。冬，公会齐侯于防。

传　九年春，王三月癸酉①，大雨霖以震②，书，始也。庚辰③，大雨雪，亦如之。书，时失也④。凡雨，自三日以往为霖。平地尺为大雪。

夏，城郎⑤，书，不时也。

宋公不王⑥。郑伯为王左卿士，以王命讨之，伐宋。宋以入郛之役怨公，不告命。公怒，绝宋使。

秋，郑人以王命来告伐宋。

冬，公会齐侯于防⑦，谋伐宋也。

北戎侵郑，郑伯御之。患戎师，曰："彼徒我车，惧其侵轶我也⑧。"公子突曰："使勇而无刚者尝寇⑨，而速去之⑩。君为三覆以待之⑪。戎轻而不整⑫，贪而无亲⑬，胜不相让，败不相救。先者见获必务进⑭，进而遇覆必速奔，后者不救，则无继矣⑮。乃可以逞。"从之。

戎人之前遇覆者奔。祝聃逐之⑯。衷戎师，前后击之，尽殪⑰。戎师大奔。十一月甲寅⑱，郑人大败戎师。

【注释】

①癸酉：十日。 ②雨（yù）：用作动词，下雨。震：雷。 ③庚辰：十七日。 ④时失：节候与时令不合。 ⑤郎：地名，为曲阜近郊邑名。 ⑥不王：诸侯朝见天子叫"王"。不王，即不朝见周天子。 ⑦防：鲁国地名，在今山东费县东北。 ⑧侵轶：突然从后面超越而侵犯。 ⑨尝：尝试。 ⑩去：离开，后退。 ⑪三覆：三处伏兵。 ⑫轻：轻率。 ⑬贪：贪婪。 ⑭务：致力。 ⑮继：后继，后援。 ⑯祝聃（dān）：郑国大夫。 ⑰殪（yì）：战死。 ⑱甲寅：十一月无甲寅日，恐有误。

【译文】

九年春季，周历三月十日，天上开始连续下雨，并伴有雷震，《春秋》只记载了开始这一天。十七日，开始连续下雪，《春秋》也只记了开始这一天。所以记载这两件事，是因为气候反常。凡是下雨，连续三天以上叫"霖"，下雪平地积有一尺深叫"大雪"。

夏季，鲁国在郎地筑城。《春秋》记载此事，是筑城妨碍了农时。

宋殇公不去朝见周天子。郑庄公作为天子的左卿，以天子的名义讨伐殇公，进攻宋国。宋国由于隐公五年受到郑国进攻而鲁国不去援救一事还对隐公耿耿于怀，没有派人前来报告。隐公非常恼怒，就断绝了和宋国的来往。

秋季，郑国人以天子的名义来通报攻打宋国的情况。

冬季，隐公和齐僖公在防地会见，商议讨伐宋国之事。

北戎人入侵郑国，郑庄公率军抵抗。他担心戎人军队强大难以取胜，说："他们是步兵，我们是车兵，怕他们从后面突然绕到前面攻击我们。"公子突说："可以派出一些勇猛但不够坚强的士兵，和敌人刚一接触就马上撤退。国君在撤退途中设下三批伏兵等待。戎军散漫而不严整，贪婪而不团结，胜利了会因争夺财物各不相让，失败了则只知顾全自己互不相救。走在前面的见到有财物可获，必然更快地前进，遭到伏击必然迅速逃奔，后面的人看到前面遇到埋伏溃不成军，必然不去援救，敌兵就没有后援了。这样，我们就可以取胜。"庄公采纳了他的建议。

果然，戎人的先头部队遇到伏击后四散奔逃。祝聃率军追击，把戎军拦腰截断，然后前后夹攻，将其全部歼灭。后面的戎军也争相逃命。十一月某日，郑国人大败戎军。

隐公十年

经　十年春，王二月，公会齐侯、郑伯于中丘。夏，翚帅师会齐人、郑人伐宋。六月壬戌，公败宋师于菅。辛未，取郜。辛巳，取防。秋，宋人、卫人入郑。宋人、蔡人、卫人伐戴。郑伯伐取之。冬十月壬午，齐人、郑人入郕。

传　十年春，王正月，公会齐侯、郑伯于中丘①。癸丑②，盟于邓③，为师期。

夏五月，羽父先会齐侯、郑伯伐宋。

六月戊申④，公会齐侯、郑伯于老桃⑤。壬戌⑥，公败宋于菅⑦。庚午⑧，郑师入郜⑨；辛未⑩，归于我。庚辰⑪，郑师入防⑫；辛巳⑬，归于我。

君子谓"郑庄公于是乎可谓正矣。以王命讨不庭⑭，不贪其土以劳王爵⑮，正之体也⑯。"

蔡人、卫人、郕人不会王命。

秋七月庚寅⑰，郑师入郊。犹在郊，宋人、卫人入郑。蔡人从之，伐戴⑱。八月壬戌⑲，郑伯围戴。癸亥⑳，克之，取三师焉㉑。

宋、卫既入郑，而以伐戴召蔡人，蔡人怒，故不和而败㉒。九月戊寅㉓，郑伯入宋。

冬，齐人、郑人入郕，讨违王命也㉔。

【注释】

①中丘：见隐公七年注。　②癸丑：当是二月二十五日。　③邓：鲁国地名。　④戊申：六月无戊申日。如是戊午，即三日。　⑤老桃：宋国地名。　⑥壬戌：七日。　⑦菅（guān）：宋国地名，当在今山东省单县北。　⑧庚午：十五日。　⑨郜（gào）：原为诸侯国名，在今山东省城武县东南。春秋前，被宋国灭掉。　⑩辛未：六月十六日。　⑪庚辰：二十五日。　⑫防：宋地。　⑬辛巳：二十六日。　⑭不庭：不朝觐天子。庭，朝廷，用作动词。　⑮劳：犒

劳，慰劳。　⑯体：本体，根本。　⑰庚寅：五日。　⑱戴（zài）：姬姓国，在今河南省兰考县一带。　⑲壬戌：八日。　⑳癸亥：九日。　㉑三师：此指宋、卫、蔡三国军队。　㉒不和：不合作。　㉓戊寅：九月无戊寅日。　㉔讨：讨伐。

【译文】

十年春季，周历正月，隐公在中丘会见齐僖公、郑庄公。二月二十五日，三方在邓地结盟，并商定了出兵伐宋的日期。

夏季五月，羽父先行会合齐僖公、郑庄公攻打宋国。

六月某日，隐公在老桃会见齐僖公、郑庄公。七日，隐公在菅地打败了宋国军队。十五日，郑国军队进入郜地。十六日，将郜地归属鲁国。二十五日，郑国军队进入防地。二十六日，又将防地归属鲁国。

君子认为"郑庄公在这个问题上做得非常公正。以天子的命令讨伐不来朝见的诸侯，自己并不贪求土地，而是用来犒赏王室封爵的国君，这可以说是掌握了治理国政的本体了。"

蔡国人、卫国人、郕国人没有遵照天子的命令会师讨伐宋国。

秋季，七月五日，郑国军队回到国都远郊。这时宋国、卫国联军侵入了郑国。蔡国人跟随于后进攻戴地。八月八日，郑庄公包围了戴地。九日，攻下戴地，并俘虏了三国军队。

由于宋、卫两国侵入郑国后，才让蔡国军队攻打戴地。因此蔡国人非常恼火，便没有与宋、卫的军队积极配合，所以导致三国军队的失败。

九月某日，郑庄公攻入宋国。

冬季，齐军、郑军攻入郕国，为的是讨伐郕国违背了天子的命令。

隐公十一年

经　十有一年春，滕侯、薛侯来朝。夏，公会郑伯于时来。秋七月壬午，公及齐侯、郑伯入许。冬十有一月壬辰，公薨。

传　十一年春，滕侯、薛侯来朝①，争长②。薛侯曰："我先封③。"滕侯曰："我，周之卜正也④。薛，庶姓也⑤，我不可以后之。"

公使羽父请于薛侯曰："君与滕君辱在寡人⑥。周谚有之曰：'山有木，工则度之⑦；宾有礼，主则择之。'周之宗盟⑧，异姓为后，寡人若朝于薛，不敢与诸任齿⑨。君若辱贶寡人⑩，则愿以滕君为请。"

薛侯许之，乃长滕侯。

夏，公会郑伯于郲⑪，谋伐许也⑫。

郑伯将伐许，五月甲辰⑬，授兵于大宫⑭。公孙阏与颍考叔争车⑮，颍考叔挟辀以走⑯，子都拔棘以逐之⑰，及大逵⑱，弗及，子都怒。

秋七月，公会齐侯、郑伯伐许。庚辰⑲，傅于许⑳。颍考叔取郑伯之旗蝥弧以先登㉑。子都自下射之，颠㉒。瑕叔盈又以蝥弧登㉓，周麾而呼曰㉔："君登矣！"郑师毕登。壬午㉕，遂入许。许庄公奔卫。

齐侯以许让公。公曰："君谓许不共㉖，故从君讨之。许既伏其罪矣，虽君有命，寡人弗敢与闻。"乃与郑人。

郑伯使许大夫百里奉许叔以居许东偏㉗，曰："天祸许国，鬼神实不逞于许君㉘，而假手于我寡人㉙。寡人唯是一二父兄不能共亿㉚，其敢以许自为功乎？寡人有弟，不能和谐，而使糊其口于四方㉛，其况能久有许乎？吾子其奉许叔以抚柔此民也㉜，吾将使获也佐吾子㉝。若寡人得没于地，天其以礼悔祸于许，无宁兹许公复奉其社稷㉞。唯我郑国之有请谒焉㉟，如旧昏媾㊱，其能降以相从也。无滋他族㊲，实偪处此㊳，以与我郑国争此土也。吾子孙其覆亡之不暇，而况能禋祀许乎㊴？寡人之使吾子处此，不唯许国之为。亦聊以固吾圉也㊵。"乃使公孙获处许西偏㊶，曰："凡而器用财贿㊷，无置于许。我死，乃亟去之㊸。吾先君新邑于此㊹，王室而既卑矣㊺，周之子孙日失其序㊻。夫许，大岳之胤也㊼，天而既厌周德矣㊽，吾其能与许争乎㊾？"

君子谓"郑庄公于是乎有礼。礼，经国家㊿，定社稷，序民人(51)，利后嗣者也(52)。许无刑而伐之(53)，服而舍之，度德而处之(54)，量力而行之，相时而动(55)，无累后人(56)，可谓知礼矣。"

郑伯使卒出豭(57)，行出犬鸡(58)，以诅射颍考叔者(59)。

君子谓"郑庄公失政刑矣。政以治民，刑以正邪(60)，既无德政，又无威刑，是以及邪(61)。邪而诅之，将何益矣！"

王取邬、刘、芳、邘之田于郑(62)，而与郑人苏忿生之田(63)：温、原、絺、樊、隰郕、攒茅、向、盟、州、陉、隤、怀(64)。

君子是以知桓王之失郑也。恕而行之(65)，德之则也，礼之经也。己弗能有而以与人，人之不至，不亦宜乎。

郑、息有违言(66)，息侯伐郑。郑伯与战于竟(67)，息师大败而还。君子是以知息之将亡也。不度德，不量力，不亲亲，不征辞(68)，不察有罪，犯五不韪而

一六九七

以伐人⑥⑨，其丧师也，不亦宜乎！

冬十月，郑伯以虢师伐宋。壬戌⑦⓪，大败宋师，以报其入郑也。

宋不告命，故不书。凡诸侯有命，告则书，不然则否。师出臧否⑦①，亦如之。虽及灭国，灭不告败，胜不告克，不书于策⑦②。

羽父请杀桓公，将以求大宰⑦③。公曰："为其少故也，吾将授之矣⑦④。使营菟裘⑦⑤，吾将老焉。"羽父惧，反谮公于桓公而请弑之⑦⑥。

公之为公子也，与郑人战于狐壤⑦⑦，止焉⑦⑧。郑人囚诸尹氏⑦⑨，赂尹氏而祷于其主钟巫⑧⓪，遂与尹氏归而立其主。十一月，公祭钟巫，齐于社圃⑧①，馆于寪氏⑧②。壬辰⑧③，羽父使贼弑公于𫇦氏，立桓公而讨寪氏，有死者。不书葬，不成丧也⑧④。

【注释】

①滕：见隐公七年注。薛：诸侯小国，任姓，在今山东省滕县南。 ②争长（zhǎng）：争执行礼的先后。 ③封：受封。薛侯祖先为夏朝官员，封于夏代。 ④卜正：官名，卜官之长。 ⑤庶姓：不与周王同姓，称"庶姓"。 ⑥辱：表敬副词。在：问候，存问。 ⑦度（duó）：整治，测量。 ⑧宗盟：会盟。《周礼·大宗伯》有"以宾礼亲邦伯，春见曰朝，夏见曰宗，秋见曰觐，冬见曰遇，时见曰会，殷见曰同"。 ⑨诸任：任姓诸国。齿：并列。 ⑩贶（kuàng）：赏赐，施加恩惠。 ⑪郲（lái）：即时来，郑国地名。 ⑫许：诸侯国，姜姓，故城在今河南省许昌市东。 ⑬甲辰：二十四日。 ⑭大宫：即太宫，郑国祖庙。 ⑮公孙阏（è）：郑国大夫，又称子都。颍考叔：见隐公元年注。 ⑯辀（zhōu）：车辕木。走：跑。 ⑰棘：同"戟"。 ⑱大逵（kuí）：大路。 ⑲庚辰：初一日。 ⑳傅：附着，靠近。 ㉑蝥（máo）弧：旗名。 ㉒颠：从城上坠下。 ㉓瑕叔盈：郑国大夫。 ㉔周：周遍。麾：挥动。 ㉕壬午：初三日。 ㉖共（gōng）：法度。 ㉗许叔：许庄公弟，名郑，谥桓公。 ㉘逞：满意，快意。 ㉙假：借。 ㉚一二父兄：指同姓群臣。亿：安。共亿即相安无事。 ㉛四方：四处。 ㉜抚柔：安抚。 ㉝获：公孙获，郑国大夫。 ㉞无宁：宁可。无，句首语气助词，无义。兹：使。 ㉟谒：请求，告诉。 ㊱昏媾：婚姻亲戚。 ㊲滋：同"兹"，使。 ㊳偪（bī）："逼"，迫近。 ㊴禋（yān）：斋戒。 ㊵聊：姑且。圉（yǔ）：边疆。 ㊶西偏：即偏西部。 ㊷而：同"尔"。 ㊸亟（jí）：赶快。通"急"。 ㊹新邑：指新郑一带。郑国原在陕西省华县东北，平王东迁之后，郑武公伐虢、桧，并其土地，立国于此。 ㊺卑：衰微。 ㊻序：绪业。即继承的功业。 ㊼大岳：即太岳，四岳，上古官名，掌管四岳的祭祀。胤（yìn）：后代。 ㊽厌：厌弃。 ㊾其：同"岂"。 ㊿经：经营，治理。 (51)序：使动用法。 (52)嗣（sì）：后代，继承人。 (53)刑：法度。 (54)度（duó）：揣度。 (55)相时：瞅准机会。 (56)累：牵累。 (57)卒：百人为卒。豭（jiā）：公猪。 (58)行（háng）：二十五人为行。 (59)诅：诅咒。古人祭神诅咒他人常用猪、犬、鸡三物。 (60)正邪：匡正邪恶。 (61)及邪：指大臣不睦，于战阵中发生射杀先登城者。 (62)邬、刘、蒍（wěi）、邘（yú）：均为邑名，

已属郑地。此四邑在今河南省郑州市以西、洛阳市以东一带。　㊣苏忿生：人名，周武王时任司寇，受封于温。　㊽温、原、绨（chī）、樊、隰（xí）郕、欑（zuán）茅、向、盟、州、陉（xíng）隤（tuí）、怀：以上均为邑名，原为苏忿生封地，在今洛阳市以东、黄河之北的河南省境内。　㊻恕：恕道，即己所不欲，勿施于人。　㊾息：姬姓诸侯国，在今河南省息县。违言：言语不和。　㊿竟：通"境"。　㊽征辞：明辨是非。征，审察明白；辞，言辞。　㊹韪（wěi）：是、对。"不韪"常连用，即过错。　⑰壬戌：十四日。　⑰臧（zāng）否（pǐ）：即善恶得失。臧，善；否，恶。　⑰策：简册。策，假借为册。　⑰求：谋求。大宰：即太宰，官名。　⑭授之：即交授君位。　⑮菟（tù）裘：鲁地名。　⑯谮（zèn）：说坏话诬陷他人。　⑰狐壤：郑国地名，在今河南省许昌市北。　⑱止：被俘获。　⑲诸：之于。之，代词；于，介词。尹氏：郑国大夫。　⑳钟巫：神名，尹氏家中的祭主。　㉑齐：同"斋"，斋戒。社圃：园名。　㉒馆：住宿。寪（wéi）氏：鲁国大夫。　㉓壬辰：十五日。　㉔不成丧：即不按照国君之礼举行丧葬。

【译文】

十一年春季，滕侯、薛侯前来朝见隐公，为行礼的先后次序争执起来。薛侯说："我们薛姓受封在前。"滕侯说："我是周王室的卜正。薛国是庶姓，我不能排在他后面。"

隐公派羽父向薛侯请求说："承蒙您与滕君前来问候我。周朝有句谚语：'山上有树木，工匠就加以修整；宾客有礼貌，主人就加以选择。'周朝的会盟，一般是异姓在后。我如果到薛国朝见，就不敢和你们任姓诸国争夺先后次序。如果您看得起我，就请您同意让滕君先行礼。"

薛侯同意了，于是就让滕侯首先行礼。

夏季，隐公和郑庄公在郲地会见，谋划攻打许国。

郑庄公准备攻打许国，五月十四日，在祖庙内举行颁发武器的仪式。子都和颍考叔为一辆兵车争夺起来，颍考叔挟起车辕就跑，子都拔出戟追了上去，追到大路上，没能赶上，子都很恼火。

秋季七月，隐公会合齐僖公、郑庄公讨伐许国。初一日，大军逼近许城。颍考叔举着郑庄公的"蝥弧"旗抢先登上城墙。子都从下边射他，结果颍考叔从城上坠落下来。瑕叔盈又举旗再登，并摇旗呐喊："国君登上城墙了！"于是郑国的军队全部攻了上去。三日，郑庄公进入许城。许庄公逃到了卫国。

齐僖公要把许国让给隐公。隐公说："国君认为许国违背了法度，所以我才随您去讨伐。既然许国已经服罪，那么，虽然您有命令，我也不敢接受。"就把许国让给了郑国人。

郑庄公让许国大夫百里事奉许叔主持国政，让他居住在许国东部，庄公对百里说："上天降给许国灾祸，鬼神也对许君不满，因而借助寡人的手来惩罚他。但寡人和自己的一两个父老兄弟，尚且不能相安无事，哪里还敢把讨伐许国作为自己的功劳呢？寡人只有一个弟弟，尚且不能与他和睦相处，而使其寄食于四方，哪里还顾得上长期占有许国呢？你事奉许叔安抚这里的百姓，寡人准备再让公孙获辅佐你。如果将来寡人得以善终，而上天又能依礼重新撤去降给许国的灾祸，那么寡人宁可使许公重新主持国政。到那时，如果郑国有所请求，希望许国能像对待老亲戚一样，仍然赐予照顾。不要让其他国家乘机抢占这里，和郑国争夺这块土地。不然，郑国的子孙就会忙于争战。到那时，我们挽救自己的危亡尚且来不及，哪里还能顾得上保全许国土地，为许国祭祀祖先呢？因此，寡人让你留在这里，不仅是为了许国，也是想借此来巩固我国的边境。"派公孙获住在许国的西部，并对他说："凡是你的器用财物，都不要放在许国，我死后你就赶快离开这里。先君武公建立郑国的时间还不长，而王室则已日渐衰落，周朝的子孙互相攻伐，秩序日趋混乱。许国是太岳的后代，上天既然已经厌弃了周朝，我们怎么还能和许国相争呢？"

君子认为"郑庄公在这件事上做得很合乎礼。礼是治理国家，安定社稷，使百姓尊卑有序、造福后代的手段。当许国没有法度时就讨伐它，服罪以后就又赦免它，正确估价自己的德行与人相处，根据自己的力量去处理问题，选择有利时机后采取行动，而又不累及后人，就可以说懂得礼了。"

由于颍考叔的被射引起了众怒，郑庄公让一百个人拿出一头公猪，二十五个人拿出一只狗或鸡，然后对神发誓，来诅咒射颍考叔的人。

君子认为"郑庄公已经失去了理政和用刑的能力。政治用来治理百姓，刑罚用来匡正邪恶，既缺乏有益于百姓的政治措施，又缺乏有威力的刑罚，因此才发生了这种邪恶之事。邪恶既已出现，再去诅咒它，又有什么用处呢？"

周天子在郑国获取了邬、刘、芳、邘四处的田地，而把原来属于苏忿生的温、原、绨、樊、隰郕、攒茅、向、盟、州、陉、隤、怀等处的田地给了郑国。

君子从这件事上知道周桓王将来有一天会失去郑国。以怨处理问题，是道德的准则，礼的常规。桓王厌苏忿生反叛，保持不住温、原等地，却把它送给别人，那么，别人不肯听命于你，不也是很自然的吗？

郑国和息国之间因言语不和而反目，息侯攻打郑国。郑庄公和息侯在边境作战，结果息国军队大败而回。君子因此知道息国将要灭亡了。不考虑自己的德行，不衡量自己的力量，不亲近自己的亲戚，在言语不和时不能辨别是非，不能明察曲直，犯了这五条过失，却又去讨伐别人，那么最终打了败仗，不也是应该的吗？

冬季十月，郑庄公带领虢国的军队攻打宋国。十四日，大败了宋军，从而报了隐公十年宋国进攻郑国一战之仇。

宋国没有向鲁国报告遭到郑国讨伐这件事，因此《春秋》没有记载。凡是各诸侯国发生了大事，来告诉就记载，否则就不予记载。出兵顺利不顺利，也是这样。即使某一国家被灭亡，只要被灭亡的国家不报告战败，胜利的国家不报告战胜，也都不加记载。

羽父向隐公请求杀掉桓公，企图以此求得太宰的职位。隐公说："过去因为他年幼，我才代为摄政，如今他已长大，我打算把国君的位置交给他。我已经让人在菟裘建造了房屋，准备在那里养老。"羽父害怕了，反过来又在桓公那里诋毁隐公，请求桓公杀掉他。

当隐公还是公子的时候，曾与郑国人在狐壤作战，被郑国人俘虏。郑国人把他囚禁在尹氏那里，隐公贿赂尹氏，并在尹氏的祭主钟巫的神位前祷告，然后和尹氏一起回国，并在鲁国立了钟巫的神位。十一月，隐公准备祭祀钟巫，先在社圃斋戒，住在寪氏那里。十五日，羽父派刺客在寪氏家里杀了隐公，然后立桓公为君，又攻打寪氏，寪氏家族有人因此而丧命。《春秋》没有记载安葬隐公一事，是因为桓公没有依照国君的规格为隐公举行丧礼。

桓 公

桓公元年

经 元年春，王正月，公即位。三月，公会郑伯于垂，郑伯以璧假许田。夏四月丁未，公及郑伯盟于越。秋，大水，冬十月。

传 元年春，公即位，修好于郑，郑人请复祀周公，卒易祊田①。公许之。三月，郑伯以璧假许田②，为周公祊故也。

夏四月丁未③，公及郑伯盟于越④，结祊成也。盟曰："渝盟无享国⑤。"

秋，大水。凡平原出水为大水。

冬。郑伯拜盟⑥。

宋华父督见孔父之妻于路⑦，目逆而送之。曰："美而艳⑧。"

【注释】

①卒：结束。祊：见隐公八年注。　②假：借。　③丁未：二日。　④越：鲁国地名，在今山东省曹县附近。　⑤渝：改变。享：享有。　⑥拜：拜谢。　⑦华父督：宋戴公之孙，名督，字华父。孔父：即孔父嘉，孔子六世祖。　⑧美而艳：面目姣好为"美"，光彩动人为"艳"。

【译文】

元年春季，桓公即位，然后和郑国重建了友好关系，郑国人提出重新祭祀周公，以最终完成以祊田交换许田的事宜。桓公答应了。三月，郑庄公又以增加玉璧为条件要求换取许田，目的是为了促使鲁国同意郑国祭祀周公和以祊田交换许田。

夏季，四月二日，桓公和郑庄公在越地结盟，这是为了完成祊田许田的交换而结好。双方发誓说："如果谁违背了盟约，谁就将失去国家。"

秋季，鲁国发了大水。凡水淹没了平原，就叫大水。

冬季，郑庄公前来鲁国拜谢结盟一事。

宋国的华父督在路上见到了孔父的妻子，看着她迎面走来，又目送她的背影远去。他赞叹说："真是美丽无比，光彩动人。"

桓公二年

经　二年春，王正月戊申。宋督弑其君与夷及其大夫孔父。滕子来朝。三月，公会齐侯、陈侯、郑伯于稷，以成宋乱。夏四月，取郜大鼎于宋。戊申，纳于大庙。秋七月，杞侯来朝。蔡侯、郑伯会于邓。九月，入杞。公及戎盟于唐。冬，公至自唐。

传　二年春，宋督攻孔氏。杀孔父而取其妻，公怒①，督惧，遂弑殇公。君子以督为有无君之心而后动于恶，故先书弑其君。

会于稷以成宋乱②，为赂故，立华氏也。

宋殇公立，十年十一战，民不堪命③。孔父嘉为司马，督为大宰，故因民之不堪命。先宣言曰④："司马则然⑤。"已杀孔父而弑殇公，召庄公于郑而立之⑥，以亲郑。以郜大鼎赂公⑦，齐、陈、郑皆有赂，故遂相宋公⑧。

夏四月，取郜大鼎于宋。戊申⑨，纳于大庙。非礼也。臧哀伯谏曰⑩："君人者将昭德塞违⑪，以临照百官⑫，犹惧或失之。故昭令德以示子孙。是以清庙茅屋⑬，大路越席⑭，大羹不致⑮，粢食不凿⑯，昭其俭也。衮、冕、黻、珽、带、裳、幅、舄、衡、紞、纮、綖⑰，昭其度也。藻、率、鞞、鞛、鞶、厉、游、缨⑱，昭其数也⑲。火、龙、黼、黻⑳，昭其文也㉑。五色比象㉒，昭其物也㉓。锡、鸾、和、铃㉔，昭其声也。三辰旂旗㉕，昭其明也。夫德，俭而有度，登降有数㉖。文、物以纪之㉗，声、明以发之㉘，以临照百官。百官于是乎戒惧而不敢易纪律㉙。今灭德立违㉚，而寘其赂器于大庙㉛，以明示百官。百官象之㉜，其又何诛焉！国家之败，由官邪也。官之失德，宠赂章也。郜鼎在庙，章孰甚焉？武王克商，迁九鼎于雒邑㉝，义士犹或非之㉞，而况将昭违乱之赂器于大庙，其若之何？"公不听。

周内史闻之曰㉟："臧孙达其有后于鲁乎！君违不忘谏之以德。"

秋七月，杞侯来朝，不敬。杞侯归，乃谋伐之。

蔡侯、郑伯会于邓，始惧楚也㊱。

九月，入杞，讨不敬也。

公及戎盟于唐，修旧好也。

冬，公至自唐。告于庙也。

凡公行，告于宗庙。反行㊲，饮至，舍爵，策勋焉㊳，礼也。

特相会㊴，往来称地㊵，让事也㊶。自参以上㊷，则往称地，来称会，成事也㊸。

初，晋穆侯之夫人姜氏以条之役生大子㊹，命之曰仇㊺，其弟以千亩之战生㊻，命之曰成师㊼。

师服曰㊽："异哉，君之名子也㊾！夫名以制义，义以出礼㊿，礼以体政51，政以正民52。是以政成而民听，易则生乱53。嘉耦曰妃54，怨耦曰仇55，古之命也。今君命大子曰仇，弟曰成师，始兆乱矣56，兄其替乎57？"

惠之二十四年，晋始乱，故封桓叔于曲沃58，靖侯之孙栾宾傅之59。

师服曰："吾闻国家之立也，本大而末小，是以能固。故天子建国60，诸侯立家61，卿置侧室62，大夫有贰宗63，士有隶子弟64，庶人工商各有分亲65，皆有等衰66。是以民服事其上而下无觊觎67。今晋，甸侯也68，而建国。本既弱矣，其能久乎。"

惠之三十年，晋潘父弑昭侯而纳桓叔69，不克。晋人立孝侯70。惠之四十五年，曲沃庄伯伐翼71，弑孝侯。翼人立其弟鄂侯72。鄂侯生哀侯。哀侯侵陉庭之田73。陉庭南鄙启曲沃伐翼74。

【注释】

①公：指宋殇公。　②稷：宋国地名，在今河南省商丘县境内。成：成就，造成。　③不堪：不能忍受。　④宣言：扬言，散布言论。　⑤然：如此，这样。　⑥庄公：即公子冯，宋穆公之子。因殇公立而出奔于郑国。　⑦郜（gào）：国名，姬姓，故城在今山东城武县东南，为宋所灭，其鼎归于宋。　⑧相：辅佐。　⑨戊申：初九日。　⑩臧哀伯：鲁国大夫，名达，臧僖伯之子。　⑪君人者：统治百姓的人，即人君。塞违：堵塞邪恶。违，指违德背礼的行为。　⑫临照：监察。　⑬清庙茅屋：清庙，即太庙，又叫明堂，太室。茅屋，指屋顶用茅草覆盖。　⑭大路越席：大路，车子的一种，路即"辂"。越席，用蒲草结成的席子作为车垫。⑮大羹：肉汁。不致：不加调料。古时祭祀用大羹。　⑯粢（zī）食：主食。粢，古代祭祀用的谷物。不凿：不春。　⑰衮（gǔn）：古代天子及三公穿的礼服。冕：古代礼帽，大夫以上服用。黻（fú）：亦作韨或芾，古代用来蔽膝的祭服。珽（tǐng）：玉笏。古代天子以至士，朝见皆执笏，天子用玉笏，诸侯用象牙笏，大夫与士用竹笏。笏的用处是有事写在上面，以备遗忘。带：大带，用来束腰。裳：下裙。幅：古人用布缠足，上至膝，即今之绑腿。舄（xì）：鞋子，古人称鞋为履，鞋底用单层者称为屦。双层者称为舄。单层用皮，双层中间加木。古代天子、诸侯，逢吉事都穿舄，士以下穿屦。衡：横笄（jī），即固定帽子的簪子。紞（dǎn）：古代冠冕上用来系瑱（zhèn，塞耳王）的带子。纮（hóng）：系于领下的帽带。綖（yán）：冠

冕上覆盖的装饰物。　⑱藻：即缫藉，荐玉的东西。率（shuài）：帅的假借字，亦作帨（shuì），即佩巾。鞞（bǐng）：刀鞘。鞛（běng）：刀把上的装饰。鞶（pán）：革带。厉：带上的装饰品。游（liú）：旌旗上的飘带。缨：马鞅。　⑲数：数量。以上八物各依地位高低不同而数量不同。　⑳火、龙、黼（fǔ）、黻：四者均为古代礼服上的花纹。火，半环形；龙，龙形；黼，黑白两色的一对斧头形刺绣；黻，用黑青两色所绣成的两个弓形相背的花纹。　㉑文：文采，花纹。　㉒五色：指青、黄、赤、白、黑，古时以这五色为正色。比象：即以五色绘成山、龙、花、虫等形象。　㉓物：色。　㉔锡（yáng）：马额上的一种饰物，用铜制成，行走时有响声。鸾：同"銮"，车铃。和：车上的小铃。铃：指挂在旌旗上的小铃。　㉕三辰：指日、月、星。旂旗：旗帜的总称。旂（qí），一种有铃的旗帜。　㉖登降：即升降，意为增减。　㉗纪：记录，记载。通"记"。　㉘发：表现。　㉙易：违反。　㉚灭：消除。　㉛寘：同"置"。　㉜象：法式，榜样。意动用法。　㉝九鼎：象征国家政权的传国之宝。相传禹收九牧之金，铸九鼎，象九州。后成汤迁九鼎于商邑，周武王迁之于洛邑。雒邑：即王城，在今河南洛阳市。　㉞义士：指伯夷、叔齐。　㉟内史：周王室官名。　㊱楚：国名，初建都丹阳（在今湖北省秭归县），周武王时迁于郢（今湖北省江陵县）。　㊲反行：返回。反通"返"。　㊳饮至：见隐公五年注。舍爵：设置酒杯，即饮酒。舍，放置；爵，古"雀"字，古代酒杯，形状似雀。策勋：将功勋书写在简册上。策，用作动词。　㊴特：独特，单独。　㊵称地：记明地点。　㊶让事：会见必有主人，单独二人会见都不肯当主人，互相谦让，就叫做"让事"。　㊷参：同"叁"。　㊸成事：三国相会，必有盟主，称"成事"。　㊹晋穆侯：晋国第九君，名费生，晋国原定都于唐（今山西省太原市），后迁都于绛，即翼（今山西省翼城）。条：晋国地名。大子：太子。　㊺命：名。　㊻千亩：晋地，在今山西省安泽县北。㊼成师：后受封于曲沃，号桓叔。　㊽师服：晋国大夫。　㊾名子：为子取名。名作动词用。　㊿出礼：产生礼仪。　51体政：体现政治。　52正民：匡正百姓。　53易：违反。　54嘉耦：美好的姻缘。耦通"偶"。　55怨耦：不和睦的夫妻。也指敌对的双方。　56兆乱：预兆着祸乱。　57替：衰落。　58曲沃：见隐公五年注。　59靖侯：晋国第六君，桓叔的高祖。栾宾：又名栾叔，字宾父，靖侯的庶孙，桓叔的叔祖。傅：辅佐。　60建国：天子分封诸侯。61立家：诸侯分采邑与卿大夫。　62侧室：晋官名。　63贰宗：官名，由大夫宗室的弟弟担任。　64隶：隶役。士一般由本人子弟担任隶役。　65分亲：亲疏有别的宗族或家庭成员。66等衰（cuī）：等差，等级。　67觊觎（jìyú）：非分的希望。　68甸：甸服。古代国都城外百里之内称为"郊"，郊外称"甸"。甸服即王畿内千里之地中者，地位低而且贡赋又重。　69潘父：晋国大臣。　70孝侯：昭侯的儿子，名平。　71曲沃庄伯：桓叔之子，名鳝（shàn）。72鄂侯：孝侯之弟，名郤。　73陉（xíng）庭：翼南边境小城。　74南鄙：即陉庭南部边境。

【译文】

二年春季，宋国的华父督攻打孔氏，杀了孔父，占有了他的妻子，宋殇公很恼怒，华父督非常害怕，又把殇公杀了。

君子认为华父督首先是心中没有了国君，然后才有了杀死托孤大臣孔父的恶行。因此《春秋》先记载华父督"弑其君"，然后才写杀了孔父。

桓公和齐僖公、陈桓公、郑庄公在稷地会见，为的是成全宋国的叛乱，因为各国都接受了华父督的贿赂，所以就帮助他建立了华氏政权。

宋殇公即位以后，宋国在十年中发生了十一次战争，百姓已经不堪忍受了。当时孔父做司马，华父督做太宰。华父督看到百姓不堪忍受战乱，就首先扬言："这是司马孔父的责任。"不久就杀了孔父和殇公，并把宋庄公从郑国请回，立为国君，企图以此和郑国亲近起来。华父督把郜国的大鼎赠送给了桓公，另外对齐国、陈国和郑国也都送了财物。也正因此，他能够得以辅佐宋庄公。

夏季四月，桓公从宋国取来了郜国的大鼎。九日，安放在太庙，这是不合礼的。为此，臧哀伯劝阻说："作为一个国君，应该宣扬美德，防止违德背礼行为的发生，并以此为准则，监视百官，即使如此，还担心百官会有所违背呢。所以要宣扬美德，并以此为子孙后代做出表率。因此，祖宗的庙宇要用茅草覆盖屋顶，天子祭祀时乘坐的大辂车要铺块草席垫子，祭祀用的肉汁不加任何调料，主食不用精米，这是为了表明节俭的美德。礼服、礼帽、蔽膝、玉笏、衣带、裙子、绑腿、鞋子、横簪、填绳、帽带、头巾，是为了表明尊卑上下各有制度。玉器垫子、佩巾、刀鞘、刀饰、革带、带饰、飘带、马鞅，是为了表明尊卑等级各有定数。礼服上绘饰的火焰、飞龙、黼黻图案，是为了表示尊贵的花纹。青、黄、赤、白、黑五种颜色绘出各种形象，是为了表明器物的颜色。车马上的锡、鸾、和、铃，是为了表明声音。旗帜上画有日月星辰，是为了表示明亮。因此，所谓美德，就是节俭而有法度，增减而有定数。以花纹和色彩作为标志，以声音和明亮作为象征，并把这些显扬给百官，百官才能有所警惕和畏惧，从而不敢违反戒律。可是，如今您却放弃德行，炫耀背礼的行为，并公然把宋国贿赂的器物安放在太庙中，显现在百官面前，假如百官竞相效仿，又怎么去惩罚他们呢？一个国家的衰败，是由为官者邪僻的行为开始的，为官者丧失美德，是通过骄纵和贿赂而表现出来的。把郜鼎放在太庙里，还有比这更明显的贿赂行为吗？周武王战胜商朝后，把九鼎搬到王城洛阳，尚且有伯夷、叔齐这样的义士非难他，更何况把标志着违礼和叛乱的贿赂器物放在太庙里，这怎么能行？"桓公不听规劝。

周朝的内史听说了这件事，感叹道："看来臧孙达的后代在鲁国能长享禄位。因为在国君违反了礼的时候，他没有忘记从德行的角度去劝阻。"

秋季七月，杞武公前来朝见，态度不够恭敬。因此他回国后，鲁国就谋划讨伐他。

蔡桓侯和郑庄公在邓地会见，因为两国已开始对楚国有所惧怕。

九月，鲁国攻入杞国，以讨伐杞武公的不敬。

桓公和戎人在唐地结盟，是为了重建过去的友好关系。

冬季，桓公从唐地回来，祭告了宗庙。

凡是国君外出，临行前都要祭告宗庙。回来后，也要祭告宗庙，宴请臣下，举杯饮酒，记载功勋，这是合乎礼的。

如果某一国君单独和另一国君会见，无论是前往，还是对方前来，都要记载会见的地点，因为这是属于两君互相谦让，谁也不肯为主的会见。会见的国君在三个以上，如果前去别国，就记载会见的地点，如果别国国君前来，就只记载会见，不记会见地点，因为这属于已有盟主的会见。

当初，晋穆侯的夫人姜氏在晋国讨伐条戎的时候生了太子，起名为仇。仇的弟弟是在千亩之战时生的，起名叫成师。

师服对此评论说："真是奇怪！国君竟这样给儿子起名字！起名应以义为准则，义产生礼，礼是政治是根本，政治使百姓品行端正，因此政治上成功了百姓才能服从。违反了这一规律就会发生动乱。美好姻缘称为妃，不和睦的夫妻叫做仇，这是古代的名称。如今国君给太子起名为仇，给太子的弟弟起名为成师，这就开始预示要发生动乱了。作为哥哥，即使将来继承了君位，恐怕也要很快衰败下去吧！"

果然鲁惠公二十四年，晋国开始发生动乱。晋昭侯即位后，把桓叔即成师封在曲沃，并让靖侯的孙子栾叔辅佐他。

师服对此又评论道："我曾听说国家的生存就像树木一样，要下面大上面小，这样才能得以稳固。因此天子分封诸侯，诸侯建立采邑分封给卿，卿再设置侧室一官，大夫又有二宗官职，士则以其子弟为隶役，农业劳动者、手工业劳动者以及商人，各以亲疏远近分出不同的等级。因此百姓才甘愿服从上面，下面也没有非分之想。现在晋国本是周王室甸服内的诸侯，却仍然建立了国家，这个国家的根基既已衰弱，难道还能够长久吗？"

鲁惠公三十年，晋国的潘父杀了晋昭侯，准备迎立桓叔，但没有成功。晋国人立了孝侯为国君。鲁惠公四十五年，桓叔的儿子庄伯攻打翼城，杀了孝侯。翼城人又立了孝侯的弟弟鄂侯为国君。鄂侯生了哀侯。哀侯侵占了陉庭的土地。陉庭南部边境的人则在下一年引导曲沃武公攻打了翼城。

桓公三年

经　三年春正月，公会齐侯于嬴。夏，齐侯、卫侯胥命于蒲。六月，公会杞侯于郕。秋七月壬辰朔，日有食之，既。公子翚如齐逆女。九月，齐侯送姜氏于讙。公会齐侯于讙。夫人姜氏至自齐。冬，齐侯使其弟年来聘。有年。

传　三年春，曲沃武公伐翼①，次于陉庭②。韩万御戎③，梁弘为右④，逐翼侯于汾隰⑤，骖絓而止⑥。夜获之。及栾共叔⑦。

会于嬴⑧，成昏于齐也。

夏，齐侯、卫侯胥命于蒲⑨，不盟也。

公会杞侯于郕，杞求成也。

秋，公子翚如齐逆女⑩。修先君之好，故曰公子。

齐侯送姜氏于讙，非礼也。凡公女嫁于敌国⑪，姊妹则上卿送之⑫，以礼于先君；公子则下卿送之⑬；于大国，虽公子亦上卿送之；于天子，则诸卿皆行，公不自送；于小国，则上大夫送之。

冬，齐仲年来聘，致夫人也⑭。

芮伯万之母芮姜恶芮伯之多宠人也⑮，故逐之，出居于魏⑯。

【注释】

①曲沃武公：庄伯之子，即后来的晋武公。先后杀掉晋哀侯、小子侯、晋侯缗，统治晋国。　②次：驻扎。　③韩万：庄伯之弟。御戎：驾驶战车。　④梁弘：武公的大臣。右：古代战车，每车甲士三人，驾车的居中，称为御或御戎，执戈矛的居右，称右，尊者居左。　⑤翼侯：指晋哀侯。汾隰：汾河岸边低洼地。　⑥骖（cān）：古代战车，一车四马，中间两马为"服"，两边两马为"骖"。絓（guà）：阻碍。　⑦栾共叔：栾宾之子，名成，为哀侯大夫。⑧嬴：齐国地名，故城在今山东省莱芜县西北。　⑨胥命：会谈而不盟誓。蒲：卫国地名，在今河南省长垣县东。　⑩公子翚：见隐公四年注。　⑪公女：公室女子。敌国：匹敌的国家。　⑫姊妹：即国君的姊妹。　⑬公子：男女皆可称为公子，此则国君的女儿，也叫女公子。⑭致：致送。　⑮芮（ruì）伯万：芮国国君，名万。芮：国名，故城在今陕西省大荔县东南。　⑯魏：国名，为晋献公所灭，故城在今山西省芮城县境。

【译文】

三年春季，曲沃武公攻打翼城，军队驻扎在陉庭。韩万为武公驾车，梁弘

中华藏书

四书五经·最新校勘精注今译本

中国书店

为车右，在汾水附近的低洼地带追赶晋哀侯，由于行进中驾车的马被道旁的树木挂住而不得不停下来。夜里，俘获了晋哀侯和栾共叔。

桓公和齐僖公在嬴地会见，这是为了和齐女订婚。

夏季，齐僖公和卫宣公在蒲地会谈，并没有结盟。

桓公和杞武公在郕地会见，因为杞国要求讲和。

秋季，鲁国的公子翚到齐国迎娶齐女，从而重修了前代国君建立的友好关系。因此《春秋》称翚为"公子"。

齐僖公护送姜氏到了鲁国的讙地，这是不合礼的。凡诸侯国的公室女子出嫁到同等国家，国君的姐妹，由上卿护送，以表示对前代国君的敬重；国君的女儿，由下卿护送；如果出嫁到大国，即使是国君的女儿，也要由上卿护送；如果嫁给天子，就由诸大臣护送前往，国君并不亲自护送；如果出嫁到小国，就由上大夫护送。

冬季，齐仲年前来鲁国聘问，是为了探望姜氏。

芮国国君芮伯万的母亲芮姜厌恶芮伯的宠臣太多，便把他赶走了，让他住在魏城。

桓公四年

经　四年春正月，公狩于郎。夏，天王使宰渠伯纠来聘。

传　四年春正月，公狩于郎，书，时①，礼也。
夏，周宰渠伯纠来聘②。父在，故名。
秋，秦侵芮③，败焉，小之也④。
冬，王师、秦师围魏，执芮伯以归⑤。

【注释】

①时：合时，即不误农时。　②宰：官名。渠伯纠：渠，地名，邑为氏。伯，排行。纠，名。　③秦：国名，嬴姓。故城在今甘肃省天水市附近的秦城，后迁都于陕西省咸阳市东。④小之：轻视芮国。小，意动用法。　⑤芮伯：即芮伯万。

【译文】

四年春季，正月，桓公在郎地狩猎，《春秋》记载了此事，是因为此时正是农闲，狩猎是合于礼的。

夏季，周王室的宰官渠伯纠前来聘问。因为他的父亲还健在，所以《春秋》记载了他的名字。

秋季，秦国攻打芮国，结果战败，这是因为秦国小看了芮国，轻敌导致失败。

冬季，周王室的军队、秦国的军队联合包围了芮国的魏地，抓了芮伯回去。

桓公五年

经　五年春正月，甲戌，己丑，陈侯鲍卒。夏，齐侯、郑伯如纪。天王使仍叔之子来聘，葬陈桓公。城祝丘。秋，蔡人、卫人、陈人从王伐郑，大雩。螽。冬，州公如曹。

传　五年春正月，甲戌①，己丑②，陈侯鲍卒③，再赴也④。于是陈乱。文公子佗杀大子免而代之⑤。公疾病而乱作，国人分散，故再赴。

夏，齐侯、郑伯朝于纪，欲以袭之。纪人知之。

王夺郑伯政，郑伯不朝。秋，王以诸侯伐郑，郑伯御之。

王为中军，虢公林父将右军⑥，蔡人、卫人属焉⑦，周公黑肩将左军⑧，陈人属焉。

郑子元请为左拒以当蔡人、卫人⑨，为右拒以当陈人，曰：“陈乱，民莫有斗心，若先犯之⑩，必奔。王卒顾之⑪，必乱。蔡、卫不枝⑫，固将先奔。既而萃于王卒⑬，可以集事⑭。”从之。曼伯为右拒⑮，祭仲足为左拒，原繁、高渠弥以中军奉公⑯，为鱼丽之陈⑰，先偏后伍⑱，伍承弥缝⑲。

战于繻葛⑳，命二拒曰：“旝动而鼓㉑。”蔡、卫、陈皆奔，王卒乱，郑师合以攻之，王卒大败，祝聃射王中肩，王亦能军。祝聃请从之㉒。公曰：“君子不欲多上人㉓，况敢陵天子乎㉔！苟自救也㉕，社稷无陨，多矣。”

夜，郑伯使祭足劳王㉖，且问左右。

仍叔之子来聘㉗，弱也㉘。

秋，大雩㉙，书，不时也。凡祀，启蛰而郊㉚，龙见而雩㉛，始杀而尝㉜，闭蛰而蒸㉝。过则书。

冬，淳于公如曹㉞。度其国危，遂不复㉟。

【注释】

①甲戌：上年十二月二十一日。　②己丑：此年正月六日。　③陈侯鲍：即陈桓公。　④再赴：二次发讣告，"赴"通"讣"。　⑤佗（tuó）：陈文公之子，陈桓公之弟，名五父。⑥虢公林父：周王卿士。　⑦属：隶属。　⑧周公黑肩：即周桓公，此时任王卿士。　⑨子元：即公子突。拒：方形阵势，拒也作"矩"。　⑩犯：侵犯，攻击。　⑪顾：照顾。　⑫枝：支持，支撑，枝亦作"支"。　⑬萃：聚集。　⑭集：成。　⑮曼伯：公子忽，字曼伯。　⑯原繁：郑大夫，见隐公五年注。高渠弥：郑国大臣。　⑰鱼丽：战阵名，战时战车与步兵混编。兵车一队分为二偏，如兵车五十乘，则二十五乘为一偏。再以步卒填补兵车的空隙之间，兵车在前，步卒在后。　⑱伍：步卒五人为"伍"。　⑲承：承接。弥：弥补。　⑳繻葛：长葛，在今河南省长葛县境内。　㉑旝（kuài）：大旗。　㉒从：追赶。　㉓多：满足。上：陵驾，超越。　㉔陵：侵侮。陵，通"凌"。　㉕苟：如果。　㉖劳：慰问。　㉗仍叔：周大夫。　㉘弱：年轻。　㉙雩（yú）：祭祀求雨的一种活动。　㉚启蛰：惊蛰。郊：郊礼，即古时于夏历正月祈求谷物丰登的一种礼仪。　㉛龙：苍龙，即东方角、亢、氐、房、心、尾、箕七宿的总称，其中有室女座、天秤座、天蝎座、人马座之星。　㉜见：同"现"。　㉝杀：肃杀，即秋气来临。尝：祭名，古时在夏历七月举行。《礼记·月令》有"孟秋之月，农乃登谷，天子尝新，先荐寝庙"。　㉞闭蛰：昆虫蛰伏。烝（zhēng）：冬祭名，古时在孟冬十月举行。㉟淳于公：州国国君，即州公。州，国名，姜姓，定都于淳于（今山东省安丘县东北）。曹：国名，姬姓，定都于陶丘（在今山东省定陶县西南）。　㊱复：返国。

【译文】

五年春季，正月，陈桓公去世。《春秋》记载的去世日期有两个：去年十二月二十一日和今年正月六日。这是因为两次讣告上写的日期不同。由于当时陈文公的儿子佗杀了太子免后取而代之。陈桓公病重时动乱发生，国内的人们四散奔逃，所以又给鲁国发了一次讣告。

夏季，齐僖公、郑庄公前往纪国朝见，想乘机偷袭纪国。纪国人察觉了他们的用心。

周天子剥夺了郑庄公的权力，庄公从此不再朝见。秋季，天子率领诸侯讨伐郑国，庄公出兵抵抗。

天子率领中军，虢公林父率领右军，蔡国和卫国军队也隶属于右军；周公黑肩率领左军，陈国军队则隶属于左军。

郑国的子元请求设左方阵抵挡蔡军和卫军，设右方阵抵挡陈军。他说："陈国目前正处动乱，百姓没有作战的积极性，如果首先进攻他们，必然四散奔逃。天子的军队要去接应，也一定会发生混乱。蔡军、卫军招架不住就一定

中国书店

竞相逃命，然后可以集中兵力对付天子的中军，这样就可以一举获胜。"庄公同意了他的建议。于是由曼伯任右方阵主帅，祭仲任左方阵主帅，原繁、高渠弥则率中军护卫着庄公，摆开了被称之为"鱼丽"的阵势，即以二十五辆战车居前，以一百二十五辆战车随后，以弥补前面的空隙，鱼贯而进。

战斗在郑国的繻葛展开，庄公对左右两方阵下令："看到军旗挥动，你们就击鼓进攻。"结果蔡、卫、陈三军四散奔逃，天子的军队也乱了起来，郑国的军队从两边夹攻，天子的军队大败，祝聃射中了天子的肩膀，但天子还可以指挥军队。祝聃请求继续追赶，庄公说："君子不希望逼人太甚，更何况是冒犯天子呢？倘若我们能挽救自己，使国家免于灭亡，我也就满足了。"

夜里，郑庄公派遣祭仲足前去慰问天子，同时问候他的左右官员。

天子派周大夫仍叔的儿子前来鲁国聘问。《春秋》所以写"仍叔之子"而不写他的名字，是因为他还太年轻。

秋季，鲁国举行了大雩祭，《春秋》记载此事，是因为这不是正常的祭祀活动。凡是祭祀，惊蛰的时候举行郊祭，东方七宿出现时举行雩祭，秋天肃杀寂寥时举行秋祭，昆虫蛰伏时举行冬祭。如果不是这种正常的祭祀活动，就要加以记载。

冬季，淳于公到曹国访问。他估计自己的国家将有危险，就没有回国。

桓公六年

经　六年春正月，寔来。夏四月，公会纪侯于成。秋八月壬午，大阅。蔡人杀陈佗。九月丁卯，子同生。冬，纪侯来朝。

传　六年春，自曹来朝。书曰"寔来①"，不复其国也。

楚武王侵随②，使薳章求成焉③，军于瑕以待之④。随人使少师董成⑤。

斗伯比言于楚子曰⑥："吾不得志于汉东也⑦，我则使然。我张吾三军而被吾甲兵⑧，以武临之，彼则惧而协以谋我⑨，故难间也⑩。汉东之国随为大，随张必弃小国⑪，小国离，楚之利也。少师侈⑫，请羸师以张之⑬。"熊率且比曰⑭："季梁在⑮，何益？"斗伯比曰："以为后图，少师得其君⑯"王毁军而纳少师⑰。

少师归，请追楚师，随侯将许之。季梁止之曰："天方授楚⑱，楚之羸，其诱我也，君何急焉？臣闻小之能敌大也，小道大淫⑲。所谓道，忠于民而信于神也⑳。上思利民，忠也；祝史正辞㉑，信也。今民馁而君逞欲㉒，祝史矫举以祭㉓，臣不知其可也。”公曰：“吾牲牷肥腯㉔，粢盛丰备，何则不信？”对曰：“夫民，神之主也。是以圣王先成民而后致力于神。故奉牲以告曰：‘博硕肥腯’，谓民力之普存也，谓其畜之硕大蕃滋也㉕，谓其不疾瘯蠡也㉖，谓其备腯咸有也㉗。奉盛以告曰：‘洁粢丰盛’，谓其三时不害而民和年丰也㉘。奉酒醴以告曰㉙：‘嘉栗旨酒㉚’，谓其上下皆有嘉德而无违心也。所谓馨香㉛，无谗慝也㉜。故务其三时，修其五教㉝，亲其九族㉞，以致其禋祀。于是乎民和而神降之福，故动则有成㉟。今民各有心，而鬼神乏主，君虽独丰，其何福之有！君姑修政而亲兄弟之国㊱，庶免于难㊲。”随侯惧而修政，楚不敢伐。

夏，会于成，纪来咨谋齐难也㊳。

北戎伐齐，齐侯使乞师于郑。郑大子忽帅师救齐。六月，大败戎师，获其二帅大良、少良㊴，甲首三百㊵，以献于齐。

于是，诸侯之大夫戍齐㊶，齐人馈之饩㊷，使鲁为其班㊸，后郑。郑忽以其有功也㊹，怒，故有郎之师㊺。

公之未昏于齐也㊻，齐侯欲以文姜妻郑大子忽。大子忽辞，人问其故，大子曰：“人各有耦㊼，齐大，非吾耦也。《诗》云‘自求多福㊽。’在我而已，大国何为？”君子曰：“善自为谋。”及其败戎师也，齐侯又请妻之，固辞㊾。人问其故，大子曰：“无事于齐㊿，吾犹不敢，今以君命奔齐之急，而受室以归(51)，是以师昏也(52)。民其谓我何？”遂辞诸郑伯。

秋，大阅(53)，简车马也(54)。

九月丁卯(55)，子同生(56)。以大子生之礼举之，接以大牢(57)，卜士负之(58)，士妻食之(59)。公与文姜、宗妇命之(60)。

公问名于申繻。对曰：“名有五：有信，有义，有象，有假，有类。以名生为信(61)，以德命为义(62)，以类命为象(63)，取于物为假(64)，取于父为类(65)。不以国，不以官，不以山川，不以隐疾，不以畜牲，不以器币(66)。周人以讳事神(67)，名，终将讳之(68)。故以国则废名，以官则废职，以山川则废主，以畜牲则废祀，以器币则废礼。晋以僖侯废司徒(69)，宋以武公废司空(70)，先君献、武废二山(71)，是以大物不可以命。”公曰：“是其生也，与吾同物(72)，命之曰同。”

冬，纪侯来朝，请王命以求成于齐，公告不能。

【注释】

①寔（shí）：确实。“寔来”为当时常用语。 ②随：国名，姬姓。一说为神农之后，姜

姓。故城在今湖北省随县南。　③薳（wěi）章：楚国大夫。　④瑕：随国地名。　⑤少师：随国官名，其人不详。董成：主持和谈。董，主持。　⑥斗伯比：楚国大夫，令尹子文之父。楚子：即楚武王。　⑦汉：即今汉水，汉东多姬姓小国。　⑧张：扩大。被：装备。　⑨协：协力。　⑩间：离间。　⑪张：自大。弃：轻视。　⑫侈：骄傲，放肆。　⑬羸（léi）师：疲弱的士卒。　⑭熊率且比：楚国大夫。　⑮季梁：随国贤臣。　⑯得其君：即得到国君的信任。　⑰毁军：毁坏军容。纳：迎娶。　⑱方：正当，正在。授：赋予好运气，照顾。　⑲淫：过分，无节制。　⑳信：诚。　㉑祝史：主持祭祀祈祷的官吏。正辞：诚实正直的言辞。　㉒逞欲：满足自己的欲望。　㉓矫举：诈称功德。矫，虚假。　㉔牲：祭祀所用的全牛等称为牲。牷（quān）：毛色纯一的牛等。腯（tú）：肥壮。　㉕蕃（fán）：繁殖。滋：滋生。　㉖瘯（cù）蠡（luǒ）：家畜病疫，瘦弱。瘯，借为瘦；蠡，借为羸。　㉗咸：都，全。　㉘三时：春、夏、秋三季。不害：无灾害。　㉙醴（lǐ）：甜酒。　㉚栗：通"冽"，清。旨：美好。　㉛馨香：芳香远闻。　㉜谗慝（tè）：谗，谗言；慝，邪恶。　㉝五教：五种教化，即父义、母慈、兄友、弟恭、子孝。　㉞九族：自高祖、曾祖、祖父、父、本身，至子、孙、曾孙、玄孙共九代，称为九族。一说九族包括异姓亲戚，除本族之外，另外外祖父、外祖母、岳父、岳母、姨母之子、姑母之子、姊妹之子、女之子共为九族。　㉟有成：成功。　㊱兄弟之国：指汉水流域诸姬姓国。　㊲庶：庶几。　㊳咨谋：商讨。咨、谋为同义词。齐难：齐早有灭纪的企图，故称为"齐难"。　㊴大良、少良：人名，一说为官名。　㊵甲首：披甲者的首级。　㊶戍：防卫。　㊷馈：赠送。饩（xì）：食物或粮食。凡赠人食物，熟者称为飧，生者称为饩。　㊸班：次序。为班，即定先后次序。　㊹郑忽：即郑国公子忽。　㊺郎之师：即郎地的战役。　㊻未昏：未成婚。　㊼耦：同"偶"，匹配。　㊽自求多福：句出《诗经·大雅·文王》篇。　㊾固：坚持。　㊿无事：没做什么事。　51受室：接受妻室。室，妻室。　52以师昏：利用战争成婚。　53阅：阅兵。　54简：检阅。　55丁卯：二十四日。　56子同：鲁太子，名同，即后来的鲁庄公。　57接：其父接见其子。大牢：即太牢，古时祭祀，牛、羊、豕三牲皆备称为太牢，只用一牲称"特"，用羊与豕称为"少牢"。　58卜士：用占卜来选择吉利的士人。负：抱。《礼记·内则》云："三日，卜士负之。吉者宿斋朝服寝门外，持负之。"《汉书·贾谊传》载："古之王者，太子乃生，因举以礼，使士负之。"　59士妻：用占卜所选择的吉士之妻。食（sì）：喂乳。古礼，太子之母不乳其子，卜士之妻或大夫之妾有乳者，其吉者使乳太子。　60宗妇：同宗之妇人。命：名，取名。　61以名生：当为"以生名"，即以生时特征命名。如鲁季友初生时，其手掌有图形似"友"，故取名为"友"。　62为德命：取祥瑞之字命名。如太王自以为有德，后必兴盛，为周文王取名"昌"。　63以类命：以相类似的字命名。如孔子头像尼丘，故取名"丘"。　64取于物：假借万物之名命名。如孔子为其子取名为"鲤"。　65取于父：取与其父相同之处命名。如庄公的生日与桓公相同，故取名为"同"。　66器币：器物礼品。器，礼器，如俎、豆、罍、彝、钟、磬等。币，馈赠别人的礼物，如圭、璋、璧、琮、马、皮、帛、锦、绣等。　67讳：避讳。　68终：死。　69僖侯：晋国国君，名司徒。因避讳废除司徒官职。　70武公：宋国国君，名司空。因避讳改官名为司城。　71献、武：即鲁献公，名具，鲁武公，名敖。鲁人因避讳，改了具山、敖山的山名。

⑫同物：同日。物，指岁、时、日、月、星、辰六物。

【译文】

六年春季，淳于公从曹国来鲁国朝见。《春秋》记为"寔来"，表示他不准备再回国了。

楚武王入侵随国后，派薳章去议和，把军队驻扎在瑕地，等待谈判结果。随国则派少师主持和谈。

斗伯比对楚武王说："我国在汉水以东没能再扩展地盘，完全是我们自己造成的。因为我们扩展军队，充实装备，依靠武力和邻国相处，他们因害怕而联合起来对付我们，所以就很难离间他们。在汉水以东的国家中，随国最大，如果随国狂妄自大，必然轻视小国，一旦小国疏远随国，就对楚国有利。少师这个人一向很傲慢，建议让我们的军队表现得非常疲惫软弱，以此来使他更加骄傲自满。"熊率且比说："随国有季梁这样的贤臣，这样做有什么用呢？"斗伯比说："这是为长远着想，将来少师必定会受到随君的宠信。"于是武王故意损坏了军容，迎接少师的到来。

少师回去以后，果然请求追击楚军，随侯准备同意。季梁阻止说："上天正在保佑楚国，楚军显得软弱，恐怕是为了诱惑我们吧！国君何必急于出兵呢？臣听说小国之所以能够抗拒大国，是小国得道而大国失道。所谓道，就是对百姓忠实，对神灵虔诚。国君经常想到如何使百姓得到好处，这就是忠；祝史主持祭祀，祈祷时言词不虚妄，这就是信。如今百姓饥饿而国君却一心满足私欲，祝史在神灵面前虚报功德，臣不知道这样可不可以抵抗大国？"随侯说："我祭祀用的牲畜色纯膘肥，黍稷丰盛完备，怎么能说是不诚呢？"季梁回答说："百姓是神灵的主人。因此，圣明的君主总是先完成有利于百姓的事情，然后才致力于祭祀神灵。所以在进献牲畜时就祷告说：'个大膘肥'，这是说百姓的财力普遍富足，是说他们的牲畜肥大而繁殖众多，是说他们的牲畜不患疾病也不瘦弱，是说他们的牲畜品种齐全取之不尽。在进献黍稷时祷告说：'洁净的黍稷盛满了器皿'，这是说春夏秋三季没有灾害，因而百姓和睦，收成很好。在进献甜酒时祷告说：'好酒清酒美酒'，这是说他们上下都有美德而无邪恶之心。所谓祭品芳香远闻，就是说他们品行高尚而无邪念。所以他们专心致志从事三季的农事，讲习五教，亲近九族，以此表示对神灵的虔诚。在这种情况下，百姓和睦而神灵也降福于他们，因此任何行动都会成功。如今，民心不齐，神灵无主，国君一人即使祭品丰盛，又能求得什么福呢？国君姑且先改变政策，和周围兄弟国家加强团结，这样也许可以免于灾难。"随侯害怕起来，从此修改了内外政策，楚国也就没有敢再侵犯。

夏季，桓公和纪武公在成地会谈，纪武公是来商讨怎样避免纪国被齐国灭亡的灾难。

北戎攻打齐国，齐国派人到郑国请求出兵。郑国的太子忽率军救援齐国。六月，大败戎军，俘虏了它们的两个主帅大良和少良，并把戎军中三百个带甲士兵的脑袋砍下，献给了齐国。

当时，各诸侯国的大夫都在齐国戍守过境，齐国人要赠送他们食物，让鲁国来决定赠送的先后顺序，鲁国把郑国排在了后面。郑国的太子忽因为自己作战有功而极为愤怒，因此后来也就有了郑、卫、齐三国和鲁国的郎地之战。

桓公在没有向齐国求婚之前，齐僖公想把文姜嫁与太子忽为妻，太子忽谢绝了，有人问他是什么原因，他说："每个人都要有合适的配偶，齐国太强大，它的女子不适合作我的配偶。《诗经》说：'依靠自己，才能多受福禄。'靠我自己就行了，何必要依靠大国？"君子认为："太子忽善于为自己考虑。"等到太子忽打败了戎军，齐僖公又请求把另一个女儿嫁给他，他又坚决拒绝了。有人问他原因，他说："我于齐国无功，尚且不敢娶妻，现在因为齐侯的命令而率军前去解救他的危急，却娶了妻子回来，这是借战争之机而娶亲。国人会对我怎么看呢？"于是就让郑庄公拒绝了齐僖公。

秋季，鲁国举行了盛大的阅兵仪式，检阅了战车和战马。

九月二十四日，桓公的儿子子同出生。以太子出生的规格举行了礼仪，桓公以牛、羊、猪三牲齐全的太牢之礼接见儿子，通过占卜的方式选择了一个吉利的士人，让他抱着婴儿，让他的妻子哺乳婴儿。桓公和文姜以及同姓大夫的妻子则给婴儿起名。

桓公向申繻询问有关起名的问题。申繻回答说："人的名字分为信、义、象、假、类五种情况。根据出生时的特征起名是信，用表示德行的字起名是义，以类似的物体起名是象，借用万物的名称起名是假，用和父亲有关的字起名是类。起名不要用本国国名，不要用本国官名，不要用本国山河的名字，不要用有关疾病的名称，不要用牲畜的名称，不要用各种器物和礼品的名称。周朝人通过避讳来奉祀神灵，人的名字在生前不用避讳，死后则需要避讳。因此，用国名起名就要废除人名，用官名起名就要更换该官职的名称，用山河起名就要改变山河的名称，用牲畜起名就不能用这些牲畜去祭祀，这就等于废除了祭祀，用器物礼品起名就不能用这些东西祭祀或赠送，等于是要废除各种礼仪。晋国因为晋僖侯名叫司徒而改司徒一职为中军，宋国因为宋武公名叫司空而改司空一职为司城，我们鲁国因为先君献公、武公名叫具、敖而改变了具山、敖山的名称，因此不能使用大的事物起名。"桓公说："这个孩子的出生，和我是同一天，就起名为同吧！"

冬季，纪侯前来朝见，请桓公代为向周天子请求同意去向齐国求和，桓公说不行。

桓公七年

经　七年春，二月己亥，焚咸丘。夏，穀伯绥来朝。邓侯吾离来朝。

传　七年春，穀伯、邓侯来朝①。名②，贱之也。
夏，盟、向求成于郑③，既而背之。
秋，郑人、齐人、卫人伐盟、向。王迁盟、向之民于郏④。
冬，曲沃伯诱晋小子侯⑤，杀之。

【注释】

①穀伯：穀国国君，名绥。穀故城在今湖北省穀城县西北。邓侯：邓国国君，名吾离。邓，曼姓，故城在今河南省邓县。　②名：作动词用，记载名字。　③盟、向：周邑名，详见隐公十一年注。　④郏（jiá）：即北邙山，地名，在今河南省洛阳市。　⑤曲沃伯：即曲沃武公。晋小子侯：晋国国君，哀侯之子。

【译文】

七年春季，穀伯、邓侯前来朝见。《春秋》记载了他们的名字，表示看不起他们。
夏季，盟邑、向邑向郑国求和，不久又背叛了郑国。
秋季，郑、齐、卫三国发兵讨伐盟、向二邑。周天子把盟、向二地的百姓迁到郏地。
冬季，曲沃伯引诱晋小子侯，把他杀了。

桓公八年

经　八年春正月己卯，烝。天王使家父来聘。夏五月丁丑，烝。秋，伐郑。冬十月，雨雪。祭公来，遂逆王后于纪。

传　八年春，灭翼。

随少师有宠。楚斗伯比曰："可矣。仇有衅①，不可失也。"

夏，楚子合诸侯于沈鹿②。黄、随不会③。使薳章让黄④。楚子伐随，军于汉、淮之间⑤。

季梁请下之⑥，弗许而后战，所以怒我而怠寇也⑦。少师谓随侯曰："必速战。不然，将失楚师。"随侯御之，望楚师。季梁曰："楚人上左⑧，君必左⑨，无与王遇。且攻其右，右无良焉⑩，必败，偏败⑪，众乃携矣⑫。"少师曰："不当王⑬，非敌也⑭。"弗从。战于速杞⑮，随师败绩。随侯逸⑯，斗丹获其戎车⑰，与其戎右⑱少师。

秋，随及楚平。楚子将不许，斗伯比曰："天去其疾矣⑲，随未可克也。"乃盟而还。

冬，王命虢仲立晋哀侯之弟缗于晋⑳。

祭公来，遂逆王后于纪㉑，礼也。

【注释】

①仇：仇敌，指随国。衅：空隙。　②合：会合。沈（chěn）鹿：楚国地名，在今湖北省钟祥县东。　③黄：国名，嬴姓，故城在今河南省潢川县西。　④让：责备。　⑤军：驻军，作动词用。淮：淮河。　⑥季梁：见桓公六年注。下：请服。　⑦怒：激怒。怠：懈怠，怠用作动词。　⑧上左：以左为上。上同"尚"，用作动词。春秋诸国，多以右为上，左为下。　⑨君：指楚君。　⑩良：精良。　⑪偏：偏师。　⑫携：离散。　⑬当：正面、面对。　⑭敌：匹敌，相等。　⑮速杞：随国地名，在今湖北省应山县。　⑯逸：逃跑。　⑰斗丹：楚大夫。　⑱戎右：车右。少师有宠，随侯任他为车右。　⑲疾：祸患，此指少师。　⑳虢仲：即周王卿士虢公林父。　㉑逆：迎娶。古礼，天子娶后不亲迎，派遣卿士迎娶。

【译文】

八年春季，曲沃伯灭亡了翼城。

随国的少师受到了随侯的宠信。楚国的斗伯比说："现在可以了。敌国内部有了矛盾，不能错过这个机会。"

夏季，楚武王在沈鹿会合诸侯的军队。黄国、随国没有参加会见。武王便派薳章前去责难黄国。自己则亲自讨伐随国，军队驻扎在汉水和淮水之间。

季梁请求随侯向楚国投降，说如果他们不接受我们投降，然后再作战，这就可以激励我军斗志，而使敌军懈怠。少师则对随侯说："一定要尽快作战。否则，将失去战胜楚军的机会。"随侯率兵抵抗，从远处眺望楚国的军队。季梁说："楚国人以左为尊，国君一定处在左军之中，不要和楚王正面遭遇。要去攻击他的右军，因为右军没有良将，一定会失败，偏师一败，其他人就都会奔散。"少师说："不去正面抵挡楚王，就好像表明我们不是他的对手。"没有听从季梁的话。两军在速杞作战，结果随军大败，随侯逃走。斗丹俘获了随侯的战车和车右少师。

秋季，随国和楚国讲和。楚武王打算不同意，斗伯比说："少师为我所获，上天已经除掉了他们的祸患，随国还不一定能被我们战胜呢？"于是两国结盟，然后楚军回国。

冬季，周天子命令虢仲在晋国立晋哀侯的弟弟缗为国君。

祭公先来鲁国，然后又到纪国为天子迎娶王后，这是合于礼的。

桓公九年

经　九年春，纪季姜归于京师。夏四月。秋七月。冬，曹伯使其世子射姑来朝。

传　九年春，纪季姜归于京师①。凡诸侯之女行②，唯王后书。

巴子使韩服告于楚③，请与邓为好。楚子使道朔将巴客以聘于邓④。邓南鄙鄾人攻而夺之币⑤，杀道朔及巴行人⑥。楚子使蓬章让于邓，邓人弗受。

夏，楚使斗廉帅师及巴师围鄾⑦，邓养甥、聃甥帅师救鄾⑧。三逐巴师⑨，不克。斗廉衡陈其师于巴师之中⑩，以战，而北⑪。邓人逐之，背巴师而夹攻之⑫。邓师大败，鄾人宵溃⑬。

秋，虢仲、芮伯、梁伯、荀侯、贾伯伐曲沃⑭。

冬，曹大子来朝，宾之以上卿⑮，礼也。

享曹大子⑯，初献⑰，乐奏而叹。施父曰⑱："曹大子其有忧乎，非叹所也。"

【注释】

①季姜：即去年祭公所迎的王后。季，姊妹中排行。姜为姓。古时同姓不婚，所以女子一定将姓书写在排行之下。京师：即洛邑。　②行：出嫁。　③巴子：巴国国君。巴，国名，姬

姓，在楚国西北部。韩服：巴国使者。 ④道朔：楚大夫。将：率领。巴客：即韩服。 ⑤鄾（yōu）：邓国地名。币：聘问礼品。 ⑥行人：使者。 ⑦斗廉：楚大夫。 ⑧养甥、聃甥：均为邓国大夫。 ⑨逐：攻击。 ⑩衡陈：横阵。衡，同"横"。陈通"阵"。 ⑪北：败北。此为诈败。 ⑫背：在背后。 ⑬宵：夜间。 ⑭芮伯：见桓公三年注。梁伯：梁国国君。梁，国名，嬴姓，故城在今陕西省韩城县南。荀侯：荀国国君。荀，姬姓国，故城在今山西省新绛县东北。贾伯：贾国国君。贾，姬姓国，故城在今山西省襄汾县东。 ⑮宾：接待，用作动词。 ⑯享：宴享。 ⑰献：献酒。 ⑱施父：鲁大夫。

【译文】

九年春季，纪国的季姜出嫁到京师成为王后。诸侯的女儿出嫁，只有做王后，《春秋》才加以记载。

巴子派韩服向楚国报告，请求和邓国建立友好关系。楚武王派道朔带领韩服到邓国聘问。途经邓国南部边境鄾地时，受到了当地人的攻击，财礼被抢，道朔及韩服也被杀死。武王派蓬章前去责难邓国，邓国人拒不接受。

夏季，楚武王派斗廉率军和巴国军队围攻鄾地。邓国的养甥、聃甥则率军援救鄾地。邓军向巴军发起三次冲锋，也未能得胜。斗廉将一部分楚军列为横阵隐在巴军之中，让其余楚军与邓军作战，假装失败而逃走。邓军只顾追逐楚军，这样巴军就处在它们背后了。然后楚军回头，和巴军两面夹攻。邓军大败，鄾地人当天夜里就溃散了。

秋季，虢仲、芮伯、梁伯、荀侯、贾伯联合攻打曲沃。

冬季，曹国太子前来朝见，鲁国用上卿之礼接待他，这是合于礼的。

举行宴会招待曹太子，刚开始献酒，演奏了一段乐曲之后，曹太子就叹息起来。施父说："太子是对将亡有所忧虑吧，这里不是叹息的场合。"

桓公十年

经　十年春，王正月庚申，曹伯终生卒。夏五月，葬曹桓公。秋，公会卫侯于桃丘，弗遇。冬十有二月丙午，齐侯、卫侯、郑伯来战于郎。

传　十年春，曹桓公卒。
虢仲谮其大夫詹父于王①。詹父有辞②，以王师伐虢。夏，虢公出奔虞③。
秋，秦人纳芮伯万于芮④。
初，虞叔有玉⑤，虞公求旃⑥。弗献，既而悔之。曰："周谚有之：'匹夫无罪，怀璧其罪⑦。'吾焉用此⑧，其以贾害也⑨。"乃献之。又求其宝剑。叔曰："是无厌也。无厌，将及我⑩。"遂伐虞公，故虞公出奔共池⑪。

冬，齐、卫、郑来战于郎，我有辞也。

初，北戎病齐⑫，诸侯救之。郑公子忽有功焉。齐人馈诸侯，使鲁次之。鲁以周班后郑⑬。郑人怒，请师于齐⑭。齐人以卫师助之，故不称侵伐。先书齐、卫，王爵也⑮。

【注释】

①譖（zèn）：说坏话诬陷别人。詹父：周王室大夫。　②有辞：有道理。　③虞：姬姓国，僖公五年为晋所灭。故城在今山西省平陆县东北。　④纳：送回。　⑤虞叔：虞公的弟弟。　⑥旃（zhān）："之、焉"两字的合音。"之"为代词，"焉"为语气词。　⑦怀璧：怀藏璧玉。　⑧焉：疑问代词，怎么。　⑨贾（gǔ）害：买祸害。　⑩及我：祸患来到我身上。　⑪共池：地名，在虞国境内。　⑫病：疲困。"病齐"为使动用法。　⑬周班：周王室封爵的次序。班，班次。后郑：把郑放在后面。　⑭请师：请求出兵。　⑮王爵：即周班。

【译文】

十年春季，曹桓公去世。

虢仲在天子面前诬陷他的大夫詹父。詹父因为有理，就率领天子的军队攻打虢国。夏季，虢公逃到虞国。

秋季，秦国人把芮伯万送回芮国。

当初，虞叔有块美玉，虞公向他索要。虞叔不想交出，不久就后悔了。他说："周朝有句谚语：'普通人本来没有罪，但怀藏玉璧就是罪。'我哪里用得着这美玉，难道是要用它买来祸患吗？"于是就献给了虞公。虞公又向他索要宝剑。虞叔说："这真是没有满足。没有满足，早晚有一天灾难要降到我身上。"于是就攻打虞公。因此虞公就逃到了共池。

冬季，齐、卫、郑三国在郎地和鲁国作战，这次战争我们鲁国是有理的。

当初，北戎攻打齐国，诸侯前去救援。郑国的公子忽功劳最大。齐国人向各国军队赠送食物时，让鲁国决定先后顺序。鲁国根据周室封爵的先后次序把郑国排在后面。惹恼了郑国人，郑国人请求齐国出兵帮助。齐国人又联络卫国军队一同帮助郑国，因此《春秋》对这次战争不称"侵伐"。先写齐国和卫国，也同样是按照周室封爵的次序排列的。

桓公十一年

经　十有一年春正月，齐人、卫人、郑人盟于恶曹。夏五月癸未，郑伯寤生卒。秋七月，葬郑庄公。九月，宋人执郑祭仲。突归于郑。郑忽出奔卫。柔会宋公、陈侯、蔡叔，盟于折。公会宋公于夫钟。冬十有二月，公会宋公于阚。

传　十一年春，齐、卫、郑、宋盟于恶曹①。

楚屈瑕将盟贰、轸②。郧人军于蒲骚③，将与随、绞、州、蓼伐楚师④。莫敖患之⑤。斗廉曰⑥："郧人军其郊，必不诫⑦，且日虞四邑之至也⑧。君次于郊郢以御四邑⑨。我以锐师宵加于郧，郧有虞心而恃其城⑩，莫有斗志。若败郧师，四邑必离。"莫敖曰："盍请济师于王⑪？"对曰："师克在和，不在众。商、周之不敌，君之所闻也。成军以出⑫，又何济焉？"莫敖曰："卜之。"对曰："卜以决疑，不疑何卜？"遂败郧师于蒲骚，卒盟而还。

郑昭公之败北戎也⑬，齐人将妻之，昭公辞。祭仲曰："必取之⑭。君多内宠⑮，子无大援⑯，将不立。三公子⑰，皆君也。"弗从。

夏，郑庄公卒。

初，祭封人仲足有宠于庄公，庄公使为卿。为公娶邓曼⑱，生昭公，故祭仲立之。宋雍氏女于郑庄公⑲，曰雍姞，生厉公。雍氏宗⑳，有宠于宋庄公，故诱祭仲而执之，曰："不立突㉑，将死。"亦执厉公而求赂焉。祭仲与宋人盟，以厉公归而立之。

秋九月丁亥㉒，昭公奔卫。己亥㉓，厉公立。

【注释】

①恶曹：地名，不详。　②屈瑕：人名，楚大臣。贰、轸：两国名，在今湖北省境内，后均为楚所灭。　③郧（yún）：国名，在今湖北省安陆县境。蒲骚：郧国地名，在今湖北省应城县西北。　④绞：国名，在今湖北省郧县西北。州：国名，即今湖北省监利县东的州陵城。蓼：国名，故址在今河南省唐河县西南。　⑤莫敖：楚国官名，即司马。后来楚又另设大司马、右司马、左司马，莫敖则降至左司马之下。此时莫敖为屈瑕。　⑥斗廉：又名斗射师，楚臣。　⑦诫：警戒。　⑧日虞：天天盼望。四邑：即随、绞、州、蓼四国。　⑨君：指屈瑕。郊郢：即今湖北省钟祥县郢州故城。　⑩虞心：盼望四国救兵之心。　⑪盍（hé）："何不"二字的合音字。济：增加。　⑫成军：军队整顿齐备。　⑬郑昭公：即郑公子忽。　⑭取：同

"娶"。　⑮君：指郑庄公。　⑯大援：强有力的外援。　⑰三公子：指太子忽的三个兄弟公子突、公子亹（wěn）、公子仪。　⑱邓曼：邓国女，曼姓。　⑲雍氏：宋国大夫，姞（jí）姓。女：嫁女。　⑳宗：为人尊仰。　㉑突：公子突，即郑厉公。　㉒丁亥：十三日。　㉓己亥：二十五日。

【译文】

　　十一年春季，齐国、卫国、郑国、宋国在恶曹结盟。

　　楚国的屈瑕准备和贰国、轸国结盟。郧国人把军队驻扎在蒲骚，打算和随国、绞国、州国、蓼国联合起来进攻楚军。莫敖屈瑕对此极为担心。斗廉说："郧国人把军队驻扎在他们的郊区，一定缺乏警戒之心，而且天天盼望四国军队的到来。如果您领兵驻扎在郊郢抵抗四国军队，我率精锐部队在夜里攻击郧国。郧国一心希望援兵到来，又依仗其城池坚固，士兵不会有斗志。如果能够打败郧军，其他四国军队必然离散。"屈瑕说："何不向国君请求增兵呢？"斗廉回答说："军队能够获胜，关键在于上下团结一致，不在于人数多少。殷王纣虽然兵多，却敌不过兵少的周武王，这也是您所知道的。把军队整顿一下就出兵吧，还增什么兵呢？"屈瑕说："占卜一下怎么样？"斗廉说："占卜是为了决定犹疑不决的事情，既然对此没有疑惑，又何必占卜？"结果在蒲骚打败了郧军，最后和贰、轸两国结了盟，然后才班师回国。

　　郑昭公打败北戎的时候，齐僖公打算把女儿嫁给他，被谢绝了。祭仲说："您一定要娶齐侯女儿为妻。国君宠妾很多，您如果没有强大的外援，将不能继承君位。其他三个公子都有可能成为国君。"昭公没有听从他的建议。

　　夏季，郑庄公去世。

　　当初，祭地封人仲足曾受到郑庄公的宠信，庄公让他做了卿。他为庄公迎娶了邓曼，生了昭公，因此祭仲在庄公死后就要立昭公为国君。宋国的雍氏把女儿雍姞嫁给了郑庄公，后来生了厉公。雍氏一向为人所敬重，并受到宋庄公的宠信，所以雍氏就设法诱骗祭仲把他抓了起来，并威胁说："如果你不立公子突为国君，我就把你处死。"并且还抓了厉公，以此索要财物。于是祭仲和宋国人订立了盟约，同意在厉公回去以后立他为国君。

　　秋季九月十三日，郑昭公逃到卫国。二十五日，厉公被立为国君。

桓公十二年

　　经　十有二年春正月。夏六月壬寅，公会杞侯、莒子盟于曲池。秋七月丁亥，公会宋公、燕人，盟于谷丘。八月壬辰，陈侯跃卒。公会宋公于虚。冬十有一月，公会宋公于龟。丙戌，公会郑伯，盟于武父。丙戌，卫侯晋卒。十有二月，及郑师伐宋。丁未，战于宋。

传　十二年夏，盟于曲池①，平杞、莒也。

公欲平宋、郑。秋，公及宋公盟于句渎之丘②。宋成未可知也，故又会于虚③。冬，又会于龟④。宋公辞平⑤，故与郑伯盟于武父⑥。遂帅师而伐宋，战焉，宋无信也⑦。

君子曰："苟信不继⑧，盟无益也。《诗》云：'君子屡盟，乱是用长⑨。'无信也。"

楚伐绞，军其南门。莫敖屈瑕曰⑩："绞小而轻⑪，轻则寡谋⑫，请无扞采樵者以诱之⑬。"从之。绞人获三十人。明日，绞人争出，驱楚役徒于山中⑭。楚人坐其北门而覆诸山下⑮，大败之，为城下之盟而还。

伐绞之役，楚师分涉于彭⑯。罗人欲伐之⑰，使伯嘉谍之⑱，三巡⑲，数之。

【注释】

①曲池：地名，在今山东省宁阳县东北。　②句渎之丘：即榖丘，宋邑名，在今河南省商丘县东南。　③虚：宋国地名，在今河南省延津县东。　④龟：宋国地名，疑在今河南省睢县境内。　⑤辞平：拒绝讲和。　⑥武父：郑国地名，在今山东省东明县西南。　⑦信：信用。　⑧不继：接续不上。　⑨《诗》云：下二句出自《小雅·巧言》。是用：即是以，连词。长：滋生。　⑩莫敖屈瑕：见桓公十一年注。　⑪轻：轻浮。　⑫寡谋：少谋。　⑬扞（hàn）：保卫。　⑭役徒：即砍柴的人。　⑮坐：坐立，即等待。覆：伏，即埋伏。　⑯彭：彭水，今名南河，发源于湖北省房县西南。　⑰罗：熊姓诸侯国，故城在今湖北省宜城县西。　⑱伯嘉：罗国大夫。谍：侦察。　⑲巡：遍。

【译文】

十二年夏季，桓公和杞靖公、莒子在曲池结盟，为的是使杞国和莒国和好。

桓公想让宋国和郑国讲和。秋季，桓公和宋庄公在名渎之丘结盟。因为并不知道宋国是否真想和郑国和好，所以又在虚地举行了会见。冬季，双方又在龟地会见。宋庄公拒绝和郑国讲和，因此桓公便和郑厉公在武父结盟。然后率兵攻打宋国，并发生了战斗，这是宋国不讲信用的结果。

君子对此评论说："假如不讲信用，即使结了盟也没有什么好处？《诗经》说：'君子越是多次订盟，动乱越是因此频仍。'这是不讲信用的结果。"

楚国讨伐绞国，军队驻扎在南门。莫敖屈瑕说："绞国地小而人又浅薄，浅薄则缺少智谋，建议派一些人冒充砍柴者，并且别让人保护，从而引诱他们上钩。"楚武王听从了他的建议。于是绞军俘获了楚国的三十个砍柴人。第二天，绞军又争相出城，把楚国的砍柴人驱赶到山里。楚军在北门等待，并在山下设了埋伏，从而大败了绞军。楚军与绞军订立了城下之盟后才回国。

在攻打绞国的战役中，楚国曾分兵渡过澎水。罗国打算趁机攻打他们，并派伯嘉前去打探，伯嘉把楚军的人数数了三遍。

桓公十三年

经　十有三年春二月，公会纪侯、郑伯。已巳，及齐侯、宋公、卫侯、燕人战。齐师、宋师、卫师、燕师败绩。三月，葬卫宣公。夏，大水。秋七月。冬十月。

传　十三年春，楚屈瑕伐罗，斗伯比送之。还，谓其御曰①："莫敖必败。举趾高②，心不固矣③。"遂见楚子曰："必济师。"楚子辞焉。入告夫人邓曼④。邓曼曰："大夫其非众之谓⑤，其谓君抚小民以信⑥，训诸司以德⑦，而威莫敖以刑也⑧。莫敖狃于蒲骚之役⑨，将自用也⑩，必小罗⑪。君若不镇抚，其不设备乎⑫。夫固谓君训众而好镇抚之，召诸司而劝之以令德⑬，见莫敖而告诸天之不假易也⑭。不然，夫岂不知楚师之尽行也⑮。"楚子使赖人追之⑯，不及。

莫敖使徇于师曰⑰："谏者有刑。"及鄢⑱，乱次以济⑲。遂无次，且不设备。及罗，罗与卢戎两军之⑳。大败之。莫敖缢于荒谷㉑，群帅囚于冶父以听刑㉒。楚子曰："孤之罪也。"皆免之。

宋多责赂于郑㉓，郑不堪命㉔，故以纪、鲁及齐，与宋、卫、燕战。不书所战，后也㉕。

郑人来请修好。

【注释】

①御：车夫。　②趾：脚。　③固：稳定。　④入：入宫。　⑤大夫：指斗伯比。其非众之谓：倒装句，即其非谓之众，意为并非说的军队多少。其，疑问副词，大概，可能，或许。　⑥抚：镇抚。　⑦诸司：泛指各级官吏。　⑧威：使人畏惧，用作动词。刑：法。　⑨狃：习惯。　⑩自用：自以为是。　⑪小：轻视。　⑫设备：加以防备。　⑬令德：美德。　⑭假易：宽纵。　⑮尽行：全部出动。　⑯赖：国名，其地在今湖北省随县东北。　⑰徇：宣布命令，即通告。　⑱鄢：水名，今名蛮河，发源于湖北省保康县西南，入汉水。　⑲次：次序。济：渡河。　⑳卢戎：南蛮国名。两军：两边夹击。　㉑荒谷：地名，在今湖北省江陵县西。　㉒冶父：地名，在今江陵县南。听刑：听从（楚王）的处罚。　㉓责赂：索取财物。　㉔不

【译文】

十三年春季，楚国的莫敖屈瑕讨伐罗国，斗伯比为他送行。回来后，斗伯比对他的御者说："莫敖一定会失败。他走路时把脚抬得很高，这就表明他意志不够坚定。"马上求见楚武王，说："一定要增派军队援助他。"被武王拒绝。武王回宫告诉夫人邓曼。邓曼说："大夫说的意思是人数的多少并不是主要的，主要的是国君要以信用来安抚百姓，以美德来训诫百官，以刑罚使莫敖有所惧怕。莫敖拘泥于蒲骚一战的做法，必然会自以为是，轻视罗国。国君如果对他不加抑制和安抚，他将更为轻率而不警醒。伯比的本意是请国君训诫大众并善于抑制和安抚他们，召集百官用美德勉励他们，见到莫敖则告诉他上天对他的行为是不会宽容放纵的。如果不是这样，难道斗伯比不知道楚军已全部出征了吗？"于是楚王派在楚国做官的赖国人前去追赶，但没能追上。

莫敖派人在军队中发布命令："谁敢进谏都将受到处罚！"到达鄢水，军队渡河时混乱而没有次序。过河后既没有整队，也没有设防。到达罗国后，受到了罗国和卢戎军队的两面夹攻。结果楚军大败。莫敖在荒野山谷中自缢而死，其他许多将帅则自我囚禁在冶父，听候楚王处罚。楚武王说："这是我的罪过。"把将帅们都赦免了。

宋国多次向郑国索要财物，郑国不堪忍受，所以就率领纪国、鲁国的军队和齐国、宋国、卫国、燕国的军队作战。《春秋》没有记载这次作战的地点，是因为桓公超过了约定的日期才到达。

郑国人前来请求重修友好。

桓公十四年

经　十有四年春正月，公会郑伯于曹。无冰。夏五，郑伯使其弟语来盟。秋八月壬申，御廪灾。乙亥，尝。冬十有二月丁巳，齐侯禄父卒。宋人以齐人、蔡人、卫人、陈人伐郑。

传　十四年春，会于曹，曹人致饩①，礼也。

夏，郑子人来寻盟②，且修曹之会。

秋八月壬申③，御廪灾④。乙亥⑤，尝⑥。书，不害也。

冬，宋人以诸侯伐郑⑦，报宋之战也。焚渠门⑧，入及大逵⑨。伐东郊，取牛首⑩。以大宫之椽归⑪，为卢门之椽⑫。

【注释】

①馈：见桓公六年注。　②子人：郑伯的弟弟，字语。　③壬申：十五日。　④御廪：储藏祭祀所用谷物的仓库。一说为珍宝库。灾：火灾。　⑤乙亥：十八日。　⑥尝：尝祭。详见桓公五年注。　⑦以：率领。　⑧渠门：郑国城门。　⑨大逵：此指城中大街。　⑩牛首：郑郊地名。　⑪大宫：太宫、太庙，即郑国祖庙。　⑫卢门：宋国的城门。

【译文】

十四年春季，桓公和郑厉公在曹国会见，曹国人送去了食物，这是合乎礼的。

夏季，郑国的子人前来重温往日盟约，同时重叙春天在曹国会见时结下的友好。

秋季八月十五日，鲁国储藏祭祀物品的仓库发生火灾。十八日，举行秋祭。《春秋》记载此事，说明并没有造成多大灾害，也没有影响祭祀的举行。

冬季，宋国人率领诸侯的军队讨伐郑国，这是为了报复郑国和鲁国攻打宋国的那次战役。宋军焚烧了郑国都城的渠门，进入都城，来到城中大街，并攻打东郊，夺取了牛首一地，还把郑国宗庙里的椽子拿回去做了宋国城郊的城门卢门的椽子。

桓公十五年

经　十有五年春二月，天王使家父来求车。三月乙未，天王崩。夏四月己巳，葬齐僖公。五月，郑伯突出奔蔡。郑世子忽复归于郑。许叔入于许。公会齐侯于艾。邾人、牟人、葛人来朝。秋九月，郑伯突入于栎。冬十有一月，公会宋公、卫侯、陈侯于袤，伐郑。

传　十五年春，天王使家父来求车，非礼也。诸侯不贡车服，天子不私求财。

祭仲专①，郑伯患之，使其婿雍纠杀之②。将享诸郊，雍姬知之③，谓其母曰："父与夫孰亲④？"其母曰："人尽夫也，父一而已。胡可比也⑤？"遂告祭仲曰："雍氏舍其室而将享子于郊⑥，吾惑之，以告。"祭仲杀雍纠，尸诸周氏之汪⑦。公载以出⑧，曰："谋及妇人，宜其死也⑨。"夏。厉公出奔蔡。

六月乙亥⑩，昭公入⑪。

许叔入于许⑫。

公会齐侯于艾，谋定许也。

秋，郑伯因栎人杀檀伯⑬，而遂居栎。

冬，会于袤⑭，谋伐郑，将纳厉公也。弗克而还。

【注释】

①专：专权。　②雍纠：郑国大夫，祭仲的女婿。　③雍姬：雍纠之妻，祭仲之女。
④孰：谁。　⑤胡：疑问代词，怎么。　⑥室：家。　⑦尸：陈尸，用作动词。周氏之汪：地
名。周氏，郑大夫。汪，水池。　⑧公：指厉公。　⑨宜：应该。　⑩乙亥：二十二日。　⑪
昭公：即郑公子忽。　⑫许叔：许穆公，名新臣，许庄公之弟。入于许：进入许国。鲁隐公十
一年，鲁、齐、郑三国伐许，七月三日入城，许庄公奔卫，许国被郑国占领。郑伯让大夫百里
帮助许叔，住在许国东部，此时则住进许都。　⑬因：借助。栎（lì）：郑国的大城邑，在今
河南省禹县。檀伯：郑国守栎的大夫。　⑭袤（chí）：宋国地名，在今安徽省宿县西。

【译文】

　　十五年春季，周天子派家父前来求取车辆，这是不合礼的。诸侯不应向天
子进贡车辆和衣服，天子也不应私下向诸侯求取财物。

　　祭仲专权独断，郑厉公对此非常忧虑，就派祭仲的女婿雍纠设法杀死他。
雍纠打算在郊外宴请祭仲，雍纠的妻子雍姬得知此事后，问她母亲："父亲和
丈夫哪一个更为亲近？"她母亲说："对女人来说谁都可以做她的丈夫，而父
亲却只有一个，两者怎么能够相比呢？"于是雍姬就告诉祭仲："雍纠不在家
里却在郊外宴请您，我怀疑其中有诈，所以告诉您。"祭仲就先动手杀了雍纠，
并陈尸于周室之汪。郑厉公用车载了雍纠的尸体逃亡，并说："遇事和女人商
量，他真是该死。"夏季，厉公逃到蔡国。

　　六月二十二日，郑昭公又回国即位。

　　许叔从许国东部来到许都。

　　桓公和齐襄公在艾地会见，谋划如何安定许国。

　　秋季，郑厉公依靠栎地的人杀了栎地大夫檀伯，然后在栎地居住下来。

　　冬季，桓公和宋庄公、卫惠公、陈庄公在袤地会见，谋划攻打郑国，打算
送厉公回国。没有获胜，就撤兵返回了。

桓公十六年

　　经　十有六年春正月，公会宋公、蔡侯、卫侯于曹。夏四月，公会宋公、

卫侯、陈侯、蔡侯伐郑。秋七月，公至自伐郑。冬，城向。十有一月，卫侯朔出奔齐。

　　传　十六年春正月，会于曹，谋伐郑也。

　　夏，伐郑。

　　秋七月，公至自伐郑，以饮至之礼也。

　　冬，城向①，书，时也。

　　初，卫宣公烝于夷姜②，生急子，属诸右公子③。为之娶于齐，而美，公取之④，生寿及朔，属寿于左公子⑤。夷姜缢。宣姜与公子朔构急子⑥。公使诸齐⑦，使盗待诸莘⑧，将杀之。寿子告之。使行⑨，不可，曰："弃父之命，恶用子矣⑩！有无父之国则可也。"及行，饮以酒，寿子载其旌以先，盗杀之。急子至，曰："我之求也，此何罪？请杀我乎！"又杀之。二公子故怨惠公⑪。

　　十一月，左公子泄、右公子职立公子黔牟⑫。惠公奔齐。

【注释】

　　①向：见隐公二年注。　②烝：与长辈淫乱。夷姜：卫庄公妾，卫宣公庶母。　③属：嘱托，托付。右公子：名职，卫宣公的兄弟。　④取：夺取。　⑤左公子：名泄，卫宣公的兄弟。　⑥宣姜：齐女，宣公夫人，本卫急子妻。构：谗恶。　⑦使：出使。　⑧莘：卫国地名，在今山东省莘县北。　⑨行：逃跑。　⑩恶（wū）：疑问代词，哪里，怎么。　⑪二公子：即左公子和右公子。惠公：即公子朔。　⑫公子黔牟：又名公子留。

【译文】

　　十六年春季，正月，桓公和宋庄公、蔡桓侯、卫惠公在曹国举行会谈，商量攻打郑国之事。

　　夏季，五国联合攻打郑国。

　　秋季七月，桓公伐郑之后回到国内，举行仪式祭告宗庙，并宴请了臣下。

　　冬季，鲁国在向地筑城。《春秋》所以记载此事，是因为这项活动并不妨碍农事。

　　当初，卫宣公和夷姜私通，生了急子，并把急子托付给了右公子。后来从齐国为急子娶了妻，但迎娶时宣公看到新娘很美，就自己娶了她，这就是宣姜，后来生了寿和朔两个儿子，把寿托付给了左公子。后来夷姜自缢而死。宣姜和公子朔诬陷急子。卫宣公让急子出使齐国，让刺客在莘地等候，打算杀死他。寿子把这件事告诉了急子，让他逃走。急子不听，说："不听父亲的命令，儿子还有何用？假如世界上有无父之国，我就可以逃到那里去了。"临行时，寿子把急子灌醉，带着他的旗子坐车走在前面，刺客误把寿子杀了。急子赶到，看到寿子被杀，对刺客说："你们要杀的是我，这个人有什么罪？请你们杀了我吧！"刺客又杀了急子。左、右二公子因此而对卫惠公怀恨在心。

十一月，左公子泄和右公子职拥立公子黔牟为国君。卫惠公逃到了齐国。

桓公十七年

经　十有七年春正月丙辰，公会齐侯、纪侯盟于黄。二月丙午，公会邾仪父，盟于趡。夏五月丙午，及齐师战于奚。六月丁丑，蔡侯封人卒。秋八月，蔡季自陈归于蔡。癸巳，葬蔡桓侯。及宋人、卫人伐邾。冬十月朔，日有食之。

传　十七年春，盟于黄①。平齐、纪，且谋卫故也。

及邾仪父盟于趡②，寻蔑之盟也。

夏，及齐师战于奚③，疆事也④。于是齐人侵鲁疆⑤。疆吏来告，公曰："疆场之事⑥，慎守其一而备其不虞⑦。姑尽所备焉。事至而战，又何谒焉⑧。"

蔡桓侯卒，蔡人召蔡季于陈⑨。

秋，蔡季自陈归于蔡，蔡人嘉之也⑩。

伐邾，宋志也。

冬十月朔⑪，日有食之⑫。不书日，官失之也。天子有日官⑬，诸侯有日御⑭。日官居卿以底日⑮，礼也。日御不失日⑯，以授百官于朝。

初，郑伯将以高渠弥为卿，昭公恶之，固谏，不听。昭公立，惧其杀己也。辛卯⑰，弑昭公而立公子亹。

君子谓昭公知所恶矣。公子达曰⑱："高伯其为戮乎⑲，复恶已甚矣⑳。"

【注释】

①黄：地名，由鲁至齐必经之地，在今山东省淄川镇东北。　②趡（cuǐ）：鲁地名，在今山东省泗水县与邹县之间。　③奚：鲁、齐边界的地名。　④疆事：边界冲突。　⑤于是，在此时。　⑥场（yì）：边境。　⑦不虞：意料之外。　⑧谒：请谒，请示。　⑨蔡季：蔡桓侯弟，名献舞，即哀侯。　⑩嘉：赞许。　⑪朔：初一日。　⑫食：通"蚀"。　⑬日官：掌管天文历法的官员。　⑭日御：同日官。　⑮居卿：居于卿位。底（zhǐ）日：测量日影，即推算历法。　⑯不失日：准确地推算出历法。　⑰辛卯：十月二十二日。　⑱公子达：鲁大夫。

⑲高伯：即高渠弥。　⑳复恶：报怨。复，报复。

【译文】

十七年春季，桓公和齐襄公、纪侯在黄地结盟，为的是使齐国与纪国和好，同时商量如何对付卫国。

桓公和邾仪父在趡地结盟，为的是重温两国在蔑地盟会上结下的友好。

夏季，鲁国和齐国在奚地发生战斗，这属于两国边界冲突。当时齐国人入侵鲁国边境。守卫边境的官吏前来报告，桓公说："对边境之事，你要谨慎小心，加强戒备，并时刻防备发生意外。你尽管全力防守就行了。一旦发生了意外就迎战，又何必请示呢？"

蔡桓侯去世，蔡国人从陈国召请蔡季回国。

秋季，蔡季从陈国回到蔡国，被立为国君，因为蔡国人拥护他。

鲁国讨伐邾国，是为了满足宋国的意愿。

冬季，十月一日，鲁国发生了日食。《春秋》没有记载哪一天，是因为史官的遗漏。天子有日官，诸侯有日御。日官拥有卿的地位以推算历象，这是合乎礼的。日御负责记载每一天的情况，不能有任何遗漏，以便在朝廷上授给百官。

当初，郑庄公打算让高渠弥做卿，昭公讨厌他，便坚决劝阻，但庄公不听。昭公即位后，高渠弥害怕昭公会杀了自己，就在十月二十二日，杀了昭公，然后立了公子亹为国君。

君子认为昭公对他厌恶的人是了解的。公子达说："看来高渠弥将要被杀掉啊！因为他的报复也太过分了。"

桓公十八年

经　十有八年春，王正月，公会齐侯于泺。公与夫人姜氏遂如齐。夏四月丙子，公薨于齐。丁酉，公之丧至自齐。秋七月。冬十有二月己丑，葬我君桓公。

传　十八年春，公将有行，遂与姜氏如齐。申繻曰①："女有家，男有室，无相渎也②，谓之有礼。易此必败③。"

公会齐侯于泺④，遂及文姜如齐。齐侯通焉⑤。公谪之⑥，以告。

夏四月丙子⑦，享公。使公子彭生乘公⑧，公薨于车。

鲁人告于齐曰："寡君畏君之威，不敢宁居⑨，来修旧好，礼成而不反，无所归咎，恶于诸侯⑩。请以彭生除之⑪。"齐人杀彭生。

秋，齐侯师于首止⑫，子亹会之，高渠弥相⑬。七月戊戌⑭，齐人杀子亹而轘高渠弥⑮，祭仲逆郑子于陈而立之。

是行也，祭仲知之，故称疾不往。人曰："祭仲以知免。"仲曰："信也。"

周公欲弑庄王而立王子克⑯。辛伯告王⑰，遂与王杀周公黑肩。王子克奔燕⑱。

初，子仪有宠于桓王，桓王属诸周公。辛伯谏曰："并后⑲，匹嫡⑳，两政㉑，耦国㉒，乱之本也。"周公弗从，故及。

【注释】

①申繻（xū）：鲁国大夫。　②渎：轻慢、亵渎。　③易：违反。败：坏。　④泺（luò）：齐国地名，今山东省济南市西北。　⑤通：通奸。　⑥谪：责怒。　⑦丙子：初十日。　⑧公子彭生：人名，齐国大力士。乘：助其登车。　⑨宁居：安居。　⑩恶：恶劣影响。　⑪除之：消除耻辱。　⑫首止：卫国地名，接近郑地。　⑬相：助手。　⑭戊戌：初三日。　⑮轘：车裂。　⑯周公：即周公黑肩。王子克：周庄王之弟子仪。　⑰辛伯：周大夫。　⑱燕：南燕国。　⑲并后：媵妾与王后并列。后，王后，即正妻。　⑳匹嫡：庶子与嫡子相等。匹，匹敌，相等。　㉑两政：一国之内有两位正卿同时执政。　㉒耦国：大城与都城一样。耦，并列。

【译文】

十八年春季，桓公准备外出，随后便和姜氏到了齐国。申繻说："女人各有丈夫，男人各有妻室，夫妻之间不能互相亵渎，这就叫有礼。如果违反了这一点，必然毁败。"

桓公和齐襄公在泺地会见，然后又和文姜到了齐都。襄公和文姜继续通奸。桓公谴责文姜，文姜告诉了襄公。

夏季四月十日，襄公宴请桓公。酒后让公子彭生扶桓公上车，桓公就在车上不明不白地死去。

鲁国人告诉齐国人说："寡君因为害怕贵国国君的威严，才没敢安居国内，前去重修旧好。但会见之后至今没有回国，我们又无处追究责任，在这个问题上贵国将得罪其他诸侯。希望杀掉彭生以消除这一恶劣影响。"于是齐人杀死了彭生。

秋季，齐襄公率军驻扎在首止，子亹前去会见，高渠弥为其助手。七月三日，齐人杀了子亹，并把高渠弥五马分尸，祭仲到陈国迎接公子仪回去立为国君。

首止之行，由于祭仲事先掌握了情况，就推托有病没去。有人说："祭仲有先见之明，因而免于祸患。"祭仲说："确实如此。"

周公想杀掉周庄王而立王子克为王。辛伯把此事告诉了庄王，并帮助庄王杀了周公黑肩。王子克逃到了燕国。

当初，王子克曾受到桓王的宠爱，桓王把他托付给周公。辛伯劝阻周公说："姬妾与王后并重，庶子与嫡子同等对待，同时有两人执掌国政，大城的建制与国都一样，这都是祸乱的根源。"周公不听，所以最终遭到了灾难。

庄 公

庄公元年

经　元年春，王正月。三月，夫人孙于齐。夏，单伯送王姬。秋，筑王姬之馆于外。冬十月乙亥，陈侯林卒。王使荣叔来锡桓公命。王姬归于齐。齐师迁纪邢、鄑、郚。

传　元年春，不称即位，文姜出故也[①]。
三月，夫人孙于齐[②]。不称姜氏。绝不为亲，礼也。
秋，筑王姬之馆于外[③]。为外，礼也。

【注释】

①出：外出。　②夫人：指文姜。孙：通"逊"，奔。　③王姬：周王之女的通称。此王姬当是周平王孙女，嫁与齐国国君。馆：馆舍。外：城外。古礼，天子嫁女，使同姓诸侯主婚，故将王姬送至鲁国。王姬因不是鲁国女，故在城外筑馆舍而备出嫁。

【译文】

元年春季，《春秋》没有记载庄公即位，是由于此时他的母后文姜外出还没有回国。

三月，文姜逃亡在齐国。《春秋》不称其为姜氏而称"夫人"，是因为桓公被杀，庄公与之断绝了母子关系，这是合乎礼的。

秋季，鲁国在城外为天子的孙女王姬建造馆舍。王姬不是鲁国女子，在城处建馆是合乎礼的。

庄公二年

经　二年春，王二月，葬陈庄公。夏，公子庆父帅师伐於馀丘。秋七月，齐王姬卒。冬十有二月，夫人姜氏会齐侯于禚。乙酉，宋公冯卒。

传　二年冬，夫人姜氏会齐侯于禚①，书，奸也。

【注释】

①禚（zhuó）：齐国地名，在今山东省长清县境内。

【译文】

二年冬季，夫人文姜在禚地和齐襄公再次相会，《春秋》记载此事，表明他们的相会实际上是通奸。

庄公三年

经　三年春，王正月，溺会齐师伐卫。夏四月，葬宋庄公。五月，葬桓公。秋，纪季以酅入于齐。冬，公次于滑。

传　三年春，溺会齐师伐卫①，疾之也②。
夏五月，葬桓王，缓也。
秋，纪季以酅入于齐③，纪于是乎始判④。
冬，公次于滑⑤，将会郑伯，谋纪故也。郑伯辞以难⑥。
凡师，一宿为舍，再宿为信，过信为次。

【注释】

①溺：鲁国大夫，即公子溺。　②疾：疾恶，讨厌。　③纪季：纪侯的弟弟。酅（xié）：纪国邑名，在今山东省临淄镇东。入：并入。　④判：分。　⑤滑：郑国地名，在今河南省睢县西北。　⑥难：祸患。

【译文】

三年春季，公子溺会合齐国军队讨伐卫国。《春秋》直书其名而不称公子，是讨厌他联合仇敌讨伐同姓之国。

夏季五月，王室才安葬了周桓王，这次安葬被推迟了很长时间。

秋季，纪季将酅城归入齐国作为附庸，从此纪国开始分裂。

冬季，庄公住在滑地，准备会见郑伯子仪，谋划对付纪国。郑伯以国内还有祸难为由推辞了。

凡是军队驻扎在外，一夜叫舍，两夜叫信，超过两夜叫次。

庄公四年

经　四年春，王二月，夫人姜氏享齐侯于祝丘。三月，纪伯姬卒。夏，齐侯、陈侯、郑伯遇于垂。纪侯大去其国。六月乙丑，齐侯葬纪伯姬。秋七月。冬，公及齐人狩于禚。

传　四年春，王三月，楚武王荆尸①，授师孑焉②，以伐随。将齐③，入告夫人邓曼曰："余心荡④。"邓曼叹曰："王禄尽矣⑤。盈而荡⑥，天之道也，先君其知之矣⑦。故临武事，将发大命⑧，而荡王心焉。若师徒无亏⑨，王薨于行，国之福也。"王遂行，卒于樠木之下⑩。令尹斗祁、莫敖屈重除道梁溠⑪，营军临随⑫。随人惧，行成⑬。莫敖以王命入盟随侯，且请为会于汉汭而还⑭。济汉而后发丧。

纪侯不能下齐⑮，以与纪季。夏，纪侯大去其国⑯，违齐难也⑰。

【注释】

①荆尸：楚武王所创的一种战阵。荆，楚国别称。尸，阵法。　②孑：同"戟"。　③齐：同"斋"，斋戒。　④荡：跳。⑤禄：福气，此指寿命。　⑥盈：满。　⑦先君：过去的国君，即祖先。　⑧命：令。　⑨师徒：指军队。亏：损失。　⑩樠（mán）：树木名。　⑪令尹：楚国官名，执政大臣，相当于后世的宰相。除道：开路。梁溠（zhà）：在溠河上架桥。梁，桥，用作动词。溠：河名，今名扶恭河，在湖北省随县一带。　⑫营军：军队扎下营垒。营，使动用法。　⑬行成：求和。　⑭汉汭（ruì）：汉水转弯处。汭：水流弯曲且与其他河汇合的地方。　⑮下齐：居于齐国之下。"下"用作动词。　⑯大去：一去不返。去，离开。　⑰违：避开。

【译文】

四年春季，周历三月，楚武王摆开一种名为"荆尸"的战阵，把戟发给士兵，然后去攻打随国。斋戒祭祀祖先之前，他到宫里告诉夫人邓曼："我的心跳得厉害。"邓曼叹息道："看来国君的寿命已经到头了。出征之前本应精神饱满，您却心意散乱，这是上天的启示，先君大概在冥冥之中已经预料到了。所以现在面临作战时，要发布重要命令从而使国君心跳不已。如果军队没有损失，国君在行进途中去世，这就是国家的福气了。"武王率军出征，果然死在樠树下面。令尹斗祁、莫敖屈重继续开道前进，并在溠水上架桥，在随国附近建造营垒，表示决战到底。随国人害怕了，请求和好。莫敖代表武王进去和随侯结盟，并请他在汉水与其他河流汇合处举行会谈，然后才撤兵。直到渡过汉水后才公布武王去世的消息。

纪侯终究不愿屈从齐国，就把自己统治的地方也给了纪季。夏季，纪侯离开国家，从此一去不复返，这是为了躲避齐国的灾祸。

庄公五年

经　五年春，王正月。夏，夫人姜氏如齐师。秋，郳犂来来朝。冬，公会齐人、宋人、陈人、蔡人伐卫。

传　五年秋，郳犂来来朝①，名，未王命也。
冬，伐卫，纳惠公也②。

【注释】

①郳犂来：郳国国君，名犂来。郳通"倪"，为鲁附庸国。　②惠公：即卫惠公，名朔，于鲁桓公十六年奔齐，故齐侯会合诸侯的军队伐卫，预谋立惠公为君。

【译文】

五年秋季，郳国的犂来前来朝见。《春秋》直书其名，是因为他还没有得到天子的封爵。

冬季，庄公联合齐国、宋国、陈国、蔡国讨伐卫国，并护送卫惠公回国。

庄公六年

经　六年春，王正月，王人子突救卫。夏六月，卫侯朔入于卫。秋，公至自伐卫。螟。冬，齐人来归卫俘。

传　六年春，王人救卫①。
夏，卫侯入，放公子黔牟于周②，放宁跪于秦③，杀左公子泄、右公子职④，乃即位。
君子以二公子之立黔牟为"不度矣"⑤。夫能固位者，必度于本末而后立衷焉⑥。不知其本，不谋。知本之不枝⑦，弗强⑧。《诗》云⑨："本枝百世⑩。"

冬，齐人来归卫宝，文姜请之也。

楚文王伐申⑪，过邓。邓祁侯曰⑫："吾甥也。"止而享之⑬。骓甥、聃甥、养甥请杀楚子⑭，邓侯弗许。三甥曰："亡邓国者，必此人也。若不早图，后君噬齐⑮，其及图之乎⑯？图之，此为时矣。"邓侯曰："人将不食吾馀⑰。"对曰："若不从三臣，抑社稷实不血食⑱，而君焉取馀。"弗从。还年⑲，楚子伐邓。十六年⑳，楚复伐邓，灭之。

【注释】

①王人：周王室官员。　②放：放逐，流放。公子黔牟：见桓公十六年注。　③宁跪：卫国大夫。　④左公子泄、右公子职：见桓公十六年注。　⑤度：揣度。　⑥本末：各个方面的条件。衷：适当的方法和时机。　⑦不枝：无枝叶。　⑧强：勉强。　⑨《诗》：指《诗经》。　⑩本枝百世：句出《诗经·大雅·文王》篇。意为本宗和旁枝，百代兴旺。　⑪楚文王：楚武王之子，夫人邓曼所生，继武王为楚君。申：地名，见隐公元年注。　⑫邓祁侯：邓国国君。祁，邓侯的谥号。　⑬止：留住。　⑭骓（zhuī）甥、聃甥、养甥：三人名，均为邓国大夫，也是邓祁侯的外甥。楚子：即楚文王，国君新即位又称"子"。　⑮噬（shì）齐：咬肚脐。齐通"脐"。人不能自咬其肚脐，比喻后悔不及。　⑯及：及时。　⑰不食吾馀：不吃我祭祀剩余的东西。不食馀，为当时伫语，贱视、唾弃的意思。　⑱抑：连词，表示选择，相当于现代汉语的"还是"、"或者"。血食：祭祀杀牲。　⑲还年：指楚王伐申返回的那一年。　⑳十六年：指鲁庄公十六年。

【译文】

六年春季，王室官员前去援救卫国。

夏季，卫惠公回国，把公子黔牟流放到了成周，把宁跪流放到秦国，并杀了左公子泄、右公子职，然后才即位。

君子认为左、右二公子立黔牟为国君是缺乏考虑。要稳定国君的地位，必须考虑本末各个方面的条件，并采取适当的方法和时机。如果不了解他的根本，就不能为他谋划。如果只知其根本而不知其他，也不能勉强。所以《诗经》说："根壮枝茂才能百世不衰。"

冬季，齐国人前来归还卫国的宝器，这是出于文姜的请求。

楚文王攻打申国时，路过邓国。邓祁侯说："他是我的外甥。"把文王留住盛情款待。邓祁侯的另外三个外甥骓甥、聃甥、养甥请求杀掉楚王，邓祁侯不同意。那三个人说："将来灭亡邓国的，必定是这个人。如果不早做打算，以后您将后悔莫及，希望能及早下手。如果要动手，现在正是好机会！"邓祁侯说："这样做，人们将会鄙视我，再也不会食用我祭祀后剩余的东西了。"三个人回答说："如果不听我们三人的话，一旦国家灭亡，神灵将得不到祭祀，您哪里还会有剩余的食物供宾客食用呢？"邓祁侯没有听从。果然，文王攻打申国返回那年，顺便进攻邓国。鲁庄公十六年，楚国又一次攻打邓国，将其灭亡。

庄公七年

经　七年春，夫人姜氏会齐侯于防。夏四月辛卯，夜，恒星不见。夜中，星陨如雨。秋，大水。无麦、苗。冬，夫人姜氏会齐侯于穀。

传　七年春，文姜会齐侯于防，齐志也。
夏，恒星不见①，夜明也。星陨如雨②，与雨偕也③。
秋，无麦、苗④，不害嘉谷也⑤。

【注释】

①恒星：即常见之星。见：通"现"。　②陨：落。　③偕：同，俱。　④无麦：麦子无收获。苗：禾苗。　⑤嘉谷：指黍稷。

【译文】

七年春季，文姜和齐襄公在防地幽会，这一次是齐襄公要求的。
夏季，平时常见的星星看不到了，这是因为夜空明亮。星星陨落犹如下雨，而且是和雨一起落下的。
秋季，麦子因大雨而没有收获，禾苗也被淹没，但没有妨碍黍稷的收成。

庄公八年

经　八年春，王正月，师次于郎，以俟陈人、蔡人。甲午，治兵。夏，师及齐师围郕，郕降于齐师。秋，师还。冬十有一月癸未，齐无知弑其君诸儿。

传　八年春，治兵于庙，礼也。

夏，师及齐师围郕。郕降于齐师。仲庆父请伐齐师①。公曰："不可。我实不德，齐师何罪？罪我之由②。《夏书》曰③：'皋陶迈种德④，德，乃降。'姑务修德以待时乎！"

秋，师还。君子是以善鲁庄公。

齐侯使连称、管至父戍葵丘⑤，瓜时而往⑥，曰："及瓜而代⑦。"期戍⑧，公问不至⑨。请代，弗许。故谋作乱。

僖公之母弟曰夷仲年，生公孙无知，有宠于僖公，衣服礼秩如適⑩，襄公绌之⑪。二人因之以作乱⑫。

连称有从妹在公宫⑬，无宠，使间公⑭，曰："捷，吾以汝为夫人。"

冬十二月，齐侯游于姑棼⑮，遂田于贝丘⑯。见大豕，从者曰："公子彭生也。"公怒曰："彭生敢见！"射之，豕人立而啼⑰。公惧，队于车⑱，伤足，丧屦⑲。反，诛屦于徒人费⑳。弗得，鞭之，见血。走出，遇贼于门㉑。劫而束之。费曰："我奚御哉㉒！"袒而示之背，信之。费请先入，伏公而出斗㉓，死于门中。石之纷如死于阶下㉔。遂入，杀孟阳于床㉕。曰："非君也，不类㉖。"见公之足于户下，遂弑之，而立无知。

初，襄公立，无常㉗。鲍叔牙曰㉘："君使民慢㉙，乱将作矣。"奉公子小白出奔莒㉚。乱作，管夷吾、召忽奉公子纠来奔㉛。

初，公孙无知虐于雍廪㉜。

【注释】

①仲庆父：鲁庄公之弟。　②罪我之由：即"罪由我"的倒装句。　③《夏书》：《尚书》中有《禹贡》、《甘誓》、《五子之歌》、《胤征》共四篇，旧称《夏书》。　④皋陶：传说为虞舜时大臣，掌管刑狱。迈：勉励。种：树立。　⑤连称、管至父：二人名，均为齐国大夫。戍：守卫。葵丘：齐地名，在今山东省临淄镇西。　⑥瓜时：瓜熟之时。　⑦及瓜：来年瓜熟之时。　⑧期（jī）：一周年。　⑨问：音讯。　⑩礼秩：待遇等级。適（dí）：同"嫡"。⑪绌（chù）：通"黜"，贬退。　⑫因：凭借。　⑬从妹：堂妹。　⑭间（jiàn）：秘密侦察。⑮姑棼：齐地名，即薄姑，在今山东省博兴县东北。　⑯田：围猎。贝丘：齐地名，在今山东省博兴县南。　⑰人立：即后足立地，前足悬空，如人站立。　⑱队：同"坠"。　⑲屦（jǔ）：鞋子。　⑳诛屦：责令寻找鞋子。诛，责令。徒人费：即名字叫费的侍者。徒人，侍人，即寺人（宦官）。　㉑贼：指公孙无知等一伙叛贼。　㉒奚：疑问代词，哪里，怎么。御：抵抗。　㉓伏公：将齐襄公藏匿起来。伏，藏匿。　㉔石之纷如：即石纷如，侍人名字。　㉕孟阳：侍人名。伪装成齐襄公躺在床上。　㉖不类：不像。　㉗无常：行为无准则。　㉘鲍叔牙：齐国大夫。　㉙慢：松弛放纵。　㉚公子小白：齐襄公庶弟，后继位为齐桓公，其母为莒国女。出奔：逃亡。　㉛管夷吾：齐国卿士，又称管仲、管敬仲。召忽：齐卿。公子纠：齐襄

公庶弟，其母为鲁国女。　㉜虐：虐待。雍廪：齐国大夫。

【译文】

八年春季，鲁国在太庙给军队颁发了兵器，这是合乎礼的。

夏季，鲁国军队和齐国军队围攻郕国。郕国向齐军投降。为此，仲庆父请求攻打齐军。庄公说："不行。实际上是我缺少德行，齐军有什么罪？罪在于我。《夏书》说：'皋陶努力修养德行，一旦德行具备，他人自来降服。'我们还是尽力修养德行，以等待时机的到来吧！"

秋季，鲁国的军队回国。君子们因此而对鲁庄公称赞不已。

齐襄公让连称、管至父两大夫戍守葵丘。七月瓜熟时动身赴任，说："到明年瓜熟时就派人去替换你们。"一年戍期已满，襄公换防的命令也没有下来。连称和管至父请求派人来代替，襄公不答应。于是连、管二人就谋划发动叛乱。

齐僖公的同母之弟叫夷仲年，生了公孙无知，公孙无知受到僖公的宠爱，穿的衣服和所享受的待遇同嫡子一样。襄公即位以后，把他的待遇削减了。连称和管至父二人就准备依靠他发动叛乱。

连称有个堂妹在齐襄公的后宫为妾，没有得宠，连称就让她前去窥伺襄公的行动，并对她说："如果谋杀成功了，我就封你为夫人。"

冬季，十二月，齐襄公在姑棼游玩，然后在贝丘打猎。突然看到一头大野猪，随从说："这是公子彭生。"齐襄公发怒了，说："彭生还敢在我面前出现？"就用箭射，野猪前足腾空，像人一样站起来吼叫。齐襄公害怕了，从车上坠下来，摔伤了脚，还丢失了鞋。出游归来后，他责令一位名叫费的侍人前去找鞋。费找不到，齐襄公就鞭打他，直至打得身上流血。费跑出去，在门口遇到了叛贼，叛贼把费劫走并捆绑起来。费说："我并没有抵抗你们啊！"并解开衣服让叛贼看他脊背上的伤痕，叛贼这才相信。费请求先行进宫。他进去后先把齐襄公隐藏起来，然后出来和叛贼搏斗，结果死在宫门里。侍人石之纷如死在台阶下。叛贼进到宫里，杀了躺在床上假冒齐襄公的孟阳，又说："这个人不是国君，看样子不像。"在门下看到齐襄公的脚露了出来，就把他拉出来杀了，然后立了公孙无知为君。

当初，襄公即位后，政令无常。鲍叔牙说："国君放纵百姓，祸乱将要发生。"就事奉公子小白逃到了莒国。叛乱发生后，管仲、召忽事奉公子纠逃到了鲁国。

当初，公孙无知曾虐待大夫雍廪。

庄公九年

经　九年春，齐人杀无知。公及齐大夫盟于蔇。夏，公伐齐，纳子纠。齐小白入于齐。秋七月丁酉，葬齐襄公。八月庚申，及齐师战于乾时，我师败绩。九月，齐人取子纠杀之。冬，浚洙。

传　九年春，雍廪杀无知。
公及齐大夫盟于蔇①，齐无君也。
夏，公伐齐，纳子纠。桓公自莒先入。
秋，师及齐师战于乾时②，我师败绩，公丧戎路③，传乘而归④。秦子、梁子以公旗辟于下道⑤，是以皆止⑥。
鲍叔帅师来言曰："子纠，亲也，请君讨之⑦。管、召⑧，仇也，请受而甘心焉。"乃杀子纠于生窦⑨，召忽死之。管仲请囚，鲍叔受之，及堂阜而税之⑩。归而以告曰："管夷吾治于高傒⑪，使相可也。"公从之。

【注释】

①蔇：鲁国地名。蔇通"暨"。　②乾时：地名，在今山东省临淄镇西南。　③公：指鲁庄公。戎路：兵车。　④传乘：转乘其他车辆。　⑤秦子、梁子：二人名，为鲁庄公戎车上的御者及戎右。辟：同"避"。下道：小道。　⑥止：俘获。　⑦讨：诛杀。　⑧管、召：指管仲、召忽。　⑨生窦：鲁国地名。　⑩堂阜：齐国地名，在齐、鲁二国交界处。税：同"脱"，释放。　⑪高傒：齐国上卿，执政大臣。治于高傒，即治国才能超过高傒。

【译文】

九年春季，雍廪杀了公孙无知。
庄公和齐国的大夫在蔇地结盟，因为齐国没有国君。
夏季，庄公讨伐齐国，准备送公子纠回国即位。但齐桓公小白已从莒国抢先回到了齐国。
秋季，鲁国军队和齐国军队在乾时交战，结果鲁军大败。庄公丢弃了战车，转乘驿车回国。秦子、梁子打着庄公的旗帜躲在小道上引诱齐军，因此被齐军俘获。
鲍叔率领军队来鲁国说："子纠是我们国君的亲兄弟，请国君杀了他。至于管仲、召忽则是我们的仇人，请交给我们亲手把他们处死。"齐国人就在生窦把子纠杀了，召忽自杀。管仲请求把他囚禁起来送回齐国，鲍叔同意了。到堂阜就给他松了绑。回国后，鲍叔向齐桓公进言："管仲的政治才能超过了高傒，可以让他辅佐国君。"桓公采纳了他的建议。

庄公十年

经 十年春，王正月，公败齐师于长勺。二月，公侵宋。三月，宋人迁宿。夏六月，齐师、宋师次于郎。公败宋师于乘丘。秋九月，荆败蔡师于莘，以蔡侯献舞归。冬十月，齐师灭谭。谭子奔莒。

传 十年春，齐师伐我。公将战，曹刿请见①。其乡人曰："肉食者谋之②，又何间焉③。"刿曰："肉食者鄙④，未能远谋。"乃入见。问："何以战?"公曰："衣食所安，弗敢专也⑤，必以分人。"对曰："小惠未遍，民弗从也。"公曰："牺牲玉帛⑥，弗敢加也⑦，必以信⑧。"对曰："小信未孚⑨，神弗福也。"公曰："小大之狱，虽不能察⑩，必以情⑪。"对曰："忠之属也，可以一战，战则请从。"

公与之乘。战于长勺⑫。公将鼓之。刿曰："未可。"齐人三鼓，刿曰："可矣。"齐师败绩。公将驰之⑬。刿曰"未可。"下，视其辙，登，轼而望之⑭，曰："可矣。"遂逐齐师。

既克，公问其故。对曰："夫战，勇气也。一鼓作气，再而衰，三而竭。彼竭我盈，故克之。夫大国，难测也，惧有伏焉。吾视其辙乱，望其旗靡⑮，故逐之。"

夏六月，齐师、宋师次于郎。公子偃曰⑯："宋师不整，可败也。宋败，齐必还，请击之。"公弗许。自雩门窃出⑰，蒙皋比而先犯之⑱。公从之。大败宋师于乘丘⑲。齐师乃还。

蔡哀侯娶于陈，息侯亦娶焉⑳。息妫将归㉑，过蔡。蔡侯曰："吾姨也。"止而见之，弗宾㉒。息侯闻之，怒，使谓楚文王曰："伐我，吾求救于蔡而伐之。"楚子从之。秋九月，楚败蔡师于莘㉓，以蔡侯献舞归㉔。

齐侯之出也㉕，过谭㉖，谭不礼焉㉗。及其入也㉘，诸侯皆贺，谭又不至。冬，齐师灭谭，谭无礼也。谭子奔莒㉙，同盟故也。

　　①曹刿（guì）：鲁国人。又名曹沫。　②肉食者：即食肉者，指做官的人。　③间：参与。　④鄙：鄙陋不通。　⑤专：专享。　⑥牺牲玉帛：祭祀之物。　⑦加：变更。　⑧信：诚实。　⑨孚：覆盖，普遍，孚借为"覆"。一说孚即信用，信服。　⑩察：洞察，明察。⑪情：实情。　⑫长勺：鲁地名，在今山东省曲阜县北。　⑬驰：追逐。　⑭轼：古代车厢前用作扶手的横木。　⑮靡：倒伏。　⑯公子偃：鲁国大夫。　⑰雩（yú）门：鲁国南城西门。鲁南城有三门，正南门叫稷门，东门叫鹿门，西门叫雩门。窃出：私下出击。　⑱皋比：虎皮。　⑲乘丘：地名，在今山东省兖州县境内。　⑳息侯：息国国君。　㉑息妫：息侯夫人，陈国女，妫姓。归：出嫁。　㉒弗宾：不礼敬，有轻佻行为。　㉓莘：蔡地名，在今河南省汝南县境。　㉔蔡侯献舞：即蔡季，蔡哀侯，名献舞。　㉕出：逃亡。　㉖谭：国名，在今山东省济南市东南。　㉗不礼：不以礼相待。　㉘入：回国做国君。　㉙谭子：谭国国君。

【译文】

　　十年春季，齐国军队攻打鲁国。庄公准备迎战，曹刿求见庄公。但曹刿的同乡劝他说："这事有当官的人去谋划，你又何必参与？"曹刿说："当官的人都很浅陋，不能深谋远虑。"于是入宫进见。他问庄公："依靠什么作战？"庄公说："穿衣吃饭这些安逸之事，我不敢独自享受，总是要分给别人一些。"曹刿说："即使这些小恩小惠也没有普遍施行，百姓是不会跟随您去作战的。"庄公说："祭祀神灵时的牺口和玉帛，我按照规定不敢擅自变更，祝史祷告时也极为诚实。"曹刿回答："这只是小信，还不能为神灵所信服，神灵不一定会保佑您。"庄公又说："对大大小小各种案件，我虽然不能一一审查清楚，但都尽力使其合乎情理。"曹刿说："这才是尽心竭力为百姓办事的表现，可以凭借这一点打仗。如果打仗，请允许我随您前往。"

　　庄公和他同乘一辆战车。齐、鲁在长勺交战。庄公准备擂鼓进军。曹刿说："现在还不行。"等到齐国人擂了三通战鼓后，曹刿才说："可以了。"结果，齐军大败。庄公准备下令驱车追赶。曹刿说："现在还不行。"他下车仔细察看了齐军的车辙，并登上车前横木眺望一番后才说："可以追击了。"鲁军才开始追击齐军。

　　战斗胜利后，庄公问起取胜的原因。曹刿回答说："作战要靠勇气。擂第一通战鼓时，士气大振，擂第二通战鼓时，士气就开始衰落下去了，擂第三通战鼓，士气就没有了。敌方的士气没有了，而我方士气正旺，因此才战胜他们。大国的行动难于揣测，我怕他们是假撤退而布置埋伏。当我看到他们的车辙已显杂乱，望见他们的战旗已经倒下，确实是败退时，才让您下令追击。"

夏季六月，齐军和宋军驻扎在郎地。公子偃说："宋军阵容不整，可以打败他们。宋军一败，齐军必定撤回，请进攻他们。"庄公不同意。公子偃私自从雩门出城，用虎皮蒙上马先进攻宋军。庄公随后率军赶来。在乘丘把宋军打得大败。齐军然后回国。

蔡哀侯从陈国娶了妻，息侯也是从陈国娶的妻。息妫出嫁路过蔡国时，蔡哀侯说："这是我的小姨子。"并把她强留下来，见面时很没有礼貌。息侯听说此事后，非常恼怒，便派人对楚文王说："请您假装攻打我国，等我向蔡国求救引他们出来后，您趁机攻打。"文王同意了。秋季九月，楚国在莘地打败了蔡军，俘获了蔡哀侯献舞而回。

齐桓公逃亡在外时，曾路过谭国，谭国对他没有以礼相待。等他回国即位，诸侯都前去祝贺时，谭国又没有派人去。冬季，齐国发兵灭了谭国，以报复谭国的无礼。谭子逃到了莒国，因为莒国和谭国曾经结过盟。

庄公十一年

经 十有一年春，王正月。夏五月戊寅，公败宋师于鄑。秋，宋大水。冬，王姬归于齐。

传 十一年夏，宋为乘丘之役故侵我。公御之，宋师未陈而薄之①，败诸鄑②。

凡师，敌未陈曰败某师，皆陈曰战，大崩曰败绩，得俊曰克③，覆而败之曰取某师④，京师败曰王师败绩于某⑤。

秋，宋大水。公使吊焉⑥，曰："天作淫雨，害于粢盛⑦，若之何不吊？"对曰："孤实不敬⑧，天降之灾，又以为君忧，拜命之辱⑨。"

臧文仲曰⑩："宋其兴乎！禹、汤罪己；其兴也悖焉⑪，桀、纣罪人，其亡也忽焉⑫。且列国有凶称孤⑬，礼也。言惧而名礼⑭，其庶乎⑮！"既而闻之曰："公子御说之辞也⑯。"臧孙达曰⑰："是宜为君，有恤民之心⑱。"

冬，齐侯来逆共姬⑲。

乘丘之役，公以金仆姑射南宫长万⑳，公右歂孙生搏之㉑。宋人请之，宋公靳之㉒，曰："始吾敬子，今子，鲁囚也，吾弗敬子矣。"病之㉓。

【注释】

①薄：迫近。 ②酀（jìn）：鲁国地名，在宋、鲁边界处。 ③得俊：战胜敌军，俘获其首领或勇士。俊，才智出众的人。 ④覆：隐蔽，埋伏。 ⑤京师：周天子的军队。 ⑥吊：慰问。 ⑦粢盛：祭礼所用的黍稷，此指庄稼。 ⑧孤：宋君自称。 ⑨拜命之辱：当时习惯用语，犹如后来的"承蒙关照，实不敢当"。 ⑩臧文仲：即臧孙辰，鲁国大夫。 ⑪悖：同"勃"。 ⑫忽：疾速。 ⑬凶：凶灾。 ⑭言惧：言辞谦恭惶恐。名礼：名称合于礼义。 ⑮庶：庶几。 ⑯公子御说（yuè）：宋庄公之子，宋闵公之弟，即后来的宋桓公。 ⑰臧孙达：即臧哀伯。 ⑱恤：怜悯。 ⑲齐侯：即齐桓公。共姬：即王姬。 ⑳金仆姑：箭名。南宫长万：宋国大夫，又名宋万。 ㉑右：车右。歂孙：人名，鲁庄公戎车右手。生搏：活捉。 ㉒靳：奚落，嘲笑。 ㉓病：积怨，怀恨。

【译文】

十一年夏季，宋国为了报复乘丘那次战役而侵犯鲁国。庄公率兵迎战，宋国军队还没有摆开阵势，鲁军就逼近了，结果在酀地将其打败。

凡是军队交战，敌方还没有摆开阵势时就将其打败，这叫"败某师"，双方都摆开了阵势就叫"战"，一方军队彻底崩溃叫"败绩"，俘获了敌方的将帅叫"克"，设下伏兵而击败敌军叫"取某师"，王室的军队战败叫"王师败绩于某"。

秋季，宋国发了大水。庄公派人前去慰问，并且说："天降大雨，庄稼受灾，怎么能不慰问呢？"宋闵公回答说："我对上天不够敬重，上天降灾于我，现在又让贵君担忧，实在担当不起。"

臧文仲说："看来宋国就要振兴起来了。禹、汤勇于自我责备，因此能够迅速兴起，桀、纣归罪于别人，所以迅速灭亡。并且在当前各国发生灾荒之时，宋公称自己为孤，也是合乎礼的。说话诚惶诚恐而自我称谓又合乎礼，这样就差不多能兴起了吧。"不久又听说："这话是宋庄公之子御说讲的。"臧文仲说："公子御说这个人适宜做国君，他有怜悯百姓之心。"

冬季，齐桓公亲自来迎娶王姬。

乘丘一战中，庄公用名叫金仆姑的箭射中了宋国的南宫长万，庄公的车右歂孙将其活捉。宋国人请求把南宫长万释放回国，宋闵公奚落南宫长万说："当初我敬重你。如今，你成了鲁国的囚犯，我不能再敬重你了。"南宫长万因此对闵公怀恨在心。

庄公十二年

经　十有二年春，王三月，纪叔姬归于酅。夏四月。秋八月甲午，宋万弑其君捷及其大夫仇牧。冬十月，宋万出奔陈。

传　十二年秋，宋万弑闵公于蒙泽①。遇仇牧于门②，批而杀之③。遇大宰督于东宫之西④，又杀之。立子游⑤。群公子奔萧⑥。公子御说奔亳⑦。南宫牛、猛获帅师围亳⑧。

冬十月，萧叔大心及戴、武、宣、穆、庄之族以曹师伐之⑨。杀南宫牛于师，杀子游于宋，立桓公⑩。猛获奔卫；南宫万奔陈，以乘车辇其母⑪，一日而至。

宋人请猛获于卫，卫人欲勿与，石祁子曰⑫："不可。天下之恶一也，恶于宋而保于我⑬，保之何补⑭？得一夫而失一国，与恶而弃好⑮，非谋也。"卫人归之。亦请南宫万于陈，以赂。陈人使妇人饮之酒，而以犀革裹之，比及宋，手足皆见。宋人皆醢之⑯。

【注释】

①宋万：即南宫长万。闵公：即宋闵公，名捷。蒙泽：宋国地名，在今河南省商丘县北。　②仇牧：宋国卿士。　③批：反手击打。　④太宰督：即华督。太宰，官名。　⑤子游：宋国公子。　⑥萧：宋附庸国。在今安徽省萧县西北。　⑦亳（bó）：宋国邑名。　⑧南宫牛：南宫长万之子。猛获：南宫长万的同党。　⑨萧叔大心：萧国大夫。叔，排行。大心，名。戴、武、宣、穆、庄：指宋戴公、宋武公、宋宣公、宋穆公、宋庄公。　⑩桓公：即公子御说。　⑪乘车：载人的车子。辇：以人驾车称为"辇"。　⑫石祁子：卫国大夫。　⑬保：保护。　⑭补：益处。　⑮与恶：袒护邪恶。　⑯醢（hǎi）：肉酱。此作动词用，即烹而醢之。

【译文】

十二年秋季，宋万在蒙泽杀了宋闵公。出来在宫门口遇到大夫仇牧，又一掌把他打死。在东宫的西面遇到太宰督，又杀了他。然后立子游为君。其他公子都逃到了萧国。公子御说逃到了亳地。南宫牛和猛获率兵包围了亳地。

冬季十月，萧叔大心和宋戴公、武公、宣公、穆公、庄公的同姓亲属率领曹军讨伐宋万。在军中杀了南宫牛，在宋都杀了子游，而后立了桓公为君。猛获逃到卫国。南宫长万逃到陈国，逃跑时让母亲坐到车上，自己拉着走，只用一天就到了陈国。

　　宋国人到卫国请求归还猛获，卫国人准备拒绝，但石祁子说："不行。天下的邪恶是相同的，他在宋国作恶却在我国受到保护，保护他又有什么用处呢？得到一个人而失去一个国家，袒护邪恶而断绝友好，这不是好办法。"于是卫国人把猛获归还了宋国。宋国又向陈国请求归还南宫长万，并送上财礼。陈国人让女人劝南宫长万饮酒，灌醉后用牛皮包裹起来装上车运走。等走到宋国，南宫长万的手脚已经捅破牛皮露在外面了。宋国人把猛获和南宫长万都煮熟后醢了起来。

庄公十三年

　　经　十有三年春，齐侯、宋人、陈人、燕人、邾人会于北杏。夏六月，齐人灭遂。秋七月。冬，公会齐侯，盟于柯。

　　传　十三年春，会于北杏①，以平宋乱，遂人不至②。夏，齐人灭遂而戍之。
　　冬，盟于柯③，始及齐平也。
　　宋人背北杏之会④。

【注释】

　　①北杏：齐国地名，在今山东省东阿县境。　②遂：诸侯国，妫姓，故城在今山东省宁阳县西北，与肥城县交界处。　③柯：齐国邑名，在今山东省阳谷县东北。　④背：背盟，违约。

【译文】

　　十三年春季，庄公和齐、宋、陈、蔡、邾等国国君在北杏会见，以平定宋国的动乱，但遂国国君没有来。夏季，齐国灭亡了遂国并驻兵镇守。
　　冬季，庄公和齐桓公在柯地结盟，从此开始和齐国和好。
　　宋国人背叛了在北杏订立的盟约。

庄公十四年

　　经　十有四年春，齐人、陈人、曹人伐宋。夏，单伯会伐宋。秋七月，荆入蔡。冬，单伯会齐侯、宋公、卫侯、郑伯于鄄。

传 十四年春，诸侯伐宋，齐请师于周。夏，单伯会之①，取成于宋而还。

郑厉公自栎侵郑②，及大陵③，获傅瑕④。傅瑕曰："苟舍我⑤，吾请纳君。"与之盟而赦之。六月甲子⑥，傅瑕杀郑子及其二子而纳厉公⑦。

初，内蛇与外蛇斗于郑南门中⑧，内蛇死。六年而厉公入。公闻之，问于申繻曰："犹有妖乎？"对曰："人之所忌，其气焰以取之，妖由人兴也。人无衅焉⑨，妖不自作。人弃常则妖兴⑩，故有妖。"

厉公入，遂杀傅瑕。使谓原繁曰："傅瑕贰⑪，周有常刑，既伏其罪矣。纳我而无二心者，吾皆许之上大夫之事，吾愿与伯父图之⑫。且寡人出⑬，伯父无里言⑭，入，又不念寡人⑮，寡人憾焉⑯。"对曰："先君桓公命我先人典司宗祏⑰。社稷有主而外其心，其何贰如之？苟主社稷，国内之民其谁不为臣？臣无二心，天之制也⑱。子仪在位十四年矣⑲，而谋召君者，庸非贰乎⑳。庄公之子犹有八人，若皆以官爵行赂、劝贰而可以济事㉑，君其若之何？臣闻命矣㉒。"乃缢而死。

蔡哀侯为莘故㉓，绳息妫以语楚子㉔。楚子如息，以食入享，遂灭息。以息妫归，生堵敖及成王焉，未言。楚子问之，对曰："吾一妇人而事二夫，纵弗能死，其又奚言？"楚子以蔡侯灭息，遂伐蔡。秋七月，楚入蔡。

君子曰："《商书》所谓'恶之易也，如火之燎于原，不可乡迩，其犹可扑灭'者，其如蔡哀侯乎㉕。"

冬，会于鄄㉖，宋服故也。

【注释】

①会：会合。 ②郑厉公：详见桓公十五年注。 ③大陵：郑国地名，当在河南省密县与新郑县之间。 ④傅瑕：郑国大臣。 ⑤舍：释放。 ⑥甲子：二十日。 ⑦郑子：即郑国国君子仪，因无谥号，故称郑子。 ⑧内蛇：门内之蛇。外蛇：门外之蛇。 ⑨衅：破绽，缝隙。 ⑩弃常：失去常态常道。 ⑪贰：有二心，不专诚。 ⑫伯父：指原繁。 ⑬寡人：郑厉公自称。 ⑭里言：指以国内情况告知厉公。 ⑮念：顾念，亲近。 ⑯憾：遗憾，不满意。 ⑰桓公：郑国开始受封的第一代国君。典司：主管。宗祏（shí）：宗庙中藏主的石室。 ⑱制：规定。 ⑲子仪：即郑子。 ⑳庸：难道。 ㉑劝贰：规劝别人对君主存二心。济事：成事，指做国君。 ㉒闻命：听从命令。 ㉓蔡哀侯：见庄公十年注。 ㉔绳：赞美。语（yù）：告诉。楚子：即楚文王。 ㉕《商书》：详见隐公六年注。 ㉖鄄（juàn）：卫国地名，在今山东省鄄城县西北。

十四年春季，齐、陈、曹各诸侯联合讨伐宋国，齐国请求王室也出兵。夏季，周大夫单伯和诸侯会合，后来联军和宋国讲和，便各自回国了。

郑厉公从栎地侵入郑都，行至大陵，俘虏了傅瑕。傅瑕说："假如您放了我，我想法使您回国再登君位。"郑厉公和他订立了盟约，然后赦免了他。六月二十日，傅瑕杀了子仪和他的两个儿子，然后接纳厉公回国即位。

当初，在郑国都城的南门下，曾有两条蛇在一起争斗，一条在门里，一条在门外，结果门里的蛇被咬死。此后六年厉公回国。庄公听说此事后，问申繻："还有妖怪吗？"申繻回答说："一个人是否有所惧怕，取决于他自己的气势，妖怪是由于人才兴起的。人无罪过，妖怪不会自己兴起。人一旦离开了固定的法则，妖怪就会产生，因此，也就有了妖怪。"

郑厉公回国后就杀了傅瑕。并派人对原繁说："傅瑕对国君怀有二心，对这种人，周朝制定了刑罚，现已将他惩处。凡帮助我恢复君位而没有二心的，我都答应给他们上大夫的官职，希望能跟伯父共同商议。在我出居国外时，伯父没能告诉我国内的有关情况，从蔡国回到栎地后，您又没有主动亲近，我感到非常遗憾。"原繁回答说："当年先君桓公命令我的祖先负责管理宗庙石室。国家有君主，自己却心系国外，还有比这更严重的二心吗？假如一个人能够统治国家，那么国内的百姓，谁不是他的臣民呢？臣民不能怀有二心，这是上天的规定。子仪为国君已经十四年了。现在谋划召请国君您回国即位的人，难道不是对国君有二心吗？庄公的儿子还有八个，如果都效仿您用官职爵位作为贿赂，劝说别人背叛国君而又能成功的话，国君您又怎么办呢？国君的意思我明白了。"于是自缢而死。

蔡哀侯因为莘地之战被俘而想报复息国，他在楚文王面前极力颂赞息妫。于是楚文王便前往息国，设宴招待息侯，趁机把他杀了，将息国灭掉。并把息妫带回楚国，后来生了堵敖和成王。息妫到楚国后不说话，楚王问她原因，她回答说："我作为一个女人，却事奉两个丈夫，即使是不能去死，又有什么话可说呢？"文王知道因为蔡国才灭亡了息国，又发兵攻打蔡国。秋季七月，楚军攻入蔡国。

君子对此评论说："《商书》所说的'邪恶的蔓延，犹如燎原大火，接近都不能，难道还能扑灭吗'，这恐怕像蔡哀侯一样吧！"

冬季，周大夫单伯和齐桓公、宋桓公、卫惠公、郑厉公在鄄地会见，因为宋国又重新顺服了。

庄公十五年

经　十有五年春，齐侯、宋公、陈侯、卫侯、郑伯会于鄄。夏，夫人姜氏如齐。秋，宋人、齐人、邾人伐郳。郑人侵宋。冬十月。

传　十五年春，复会焉①，齐始霸也②。
秋，诸侯为宋伐郳③。郑人间之而侵宋④。

【注释】

①复会：指齐、宋、陈、卫、郑国再次于鄄地会盟。　②霸：称霸。　③郳（ní）：宋国附庸，又背叛了宋国。　④间：乘隙。

【译文】

十五年春季，齐桓公、宋桓公、陈宣公、卫惠公、郑厉公再次在鄄地会见，从此齐国开始称霸。

秋季，诸侯各国为宋国攻打郳国。郑国人乘机入侵了宋国。

庄公十六年

经　十有六年春，王正月。夏，宋人、齐人、卫人伐郑。秋，荆伐郑。冬十有二月，会齐侯、宋公、陈侯、卫侯、郑伯、许男、滑伯、滕子同盟于幽。邾子克卒。

传　十六年夏，诸侯伐郑，宋故也。
郑伯自栎入，缓告于楚。秋，楚伐郑，及栎，为不礼故也。
郑伯治与于雍纠之乱者①。九月，杀公子阏②，刖强钼③。公父定叔出奔卫④。三年而复之，曰："不可使共叔无后于郑。"使以十月入，曰："良月也，就盈数焉⑤。"
君子谓强钼不能卫其足。
冬，同盟于幽⑥，郑成也。

王使虢公命曲沃伯以一军为晋侯⑦。

初，晋武公伐夷⑧，执夷诡诸⑨。芮国请而免之⑩。既而弗报⑪。故子国作乱⑫，谓晋人曰："与我伐夷而取其地。"遂以晋师伐夷，杀夷诡诸。周公忌父出奔虢⑬。惠王立而复之⑭。

【注释】

①治：整治。与：参与。雍纠之乱：见桓公十五年传。　②公子阏（è）：祭仲的党羽。③刖（yuè）：一种断足的酷刑。强钮（chú）：祭仲党羽。　④公父定叔：共叔段的孙子。定，谥号。　⑤良月：古时以奇数月为忌，以偶数月为良。盈数：满数，十为满数。　⑥幽：宋国地名。　⑦曲沃伯：即曲沃武公，详见桓公七年注。一军：即一个军的兵力。据《周礼·夏官》载："凡制军，万有二千五百人为军。王六军，大国三军，次国二军，小国一军。"每军有战车五百辆。　⑧夷：采邑名。　⑨夷诡诸：周大夫。　⑩芮国：周大夫。　⑪报：报答，酬谢。　⑫子国：即芮国。　⑬周公忌父：周王朝卿士。　⑭惠王：即后来的周惠王。

【译文】

十六年夏季，宋国、齐国、卫国讨伐郑国，是因为郑国入侵了宋国。

郑厉公从栎地回到国都后，没有及时告诉楚国。秋季，楚国讨伐郑国，攻至栎地，这是为了报复它的无礼。

郑厉公开始惩治曾参与雍纠之乱的人。九月，杀了公子阏，砍断了强钮的双脚。公父定叔逃到卫国。三年后，郑厉公又让他回去，说："不能让共叔段在郑国没有后代。"并让他在十月回国，说："十月是个好月份，十是个满数。"

君子认为是强钮自己不能保住他的双脚。

冬季，庄公和齐桓公、宋桓公、陈宣公、卫惠公、郑厉公、许穆公、滑伯、滕子在幽地结盟，为的是与郑国讲和。

周天子派虢公命令曲沃武公建立一个军的部队，并赐命他为晋侯。

当初，晋武公曾讨伐夷地，抓住了夷诡诸。周大夫芮国请求免除对他的处罚。事后夷诡诸并没有报答芮国。所以芮国就开始作乱，他对晋国人说："请和我们一起进攻夷国，夺取它的土地。"随后，带领晋国军队进攻夷地，杀了夷诡诸。周公忌父逃亡到了虢国，直到周惠王即位后才恢复了他的王室卿士的职位。

中華藏書

四书五经·最新校勘精注今译本

中国书店

庄公十七年

经　十有七年春，齐人执郑詹。夏，齐人歼于遂。秋，郑詹自齐逃来。冬，多麋。

传　十七年春，齐人执郑詹①，郑不朝也。

夏，遂因氏、颌氏、工娄氏、须遂氏飨齐戍②，醉而杀之，齐人歼焉③。

【注释】

①郑詹：郑国执政大臣。　②因氏、颌氏、工娄氏、须遂氏：遂国四个家族。齐戍：齐国的戍卒。　③歼：杀尽。

【译文】

十七年春季，齐国人把郑国执政大臣郑詹抓了起来，因为郑国不去朝见齐国。

夏季，遂国的因氏、颌氏、工娄氏、须遂氏用酒食招待戍守遂国的齐国人，把他们灌醉后全部杀死，齐国人因此而把因氏等人全部消灭。

庄公十八年

经　十有八年春，王三月，日有食之。夏，公追戎于济西。秋，有蜮。冬十月。

传　十八年春，虢公、晋侯朝王，王飨醴①，命之宥②，皆赐玉五瑴③，马三四。非礼也。王命诸侯，名位不同，礼亦异数，不以礼假人。

虢公、晋侯、郑伯使原庄公逆王后于陈④。陈妫归于京师，实惠后。

夏，公追戎于济西⑤。不言其来，讳之也。

秋，有蜮⑥，为灾也。

初，楚武王克权⑦，使斗缗尹之⑧。以叛，围而杀之。迁权于那处⑨，使阎敖尹之⑩。

及文王即位，与巴人伐申而惊其师，巴人叛楚而伐那处，取之，遂门于楚。阎敖游涌而逸⑪。楚子杀之，其族为乱。冬，巴人因之以伐楚⑫。

【注释】

　　①醴（lǐ）：一种甜酒。　　②宥（yòu）：酬酢，劝酒。　　③五珏（jué）：五对玉。珏，合在一起的两块玉。　　④原庄公：周王卿士。　　⑤济：水名，古时四渎之一，发源于河南省济源县王屋山，春秋时流经曹、魏、齐、鲁等国。　　⑥蜮（yù）：一种害虫。　　⑦权：国名，子姓，在今湖北省当阳县东南。　　⑧斗缗：楚国大夫。尹：治理。　　⑨迁权：指迁移权国的臣民。那处：楚国地名，在今湖北省荆门县东南。　　⑩阎敖：楚国大夫。　　⑪涌：水名，即今湖北省监利县东南的乾港湖。逸：逃跑。　　⑫因：趁着，乘机。

【译文】

　　十八年春季，虢公、晋献公朝见周天子。天子用甜酒招待他们，并接受了他们的敬酒，同时还赐给他们每人五对玉，三匹马。这是不合礼的。天子降命于诸侯，由于诸侯的名称地位不同，所用的礼数也应有所区别，不能随便地把礼数给人。

　　虢公、晋献公、郑厉公派原庄公到陈国为周惠王迎娶王后。陈妫嫁到了京城，就是惠后。

　　夏季，庄公在济水之西追击入侵的戎人。《春秋》只写追击戎人而没有记载戎人的进攻，是忌讳戎人入侵而鲁国却不知道。

　　秋季，鲁国发现了蜮虫。《春秋》记载此事，是因为蜮虫造成了灾害。

　　当初，楚武王攻克权国后，派斗缗治理这个地方。斗缗背叛了楚国，楚国就包围权地杀了斗缗。并把权地的百姓迁到那处，派阎敖管理。

　　楚文王即位后，楚国和巴国人联合攻打申国，但又对巴军心存戒备，结果巴国人背叛了楚国并进攻那处，将其占领后，又攻打楚国都城的城门。阎敖跳到涌水里游泳而逃。文王将其捉住杀死，阎敖的族人开始作乱。冬季，巴国人为此而攻打楚国。

庄公十九年

　　经　十有九年春，王正月。夏四月。秋，公子结媵陈人之妇于鄄，遂及齐侯、宋公盟。夫人姜氏如莒。冬，齐人、宋人、陈人伐我西鄙。

　　传　十九年春，楚子御之①，大败于津②。还，鬻拳弗纳③。遂伐黄④，败黄师于碏陵⑤。还，及湫⑥，有疾。夏六月庚申卒⑦，鬻拳葬诸夕室⑧，亦自杀也，而葬于绖皇⑨。

初，鬻拳强谏楚子，楚子弗从，临之以兵⑩，惧而从之。鬻拳曰："吾惧君以兵，罪莫大焉。"遂自刖也。楚人以为大阍⑪，谓之大伯⑫，使其后掌之⑬。

君子曰："鬻拳可谓爱君矣，谏以自纳于刑，刑犹不忘纳君于善。"

初，王姚嬖于庄王⑭，生子颓。子颓有宠，芳国为之师⑮。及惠王即位⑯，取芳国之圃以为囿⑰。边伯之宫近于王宫⑱，王取之。王夺子禽祝跪与詹父田⑲，而收膳夫之秩⑳，故芳国、边伯、石速、詹父、子禽、祝跪作乱，因芳氏㉑。秋，五大夫奉子颓以伐王，不克，出奔温㉒。苏子奉子颓以奔卫。卫师、燕师伐周。冬，立子颓。

【注释】

①御之：抵御巴军。　②津：楚国地名，在今湖北省江陵县南。　③鬻拳：人名，主管楚国城门。　④黄：国名，嬴姓。故城在今河南省潢川县西南。　⑤碏陵：黄国地名，在今河南省潢川县西南。　⑥湫（jiǎo）：楚国地名，在今湖北省钟祥县北。　⑦庚申：十五日。　⑧夕室：楚国君主墓葬地名。　⑨绖（dié）皇：陵墓地宫前庭。一说为墓门内庭中道。绖通"窒"（zhi），绖皇即窒皇。　⑩临：对着。兵：武器。　⑪大阍（hūn）：守卫城门的官员。阍，守门人。　⑫大伯：即太伯。　⑬后：后代。　⑭王姚：周庄王之妾。姚，母家姓。嬖（bì）：宠爱。　⑮芳国：周王朝大夫。师：老师。　⑯惠王：周庄王之孙，周僖王之子。　⑰圃：种植蔬菜瓜果的园子。囿（yòu）：畜养禽兽的园地。　⑱边伯：周王朝大夫。宫：房屋，住宅。　⑲子禽祝跪、詹父：二人均为周王朝大夫。　⑳膳夫：官名，掌管王宫的饮食膳馐，即石速。秩：俸禄。　㉑因：依靠。苏氏：周王室大夫。周桓王曾夺其十二邑与郑国，因此不和。　㉒温：地名，即苏氏采邑。

【译文】

十九年春季，楚文王率军抵抗巴国人，在津地大败。回国后，主管城门的鬻拳又拒绝文王入城。于是文王转而进攻黄国，在碏陵打败了黄国军队。回国途中，行至湫地，文王患了病。夏季六月十五日去世，鬻拳把文王安葬在夕室后，自杀身亡，被葬在文王陵墓地下宫殿的前庭。

当初，鬻拳曾力劝文王不要出兵，文王不听，鬻拳拿起兵器威胁，文王害怕，听了他的话。鬻拳说："我以兵器使国君惧怕，犯下了莫大的罪过。"就自己砍掉了双脚。楚国人让他担任守卫楚都城门的官职，称之为太伯，并且让他的子孙也世代担任此职。

君子对此评论说："鬻拳可以说是真正热爱他的国君了。因力劝国君而自我受刑，即使受了刑也没有忘记引导国君向好的方向发展。"

当初，王姚受到周庄王的宠幸，生了子颓。子颓受到宠爱，庄王让芳国做他的老师。惠王即位后，强占了芳国的菜园作为饲养禽兽的地方。周大夫边伯的房屋在王宫附近，也被惠王占有。惠王还夺取了子禽祝跪和詹父的田地，并收回了膳夫石速的俸禄。因此芳国、边伯、石速、詹父、子禽祝跪就联合发动了叛乱，归依了苏忿生。秋季，五位大夫事奉子颓攻打惠王，没有得胜，逃到了温地。苏忿生事奉子颓逃到卫国。卫国、燕国的军队攻打王室。冬季，立子颓为天子。

庄公二十年

经　二十年春，王二月，夫人姜氏如莒。夏，齐大灾。秋七月。冬，齐人伐戎。

传　二十年春，郑伯和王室①，不克。执燕仲父②。夏，郑伯遂以王归，王处于栎③。秋，王及郑伯入于邬④。遂入成周⑤，取其宝器而还。

冬，王子颓享五大夫⑥，乐及遍舞⑦。郑伯闻之，见虢叔曰："寡人闻之，哀乐失时，殃咎必至⑧。今王子颓歌舞不倦，乐祸也。夫司寇行戮⑨，君为之不举⑩，而况敢乐祸乎！奸王之位⑪，祸孰大焉？临祸忘忧，忧必及之。盍纳王乎？"虢公曰："寡人之愿也。"

【注释】

①和王室：即在周惠王与子颓之间进行调和。　②燕仲父：南燕国君，曾伐周。③栎：见桓公十五注。　④邬：郑国邑名。　⑤成周：子颓在王城，成周在王城东。　⑥五大夫：指芳国、边伯、石速、詹父、子禽祝跪五人。　⑦遍舞：指六代舞曲，即黄帝之《云门》《大卷》，尧之《大咸》，舜之《大韶》，禹之《大夏》，汤之《大濩》，周武王之《大武》。⑧殃咎：祸灾。　⑨司寇：古代主管刑法的官员。行戮：杀人。　⑩不举：减少膳食，撤除音乐。举即备有佳肴并以音乐助食。　⑪奸：同"干"，即篡夺。

【译文】

二十年春季，郑厉公出面调解惠王和子颓之间的纠纷，没能成功。抓住了南燕国君燕仲父。夏季，郑厉公护送周惠王回国，惠王住在栎地。秋季，惠王和郑厉公进入邬地。然后进入成周，取了成周的宝器，又回到栎地。

冬季，王子颓设宴招待五位大夫，并演奏了所有的音乐和舞蹈。郑厉公听说后，见到虢叔，说："据我所知，悲哀和欢乐的时机掌握不当，灾祸一定会到来，现在王子颓观赏歌舞不知疲倦，这是以灾难作为欢乐。司寇行刑之时，国君尚且要减少膳食、撤除音乐，更何况是竟敢以灾难作为欢乐呢？篡夺王位，还有比这更大的灾难吗？灾难将要降临却忘记忧愁，忧愁一定会到来。何不接纳天子复位呢？"虢公说："这也正是寡人的愿望！"

庄公二十一年

经　二十有一年春，王正月。夏五月辛酉，郑伯突卒。秋七月戊戌，夫人姜氏薨。冬十有二月，葬郑厉公。

传　二十一年春，胥命于弭①。夏，同伐王城。郑伯将王②，自圉门入③，虢叔自北门入，杀王子颓及五大夫。

郑伯享王于阙西辟④，乐备⑤。王与之武公之略⑥，自虎牢以东⑦。原伯曰⑧："郑伯效尤⑨，其亦将有咎。"五月，郑厉公卒。

王巡虢守⑩。虢公为王宫于玤⑪，王与之酒泉⑫。

郑伯之享王也，王以后之鞶鉴予之⑬。虢公请器⑭，王予之爵⑮。郑伯由是始恶于王⑯。

冬，王归自虢。

【注释】

①胥命：指诸侯会见，立盟约而不歃血。弭：郑国地名，在今河南省密县境内。　②将：扶持。　③圉（yǔ）门：王城南门。④阙西辟：两阙中的西阙。阙，又名观，即城楼。古时天子诸侯的宫门皆筑台，台上建屋，叫台门，台门两旁又建高屋，称为双阙，也叫两观。　⑤乐备：即备六代之乐。　⑥武公：指郑武公。略：经略土地，疆土。　⑦虎牢：即虎牢关，在今河南省荥阳县境。　⑧原伯：指原庄公。　⑨效尤：仿效罪过。尤，罪过。　⑩巡：巡视。虢守：虢国所守之地。　⑪玤（bàng）：虢国地名，在今河南省渑池县境。　⑫酒泉：周邑。⑬后：王后。鞶鉴：镶嵌有镜子的大带。鞶，大带，又名绅带；鉴，镜子。　⑭器：器物。⑮爵：酒器。　⑯郑伯：指郑厉公之子郑文公。恶：怀恨。

【译文】

二十一年春季，郑厉公和虢公在弭地会见。夏季，一同攻打王城。郑厉公事奉惠王从圉门入城，虢叔则从北门入城，入城后杀了王子颓和五个大夫。

郑厉公在王宫门口的西阙设宴招待惠王，各种乐舞都演奏了一遍。惠王把郑武公时期的土地即虎牢以东赐给了厉公。原伯说："郑伯效仿王子颓全套乐舞一样不缺，恐怕也将要有灾祸吧！"果然，到了五月，郑厉公就去世了。

惠王巡视虢叔守卫的地区。虢叔在玡地为惠王建造了行宫，惠王把酒泉一地赐给了他。

郑厉公设宴招待惠王时，惠王曾把王后的鉴鉴赐给了他，虢公请求赏赐器物，惠王则把酒杯赏给了他。郑文公从此开始对天子怀恨在心。

冬季，惠王从虢国回到成周。

庄公二十二年

经　二十有二年春，王正月，肆大眚。癸丑，葬我小君文姜。陈人杀其公子御寇。夏五月。秋七月丙申，及齐高傒盟于防。冬，公如齐纳币。

传　二十二年春，陈人杀其大子御寇①，陈公子完与颛孙奔齐②。颛孙自齐来奔。

齐侯使敬仲为卿③。辞曰："羁旅之臣④，幸若获宥⑤，及于宽政，赦其不闲于教训，而免于罪戾⑥，驰于负担⑦，君之惠也⑧，所获多矣。敢辱高位⑨，以速官谤⑩。请以死告。《诗》云⑪：'翘翘车乘，招我以弓，岂不欲往，畏我友朋。'"使为工正⑫。

饮桓公酒，乐。公曰："以火继之⑬。"辞曰："臣卜其昼⑭，未卜其夜，不敢。"君子曰："酒以成礼，不继以淫⑮，义也。以君成礼，弗纳于淫，仁也。"

初，懿氏卜妻敬仲⑯，其妻占之，曰："吉，是谓'凤凰于飞⑰，和鸣锵锵⑱，有妫之后⑲，将育于姜⑳。五世其昌㉑，并于正卿㉒。八世之后，莫之于京㉓。'"

陈厉公，蔡出也㉔。故蔡人杀五父而立之㉕，生敬仲。其少也，周史有以《周易》见陈侯者㉖，陈侯使筮之㉗，遇《观》☶之《否》☶㉘，曰："是谓'观国之光，利用宾于王㉙'。此其代陈有国乎。不在此，其在异国；非此其身，在其子孙。光，远而自他有耀者也。《坤》㉚，土也；《巽》㉛，风也；《乾》㉜，天也。风为天于土上，山也㉝。有山之材而照之以天光㉞，于是乎居土上。故曰：'观国之光，利月宾于王。'庭实旅百㉟，奉之以玉帛㊱，天地之美具焉，故曰：‘利用宾于王。’犹有观焉，故曰：‘其在后乎。’风行而著于土[37]，故曰：‘其在异国乎。’若在异国，必姜姓也。姜，大岳之后也[38]。山岳则配天[39]，物莫能两大。陈衰，此其昌乎。”

及陈之初亡也，陈桓子始大于齐[40]。其后亡也，成子得政[41]。

【注释】

①大子御寇：陈宣公之子。大同“太”。 ②公子完：陈厉公之子，太子御寇的同党。颛（zhuān）孙：太子御寇的同党。 ③敬仲：即陈公子完。 ④羁旅：行旅。 ⑤宥：宽容。 ⑥闲：熟习。戾：罪过。 ⑦驰：放松。 ⑧惠：恩惠。 ⑨敢：岂敢。辱：辱没，谦词。 ⑩谤：指责。 ⑪《诗》：下列诗句为逸诗，不载于《诗经》三百篇中。翘翘：高高的样子。 ⑫工正：官名。 ⑬火：烛火。 ⑭卜：占卜。 ⑮淫：过度。 ⑯懿氏：陈国大夫。妻：嫁女。 ⑰凤凰：古代相传为神鸟，雄曰凤，雌曰皇（亦作凰）。于飞：飞翔。于，助词，置于动词前，无义。 ⑱和鸣：鸣声相和。 ⑲有妫：陈国为妫姓。有，名词词头，无义。 ⑳姜：指齐国，姜姓。 ㉑昌：昌盛。 ㉒并：并列。 ㉓京：大。 ㉔蔡出：蔡女所生。 ㉕五父：即陈佗。 ㉖史：官名，古有太史、内史等官。 ㉗筮（shì）：用蓍（shī）草占卜。 ㉘遇：通过揲蓍得到某卦，叫做遇。《观》、《否》：六十四卦卦名。之：变为。 ㉙观国之光，利用宾于王：此句为《观》卦中的六四爻辞。意为臣子朝见国王，以观王国之光，利于做君王的宾客。 ㉚《坤》：八卦之一，象征地。《观》、《否》二重卦中的下卦均有《坤》卦。 ㉛《巽》：八卦之一，象征风。《观》卦中的上卦为《巽》。 ㉜《乾》：八卦之一，象征天。《否》卦中的上卦为《乾》。 ㉝山：《否》卦的二、三、四爻组成《艮》卦（即互体），《艮》象征山。 ㉞材：物产。 ㉟庭实旅百：诸侯朝觐天子或互相聘问，将所送礼物陈列于庭内，称为庭实。旅，陈列。百，泛指很多。 ㊱奉：奉献。玉帛：指金、玉、布帛等宝物。 ㊲著：附着。 ㊳大岳：即太岳，四岳。 ㊴配天：指天之高大唯有山岳能够相比。 ㊵陈桓子：敬仲五世孙陈无宇。大：昌大。 ㊶成子：敬仲八世孙陈常。

【译文】

二十二年春季，陈国人杀了他们的太子御寇。陈国的公子完和颛孙逃亡到了齐国。不久颛孙又从齐国逃到鲁国。

齐桓公准备让敬仲做卿。敬仲推辞说：“像我这样旅居在外的人，如果承蒙您的宽恕，在这政策宽厚的国家里，能够赦免我有失训教，免去我的罪过，解除我的负担，这就是国君对我的莫大恩赐了。我得到的已经很多了，哪里还敢占据高位，使您招致百官的指责呢？特此冒死禀告。《诗经》说：‘贵人坐在高高的车上，以手持弓招我前往，难道是我不想前去，只因害怕我的亲朋’。”齐桓公让他担任了工正一职。

敬仲设酒宴招待桓公，桓公很高兴。桓公说："点上烛火继续喝。"敬仲辞谢说："为臣只占卜了白天可以招待国君，却没有占卜晚上能否继续陪饮，请恕我不敢遵命。"君子对此评论道："酒是用来举行各种礼的东西，饮用不可过度，这是义；招待国君饮酒，可以说是完成了礼，但又不使他过分，这就是仁。"

当初，陈国大夫懿氏把女儿嫁给敬仲为妻时，曾占卜吉凶，懿氏的妻子占卜后说："吉利。这可以说是'凤凰相伴而飞，鸣声嘹亮清脆，我们妫氏后代，将在齐国成长。五代就要昌盛，官位堪比正卿。直至八代以后，无人与之争雄。"

陈厉公是蔡女所生。所以蔡国人杀了五父立他为君，厉公生了敬仲。敬仲少年时，有一次王室的一个太史拿了《周易》去见陈厉公，厉公让他占筮，遇到观卦，又变为否卦。太史解释说："这就叫做'观看王国之光，利于做君主的贵宾'。此人将要代替陈而拥有整个国家吧。但不是在这里而是在其他国家，不是在此人身上而在他的子孙身上。光，是从远处其他地方照射而来的。坤是土。巽是风。乾是天。风从天空产生，在地上运行，就形成了山。有了山上的各种物产，又有天光照射，就能在土地上居住，所以说：'观看王国之光，利于做君主的贵宾。'庭院中摆了很多礼物，进奉了玉璧束帛，天上地上美好的东西一应俱全，所以说：'利于做君主的贵宾。'还要看将来怎么样，所以说：'其昌盛恐怕在他的后代身上吧。'风从这里刮到那里，最后落到土地上，所以说：'他的昌盛恐怕是在别国吧。'如果是在别国，一定是姜姓之国。姜是太岳的后代。山岳高大能与天相匹配，但两个事物不能一样大。如果陈国衰亡了，这个氏族就会昌盛吧！"

果然，等到陈国第一次被楚国灭亡，陈桓子就开始在齐国昌盛起来。后来陈国再次被楚国灭亡时，陈成子就取得了齐国政权。

庄公二十三年

经　二十有三年春，公至自齐。祭叔来聘。夏，公如齐观社。公至自齐。荆人来聘。公及齐侯遇于穀。萧叔朝公。秋，丹桓宫楹。冬十有一月，曹伯射姑卒。十有二月甲寅，公会齐侯盟于扈。

传　二十三年夏，公如齐观社①，非礼也。曹刿谏曰："不可。夫礼，所以整民也。故会以训上下之则②，制财用之节③；朝以正班爵之义④，帅长幼之序⑤；征伐以讨其不然⑥。诸侯有王⑦，王有巡守⑧，以大习之⑨。非是，君不举矣⑩。君举必书，书而不法⑪，后嗣何观？"

晋桓、庄之族逼⑫，献公患之⑬。士蒍曰⑭："去富子⑮，则群公子可谋也已。"公曰："尔试其事⑯。"士蒍与群公子谋，谮富子而去之。

秋，丹桓宫之楹⑰。

【注释】

①社：祭祀社神。　②则：法则。　③节：节制。　④班爵：排列爵位。义：同"仪"，即仪式。　⑤帅：同"率"。序：序列。　⑥不然：不敬。　⑦有王：朝聘天子。　⑧巡守：巡视四方。　⑨大习：指熟习会见和朝觐的制度、礼仪。　⑩举：举动、行动。　⑪不法：不合法度。　⑫桓、庄：指桓叔、庄伯，即曲沃武公的父与祖。逼：威逼，压迫公室。　⑬献公：晋武公之子，名诡诸，庄公十八年即位。　⑭士蒍：晋国大夫。　⑮富子：人名，桓、庄家族中足智多谋的人。　⑯尔：你。　⑰丹：朱漆，用作动词。桓宫：鲁桓公庙。楹（yíng）：柱子。

【译文】

二十三年夏季，庄公前往齐国观看祭祀社神，这是不合礼的。曹刿劝阻说："不能去。礼是用来使百姓能有秩序。因此通过盟会树立训示上下的准则，节用财物的规范；通过朝见仪式纠正爵位的排列顺序，使爵位相同者遵循老少的先后次序；通过征伐教训对上的不恭。诸侯朝见天子，天子视察各国，是为了熟悉会见和朝见的制度。如果不是这样，国君则不应有所行动。因为国君的一举一动都要加以记载，如果这种举动不合礼，记载下来，后代子孙将怎么看呢？"

晋国桓叔、庄伯的家族势力威胁到了公室，晋献公极为担心。晋大夫士蒍建议："如果设法先把富子除掉，其他公子就容易对付了。"献公说："这件事你试着去办吧。"士蒍就与公子们商量散布富子的坏话，将其除掉。

秋季，鲁国在鲁桓公庙宇的柱子上涂上了红漆。

庄公二十四年

经　二十有四年春，王三月，刻桓宫桷。葬曹庄公。夏，公如齐逆女。秋，公至自齐。八月丁丑，夫人姜氏人。戊寅，大夫宗妇觌，用币。大水。

冬，戎侵曹。曹羁出奔陈。赤归于曹。郭公。

传　二十四年春，刻其桷①，皆非礼也②。御孙谏曰③："臣闻之，俭，德之共也④；侈，恶之大也。先君有共德而君纳诸大恶，无乃不可乎？"

秋，哀姜至⑤。公使宗妇觌⑥，用币⑦，非礼也。御孙曰："男贽大者玉帛⑧，小者禽鸟，以章物也⑨。女贽不过榛栗枣脩⑩，以告虔也⑪。今男女同贽⑫，是无别也。男女之别，国之大节也⑬。而由夫人乱之，无乃不可乎？"

晋士芳又与群公子谋，使杀游氏之二子⑭。士芳告晋侯曰："可矣。不过二年，君必无患。"

【注释】

①刻：雕镂。桷（jué）：方形椽子。　②非礼：古礼，天子宫庙之桷，斫之砻之，又加以细磨；诸侯宫庙之桷，斫之砻之，不加细磨；大夫之桷，只斫不砻；士人之桷，砍断树根而已。自天子以至大夫、士，皆不雕刻桷，亦不漆柱。故丹楹、刻桷均为非礼。　③御孙：鲁国大夫。　④共：读为"洪"，大。　⑤哀姜：鲁庄公夫人。　⑥宗妇：同姓大夫的夫人。觌（dí）：见。　⑦币：玉帛之类的礼物。　⑧贽（zhì）：古时初次拜见尊长时所拿的礼物。　⑨章物：古代的贽见礼，由各人所执礼物的不同而显示其贵贱等级，章物即此义。　⑩榛（zhēn）：一种落叶乔木，果实似栗而小。脩（xiū）：干肉。　⑪告虔：表示诚敬。　⑫同贽：贽礼相同。　⑬大节：大法。　⑭游氏：桓叔、庄伯之族。

【译文】

二十四年春季，鲁国在桓公庙宇的椽子上雕刻了花纹，这与在柱子上涂红漆一样，都是不合礼的。鲁大夫御孙劝阻说："下臣听说，节俭是德行中最重要的；奢侈是最大的邪恶。先君具有大德，而国君却要把这种大德放到大恶中去，恐怕不行吧。"

秋季，哀姜从齐国来到鲁国。庄公让同姓大夫的夫人和哀姜相见，夫人们用玉帛作为进见的礼物，这不合礼。御孙说："男人进见时，大的是玉帛，小的是禽鸟，以这种不同的礼物来表明不同的等级。女人进见时不过是榛子、栗子、枣子、干肉等，能表明心诚恭敬就行了。现在男女进见的礼物一样，就等于没有区别。男女之别是一个国家的大法。如果由夫人们把这种礼搞乱，恐怕不行吧？"

晋国的士芳又和公子们谋划，让他们杀了游氏的两个儿子。士芳告诉晋献公说："现在行了。过不了两年，国君一定就没有忧患了。"

庄公二十五年

经　二十有五年春，陈侯使女叔来聘。夏五月癸丑，卫侯朔卒。六月辛未朔，日有食之。鼓，用牲于社。伯姬归于杞。秋，大水，鼓，用牲于社、于门。冬，公子友如陈。

传　二十五年春，陈女叔来聘①，始结陈好也。嘉之②，故不名。

夏六月辛未朔③，日有食之。鼓④，用牲于社⑤，非常也⑥。唯正月之朔⑦，慝未作⑧，日有食之，于是乎用币于社⑨，伐鼓于朝⑩。

秋，大水。鼓，用牲于社、于门⑪，亦非常也。凡天灾，有币无牲。非日月之眚⑫，不鼓。

晋士𫇭使群公子尽杀游氏之族，乃城聚而处之⑬。

冬，晋侯围聚⑭，尽杀群公子。

【注释】

①女（rǔ）叔：陈国卿士。　②嘉：赞美。　③朔：夏历每月初一日。　④鼓：击鼓。⑤牲：牺牲，杀牲畜用来祭祀。　⑥非常：不合常礼。　⑦正（zhèng）月：正阳之月，即夏历四月。　⑧慝（tè）：阴气。　⑨币：玉帛。　⑩伐：击打。　⑪门：城门门神。　⑫眚（shēng）：灾祸。　⑬聚：地名，晋邑，在今山西绛县东南。　⑭晋侯：指晋献公。

【译文】

二十五年春季，陈国卿士女叔来鲁国聘问，从此鲁国开始和陈国结好。《春秋》称赞这件事，因此没有写女叔的名字，而记载了他的氏和字。

夏季六月一日，鲁国出现了日食。人们击起鼓来，并用牲畜祭祀土地神，这是不合常规的。只有在夏历四月一日，阴气尚未发作时出现了日食，才用玉帛祭祀土地神，并在朝廷之上击鼓。

秋季，鲁国发了大水。人们击鼓，并用牲畜祭祀土地神和城门门神，这也不合常规。凡是遇到天灾，祭祀时只用玉帛，不用牲畜。如果不是发生了日食或月食，也不能击鼓。

晋国的士𫇭让公子们杀绝了游氏家族，然后在聚地筑城，让公子们住了进去。

冬季，晋献公包围了聚城，把公子们全部杀死。

庄公二十六年

经　二十有六年春，公伐戎。夏，公至自伐戎。曹杀其大夫。秋，公会宋人、齐人伐徐。冬十有二月癸亥，朔，日有食之。

传　二十六年春，晋士蒍为大司空①。

夏，士蒍城绛②，以深其宫③。

秋，虢人侵晋。冬，虢人又侵晋。

【注释】

①大司空：官名，相当于卿。　②城：加高城墙。　③深：加高宫墙。

【译文】

二十六年春季，晋国的士蒍晋升为大司空。

夏季，士蒍增加了绛城高度，并加高了宫墙。

秋季，虢国人入侵晋国。冬季，虢国人又一次入侵晋国。

庄公二十七年

经　二十有七年春，公会杞伯姬于洮。夏六月，公会齐侯、宋公、陈侯、郑伯，同盟于幽。秋，公子友如陈，葬原仲。冬，杞伯姬来。莒庆来逆叔姬。杞伯来朝。公会齐侯于城濮。

传　二十七年春，公会杞伯姬于洮①，非事也。天子非展义不巡守②，诸侯非民事不举，卿非君命不越竟③。

夏，同盟于幽④，陈、郑服也。

秋，公子友如陈，葬原仲⑤，非礼也。原仲，季友之旧也⑥。

冬，杞伯姬来，归宁也⑦。凡诸侯之女，归宁曰来⑧，出曰来归⑨。夫人归宁曰如某，出曰归于某。

晋侯将伐虢，士蒍曰："不可。虢公骄，若骤得胜于我，必弃其民。无众而后伐之，欲御我，谁与⑩？夫礼乐慈爱，战所畜也⑪。夫民，让事乐和⑫，爱亲哀丧⑬，而后可用也。虢弗畜也，亟战将饥⑭。"

王使召伯廖赐齐侯命⑮，且请伐卫，以其立子颓也⑯。

【注释】

①杞伯姬：鲁庄公女，把成公夫人。洮（táo）：鲁国地名。　②展义：宣扬德义。　③竟：同"境"。　④幽：见庄公十六年注。　⑤原仲：陈国大夫。　⑥季友：即公子友。旧：老朋友。　⑦归宁：女子出嫁，返回娘家探问父母称为归宁。宁，安。　⑧来：女子出嫁，探问父母后仍返回夫家。　⑨来归：女子出嫁，被夫家休弃，不再返回，称为来归，又叫出。⑩与：跟从。　⑪畜（xǔ）：积聚，储藏。　⑫让事：谦让，指礼而言。乐和：和协，指乐而言。　⑬爱亲：爱护亲属，指慈而言。哀丧：对死伤者悲痛，指爱而言。　⑭亟（qì）：屡次。饥：馁，气馁。　⑮召伯廖：周天子卿士。　⑯子颓：见庄公十九年传。

【译文】

二十七年春季，庄公和女儿杞伯姬在洮地会见，并非为了国家。天子如果不是为了宣扬道义就不能外出巡视，诸侯如果不是为了百姓之事就不能外出行动，卿如果没有国君的命令就不能轻易越过国境。

夏季，庄公和齐桓公、宋桓公、陈宣公、郑文公在幽地结盟，因为陈国和郑国已经顺服。

秋季，鲁国的公子友前往陈国安葬原仲，这不合礼。因为原仲只是公子友的私人朋友。

冬季，杞伯姬回国，这是回娘家。凡是诸侯的女儿回娘家称作"来"，被丈夫休弃称作"来归"，本国国君的夫人返回娘家称作"如某"，被休弃则称作"归于某"。

晋献公准备讨伐虢国，士蒍说："不行。虢公一向狂妄自大，如果马上战胜我们，一定会舍弃他的百姓。如果等他失去了百姓，然后再讨伐，即使他要抵抗，还有谁会跟随呢？礼、乐、慈、爱是对敌作战之前应该具备的。如果百姓谦让有礼、和睦相处、爱护亲属、悲痛丧亡，这才能够使用。如今虢国并不具备这些，却屡次出兵作战，百姓的士气将会低落下去。"

周天子赐命齐桓公为侯伯，并请他讨伐卫国，因为卫国曾立子颓为天子。

庄公二十八年

经　二十有八年春，王三月甲寅，齐人伐卫。卫人及齐人战，卫人败绩。

夏四月丁未，邾子琐卒。秋，荆伐郑。公会齐人，郑人救郑。冬，筑郿。大无麦禾。臧孙辰告籴于齐。

　　传　二十八年春，齐侯伐卫。战，败卫师。数之以王命①，取赂而还。

　　晋献公娶于贾②，无子。烝于齐姜③，生秦穆夫人及大子申生。又娶二女于戎，大戎狐姬生重耳④，小戎子生夷吾⑤。晋伐骊戎⑥，骊戎男女以骊姬⑦。归，生奚齐。其娣生卓子⑧。骊姬嬖，欲立其子，赂外嬖梁五⑨，与东关嬖五⑩，使言于公曰："曲沃，君之宗也⑪。蒲与二屈⑫，君之疆也。不可以无主。宗邑无主则民不威，疆场无主则启戎心⑬。戎之生心，民慢其政⑭，国之患也。若使大子主曲沃，而重耳、夷吾主蒲与屈，则可以威民而惧戎，且旌君伐⑮。"使俱曰："狄之广莫⑯，于晋为都⑰。晋之启土⑱，不亦宜乎？"晋侯说之⑲。夏，使大子居曲沃，重耳居蒲城，夷吾居屈。群公子皆鄙⑳，唯二姬之子在绛㉑。二五卒与骊姬谮群公子而立奚齐㉒，晋人谓之"二五耦㉓"。

　　楚令尹子元欲蛊文夫人㉔，为馆于其宫侧而振万焉㉕。夫人闻之，泣曰："先君以是舞也，习戎备也㉖。今令尹不寻诸仇雠㉗，而于未亡人之侧㉘，不亦异乎㉙！"御人以告子元㉚。子元曰："妇人不忘袭雠，我反忘之！"

　　秋，子元以车六百乘伐郑，入于桔柣之门㉛。子元、斗御强、斗梧、耿之不比为旆㉜，斗班、王孙游、王孙喜殿㉝。众车入自纯门㉞，及逵市㉟。县门不发㊱，楚言而出㊲。子元曰："郑有人焉㊳。"诸侯救郑，楚师夜遁。郑人将奔桐丘㊴，谍告曰㊵："楚幕有乌㊶。"乃止。

　　冬，饥。臧孙辰告籴于齐㊷，礼也。

　　筑郿㊸，非都也。凡邑，有宗庙先君之主曰都，无曰邑。邑曰筑，都曰城。

【注释】

①数：责备。命：名义。　②贾　姬姓诸侯国。　③齐姜：齐国女。一说为晋武公之妾。　④大戎狐姬：又名狐季姬，王子狐之后。　⑤小戎子：大戎狐姬之妹。　⑥骊戎：国名，地址不详。　⑦骊戎男：骊戎国君。男，爵名。　⑧娣：指骊姬之妹。　⑨外嬖：受宠的男子叫外嬖。女人受宠叫内嬖。梁五：人名，晋大夫。　⑩东关嬖五：人名，晋大夫。　⑪宗：宗庙所在地。　⑫蒲：地名，晋邑，在今山西省隰县西北。二屈：即南屈和北屈，均为地名。　⑬戎：泛指境外异国。　⑭慢：轻慢。　⑮旌：表彰。伐：功。　⑯狄：古代泛指我国北方少数民族地区。广莫：广大无垠。莫通"漠"。　⑰都：城邑。　⑱启土：开拓疆土。　⑲说：通"悦"。　⑳鄙：边疆。　㉑二姬：指骊姬与其妹妹。　㉒立：立为太子。　㉓二五耦：即梁五与东关嬖五朋比为奸。耦，二人共做某事。　㉔子元：又名王子善、公子元，楚武王之子，文王之弟。蛊：诱惑。

文夫人：楚文王夫人，息妫。　㉕振万：振，摇铃；万，舞名，详见隐公五年注。　㉖习戎备：演习战备。　㉗寻：用。仇雠（chóu）：仇敌。　㉘未亡人：古代寡妇自称。　㉙异：奇怪。　㉚御人：侍者。　㉛桔（jié）柣（dié）：郑国远郊城门。　㉜斗御强、斗梧、耿之不比：三人名，均为楚大夫。旆（pèi）：前军，先锋。　㉝斗班、王孙游、王孙喜：三人名，均为楚大夫。殿：殿后。　㉞纯门：郑国外郭门。　㉟逵市：大路上的市场。　㊱县：通"悬"。悬门即闸门。不发：不放下。　㊲楚言：用楚国方言说话。　㊳人：人才。　㊴桐丘：地名，在今河南省扶沟县西。　㊵谍：间谍。　㊶幕：帐篷。籴（dí）：购买粮食。　㊷郧：鲁国地名，在今山东省寿张以南。

【译文】

二十八年春季，齐桓公讨伐卫国。双方交战，结果卫国打败。桓公以天子的名义谴责了他们，并夺取了财物后回国。

晋献公从贾国娶了妻子，但没生儿子。他和齐姜通奸，生了秦穆夫人和太子申生。又从戎国娶了两个女子，大戎狐姬生了重耳，小戎子生了夷吾。晋国攻打骊戎，骊戎男把骊姬献给了晋献公，回国后生了奚齐，骊姬的妹妹生了卓子。骊姬受到宠爱，想立自己的儿子为太子，就贿赂献公宠爱的梁五和东关嬖五，通过他们对献公说："曲沃是国君宗庙所在之地，蒲地和北屈、南屈是国君的边疆。这几个地方不能无人掌管。宗庙所在之地如果没人掌管，百姓就没有畏惧，边疆无人掌管，就会使外敌产生侵犯之心。如今戎狄有侵犯我国的企图，百姓又轻视政令，这是国家的隐患。如果让太子主管曲沃，让重耳、夷吾分别主管蒲地和屈地，就能够使百姓有所畏惧，使戎狄害怕，并能以此宣扬国君的功德。"骊姬还让他俩对献公说："狄人拥有广大的土地，应该使这些土地成为晋国的城邑。晋国不断地扩大自己的疆土，不也是应该的吗？"献公非常高兴。夏季，便让太子住在曲沃，重耳住在蒲城，夷吾住在屈地。其他公子也都分别住到边疆，只有骊姬和她妹妹的儿子仍住在绛城。梁五和东关嬖五最后终于和骊姬诬陷了在外的公子们，立了奚齐为太子。晋国人称这两个人为"二五耦。"

楚国的令尹子元想引诱文王的夫人息妫，在她的宫室旁边建造了房子，并在房内摇动大铃跳起了《万》舞。文王夫人听到后，哭泣道："过去先君让人跳这种舞，是用于演习战备。如今令尹不把此舞用于对付仇敌，却在我这寡妇的身边演奏，真是莫名其妙！"仆人把这话告诉了子元，子元感叹道："女人还没有忘记侵袭敌人，而我反倒忘记了。"

秋季，子元率领六百辆战车讨伐郑国，攻入了郑都的桔柣之门。子元、斗御强、斗梧、耿之不比率军先行，斗班、王孙游、王孙喜殿后。战车车队进入郑都外城的纯门，到达大路上的市场。但内城的闸门没有放下，楚国人议论了一阵就后退了。子元说："郑国有人才。"诸侯们前来救援郑国，楚军就在夜里悄悄撤走了。郑国人本来已准备逃到桐丘，探子报告说："楚军已经撤退。"这才放弃了逃跑的念头。

冬季，鲁国发生了饥荒。鲁大夫臧孙辰前往齐国购买粮食，这是合乎礼的。

鲁国在郿地筑城，郿城并不是"都"。凡是城邑，有宗庙和先君灵位的叫"都"，没有的则叫"邑"。修建邑称"筑"，修建都称"城"。

庄公二十九年

经　二十九年春，新延厩。夏，郑人侵许。秋，有蜚。冬十有二月，纪叔姬卒。城诸及防。

传　二十九年春，新作延厩①，书，不时也。凡马日中而出②，日中而入③。

夏，郑人侵许。凡师有钟鼓曰伐，无曰侵，轻曰袭。

秋，有蜚④。为灾也。凡物不为灾不书。

冬十二月，城诸及防⑤，书，时也。凡土功，龙见而毕务⑥，戒事也⑦。火见而致用⑧，水昏正而栽⑨，日至而毕⑩。

樊皮叛王⑪。

【注释】

①延厩：马圈名。　②日中：春分，秋分。春分与秋分两时节白天和黑夜一样长，所以称为日中。出：春分时节，百草生长，出外牧马。　③入：秋分后，水寒草枯，马匹开始入圈。　④蜚：蜚盘虫。详见隐公元年注。　⑤诸、防：鲁国二邑名。诸，故城在今山东省诸城县西南。防，即东防。　⑥龙：苍龙星，东方七宿的总称。苍龙星出现在夏历九月。毕务：农事完毕。　⑦戒事：土功的准备工作。　⑧火：星名，即心宿。夏历十月初，早晨出现在东方。致用：将工具放在场地上。　⑨水：星名，即定星，又叫营室。昏正：黄昏正现于南方。栽：筑墙立板。　⑩日至：冬至。　⑪樊皮：周王朝大夫。

【译文】

二十九年春季，鲁国新建了延厩。《春秋》记载此事，是因其不合时令。

凡是马，春分时节要放牧原野，秋分时节则入圈饲养。

夏季，郑国人入侵许国。凡是军队出动，敲钟打鼓称做"伐"，没有钟鼓称做"侵"，以轻装部队攻其不备称做"袭"。

秋季，鲁国发现了蜚盘虫。造成了灾害。凡是万物没有造成灾害，《春秋》就不予记载。

冬季十二月，鲁国在诸地和防地筑城，《春秋》记载此事，是因其合于时令。凡是土木工程的建设，只要是苍龙星在东方出现，农忙时节已过，就要开始做准备了。等东方出现了大火星，就要把各种工具放到工地上，黄昏时在正南方见到营室星的时候，就要动工兴建，到了冬至则停止施工。

周大夫樊皮背叛了周天子。

庄公三十年

经 三十年春，王正月。夏，次于成。秋七月，齐人降鄣。八月癸亥，葬纪叔姬。九月庚午朔，日有食之。鼓，用牲于社。冬，公及齐侯遇于鲁济。齐人伐山戎。

传 三十年春，王命虢公讨樊皮。夏四月丙辰①，虢公入樊，执樊仲皮②，归于京师。

楚公子元归自伐郑，而处王宫，斗射师谏③，则执而梏之④。秋，申公斗班杀子元⑤，斗穀於菟为令尹⑥，自毁其家以纾楚国之难⑦。

冬，遇于鲁济⑧，谋山戎也⑨，以其病燕故也⑩。

【注释】

①丙辰：十四日。 ②樊仲皮：即樊皮。 ③斗射师：楚国大夫。 ④梏（gù）：木制手铐。此处用作动词。 ⑤申公：楚国申县地方长官。楚国君自称王，县尹都称公。 ⑥斗穀於（wū）菟（tù）：即令尹子文。 ⑦纾（shū）：缓解，解除。 ⑧鲁济：鲁国济水。 ⑨山戎：少数民族部落名，散处于今河北省迁安、卢龙、滦县一带。 ⑩病燕：危害燕国。燕，北燕，召公奭之后，国都建于蓟。

【译文】

三十年春季，周天子命令虢公攻打樊皮。夏季四月十四日，虢公进入樊国，抓住了樊皮，并带回京城。

楚国的公子元攻打郑国回来后，住在王宫里，企图继续引诱文王夫人，斗射师出面劝阻，公子元就把他抓了起来，并戴上手铐。秋季，申县的县尹斗班杀了子元，斗毅於菟做了令尹，他捐弃了自己的家财，用以缓和楚国面临的危难。

冬季，庄公和齐桓公在鲁国的济水非正式会见，谋划攻打山戎，因为山戎曾使燕国受到危害。

庄公三十一年

经　三十有一年春，筑台于郎。夏四月，薛伯卒。筑台于薛。六月，齐侯来献戎捷。秋，筑台于秦。冬，不雨。

传　三十一年夏六月，齐侯来献戎捷①，非礼也。凡诸侯有四夷之功②，则献于王，王以警于夷。中国则否③。诸侯不相遗俘④。

【注释】

①献戎捷：奉献俘获的戎人。战胜有所获，献其所获称献捷，又叫献功。　②四夷：泛指四方边境的少数民族部落。　③中国：中原。　④遗（wèi）：赠送。

【译文】

三十一年夏季，六月，齐桓公前来鲁国奉献俘获的戎人，这是不合礼的。凡是诸侯攻打四方夷狄，胜利后就把抓获的俘虏奉献给天子，天子以此警诫四方夷狄。而中原各诸侯国之间作战则不必如此。诸侯之间不能互相赠送俘虏。

庄公三十二年

经　三十有二年春，城小穀。夏，宋公、齐侯遇于梁丘。秋七月癸巳，公子牙卒。八月癸亥，公薨于路寝。冬十月己未，子般卒。公子庆父如齐。狄伐邢。

传　三十二年春，城小穀①，为管仲也。
齐侯为楚伐郑之故，请会于诸侯。宋公请先见于齐侯。夏，遇于梁丘②。

秋七月，有神降于莘③。

惠王问诸内史过曰④：“是何故也？”对曰：“国之将兴，明神降之，监其德也⑤；将亡，神又降之，观其恶也。故有得神以兴，亦有以亡。虞、夏、商、周皆有之。”王曰：“若之何？”对曰：“以其物享焉⑥，其至之日，亦其物也⑦。”王从之。内史过往，闻虢请命⑧，反曰：“虢必亡矣，虐而听于神⑨。”

神居莘六月。虢公使祝应、宗区、史嚚享焉⑩。神赐之土田。史嚚曰：“虢其亡乎！吾闻之，国将兴，听于民；将亡，听于神。神，聪明正直而壹者也⑪，依人而行。虢多凉德⑫，其何土之能得！”

初，公筑台，临党氏⑬，见孟任，从之。閟⑭，而以夫人言，许之。割臂盟公，生子般焉。雩⑮，讲于梁氏⑯，女公子观之⑰。圉人荦自墙外与之戏⑱。子般怒。使鞭之。公曰：“不如杀之，是不可鞭。荦有力焉，能投盖于稷门⑲。”

公疾，问后于叔牙⑳。对曰：“庆父材㉑。”问于季友，对曰：“臣以死奉般㉒。”公曰：“乡者牙曰庆父材㉓。”成季使以君命命僖叔待于鍼巫氏㉔，使鍼季鸩之㉕，曰：“饮此则有后于鲁国㉖，不然，死且无后。”饮之，归及逵泉而卒㉗，立叔孙氏㉘。

八月癸亥㉙，公薨于路寝㉚。子般即位，次于党氏㉛。冬十月己未㉜，共仲使圉人荦贼子般于党氏㉝。成季奔陈。立闵公㉞。

【注释】

①小穀：即穀，齐邑名，在今山东省东阿县境内。　②梁丘：宋国邑名，在今山东省成武县东北。　③莘：虢国地名，在今河南省三门峡市西。　④内史过：周王朝大夫。内史，官名；过，人名。　⑤监：视。　⑥以其物享：用与它相应的祭品去祭祀。其，它，指神灵；物，祭品、祭服等；享，祭享。　⑦其至之日，亦其物：指神灵降临之日，即用与此日相当的祭品去祭祀。古代祭神有一定制度，据《礼记·月令》载：“甲、乙日至，祭先脾，玉用苍，服上青；丙、丁日至，祭用肺，玉、服皆赤；戊、己日至，祭用心，玉、服皆黄；庚辛日至，祭用肝，玉、服皆白；壬、癸日至，祭用肾，玉、服皆玄。”　⑧请命：求神赐予。　⑨虐：暴虐。　⑩祝应：人名。祝，太祝。宗区：人名。宗，宗人。史嚚（yín）：人名。史，太史。　⑪壹：一心一意。　⑫凉：薄，少。　⑬党氏：鲁国大夫。　⑭閟（bì）：闭门。　⑮雩（yú）：一种求雨的祭祀活动。　⑯讲：演习。梁氏：鲁国大夫。　⑰女公子：庄公女，子般妹。　⑱圉人荦：养马人，名荦。戏：调戏。　⑲盖（hé）：门扇。稷门：鲁城正南门。　⑳后：继承人。叔牙：鲁庄公的弟弟。庄公有三弟，长曰庆父，次曰叔牙，次曰季友。　㉑材：有才能。　㉒般：即子般。　㉓乡：过去。　㉔成季：即季友。僖叔：即叔牙。鍼（qián）巫氏：即鍼季，鲁大夫。鍼，姓；巫，职或名；氏，家。　㉕鸩（zhèn）：鸟名，羽毛有毒，古人用来制毒

酒杀人，所以，用毒酒杀人也称鸩。　㉖后：后代的禄位。　㉗遂泉：鲁地名，在今山东省曲阜县东南。　㉘叔孙氏：指僖叔的儿子。　㉙癸亥：五日。　㉚路寝：正寝。寝，寝室。古代天子有六寝，正寝一，燕寝五；诸侯有三寝，正寝一，燕寝二。正寝又叫路寝，燕寝又叫小寝。平日居燕寝，斋戒及疾病则居路寝。　㉛次：居住。　㉜己未：初二日。　㉝共仲：即庆父。贼：刺杀。　㉞闵公：鲁庄公子，名开。

【译文】

三十二年春季，齐国在小穀筑城，这是为管仲建造的。

齐桓公因为楚国讨伐郑国一事，请求和各诸侯会见。宋桓公请求先和齐桓公见面。夏季，二人在梁丘非正式会见。

秋季七月，有神灵在莘地显现。

周惠王问大夫内史过："这是什么原因？"内史过回答说："一个国家将要兴盛时，神灵就要下降，为的是观察这一国家的德行；一个国家将要灭亡时，神灵也会下降，为的是观察它的邪恶。因此，有的国家因神灵而兴盛，有的则因神灵而灭亡。虞、夏、商、周都有过这种情况。"周惠王说："应该怎么办呢？"内史过回答："使用相应的物品来祭祀，在神灵降临之日，依照惯例，这一天的祭祀应该使用的物品，也就是适用于他的物品。"周惠王听从了，于是内史过前去祭祀。当他听到虢国请求神灵赐予土地一事时，回来说："虢国一定要灭亡了，因为虢君暴虐成性，听命于神，却不顺从民心。"

神灵在莘地停留了六个月。虢公派遣祝应、宗区、史嚚前往祭祀。神灵答应赐给他疆土田地。史嚚说："看来虢国是要灭亡了吧。我听说一个国家将要兴起，就要听命于百姓；将要灭亡，则听命于神灵。神灵一向聪明正直而专一，都是针对不同的人而行事。虢国缺德之事太多，又能得到什么土地呢？"

当初，庄公建造了高台，从台上可以看到党家。有一次他在台上见到孟任，就跟着她走。孟任闭门拒绝，庄公答应立她为夫人，她才同意了，并割破手臂和庄公盟誓，后来生了子般。鲁国举行雩祭，在梁家预演，庄公的女公子观看演习。养马人荦从墙外调戏她。子般恼怒了，让人鞭打荦。庄公说："不如杀了他，对这个人靠鞭打不行。他很有力气，能够举起稷门的城门扔出去。"

庄公患了病，向叔牙询问有关继承人的问题。叔牙回答说："庆父比较有才能。"向季友询问，季友回答说："我决心誓死事奉子般。"庄公说："刚才叔牙说庆父有才能。"于是季友派人以国君的名义让叔牙在鲁大夫鍼巫家里等候，让鍼巫在酒里下了毒药，并说："喝了这酒，你的后代就可以在鲁国享有禄位，否则，即使你死了，后代也休想得到禄位。"叔牙喝了毒酒，回去时走

中華藏書

四书五经·最新校勘精注今译本

中国书店

到遂泉就死了，鲁国立他的儿子为叔孙氏。

八月五日，庄公寿终正寝。子般继位，住在党氏家里。冬季十月二日，共仲派养马人荦在党家刺杀了子般。季友逃亡到了陈国。庆父立闵公为国君。

闵　公

闵公元年

经　元年春，王正月。齐人救邢。夏六月辛酉，葬我君庄公。秋八月，公及齐侯盟于落姑。季子来归。冬，齐仲孙来。

传　元年春，不书即位，乱故也。

狄人伐邢①。管敬仲言于齐侯曰②："戎狄豺狼，不可厌也③。诸夏亲昵④，不可弃也。宴安鸩毒⑤，不可怀也⑥。《诗》云：'岂不怀归，畏此简书⑦。'简书，同恶相恤之谓也⑧。请救邢以从简书。"齐人救邢。

夏六月，葬庄公，乱故，是以缓。

秋八月，公及齐侯盟于落姑⑨，请复季友也。齐侯许之，使召诸陈，公次于郎以待之。"季子来归⑩，"嘉之也。

冬，齐仲孙湫来省难⑪。书曰"仲孙"，亦嘉之也。

仲孙归曰："不去庆父，鲁难未已⑫。"公曰⑬："若之何而去之？"对曰："难不已，将自毙，君其待之。"公曰："鲁可取乎？"对曰："不可，犹秉周礼⑭。周礼，所以本也。臣闻之，国将亡，本必先颠，而后枝叶从之。鲁不弃周礼，未可动也。君其务宁鲁难而亲之⑮，亲有礼，因重固⑯，间携贰⑰，覆昏乱⑱，霸王之器也⑲。"

晋侯作二军⑳，公将上军，大子申生将下军。赵夙御戎㉑，毕万为右㉒，以灭耿、灭霍、灭魏㉓。还，为大子城曲沃。赐赵夙耿，赐毕万魏，以为大夫。

士𫇭曰："大子不得立矣，分之都城而位以卿，先为之极㉔，又焉得立。不如逃之，无使罪至。为吴太伯㉕，不亦可乎？犹有令名㉖，与其及也。且谚曰：'心苟无瑕㉗，何恤乎无家㉘。'天若祚大子㉙，其无晋乎㉚。"

卜偃曰㉛："毕万之后必大。万，盈数也；魏，大名也㉜；以是始赏，天启之矣。天子曰兆民㉝，诸侯曰万民。今名之大，以从盈数，其必有众。"

初，毕万筮仕于晋㉞，遇《屯》䷂之《比》䷇㉟。辛廖占之㊱，曰："吉。

《屯》固《比》入㊲，吉孰大焉？其必蕃昌㊳。《震》为土㊴，车从马㊵，足居之㊶，兄长之㊷，母覆之㊸，众归之㊹，六体不易㊺，合而能固，安而能杀㊻，公侯之卦也。公侯之子孙，必复其始㊼。"

【注释】

①狄：赤狄，北方少数民族部落。邢：姬姓诸侯国，周公之子所封，在今河北省邢台市西南。　②管敬仲：即管仲。　③厌：满足。　④诸夏：中原诸侯各国。　⑤宴安：安逸。　⑥怀：怀恋。　⑦简书：书写在一片付简上的文字。此指告急文书。　⑧同恶相恤：同仇敌忾。恤，忧、救。　⑨落姑：齐国地名，在今山东省平阴县境。　⑩季子：即季友。　⑪仲孙湫：齐国大夫。省难：一国发生灾难，他国派人视察、慰问，叫省难。　⑫未已：不止。　⑬公：指齐桓公。　⑭秉：执掌。　⑮宁：安定。　⑯因重固：依靠稳定坚固的国家。因，凭靠。　⑰间：离间。携贰：怀有二心。　⑱覆：颠覆。　⑲霸王：称霸称王。器：气度、度量。　⑳作二军：建立二个军。　㉑赵夙：晋大臣。　㉒毕万：晋臣。右：车右。　㉓耿：姬姓诸侯国，在今山西省河津县东南。霍：姬姓诸侯国，在今山西省霍县西南。魏：国名，故城在今山西省芮城县东北。　㉔极：顶点。　㉕吴太伯：周王季历之兄。周太王欲立季历，太伯奔荆蛮，文身断发，以避季历，立为吴太伯。　㉖令名：美名。　㉗瑕：瑕疵、污点。　㉘恤：忧。　㉙祚（zuò）：赐福。　㉚无晋：不要留在晋国。　㉛卜偃：即郭偃，晋国掌占卜的大夫。　㉜大名：高大的名称。因魏、巍同音，巍即高大。　㉝兆：数词，古代以百万为兆，表示极多。　㉞筮仕：占筮仕途。筮，以蓍草占卜吉凶。　㉟《屯》：六十四卦之一，卦象为坎上震下。《比》：六十四卦之一，卦象为坎上坤下。　㊱辛廖：周王室大夫。　㊲《屯》固：《屯》卦为坎上震下，象征险难，故为坚固。《比》入：《比》卦为坎上坤下，是水流在地上之象，相亲无间，故为进入。　㊳蕃昌：繁衍昌盛。　㊴震为土：指《屯》卦初九爻变，使震变成坤，坤象征土，故震为土。　㊵车从马：震变为坤，因震象征车，坤象征马，所以说车从马。　㊶足居之：两足踏地。因震象征足。　㊷兄长之：哥哥抚育他。长，有兄长之德。因震又象征长男。　㊸母覆之：母亲保护他。因坤为母。覆，覆盖。　㊹众归之：民众归附他。因坎象征众。　㊺六体：指土、车、马、足、母、众六象。《屯》《比》二卦含有坎、震、坤三个单卦，坤为土、为母、为马；坎为众；震为长男、为车、为足，均依卦象解释。不易：不变动。　㊻杀：杀戮。　㊼复其始：回复到他开始的地位。

【译文】

元年春季，《春秋》没有记载闵公即位，是因为发生了动乱。

狄人攻打邢国。管仲对齐桓公说："戎狄犹如豺狼，贪得无厌。而中原各国则要互相亲近，彼此不能抛弃。安逸享乐有如毒药，不可贪恋。《诗经》说：'难道不想回去，只是害怕这告急文书'。竹简上的告急文字，告诉我们要同仇敌忾，患难与共。请国君答应邢国的要求，前去救援。"于是齐国出兵救援邢国。

夏季六月，鲁国安葬了庄公，因为国内发生了动乱，才推迟安葬。

秋季八月，闵公和齐桓公在落姑结盟，请求让季友回国。齐桓公答应了，派人从陈国召回季友，闵公住在郎地等候。《春秋》记载"季子来归"，表示对季友的赞许。

冬季，齐国的仲孙湫来鲁国对发生的祸难表示慰问。《春秋》称他为"仲孙"，也是表示赞许他。

仲孙回国后说："如果不除掉庆父，鲁国的灾难就会没完没了。"桓公说："怎样才能除掉他呢？"仲孙回答："他不断地制造祸乱，也必将自取灭亡，您就等着瞧吧！"桓公说："能不能趁此机会夺取鲁国呢？"仲孙说："不行，鲁国目前还依据周礼行事。周礼是立国的根本。据我所知：一个国家将要灭亡的时候，就像大树倒下一样，必然是躯干先倒，而后枝叶才随之而倒落。鲁国没有丢弃周礼，不能对它轻举妄动。国君最好还是尽力消除鲁国的祸患，从而亲近它。亲近有礼的国家，依靠政权稳固的国家，离间内部涣散的国家，消灭昏庸动乱的国家，这才是称王称霸的策略。"

晋献公建立了两个军的队伍，献公亲率上军，太子申生率领下军。赵夙为献公驾车，毕万为车右，出兵灭掉了耿国、霍国和魏国。回国后，在曲沃为太子建造了城墙，把耿地赐给了赵夙，把魏地赐给了毕万，并封他们为大夫。

晋国的士𫇭说："看来太子将要被废黜了，把都城分给他，又给他以卿的地位统率下军，先把他推到了顶峰，还怎么能立为国君呢？与其等待祸患不如尽早逃走，以免罪祸到来。做一个吴太伯这样的人不也可以吗？至少还能有一个好名声。而且俗话说：'如果内心没有过失，又何患无家可归？'上天如果保佑太子，太子就不要在晋国再待下去了！"

卜偃说："毕万的后代一定能兴盛起来。万，是个满数；魏，是高大的意思。从这个意义上开始赏赐，说明上天已经有所预示了。天子统治百万民众，称为'兆民'，诸侯统治上万民众，称为'万民'。如今毕万拥有了高大，又有了一个满数，他必然会拥有大众。"

当初，毕万曾就在晋国做官是吉是凶做过占卜，得到屯卦变成比卦。辛廖预测说："吉利。屯表示坚固，比表示进入，还有比这更大的吉利吗？将来一定能繁衍强盛起来。震卦变成了土，车跟随马，双脚停在这里，兄长抚养他，母亲保护他，众人归属他，这六条不变，就能招集民众而且根基稳固，能安抚百姓又能杀戮敌人，这是公侯的卦象。作为公侯的子孙，将来一定能像他的祖先一样。"

闵公二年

中华藏书 春秋左传 中国书房

经　二年春，王正月，齐人迁阳。夏五月乙酉，吉禘于庄公。秋八月辛丑，公薨。九月，夫人姜氏孙于邾。公子庆父出奔莒。冬，齐高子来盟。十有二月，狄入卫。郑弃其师。

传　二年春，虢公败犬戎于渭汭①。舟之侨曰②："无德而禄，殃也。殃将至矣。"遂奔晋。

夏，吉禘于庄公③，速也。

初，公傅夺卜齮田④，公不禁。秋八月辛丑⑤，共仲使卜齮贼公于武闱⑥。成季以僖公适邾⑦。共仲奔莒，乃入，立之。以赂求共仲于莒，莒人归之。及密⑧，使公子鱼请⑨，不许。哭而往，共仲曰："奚斯之声也。"乃缢。

闵公，哀姜之娣叔姜之子也，故齐人立之。共仲通于哀姜，哀姜欲立之。闵公之死也，哀姜与知之⑩，故孙于邾⑪。齐人取而杀之于夷⑫，以其尸归，僖公请而葬之。

成季之将生也，桓公使卜楚丘之父卜之⑬。曰："男也。其名曰友，在公之右⑭。间于两社⑮，为公室辅⑯。季氏亡⑰，则鲁不昌。"又筮之，遇《大有》☰☰之《乾》☰☰⑱，曰："同复于父⑲，敬如君所⑳。"及生，有文在其手曰"友"㉑，遂以命之㉒。

冬十二月，狄人伐卫。卫懿公好鹤㉓，鹤有乘轩者㉔。将战，国人受甲者皆曰㉕："使鹤，鹤实有禄位，余焉能战！"公与石祁子玦㉖，与宁庄子矢㉗，使守，曰："以此赞国㉘，择利而为之。"与夫人绣衣，曰："听于二子㉙。"渠孔御戎，子伯为右，黄夷前驱，孔婴齐殿㉚。及狄人战于荧泽㉛，卫师败绩，遂灭卫。卫侯不去其旗，是以甚败。狄人因史华龙滑与礼孔以逐卫人㉜。二人曰："我，大史也，实掌其祭。不先㉝，国不可得也。"乃先之。至则告守曰㉞："不可待也㉟。"夜与国人出。狄入卫，遂从之㊱，又败诸河㊲。

初，惠公之即位也少㊳，齐人使昭伯烝于宣姜㊴。不可，强之㊵。生齐子、戴公、文公、宋桓夫人、许穆夫人。文公为卫之多患也，先适齐。及败，宋桓公逆诸河，宵济㊶。卫之遗民男女七百有三十人，益之以共、滕之民为五千人㊷，立戴公以庐于曹㊸。许穆夫人赋《载驰》㊹。齐侯使公子无亏帅车三百乘㊺、甲士三千人以戍曹。归公乘马㊻，祭服五称㊼，牛羊豕鸡狗皆三百，与门材㊽。归夫人鱼轩㊾，重锦三十两㊿。

郑人恶高克(51)，使帅师次于河上，久而弗召，师溃而归。高克奔陈。郑人为之赋《清人》(52)。

晋侯使大子申生伐东山皋落氏(53)。里克谏曰(54)：“大子奉冢祀、社稷之粢盛(55)，以朝夕视君膳者也(56)，故曰冢子(57)。君行则守(58)，有守则从(59)。从曰抚军，守曰监国，古之制也。夫帅师，专行谋(60)，誓军旅(61)，君与国政之所图也(62)，非大子之事也。师在制命而已(63)。禀命则不威(64)，专命则不孝(65)。故君之嗣適不可以帅师(66)。君失其官(67)，帅师不威，将焉用之。且臣闻皋落氏将战，君其舍之。”公曰：“寡人有子，未知其谁立焉。”不对而退。

见大子，大子曰：“吾其废乎？”对曰：“告之以临民(68)，教之以军旅，不共是惧(69)，何故废乎？且子惧不孝，无惧弗得立，修己而不责人，则免于难。”

大子帅师，公衣之偏衣(70)，佩之金玦(71)。狐突御戎，先友为右。梁余子养御罕夷，先丹木为右。羊舌大夫为尉(72)。先友曰：“衣身之偏，握兵之要(73)，在此行也，子其勉之。偏躬无慝(74)，兵要远灾(75)，亲以无灾，又何患焉！”狐突叹曰：“时，事之征也(76)。衣，身之章也(77)。佩，衷之旗也(78)。故敬其事则命以始(79)，服其身则衣之纯(80)，用其衷则佩之度(81)。今命以时卒(82)，閟其事也(83)；衣之尨服(84)，远其躬也；佩以金玦，弃其衷也。服以远之，时以閟之，尨凉冬杀(85)，金寒玦离(86)，胡可恃也(87)？虽欲勉之，狄可尽乎？”梁余子养曰：“帅师者受命于庙，受脤于社(88)，有常服矣(89)。不获而尨(90)，命可知也。死而不孝，不如逃之。”罕夷曰：“尨奇无常，金玦不复，虽复何为，君有心矣。”先丹木曰：“是服也，狂夫阻之(91)。曰‘尽敌而反’。敌可尽乎！虽尽敌，犹有内谗，不如违之(92)。”狐突欲行。羊舌大夫曰：“不可。违命不孝，弃事不忠。虽知其寒，恶不可取，子其死之。”

大子将战，狐突谏曰：“不可。昔辛伯谂周桓公云(93)：‘内宠并后，外宠二政，嬖子配適，大都耦国，乱之本也。’周公弗从，故及于难。今乱本成矣，立可必乎？孝而安民，子其图之，与其危身以速罪也。”

成风闻成季之繇(94)，乃事之(95)，而属僖公焉(96)，故成季立之。

僖之元年，齐桓公迁邢于夷仪(97)。二年，封卫于楚丘(98)。邢迁如归，卫国忘亡。

卫文公大布之衣(99)，大帛之冠(100)，务材训农(101)，通商惠工(102)，敬教劝学(103)，授方任能(104)。元年革车三十乘(105)。季年乃三百乘(106)。

【注释】

①犬戎：北方少数民族部落。商周时称鬼方、昆夷，战国以后称胡、匈奴。渭汭：渭水入河处。　②舟之侨：虢国大夫。　③吉禘（dì）：丧后二十五月举行大祭，将死者神主移于宗庙，称吉禘。禘，大祭。　④傅：教导辅佐君主的人。卜齮（yǐ）：鲁国大夫。　⑤辛丑：二十四日。　⑥共仲：即庆父。武闱：路寝的旁门。闱，宫门。　⑦僖公：名申，鲁庄公的小儿子，闵公的弟弟。适：到，往。　⑧密：鲁国地名，在今山东省费县北。　⑨公子鱼：字奚斯，鲁国宗室。请：请求赦罪。　⑩与：通"预"，预先。　⑪孙：通"逊"，逃。　⑫夷：齐地名。　⑬桓公：鲁桓公。卜楚丘：鲁国掌卜筮的大夫。　⑭右：在右指用事，执政。　⑮两社：鲁国有两社，一为周社，一为亳社，在宫内中门（雉门）左右两侧，是朝内治事大臣的处所。间于两社，指将来是朝内大臣。　⑯辅：辅弼。　⑰季氏：指季友。亡：逃亡。　⑱《大有》：六十四卦之一，乾下，离上。之《乾》：变为《乾》卦。之，变。　⑲同复于父：和父亲走同样的道路。复，走老路。意即地位与其父同样尊贵。　⑳敬如君所：敬重如同国君的位置。所，处所。　㉑文：字。　㉒命：命名。　㉓卫懿公：卫国国君，名赤，惠公之子。　㉔轩：四面有遮蔽的车子，为大夫所乘用。　㉕受甲者：披甲的战士。　㉖石祁子：卫臣。见庄公十二年注。玦（jué）：环形有缺口的佩玉。　㉗宁庄子：卫臣，又名宁速。矢：箭。　㉘赞：助。　㉙二子：指石祁子与宁庄子。　㉚渠孔、子伯、黄夷、孔婴齐：四人名，均为卫臣。　㉛荧（yíng）泽：地名，在黄河以北。　㉜史：史官。华龙滑、礼孔：二人名，卫国史官。　㉝不先：不先回国。　㉞守：守卫者。　㉟待：抵御。　㊱从：追逐。　㊲河：黄河。

㊳惠公：即卫惠公，卫宣公之子，名朔。　㊴齐人：指齐僖公。昭伯：卫宣公之子，卫惠公庶兄，急子之弟公子顽。宣姜：卫宣公夫人，齐女，卫惠公之母。　㊵强之：逼着他。　㊶宵济：夜间渡河。　㊷益：加上。共：卫邑，即今河南省辉县市。滕：卫邑，不详所在。　㊸庐：寄居。曹：卫邑，即今河南省滑县西南的白马故城。　㊹赋：朗诵，创作。《载驰》：见《诗经·鄘风》。　㊺公子无亏：即公子武孟，齐桓公之子，其母为卫姬。　㊻归：同"馈"，赠送。乘马：驾车的马匹。　㊼五称：五套。称，上衣、下裳合之为一称。　㊽门材：做门户的材料。　㊾鱼轩：装饰有鱼皮的车子。　㊿重锦：结实上等的好锦。锦，各种颜色的丝织品。两：即匹，长四丈。　51郑人：指郑文公。高克：郑国大夫。　52《清人》：《诗经》篇名，见《诗经·郑风》。　53东山皋落氏：赤狄别种，皋落，氏族名。今山西省垣曲县东南有皋落镇，即故地。　54里克：晋国大夫里季。　55冢祀：大祀，即宗庙祭祀。　56膳：膳食。　57冢子：即大子，太子。　58守：守护国家。　59从：跟从。　60专行谋：专断谋略。　61誓军旅：号令军队。誓，誓师。　62国政：国家的正卿。　63制命：古代作战，主帅制命，即所谓"将在外君命有所不受"。制命，即握兵权。　64禀命：禀承君主命令。　65专命：专制命之权，不受君命。　66嗣适：指法定继承人太子。适同"嫡"。　67失其官：失去用官之道。指太子率军不宜。　68告：命令。临民：治理（曲沃）百姓。　69不共：不能完成任务。共通"供"。　70衣：用作动词，穿。偏衣：左右颜色不同的上衣。　71金玦：同青铜制成的玦。　72狐突：晋臣，字伯行，狐偃之父，重耳外祖父。先友：晋臣。梁余子养：晋臣。梁，姓：余

子，字；养，名。罕夷：晋臣，下军将帅。先丹木：晋臣。羊舌大夫：名突，为羊舌职父，叔向祖父。尉：军尉，位在军帅之下，众官之上。　⑬要：机要，指兵权。　⑭偏躬：即偏衣。躬，身。慝：恶。　⑮远：远离，用作动词。　⑯时：指用兵的时间。征：征象。　⑰章：表象，标志。　⑱衷：中心。　⑲敬：重。始：开头，指春夏之时。　⑳纯：纯色衣服。古代戎服，尤贵一色，称为均服。　㉑度：礼制，礼度。古人以佩玉为常度。　㉒时卒：岁终，年终。　㉓阌：闭门，意即不通。　㉔龙（páng）服：杂色衣服。龙：杂。　㉕凉：凉薄。凉通"轻"。轻，杂色。杀：肃杀。冬日肃杀，故以杀解释冬。　㉖寒：寒冷。古人认为玉性温，金性寒，故以寒解释金。离：离别。古人以玦表示决绝与离别。玦、诀音同。　㉗胡：疑问代词，怎么。　㉘受脤（shèn）：古代出兵祭社，祭毕，以社肉颁赐诸人，称为受脤。脤，祭祀所用的生肉。　㉙常服：规定的服饰。　㉚不获：即得不到常服。　㉛狂夫：癫狂的人。阻：拒。　㉜违：离开。　㉝辛伯：周大夫，详见桓公十八年传。谂（shěn）：劝告。　㉞成风：鲁庄公妾，僖公之母。繇（zhòu）：卦兆的占辞。　㉟事：结交。　㊱属：嘱托。僖公：鲁庄公少子，名申，闵公之弟。　㊲夷仪：地名，在今山东省聊城县西。　㊳楚丘：卫国地名，在今河南省滑县东。　㊴大布：粗布。　㊵大帛：粗帛。　㊶务材：努力生产材用。训农：勉励农耕。　㊷通商：发展商品流通。惠工：对百工施加恩惠。　㊸敬教：敬重教化。劝学：勉励读书。　㊹授方：授予百官为政方略。任能：任用有才能的人。　㊺革车：兵车。　㊻季年：末年。

【译文】

二年春季，虢公在渭水流入黄河处打败了犬戎。舟之侨说："无德而受禄，这是祸害。祸害将要到来。"于是逃亡到了晋国。

夏季，鲁国为庄公举行大祭，大祭的时间提前了。

当初，闵公的保傅强行夺取了卜齮的田地，闵公不加禁止。秋季八月二十四日，共仲让卜齮在武闱杀了闵公。季友带着僖公到了邾国。共仲逃到莒国后，才回国。立僖公为君。并用财物向莒国换取共仲，莒国人让共仲回去。共仲到了密地，让公子鱼前去请求赦免，没有得到允许。公子鱼哭着回去了，共仲远远听到哭声说："这是公子鱼的哭声啊！"便自缢而死。

闵公是哀姜的妹妹叔姜的儿子，因此齐国人立他为君。共仲和哀姜私通，哀姜想立他为君。闵公被害时，哀姜事先知道，因此逃到了邾国。后来齐国人从邾国抓回哀姜，在夷地杀了她。把尸首还给鲁国，僖公请求齐国同意后将哀姜安葬。

季友快要出生时，桓公让卜楚丘的父亲为他占卜。他说："这是男孩，他名叫友，将来位置在您之上。能成为鲁国大臣，公室的辅弼。如果季氏灭亡，鲁国就不能昌盛。"又占筮，得到大有卦变成乾卦，他说："这孩子将来尊贵如同父亲，受人敬重如同国君。"等到生下来，果然在手掌上有一个"友"字花纹，于是就以"友"起名。

冬季十二月，狄人讨伐卫国。卫懿公一向喜欢鹤，他养的鹤甚至乘坐大夫以上才乘坐的轩车。将要与狄人作战时，国都接受甲胄的人们都说："让鹤去作战吧，鹤享有禄位，我们哪里能够作战呢？"懿公把佩玉赐给石祁子，把箭赐给宁庄子，让他们防守，说："你们用这个帮助国家，怎样有利怎样做。"把绣衣给了夫人，说："你听这两个人的！"然后由渠孔驾车，子伯为车右，黄夷为前卫，孔婴齐殿后，和狄人在荥泽交战，结果卫军大败，随后狄人灭亡了卫国。作战时懿公不让去掉自己的旗帜，所以败得很惨。狄人囚禁了史官华龙滑和礼孔，又继续追赶卫国人。这两个人说："我们是太史，掌握着国家的祭祀。如果不先回去，你们是得不到国都的。"狄人就先让他们回去。他们到达国都后，告诉守城的人："不要抵抗了。"就在夜里和国都的人一起逃走了。狄人进入卫都后，又追了上去，在黄河边上打败了卫国人。

当初，卫惠公即位时还很年轻，齐国人让昭伯和宣姜通奸，昭伯不愿意，齐国人就强迫他干。后来生了齐子、戴公、文公、宋桓夫人和许穆夫人。因为卫国灾祸太多，文公先到了齐国。等卫国打了败仗，宋桓公在黄河边上迎接打败的卫国人，夜里渡过黄河。卫国的遗民男女老少有七百三十人，加上共地、滕地的百姓共有五千人，立戴公为国君，寄住在曹邑。许穆夫人为此作了《载驰》一诗。齐桓公派公子无亏率领战车三百辆、甲士三千人守卫曹邑。并赠给戴公驾车的马匹，祭服五套，牛、羊、猪、鸡、狗各三百头，以及做门户用的木材。赠给夫人用鱼皮装饰的车子和上等锦缎三十四。

郑国人非常讨厌高克，让他率军住在黄河边上，很长时间没有召他回去，结果军队溃散，士兵纷纷逃回，高克便逃到了陈国。郑国人为高克作了《清人》一诗。

晋献公派太子申生攻打东山的皋落氏。里克劝阻说："太子是掌管宗庙祭祀、社稷大祭和国君早晚饮食的人，因此称为冢子。国君出外太子就受命守护国家，如果有人守护国家太子则跟随国君前往。随君在外叫抚军，守护在内叫监国，这是古代的制度。至于率军作战，在战场上做出专断谋划，对军队发号施令等，则是国君和正卿所应该考虑的，并非太子之事。领兵就要发布命令。太子领兵，如果凡事都要禀报就会失去威严，如果自行决断发布命令则又是不孝。所以国君的嫡子不能领兵作战。国君如果失去了任命官吏的准则，即使让太子率军也没有威严，何必这样做呢？而且我听说皋落氏正准备迎战。国君还是放弃让太子领兵为好!”献公说:“我有这么多儿子,还不知道将来要立谁为嗣君呢!”里克没有再说什么就退了下来。

里克见到太子,太子说:“我恐怕要被废黜了吧!”里克回答:“国君让您在曲沃管理百姓,又教您掌管军队熟悉军事,只是担心您不能完成任务,为什么会废您呢?而且您作为儿子,应该担心不孝,不应担心不能被立为嗣君,努力完善自己而不是责备别人,就能免于灾难。”

太子率军出征,献公让他穿上左右两色的衣服,佩戴金玦。狐突驾车,先友为车右,梁余子养为罕夷驾车,先丹木为车右,羊舌大夫为军尉。先友说:“身穿国君衣服的一半,掌管着军事大权,看来成败在此一举了,您要努力啊!国君分出一半衣服给您并没有恶意,兵权在握又可以远离灾祸,既然国君对您如此亲近,您又没有灾祸,还担心什么呢?”狐突叹了口气说:“时令是事情的征兆;衣服是身份的标志;佩饰则是内心的旗帜。国君如果重视这件事,就应该在春夏时节发布命令,赐给衣服,其颜色应该纯正单一;想让人忠诚于自己,就要让他佩戴合乎规定的饰物。而如今,在年底才发布命令,就是故意为了使事情不能顺利;赐给他杂色衣服,目的就在于疏远他;让他佩戴玉玦,就表明要舍弃太子的一片忠诚。通过衣服来疏远他;利用时令来阻碍他;杂色,表明冷漠,冬天,意味着肃杀,金,表示寒冷,玦,暗示决绝。这怎么能靠得住呢?即使要尽力而为,狄人能消灭干净吗?”梁余子养说:“率领军队的人要在太庙中接受命令,在祭祀土地神之处接受祭肉,并且还要有规定的衣服。如今规定的衣服没有得到,得到的却是杂色衣服,国君命令的意图也很明显。即使死了以后也还要落个不孝的罪名。我看不如逃跑吧!”罕夷说:“杂色衣服不合常规,金玦表示不让再回来。这样的话,即使回来还有什么用?看来国君已经别有用心了。”先丹木说:“这样的衣服,疯子也不会去穿的。国君说‘消灭完了敌人再回来’。敌人难道能消灭完吗?即使敌人被消灭完了,也还有内部小人的谗言,不如趁早离开这里。”狐突想走,羊舌大夫说:“不行。违背君命就是不孝,放弃职守就是不忠。虽然我们已经感觉到了国君的寒冷之心,也不能不孝不忠。您还是为此而死吧!”

太子准备作战,狐突劝阻说:“不行。过去辛伯曾力劝周桓公说:‘姬妾与王后等同,宠臣与正卿并重。庶子与嫡子相匹敌,大城和国都一样,这就是祸乱的根源。’周公不听,因此后来遭到祸患。如今祸乱的根源已经形成,您还能被立为嗣君吗?与其作战危及自身,加速祸患的到来,还不如竭尽孝道以安定百姓。您还是好好考虑考虑吧!”

中華藏書

四书五经·最新校勘精注今译本

中国书店

成风听到成季出生时占卜的卦辞后，就要和他结交，并且把僖公托付给他，所以后来成季立了僖公为国君。

僖公元年，齐桓公把邢国迁到夷仪。二年，又把卫国封在楚丘。邢国人迁居后感到好像又回到了自己原来的国土，卫国人也忘记了自己的灭亡。

卫文公穿着粗布衣服，戴着粗布帽子，致力于生产，教导百姓务农，疏通便利商贩，帮助百工，重视教化，劝勉求学，传授为官之道，任用有才能之人。在鲁僖公元年，只有战车三十辆。到了鲁僖公晚年，竟然有了三百辆。

僖　公

僖公元年

经　元年春，王正月。齐师、宋师、曹师次于聂北，救邢。夏六月，邢迁于夷仪。齐师、宋师、曹师城邢。秋七月戊辰，夫人姜氏薨于夷，齐人以归。楚人伐郑。八月，公会齐侯、宋公、郑伯、曹伯、邾人于柽。九月，公败邾师于偃。冬十月壬午。公子友帅师败莒师于郦，获莒挐。十有二月丁巳，夫人氏之丧至自齐。

传　元年春，不称即位，公出故也。公出复入，不书，讳之也①。讳国恶②，礼也。

诸侯救邢③，邢人溃，出奔师④。师遂逐狄人，具邢器用而迁之，师无私焉⑤。

夏，邢迁于夷仪，诸侯城之，救患也。凡侯伯，救患、分灾、讨罪，礼也。

秋，楚人伐郑，郑即齐故也⑥。盟于荦⑦，谋救郑也。

九月，公败邾师于偃⑧，虚丘之戍将归者也⑨。

冬，莒人来求赂。公子友败诸郦⑩，获莒子之弟挐⑪。非卿也，嘉获之也⑫。公赐季友汶阳之田及费⑬。

夫人氏之丧至自齐⑭，君子以齐人之杀哀姜也为已甚矣，女子，从人者也⑮。

【注释】

①讳：隐讳，忌讳。　②国恶：国乱。　③诸侯：指齐桓公、宋桓公、曹昭公。　④出奔师：逃奔到诸侯的军队里。　⑤无私：无所私取。　⑥即：就，亲附。　⑦荦（luò）：陈国地名，在今河南省淮阳县西北。　⑧偃：邾国地名，在今山东省费县南。　⑨虚丘：地名，在今山东省费县境内。　⑩郦：鲁国地名。　⑪挐（rú）：莒国君的弟弟。　⑫获：大夫被俘，无论生死都称为获。　⑬汶阳：汶水的北面。费（bì）：鲁国地名，故址在今山东费县西北。

⑭夫人氏：即哀姜，原文脱一姜字。丧：指尸体。　⑮从人：古人认为女子既嫁从夫，哀姜在夫家有罪，应由鲁国处理。

【译文】

元年春季，《春秋》没有记载僖公即位一事，是因为此时僖公正出奔在外。对僖公的出奔以及回国，《春秋》均不加记载，是出于避讳。隐讳国家的丑事，是合乎礼的。

诸侯们救援邢国，邢人纷纷溃散，士兵逃入诸侯的军队里。诸侯的军队赶走了狄人，把邢国的器物财货都装到车上，让他们迁走，军队没有私取任何财物。

夏季，邢国迁到夷仪，诸侯帮助筑城，这是帮助他们解救患难。凡是诸侯领袖，出面解救患难，分担灾祸，讨伐罪人，都是合乎礼的。

秋季，楚国人讨伐郑国，是因为郑国亲近了齐国。僖公和齐桓公、宋桓公、郑文公、曹昭公和邾人在荦地结盟，谋划救援郑国。

九月，僖公在偃地打败了邾国军队，邾军是戍守在虚丘准备撤回的军队。

冬季，莒国前来求取财货。公子友在郦地打败了他们，俘获了莒子的弟弟絮。莒挐不是卿，但《春秋》记载"获莒挐"，是赞扬公子友的功劳。僖公为此把汶阳的田地和费地赐给了公子友。

庄公夫人哀姜的灵柩从齐国运来。君子认为齐国人杀死哀姜太过分了，因为妇女出嫁后，就要听从夫家的，有罪也应由夫家惩治。

僖公二年

经　二年春，王正月，城楚丘，夏五月辛巳，葬我小君哀姜。虞师、晋师灭下阳。秋九月，齐侯、宋公、江人、黄人盟于贯。冬十月，不雨，楚人侵郑。

传　二年春，诸侯城楚丘而封卫焉①。不书所会，后也②。

晋荀息请以屈产之乘与垂棘之璧③，假道于虞以伐虢④。公曰⑤："是吾宝也⑥。"对曰："若得道于虞，犹外府也⑦。"公曰："宫之奇存焉⑧。"对曰："宫之奇之为人也，懦而不能强谏，且少长于君，君昵之⑨，虽谏，将不听。"乃使荀息假道于虞，曰："冀为不道⑩，入自颠軨⑪，伐鄍三门⑫。冀之既病⑬，则亦唯君故⑭。今虢为不道，保于逆旅⑮以侵敝邑之南鄙⑯。敢请假道以请罪于虢⑰。"虞公许之，且请先伐虢。宫之奇谏，不听，遂起师。夏，晋里克、荀息帅师会虞师伐虢，灭下阳⑱。先书虞，贿故也。

秋，盟于贯⑲，服江、黄也⑳。

齐寺人貂始漏师于多鱼㉑。

虢公败戎于桑田㉒。晋卜偃曰："虢必亡矣。亡下阳不惧，而又有功，是天夺之鉴㉓，而益其疾也㉔。必易晋而不抚其民矣㉕。不可以五稔㉖。"

冬，楚人伐郑，斗章囚郑聃伯㉗。

【注释】

①封：封疆。古代天子建诸侯，必分给土地，立其疆界，聚土为封以作标记，称为封国。因卫国君死国灭，重新封建，故称为封。　②后：指鲁国后到，工程已完。　③荀息：即荀叔，晋国大臣。屈：即北屈，详见庄公二十年传注。乘：马四匹称为乘。垂棘：地名，在今山西省潞城县北。　④假道：借路通过。虞：国名，故城在今山西省平陆县东北。晋伐虢，必须经过虞境。　⑤公：指晋献公。　⑥宝：指马与璧。　⑦外府：外库。　⑧宫之奇：虞国贤臣。　⑨昵：亲昵。　⑩翼：国名，在今山西省河津县东北。不道：即残暴。　⑪颠軨：虞国地名，为中条山的要冲。　⑫鄍（míng）：虞国地名。　⑬病：衰弱。　⑭唯：因为。　⑮保：小城，即今之堡垒，用作动词。逆旅：旅馆客舍。　⑯敝邑：敝国，敝，谦词。南鄙：南部边境。　⑰请罪：问罪。　⑱下阳：虢邑，在今山西省平陆县东北。　⑲贯：宋国地名，在今山东省曹县南。　⑳服：归服，指江、黄二国归服于齐国。江：国名，嬴姓，故城在今河南省息县西南。黄：国名，详见桓公八年传注。　㉑寺人貂：即竖貂，又作竖刁。寺人，宫中侍御的宦官。貂，人名。漏师：泄露军事机密。多鱼：地名，具体不详。　㉒桑田：虢国地名，在今河南省灵宝县境。　㉓鉴：镜子。　㉔疾：罪恶。　㉕易：轻视。　㉖五稔（rèn）：五年。稔，谷物一年一熟，称为稔。　㉗斗章：楚国大夫。聃（dān）伯：郑国大臣。

【译文】

二年春季，诸侯在楚丘筑城后把卫国封在那里。《春秋》没有记载诸侯会见一事，是因为鲁国迟到了。

晋国的荀息请求以屈地出产的马匹和垂棘出产的玉璧为代价，向虞国借道以攻打虢国。晋献公说："这两种东西是我的宝贝。"荀息回答说："如果能向虞国借了道，这些东西放在虞国，就好像放在我国的外库里一样。"献公说："虞国有宫之奇啊。"荀息回答说："宫之奇的为人，一向是懦弱而不能力谏，而且从小就和虞君在一起长大，虞君对他非常亲近，即使他进谏，虞君也不会听。"于是献公就派荀息前往虞国借道，说："昔日冀国无道，无故从颠軨入侵，围攻贵国郑邑的三面城门。我国攻打冀国，从而使其受到削弱，也是为了国君，并非为我们自己。现在虢国无道，在旅馆客舍里筑起了碉堡，用以攻打我国的南部边境。特地请求贵国能够借道，以便让我们前往虢国兴师问罪。"虞公答应了，并且请求先去攻打虢国。宫之奇劝阻，虞公不听，随后发兵攻打虢国。夏季，晋国的里克、荀息领兵会同虞军，攻打虢国，灭亡了下阳。《春秋》把虞国写在前面，是因为虞国接受了晋国的贿赂。

秋季，齐桓公、宋桓公和江国、黄国的国君在贯地结盟，因为江、黄两国已经归顺了齐国。

齐国的寺人貂在多鱼一地开始泄漏军事机密。

虢公在桑地打败了戎人。晋国的卜偃说："虢国定将灭亡，被灭掉了下阳还不害怕，反而又出兵征战，这是上天故意夺去了它们的镜子，使其见不到自己的丑恶，从而加重它们的罪恶。这样它必定会轻视晋国而不爱护百姓，它难以坚持五年。"

冬季，楚国人讨伐郑国，楚大夫斗章囚禁了郑国的聃伯。

僖公三年

经　三年春，王正月，不雨。夏四月，不雨。徐人取舒。六月，雨。秋，齐侯、宋公、江人、黄人会于阳谷。冬，公子友如齐莅盟。楚人伐郑。

传　三年春，不雨。夏六月，雨。自十月不雨至于五月，不曰旱，不为灾也。

秋，会于阳谷①，谋伐楚也。

齐侯为阳谷之会，来寻盟。冬，公子友如齐莅盟。

楚人伐郑，郑伯欲成，孔叔不可②。曰："齐方勤我③，弃德不祥。"

齐侯与蔡姬乘舟于囿④，荡公⑤。公惧，变色。禁之，不可。公怒，归之，未之绝也⑥。蔡人嫁之。

【注释】

①阳谷：齐国地名，在今山东省阳谷县北。　②孔叔：郑国大夫。　③勤：劳。勤我，即帮助我。　④蔡姬：蔡女，齐桓公夫人。囿：苑，即园林。　⑤荡：摇荡。　⑥未之绝：尚未断绝关系。

　　三年春季，鲁国没有下雨，直到夏季六月，才下雨。从十月开始又不下雨，直到第二年五月。《春秋》记载只说"不雨"，没说旱，是因为没有造成灾害。

　　秋季，齐桓公、宋桓公、江国国君、黄国国君在阳谷会见，谋划攻打楚国。

　　齐桓公为阳谷盟会一事来鲁国重温旧好。冬季，公子友到齐国参加盟会。

　　楚军讨伐郑国，郑文公打算和楚国讲和，孔叔不同意。他说："齐国现在正在为援救我国而奔忙，抛弃他们的恩德是不好的。"

　　齐桓公和夫人蔡姬在园林中乘船游玩，蔡姬摇动船身，使桓公左右晃动。桓公非常害怕，脸色都变了。让她停下，蔡姬不听。桓公极为恼火，就把她送回了蔡国，但没有和蔡国断绝关系。不久，蔡国把蔡姬改嫁到了别国。

僖公四年

　　经　四年春，王正月，公会齐侯、宋公、陈侯、卫侯、郑伯、许男、曹伯侵蔡。蔡溃，遂伐楚，次于陉。夏，许男新臣卒。楚屈完来盟于师，盟于召陵。齐人执陈辕涛涂。秋，及江人、黄人伐陈。八月，公至自伐楚。葬许穆公。冬十有二月，公孙兹帅师会齐人、宋人、卫人、郑人、许人、曹人侵陈。

　　传　四年春，齐侯以诸侯之师侵蔡①。蔡溃，遂伐楚。楚子使与师言曰："君处北海②，寡人处南海，唯是风马牛不相及也③。不虞君之涉吾地也④，何故？"管仲对曰："昔召康公命我先君大公曰⑤：'五侯⑥九伯⑥，女实征之⑦，以夹辅周室⑧。'赐我先君履⑨，东至于海⑩，西至于河⑪，南至于穆陵⑫，北至于无棣⑬。尔贡包茅不入⑭，王祭不共，无以缩酒⑮，寡人是征⑯。昭王南征而不复，寡人是问。"对曰："贡之不入，寡君之罪也，敢不共给，昭王之不复⑰，君其问诸水滨。"师进，次于陉⑱。

　　夏，楚子使屈完如师⑲。师退，次于召陵⑳。

　　齐侯陈诸侯之师㉑，与屈完乘而观之㉒。齐侯曰："岂不穀是为？㉓先君之好是继。与不穀同好，如何？"对曰："君惠徼福于敝邑之社稷㉔，辱收寡君㉕，寡君之愿也。"齐侯曰："以此众战，谁能御之？以此攻城，何城不克？"对曰："君若以德绥诸侯㉖，谁敢不服？君若以力，楚国方城以为城㉗，汉水以为池㉘，虽众，无所用之。"

屈完及诸侯盟。

陈辕涛涂谓郑申侯曰㉙："师出于陈、郑之间，国必甚病㉚。若出于东方，观兵于东夷㉛，循海而归，其可也。"申侯曰："善。"涛涂以告，齐侯许之。申侯见，曰："师老矣㉜，若出于东方而遇敌，惧不可用也。若出于陈、郑之间，共其资粮屝屦㉝，其可也。"齐侯说，与之虎牢㉞。执辕涛涂。

秋，伐陈，讨不忠也。许穆公卒于师，葬之以侯㉟，礼也。凡诸侯薨于朝会，加一等；死王事㊱，加二等。于是有以衮敛㊲。

冬，叔孙戴伯帅师㊳，会诸侯之师侵陈。陈成。归辕涛涂。

初，晋献公欲以骊姬为夫人，卜之，不吉；筮之，吉。公曰："从筮。"卜人曰："筮短龟长㊴，不如从长。且其繇曰：'专之渝㊵，攘公之羭㊶。一薰一莸㊷，十年尚犹有臭。'必不可"。弗听。立之，生奚齐。其娣生卓子。

及将立奚齐，既与中大夫成谋㊸，姬谓大子曰："君梦齐姜㊹，必速祭之。"大子祭于曲沃，归胙于公㊺。公田㊻，姬置诸宫六日。公至，毒而献之。公祭之地，地坟㊼；与犬，犬毙；与小臣㊽，小臣亦毙。姬泣曰："贼由大子㊾。"大子奔新城㊿。公杀其傅杜原款。

或谓大子(51)："子辞(52)，君必辩焉(53)。"大子曰："君非姬氏，居不安，食不饱。我辞，姬必有罪，君老矣，吾又不乐。"曰："子其行乎(54)！"大子曰："君实不察其罪，被此名也以出(55)，人谁纳我？"

十二月戊申(56)，缢于新城。

姬遂谮二公子曰："皆知之。"重耳奔蒲，夷吾奔屈。

【注释】

①以：率领。 ②北海：泛指北方。海，即荒远的地方。下文中"南海"亦同此。 ③风：牛马雄雌相诱逐。 ④不虞：没想到。虞，料想。 ⑤召康公：即召公奭，周王室太保。大公：即太公望。 ⑥五侯九伯：泛指天下诸侯。 ⑦女：汝。 ⑧夹铺：辅助。 ⑨履：践踏。意为所到之处，此指征伐范围。 ⑩海：大海，指东海。 ⑪河：黄河。 ⑫穆陵：地名，今湖北省麻城县一带有穆陵关即此。 ⑬无棣：地名，在今河北省卢龙县一带。 ⑭贡：贡品。包茅：即菁茅，古人用此滤酒。 ⑮缩酒：以菁茅滤除酒中糟粕，称为缩酒。 ⑯寡人：管仲自称。征：问。 ⑰昭王：周成王之孙，到南方巡守，渡汉水，船坏溺死。 ⑱陉(xíng)：楚地名。 ⑲屈完：楚臣。 ⑳召陵：楚地名，在今河南省郾城县南。 ㉑陈：列陈。 ㉒乘：共乘一车。 ㉓不穀：诸侯自谦的称谓。 ㉔惠：副词，表示谦敬。徼（yāo）

福：求福。徼，求，取。 ㉕辱：副词，表示恭敬。收：安抚。 ㉖绥：安抚。 ㉗方城：方城山，即指桐柏山、大别山等山脉。 ㉘池：护城河。 ㉙辕涛涂：陈国大夫。申侯：郑国大夫。 ㉚病：困乏。 ㉛观兵：显示兵力。 ㉜师老：军队长久在外称为老。 ㉝屝（fēi）屦：泛指鞋子。屝，草鞋。屦，麻鞋。 ㉞虎牢：即虎牢关，郑地。 ㉟葬之以侯：以侯礼殡葬。 ㊱王事：指征战。 ㊲衮敛：用衮衣入殓。衮衣，为古代天子、上公所穿的礼服。 ㊳叔孙戴伯：即公孙兹，鲁国公族。 ㊴筮短龟长：古人占卜用龟，占筮用蓍草，二者相比较，占卜较灵，且以卜为先，故称为"筮短龟长"。 ㊵专之渝：专，即专宠。渝，变化。意为专心宠幸则生变化。 ㊶攘：盗窃。羭（yū）：公羊。此暗指太子申生。 ㊷薰：香草。莸（yóu）：臭草。 ㊸中大夫：宫中大臣。成谋：预谋，定计。 ㊹齐姜：太子申生之母。 ㊺胙（zuò）：祭祀的酒肉。 ㊻田：打猎。 ㊼地坟：地上突起如坟。 ㊽小臣：指宦官。 ㊾贼：毒害。 ㊿新城：即曲沃。 51或：有人。 52辞：申辩。 53辩：明辨。 54行：逃跑。 55被此名：蒙受此恶名。 56戊申：二十七日。

【译文】

　　四年春季，齐桓公率领诸侯军队侵入蔡国。蔡军溃败，随后诸侯又攻打楚国。楚成王派使臣到诸侯的军队中说："国君住在北海，寡人住在南海，相距甚远，即使任凭发情的牛马奔跑，也不会相遇。没有料到国君竟来到我们的土地上，是什么原因呢？"管仲回答说："从前召康公曾命令我们的先君太公说：'五等诸侯，九州之长，如有罪过，你都可以讨伐，以辅佐周室。'他还赐给我们先君征伐的范围，东到大海，西至黄河，南到穆陵，北至无棣。你们应该进贡的包茅不按时送来，致使周室祭祀的物品供应不上，无法用来滤酒。为此，特来向贵国质问。当年昭王南征楚国没有能够回去，这也要请贵国解释。"楚国使者回答说："贡品没能及时进献，这是寡君的罪过，怎么敢不供给呢？至于昭王南巡未归的原因，您还是到水边上去问问吧！"诸侯的军队向前开进，驻扎在陉地。

　　夏季，楚成王派屈完前往诸侯军中。诸侯军队向后撤退，驻扎在召陵。

　　齐桓公让诸侯的军队摆成战阵，然后和屈完同乘一辆车检阅了一番。桓公说："起兵难道是为了我个人吗？不过是为了继承我们先君建立的友好关系罢了。贵国也和我们建立友好关系，怎么样？"屈完回答说："承蒙国君惠临为敝国的社稷求福，使敝国得以保全。您又如此不顾蒙受耻辱收容我们，与敝国建立友好关系，这也是寡君的愿望！"桓公说："用这么多的军队去作战，有谁能抵挡得住呢？用这么多的军队去攻城，哪个城攻克不了呢？"屈完回答说："国君如果用恩德来安抚诸侯，谁敢不服从呢？但如果依仗武力，那么楚国将以方城山作为城墙，以汉水作为护城河，您的军队虽然众多，只怕也没有用处。"

屈完和诸侯结盟。

陈国的辕涛涂对郑国的大夫申侯说："军队在陈国和郑国之间取道行军，两国要供给粮草，必定非常困乏。如果让军队朝东走，向东夷炫耀一下武力，然后沿海边回国，也是可以的。"申侯说："好。"辕涛涂把这一想法告诉了齐桓公，桓公同意。但申侯进见桓公时却说："军队在外滞留时间太长了，如果往东走遇到敌人，恐怕难以取胜。如果取道陈国和郑国之间，由两国负责提供所用粮食和军鞋，则比较好。"桓公非常高兴，把虎牢一地赏给了他，然后把辕涛涂抓了起来。

秋季，齐国和江、黄二国攻打陈国，以讨伐陈国辕涛涂对齐国的不忠。许穆公在军中去世，以侯的规格被安葬，这是合于礼的。凡是诸侯在朝会期间去世，葬礼提高一等；为天子征伐而死，提高两等。在这种情况下可以用天子、三公的礼服敛尸入棺。

冬季，叔孙戴伯领兵会同诸侯军队攻打陈国。陈国请求讲和。齐国就把辕涛涂放回了陈国。

当初，晋献公打算立骊姬为夫人，占卜的结果是不吉利，而占筮的结果却是吉利。献公说："就照占筮的结果办。"卜人说："一般情况下占筮不如占卜灵验，不如按照灵验的办。而且占卜的繇辞说：'专宠一人会使其产生邪念，将来会偷走您的公羊。香草杂草混放一起，十年之后臭气也难消除。'一定不能这么办。"献公不听，立了骊姬，后来骊姬生了奚齐，她的妹妹生了卓子。

等到准备立奚齐为太子的时候，骊姬已经和中大夫定下了圈套。骊姬对太子申生说："国君曾梦见你母亲齐姜，你务必尽快去祭祀她。"申生赶到曲沃祭祀，把祭酒祭肉带回献给献公。此时献公正好外出打猎，骊姬就把酒肉放在宫里。六天后，献公回来了，骊姬在酒肉里下了毒药后献上去。献公把酒洒在地上，地上的土立刻鼓起一个小包，把肉给狗吃，狗马上就死掉了，给左右近臣吃，近臣也死掉了。骊姬哭着说："这是太子要谋害您啊。"于是太子申生逃到了曲沃。献公杀了他的保傅杜原款。

有人对太子说："如果您为自己辩解，国君一定能搞清楚的。"太子说："国君如果没有了骊姬，便坐不能安，食不能饱。如果我辩解清楚，骊姬一定会获罪，国君年纪已老，失去了骊姬，必定不高兴，他不高兴，我也不会高兴。"别人又劝他："那么你逃走不逃走呢？"太子说："现在国君还没有查清我的罪过，如果背着杀父的恶名出逃，有谁会接纳我呢？"

十二月二十七日，太子在曲沃自缢而死。

骊姬又诬陷另外两个儿子："这件事他们都知道。"于是重耳逃到了蒲城，夷吾逃到了屈地。

僖公五年

经 五年春，晋侯杀其世子申生。杞伯姬来朝其子。夏，公孙兹如牟。公及齐侯、宋公、陈侯、卫侯、郑伯、许男、曹伯会王世子于首止。秋八月，诸侯盟于首止。郑伯逃归，不盟。楚子灭弦，弦子奔黄。九月戊申朔，日有食之。冬，晋人执虞公。

传 五年春，王正月辛亥朔①，日南至②。公既视朔③，遂登观台以望④。而书，礼也。凡分⑤、至⑥、启⑦、闭⑧，必书云物⑨，为备故也⑩。

晋侯使以杀大子申生之故来告。

初，晋侯使士蒍为二公子筑蒲与屈⑪，不慎，置薪焉⑫，夷吾诉之。公使让之⑬。士蒍稽首而对曰⑭："臣闻之，无丧而戚⑮，忧必雠焉⑯。无戎而城⑰，雠必保焉⑱。寇雠之保⑲，又何慎焉！守官废命，不敬⑳；固雠之保，不忠。失忠与敬，何以事君？《诗》云：'怀德惟宁，宗子惟城㉑。'君其修德而固宗子，何城如之？三年将寻师焉㉒，焉用慎？"退而赋曰："狐裘龙茸㉓，一国三公，吾谁适从㉔？"

及难，公使寺人披伐蒲。重耳曰："君父之命不校㉕"。乃徇曰㉖："校者，吾雠也。"逾垣而走㉗。披斩其袪㉘。遂出奔翟㉙。

夏，公孙兹如牟㉚，娶焉。

会于首止㉛，会王大子郑，谋宁周也。

陈辕宣仲怨郑申侯之反己于召陵㉜，故劝之城其赐邑，曰："美城之㉝，大名也㉞，子孙不忘。吾助子请。"乃为之请于诸侯而城之，美。遂谮诸郑伯曰："美城其赐邑，将以叛也。"申侯由是得罪。

秋，诸侯盟。王使周公召郑伯㉟，曰："吾抚女以从楚，辅之以晋，可以少安。"郑伯喜于王命而惧其不朝于齐也，故逃归不盟。孔叔止之曰㊱："国君不可以轻㊲，轻则失亲。失亲患必至，病而乞盟，所丧多矣㊳，君必悔之。"弗听，逃其师而归㊴。

中华藏书

四书五经·最新校勘精注今译本

中国书店

楚斗穀於菟灭弦㊵，弦子奔黄。

于是江、黄、道、柏方睦于齐㊶，皆弦姻也㊷。弦子恃之而不事楚，又不设备，故亡。

晋侯复假道于虞以伐虢。宫之奇谏曰："虢，虞之表也㊸。虢亡，虞必从之。晋不可启，寇不可玩㊹，一之谓甚，其可再乎？谚所谓'辅车相依㊺，唇亡齿寒'者，其虞、虢之谓也。"公曰："晋，吾宗也㊻，岂害我哉？"对曰："大伯、虞仲㊼，大王之昭也㊽。大伯不从㊾，是以不嗣㊿。虢仲、虢叔(51)，王季之穆也(52)，为文王卿士，勋在王室，藏于盟府(53)。将虢是灭，何爱于虞？且虞能亲于桓、庄乎(54)，其爱之也，桓、庄之族何罪？而以为戮，不唯逼乎(55)？亲以宠逼，犹尚害之，况以国乎？"公曰："吾享祀丰洁(56)，神必据我(57)。"对曰："臣闻之，鬼神非人实亲(58)，惟德是依。故《周书》曰(59)：'皇天无亲，惟德是辅。'又曰：'黍稷非馨(60)，明德惟馨(61)。'又曰：'民不易物(62)，惟德繄物(63)'。如是，则非德，民不和，神不享矣。神所冯依(64)，将在德矣。若晋取虞而明德以荐馨香(65)，神其吐之乎？"弗听，许晋使。宫之奇以其族行(66)，曰："虞不腊矣(67)，在此行也，晋不更举矣(68)。"

八月甲午，晋侯围上阳(69)。问于卜偃曰(70)："吾其济乎(71)？"对曰："克之。"公曰："何时？"对曰："童谣云：'丙之晨(72)，龙尾伏辰(73)，均服振振(74)，取虢之旂。鹑之贲贲(75)，天策焞焞(76)，火中成军(77)，虢公其奔。'其九月、十月之交乎。丙子旦，日在尾(78)，月在策(79)，鹑火中，必是时也。"

冬十二月丙子朔(80)，晋灭虢，虢公丑奔京师。师还，馆于虞，遂袭虞，灭之，执虞公及其大夫井伯，以媵秦穆姬(81)。而修虞祀，且归其职贡于王(82)。

故书曰："晋人执虞公。"罪虞，且言易也。

【注释】

①王正月辛亥朔：指周历正月初一日，即夏历十一月初一。 ②日南至：冬至。 ③视朔：天子诸侯每月朔日祭告于祖庙，然后治理政事。以特羊告于庙，称告朔。告朔之后，仍在太庙听治一个月政事，称视朔，也称听朔。 ④望：观望云气。 ⑤分：春分，秋分。 ⑥至：夏至，冬至。 ⑦启：立春，立夏。 ⑧闭：立秋，立冬。 ⑨云物：云色，即五云之色，系指青、白、赤、黑、黄五色。古礼，国君在二分（春分，秋分）二至（夏至，冬至）及四立（立春，立夏，立秋，立冬）之日，必登台以望天象，占卜吉凶而记载下来。 ⑩备：准备，防备。 ⑪蒲、屈：均为晋地名，详见庄公二十八年传注。 ⑫置薪：城墙里放进了木柴。 ⑬让：责备。 ⑭稽首：古代拜礼中最敬的礼仪，手、头同时下至于地，一般通行于尊卑之间。 ⑮戚：悲伤。 ⑯雠：相应。 ⑰戎：战事。 ⑱雠：仇敌。保：守卫。 ⑲寇

雠：泛指敌人。 ⑳守官：居官任职。废命：拒绝命令。 ㉑怀德惟宁二句：见《诗经·大雅·板》第七章。宗子：群宗之子，即诸公子。 ㉒寻师：用兵。 ㉓狐裘：大夫的服装。龙茸：杂乱。 ㉔适（dí）：主。 ㉕不校：不违抗。校，违抗。 ㉖徇：通告，通令。 ㉗逾垣：跳墙。 ㉘袪（qū）：袖口。 ㉙翟：同“狄”。 ㉚公孙兹：即叔孙戴伯。牟：国名，在今山东莱芜县东。 ㉛首止：卫国地名，详见桓公十八年传注。 ㉜辕宣仲：即辕涛涂。反己：背约，出卖。 ㉝美城：将城邑筑得美观。 ㉞大名：即扩大名声。 ㉟王：周惠王。周公：名宰孔。郑伯：指郑文公。 ㊱孔叔：郑国大夫。 ㊲轻：轻举妄动。 ㊳丧：失。 ㊴逃其师：离开军队只身逃跑。 ㊵斗穀於菟：楚臣。详见庄公三十年传注。弦：姬姓国，在今河南省潢川县西北。 ㊶江、黄、道、柏：四国名，地处楚国附近。 ㊷姻：姻亲。 ㊸表：外围。 ㊹玩：玩忽，轻侮。 ㊺辅：车厢两边的夹板。 ㊻宗：同宗。晋与虞为同姓国。 ㊼大伯：即太伯，周太王长子。虞仲：太伯之弟，太王次子。 ㊽大王：即太王。昭：古代庙次及墓次。始祖居中，其后第一、三、五代逢奇数者位在左，为昭；第二、四、六代逢偶数者位在右，为穆。 ㊾不从：不跟随身边。 ㊿不嗣：太伯为太王长子，与其弟虞仲远去吴国，未能继承父位，由其幼弟王季继位。 (51)虢仲、虢叔：王季（季历）之子。 (52)穆：见昭注。周代以后稷为始祖，太王（古公亶父）为后稷第十二代孙，为穆，其子太伯、虞仲、季历皆为昭，而虢仲、虢叔为季历之子，故为穆。 (53)盟府：掌功勋盟约的官府。 (54)桓、庄：指曲沃桓叔和曲沃庄伯。详见桓公二年传注。 (55)逼：逼近，压力。 (56)享祀：祭品。丰洁：丰盛而洁净。 (57)据：依靠，依从。 (58)非人实亲：倒装句，即非亲人。 (59)《周书》：此《周书》秦以后失传，即所谓《逸书》。 (60)黍稷：古代祭祀常用的谷物。馨：芳香。 (61)明德：光明之德。 (62)易物：改变祭物。 (63)繄（yì）：语气词。 (64)冯：同“凭”。 (65)荐：进献。 (66)以：率领。族：家族。 (67)腊：腊祭。 (68)更举：另外用兵。举，举兵。 (69)上阳：虢国都，在今河南省陕县南。 (70)卜偃：晋国卜官。偃，人名。 (71)济：成功。 (72)丙之晨：丙子日的早晨。 (73)龙尾：星名，即尾宿，为苍龙七宿的第六宿。伏辰：伏于辰，日月相会为“辰”。此时龙尾星为日光所敝，伏而不见。 (74)均服：即戎服，军装。振振：盛美。 (75)鹑：鹑火星，又名柳宿星，为朱鸟七宿的第三宿，属长蛇星座。贲贲：如鸟状。 (76)天策：即傅说星。焞焞（tūn）：光暗弱。 (77)火中：鹑火星出现于正南方。 (78)尾：即龙尾星。 (79)策：天策星。 (80)丙子：即夏正初一日。 (81)以媵秦穆姬：即将井伯作为秦穆姬的陪嫁臣。秦穆姬：晋献公女，秦穆公夫人。 (82)职贡：贡赋。

【译文】

五年春季，周历正月一日，冬至。僖公在太庙听政一个月后，登上观台观望云气，《春秋》记载此事，是合乎礼的。凡是春分秋分、夏至冬至、立春立夏、立秋立冬，一定都要记载云气情况，为的是及时做好准备。

晋献公派使者来鲁国报告杀害太子申生的原因。

当初，晋献公派士蒍为两位公子在蒲地和屈地筑城，士蒍不小心，把木柴放到了城墙中，夷吾把这件事告诉了献公。献公便派人责备士蒍。士蒍叩首回答说："为臣听说：没有丧事而悲伤，忧愁必然随之而来；没有战患而筑城，反而会使国内的敌人据以抵抗。既然敌人有可能占据，建造时哪里还用得着认真？我本不愿去筑城，但身为此官，不服从命令就是对君不敬；但如果把城墙建造得十分坚固，将来成为仇敌的坚固城池，对于国家来说，又是不忠。丢弃了忠和敬，怎么还能事奉国君呢？《诗经》说：'拥有德行，国家就会安宁，有了诸位公子就有了坚固的城池。'国君只要注重修养德行并巩固公子们的地位，什么样的城能比得上呢？三年以后就会发生战乱，现在筑城哪里还用得着谨慎？"退出来后又吟诗道："皮袍乱蓬蓬，一国有三公，我把谁跟从？"

等到发生了祸患，献公派寺人披攻打蒲城。重耳说："父亲的命令不能抵抗。"于是通令说："谁抵抗，谁就是我的敌人。"然后跳墙而走，披砍掉了他的袖口。重耳逃亡到了翟国。

夏季，公孙兹到牟国娶亲。

僖公和齐桓公、宋桓公、陈宣公、卫文公、郑文公、许男、曹昭公在首止相会，并会见了王太子郑，谋划如何使王室趋于安定。

陈国的辕涛涂因郑国的申侯在召陵出卖了自己而怀恨在心，因此怂恿申侯在所赐的虎牢筑城，说："把城建得漂亮一些，能扩大名声，子孙也不会忘记你。我可以为你请求。"于是就向诸侯请求，得到允许后筑起了城墙，而且建造得很美观。辕涛涂转而又在郑文公面前诬陷申侯说："他将赐封之地的城墙建得那么美观，肯定是准备叛乱的。"申侯因此得罪了郑文公。

秋季，诸侯举行会盟。周天子派周公召见郑文公，对他说："我让你随从楚国，并让晋国辅助你，这样可以使各国之间稍稍安定一些。"郑文公很高兴，又害怕还没有朝见齐国，就准备逃回国内而不去参加盟会。孔叔阻止他说："国君不能轻率从事，轻率就会失去亲近的人。失去亲近的人，祸患必然到来，等国家遇到困难时再去乞求结盟，失去的就太多了。您一定会后悔的。"文公不听，丢下了军队独自逃回国内。

楚国的斗穀於菟灭掉了弦国，弦子逃亡到了黄国。

此时江、黄、道、柏四国正和齐国交好，这几个国家和弦国都有婚姻关系。弦子依仗这个不去事奉楚国，国家又不设防，因此被灭亡。

晋献公再次向虞国借道攻打虢国，宫之奇规劝虞公说："虢国是虞国的屏障。如果虢国灭亡了，虞国也必定跟着灭亡。对晋国的野心不可助长，对侵犯他国的军队不能放松警惕。上次允许晋国借道，已经是很过分了，怎么可以再有第二次呢？俗话说：'辅车相依，唇亡齿寒。'说的就是虞国和虢国这种关系吧。"虞公说："晋国和虞国都是姬姓国家，是同一宗族，难道它能害我们吗？"宫之奇回答说："当年太伯和虞仲就是周太王的儿子。太伯没有听从父命和虞仲一起出走，所以他没有继承王位。虢仲、虢叔都是王季的儿子，都做过周文王的卿士，对王室来说是有功劳的，他们受封时的典策至今还藏在盟府里。晋国既然连虢国这样的同宗都想灭掉，那么对虞国又有什么可爱惜的呢？再说，它对虞国还能比对桓、庄的后代更亲近吗？桓、庄的后代有什么罪，竟成了杀戮的对象，还不是因为他们对晋侯构成了威胁吗？亲族之间由于权势的威胁，尚且加以杀害，更何况您拥有一个国家呢？"虞公说："我祭祀的供品丰盛而又洁净，神灵一定保佑我。"宫之奇回答说："我听说：神灵并不亲近哪一个人，它只是保佑有德行的人。因此《周书》中说：'上天不分亲疏，只保佑有德之人。'又说：'黍稷的味道并不是馨香，只有光明的德行才是馨香。'又说：'人们进献的祭品是相同的，只有有德人的祭品才算是真正的祭品。'如此说来，如果没有德行，百姓就不会和睦，神灵也不会享用他的祭品。神灵所保佑的，只是那些有德行的。如果晋国吞并了虞国，然后又崇尚德行，进献它的祭品，神灵还会把它的东西吐出来吗？"虞公不听，答应了晋国使者的请求。宫之奇领着他的家族离开了虞国，他说："虞国举行不了今年的腊祭了，晋国将在这次行动中顺便灭掉虞国，不必再专程发兵了。"

八月某日，晋献公包围了上阳。他向卜偃问道："我能成功吗？"卜偃回答说："能。"献公说："在什么时候？"卜偃说："有童谣说：'丙子之日天破晓，龙尾星宿见不到，军服威武多漂亮，虢国旗帜已夺到。鹑火星像只鸟，天策星无光耀，鹑火出现军队到，吓得虢公要逃跑。'大概在九月底十月初吧！这一天是丙子日的清晨，太阳在尾星之上，月亮在策星之上，鹑火星出现于南方，一定是在这个时候。"

冬季十二月一日，晋国灭掉了虢国，虢公丑逃亡到了京城。晋军返回途中，驻扎在虞国，趁机袭击并灭亡了它，并且抓住了虞公和他的大夫井伯。又把井伯作为秦穆姬的陪嫁送到了秦国。但并没有废弃虞国的祭祀，而且还把虞国的赋税送给周天子。

因此《春秋》记载说："晋人执虞公。"表示归罪于虞公，而且说明晋国很容易就灭掉了虞国。

僖公六年

经　六年春。王正月，夏，公会齐侯、宋公、陈侯、卫侯、曹伯伐郑，围新城。秋，楚人围许，诸侯遂救许。冬，公至自伐郑。

传　六年春，晋侯使贾华伐屈①。夷吾不能守，盟而行。将奔狄，郤芮曰②："后出同走③，罪也。不如之梁④。梁近秦而幸焉⑤。"乃之梁。

夏，诸侯伐郑，以其逃首止之盟故也。围新密⑥，郑所以不时城也⑦。

秋，楚子围许以救郑。诸侯救许，乃还。

冬，蔡穆侯将许僖公以见楚子于武城⑧。许男面缚衔璧⑨，大夫衰绖⑩，士舆榇⑪。楚子问诸逢伯⑫，对曰："昔武王克殷，微子启如是⑬。武王亲释其缚，受其璧而祓之⑭。焚其榇，礼而命之⑮，使复其所⑯。"楚子从之。

【注释】

①贾华：晋国大夫。　②郤（xì）芮（ruì）：一名冀芮，晋臣。　③同走：指与重耳同到狄国。　④梁：嬴姓国，僖公十九年亡于秦。　⑤幸：信任。　⑥新密：即新城，故址在今河南密县东南。　⑦不时：即非兴土功之时，指农忙时节所筑。　⑧将：带着。武城：地名，在今河南省南阳市北。　⑨许男：即许僖公。男，爵名。面缚：两手反绑。衔璧：口中含着璧玉。古人死后，口中含珠玉而葬，此表示愿服死罪。　⑩衰（cuī）绖（dié）：古代用麻布制成的孝服。　⑪舆榇（chèn）：抬着棺材。　⑫逢伯：楚大夫。　⑬楚子启：殷帝乙的长子，纣王的庶兄。　⑭祓（fú）：古代除灾求福的一种礼仪。　⑮礼：礼遇。　⑯复其所：回到原地。

【译文】

六年春季，晋献公派贾华讨伐屈地。夷吾坚守不住，和屈地人结盟后便走了。他打算逃亡到狄人那里。郤芮劝阻说："您在公子重耳之后奔逃，去的却是同一个地方，就更有罪了。不如到梁国去。梁国紧靠秦国，两国关系又亲近。"于是就去了梁国。

夏季，诸侯讨伐郑国，原因是郑文公逃避了首止那次结盟。诸侯的军队包围了新密，郑国所以在农忙时节建造此城，也就是预防诸侯的讨伐。

秋季，楚成王发兵围攻许国以解救郑国。诸侯军队去救援许国，楚军便回国了。

冬季，蔡穆侯带着许僖公到武城去见楚成王。许僖公双手反绑，嘴里衔着玉璧，大夫身穿孝服，士抬着棺材。成王向逢伯询问对他们如何处置，逢伯回答说："从前武王战胜殷朝后，微子启就像许男这样。但武王亲自给他松绑，并接受了玉璧，还给他举行了消灾之礼。焚烧了他的棺材，待之以礼，并发出命令，又让他回到原来的地方。"成王听从了逢伯的建议。

僖公七年

经 七年春，齐人伐郑。夏，小邾子来朝。郑杀其大夫申侯。秋七月，公会齐侯、宋公、陈世子款、郑世子华盟于宁母。曹伯班卒。公子友如齐。冬，葬曹昭公。

传 七年春，齐人伐郑。孔叔言于郑伯曰："谚有之曰：'心则不竞①，何惮于病②。'既不能强，又不能弱，所以毙也。国危矣，请下齐以救国③。"公曰："吾知其所由来矣。姑少待我。"对曰："朝不及夕④，何以待君？"

夏，郑杀申侯以说于齐⑤，且用陈辕涛涂之谮也。

初，申侯，申出也⑥，有宠于楚文王。文王将死，与之璧，使行，曰："唯我知女，女专利而不厌⑦，予取予求⑧，不女疵瑕也⑨。后之人将求多于女，女必不免。我死，女必速行。无适小国，将不女容焉。"既葬，出奔郑，又有宠于厉公⑩。子文闻其死也⑪，曰："古人有言曰：'知臣莫若君。'弗可改也已。"

秋，盟于宁母⑫，谋郑故也。

管仲言于齐侯曰："臣闻之，招携以礼⑬，怀远以德⑭，德礼不易⑮，无人不怀⑯。"齐侯修礼于诸侯，诸侯官受方物⑰。

郑伯使大子华听命于会。言于齐侯曰："泄氏、孔氏、子人氏三族⑱，实违君命。君若去之以为成，我以郑为内臣⑲，君亦无所不利焉。"齐侯将许之。管仲曰："君以礼与信属诸侯⑳，而以奸终之㉑，无乃不可乎？子父不奸之谓礼，守命共时之谓信㉒。违此二者，奸莫大焉。"公曰："诸侯有讨于郑，未捷。今苟有衅㉓，从之，不亦可乎？"对曰："君若绥之以德，加之以训㉔，辞㉕，而帅诸侯以讨郑，郑将覆亡之不暇㉖，岂敢不惧？若总其罪人以临之㉗，郑有辞矣㉘，何惧？且夫合诸侯以崇德也㉙，会而列奸㉚，何以示后嗣？夫诸侯之会，其德刑礼义，无国不记。记奸之位，君盟替矣㉛。作而不记，非盛德

中華藏書

四书五经·最新校勘精注今译本

中国书局

一七九八

也㉜。君其勿许，郑必受盟。夫子华既为大子而求介于大国㉝，以弱其国，亦必不免。郑有叔詹、堵叔、师叔三良为政㉞，未可间也。"齐侯辞焉。子华由是得罪于郑。

冬，郑伯使请盟于齐。

闰月㉟，惠王崩。襄王恶大叔带之难㊱。惧不立，不发丧而告难于齐。

【注释】

①则：假设连词，如果。不竞：不坚强。　②惮：惧怕。病：屈辱。　③下齐：屈服于齐。　④朝不及夕：早晨到不了晚上，意为情况危急。　⑤说：同"悦"，即取悦，讨好。　⑥申出：申女所生。　⑦专利：垄断财货。　⑧予取予求：即取于我求于我。　⑨疵瑕：毛病，此作动词用。　⑩厉公：指郑厉公。　⑪子文：即楚臣斗縠於菟。　⑫宁毋：鲁地名。在今山东省鱼台县境。　⑬招携：招抚有二心的国家。携，离心，携贰。　⑭怀远：怀念疏远的国家以归服自己。　⑮不易：不背。　⑯怀：归服。　⑰受方物：接受赏赐。方物，职贡所用土产。　⑱泄氏、孔氏、子人氏：均为郑国大夫。泄氏指泄驾氏族；孔氏指孔叔；子人氏指郑厉公弟，名语。　⑲内臣：臣服于齐，如封内之臣。　⑳属：会合。　㉑奸：邪僻，即违背礼与信。　㉒守命共时：见机行事以完成君命。　㉓衅：间隙，破绽。　㉔训：教训。　㉕辞：拒绝。　㉖覆亡：救亡。　㉗总：将领，带领。罪人：指太子华。　㉘辞：理。　㉙崇德：尊崇德行。　㉚列奸：以奸人位列国君。列，位列，指君位。列作动词用。　㉛替：废弃。　㉜盛德：崇高德行。　㉝介：因，冯藉。　㉞叔詹、堵叔、师叔：郑国三大夫。良：贤良的人。　㉟闰月：指闰十二月。　㊱襄王：即王太子郑。恶：畏惧，担忧。大叔带：惠王之子，太子郑之弟，有宠。

【译文】

七年春季，齐国发兵讨伐郑国。孔叔对郑文公说："谚语中有这样的话：'意志不坚，何怕屈辱？'既然不够坚强，又不能自甘软弱，这就会导致灭亡。我国目前面临着危急，请国君向齐国屈服，以挽救国家。"文公说："我知道他们来的原因，姑且等我一下。"孔叔说："如今情况紧急，就像早晨的露水等不到晚上一样，怎么还能等您呢？"

夏季，郑国杀了申侯以取悦齐国，同时也是因为陈国辕涛涂的诬陷。

当初，申侯是申女所生，曾受到楚文王的宠信。文王去世前，曾把玉璧交给他，让他逃走，并说："只有我了解你，你一向贪取财货而不知满足。从我这里求取，我不怪罪你。但后来的人将会向你索取大量财物，你肯定难免获罪。我死了，你一定迅速逃走。但不要到小国去，他们是不敢收留你的。"安葬了文王后，申侯便逃亡到了郑国，又受到郑厉公的宠信。子文听到他被害的消息后说：“古人说过：‘没有比国君更为了解臣子的。’看来这话是真的啊！”

秋季，僖公和齐桓公、宋桓公、陈国的世子款、郑国的世子华在宁母结盟，谋划攻打郑国。

管仲向齐桓公说：“据我所知：招抚存有二心的国家，要靠礼，怀柔地处远方的国家，要用德，只要不违背德与礼，没有人不归附的。”于是桓公就以礼对待诸侯，诸侯各国中在齐国供职的官员都接受了齐国的赏赐。

郑文公派太子华前去接受盟会的命令。子华对齐桓公说：“泄氏、孔氏、子人氏三个氏族，违背了您的命令，逃避盟会而跟从楚国。如果能除掉他们和我国结好，我国甘愿做你的藩属。这对您来说也是有利的。”桓公准备答应。但管仲说：“国君开始用礼和信会合诸侯，却要以邪恶来结束，恐怕不行吧？父子不相违背称为礼，随机应变完成君命叫做信。违背了这两点，就再也没有比这更大的邪恶了。”桓公说：“诸侯进攻郑国，未能取胜。现在如果利用他们父子相违这个机会，不也可以吗？”管仲回答说：“国君应以德安抚郑国，并对其加以教训。如果他们不接受，再率领诸侯前去攻打，他们挽救自己的危亡还来不及，难道能不害怕？但如果带着他们的罪人去攻打，他们就有话说了，还怕什么？再说会合诸侯的目的是尊崇德行，现在把诸侯召集起来却要让子华这样的奸邪之人成为国君，怎么向后人交代呢？再说，诸侯会见时，他们的德、刑、礼、义，每个国家都要加以记载。如果奉奸邪之人居于君位一事也被记上，那么国君的盟约就难以实现了。事情做了又不予以记载，就不能算是崇高的德行。国君不要同意，郑国一定会接受盟约的。子华身为太子，却求助大国来削弱自己的国家，必然难免祸患。郑国有叔詹、堵叔、师叔三位贤人执政，恐怕钻不成这个空子吧？”于是桓公谢绝了子华的请求。子华因此而得罪了郑国。

冬季，郑文公派使者到齐国请求结盟。

闰十二月，周惠王去世。襄王畏惧太叔带乘机制造祸乱，担心自己不能被立为王，就秘不发丧，先向齐国报告了面临的祸难。

僖公八年

经　八年春，王正月，公会王人、齐侯、宋公、卫侯、许男、曹伯、陈世子款盟于洮。郑伯乞盟。夏．狄伐晋。秋七月，禘于太庙，用致夫人。冬十有二月丁未，天王崩。

传　八年春，盟于洮①，谋王室也。郑伯乞盟②，请服也。襄王定位而后发丧③。

晋里克帅师，梁由靡御④，虢射为右⑤，以败狄于采桑⑥。梁由靡曰："狄无耻⑦，从之必大克⑧。"里克曰："拒之而已，无速众狄⑨。"虢射曰："期年⑩，狄必至，示之弱矣。"

夏，狄伐晋，报采桑之役也。复期月⑪。

秋，禘而致哀姜焉⑫，非礼也。凡夫人不薨于寝⑬，不殡于庙，不赴于同⑭，不祔于姑⑮，则弗致也。

冬，王人来告丧⑯，难故也，是以缓。

宋公疾，大子兹父固请曰⑰："目夷长⑱，且仁，君其立之。"公命子鱼⑲，子鱼辞，曰："能以国让，仁孰大焉？臣不及也，且又不顺⑳。"遂走而退。

【注释】

①洮：地名，其北属鲁，其南属曹。　②乞盟：请求加入盟会。　③定位：王位安定。　④梁由靡：即梁余子养。　⑤虢射：晋臣。　⑥采桑：地名，在今山西省乡宁县西。　⑦无耻：无羞耻之心。　⑧从：追击。　⑨速：招致。　⑩期年：一年，周年。　⑪复：应验。期月：即期年。　⑫禘（dì）：大祭。致哀姜：即将哀姜的神主按昭穆次序安放于太庙。　⑬寝：正寝。　⑭赴：讣告。同：同盟国家。　⑮祔于姑：将神主安放于祖姑旁。祔，详见隐公三年传注。　⑯王人：指周王使者。　⑰大子兹父：即太子兹父，宋襄公。　⑱目夷：兹父庶兄。　⑲子鱼：即目夷，字子鱼。　⑳不顺：指舍嫡立庶。

【译文】

八年春季，僖公和周王室的人、齐桓公、宋桓公、卫文公、许僖公、曹共公、陈国世子款在洮地结盟，谋划安定王室。郑文公请求参加盟会，并表示顺服。襄王的王位确定后才举行了惠王的丧礼。

晋国的里克率领军队，由梁由靡驾车，虢射为车右，在采桑一地打败了狄人。梁由靡说："狄人没有羞耻，居然逃走，如果追赶，定能大胜。"里克说："让他害怕就行了，不要因为追赶而招致更多的狄人。"虢射说："一年之后，狄人肯定还要来，现在不追赶，就表明我们软弱可欺了。"

夏季，狄人果然又来攻打晋国，以报复采桑一战之仇。虢射的话一年后应验了。

秋季，鲁国举行了宗庙合葬仪式，把哀姜的灵位放到太庙中，这是不合礼的。凡是夫人，如果不死在正房里，不停棺于祖庙，不向盟国发讣告，其神位不放在婆婆神位的旁边，就不能把她的神位放到太庙中去。

　　冬季，周天子的使者来鲁国报告惠王的丧事，因为王室发生了祸难，所以推迟了报丧的时间。

　　宋桓公患病，太子兹父再三请求："哥哥目夷年长而且仁爱，应该立他为国君！"桓公就命令立目夷为国君。目夷推辞说："能把一个国家让给别人，还有比这更大的仁爱吗？我不如他，而且立我为君又不合乎规矩。"就快步退了出来。

僖公九年

　　经　九年春，三月丁丑，宋公御说卒。夏，公会宰周公、齐侯、宋子、卫侯、郑伯、许男、曹伯于葵丘。秋七月乙酉，伯姬卒。九月戊辰，诸侯盟于葵丘。甲子，晋侯佹诸卒。冬，晋里克杀其君之子奚齐。

　　传　九年春，宋桓公卒，未葬而襄公会诸侯，故曰子。凡在丧，王曰小童，公侯曰子。

　　夏，会于葵丘，寻盟，且修好，礼也。

　　王使宰孔赐齐侯胙，曰："天子有事于文武①，使孔赐伯舅胙②。"齐侯将下拜③。孔曰："且有后命。天子使孔曰：'以伯舅耋老，加劳，赐一级，无下拜。'"对曰："天威不违颜咫尺④，小白余敢贪天子之命无下拜⑤？恐陨越于下⑥，以遗天子羞。敢不下拜？"下，拜；登⑦，受。

　　秋，齐侯盟诸侯于葵丘，曰："凡我同盟之人，既盟之后，言归于好⑧。"

　　宰孔先归，遇晋侯曰："可无会也。齐侯不务德而勤远略⑨，故北伐山戎，南伐楚，西为此会也。东略之不知，西则否矣⑩。其在乱乎。君务靖乱，无勤于行。"晋侯乃还。

　　九月，晋献公卒，里克、丕郑欲纳文公⑪，故以三分子之徒作乱⑫。

　　初，献公使荀息傅奚齐，公疾，召之，曰："以是藐诸孤⑬，辱在大夫⑭，其若之何？"稽首而对曰："臣竭其股肱之力⑮。加之以忠贞。其济，君之灵也⑯；不济，则以死继之。"公曰："何谓忠贞？"对曰："公家之利，知无不为，忠也。送往事居⑰；耦俱无猜⑱，贞也。"

　　及里克将杀奚齐，先告荀息曰："三怨将作⑲，秦、晋辅之，子将何如？"荀息曰："将死之。"里克曰："无益也。"荀叔曰："吾与先君言矣，不可以贰⑳。能欲复言而爱身乎㉑？虽无益也，将焉辟之？且人之欲善，谁不如我？我欲无贰而能谓人已乎㉒。"

冬十月，里克杀奚齐于次㉓。书曰："杀其君之子。"未葬也。荀息将死之，人曰："不如立卓子而辅之。"荀息立公子卓以葬。十一月，里克杀公子卓于朝，荀息死之。

君子曰："诗所谓'白圭之玷㉔，尚可磨也；斯言之玷，不可为也。'荀息有焉。"

齐侯以诸侯之师伐晋，及高梁而还㉕，讨晋乱也。令不及鲁，故不书。

晋郤芮使夷吾重赂秦以求入㉖，曰："人实有国，我何爱焉。入而能民㉗，土于何有㉘。"从之。

齐隰朋帅师会秦师㉙，纳晋惠公。

秦伯谓郤芮曰："公子谁恃？"对曰："臣闻亡人无党㉚，有党必有雠。夷吾弱不好弄㉛，能斗不过㉜，长亦不改，不识其他㉝。"公谓公孙枝曰㉞："夷吾其定乎？"对曰："臣闻之，'唯则定国㉟'。《诗》曰：'不识不知，顺帝之则㊱。'文王之谓也。又曰：'不僭不贼，鲜不为则㊲。'无好无恶㊳，不忌不克之谓也㊴。今其言多忌克，难哉！"公曰："忌则多怨，又焉能克？是吾利也。"

宋襄公即位，以公子目夷为仁，使为左师以听政㊵。于是宋治。故鱼氏世为左师㊶。

【注释】

①有事：有祭事，即祭祀大事。文武：指周文王、武王。　②伯舅：天子称同姓诸侯为伯父或叔父，称异姓诸侯为伯舅。　③下拜：走下台阶，再拜稽首。　④天威：天子的威严。违颜：离开颜面。咫尺：言其很近。咫，古代以八寸为咫。　⑤小白：齐桓公名。贪：受。　⑥陨越：颠坠，即跌跤。　⑦登：升，即拜后升阶登堂。　⑧言：句首助词。　⑨勤远略：忙于远征。　⑩否：不知道。　⑪丕郑：晋大夫。文公：指重耳。　⑫三公子之徒：指申生、重耳、夷吾的党羽。　⑬以是：以此。藐诸孤：弱小的孤儿。藐，弱小。诸，助词，相当于的。　⑭辱在大夫：即托付于大夫（您）。　⑮股肱（gōng）：比喻辅助君主的大臣。　⑯灵：威灵，福气。　⑰送往事居：送走过去的，事奉活着的。　⑱耦：指已故国君和新立国君。　⑲三怨：指三公子之徒。　⑳贰：偷，苟且。　㉑复言：实践诺言。爱：怜惜。　㉒已：止。　㉓次：居丧的茅屋。　㉔白圭：白玉。玷：玉石上瑕疵。　㉕高梁：晋邑，在今山西省临汾市东北。　㉖郤芮：晋臣，详见僖公六年传注。入：入国为君。人：他人。　㉗能民：得民。　㉘土于何有：倒装句，即何有于土。意为不患无土。　㉙隰朋：齐国大夫。　㉚亡人：逃亡在外。　㉛弱不好弄：小时候不爱玩耍。弱，年少。弄，玩耍，游戏。　㉜能斗不过：能争斗而不过分。　㉝不识：不知。　㉞公：指秦伯。公孙枝：秦国大夫，字子桑。　㉟唯：通"维"，

法度。　㊱不识不知，顺帝之则：句出《诗经·大雅·皇矣》，意为不知道就不要卖弄聪明，顺从天帝的法则。　㊲不僭（jiàn）不贼，鲜不为则：句出《诗经·大雅·抑》。僭，过分；贼，伤害。鲜，少。则：典范。　㊳好：爱好。恶：厌恶。　㊴不忌：不猜忌。不克：不好胜。　㊵左师：宋国官名。听政：执政。　㊶鱼氏：公子目夷字子鱼，其后代以鱼为氏。

【译文】

　　九年春季，宋桓公去世，还没有将桓公安葬，宋襄公就会见了诸侯，因此《春秋》称其为"子"。凡处于丧事期间，天子称"小童"，公侯称"子"。

　　夏季，僖公和王室太宰周公、齐桓公、宋襄公、卫文公、郑文公、许僖公、曹共公在葵丘会见，重申过去的盟约，同时也是为了继续友好下去，这是合乎礼的。

　　天子派宰孔把祭肉赐给齐桓公，并说："天子祭祀文王、武王，派我把祭肉赐给伯舅。"桓公准备下阶拜谢，宰孔说："后面还有命令。天子让我说：'由于伯舅年老，加上有功劳，特赐爵一级，不必下阶跪拜。'"桓公回答说："上天的威严距我不过咫尺之远，小白我岂敢贪受天子之命，而不下阶拜谢？如果那样，恐怕将来要在下面栽跟头，并使天子蒙受羞辱。怎么敢不下拜呢？"于是就下阶跪拜，然后又登上台阶领受了赏赐。

　　秋季，齐桓公在葵丘和诸侯会盟，他说："凡是一同结盟之国，明誓之后，都要言归于好。"

　　宰孔先行回国，途中遇到了晋献公，他说："不必去参加盟会了。齐侯不努力修德而忙于远征，所以北攻山戎，南伐楚国，又在西边举行了这次盟会。向东是否有所举动还不知道，向西进攻晋国是不可能了。晋国很可能将有祸乱。作为国君应致力于平定国内祸乱，而不应忙于外出东征西战。"晋献公便回国了。

　　九月，晋献公去世。里克、丕郑想接纳文公重耳为国君，于是就煽动申生、重耳、夷吾三位公子的党羽起来作乱。

　　当初，献公曾让荀息去辅助奚齐。献公患病后，召见荀息说："我把奚齐这个弱小的孤儿托付给你，你将怎么办？"荀息叩头回答说："我愿竭尽全力辅佐他，并对他忠贞不贰。倘若能成功，是国君在天之灵的保佑；倘若不能成功，我将以死报答。"献公说："什么是忠贞？"荀息回答说："为了国家利益，只要知道了就努力去做，这是忠；送走先君事奉新君，使双方均无猜疑，这是贞。"

　　等到里克准备杀掉奚齐时，他先告诉荀息说："公子三方的怨恨将要发作了，秦国和晋国人都将帮助他们，您准备怎么办？"荀息说："准备为他去死。"里克说："死也没有用！"荀息说："我已和先君说过，我不能苟且偷生。难道既想实践自己的诺言又要爱惜生命吗？尽管我死也没有什么用，但又能躲到哪里去呢？再说，人们都想变好，谁不跟我一样？我不想改变自己的诺言，难道又能阻止别人改变自己的想法吗？"

冬季十月，里克在守丧的茅屋中杀了奚齐。《春秋》记载为"杀其君之子。"是因为献公尚未被安葬。荀息准备为奚齐而死，有人劝他说："不如立卓子为君并辅佐他。"荀息便立了公子卓为国君，并安葬了献公。十一月，里克又在朝廷上杀了公子卓，随后荀息自杀而死。

君子对此评论说："《诗经》所说的'白璧之瑕，尚可磨掉；言语有失，不可追回。'荀息就是这样的人啊。"

齐桓公率领诸侯的军队攻打晋国，行至高梁回国，这是为了讨伐晋国发生的祸乱。由于命令没有送达鲁国，《春秋》就没有记载此事。

晋国的郤芮让夷吾给秦国送以重礼，请求帮他回国，他对夷吾说："国家已被别人所占有，我们还爱惜什么？如能回国就能得到百姓，土地当然也就不难得到。"夷吾听从了郤芮的话。

齐国的隰朋率军会合秦军，把晋惠公夷吾送回国内即位。

秦穆公问郤芮："公子夷吾在国内将依靠谁？"郤芮回答说："据我所知，逃亡在外的人没有党羽，有党羽必有仇敌。夷吾幼年不喜玩耍，虽能争斗但不过分，长大了也没有改变，我只知道这些，其他就不了解了。"穆公又对公孙枝说："夷吾能使他的国家安定吗？"公孙枝说："据我所知，只有其行为合乎准则才能安定国家。《诗经》说'不知不觉，自然遵循上帝的法则'。说的是文王。又说：'不诬陷，不伤害，其言行很少不能成为别人效仿之典范。'一个人应该没有喜好，也没有厌恶，也就是说既不猜忌，也不争强好强。如今夷吾的话里既有猜忌又表明其争强好胜，要想安定国家，很难啊！"穆公说："只要猜忌就会产生许多怨恨，又怎么能够取胜呢？这对我们有利。"

宋襄公即位，他认为公子目夷仁爱，就让他做了左师并主持政事。宋国从此而走向大治。所以目夷的后代鱼氏就世代担任左师一职。

僖公十年

经　十年春，王正月，公如齐。狄灭温，温子奔卫。晋里克弑其君卓及其大夫苟息。夏，齐侯、许男伐北戎。晋杀其大夫里克。秋七月。冬，大雨雪。

传　十年春，狄灭温，苏子无信也①。苏子叛王即狄②，又不能于狄③，狄人伐之，王不救，故灭。苏子奔卫。

夏四月，周公忌父、王子党会齐隰朋立晋侯④。晋侯杀里克以说⑤。将杀里克，公使谓之曰："微子则不及此⑥。虽然，子弑二君与一大夫，为子君者不亦难乎？"对曰："不有废也，君何以兴？欲加之罪，其无辞乎⑦？臣闻命矣。"伏剑而死。于是丕郑聘于秦，且谢缓赂⑧，故不及。

晋侯改葬共大子⑨。

秋，狐突适下国⑩，遇大子⑪，大子使登，仆⑫，而告之曰："夷吾无礼，余得请于帝矣⑬。将以晋畀秦⑭，秦将祀余。"对曰："臣闻之，神不歆非类⑮，民不祀非族。君祀无乃殄乎⑯？且民何罪？失刑乏祀⑰，君其图之⑱。"君曰："诺。吾将复请。七日新城西偏⑲，将有巫者而见我焉⑳。"许之，遂不见㉑。及期而往，告之曰："帝许我罚有罪矣㉒，敝于韩㉓。"

丕郑之如秦也，言于秦伯曰："吕甥、郤称、冀芮实为不从㉔，若重问以召之㉕，臣出晋君㉖，君纳重耳，蔑不济矣㉗。"

冬，秦伯使泠至报问㉘，且召三子。郤芮曰："币重而言甘，诱我也。"遂杀丕郑、祁举及七舆大夫㉙：左行共华、右行贾华、叔坚、骓歂、累虎、特宫、山祁，皆里、丕之党也。

丕豹奔秦㉚，言于秦伯曰："晋侯背大主而忌小怨㉛，民弗与也㉜，伐之必出。"公曰："失众，焉能杀。违祸㉝，谁能出君。"

【注释】

①苏子：即温子，也称苏氏。　②即：投靠。　③不能：不相得，即相处不和。　④周公忌父：疑即宰孔，周王卿士。王子党：周大夫。晋侯：即晋惠公，夷吾。　⑤说：通"悦"，讨好。　⑥微子：没有您。微，无。不及此：即做不了国君。　⑦其：岂。　⑧谢：致歉。缓赂：所许财货暂缓给予。　⑨共大子：即太子申生。　⑩下国：指曲沃新城。　⑪大子：指申生。　⑫仆：御车，驾车。　⑬帝：天帝。　⑭畀（bì）：给予。　⑮歆：享用。非类：不同族。类，族。　⑯殄（tiǎn）：灭绝。　⑰失刑：刑罚不当。乏祀：祭祀断绝。　⑱君：指太子申生。　⑲西偏：偏西的地方。　⑳巫者：巫人。见我：表现我。　㉑不见：指申生的形象消失。　㉒有罪：有罪的人，此指夷吾。　㉓敝：败。韩：韩原，晋地名。　㉔吕甥：又称瑕甥，也称瑕吕饴甥或阴饴甥。吕、瑕、阴均为其采邑；饴，人名；甥，晋侯的外甥。郤称：晋臣。冀芮：即郤芮。不从：指不与秦赂。　㉕重问：丰厚的礼品。问，聘问或聘问的礼品。

召：召请。 ㉖出：赶走。 ㉗蔑：无。 ㉘泠（líng）至：秦大夫。报问：回报聘问。 ㉙祁举：晋大夫。七舆大夫：指下军的七个统帅，即左行共华等七人。 ㉚丕豹：丕郑之子。㉛大主：指秦国。 ㉜弗与：不拥护。 ㉝违祸：逃避祸难。

【译文】

十年春季，狄人灭了温国，这是因为苏子不讲信义，苏子背叛天子投奔了狄人，又不能和狄人相处下去，狄人攻打他，天子不去援救，因此就灭亡了。苏子逃亡到了卫国。

夏季四月，周公忌父、王子党会合齐国的隰朋立了晋惠公为国君。惠公杀了里克以讨好他们。惠公准备杀掉里克时，派人对里克说："如果没有您，我就到不了这一步。即使如此，您毕竟杀了两个国君和一个大夫，做您的国君，确实有点为难。"里克回答说："不废掉奚齐和卓子，国君怎能继位？如果想给一个人加上罪名，难道还怕没有理由吗？我明白您的意思了。"便持剑自刎而死。当时丕郑正在秦国访问，是为了延缓交付所许贿赂的时间，并对此表示歉意。因此他侥幸没有碰上这次祸患。

晋惠公改葬了太子申生。

秋季，狐突到曲沃时，遇到了太子申生的鬼魂，太子让他登车驾驭，并说："夷吾有无礼行为，我已请求上帝同意，准备把晋国送给秦国，将来秦国会祭祀我。"狐突回答："我听说，神灵不会享用其他族类的祭品，百姓也不会祭祀外族的神灵，国君的香火恐怕会断绝吧！况且百姓有什么罪？处罚不当并且自我断绝祭祀，您还是再考虑一下吧！"太子申生说："好。我准备再次向上帝请求。七天之后，新城西部会有一个巫师来表达我的意思。"狐突同意去见巫师，这时申生突然就不见了。狐突届时前往，巫师告诉他："上帝已同意我惩罚有罪之人，夷吾将在韩地大败。"

丕郑去秦国时，对秦穆公说："吕甥、郤称、冀芮并不同意给秦国贿赂，如果以重礼聘问，并召请他们来秦国访问，我趁机去赶走晋君，您帮助重耳回国即位，肯定能成功。"

冬季，秦穆公派泠至到晋国聘问，向吕甥三人赠送了财物，并邀请他们到秦国去访问。郤芮说："财礼厚重而且甜言蜜语，无疑是在诱骗我们。"于是就杀了丕郑、祁举和七个舆大夫：左行共华、右行贾华、叔坚、骓歂、累虎、特宫、山祁，这些人都是里克、丕郑的党羽。

丕郑的儿子丕豹逃亡到了秦国，对穆公说："晋侯背叛了曾帮助过他的大国，却对小怨记恨在心，百姓不会拥护他。如果讨伐他，百姓肯定会赶他走。"

穆公说："如果夷吾失去百姓，怎么还能杀掉大臣？晋国的百姓如果都像你一样纷纷逃离祸难，还怎么能赶走国君呢？"

僖公十一年

经　十有一年春，晋杀其大夫丕郑父。夏，公及夫人姜氏会齐侯于阳谷。秋八月，大雩。冬，楚人伐黄。

传　十一年春，晋侯使以丕郑之乱来告。

天王使召武公、内史过赐晋侯命①。受玉惰②。过归，告王曰："晋侯其无后乎。王赐之命而惰于受瑞③，先自弃也已，其何继之有④？礼，国之干也⑤。敬，礼之舆也⑥。不敬则礼不行，礼不行则上下昏⑦，何以长世⑧？"

夏，扬、拒、泉、皋、伊、洛之戎同伐京师⑨，入王城，焚东门。王子带召之也。秦、晋伐戎以救周。秋，晋侯平戎于王⑩。

黄人不归楚贡。冬，楚人伐黄。

【注释】

①天王：指周襄公。召武公：周卿士。内史过：周大夫。赐晋侯命：赐予晋侯荣宠一类的策命。　②受玉：接受瑞玉。古代天子赐策命时同时赐玉以作为信凭。惰：懈怠，即不恭敬。　③瑞：玉的通称。　④继：继承人。　⑤干：主干，躯干。　⑥舆：车厢。　⑦昏：乱。　⑧长世：延长世代。　⑨扬、拒、泉、皋：此为四个戎人城邑。伊、洛：指居住在伊水、洛水一带的戎人。　⑩平戎于王：使戎人与周天子媾和。

【译文】

十一年春季，晋惠公派人来鲁国报告丕郑策动叛乱一事。

周天子派召武公、内史过赐爵晋惠公。惠公接受玉璧时显得懒洋洋的。内史过回去告诉天子说："晋侯的后代看来难以享有禄位了。天子赐给他荣耀，他反而懒洋洋地去接受玉璧，这就说明他自己就先抛弃自己了，还能有什么后代？礼，犹如一个国家的躯干；恭敬，则是装载礼的车子。不恭敬，礼就无法实施，礼不能实施，国家上下就会昏乱，还靠什么延续下去呢？"

夏季，扬、拒、泉、皋、伊、洛的戎人一起攻打京城。侵入王城后，火烧了东门。这是王子带把他们引来的。秦、晋军队进攻戎军以救援王室。秋季，晋惠公让戎人和天子言归于好。

中华藏书

四书五经·最新校勘精注今译本

中国书店

黄国人不向楚国进贡。冬季，楚国人攻打黄国。

僖公十二年

经　十有二年春，王三月庚午，日有食之。夏，楚人灭黄。秋七月。冬十有二月丁丑，陈侯杵臼卒。

传　十二年春，诸侯城卫楚丘之郛①，惧狄难也。

黄人恃诸侯之睦于齐也，不共楚职②，曰："自郢及我九百里③，焉能害我？"夏，楚灭黄。

王以戎难故，讨王子带。秋，王子带奔齐。

冬，齐侯使管夷吾平戎于王，使隰朋平戎于晋。

王以上卿之礼飨管仲，管仲辞曰："臣，贱有司也④，有天子之二守国、高在⑤。若节春秋来承王命⑥，何以礼焉？陪臣敢辞⑦。"王曰："舅氏⑧，余嘉乃勋⑨，应乃懿德⑩，谓督不忘⑪。往践乃职⑫，无逆朕命⑬。"管仲受下卿之礼而还。

君子曰："管氏之世祀也宜哉⑭！让不忘其上⑮。《诗》曰：'恺悌君子，神所劳矣⑯。'"

【注释】

①郛（fú）：即郭，外城。　②共：通"供"。职：贡品。　③郢（yǐng）：楚国都城，在今湖北省江陵县。　④有司：官员。　⑤二守：即国子、高子二守臣，为周天子所任命，均为上卿。国氏、高氏世代为齐上卿，管仲为齐桓公任命，为下卿。　⑥节春秋：即春秋时节。古代以春秋两季为朝聘之节，来接受王室的命令。　⑦陪臣：列国的大夫入天子之国自称陪臣。

⑧舅氏：周王称异姓诸侯为舅氏。　⑨乃：第二人称代词，你。　⑩应：受。懿德：美德。　⑪督：借为"笃"，厚重。　⑫往践乃职：去执行你的职务。　⑬朕：天子自称，第一人称代词，我。　⑭世祀：世代受到祭祀。　⑮让：谦让。　⑯恺悌君子，神所劳矣：见《诗经·大雅·旱麓》篇。恺悌，平易和乐。劳，保佑。

【译文】

十二年春季，诸侯在卫国的楚丘筑城，因为害怕狄人入侵。

黄国人自恃诸侯和齐国交好，不向楚国进贡，说："从楚国郢都到我国有九百里，他们怎么能危害我们呢？"夏季，楚国灭亡了黄国。

天子因戎人进攻一事，讨伐王子带。秋季，王子带逃亡到了齐国。

冬季，齐桓公派管仲让戎人和天子讲和，派隰朋让戎人和晋国讲和。

天子以上卿之礼设宴款待管仲，管仲推辞说："我只是一个低贱的官员，有天子所任命的上卿国氏、高氏在。如果他们在春秋两季前来接受天子的命令，您又用什么礼节呢？请允许我拒绝。"天子说："舅父，我赞美你的功勋，接受你的美德，并且将牢记不忘。回去履行你的职责吧，不要违背我的命令！"管仲接受了下卿之礼后回国。

君子对此评论说："管氏世代受到祭祀是理所应当的！因为他没有忘记爵位比他更高的上卿。《诗经》说：'平易近人的君子，神灵将会保佑你。'"

僖公十三年

经 十有三年春，狄侵卫。夏四月，葬陈宣公。公会齐侯、宋公、陈侯、卫侯、郑伯、许男、曹伯于咸。秋九月，大雩。冬，公子友如齐。

传 十三年春，齐侯使仲孙湫聘于周①，且言王子带。事毕，不与王言②。归，复命曰："未可。王怒未怠③，其十年乎。不十年，王弗召也。"

夏，会于咸④，淮夷病杞故⑤，且谋王室也。

秋，为戎难故，诸侯戍周，齐仲孙湫致之⑥。

冬，晋荐饥⑦，使乞籴于秦⑧。秦伯谓子桑⑨："与诸乎？"对曰："重施而报⑩，君将何求？重施而不报，其民必携⑪；携手讨焉，无众必败。"谓百里⑫："与诸乎？"对曰："天灾流行，国家代有⑬。救灾恤邻⑭，道也。行道有福。"丕郑之子豹在秦，请伐晋。秦伯曰："其君是恶⑮，其民何罪？"秦于是乎输粟于晋，自雍及绛相继⑯。命之曰"泛舟之役⑰。"

【注释】

①仲孙湫：齐臣。详见闵公元年传注。 ②不与王言：即不与周王说起王子带的事情。③未怠：未缓解。 ④咸：卫国地名，在今河南省濮阳县东南。 ⑤淮夷：淮水流域的夷人。一说淮夷为国名。 ⑥致之：带兵戍守。 ⑦荐饥：连年欠收。荐，再。饥，饥荒。 ⑧乞籴：请求购买粮食。 ⑨子桑：即公孙枝。 ⑩重施：再次施加恩惠。指既纳夷吾，又粜粮。⑪携：离心。 ⑫百里：即百里奚，秦大夫。 ⑬国家代有：各国都会更替发生。 ⑭恤邻：抚恤邻国。 ⑮其君是恶：倒装句，即恶其君。 ⑯雍：秦国都。 ⑰泛：浮。

中华藏书

四书五经·最新校勘精注今译本

中国书店

一八一〇

【译文】

十三年春季，齐桓公派仲孙湫到王室问候，同时说一下王子带的事情。直到最后，仲孙湫都没有和天子说起王子带。回国后他向桓公答复说："现在还不是时候。天子的愤怒还没有缓和，恐怕还要等上十年吧？不到十年，天子不会召他回去。"

夏季，僖公和齐桓公、宋襄公、卫文公、郑文公、许僖公、曹共公在咸地会见，因为淮夷威胁到了杞国，同时还要商量安定王室一事。

秋季，由于戎人进攻王室，诸侯派兵戍守成周，齐国的仲孙湫率军前往。

冬季，晋国再次欠收，派人到秦国求购粮食。秦穆公对子桑说："卖给他们吗？"子桑回答说："再帮助他们一次，必将得到报答，国君还想要求什么呢？如果再帮助一次，他们却不报答，百姓必然产生二心，等百姓产生二心了再去攻打，他没有众多的人，必然失败。"穆公又问百里："卖不卖给他们？"百里回答说："天灾流行，总会在各国交替发生的。援救受灾之人，救济相邻之国，是合乎道义的。按道义办事，必有福禄。"此时丕郑的儿子丕豹正在秦国，他请求攻打晋国。穆公说："虽然讨厌他们的国君，但他们的百姓有什么罪呢？"于是秦国就把米运送到了晋国，运粮的船从雍城一直连到绛城。这一事件，被称为"泛舟之役"。

僖公十四年

经　十有四年春，诸侯城缘陵。夏六月，季姬及鄫子遇于防，使鄫子来朝。秋八月辛卯，沙鹿崩。狄侵郑。冬，蔡侯肸卒。

传　十四年春，诸侯城缘陵而迁杞焉①。不书其人，有阙也。
鄫季姬来宁②，公怒，止之③，以鄫子之不朝也。夏，遇于防，而使来朝。
秋八月辛卯④，沙鹿崩⑤。晋卜偃曰："期年将有大咎⑥，几亡国⑦。"
冬，秦饥，使乞籴于晋，晋人弗与。庆郑曰⑧："背施无亲⑨，幸灾不仁，贪爱不祥⑩，怒邻不义⑪。四德皆失，何以守国？"虢射曰⑫："皮之不存，毛将安傅⑬？"庆郑曰："弃信背邻，患孰恤之？无信患作，失援必毙，是则然矣。"虢射曰："无损于怨而厚于寇⑭，不如勿与。"庆郑曰："背施幸灾，民所弃也。近犹雠之⑮，况怨敌乎。"弗听。退曰："君其悔是哉！"

【注释】

①缘陵：齐国地名。　②鄫季姬：鄫子夫人，鲁僖公女。鄫，国名，姒姓，故城在今山东省枣庄市东。宁：归宁。　③止之：留住不让回去。　④辛卯：初五日。　⑤沙鹿：即沙鹿山，在今河北省大名县东。　⑥咎：灾难。　⑦几：几乎，接近。　⑧庆郑：晋大夫。　⑨背施：背弃恩惠。　⑩贪爱：贪图所爱的东西。　⑪怒邻：使邻国愤怒。怒，用作动词。　⑫虢射：晋大夫。　⑬傅：通"附"。　⑭厚于寇：增加敌寇的实力。　⑮近：亲爱的人。

【译文】

十四年春季，诸侯在缘陵筑城，把把国迁了过去。《春秋》没有记载筑城的人，是由于疏漏。

鄫季姬回国探亲，僖公非常生气，不让她回去，因为鄫子不来朝见。夏季，鄫季姬和鄫子在防地见面，鄫季姬让鄫子来朝见鲁国。

秋季八月五日，沙鹿山发生了崩塌，晋国的卜偃预言说："一年内将有大灾难，几乎有亡国的危险。"

冬季，秦国年成不好，派人到晋国求购粮食，晋国人不给。庆郑说："背弃了别人的恩惠会失去亲近之人，对别国的灾害幸灾乐祸是不仁，贪图所爱惜的东西是不祥，使邻国发怒是不义。这四种德行都丢失了，靠什么来保护国家呢？"虢射说："皮已不存在，毛又将附着在哪里呢？"庆郑说："丢弃信用，背叛邻国，遇到祸患谁来救援？不讲信用就会发生祸患，失去援救必定会灭亡，这件事就是这个道理。"虢射说："给了秦国粮食，怨恨也不会有所减少，反而使敌人增强了实力，还不如不给。"庆郑说："背弃恩德，幸灾乐祸，将会被百姓所唾弃。身边的人尚且会因此而仇恨我们，更何况是冤家仇敌呢？"惠公不听。庆郑退下堂来说："国君将会对此后悔。"

僖公十五年

经　十有五年春，王正月，公如齐。楚人伐徐。三月，公会齐侯、宋公、陈侯、卫侯、郑伯、许男、曹伯盟于牡丘，遂次于匡。公孙敖帅师及诸侯之大夫救徐。夏五月，日有食之。秋七月，齐师、曹师伐厉。八月，螽。九月，公至自会。季姬归于鄫。己卯晦，震夷伯之庙。冬，宋人伐曹。楚人败徐于娄林。十有一月壬戌，晋侯及秦伯战于韩。获晋侯。

传　十五年春，楚人伐除。徐即诸夏故也①。三月，盟于牡丘②，寻葵丘之盟，且救徐也。孟穆伯帅师及诸侯之师救徐③，诸侯次于匡以待之④。

夏五月，日有食之。不书朔与日，官失之也。

秋，伐厉⑤，以救徐也。

晋侯之入也，秦穆姬属贾君焉⑥，且曰："尽纳群公子⑦。"晋侯烝于贾君，又不纳群公子，是以穆姬怨之。晋侯许赂中大夫⑧，既而皆背之⑨。赂秦伯以河外列城五⑩，东尽虢略⑪，南及华山，内及解梁城⑫，既而不与。晋饥，秦输之粟；秦饥，晋闭之籴⑬，故秦伯伐晋。

卜徒父筮之⑭，吉。涉河，侯车败⑮。诘之，对曰："乃大吉也，三败必获晋君。其卦遇《蛊》䷑⑯，曰：'千乘三去，三去之余，获其雄狐⑰。'夫狐《蛊》⑱，必其君也。《蛊》之贞⑲，风也；其悔⑳，山也。岁云秋矣㉑，我落其实而取其材㉒，所以克也。实落材亡，不败何待？"

三败及韩㉓。晋侯谓庆郑曰："寇深矣㉔，若之何？"对曰："君实深之，可若何？"公曰："不孙㉕。"卜右㉖，庆郑吉，弗使㉗。步扬御戎㉘，家仆徒为右㉙，乘小驷㉚，郑入也㉛。庆郑曰："古者大事，必乘其产㉜，生其水土而知其人心，安其教训而服习其道㉝，唯所纳之㉞，无不如志㉟。今乘异产以从戎事㊱，及惧而变，将与人易㊲。乱气狡愤㊳，阴血周作㊴，张脉偾兴㊵，外强中干。进退不可，周旋不能，君必悔之。"弗听。

九月，晋侯逆秦师，使韩简视师㊶。复曰："师少于我，斗士倍我㊷。"公曰："何故？"对曰："出因其资㊸，入用其宠㊹，饥食其粟，三施而无报，是以来也。今又击之，我怠秦奋㊺，倍犹未也㊻。"公曰："一夫不可狃㊼，况国乎。"遂使请战，曰："寡人不佞㊽，能合其众而不能离也㊾，君若不还，无所逃命。"秦伯使公孙枝对曰："君之未入，寡人惧之，入而未定列㊿，犹吾忧也；苟列定矣，敢不承命(51)。"韩简退曰："吾幸而得囚(52)。"

壬戌(53)，战于韩原，晋戎马还泞而止(54)。公号庆郑(55)。庆郑曰："愎谏违卜(56)，固败是求(57)，又何逃焉。"遂去之。梁由靡御韩简(58)，虢射为右，辂秦伯(59)，将止之(60)。郑以救公误之，遂失秦伯。秦获晋侯以归。晋大夫反首拔舍从之(61)。秦伯使辞焉，曰："二三子何其戚也(62)？寡人之从君而西也，亦晋之妖梦是践(63)，岂敢以至(64)。"晋大夫三拜稽首曰："君履后土而戴皇天，皇天后土，实闻君之言，君臣敢在下风(65)。"

穆姬闻晋侯将至，以大子罃、弘与女简璧登台而履薪焉(66)，使以免服衰绖逆(67)，且告曰："上天降灾，使我两君匪以玉帛相见(68)，而以兴戎。若晋君朝以

入，则婢子夕以死；夕以入，则朝以死。唯君裁之。”乃舍诸灵台[69]

大夫请以入[70]。公曰：“获晋侯，以厚归也[71]。既而丧归[72]，焉用之[73]？大夫其何有焉？且晋人戚忧以垂我[74]，天地以要我[75]。不图晋忧，重其怒也[76]；我食吾言[77]，背天地也。重怒难任[78]，背天不祥，必归晋君。”公子絷曰[79]：“不如杀之，无聚慝焉[80]。”子桑曰：“归之而质其大子，必得大成[81]。晋未可灭而杀其君，只以成恶。且史佚有言曰[82]：‘无始祸[83]，无怙乱[84]，无重怒。’重怒难任，陵人不祥[85]。”乃许晋平。

晋侯使郤乞告瑕吕饴甥，且召之。子金教之言曰[86]：“朝国人而以君命赏[87]，且告之曰：‘孤虽归，辱社稷矣。其卜贰圉也[88]。’”众皆哭。晋于是乎作爰田[89]。吕甥曰：“君亡之不恤，而群臣是忧，惠之至也。将若君何？”众曰：“何为而可？”对曰：“征缮以辅孺子[90]，诸侯闻之，丧君有君，群臣辑睦[91]。甲兵益多，好我者劝[92]，恶我者惧[93]。庶有益乎！”众说[94]。晋于是乎作州兵[95]。

初，晋献公筮嫁伯姬于秦，遇《归妹》䷵之《睽》䷥[96]。史苏占之曰[97]：“不吉。其繇曰[98]：‘士刲羊[99]，亦无衁也[100]。女承筐，亦无贶也[101]。西邻责言[102]，不可偿也。《归妹》之《睽》，犹无相也[103]。’《震》之《离》，亦《离》之《震》。‘为雷为火[104]，为嬴败姬[105]，车说其輹[106]，火焚其旗，不利行师，败于宗丘[107]。《归妹》《睽》孤[108]，寇张之弧[109]，侄其从姑[110]，六年其逋[111]，逃归其国，而弃其家[112]，明年其死于高梁之虚[113]。’”及惠公在秦，曰：“先君若从史苏之占，吾不及此夫。”韩简侍，曰：“龟，象也[114]；筮，数也[115]。物生而后有象，象而后有滋[116]，滋而后有数。先君之败德[117]，及可数乎[118]？史苏是占，勿从何益[119]？《诗》曰[120]：‘下民之孽，匪降自天，僔沓背憎，职竞由人。’”

震夷伯之庙[121]，罪之也，于是展氏有隐慝焉[122]。

冬，宋人伐曹，讨旧怨也。

楚败徐于娄林[123]，徐恃救也。

十月，晋阴饴甥会秦伯，盟于王城[124]。

秦伯曰：“晋国和乎？”对曰：“不和。小人耻失其君而悼丧其亲，不惮征缮以立圉也[125]，曰：‘必报仇，宁事戎狄。’君子爱其君而知其罪，不惮征缮以待秦命，曰：‘必报德，有死无二。’以此不和。”秦伯曰：“国谓君何？”对曰：“小人戚，谓之不免[126]。君子恕，以为必归。小人曰：‘我毒秦，秦岂归君？’君子曰：‘我知罪矣，秦必归君。贰而执之，服而舍之，德莫厚焉，刑莫威焉。服者怀德，贰者畏刑。此一役也，秦可以霸。纳而不定，废而不立，以德为怨，秦不其然[127]。’”秦伯曰：“是吾心也。”改馆晋侯[128]，馈七牢焉[129]。

蛾析谓庆郑曰[130]：“盍行乎？”对曰：“陷君于败，败而不死，又使失刑，非人臣也。臣而不臣[131]，行将焉入？”十一月，晋侯归。丁丑[132]，杀庆郑而后入。

是岁，晋又饥，秦伯又饩之粟[133]，曰：“吾怨其君而矜其民[134]。且吾闻唐叔之封也，箕子曰[135]：‘其后必大。’晋其庸可冀乎[136]！姑树德焉，以待能者。”

于是秦始征晋河东[137]，置官司焉。

【注释】

①即：接近，亲附。诸夏：中原诸侯国。 ②牡丘：齐地名，在今山东省聊城县东北。③孟穆伯：即公孙敖，庆父之子。 ④匡：宋国地名，在今河南省睢县西。 ⑤厉：国名，在今河南省鹿邑县境。 ⑥秦穆姬：晋献公女，秦穆公夫人。属：嘱托。贾君：当为申生之妃，晋惠公的嫡长嫂。 ⑦群公子：晋献公有子九人，除申生、奚齐、卓子已死，夷吾立为国君外，还有重耳等五人，故称群公子。 ⑧中大夫：指里克、丕郑。 ⑨既而：不久。 ⑩河外：指黄河以西、以南。黄河自龙门至华阴，自北而南，晋都于降，故以河西与河南为外。⑪东尽虢略：东到虢略，尽，极。虢略，即今河南省灵宝县虢略镇。 ⑫内及解梁城：包括黄河之内的解梁城。内，河内。解梁城，即今山西省永济县的解城，不列在五城之内。 ⑬闭之籴：拒绝秦国买粮。 ⑭卜徒父：秦国占卜的人，名徒父。 ⑮侯车：公侯的战车。败：毁坏。 ⑯《蛊》：六十四卦之一，其卦为下巽上艮。 ⑰千乘三去三句：为当时卜筮书杂辞，周易无此文。三去即三驱，指晋军三败。 ⑱狐《蛊》：占筮得到蛊卦，《蛊》之外卦为艮，艮象征狐。又，古人常以雄狐喻国君。 ⑲贞：重卦的内卦（下卦）又称贞。《蛊》卦的内卦为巽，巽象征风。 ⑳悔：重卦的外卦（上卦）又称悔。《蛊》卦的外卦为艮，艮象征山。㉑岁云秋：时令到了秋天。 ㉒我落其实，而取其材：巽为内卦，代表秦国，艮为外卦，代表晋国，秦为风，晋为山，风吹山林，故附会为吹落果实，伐取木材。 ㉓三败：指晋军三次战败。韩：韩原，晋，地名。 ㉔深：深入，使动用法。 ㉕不孙：不敬，孙通“逊”。 ㉖卜右：占卜车右的人选。 ㉗弗使：即不用庆郑。 ㉘步扬：人名，晋国公族，姬姓。 ㉙家仆徒：晋大夫。 ㉚乘小驷：用小驷马驾车。 ㉛郑入：郑国人所纳献的。 ㉜乘其产：乘坐本国所产之马。 ㉝服习：熟习。 ㉞唯所纳：听凭使唤。纳：接受。 ㉟如志：如意。 ㊱异产：异国所产之马。 ㊲与人易：与人的意志相违反。易，反。 ㊳乱气狡愤：指马的性情狡戾暴躁。 ㊴阴血周作：血液在全身奔流。阴血，血在身内故称阴血。周，全。 ㊵张脉偾兴：血管膨胀突起。偾（fèn），奋起。 ㊶韩简：晋大夫韩万之孙。视师：侦察敌情。 ㊷斗士：请战兵士。 ㊸出因其资：指夷吾逃离晋国是凭借秦国的帮助。 ㊹入用其宠：夷吾回国也是由于秦人的宠信。 ㊺怠：怠惰。奋：振奋。 ㊻倍：指斗志相差一倍。 ㊼狃：轻侮。 ㊽不佞：即不才。 ㊾合其众：集合起军队。 ㊿定列：定位，即君位安定。 (51)承命：指接受作战的命令。 (52)幸而得囚：即以被囚而幸运。 (53)壬戌：十四日。 (54)还泞：盘旋于泥泞中。 (55)号：呼号求救。 (56)愎谏：不听劝谏。违卜：违反占卜，指不用庆郑为车右。 (57)

固败是求：本来就是自求失败。　58御韩简：即驾驭韩简的战车。　59辂（lù）秦伯：迎上秦伯的战车。　60止：俘获。　61晋大夫：指郤乞等。反首：披头散发。拔舍：拔起帐篷。　62戚：忧愁。　63妖梦是践：即实现其妖梦。妖梦，指狐突适下国，遇太子一事。详见僖公十年传。　64以至：太甚。　65下风：下面。　66大子罃（yīng）：即秦康公。弘：公子弘。履薪：踩着柴草，以示自焚。　67免服：丧服，去冠束发。　68匪：通"非"。玉帛：圭璋及束帛，为古代诸侯会盟朝聘的礼物。　69灵台：秦国之台。　70入：入国都。　71厚：收获大。　72丧归：归来将发生丧事。　73焉用：有什么用。焉，疑问代词，什么。　74重我：打动我。　75要：约束。　76重其怒：增加其愤怒。　77食吾言：说话不算数。　78难任：难以承当。　79公子絷：秦大夫。　80聚慝：积聚邪恶。　81大成：很大的媾和条件。　82史佚（yì）：古人名。　83始祸：为祸乱的首倡者。　84怙乱：恃人之乱以取利。　85陵人：欺凌人。　86子金：瑕吕饴甥字子金。　87朝国人：使国人到朝堂前。国人，都城里的人。　88卜贰：占卜日期立太子为君。另据《晋语》载："夫太子，君之贰也。"圉：即子圉，晋太子。　89作爰田：把土地分赏众人，减轻劳役地租。　90征缮：征收赋税，修缮装备武器。孺子：指子圉。　91辑睦：和睦。　92好：喜好。劝：勉。　93恶：厌恶。　94说：通"悦"。　95作州兵：指改革兵制，扩充军备。　96《归妹》：六十四卦之一，卦象为兑下震上。《睽》：六十四卦之一，卦象为兑下离上。　97史苏：晋卜筮官员。　98繇：卦辞。　99刲（kuī）：割。　100衁（huāng）：血。　101贶（kuàng）：赐。无贶，即无实。　102西邻责言：西邻，指秦国，秦在晋西。责言，责备的言辞。　103无相：无助。　104为雷为火：指震为雷，离为火。　105为嬴败姬：秦国嬴姓，晋国姬姓，即秦打败晋国。　106车说其輹（fù）：车子脱落伏兔。说，脱。輹，固定车轴的东西，又名伏兔。　107宗丘：韩原的别名。　108《归妹》《睽》孤：归妹即嫁女，睽，指睽违，睽离，故单孤。　109弧：木弓。　110侄从其姑：侄子跟着姑姑。指子圉到秦作人质，跟从在穆姬身边。　111逋：逃亡。　112弃其家：抛弃妻室。家，指其妻怀嬴。　113高梁之虚：地名，详见僖公九年传注。虚，通"墟"。　114象：形象，象征。占卜用龟甲，烧灼后根据裂纹（兆象）而测吉凶。　115数：数字。占筮用蓍草，通过揲蓍，根据束数推演成卦而占祸福。　116滋：滋长，繁衍。　117败德：败坏德行。　118及可数乎：意为非筮数所生。　119勿从：非否定句。勿，语首助词，无义。　120《诗》曰：以下四句出自《诗经·小雅·十月之交》。僔沓：语声杂沓。僔（zūn）同"噂"。意为当面奉承附和。背憎：背后怨恨。　121震：雷击。夷伯：鲁臣，展氏之祖。　122隐慝：人所不知的罪恶，或不可告人的罪恶。　123娄林：地名，在今安徽省泗县东北。　124王城：当在今陕西省大荔县东。　125征缮：征税整装。　126不免：不被赦免。　127不其然：不会这样。　128馆：客馆，用作动词。　129七牢：诸侯之礼，牛一、羊一、豕一为一牢。详见《周礼·秋官·掌客》。　130蛾析：晋大夫。　131不臣：不合于臣道。　132丁丑：二十九日。　133饩（xì）：赠送。　134矜：哀怜。　135箕子：殷纣王的庶兄。一说为纣王的叔父。　136冀：希望。　137征：征赋税。

【译文】

　　十五年春季，楚国人攻打徐国。因为徐国亲近了中原诸国。三月，僖公和齐桓公、宋襄公、陈穆公、卫文公、郑文公、许僖公、曹共公在牡丘结盟，重申葵丘盟约，同时也是为了救援徐国。孟穆伯率军和诸侯军队救援徐国，诸侯则住在匡地等候。

夏季五月，鲁国发生了日食。《春秋》没有记载朔日和日期，是史官的遗漏。

秋季，联军攻打厉国，以救援徐国。

晋惠公回国即位时，秦穆姬曾把贾君托付给他照顾，并说："你要把众公子全都接纳回国。"惠公和贾君通奸，又不接纳公子们，穆姬因此而怨恨他。惠公许诺给中大夫财礼，不久就违背了诺言。答应送给秦穆公黄河以西和以南五座城：东到虢略镇，南至华山，还有黄河以里的解梁城，后来也不给了。晋国灾年欠收，秦国送给粮食，秦国遇到灾年，晋国却拒绝卖给它粮食，所以秦穆公决定攻打晋国。

卜徒父为此占筮，结果是吉利。卦象显示秦军渡过黄河，晋侯的车子毁坏。穆公问为什么。卜徒父回答说："这是大吉大利，三次打败晋军，必然抓获晋侯。此卦得到蛊，繇辞说：'进攻三次，三次进军之后，就能俘获那条雄狐。'雄狐一定是其国君。蛊的内卦是风，代表秦国。外卦是山，代表晋国。时令已到秋天，我们的风从他们山上吹过，吹落了树上的果实，并获取了树木，因此可以战胜。果实坠地，木材丢失，不是失败是什么？"

果然，晋国三次战败，撤退到韩地。晋惠公对庆郑说："敌人已深入我国，怎么办？"庆郑回答说："国君尽管让他们深入，能怎么样？"惠公说："放肆！"惠公占卜做车右的人，庆郑吉利，但惠公不用他。让步扬驾车，家仆徒为车右，驾车的小驷马则是郑国进献的。庆郑说："古时作战，一定要用本国出产的马驾车，因为它出生在本国的水土上，了解主人的心意，甘心受主人的调教，熟悉本国的道路，任凭怎样使用，都能称心如意。现在国君乘坐外国出产的马驾车作战，等它一害怕而失去常态，将违背人的意愿。它愤怒暴跳，呼吸急促，血管膨胀，表面很强大，内心却已虚怯无力了。到这一步，进也不能，退也不可，转身都不行，国君肯定会后悔。"惠公不听。

九月，惠公迎战秦军，派韩简侦察敌情，韩简回来说："秦国兵力比我们少，斗士却倍于我们。"惠公问："为什么？"韩简回答说："当年国君逃亡时曾依靠他们的资助，回国即位也是受益于他们的宠信，遇到灾荒又吃他们的粮食，这三次恩德我们都不曾报答，他们是为此而来的。现在我们又准备迎击他们，因此我军懈怠，秦军振奋，两军斗志相差不止一倍啊！"惠公说："是啊，一个普通的人尚且不能受人轻慢，何况是一个国家呢？"派韩简前去约战，说："我没有能力，既然已经把军队集合起来了，就无法解散他们，国君如果不退兵，我们无法逃避您进军的命令。"穆公派公孙枝回答说："国君没有回国时，我替您担心，您回国后没有定居于君位时，我还为您忧虑。现在既然您已定居于君位，我怎敢不接受您的命令呢？"韩简退下去说："这次战斗，我如果能被生擒就是很幸运的了。"

十四日，两军在韩原交战，晋惠公的小驷马陷在泥泞之中，左右盘旋都出不来。惠公向庆郑呼救，庆郑说："您刚愎自用，不纳谏言，又违背占卜结果，本来就是自找失败，又为什么要逃走呢？"说完就走开了。梁由靡驾驭韩简的战车，以虢射为车右，迎面遇到秦穆公的战车，准备俘获他。恰在这时，庆郑因为去救惠公，失去了机会，使秦穆公得以逃走。惠公却被秦军俘获带回。晋国的大夫们披头散发，携带帐篷，一直跟着惠公走。穆公派人安慰他们说："你们几位为何如此忧伤？我所以随贵君西行，只不过是应验了当年晋大夫狐突遇申生鬼魂的妖梦罢了，难道还敢做得太过分吗？"晋国的大夫们便三拜叩首说："上有苍天，下有大地，天地都听到了国君的话，我们也听到了，望国君言而有信。"

秦穆姬听说晋惠公被带回秦国，便领着太子罃、弘和女儿简璧，登上高台，站在柴草之上，准备自焚而亡，她让人身着丧服去迎接穆公，并说："上天降下灾祸，致使两国不是以赠送玉帛这种正常的礼节相见，而是以兵戎相见。如果您让晋君早上进入国都，我晚上就自焚；晚上进入，我早上自焚。请国君考虑。"穆公只好安排惠公住在灵台。

秦大夫请求把惠公带回国都。穆公说："俘获晋君而归，本是一大收获。如果因此而造成夫人自杀，那还有什么用呢？对大夫们又有什么益处呢？况且晋国人以忧伤来感动我，指着天地和我相约。不考虑他们的忧伤，就会增加他们对我的怨恨；我不履行自己的诺言，就是背叛了天地。增加怨恨会使我难以承受，背叛天地则不吉祥，一定要放晋君回国。"公子絷说："我看不如杀了他，以免使他继续作恶。"子桑说："让他回国，把他的太子作为人质，一定对我们大大有利。现在还不能将晋国灭亡，如果杀掉了它的国君，只能导致更坏的恶果。并且史佚曾说过：'不要首先发动祸难，不要依靠动乱获利，不要增加相互间的怨怒。'增加怨怒使人承受不了，欺侮别人则不吉祥。"便同意和晋国讲和。

晋惠公派郤乞回国通知吕甥，并召他前来谈判。吕甥教他说："你要把他们召集起来，以国君的名义赏赐他们东西，并且告诉他们：'我虽然是回来了，但已使国家蒙受了耻辱。你们占卜一下辅佐太子圉即位吧。'"群臣听郤乞的话，都感动得痛哭失声。晋国从此开始改变田制，以大量田土分赏群臣。吕甥说："国君不为自己出亡在外而忧虑，反而替我们群臣担忧，真是莫大的恩惠，应该怎样报答国君呢？"大家问："你说怎么办呢？"吕甥回答说："征收赋税，修整军备，以辅佐太子。诸侯听到我们虽然失去了国君，又立了新君，并且群臣和睦团结，武器装备比以前更强，友好国家会勉励我们，而敌国就会害怕我们，这样可能会有好处吧！"大家都很高兴。从此晋国开始改革兵制，扩充军备。

当初，晋献公要把伯姬嫁给秦国，为此占筮，得到归妹卦变成睽卦。史苏预测说："不吉利。卦辞说：'男子杀羊不见血，女子以筐承接无所得，西边邻国责备理亏无话说，女子出嫁而有乖离之兆，必然对娘家无所帮助。'震卦变成了离卦，等于离卦变成了震卦。'雷电生，火燃起，胜者姓嬴败者姬。战车脱了轴，大火烧军旗。出兵很不利，宗丘之地必败绩。出嫁的少女极乖离，敌人张弓要袭击。侄子随姑为人质，六年之后又逃离。逃回本国去，却又舍其妻。到了第二年，死在高梁地'。"等惠公被抓回秦国，他说："如果先君听从了史苏的占卜，我也不会落到如此地步！"韩简在身边服侍，他说："龟甲，用以显现裂纹形象以占吉凶，筮草，是用数字来预测吉凶的。必须先有事物，才有表示事物的形象，有了形象以后事物才能逐渐增长，增长多了自然会产生一定的数字。先君做的坏事太多了，哪里是数字能反映出来的呢？即使听从了史苏的占卜，又能有什么用呢？《诗经》说：'百姓的灾祸，并不是上天降下来的，而是由那些相聚就彼此奉承、背后则互相攻击的小人造成的'。"

雷电击毁了夷伯的庙宇，这是上天怪罪他，由此看出展氏有不可告人的罪恶。

冬季，宋国人进攻曹国，讨伐两国结下的怨恨。

楚国在娄林打败了徐国，徐国自恃有别国救援，所以被打败。

十月，晋国的吕甥会见秦穆公，在王城结盟约。

秦穆公问吕甥："晋国内部意见一致吗？"吕甥回答说："不一致。那些小人对失去了国君感到羞耻，对丧失了亲人感到悲伤。他们不怕多征税赋，修整甲兵主张立太子圉为君，发誓说：'一定要报仇。宁可向戎狄低头也要报仇。'那些君子爱戴国君，也知道自己的罪过，他们也不惜多征税赋和整修甲兵，为的是等待秦国的命令。他们说：'一定要报答秦国的恩德，即使死了也决无二心。'因此意见不一致。"穆公又说："晋国对国君的命运有什么看法？"吕甥回答说："小人感到忧虑，认为他不会被赦免。君子则感到宽慰，认为他一定能回来。小人说：'我们对秦国太残酷无情了，秦国岂能让国君回来？'君子则说：'我们已经知罪了，秦国一定能让国君回来。当初国君对秦有二心，秦国把他擒住，如今已认错服罪，就会释放他，没有比这更宽厚的德行，没有比这更威严的刑罚了。认错服罪者念其德行，存有二心者怕其刑罚！仅靠这一战役，秦国就可以成为霸主！如果帮助人家回国即位，又不能使他安于君位；废除了他，又不尽快使他复位，就会把恩德变为怨恨，秦国不会这么做吧'。"穆公说："这也正是我的想法。"就给惠公换了住处，迁入接待外宾的馆舍，以诸侯之礼相待，赠送他牛、羊、猪各七头。

蛾析对庆郑说："你还不逃走吗？"庆郑回答说："是我使国君陷于失败。国君失败了我不以身殉国，却要逃亡，让国君失去用刑的威严，这不是人臣应该做的。为臣不行臣子之道，即使逃走，我又能到哪里去呢？"十一月，惠公回国。二十九日，杀了庆郑后进入国都。

这一年，晋国又发生了饥荒，秦穆公又送给他们粮食，并说："我虽然怨恨晋君，却怜悯晋国的百姓。而且我听说当初晋国祖先唐叔受封的时候，箕子曾说：'晋国的后代必然强大起来'。晋国将来还是很有希望的吧！姑且对晋国树立一些恩德，以等待将来有能力的人出现。"

这个时候，秦国开始在晋国的黄河东部征收赋税，并设置了官吏负责管理。

僖公十六年

经　十有六年春，王正月戊申朔，陨石于宋五。是月，六鹢退飞，过宋都。三月壬申，公子季友卒。夏四月丙申，鄫季姬卒。秋七月甲子，公孙兹卒。冬十有二月，公会齐侯、宋公、陈侯、卫侯、郑伯、许男、邢侯、曹伯于淮。

传　十六年春，陨石于宋五，陨星也。六鹢退飞过宋都①，风也。周内史叔兴聘于宋，宋襄公问焉，曰："是何祥也②？吉凶焉在？"对曰："今兹鲁多大丧③，明年齐有乱，君将得诸侯而不终。"退而告人曰："君失问④。是阴阳之事，非吉凶所在也。吉凶由人，吾不敢逆君故也⑤。"

夏，齐伐厉不克，救徐而还。

秋，狄侵晋，取狐、厨、受铎⑥，涉汾，及昆都，因晋败也。

王以戎难告于齐，齐征诸侯而戍周。

冬，十一月乙卯⑦，郑杀子华⑧。

十二月会于淮，谋鄫，且东略也。城鄫，役人病⑨。有夜登丘而呼曰："齐有乱。不果城而还⑩。"

【注释】

①鷁（yì）：水鸟名，能高飞。 ②祥：吉凶的征兆。 ③今兹：今年。 ④失问：询问不当。 ⑤逆：违背。 ⑥狐、厨、受铎：晋国三邑名。 ⑦乙卯：十二日。 ⑧子华：郑国太子，详见僖公七年传。 ⑨病：困乏。 ⑩不果：未完成。

【译文】

十六年春季，宋国发现五块陨石，这是陨落的星星。还见到六只鷁鸟向后倒着飞过宋都，这是因为风刮得太大太急。王室的内史叔兴到宋国聘问，宋襄公问起此事，说："这是凶还是吉？凶吉将应验在哪里呢？"叔兴回答说："今年鲁国将有几次大的丧事，明年齐国将有动乱发生，国君能得到诸侯的拥护，却难以善终。"叔兴退出来后告诉别人："国君不该这样问。星星坠落与鷁鸟退飞属于阴阳变化，与人事吉凶没有关系，吉凶是由人决定的，我是不敢违背国君才这样回答的。"

夏季，齐国攻打厉国，未能得胜，解了徐国之围后便回国了。

秋季，狄人攻打晋国，夺取了狐、厨、受铎三地，并渡过汾水，攻到昆都，因为晋国被打败了。

天子把狄人侵扰之事告诉齐国，齐国调集诸侯的军队戍守成周。

冬季十一月十二日，郑国人杀了子华。

十二月，僖公在淮地和齐桓公、宋襄公、陈穆公、卫文公、郑文公、许僖公、邢侯、曹共公会见，商量救援鄫国和攻打东方之事，在鄫国筑城时，服役的劳工困乏不堪。夜里有人登上土丘高喊："齐国发生动乱了！"于是诸侯没有等到筑完城就回国了。

僖公十七年

经　十有七年春，齐人、徐人伐英氏。夏，灭项。秋，夫人姜氏会齐侯于卞。九月，公至自会。冬十有二月乙亥，齐侯小白卒。

传 十七年春，齐人为徐伐英氏①，以报娄林之役也。

夏，晋大子圉为质于秦，秦归河东而妻之。

惠公之在梁也②，梁伯妻之。梁嬴孕，过期，卜招父与其子卜之③。其子曰："将生一男一女。"招曰："然。男为人臣，女为人妾。"故名男曰圉，女曰妾。及子圉西质，妾为宦女焉④。

师灭项⑤。淮之会，公有诸侯之事未归而取项。齐人以为讨，而止⑥公。

秋，声姜以公故⑦，会齐侯于卞⑧。九月，公至。书曰："至自会。"犹有诸侯之事焉，且讳之也。

齐侯之夫人三：王姬，徐嬴，蔡姬，皆无子。齐侯好内⑨，多内宠，内嬖如夫人者六人⑩：长卫姬、生武孟；少卫姬，生惠公；郑姬，生孝公；葛嬴，生昭公；密姬，生懿公；宋华子，生公子雍。公与管仲属孝公于宋襄公，以为大子。雍巫有宠于卫共姬⑪，因寺人貂以荐羞于公⑫，亦有宠，公许之立武孟。管仲卒，五公子皆求立。冬十月乙亥⑬，齐桓公卒。易牙入，与寺人貂因内宠以杀群吏⑭，而立公子无亏⑮。孝公奔宋。十二月乙亥赴⑯，辛巳夜殡⑰。

【注释】

①英氏：国名，偃姓，故城在今安徽省金寨县东南。 ②梁：国名，嬴姓。 ③卜招父：梁国太卜。 ④宦女：侍女。 ⑤项：国名，故城在今河南省项城县境。 ⑥止：留止不让回国，即拘留。 ⑦声姜：僖公夫人，齐女。 ⑧卞：鲁邑名。 ⑨好内：喜爱女色。 ⑩如夫人：宠爱如同夫人。 ⑪雍巫：人名，即易牙。 ⑫荐羞：进献美食。荐，进，羞通"馐"。 ⑬乙亥：初七日。 ⑭内宠：指如夫人者六人。 ⑮公子无亏：即武孟。 ⑯乙亥：初八日。 ⑰辛巳：十四日。

【译文】

十七年春季，齐国人为徐国攻打英氏，以报娄林一战之仇。

夏季，晋国的太子圉到秦国做了人质，秦国把黄河以东的土地归还晋国，穆公还把女儿嫁给了太子圉。

当初晋惠公在梁国时，梁伯曾把女儿梁嬴嫁给了他。梁嬴怀孕后，过了预产期还未生，卜招父和他的儿子为其占卜。他儿子说："将要生一男一女。"卜招父说："对。男的将来做别人的臣下，女的做别人的奴婢。"因此就把男孩叫圉，女孩叫妾。等子圉到秦国做人质时，妾也就做了秦国的侍女。

鲁国军队灭亡了项国。僖公在淮地与诸侯会见时，因为正商量大事，未能回国，就在此时，鲁军占领了项国。齐国人认为这是僖公下令讨伐的，因此不让他回国。

秋季，声姜因僖公一事，在下地会见了齐桓公。九月，僖公才回来。《春秋》记载为"至自会"，说明僖公还没有和诸侯商量完有关事项，而且也是出于为僖公避讳。

齐桓公的夫人有三个：王姬，徐嬴，蔡姬，都没有生儿子。桓公喜好女色，有很多内宠，受宠的女人中如同夫人的有六个：长卫姬，生了武孟；少卫姬，生了惠公；郑姬，生了孝公；葛嬴，生了昭公；密姬，生了懿公；宋华子，生了公子雍。桓公和管仲把孝公托付给宋襄公，后来立他为太子。雍巫受到长卫姬的宠信，又通过寺人貂献给桓公美味佳肴，受到桓公的宠信，桓公答应立武孟为继承人。管仲去世后，孝公之外的五个公子都想被立为继承人。冬季，十月七日，桓公去世。易牙进入宫内，和寺人貂依靠那些受宠的女人杀死了许多官员，然后立了公子无亏为君。孝公则逃到了宋国。十二月八日，齐国发了讣告。十四日夜里，将桓公的尸体入殓。

僖公十八年

经　十有八年春王正月，宋公、曹伯、卫人、邾人伐齐。夏，师救齐。五月戊寅，宋师及齐师战于甗，齐师败绩。狄救齐。秋八月丁亥，葬齐桓公。冬，邢人、狄人伐卫。

传　十八年春，宋襄公以诸侯伐齐。三月，齐人杀无亏。

郑伯始朝于楚，楚子赐之金①，既而悔之，与之盟曰："无以铸兵②。"故以铸三钟。

齐人将立孝公，不胜四公子之徒，遂与宋人战③。夏五月，宋败齐师于甗④，立孝公而还。

秋八月，葬齐桓公。

冬，邢人、狄人伐卫，围菟圃⑤。卫侯以国让父兄子弟及朝众曰："苟能治之，燬请从焉⑥。"众不可⑦，而后师于訾娄⑧。狄师还。

梁伯益其国而不能实也⑨，命曰新里⑩，秦取之。

①金：铜。　②兵：兵器。　③四公子：指昭公潘、懿公商人、惠公元及公子雍。　④甗（yǎn）：齐国地名，在今山东省济南市附近。　⑤菀圃：卫地名，在今河南省长垣县境。　⑥燬（huǐ）：卫文公名。　⑦不可：不同意。　⑧訾娄：卫邑名，在今河南省滑县西南。　⑨益其国：筑造很多城邑。实：使百姓居住。　⑩新里：即秦国的新城，在今陕西澄城县东北。

【译文】

十八年春季，宋襄公率领诸侯攻打齐国。三月，齐国人杀了无亏。

郑文公开始朝见楚国，楚成王赐给他一些铜，但马上就后悔了，便和文公盟誓说："不要用它制造武器！"郑文公用这些铜铸造了三座钟。

齐国人打算立孝公为君，但阻挡不住另外四个公子党羽的反对，孝公逃到宋国，四公子一伙就和宋军作战。夏季五月，宋在甗地打败了齐军，立了孝公为君后才回国。

秋季八月，安葬了齐桓公。

冬季，邢人、狄人攻打卫国，包围了菀圃。卫文公决定把国君的位置让给父兄子弟和朝廷上其他人，并且说："谁能够治理这个国家，我就听他的。"众人不同意，并在訾娄布置了军队准备迎战。狄人军队撤退。

梁伯建造了许多城邑，却没有把百姓迁过去居住，他把那里命名为新里，后来被秦国占领了。

僖公十九年

经　十有九年春，王三月，宋人执滕子婴齐。夏六月，宋公、曹人、邾人盟于曹南。鄫子会盟于邾。己酉，邾人执鄫子，用之。秋，宋人围曹。卫人伐邢。冬，会陈人、蔡人、楚人、郑人盟于齐。梁亡。

传　十九年春，遂城而居之。

宋人执滕宣公①。

夏，宋公使邾文公用鄫子于次睢之社②，欲以属东夷③。司马子鱼曰④："古者六畜不相为用，小事不用大牲，而况敢用人乎？祭祀以为人也。民，神之主也。用人，其谁飨之？齐桓公存三亡国以属诸侯⑤，义士犹曰薄德。今一会而虐二国之君⑥，又用诸淫昏之鬼⑦，将以求霸，不亦难乎？得死为幸⑧！"

秋，卫人伐邢，以报菟圃之役。于是卫大旱，卜有事于山川⑨，不吉。宁庄子曰："昔周饥，克殷而年丰。今邢方无道，诸侯无伯⑩，天其或者欲使卫讨邢乎？"从之，师兴而雨。

宋人围曹，讨不服也。子鱼言于宋公曰："文王闻崇德乱而伐之⑪，军三旬而不降，退修教而复伐之⑫，因垒而降⑬。《诗》曰：'刑于寡妻，至于兄弟，以御于家邦⑭。'今君德无乃犹有所阙⑮，而以伐人，若之何？盍姑内省德乎⑯？无阙而后动。"

陈穆公请修好于诸侯，以无忘齐桓之德。冬，盟于齐，修桓公之好也。

梁亡。不书其主，自取之也。初，梁伯好土功，亟城而弗处⑰，民罢而弗堪⑱，则曰："某寇将至。"乃沟公宫⑲，曰："秦将袭我。"民惧而溃⑳，秦遂取梁。

【注释】

①滕宣公：即滕子婴齐。　②用鄫子：即杀死鄫子用来祭祀。次睢之社：次睢的土地神。次睢，地名，当在今江苏省铜山县一带。　③属东夷：使东夷归附。属，使动用法。　④司马子鱼：即目夷。司马，官名。　⑤三亡国：指鲁、卫、邢三国。　⑥虐：害。　⑦淫昏之鬼：指次睢之社。　⑧得死：即善终。　⑨有事：即祭祀。　⑩伯：首领，盟主。　⑪崇：指崇侯虎。　⑫修教：加强教化。　⑬因垒：凭靠以前所筑壁垒。　⑭刑于寡妻三句：语出《诗经·大雅·思齐》。刑，典范；寡妻，嫡妻。寡，大。御，治理。　⑮阙：通缺。　⑯姑：姑且，暂且。内省，自我反省。　⑰亟城：多次筑城。亟，屡。弗处：不居住。　⑱罢：通"疲"。弗堪：忍受不住。　⑲沟：挖沟，用作动词。　⑳溃：逃散。

【译文】

十九年春季，秦国人占领了新里并在此筑城居住。

宋国人把滕宣公抓了起来。

夏季，宋襄公派邾文公杀了鄫子，以祭祀次睢的土地神，是想以此使东夷归附。司马子鱼说："古代不用六畜相互祭祀。小的祭祀不用大牲畜，更何况竟敢用人呢？祭祀是为了人。人是神灵的主人。用人祭祀神灵，谁敢享用？当年齐桓公曾挽救了三个濒于灭亡的国家，使诸侯归附，就这样义士还说他德行不够丰厚呢？现在一次盟会就侵害了滕、鄫两个国家的国君，又用以祭祀那些邪恶昏乱的鬼神，以此成就霸业，不是很难吗？这样做，能够得以善终就很幸运了。"

秋季，卫国攻打邢国，以报菟圃一战之仇。此时恰遇卫国大旱，为了祭祀山川，让人占卜，不吉利。宁庄子说："从前周室发生了饥荒，打败了商朝，收成就好了。如今邢国无道，诸侯没有领袖，上天或者是想让卫国攻打邢国吧？"卫文公听从了他的话，出动军队但遇到了下雨。

宋国人包围了曹国，以讨伐曹国的不肯顺服，子鱼对宋襄公说："从前文王听到崇国德行昏乱去攻打它，打了三十天，崇国也没有投降，文王退兵修明教化后再次去攻打，结果崇国人就在过去所筑的营垒里投降了。《诗经》说：'在大太太面前做出表率，并作为兄弟的榜样，以此来治理家与国。'现在国君的德行恐怕还有缺失，以此攻打别人，能把人家怎么样呢？何不姑且反省一下自己的德行，等到德行没有欠缺时再去攻打呢。"

陈穆公请求和诸侯重修友好，以不忘齐桓公的德行。冬季，陈、蔡、楚、郑在齐国会盟，重修了过去桓公建立的友好关系。

梁国灭亡。《春秋》没有记载是谁灭亡了它，是因它是自取灭亡。当初，梁伯喜欢大兴土木，屡次筑城却无人居住，百姓困乏疲惫而不堪忍受，就扬言："某某敌人要来了。"于是在国君的宫外挖了条沟，说："秦国将要袭击我国。"百姓因害怕而溃散，秦国就趁机占领了梁国。

僖公二十年

经 二十年春，新作南门。夏，郜子来朝。五月乙巳，西宫灾。郑人入滑。秋，齐人、狄人盟于邢。冬，楚人伐随。

传 二十年春，新作南门。书，不时也。凡启塞从时①。
滑人叛郑而服于卫②。夏，郑公子士、泄堵寇帅师入滑③。
秋，齐、狄盟于邢，为邢谋卫难也。于是卫方病邢。
随以汉东诸侯叛楚。冬，楚斗縠於菟帅师伐随，取成而还。
君子曰："随之见伐④，不量力也。量力而动，其过鲜矣。善败由己⑤，而由人乎哉？《诗》曰：'岂不夙夜，谓行多露⑥'。"
宋襄公欲合诸侯，臧文仲闻之⑦，曰："以欲从人则可⑧，以人从欲鲜济⑨。"

【注释】

①启塞：指修建城门。从时，随着时节，即不违农时。 ②滑：国名，详见庄公十六年传

注。　③公子士：郑文公之子。泄堵寇：郑大夫。　④见伐：被伐。　⑤善败：成败。　⑥岂不夙夜二句：句出《诗经·召南·行露》。夙夜，早晚。谓，奈何。行：道路。　⑦臧文仲：鲁臣，即臧孙辰，臧孙。　⑧以欲从人：将自己的欲望服从别人。　⑨以人从欲：让别人服从自己的欲望。鲜济：很少有成功。

【译文】

二十年春季，鲁国新建了国都的南门。《春秋》记载此事，是因为不合时令。而修理城门，则可以随坏随修，不算违背农时。

滑国人背叛郑国而顺服了卫国。夏季，郑国的公子士、泄堵寇率军攻入滑国。

秋季，齐国人和狄人在邢国会盟，为的是帮助邢国设法对付卫国的入侵。这时，卫国才对邢国感到担心。

随国率领汉水以东的诸侯背叛了楚国。冬季，楚国的斗穀於菟率军攻打随国，两国讲和后，楚军回国。

君子对此评论说：“随国所以受到攻打，是因为不自量力。量力而行，过失就少了。成败完全在于自己，难道是由于别人吗？正如《诗经》所说：‘难道不想早晚行走，怎奈路上露水太多’。”

宋襄公想会合诸侯，臧文仲听到后，说：“使自己的愿望服从别人是可以的，但要使别人服从自己的愿望则很少能成功。”

僖公二十一年

经　二十有一年春，狄侵卫。宋人、齐人、楚人盟于鹿上。夏，大旱。秋，宋公、楚子、陈侯、蔡侯、郑伯、许男、曹伯会于盂。执宋公以伐宋。冬，公伐邾。楚人使宜申来献捷。十有二月癸丑，公会诸侯盟于薄，释宋公。

传　二十一年春，宋人为鹿上之盟①，以求诸侯于楚②。楚人许之。公子目夷曰：“小国争盟③，祸也。宋其亡乎，幸而后败④。”

夏，大旱。公欲焚巫尪⑤。臧文仲曰：“非旱备也⑥。修城郭，贬食省用⑦，务穑劝分⑧，此其务也。巫尪何为？天欲杀之，则如勿生⑨，若能为旱，焚之滋甚⑩。”公从之。是岁也，饥而不害。

秋，诸侯会宋公于盂⑪。子鱼曰：“祸其在此乎！君欲已甚⑫，其何以堪之？”于是楚执宋公以伐宋。

冬，会于薄以释之⑬。子鱼曰："祸犹未也，未足以惩君。"

任、宿、须句、颛臾⑭，风姓也。实司大皞与有济之祀⑮，以服事诸夏⑯。邾人灭须句，须句子来奔，因成风也⑰。成风为之言于公曰："崇明祀⑱，保小寡⑲，周礼也。蛮夷猾夏⑳，周祸也。若封须句，是崇皞、济而修祀纾祸也㉑。"

【注释】

①鹿上：宋地名，当在今山东省曹县东北。　②求诸侯：即要求诸侯奉己为盟主。　③争盟：争当盟主。　④幸而后败：失败得晚点就是幸运了。　⑤巫尪（wāng）：女巫及突胸仰面的畸形人。　⑥旱备：防备旱灾。　⑦贬食：减食。　⑧务穑：致力于农事。劝分：劝人施舍。　⑨如：应当。　⑩滋甚：更厉害。　⑪盂：宋地，在今河南省睢县境。　⑫已甚：太过分。已，太。　⑬薄：即亳，宋邑名，在今河南省商丘县北。　⑭任：国名，故城在今山东省济宁市。宿：国名，在今山东省东平县东南。须句（qú）：国名，在今山东省东平县东北。颛（zhuān）臾：国名，在今山东省费县西北。　⑮司：主管。大皞：即太皞氏，传说中的古代帝王。有济：即济水。　⑯诸夏：即中国。　⑰成风：鲁庄公之妾，僖公之母。须句是成风的娘家。　⑱明祀：指太皞与济水的祭祀。　⑲小寡：小国寡民。　⑳猾：乱。　㉑纾祸：缓解祸患。

【译文】

二十一年春季，宋国人和齐国人、楚国人在鹿上举行盟会，为的是要求楚国允许中原诸侯各国奉自己为盟主，楚国人答应了。公子目夷说："小国也要争做盟主，这是自取其祸。宋国恐怕快要灭亡了，能够晚一点失败就算很幸运了。"

夏季，鲁国大旱。僖公想烧死巫人和仰面朝天的畸形人。臧文仲说："这不是预防旱灾的办法。应该修建城墙，缩减食物，节省开支，致力农事，劝人施舍，这才是应该尽力去做的。巫人和仰面朝天者能做什么？上天如果要杀害他们，就不应该让他们出生，如果他们能导致旱灾，烧死了则会使旱灾更加严重。"僖公听从了他的劝告。这一年，虽然收成不好，便没有伤害百姓。

秋季，楚成王、陈穆公、蔡庄公、郑文公、许僖公、曹共公在盂地会见了宋襄公。子鱼说："恐怕祸患就在这一次会见中发生吧！国君的欲望太过分了，怎么能受得了呢？"在这次会上楚国人把襄公抓了起来，并攻打宋国。

冬季，诸侯在薄地会见，释放了宋襄公。子鱼说："祸患还没有到来，这次还不足以惩罚国君。"

任国、宿国、须句、颛臾，都是风姓。主持太皞和济水之神的祭祀，并服从中原各国。邾国人灭亡了须句，须句子逃到鲁国，因为须句是僖公母亲成风的娘家。成风对僖公说："尊崇太皞与济水的祭祀，保护弱小的国家，是周朝之礼。蛮夷扰乱中原，是周朝祸患。如果您能重封须句，就是尊崇太皞和济水的祭祀，就是修明礼仪，缓解祸患啊。"

僖公二十二年

经　二十有二年春，公伐邾，取须句。夏，宋公、卫侯、许男、滕子伐郑。秋八月丁未，及邾人战于升陉。冬十有一月己巳朔，宋公及楚人战于泓，宋师败绩。

传　二十二年春，伐邾，取须句，反其君焉，礼也。

三月，郑伯如楚。

夏，宋公伐郑。子鱼曰："所谓祸在此矣。"

初，平王之东迁也，辛有适伊川①，见被发而祭于野者②，曰："不及百年，此其戎乎！其礼先亡矣。"秋，秦、晋迁陆浑之戎于伊川③。

晋大子圉为质于秦，将逃归，谓嬴氏曰④："与子归乎？"对曰："子，晋大子，而辱于秦，子之欲归，不亦宜乎？寡君之使婢子侍执巾栉⑤，以固子也⑥。从子而归，弃君命也。不敢从，亦不敢言。"遂逃归。

富辰言于王曰⑦："请召大叔⑧。《诗》曰：'协比其邻，昏姻孔云⑨。'吾兄弟之不协，焉能怨诸侯之不睦⑩？"王说。王子带自齐复归于京师，王召之也。

邾人以须句故出师。公卑邾⑪，不设备而御之。臧文仲曰："国无小，不可易也⑫。无备，虽众不可恃也。《诗》曰：'战战兢兢，如临深渊，如履薄冰⑬。'又曰：'敬之敬之，天惟显思，命不易哉⑭！'先王之明德，犹无不难也，无不惧也，况我小国乎！君其无谓邾小。蜂虿有毒⑮，而况国乎？"弗听。

八月丁未⑯，公及邾师战于升陉⑰，我师败绩。邾人获公胄⑱，县诸鱼门⑲。

楚人伐宋以救郑。宋公将战，大司马固谏曰⑳："天之弃商久矣㉑，君将兴之，弗可赦也已。"弗听。

冬十一月己巳朔，宋公及楚人战于泓㉒。宋人既成列，楚人未既济㉓。司马曰："彼众我寡，及其未既济也，请击之。"公曰："不可。"既济而未成列㉔，又以告。公曰："未可。"既陈而后击之，宋师败绩。公伤股，门官歼焉㉕。

国人皆咎公㉖。公曰："君子不重伤㉗，不禽二毛㉘。古之为军也，不以阻隘也㉙。寡人虽亡国之余㉚，不鼓不成列㉛。"子鱼曰："君未知战，勍敌之人，隘而不列㉜，天赞我也㉝。阻而鼓之，不亦可乎？犹有惧焉㉞。且今之勍者，皆吾敌也。虽及胡耇㉟。获则取之，何有于二毛？明耻教战㊱，求杀敌也，伤未及死，如何勿重？若爱重伤㊲，则如勿伤；爱其二毛，则如服焉㊳。三军以利用也㊴，金鼓以声气也㊵。利而用之，阻隘可也，声盛致志㊶，鼓儳可也㊷。"

丙子晨㊸，郑文夫人芈氏、姜氏劳楚子于柯泽㊹。楚子使师缙示之俘馘㊺。君子曰："非礼也。妇人送迎不出门，见兄弟不逾阈㊻，戎事不迩女器㊼。"

丁丑，楚子入享于郑，九献㊽，庭实旅百㊾，加笾豆六品㊿。享毕，夜出，文芈送于军[51]，取郑二姬以归[52]。叔詹曰[53]："楚王其不没乎[54]！为礼卒于无别[55]，无别不可谓礼，将何以没？"诸侯是以知其不遂霸也[56]。

【注释】

①辛有：周大夫。伊川：伊河流经的地方，即今河南省嵩县及伊川县境。　②披发：披散头发，此为当时夷、狄的风俗。　③陆浑之戎：本少数民族部落名，后迁河南省伊、洛一带。　④嬴氏：即怀嬴。　⑤执巾栉：拿着手巾、梳子。　⑥固子：使你安心。　⑦富辰：周大夫。　⑧大叔：即王子带，于僖公十二年奔齐。　⑨协比其邻二句：出自《诗经·小雅·正月》。协比，协和亲附。昏姻孔云：婚姻亲戚更加友好。　⑩不睦：不顺从。　⑪卑：轻视。　⑫易：轻。　⑬战战兢兢三句：出自《诗经·小雅·小旻》。战战兢兢，恐惧谨慎的样子。　⑭敬之敬之：出自《诗经·周颂·敬之》。敬之，谨慎。显思，显明。思，语气词，无义。不易，不容易。　⑮蜂虿（chài）：黄蜂、蝎子一类的毒虫。　⑯丁未：初八日。　⑰升陉：鲁地名，不祥。　⑱胄：头盔。　⑲县：通"悬"。鱼门：邾国的城门。　⑳固：人名，即公孙固。　㉑商：即宋。　㉒泓：水名，在今河南省柘城县北。　㉓未既济：尚未完全渡过河。既，尽。　㉔未成列：未摆成阵势。　㉕门官：国君亲兵，由卿大夫子弟充任。　㉖咎公：归罪于宋襄公。　㉗不重伤：对已受伤的敌人不再伤害。　㉘不禽二毛：禽，同"擒"。二毛，头发花白的人。　㉙不以阻隘：不扼敌于险隘之地。　㉚亡国之余：宋为殷商亡国的后裔。㉛不鼓：不攻击。古时作战，击鼓为进军之号令。　㉜勍（qíng）敌：强敌。　㉝赞：助。㉞犹有惧：尚且害怕不能取胜。　㉟胡耇（gǒu）：老年人。　㊱明耻教战：明白什么是耻辱，教之以战术。㊲爱重伤：怜惜伤兵。　㊳如服：应当降服。　㊴利用：有利而使用。　㊵金鼓以声气：金鼓，两种乐器，古代作为行军进退的号令。以声气，以声音激励士气。　㊶声盛致志：鼓声大作致使士气高昂。㊷鼓儳（chán）：攻击阵列不整之敌。儳，阵列不整。　㊸丙子：十一月八日。　㊹芈（mǐ）氏：楚女。姜氏：齐女。劳：慰劳。柯泽：郑国地名。　㊺师缙：楚国乐师。馘（guó）：古代战争中对所杀之敌割取左耳叫馘。　㊻逾阈（yù）：越过门

槛，阈，门限。 ㊼不迩女器：不接近女人的用具。迩，近。 ㊽九献：九次敬酒。 ㊾庭实：庭中的礼品。旅百：陈列数百种。旅，陈列。 ㊿笾（biāo）豆：古代祭祀和宴会时盛食品的器具。笾，竹制器具；豆，木制器皿。六品：六件。 (51)文芈：即郑文公夫人芈氏。 (52)二姬：姬姓二女。 (53)叔詹：郑臣。 (54)不没：不得寿终。 (55)无别：指男女无别。 (56)不遂霸：不能完成霸业。

【译文】

二十二春季，僖公攻打邾国，夺取了须句，并让它的国君回国，这是合乎礼的。

三月，郑文公前往楚国。

夏季，宋襄公攻打郑国。子鱼说："所说的祸患就是这一次了。"

当初，周平王东迁时，周大夫辛有去伊川，途中见到一个披散着头发在野外祭祀的人，那人说："过不了一百年，这里就要被戎人占领！因为周朝之礼已经消亡了。"秋季，秦国和晋国把陆浑之戎迁到伊川居住。

晋国的太子圉在秦国作人质，准备逃回晋国，便对嬴氏说："我和你一起回去吧？"嬴氏说："您是晋国的太子，却作为人质屈辱地住在秦国，您想回去是应该的。寡君让我伺候您，是使您安心居住。我如果随您回去，就是背弃了国君的命令。我不敢跟您走，也不敢对别人说。"太子圉就一人逃回了晋国。

周大夫富辰对天子说："请把太叔召回来。《诗经》说：'能与邻居和睦相处，姻亲才能非常友好。'连我们自己兄弟之间都不能融洽相处，还怎能埋怨诸侯对王室不顺服呢？"天子很高兴。王子带从齐国又回到京师，这是天子召回去的。

邾人因鲁国帮助须句而出兵攻打鲁国。僖公轻视邾人，没做准备去抵抗。臧文仲说："国家无所谓大小，都不能轻视。不做防备，即使人多，也是靠不住的。《诗经》说：'战战兢兢，如临深渊，如履薄冰。'又说：'小心又谨慎！上天明察，天命不易常保不变啊！'以先王的美德，尚且还有困难，还有惧怕，更何况我们小国呢？国君还是不要认为邾国弱小，黄蜂、蝎子尚且有毒，何况是一个国家呢？"僖公不听。

八月八日，僖公和邾军在升陉作战，鲁军大败。邾军缴获了僖公的头盔，回去悬挂在国都的城门上炫耀。

楚国攻打宋国，以救援郑国。宋襄公准备迎战，大司马固劝阻说："上天抛弃商朝已经很久了，国君打算复兴它，罪不可赦啊。"襄公不听。

冬季十一月一日，宋国人和楚国人在泓水附近作战。当宋军已摆好阵势，楚国还未完全渡过河，司马说："楚军人多，我军人少，趁现在他们还没有完全过河，请下令攻击他们。"襄公说："不行。"当楚军已全部过河，还没有摆开阵势时，司马又请求下令进攻。襄公说："不行。"等楚军已经摆开了阵势后，宋军才发动攻击，结果宋军大败。襄公腿部受伤，守门的官员被全部消灭。

国人都责备襄公。襄公说："君子不伤害已经受伤的人，也不抓那些头发花白的人。古代打仗，不在险阻狭隘处攻击敌人。寡人虽是已经灭亡的商朝后裔，但不想攻击还没有摆好阵势的敌人。"子鱼说："国君不懂得作战的规律，强大的敌人因地形狭隘而不能列阵，这正是上天在帮助我们。乘机阻截攻击他们，不是很好吗？即使这样还担心不能取胜呢？况且现在那些强大的国家，都是我们的敌人。即使是老兵，能俘获的也要把他们抓过来，还管他什么头发白不白。使将士知道什么是耻辱，教给他们怎样打仗，目的就是要多杀敌人，对受伤未死的敌人，为什么不可以再伤害他一次呢？如果怜悯受伤的敌人，一开始就不应该伤害他们，怜悯头发花白的老兵，就应当向他们屈服。凡是军队，都要选择有利的时机发动攻击。鸣金击鼓是为了鼓舞士气，抓住有利时机，乘敌人处于险阻狭隘处进攻是完全可以的，鼓声大作，士气高昂，乘敌人还处于混乱状态而击鼓进攻也是可以的。"

十一月八日早晨，郑文公的夫人芈氏、姜氏在郑国的柯泽慰劳楚成王。成王派师缙领她们参观了俘虏和被杀死的人的左耳。君子对此评论说："这是不合礼的。女人送迎不出房门，和兄弟相见不出门槛，作战时不接近女人的用具。"

九日，楚成王来到郑国接受宴享，主人敬酒九次，院子里摆了上万件礼品，又加上笾豆食品六件。宴享结束，出来时已是夜间，文芈把成王送到军营，成王带了郑国的两个女子回去。叔詹说："楚王恐怕难以善终吧！为礼而来，最后竟然男女无别。男女无别就不能认为合于礼，他将靠什么得以善终呢？"诸侯从这件事知道成王完不成霸业了。

僖公二十三年

经　二十有三年春，齐侯伐宋，围缗。夏五月庚寅，宋公慈父卒。秋，楚人伐陈。冬十有一月，杞子卒。

传　二十三年春，齐侯伐宋，围缗①，以讨其不与盟于齐也。

夏五月，宋襄公卒，伤于泓故也。

秋，楚成得臣帅师伐陈②，讨其贰于宋也。遂取焦、夷③，城顿而还④。子文以为之功，使为令尹⑤。叔伯曰⑥："子若国何？"对曰："吾以靖国也。夫有大功而无贵仕⑦，其人能靖者与有几？"

九月，晋惠公卒。怀公立，命无从亡人⑧。期⑨，期而不至，无赦。狐突之子毛及偃从重耳在秦，弗召。冬，怀公执狐突曰："子来则免⑩。"对曰："子之能仕，父教之忠，古之制也。策名委质⑪，贰乃辟也⑫。今臣之子，名在重耳，有年数矣。若又召之，教之贰也。父教子之贰，何以事君？刑之不滥，君之明也，臣之愿也。淫刑以逞⑬。谁则无罪？臣闻命矣。"乃杀之。

卜偃称疾不出，曰："《周书》有之：'乃大明服⑭。'己则不明而杀人以逞，不亦难乎？民不见德而唯戮是闻，其何后之有？"

十一月，杞成公卒。书曰："子"。杞，夷也。不书名，未同盟也。凡诸侯同盟，死则赴以名，礼也。赴以名，则亦书之，不然则否，辟不敏也⑮。

晋公子重耳之及于难也，晋人伐诸蒲城。蒲城人欲战，重耳不可，曰："保君父之命而享其生禄⑯，于是乎得人。有人而校⑰，罪莫大焉。吾其奔也。"遂奔狄。从者狐偃、赵衰、颠颉、魏武子、司空季子⑱。狄人伐廧咎如⑲，获其二女：叔隗、季隗，纳诸公子。公子取季隗，生伯儵、叔刘；以叔隗妻赵衰，生盾。将适齐，谓季隗曰："待我二十五年，不来而后嫁。"对曰："我二十五年矣。又如是而嫁，则就木焉⑳。请待子。"处狄十二年而行。

过卫，卫文公不礼焉㉑。出于五鹿㉒，乞食于野人㉓，野人与之块㉔，公子怒，欲鞭之。子犯曰㉕："天赐也。"稽首，受而载之。

及齐，齐桓公妻之。有马二十乘㉖，公子安之。从者以为不可，将行，谋于桑下㉗。蚕妾在其上㉘，以告姜氏㉙。姜氏杀之，而谓公子曰："子有四方之志，其闻之者吾杀之矣。"公子曰："无之。"姜曰："行也，怀与安㉚。实败名。"公子不可，姜与子犯谋，醉而遣之。醒，以戈逐子犯。

及曹，曹共公闻其骈胁㉛，欲观其裸。浴，薄而观之㉜。僖负羁之妻曰㉝："吾观晋公子之从者，皆足以相国㉞。若以相，夫子必反其国。反其国，必得志于诸侯。得志于诸侯而诛无礼，曹其首也。子盍蚤自贰焉㉟。"乃馈盘飧㊱，置璧焉㊲。公子受飧反璧㊳。

及宋，宋襄公赠之以马二十乘。

及郑，郑文公亦不礼焉。叔詹谏曰："臣闻天之所启㊴，人弗及也。晋公子有三焉，天其或者将建诸⑳！君其礼焉。男女同姓，其生不蕃㊶。晋公子，姬出也，而至于今，一也。离外之患㊷，而天不靖晋国，殆将启之㊸，二也。有三士足以上人而从之㊹，三也。晋、郑同侪㊺，其过子弟㊻，固将礼焉，况天之所启乎？”弗听。

及楚，楚子飨之，曰：“公子若反晋国，则何以报不穀㊼？”对曰：“子女玉帛则君有之㊽。羽毛齿革则君地生焉㊾。其波及晋国者，君之余也㊿，其何以报君？”曰：“虽然，何以报我？”对曰：“若以君之灵(51)，得反晋国，晋、楚治兵，遇中于原，其辟君三舍(52)。若不获命(53)，其左执鞭弭(54)，右属櫜鞬(55)，以与君同旋。”子玉请杀之。楚子曰：“晋公子广而俭(56)，文而有礼(57)。其从者肃而宽(58)，忠而能力(59)。晋侯无亲(60)，外内恶之。吾闻姬姓，唐叔之后(61)，其后衰者也(62)，其将由晋公子乎。天将兴之，谁能废之。违天必有大咎。”乃送诸秦。

秦伯纳女五人，怀嬴与焉(63)。奉匜沃盥(64)，既而挥之(65)。怒曰：“秦、晋匹也，何以卑我(66)！”公子惧，降服而囚(67)。

他日，公享之(68)，子犯曰：“吾不如衰之文也(69)。请使衰从。”公子赋《河水》(70)，公赋《六月》(71)。赵衰曰：“重耳拜赐(72)。”公子降(73)，拜，稽首，公降一级而辞焉(74)。衰曰：“君称所以佐天子者命重耳，重耳敢不拜。”

【注释】

①缗：古国名，在今山东省金乡县东北。 ②成得臣：楚臣，字子玉，即令尹子玉。 ③焦、夷：均为陈邑名。 ④顿：国名，姬姓，在今河南省项城南顿故城。 ⑤令尹：楚国最高的官职。 ⑥叔伯：即吕臣。 ⑦贵仕：位居高官。 ⑧亡人：流亡之人，指公子重耳。 ⑨期：约定期限。 ⑩子：即狐突之子狐毛和狐偃。 ⑪策名：名字写在简策上。委质：送给尊者的进见礼物。质同“贽”。 ⑫辟：罪。 ⑬淫刑：滥用刑罚。逞：快意，称心。 ⑭大明：伟大贤明。服：臣服。 ⑮辟：避免。不敏：不清楚。 ⑯保：依靠。生禄：养生之禄。 ⑰校：即较量，抵抗。 ⑱狐偃：狐突之子，重耳的舅父，又称子犯、舅犯。赵衰：赵夙之子，后为晋国执政大臣。颠颉：重耳亲信。魏武子：又名魏犨（chōu），重耳亲信。司空季子：又名胥臣、臼季。 ⑲廧（qiáng）咎（gāo）如：狄人的一支，隗姓。 ⑳就木：进入棺材。木：棺材。 ㉑不礼：不加礼遇。 ㉒出：经过。五鹿：卫地名，当在今河南省濮阳县南。 ㉓野人：乡下人。 ㉔块：土块。 ㉕子犯：即狐偃。 ㉖乘：马四匹为一乘。 ㉗桑下：桑树之下。 ㉘蚕妾：养蚕的侍妾。 ㉙姜氏：重耳妻子。 ㉚怀与安：怀恋妻室及贪图安逸。 ㉛骈胁：肋骨排列紧密，并为一体。 ㉜薄：帷薄，即帘子。 ㉝僖负羁：曹国大夫。 ㉞相国：辅助国家。 ㉟蚤：同“早”。贰：二心，指讨好重耳。 ㊱盘飧（sūn）：一盘熟食。 ㊲置璧焉：飧中藏着璧玉。 ㊳反：归还。 ㊴启：开，此作赞助。 ㊵建：立。 ㊶不蕃：不昌盛。 ㊷离：同“罹”，遭受。 ㊸殆：大概。 ㊹三士：指狐偃、赵衰、贾佗。上

人：言才智谋略超出他人之上。　　㊺同侪（chái）：同等，同辈。　　㊻其过子弟：指晋国公族子弟路过郑国。　　㊼不穀：楚成王自称。　　㊽子女：指男女奴隶。　　㊾羽毛齿革：泛指各种珍宝。羽，翡翠、孔雀之类的羽毛。毛：毛皮；齿，象牙；革，犀牛皮。　　㊿余：剩余。　　51灵：威灵，福。　　52舍：古代行军一宿为一舍，而一日行军三十里，故三十里也称为一舍。53不获命：即不得允许。　　54弭（mǐ）：泛指弓。　　55属：带着。橐（gāo）：箭囊。鞬（jiān）：弓套。56广而俭：志向广大而生活俭约。　　57文：言辞华美。　　58肃而宽：严肃而宽宏。　　59忠而能力：忠诚且有才能勇力。　　60晋侯：指晋惠公。　　61唐叔：晋始封君。　　62后衰：最后衰亡。　　63怀嬴：秦穆公女，晋怀公（子圉）之妻。嫁晋文公后为辰嬴。与：在其中。　　64奉：双手捧着。匜（yí）：古代洗手时盛水的器具。沃盥（guàn）：浇水洗手。　　65挥之：挥去手上的水。　　66卑：轻视。　　67降服：脱换上衣。囚：指囚拘自己。　　68公：指秦穆公。　　69衰：即赵衰。文：有文采。　　70《河水》：此为逸诗，义取河水流向大海，海喻秦国。一说即《诗经·小雅·沔水》。　　71《六月》：见《诗经·小雅·六月》，诗篇叙述尹吉甫辅佐周宣王讨伐猃狁的武功。　　72拜赐：拜谢恩赐。　　73降：退到阶下。　　74一级：一个台阶。

【译文】

二十三年春季，齐孝公攻打宋国，包围了缗地，为的是讨伐宋国不到齐国参加会盟。

夏季五月，宋襄公因在泓地作战受伤而病逝。

秋季，楚国的成得臣率军攻打陈国，为的是讨伐陈国又暗中勾结宋国。楚军占领了焦、夷两地，并在顿地筑城后回国。子文认为这是子玉的功劳，便任命他做令尹。叔伯对子文说："你想把国家怎么样呢？"子文说："我想以此安定国家。有了大功而不居高位，这样的人中有几个不作乱而使国家安定呢？"

九月，晋惠公去世，怀公下令不准追随逃亡在外的公子重耳。还规定了期限，到期不回来的，决不赦免。狐突的儿子毛和偃正随重耳在秦国，因此怀公不召他们回国。冬季，怀公把狐突抓了起来，说："你儿子回来，就赦免你。"狐突回答说："儿子能够做官时，父亲就教导他要忠诚不二，这是自古以来的规矩。名字写在书简上，给主子致送了进见的礼物后，再有二心，就是罪过。如今我儿子的名字在重耳那里已经有几个年头了。如果召他回来，就是教他另有二心。父亲教儿子不忠，还怎么来事奉国君呢？不滥用刑罚，这是国君的圣明，也是我的愿望。如果想滥用刑罚以逞淫威，那么谁没有罪过呢？我明白您的意思了。"怀公杀了狐突。

卜偃推说有病不出家门，他说："《周书》上有这样的话：'国君伟大圣明，臣民才能顺服。'自己不贤能，却借杀人以逞淫威，不也很难长久吗？百姓看不到国君的德行，只听到杀戮，他的后代怎么还能长享禄位呢？"

十一月，杞成公去世。《春秋》称其为"子"。因为杞是夷人。不记载其名字，是因为他没有和鲁国结盟。凡是结盟的诸侯，死后就在讣告上写上名字，这是合乎礼的。讣告上写上名字，《春秋》就加以记载，否则就不记，这是为了避免因不清楚而误记。

　　晋国的公子重耳遭受骊姬祸难时，晋国人曾攻打蒲城。蒲城人打算迎战，重耳不让，他说："我依靠君父的命令，才享受到优越的禄位，得到百姓的拥护。如果因为自己有了拥护者，便同君父抵抗，那就再没有比这更大的罪过了。我还是逃亡吧。"就逃到狄人那里去了。跟随他的有狐偃、赵衰、颠颉、魏武子、司空季子。狄子攻打廧咎如，俘获了他的两个女儿叔隗、季隗，把她们送给晋公子。重耳娶了季隗，后来生了伯儵、叔刘。把叔隗送给赵衰为妻，后来生了赵盾。重耳准备到齐国去，对季隗说："你等我二十五年，我如果不回来你再嫁人。"季隗回答说："如今我已二十五岁，如果再过这些年，行将就木，怎么还能嫁人。我等着您就是了。"重耳在狄人那里住了十二年后才离去。

　　路过卫国时，卫文公没有以礼相待。他经过五鹿向东行走时，向乡下人要饭，那人给了他一个土块。重耳非常愤怒，想要鞭打他。子犯说："这是上天的恩赐啊！"重耳便叩头致谢，收下土块并把它装到车上。

　　到了齐国后，齐桓公为他娶了妻，并送给他八十匹马，重耳因此而安于在齐国的生活。随从的人认为这样不行，准备离他而去，就聚在桑树下商量。当时正好有一婢女在树上采摘桑叶，把这件事告诉了姜氏。姜氏把这个婢女杀了，对重耳说："您有远大的志向，我已把听到的人杀了。"重耳说："没有这事啊！"姜氏说："你走吧！眷恋享受，安于现状，实在是容易毁坏一个人的名声。"重耳不肯走，姜氏就和子犯商量，把他灌醉后，将他送走。重耳酒醒后，持戈追逐子犯要刺他。

　　到了曹国，曹共公听说重耳的肋骨相连如一骨，就想看看他裸体时的样子。乘重耳沐浴时，隔着帘子偷看。僖负羁的妻子说："我看晋公子的随从，都能做国家的辅佐之臣。如果晋公子能用他们做辅臣，一定能回到晋国为君。回国后，也一定能在诸侯中得志。得志以后要惩罚对他无礼的国家，曹国便会首当其冲。你何不早一点对他有所表示呢？"僖负羁就送给重耳一盘晚饭，并在饭中藏了一块璧玉。重耳接受了食物，把玉璧退了回来。

　　到了宋国，宋襄公送给重耳八十匹马。

　　到了郑国，郑文公也没有以礼相待。叔詹劝谏说："我听说上天所赞助的人，谁也比不了。晋公子有三点是别人比不上的，或许是上天要立他为君吧，国君还是要以礼相待。如果同姓结婚，其子孙必不昌盛。晋公子的母亲是戎族的狐姬，与晋国都是姬姓，却一直活到今天，这是第一点。他逃亡在外，上天却又不让晋国安定下来，大概是上天正在为他开创一条通向国君的道路吧，这是第二点。狐偃、赵衰、贾佗这三个人都胜过一般人，却都甘心追随他，这是第三点。晋国和郑国地位相当，他们的子弟经过郑国，本来就应该以礼相待，更何况是上天赞助的人呢？"文公不听。

到了楚国，楚成王设酒宴款待他，并说："公子如能回到晋国，用什么来报答我呢？"重耳回答说："男女奴仆和玉帛，国君已经有了。鸟羽、皮毛、象牙、皮革，本来就是国君土地上生长的。晋国的那些东西，都是国君所剩余的，我还能用什么来报答国君呢？"成王说："尽管如此，你用什么报答我呢？"重耳回答说："如果托国君的福，能回到晋国，一旦晋楚两国交战，在中原相遇，为报答国君的恩德，晋国将把军队后退九十里。如果这样还不能获得国君的谅解而退兵，那么就只能手持武器，与国君较量一下了。"子玉请求杀掉他，成王说："晋公子志向远大且严于律己，言语得体且合乎礼。跟从他的人都态度严肃待人宽厚，效忠于他，能为他出力。晋侯没有亲近之人，所以国内外都讨厌他。我听说姬姓中唐叔的后代，在诸侯中将最后衰亡，这恐怕是因为晋公子吧！上天将要使他兴盛起来，谁能把他废掉呢？违背了上天的旨意，必遭大灾。"就把他送到了秦国。

秦穆公送给重耳五个女子，其中包括怀嬴。怀嬴手捧水盆伺候重耳洗手，重耳洗后随手把水甩掉，怀嬴生气地说："秦、晋两国地位平等，为什么这样看不起我？"重耳害怕，便脱去上衣，自囚以谢罪。

一天，秦穆公设酒宴招待重耳。狐偃说："我不如赵衰善于辞令。请您让他跟着去吧。"重耳在酒宴上吟诵了《河水》一诗，穆公则吟诵了《六月》一诗。赵衰说："请重耳拜谢国君赐予的美言。"重耳走到台阶下拜谢，而后叩头，穆公则走下一级台阶辞谢。赵衰说："国君对重耳寄予辅佐天子的厚望，重耳怎能不拜谢呢？"

僖公二十四年

经　二十有四年春，王正月。夏，狄伐郑。秋七月。冬，天王出居于郑，晋侯夷吾卒。

传　二十四年春，王正月，秦伯纳之，不书，不告入也。

及河，子犯以璧授公子，曰："臣负羁绁从君巡于天下①，臣之罪甚多矣。臣犹知之，而况君乎？请由此亡②。"公子曰："所不与舅氏同心者③，有如白水④。"投其璧于河。

济河，围令狐⑤，入桑泉⑥，取臼衰⑦。二月甲午⑧，晋师军于庐柳⑨。秦伯使公子絷如晋师⑩，师退，军于郇⑪。辛丑，狐偃及秦、晋之大夫盟于郇。壬寅，公子入于晋师。丙午，入于曲沃。丁未，朝于武宫⑫。戊申，使杀怀公于高梁⑬。不书，亦不告也。

吕、郤畏逼⑭，将焚公宫而弑晋侯⑮。寺人披请见⑯，公使让之⑰，且辞焉，曰："蒲城之役⑱，君命一宿，女即至。其后余从狄君以田渭滨⑲，女为惠公来求杀余；命女三宿，女中宿至⑳。虽有君命，何其速也。夫袪犹在㉑，女其行乎。"对曰："臣谓君之入也，其知之矣。若犹未也，又将及难。君命无二㉒，古之制也。除君之恶，唯力是视㉓。蒲人、狄人，余何有焉，今君即位，其无蒲、狄乎？齐桓公置射钩而使管仲相㉔，君若易之，何辱命焉㉕？行者甚众，岂唯刑臣㉖。"公见之，以难告。三月，晋侯潜会秦伯于王城㉗。己丑晦㉘，公宫火，瑕甥、郤芮不获公，乃如河上，秦伯诱而杀之。晋侯逆夫人嬴氏以归㉙。秦伯送卫于晋三千人㉚，实纪纲之仆㉛。

初，晋侯之竖头须㉜，守藏者也㉝。其出也，窃藏以逃，尽用以求纳之㉞。及入，求见，公辞焉以沐㉟。谓仆人曰："沐则心覆㊱，心覆则图反㊲，宜吾不得见也。居者为社稷之守㊳，行者为羁绁之仆，其亦可也，何必罪居者㊴？国君而仇匹夫，惧者甚众矣。"仆人以告，公遽见之㊵。

狄人归季隗于晋而请其二子㊶。文公妻赵衰，生原同、屏括、楼婴。赵姬请逆盾与其母㊷，子余辞㊸。姬曰："得宠而忘旧，何以使人？必逆之。"固请，许之。来，以盾为才，固请于公以为嫡子，而使其三子下之，以叔隗为内子而己下之㊹。

晋侯赏从亡者，介之推不言禄㊺，禄亦弗及。推曰："献公之子九人，唯君在矣。惠、怀无亲，外内弃之。天未绝晋，必将有主。主晋祀者，非君而谁？天实置之，而二三子以为己力，不亦诬乎㊻？窃人之财，犹谓之盗，况贪天之功以为己力乎？下义其罪㊼，上赏其奸，上下相蒙㊽，难与处矣！"其母曰："盍亦求之㊾，以死谁怼㊿？"对曰："尤而效之(51)，罪又甚焉！且出怨言，不食其食(52)。"其母曰："亦使知之若何？"对曰："言，身之文也(53)。身将隐，焉用文之？是求显也。"其母曰："能如是乎？与女偕隐。"遂隐而死。晋侯求之，不获，以绵上为之田(54)，曰：“以志吾过(55)，且旌善人(56)。”

郑之入滑也，滑人听命。师还，又即卫(57)。郑公子士、泄堵俞弥帅师伐滑(58)。王使伯服、游孙伯如郑请滑(59)。郑伯怨惠王之入而不与厉公爵也(60)，又怨襄王之与卫、滑也(61)，故不听王命而执二子(62)。王怒，将以狄伐郑。富辰谏曰(63)：“不可，臣闻之：大上以德抚民(64)，其次亲亲以相及也(65)。昔周公吊二叔之不咸(66)，故封建亲戚以蕃屏周(67)。管、蔡、郕、霍、鲁、卫、毛、聃、郜、雍、曹、滕、毕、原、酆、郇(68)，文之昭也(69)。邘、晋、应、韩(70)，武之穆也。凡、蒋、邢、茅、胙、祭，周公之胤也(71)。召穆公思周德之不类(72)，故纠合宗族于成周而作诗(73)，曰：‘常棣之华，鄂不韡韡(74)，凡今之人，莫如兄弟。’其四章曰：‘兄弟阋于墙(75)，外御其侮。’如是，则兄弟虽有小忿，不废懿亲(76)。今天子不忍小忿以弃郑亲，其若之何？庸勋亲亲(77)，昵近尊贤(78)，德之大者也。即聋从昧(79)，与玩用嚚(80)，奸之大者也。弃德崇奸，祸之大者也。郑有平、惠之勋(81)，又有厉、宣之亲(82)，弃嬖宠而用三良(83)，于诸姬为近(84)。四德具矣。耳不听五声之和为聋，目不别五色之章为昧，心不则德义之经为顽(85)，口不道忠信之言为嚚。狄皆则之，四奸具矣。周之有懿德也，犹曰：‘莫如兄弟’，故封建之。其怀柔天下也(86)，犹惧有外侮，扞御侮者莫如亲亲(87)，故以亲屏周，召穆公亦云。今周德既衰，于是乎又渝周、召以从诸奸(88)，无乃不可乎？民未忘祸(89)，王又兴之，其若文、武何(90)？”王弗听，使颓叔、桃子出狄师(91)。

夏，狄伐郑，取栎。

王德狄人(92)，将以其女为后。富辰谏曰：“不可。臣闻之曰：‘报者倦矣，施者未厌。’狄固贪惏(93)，王又启之，女德无极，妇怨无终，狄必为患。”王又弗听。

初，甘昭公有宠于惠后(94)，惠后将立之，未及而卒。昭公奔齐，王复之，又通于隗氏(95)。王替隗氏(96)。颓叔、桃子曰：“我实使狄，狄其怨我。”遂奉大叔，以狄师攻王。王御士将御之。王曰：“先后其谓我何(97)？宁使诸侯图之。”王遂出。及坎欿(98)，国人纳之。

秋，颓叔、桃子奉大叔，以狄师伐周，大败周师，获周公忌父、原伯、毛伯、富辰。王出适郑，处于氾(99)。大叔以隗氏居于温。

郑子华之弟子臧出奔宋，好聚鹬冠(100)。郑伯闻而恶之，使盗诱之。八月，盗杀之于陈、宋之间。

君子曰：“服之不衷(101)，身之灾也。《诗》曰：‘彼己之子，不称其服(102)。’子臧之服，不称也夫。《诗》曰：‘自诒伊戚(103)’，其子臧之谓矣。《夏书》曰：

'地平天成㊿'，称也。”

宋及楚平。宋成公如楚，还入于郑。郑伯将享之，问礼于皇武子⑩。对曰：“宋，先代之后也，于周为客。天子有事，膰焉⑩，有丧，拜焉。丰厚可也。”郑伯从之，享宋公有加⑩，礼也。

冬，王使来告难曰：“不榖不德，得罪于母弟之宠子带，鄙在郑地氾⑩，敢告叔父⑩。”臧文仲对曰：“天子蒙尘于外⑪，敢不奔问官守⑪。”王使简师父告于晋，使左鄢父告于秦⑫。

天子无出，书曰：“天王出居于郑”，辟母弟之难也。天子凶服降名⑬，礼也。

郑伯与孔将锄、石甲父、侯宣多省视官居于氾，而后听其私政，礼也。

卫人将伐邢，礼至曰⑭：“不得其守，国不可得也。我请昆弟仕焉⑮。”乃往，得仕。

【注释】

①负羁绁：背着马笼头和马缰绳。　②亡：离开。　③舅氏：子犯为重耳舅父。　④有如白水：意为河神为证。　⑤令狐：晋地名，在今山西省临猗县西。　⑥桑泉：晋地名，在今山西省临猗县东北。　⑦臼衰：晋地名，在今山西省解州镇西北。　⑧甲午：二月无甲午日，恐有误。　⑨庐柳：晋地，在今临猗县北。　⑩公子絷：见僖公十五年传。　⑪郇（xún）：晋地名，在今山西省临猗县西南。　⑫武宫：重耳祖父晋武公之庙。　⑬高梁：见僖公九年传注。　⑭吕、郤：指吕甥、郤芮，二人均为晋桓公的亲信。　⑮晋侯：指晋文公。　⑯寺人披：见僖公五年传。　⑰让：责备。　⑱蒲城之役：指晋献公命寺人披攻蒲，收捕重耳，见僖公五年传。　⑲田：打猎。　⑳中宿：过了第二个晚上。　㉑袪：袖口，详见僖公五年传。　㉒无二：无二心。　㉓唯力是视：即唯视力，言竭尽其力。　㉔置射钩：把射钩一事放置一边。　㉕何辱命：何劳君主下命，意为我会自己走开。　㉖刑臣：受过宫刑的小臣。　㉗潜：偷偷地。王城：秦地。　㉘己丑晦：三十日，晦，每月最后一天。　㉙嬴氏：秦穆公女文嬴。　㉚卫：卫士。　㉛纪纲之仆：得力的仆从。　㉜竖：未成年的童仆。头须：人名。　㉝守藏：保管财物。　㉞求纳之：设法纳文公回国。　㉟沐：洗头。　㊱覆：反。　㊲图反：意图颠倒。　㊳居者：留在国内的人。　㊴罪：归罪，用作动词。　㊵遽：马上。　㊶请其二子：请留下两个儿子，二子，即伯鯈、叔刘。　㊷赵姬：晋文公之女，赵衰之妻。盾：赵盾，其母为叔隗。　㊸子余：赵衰字。　㊹内子：嫡妻。　㊺介之推：人名，晋文公臣，又作介子推。禄，俸禄，禄位。　㊻诬：欺骗。　㊼下义其罪：下属把罪过当做义。　㊽蒙：欺骗。　㊾求之：求赏。　㊿怼（duì）：怨恨。　51尤：罪。　52不食食：不吃其俸禄。　53身之文：身体的装饰。　54绵上：晋地名，在今山西省介休县东南。田：封田。　55志：记。　56旌：表彰。　57即：亲近。　58公子士：郑国宗室。泄堵俞弥：郑大夫。　59伯服、游孙伯：二人名，均

中華藏書

四书五经·最新校勘精注今译本

中国书店

为周大夫。　⑥厉公：郑文公之父。不与厉公爵：事见庄公二十一年传。　⑥与：偏袒。　⑥二子：指伯服和游孙伯。　⑥富辰：周臣。　⑥大上：地位最高的人。　⑥亲亲：亲近亲属。相及：由近及远相连及。　⑥吊：伤感。二叔：指管叔，蔡叔。不咸：不善终。　⑥封建：分封建制。蕃屏周：为周作藩篱屏障。　⑥管、蔡、郕……：为十六诸侯国，均为周文王之子。　⑥文之昭：周文王之子。昭，穆，指儿子。　⑦邢、晋、应、韩：四封国为周武王之子。　⑦凡、蒋、邢……：六封国为周公之子。胤：后嗣。　⑦召穆公：即召虎，又称召伯虎，周厉王、宣王时大臣。不类：不善、衰微。　⑦诗：以下诗句见《诗经·小雅·常棣》。　⑦鄂：同萼。韡韡（wěi）：光明。　⑦阋（xì）：争讼。墙：墙内，即家庭内部。　⑦懿：美。　⑦庸勋：酬答有功者。　⑦昵近：亲昵近亲。　⑦即聋：接近耳聋者。从昧：跟从昏暗者。　⑧与顽：交结冥顽者。用嚚（yín）：信用奸诈者。　⑧平、惠之勋：指周平王东迁，依靠郑而立国。周惠王因王子颓之乱出奔，也由郑返回。　⑧厉、宣之亲：指郑始封之祖桓公友是周厉王的儿子，周宣王的弟弟。　⑧弃嬖宠：指郑文公杀掉嬖臣申侯和宠子太子华。用三良：指信用叔詹、堵叔、师叔。　⑧诸姬：姬姓诸国。　⑧不则：不遵循，不效法。　⑧怀柔：安抚，笼络。　⑧扞（hàn）御：抵御。　⑧渝周、召：改变周公、召公的做法。　⑧民未忘祸：指王子带勾结狄人带给狄人的祸难。　⑨其若文、武何：言将废弃文王、武王的功业。　⑨颓叔、桃子：二人皆为周大夫。　⑨德：感谢。　⑨惏（lán）：同婪。　⑨甘昭公：即王子带，周惠王子，周襄王之弟，封于甘，昭为其谥号。惠后：襄王、王子带之母。　⑨隗（wěi）氏：周襄王所娶狄女，立为王后。　⑨替：废掉。　⑨先后：其母惠后。　⑨坎欿（dǎn）：地名，在今河南巩县东南。　⑨氾（fàn）：地名。在今河南省襄城县南，因周襄王曾出居于此，故名襄城。　⑩鹬（yù）冠：用鹬羽毛作冠。鹬，水鸟名。　⑩不衷：不合适。　⑩彼己之子二句：出自《诗经·曹风·候人》。　⑩自诒伊戚：见《诗经·小雅·小明》。诒：通"遗"。戚：忧伤。　⑩地平天成：大地平静，上天成全。　⑩皇武子：郑卿。　⑩膰（fán）：守庙祭肉，此用作动词，即致胙于宋。　⑩有加：比常礼有所增加。　⑩鄙：野居，天子离王都，故称鄙居。　⑩叔父：天子对同姓诸侯称叔父或伯父。　⑩蒙尘：蒙受污垢。　⑪官守：指周王的群臣。　⑪简师父、左鄢父：二人名，均为周大夫。　⑪降名：指自称"不穀"。　⑪孔将锄（chú，又读xú）、石甲父、侯宣多：三人为郑大夫。官具：官员和器用。　⑪私郑：郑国的政事。　⑪礼至：卫大夫。　⑪不得其守：不做其官守。　⑪昆弟：兄弟。仕：做官。

【译文】

二十四年春季，周历正月，秦穆公把重耳送回晋国，《春秋》没有记载此事，是因为晋国没有把重耳回国的消息通知鲁国。

重耳到了黄河，狐偃把玉璧还给他，说："为臣鞍前马后随您巡行于各地，得罪您的地方太多了。这一点我自己都知道，何况您本人呢？请允许我离开您吧。"重耳说："我保证和舅父一条心，如果您不信，我对河神发誓吧。"并把他的玉璧扔到河里。

渡过黄河，包围了令狐，进入桑泉后，又夺取了白衰。二月某日，晋国军队驻扎在卢柳。秦穆公派公子絷到晋军劝说，晋军这才后退，驻扎在郇地。某日，狐偃和秦国、晋国的大夫在郇地结盟。某日，重耳来到晋军之中。某日，进入曲沃。某日，在晋武公庙内朝见群臣。某日，又派人在高梁杀死怀公。《春秋》没有记载此事，也是因为晋国没来报告。

吕甥、郤芮害怕受到重耳的迫害，准备焚烧宫室并杀害他。寺人披请求进见，文公派人责备他，并且拒绝接见，理由是："蒲城之战，献公命你一夜到达蒲城，可你马上就到了。后来我随狄君在渭水边上打猎，你替惠公来杀我，命令你三夜到达，你第二夜就赶到了。虽然有国君的命令，但为什么执行得那么快呢？被你砍断的那只袖子我还保存着，你尽快走开吧。"寺人披回答说："我本以为您既然已经回国为君，应该知道为君的道理了。如果您还不懂得，恐怕您还将遇到灾难。执行国君的命令不能有二心，这是自古以来的制度。为国君除去他所厌恶的人，自然要尽我最大的力量。那时只是把您当成和蒲人、狄人一样，杀一个蒲人或狄人，对我来说有什么关系呢？如今您即位之后，难道就没有蒲、狄这样的人吗？当初齐桓公不追究管仲射钩一事，却使他为相，您如果没有桓公的大度而不忘旧怨，我自然会走开，又何必劳您下令驱逐呢？这样畏罪出奔的人会很多，岂止我一人？"文公这才接见了他，寺人披便把吕甥、郤芮企图焚宫杀君的阴谋告诉了文公。三月，文公和秦穆公在王城秘密会见。三十日，晋国的宫室被烧。吕甥和郤芮没有找到文公，来到黄河边上，秦穆公诱骗他们，将其杀掉。文公迎接夫人嬴氏回国。穆公送给晋国三千卫士，都是一些能干的仆人。

当初，文公的童仆头须负责管理库藏。文公出逃在外时，头须偷了库中的财物后逃走，把这些财物都用到争取文公回国的活动上了。等文公回国，头须求见时，文公以正在洗头为理由，推辞不见。头须对仆人说："洗头时低头向水，心的位置就倒了过来。心倒过来，想法也自然倒了过来，难怪我不被接见。留在国内的人，是替他在看守国家，随从出逃的人，是鞍前马后为他奔走服役，无论留者行者，都是对的，何必一定认为留在国内的人就是有罪呢？作为国君，如果仇视普通人，那么害怕他的人就多了。"仆人告诉了文公，文公立即接见了他。

狄人把季隗送到晋国，请求留下他的两个儿子。文公把女儿嫁给了赵衰，后来生了原同、屏括、楼婴。赵姬请求把赵盾和他的母亲接回来，赵衰不同意。赵姬说："得到新欢却忘了旧人，以后怎么用人？一定要把他们接回来。"

一再请求，赵衰同意了，赵盾和母亲回来后，赵姬认为赵盾有才，坚持文公请求把赵盾作为嫡子，让她自己生的三个儿子居于赵盾之下，并让叔隗为正妻，自己屈居在她之下。

文公准备赏赐随他一起出亡的人，介之推从来不谈禄位，也就没有得到禄位。介之推说："献公有九个儿子，现在只剩下主公一人了。惠公、怀公都没有亲近之人，国内国外都抛弃了他们。但愿上天不使晋国灭绝，晋国还会有君主出现，那么出任晋君以主持祭祀的人，除了主公之外还有谁呢？这是上天立他为君，那些随他在外的人都认为是自己的功劳，这不是在骗人吗？偷窃别人的财物，尚且叫做盗，更何况贪天功据为己有呢？下面的人把这种罪恶当做正义的行为，上面的人又对这种狡诈的行为加以表扬和赏赐，上下互相欺骗，已经很难与他们相处了。"他母亲说："你为什么不去请求封赏呢？如果就这样死去，又能抱怨谁呢？"介子推回答说："明知那些人的行为不对，却又去效法他们，罪过岂不更大了吗？况且我已口出怨言，不再吃他的俸禄。"他母亲说："即使这样，也要让他知道你的想法，怎么样？"介之推回答说："言语本是自身的文饰。我本身准备隐居，还用得着言语来文饰吗？如果这么做，就是企求显达。"他母亲说："你能隐居吗？我和你一起去。"介子推便隐居起来，直到去世。文公到处找他，也没有找到，就把緜上封作介子推的祭田，说："以此来记下我的过错，并表扬好人。"

郑国人进入滑国时，滑国人表示听从命令。郑军回去后，滑国又亲近卫国。于是郑国的公子士、泄堵俞弥率军攻打滑国。天子派伯服、游孙伯到郑国请求结盟。郑文公怨恨周惠王回到成周后不赐给厉公爵位，又怨恨襄王亲近卫国和滑国，因此不理睬天子的命令，并把伯服和游孙伯抓了起来。天子很生气，准备率领狄人攻打郑国。富辰劝阻说："不行。据我所知：地位最高的人要用德行来安抚百姓，位居其次的要先亲近亲属，然后由近及远，依次施恩。从前周公悲伤管叔、蔡叔没能善终，因此给亲戚分封土地建立国家，以作为王室的藩离屏障。管、蔡、郕、霍、鲁、卫、毛、聃、郜、雍、曹、滕、毕、原、酆、郇各国，都是文王的儿子。邘、晋、应、韩各国，都是武王的儿子。凡、蒋、邢、茅、胙、祭各国，都是周公的后代。召穆公担心周朝德行衰微，因此把宗族集合在成周，并赋诗道：'郁李树啊真漂亮，花萼互依相得益彰，如今人与人的关系，总不能和兄弟一样。'诗的第四章又说：'兄弟虽然在家中不和，但遇有外人侵犯，则起而共同抵抗。'如果这样，兄弟之间虽然小有怨恨，也不会断绝亲近关系。现在天子对小怨不能忍受，要抛弃郑国这门亲属，又能将它怎么样呢？奖励有功，亲近亲属，接近近臣，尊崇贤人，是德行中的大德。接近耳聋之人，跟从昏庸之人，结交浅陋之人，使用狡诈之人，则是邪恶中的大恶。离弃德行，崇尚邪恶，是祸患中的大祸。郑国有过辅助平王东迁、惠王定位的功劳，与厉王、宣王有亲戚关系，郑君又能舍弃宠臣而任用三良，在姬姓诸国中属于近亲，可以说四种德行都具备了。耳朵听不到五声的唱和是聋子，眼睛辨不清五色的文饰是瞎子，内心不以德义为法则是浅陋，口中不讲忠信之言是狡诈，狄人效法这些，四种邪恶都具备了。王室尚有美德时，还说：‘没有比兄弟之间更为亲近的了。’所以就分封土地建立了各个国家。当它想安抚稳定天下的时候，尚且担心外敌的侵犯，抵御外敌的侵犯，没有比依靠亲属更有效的了，因此以亲属作为王室的外围屏障。召穆公也是这样说的。如今周朝德行已经衰微，如果在这时又要改变周公、召公的做法，效仿各种邪恶，恐怕不行吧！祸乱的危害百姓还没有忘记，国君又要使它兴起，您是否准备将文王、武王的伟业葬送呢？”天子不听，派颓叔、桃子前去让狄人出兵。

夏季，狄军攻打郑国，夺取了栎地。

天子感激狄人，准备将狄君的女儿娶为王后。富辰劝阻说：“不行。我听说：‘受惠报恩的人已经厌倦了，施恩望报的人却还没有满足。’狄人本性贪婪，大王又进一步助长他们的欲望，女子的德行没有极限，妇人的怨恨没有终了，狄人一定会成为祸患。”天子又不听。

当初，甘昭公受到惠后的宠爱，惠后打算立他为嗣君，没有等到就死了。昭公逃亡到齐国，天子让他回来，他又和隗氏私通。天子废了隗氏。颓叔和桃子说：“是我们使狄女成为王后的。现在狄后被废，狄人将会怨恨我们。”就转而事奉太叔攻打天子。天子的卫士打算抵抗，天子说：“如果抵抗，杀了太叔，先王后将说我什么呢？宁可让诸侯来处理这个问题。”于是天子离开京城，到了坎欿，后来京城的人又把他接了回去。

秋季，颓叔、桃子事奉太叔率领狄军攻打成周，大败王室的军队，将周公、忌公、后伯、毛伯、富辰俘虏。天子离开成周去了郑国，住在氾地。太叔和隗氏住在温地。

郑国子华的弟弟臧逃亡到了宋国，他喜欢收集鹬毛冠。郑文公知道后很厌恶他，派刺客前去诱杀。八月，刺客在陈、宋两国交界处将子臧杀害。

君子对此评论说：“衣服不合身，是身体的灾害。《诗经》说：‘那个人啊，他的衣服很不相称。’子臧的服饰就不相称。《诗经》说：‘自寻烦恼。’

中華藏書

四书五经·最新校勘精注今译本

中国书店

一八四四

这话正适合于子臧。《夏书》说：'大地平安，上天成全。'说的是上下相称了。"

宋国与楚国讲和，宋成公到楚国访问，回国时，路过郑国。郑文公准备设酒宴款待他，问皇武子使用什么样的礼仪。皇武子回答说："宋国是商朝的后裔，对周朝来说是客人，天子祭祀时，还要送给他们祭肉，遇到王室有了丧事，宋国国君前去吊唁时，天子还要答拜，宴请他尽可以丰盛一些。"郑文公听从了皇武子的意见，酒宴比常礼有所增加，这是合乎礼的。

冬季，天子派人来鲁国告诉发生的祸难，并说："我缺乏德行，得罪了母亲宠爱的儿子王子带，以至躲避在郑国的氾地，特此告诉叔父。"臧文仲回答说："天子流落在外，我们哪里敢不前去问候。"天子派简师父到晋国通报，派左鄢父到秦国通报。

天子不存在出国问题，《春秋》记载说："王出居于郑。"表明是躲避同母弟弟造成的灾难。天子身穿凶服，自称"不穀"，也是合乎礼的。

郑文公和孔将钮、石甲父、侯宣多到氾地慰问天子的侍官，检查使用的器具，然后汇报了郑国的政事。这是合乎礼的。

卫国人打算攻打邢国，礼至说："如果不做邢国的官员，是得不到邢国的。请让我们兄弟去邢国做官。"于是他们到了邢国，并做了官。

僖公二十五年

经　二十有五年春，王正月，丙午，卫侯燬灭邢。夏四月癸酉，卫侯燬卒。宋荡伯姬来逆妇。宋杀其大夫。秋，楚人围陈，纳顿子于顿。葬卫文公。冬十有二月癸亥，公会卫子、莒庆，盟于洮。

传　二十五年春，卫人伐邢，二礼从国子巡城①，掖以赴外②，杀之。正月丙午③，卫侯燬灭邢，同姓也，故名。礼至为铭曰④："余掖杀国子，莫余敢止。"

秦伯师于河上，将纳王。狐偃言于晋侯曰："求诸侯，莫如勤王⑤。诸侯信之。且大义也。继文之业而信宣于诸侯⑥，今为可矣。"

使卜偃卜之，曰："吉。遇黄帝战于阪泉之兆⑦。"公曰："吾不堪也④。"对曰："周礼未改。今之王，古之帝也。"公曰："筮之。"遇《大有》☰之《睽》☲⑨，曰："吉。遇'公用享于天子⑩'之卦。战克而王享，吉孰大焉。

且是卦也，天为泽以当日⑪，天子降心以逆公⑫，不亦可乎？《大有》去《睽》而复⑬，亦其所也。”

晋侯辞秦师而下。三月甲辰⑭，次于阳樊⑮。右师围温，左师逆王。夏四月丁巳⑯，王入于王城，取大叔于温⑰，杀之于隰城⑱。

戊午，晋侯朝王，王享醴，命之宥⑲。请隧⑳，弗许，曰：“王章也㉑。未有代德而有二王㉒，亦叔父之所恶也。”与之阳樊、温、原、欑茅之田㉓。晋于是始启南阳㉔。

阳樊不服，围之。苍葛呼曰㉕：“德以柔中国，刑以威四夷，宜吾不敢服也。此谁非王之亲姻㉖，其俘之也！”乃出其民㉗。

秋，秦、晋伐鄀㉘。楚斗克、屈御寇以申、息之师戍商密㉙。秦人过析隈㉚，入而系舆人以围商密㉛，昏而傅焉㉜。宵，坎血加书㉝，伪与子仪、子边盟者。商密人惧曰：“秦取析矣，戍人反矣。”乃降秦师。秦师囚申公子仪、息公子边以归。楚令尹子玉追秦师，弗及。遂围陈，纳顿子于顿。

冬，晋侯围原，命三日之粮。原不降，命去之。谍出㉞，曰：“原将降矣。”军吏曰：“请待之。”公曰：“信，国之宝也。民之所庇也㉟。得原失信，何以庇之？所亡滋多㊱。”退一舍而原降。迁原伯贯于冀㊲。赵衰为原大夫㊳，狐溱为温大夫㊴。

卫人平莒于我。十二月，盟于洮，修卫文公之好，且及莒平也。

晋侯问原守于寺人勃鞮㊵。对曰：“昔赵衰以壶飧从，径㊶，馁而弗食㊷。”故使处原。

【注释】

①二礼：指礼至兄弟二人。国子：邢国大臣。　②掖以赴外：挟持到城外。　③丙午：二十日。　④为铭：作铭文。　⑤求诸侯：指求得诸侯拥护。勤王：勤劳王事。　⑥文：指晋文侯仇，曾助平王东迁，匡扶周室。　⑦阪泉：地名，在今河北省涿鹿县东。据古书记载，黄帝与蚩尤战于阪泉之野，三战而胜。　⑧不堪：即不敢当。　⑨《大有》：六十四卦之一，卦象为乾下离上。《睽》：六十四卦之一，卦象为兑下离上。　⑩公用享于天子：为《易经》大有卦的九三爻辞。　⑪天为泽以当日：指大有卦下卦为乾，乾为天；变为兑卦，兑为泽。而大有卦上卦为离，离为日；离卦未变，于大有卦，居乾之上，于睽卦，居兑之上，故称当日。　⑫降心：降格，乾为天而在离日之下，故云天子降心。　⑬《大有》去《睽》而复：指《大有》变为《睽》而终将回到《大有》。因天子“富有四海”，才能称为《大有》，意为天子将复位。　⑭甲辰：十九日。　⑮阳樊：地名，在今河南省济源县东南。　⑯丁巳：初三日。　⑰大叔：即王子带。　⑱隰城：地名，在今河南省武陟县境。　⑲宥：详见庄公十八年传注。

⑳请隧：请求死后用隧葬。隧葬为古代天子葬礼。　㉑王章：天子的典章。　㉒代德：取代周室之德。二王：两个天子，指诸侯用天子的葬礼。　㉓欑茅：地名，详见隐公十一年传注。　㉔启：开辟。南阳：指黄河以北，太行山以南，相当于今河南省新乡地区一带，晋称为南阳。　㉕苍葛：阳樊人。　㉖此：指阳樊，即在阳樊的人，均为天子的亲戚。　㉗出：放出。　㉘都（ruò）：秦、楚界上小国，都商密，其地在今河南省淅川县西南。　㉙斗克：字子仪，时为楚地方长官申公。屈御寇：字子边，时为楚地方长官息公。　㉚析隈：析，地名；隈，河水弯曲处。　㉛舆人：众人。或为士兵，或为役卒。　㉜昏而傅：黄昏而逼近城下。　㉝坎血：掘地为坎。杀牲取血以告神，即歃血。加书：即将盟书放在上面。　㉞谍：间谍。　㉟庇：庇护。　㊱滋：益，更加。　㊲冀：地名，在今山西省河津县东北。　㊳原大夫：即原守，晋称县宰为大夫。　㊴狐溱：狐毛之子。　㊵原守：镇守原的长官。勃鞮（dī）：即寺人披。　㊶径：小路。　㊷馁：饿。

【译文】

二十五年春季，卫国人攻打邢国，礼至和他弟弟随国子在城上巡视。两人乘国子不备，左右挟持其臂，将他扔到城外，把他杀害。正月二十日，卫文公熸灭了邢国，由于卫国灭掉了同姓之国，因此《春秋》直书卫文公的名字"熸"。礼至后来曾做铭文说："我挟持杀死了国子，没有人敢阻止我。"

秦穆公领兵驻扎在黄河边上，准备护送天子回朝。狐偃对晋文公说："要取得诸侯的拥护，最好的办法是为天子效劳。这样不但能得到诸侯的信任，而且符合大义。不但能继续晋文侯的事业，而且能在诸侯中提高声誉，现在机会来了。"

文公让卜偃占卜，卜偃说："吉利。得到了黄帝在阪泉作战的征兆。"文公说："我不敢当。"卜偃回答说："周朝的礼制还没有改变。现在的王，就是古代的帝。"文公说："占筮一下。"占筮后，得到大有卦变成睽卦，卜偃说："吉利。得到'公被天子设宴招待'一卦。说明在战胜之后，天子将设酒宴款待您，还有比这更大的吉利吗？而且这一卦，天变为水泽以承受太阳的照射，象征天子将破格迎接您，不是很好吗？大有变成睽，又回到本卦，说明天子就要回朝。"

晋文公辞退了秦军，顺黄河而下。三月十九日，驻扎在阳樊。右军包围了温国，左军迎接天子。夏季四月三日，天子进入王城，文公在温国抓住了太叔，在隰城将其杀害。

四日，文公朝见天子，天子用甜酒招待他，并让他向自己敬酒。文公请求在他死后能以天子之礼葬在隧道，天子没有答应，说："这是天子的典章制度。

还没有具备足以取代周朝的德行，却有了两个天子，这也是叔父所不喜欢的。"把阳樊、温、原、攒茅等地赐给了文公。晋国从此开始开辟南阳的疆土。

阳樊人不服从晋国，晋军包围了它。阳樊人苍葛大声喊道："安抚中原各国只能使用德行，对四方夷狄才使用刑罚，你们这样，我们肯定不会降服。这里的人谁不是天子的亲戚，难道能俘虏他们吗？"晋军便放阳樊的百姓逃出城外。

秋季，秦国和晋国攻打郡国。楚国的斗克、屈御寇率领申国、息国军队守卫商密。秦军经过析地，将自己的士兵捆起来假装俘虏，包围了商密，黄昏时逼近城下。夜里掘地杀牲，把盟书放在上面，伪装和斗克、屈御寇歃血盟誓的样子。商密人害怕了，说："秦国人已占领析地了，戍守的斗克、屈御寇背叛了我们！"于是投降了秦军。秦军囚禁了申公斗克、息公屈御寇回国。楚国令尹子玉追赶秦军，未能赶上。就包围了陈国，把顿子送回了顿国。

冬季，晋文公包围原国，下令准备三天的军粮。三天后，原国还不投降，文公就下令撤兵。间谍从城里出来说："原国打算投降了。"军官对文公说："稍等一下吧。"文公说："信用是国家之宝，百姓也要靠它来庇护。假如我们得到原国，却失去了信用，将用什么来庇护百姓？这样失去的东西就更多。"于是退兵三十里，原国也投降了。文公把原国国君贯迁到冀地。任命赵衰为原大夫，狐溱为温大夫。

卫国人调停莒国和鲁国的关系。十一月，僖公和卫子、莒庆在洮地结盟，重修了卫文公时期的友好关系，同时和莒国讲和。

晋文公向寺人披问起镇守原地的人选时，寺人披说："从前赵衰提着壶携带着食物跟随您，您行大道，他走小道，虽然饥饿，也从不敢吃您的食物。"文公就任命赵衰为原大夫。

僖公二十六年

经　二十有六年春，王正月己未。公会莒子、卫宁速盟于向。齐人侵我西鄙。公追齐师，至酅，弗及。夏，齐人伐我北鄙。卫人伐齐，公子遂如楚乞师。秋，楚人灭夔，以夔子归。冬，楚人伐宋，围缗。公以楚师伐宋，取谷。公至自伐齐。

传　二十六年春，王正月，公会莒兹丕公、宁庄子盟于向①，寻洮之盟也。

齐师侵我西鄙②，讨是二盟也③。

夏，齐孝公伐我北鄙。卫人伐齐，洮之盟故也。

公使展喜犒师④，使受命于展禽⑤。齐侯未入竟⑥，展喜从之，曰："寡君闻君亲举玉趾⑦，将辱于敝邑⑧，使下臣犒执事⑨。"齐侯曰："鲁人恐乎？"对曰："小人恐矣，君子则否。"齐侯曰："室如县磬⑩，野无青草，何恃而不恐？"对曰："恃先王之命。昔周公、大公股肱周室，夹辅成王。成王劳之而赐之盟，曰：'世世子孙，无相害也。'载在盟府⑪，大师职之⑫。桓公是以纠合诸侯而谋其不协。弥缝其阙而匡救其灾⑬，昭旧职也。及君即位，诸侯之望曰：'其率桓之功⑭。'我敝邑用不敢保聚⑮，曰：'岂其嗣世九年而弃命废职⑯，其若先君何？君必不然。'恃此以不恐。"齐侯乃还。

东门襄仲、臧文仲如楚乞师⑰，臧孙见子玉而道之伐齐、宋⑱，以其不臣也。

夔子不祀祝融与鬻熊⑲，楚人让之，对曰："我先王熊挚有疾，鬼神弗赦而自窜于夔⑳。吾是以失楚，又何祀焉？"秋，楚成得臣、斗宜申帅师灭夔㉑，以夔子归。

宋以其善于晋侯也，叛楚即晋。冬，楚令尹子玉、司马子西帅师伐宋，围缗。

公以楚师伐齐，取谷㉒。凡师，能左右之曰"以㉓"。寘桓公子雍于谷㉔，易牙奉之以为鲁援㉕。楚申公叔侯戍之㉖。桓公之子七人，为七大夫于楚。

【注释】

①兹丕：莒公之号，莒国君无谥有号。向：莒地名。　②西鄙：西部边境。　③二盟：即洮、向盟会。　④展喜：鲁臣。犒师：犒劳军队。　⑤展禽：名获，字禽。一说食邑于柳下，或云居于柳下，故又称柳下惠。　⑥竟：同"境"。　⑦玉趾：即大驾，趾：脚。　⑧辱于敝邑：谦词，即光临敝国。　⑨执事：指左右侍从。　⑩室如县磬：即一无所有。县同"悬"。　⑪载：盟约。　⑫大师：太史。职：主管。　⑬弥缝：弥补。阙：缺失。　⑭率桓之功：遵循桓公的功业，率：循。　⑮用：因。保聚：保城聚众。　⑯嗣世：继承君位。　⑰东门襄仲：即公子遂。臧文仲：即臧孙辰。　⑱子玉：楚令尹成得臣。道：引导。　⑲夔子：夔国君。夔：楚同姓诸侯国，其故城在今湖北省秭归县东。祝融、鬻熊：均为楚国的先祖。　⑳鬼神弗赦：言曾祈祷于鬼神而疾病不愈。窜：流放。　㉑斗宜申：即司马子西。　㉒谷：齐地，在今山东省东阿县旧治。　㉓左右之：指随意指挥客军。　㉔寘：同"置"。　㉕易牙：齐臣。　㉖申公叔侯：楚臣，又名申叔。

二十六年春季，周历正月，僖公会见莒君兹丕公、卫大夫宁庄子，在向地结盟，重温了洮地盟会的友好。

齐国军队攻打鲁国西部边境，以讨伐鲁国参加洮、向两次盟会。

夏季，齐孝公攻打鲁国北部边境。卫国人进攻齐国以救援鲁国，因为鲁、卫在洮地结盟。

僖公派展喜犒劳齐国军队，先让他去向展禽请教如何措辞。齐孝公还没有进入鲁国境内，展喜就迎上云，说："寡国听说您要亲自前来，光临我国，特派我来犒劳您的左右侍从。"孝公说："鲁国人害怕了吗？"展喜回答说："小人害怕了，君子则没有。"孝公说："你们的百姓家家空虚，地里连青草都不长，依仗什么不害怕？"展喜回答说："依仗先王的命令。从前周公、太公作为王室的大臣，共同辅佐成三。成王慰劳并命令他们结盟，说：'世世代代、子子孙孙都不要互相侵犯。'这一盟约至今还藏在盟府里由太史掌管着，桓公因此联合诸侯，解决了他们之间的纠纷，弥补了他们之间的裂痕，把他们从灾难中挽救出来。表明仍然在履行太公辅佐王室的职责。等到您即位之后，诸侯们都寄予很大希望，他们说：'他能继承桓公的事业。'我国也就没有调集军队，防守边境，因为我们认为：'难道他即位刚刚九年，就丢弃先王的遗命，忘记了自己应尽的职责，这怎能对得起先君呢？他一定不会这么做。'因此不害怕。"齐孝公便撤兵回国了。

东门襄仲、臧文仲到楚国请求出兵，臧文仲见了子玉并劝告他发兵攻打齐国和宋国，因为齐、宋两国不肯事奉楚国。

夔子不肯祭祀祝融和鬻熊，楚国人前去责难他，夔子回答说："从前我们先王熊挚有病，向鬼神祈祷，没有得到赦免，便移居到夔地。我国因此失去了楚国的救助，又何必去祭祀他们呢？"秋季，楚国的成得臣、斗宜申率军灭亡了夔国，把夔子抓了回去。

宋国因为曾经对晋文公表示过友好，就背叛了楚国而亲近晋国。冬季，楚国的令尹子玉、司马子西领兵攻打宋国，包围了缗地。

僖公率领楚国军队攻打齐国，夺取了谷地。凡是领兵打仗，能够任意指挥别国军队时称"以"。僖公把齐桓公的儿子雍安置在谷地，由易牙事奉，以作为今后鲁国的帮手。楚国的申叔戍守谷地。齐桓公有七个儿子，都在楚国做了大夫。

僖公二十七年

经　二十有七年春，杞子来朝。夏六月庚寅，齐侯昭卒。秋八月乙未，葬齐孝公。乙巳，公子遂帅师入杞。冬，楚人、陈侯、蔡侯、郑伯、许男围宋。十有二月甲戌，公会诸侯，盟于宋。

传　二十七年春，杞桓公来朝，用夷礼，故曰子。公卑杞，杞不共也①。

夏，齐孝公卒。有齐怨②，不废丧纪③，礼也。

秋，入杞，责无礼也。

楚子将围宋，使子文治兵于睽④，终朝而毕⑤，不戮一人。子玉复治兵于蒍⑥，终日而毕，鞭七人，贯三人耳⑦。国老皆贺子文⑧，子文饮之酒。蒍贾尚幼⑨，后至，不贺。子文问之。对曰："不知所贺。子之传政于子玉，曰：'以靖国也。'靖诸内而败诸外，所获几何？子玉之败，子之举也⑩。举以败国，将何贺焉？子玉刚而无礼，不可以治民。过三百乘⑪，其不能以入矣⑫。苟入而贺，何后之有？"

冬，楚子及诸侯围宋，宋公孙固如晋告急⑬。先轸曰⑭："报施救患⑮，取威定霸，于是乎在矣。"狐偃曰："楚始得曹而新昏于卫⑯，若伐曹、卫，楚必救之，则齐、宋免矣。"于是乎蒐于被庐⑰，作三军，谋元帅。赵衰曰："郤縠可⑱。臣亟闻其言矣⑲，说礼乐而敦诗书⑳。诗书，义之府也㉑。礼乐，德之则也。德义，利之本也。《夏书》曰：'赋纳以言，明试以功，车服以庸㉒。'君其试之。"乃使郤縠将中军，郤溱佐之㉓；使狐偃将上军，让于狐毛，而佐之；使赵衰为卿，让于栾枝、先轸。使栾枝将下军，先轸佐之。荀林父御戎，魏犨为右。

晋侯始入而教其民，二年，欲用之。子犯曰："民未知义，未安其居。"于是乎出定襄王，入务利民，民怀生矣㉔，将用之。子犯曰："民未知信，未宣其用㉕。"于是乎伐原以示之信。民易资者不求丰焉㉖，明征其辞㉗。公曰："可矣乎？"子犯曰："民未知礼，未生其共㉘。"于是乎大蒐以示之礼，作执秩以正其官㉙，民听不惑而后用之㉚。出谷戍㉛，释宋围，一战而霸㉜，文之教也。

【注释】

①共：同"恭"。　②有齐怨：与齐有怨。　③丧纪：丧事的总称。　④子文：前令尹。

睒：楚邑，地址不详。 ⑤终朝：一个早上，即从旦至食时。 ⑥芍：楚邑，地址不详。 ⑦贯：用箭穿耳。 ⑧国老：国家的卿大夫等官员。 ⑨芳贾：字伯嬴，孙叔敖之父。 ⑩举：荐举。 ⑪过：超过。 ⑫入：率全军回国。 ⑬公孙固：宋庄公之孙。 ⑭先轸：即原轸，晋臣。 ⑮报施：报答施舍，指宋襄公曾赠送晋文公马匹。 ⑯始：刚刚。 ⑰蒐（sōu）：检阅军队。被庐：晋地名，具体不详。 ⑱郤縠（hú）：晋臣。 ⑲亟：多次。 ⑳说：同"悦"。敦：治。 ㉑府：府库。 ㉒赋纳以言三句：出自《尚书·益稷》。赋，通"敷"，普遍。明试以功：根据功迹考察其能力。车服以庸：用车马、衣服的等次酬报其功绩的大小。 ㉓郤溱：晋大夫。 ㉔怀生：安于生计。 ㉕宣：明白。 ㉖易资：买卖。不求丰：不谋求暴利。 ㉗明征其辞：意为明码实价。 ㉘未生其共：尚未产生恭敬之心。共：同"恭"。 ㉙执秩：掌管爵禄等级的官员。一说为治理官府的法令。 ㉚民听不惑：百姓明白道理，不致迷惑。 ㉛出谷戍：赶走谷地的戍卒。 ㉜一战：指下年的城濮之战，晋胜楚，解除楚对齐、宋的威胁。

【译文】

二十七年春季，杞桓公来鲁国朝见，行的是夷人之礼，所以《春秋》称他为"子"。僖公瞧不起杞桓公，因为他不够恭敬。

夏季，齐孝公去世。鲁国对齐国怨恨，但并没有废弃对齐国的丧礼，这是合乎礼的。

秋季，鲁国攻入杞国，责难杞桓公朝见鲁国时的无礼行为。

楚成王准备围攻宋国，派子文在睒地操练兵马，子文一个早上就操练完毕了，而且没有惩罚一个人。子玉在芍地操练，练了一天才结束，鞭打了七人，用箭穿耳三人。楚国老臣都去祝贺子文推荐的子玉有能力，子文请大家饮酒。此时芳贾年纪还小，最后才到，也不向子文祝贺。子文问他原因，他回答说："我不知道要祝贺什么？您把大权传给子玉，说是为了安定国家。这样国内虽然能得到安定，对外作战却要失败，岂不是得不偿失？子玉作战失败，也是由于您的举荐。举荐一个使国家失败的人，还值得祝贺吗？子玉刚愎而无礼，不能让他治理百姓。如果他率领超过三百乘的军队，恐怕就很难安全回国了。如果能安全回国，再来祝贺也不算晚吧？"

冬季，楚成王和诸侯发兵，包围宋国，宋国的公孙固到晋国告急。先轸说："报答宋公赠马之恩，解救宋国被围之患，在诸侯中树立威望，成就晋国的霸业，就在此一举了。"狐偃说："楚国刚刚得到曹国不久，又与卫国新近缔结了婚姻。如果攻打曹、卫，楚国必然前去援救，这样宋国、齐国也都能解围了。"于是晋国在被庐检阅了军队，把部队编成三个军，并商量谁做元帅。

赵衰说："郤縠可以。我从他多次谈话中，知道他爱好礼乐，注重《诗》《书》。《诗经》和《尚书》是道义之所在，礼乐是德行的准则。德行道义，是利益的根本。《夏书》说：'使用一个人就要听取他的意见，并交给他一项任务尝试一下。如果他有了功绩，就赐以车马服饰作为酬劳。'国君不妨试一试。"晋文公就委派郤縠率领中军，郤溱为副帅；委派狐偃率领上军，狐偃让给他弟狐毛，自己为副帅；委派赵衰为卿，赵衰让给了栾枝和先轸，栾枝率领下军，先轸为副帅。荀林父驾车，魏犨为车右。

当初晋文公刚一回国，就开始训练百姓，两年后，就想使用他们。子犯说："百姓还不明白道理，不能够安居乐业。"于是文公就出兵帮助周襄王安定王位，回国后又致力于为百姓谋求福利，百姓就逐渐安于生计了，文公打算使用他们。子犯说："百姓还不知道什么是信用，不了解信用的作用。"于是文公通过攻打原国向百姓表示什么是讲究信用。从此，百姓之间交易商品不求多得，明码标价，公平合理。文公说："现在行了吧？"子犯说："百姓还不知道礼，还没有产生恭敬之心。"于是文公又通过阅兵使百姓知道什么是礼仪，并设置执秩一官负责掌握爵禄等级，使官员各归其位，这样，百姓才听从命令，不再迷惑，然后再使用他们。结果赶走了驻扎在谷地的楚军，解了宋国之围，一次战争就称霸于诸侯，这都是文公注重教化的结果。

僖公二十八年

经 二十有八年春，晋侯侵曹。晋侯伐卫。公子买戍卫，不卒戍，刺之。楚人救卫。三月丙午，晋侯入曹，执曹伯，畀宋人。夏四月己巳，晋侯、齐师、宋师、秦师及楚人战于城濮，楚师败绩。楚杀其大夫得臣。卫侯出奔楚。五月癸丑，公会晋侯、齐侯、宋公、蔡侯、郑伯、卫子、莒子，盟于践土。陈侯如会。公朝于王所。六月，卫侯郑自楚复归于卫。卫元咺出奔晋。陈侯款卒。秋，杞伯姬来。公子遂如齐。冬，公会晋侯、齐侯、宋公、蔡侯、郑伯、陈子、莒子、邾子、秦人于温。天王狩于河阳。壬申，公朝于王所。晋人执卫侯，归之于京师。卫元咺自晋复归于卫。诸侯遂围许。曹伯襄复归于曹，遂会诸侯围许。

传 二十八年春，晋侯将伐曹，假道于卫。卫人弗许。还，自南河济①。侵曹伐卫。正月戊申②，取五鹿③。二月，晋郤縠卒。原轸将中军，胥臣佐下军④，上德也⑤。晋侯、齐侯盟于敛盂⑥。卫侯请盟，晋人弗许。卫侯欲与楚，国人不欲，故出其君以说于晋⑦。卫侯出居于襄牛⑧。

公子买戍卫⑨，楚人救卫，不克。公惧于晋，杀子丛以说焉。谓楚人曰："不卒戍也⑩。"

晋侯围曹，门焉⑪，多死。曹人尸诸城上⑫，晋侯患之，听舆人之谋，称"舍于墓⑬。"师迁焉，曹人凶惧⑭，为其所得者棺而出之。因其凶也而攻之。三月丙午⑮，入曹。数之⑯，以其不用僖负羁而乘轩者三百人也⑰，且曰献状⑱。令无入僖负羁之宫而免其族⑲，报施也。魏犨、颠颉怒曰："劳之不图⑳，报于何有！"爇僖负羁氏㉑。魏犨伤于胸，公欲杀之而爱其材，使问㉒，且视之㉓。病㉔，将杀之。魏犨束胸见使者曰："以君之灵㉕，不有宁也㉖。"距跃三百㉗，曲踊三百㉘。乃舍之㉙。杀颠颉以徇于师㉚。立舟之侨以为戎右㉛。

宋人使门尹般如晋师告急㉜。公曰："宋人告急，舍之则绝，告楚不许。我欲战矣，齐、秦未可，若之何？"先轸曰："使宋舍我而赂齐、秦，藉之告楚㉝。我执曹君而分曹、卫之田以赐宋人。楚爱曹、卫，必不许也。喜赂怒顽㉞，能无战乎？"公说，执曹伯，分曹、卫之田以畀宋人㉟。

楚子入居于申，使申叔去谷，使子玉去宋，曰："无从晋师㊱。晋侯在外十九年矣，而果得晋国。险阻艰难，备尝之矣；民之情伪㊲，尽知之矣。天假之年㊳，而除其害㊴。天之所置，其可废乎？《军志》曰㊵：'允当则归㊶。'又曰：'知难而退。㊷'又曰：'有德不可敌。'此三志者㊸，晋之谓矣。"

子玉使伯棼请战㊹，曰："非敢必有功也，愿以间执谗慝之口㊺。"王怒㊻，少与之师，唯西广、东宫与若敖之六卒实从之㊼。

子玉使宛春告于晋师曰㊽："请复卫侯而封曹，臣亦释宋之围。"子犯曰："子玉无礼哉！君取一，臣取二㊾，不可失矣㊿。"先轸曰："子与之，定人之谓礼○51。楚一言而定三国，我一言而亡之。我则无礼，何以战乎？不许楚言，是弃宋也，救而弃之，谓诸侯何？楚有三施，我有三怨，怨仇已多○52，将何以战？不如私许复曹、卫以携之○53，执宛春以怒楚，既战而后图之。"公说，乃拘宛春于卫，且私许复曹、卫。曹、卫告绝于楚。

子玉怒，从晋师，晋师退。军吏曰："以君辟臣○54，辱也。且楚师老矣○55，何故退？"子犯曰："师直为壮○56，曲为老○57。岂在久乎○58？微楚之惠不及此○59，退三舍辟之，所以报也。背惠食言，以亢其仇○60，我曲楚直。其众素饱○61，不可谓老。我退而楚还，我将何求？若其不还，君退臣犯，曲在彼矣。"退三舍，楚众欲止，子玉不可。

夏四月戊辰㉒，晋侯、宋公、齐国归父、崔夭、秦小子憖次于城濮㉓。楚师背酅而舍㉔，晋侯患之，听舆人之诵曰："原田每每㉕，舍其旧而新是谋。"公疑焉。子犯曰："战也。战而捷，必得诸侯。若其不捷，表里山河㉖。必无害也。"公曰："若楚惠何？"栾贞子曰㉗："汉阳诸姬㉘，楚实尽之㉙。思小惠而忘大耻，不如战也。"晋侯梦与楚子搏㉚，楚子伏己而盬其脑㉛，是以惧。子犯曰："吉，我得天㉜，楚伏其罪㉝，吾且柔之矣㉞。"

子玉使斗勃请战㉟，曰："请与君之士戏㊱，君冯轼而观之㊲，得臣与寓目焉㊳。"晋侯使栾枝对曰："寡君闻命矣。楚君之惠未之敢忘，是以在此。为大夫退㊴，其敢当君乎㊵？既不获命矣，敢烦大夫谓二三子㊶，戒尔车乘，敬尔君事，诘朝将见㊷。"

晋车七百乘，韅、靷、鞅、靽㊸。晋侯登有莘之虚以观师㊹，曰"少长有礼，其可用也。"遂伐其木以益其兵㊺。

己巳㊻，晋师陈于莘北㊼，胥臣以下军之佐当陈、蔡㊽。子玉以若敖之六卒将中军，曰："今日必无晋矣。"子西将左㊾，子上将右㊿。胥臣蒙马以虎皮，先犯陈、蔡。陈、蔡奔，楚右师溃。狐毛设二旆而退之㊿。栾枝使舆曳柴而伪遁㊿，楚师驰之。原轸、郤溱以中军公族横击之㊿。狐毛、狐偃以上军夹攻子西，楚左师溃。楚师败绩。子玉收其卒而止，故不败。

晋师三日馆谷㊿，及癸酉而还㊿。甲午㊿，至于衡雍㊿。作王宫于践土㊿。

乡役之三月㊿，郑伯如楚致其师㊿，为楚师既败而惧，使子人九行成于晋㊿。晋栾枝入盟郑伯。五月丙午㊿，晋侯及郑伯盟于衡雍。

丁未㊿，献楚俘于王，驷介百乘㊿，徒兵千㊿。郑伯傅王㊿，用平礼也㊿。己酉㊿，王享醴，命晋侯宥。王命尹氏及王子虎、内史叔兴父策命晋侯为侯伯㊿，赐之大辂之服㊿，戎辂之服㊿，彤弓一㊿，彤矢百，玈弓矢千㊿，秬鬯一卣㊿，虎贲三百人㊿。曰："王谓叔父㊿，敬服王命，以绥四国，纠逖王慝㊿。"晋侯三辞，从命。曰："重耳敢再拜稽首，奉扬天子之丕显休命㊿。"受策以出㊿，出入三觐㊿。

卫侯闻楚师败，惧，出奔楚，遂适陈，使元咺奉叔武以受盟㊿。癸亥㊿，王子虎盟诸侯于王庭，要言曰㊿："皆奖王室㊿，无相害也。有渝此盟㊿，明神殛之㊿：俾队其师㊿，无克祚国㊿，及而玄孙，无有老幼。"君子谓是盟也信，谓晋于是役也能以德攻。

初，楚子玉自为琼弁玉缨㊿，未之服也。先战㊿，梦河神谓己曰㊿："畀余，余赐女孟诸之麋㊿。"弗致也。大心与子西使荣黄谏㊿，弗听。荣季曰："死而利国，犹或为之，况琼玉乎。是粪土也，而可以济师，将何爱焉？”弗听。出，告二子曰[134]：“非神败令尹，令尹其不勤民[135]，实自败也。”既败，王使谓之曰[136]：“大夫若入，其若申、息之老何[137]？”子西、孙伯曰[138]：“得臣将死[139]，二臣止之曰：‘君其将以为戮。’”及连谷而死[140]。

晋侯闻之而后喜可知也，曰：“莫余毒也已[141]！芬吕臣实为令尹[142]，奉己而已[143]，不在民矣。”

或诉元咺于卫侯曰[144]：“立叔武矣。”其子角从公[145]，公使杀之。咺不废命，奉夷叔以入守[146]。

六月，晋人复卫侯。宁武子与卫人盟于宛濮[147]，曰：“天祸卫国，君臣不协[148]，以及此忧也。今天诱其衷[149]，使皆降心以相从也[150]。不有居者，谁守社稷？不有行者，谁扦牧圉[151]？不协之故，用昭乞盟于尔大神以诱天衷[152]。自今日以往，既盟之后，行者无保其力[153]，居者无惧其罪。有渝此盟，以相及也。明神先君，是纠是殛。”国人闻此盟也，而后不贰。

卫侯先期入，宁子先，长牂守门[154]，以为使也，与之乘而入。公子歂犬、华仲前驱。叔武将沐，闻君至，喜，捉发走出[155]，前驱射而杀之。公知其无罪也，枕之股而哭之。歂犬走出，公使杀之，元咺出奔晋。

城濮之战，晋中军风于泽[156]，亡大旆之左旃[157]。祁瞒奸命[158]，司马杀之，以徇于诸侯。使茅茷代之[159]，师还。壬午[160]，济河。舟之侨先归，士会摄右[161]。秋七月丙申[162]，振旅[163]，恺以入于晋[164]。献俘授馘[165]，饮至大赏[166]，征会讨贰[167]。杀舟之侨以徇于国，民于是大服。

君子谓“文公其能刑矣[168]，三罪而民服[169]。《诗》云：‘惠此中国，以绥四方[170]，’不失赏刑之谓也。”

冬，会于温，讨不服也。

卫侯与元咺讼[171]，宁武子为辅[172]，鍼庄子为坐[173]，士荣为大士[174]。卫侯不胜，杀士荣，刖鍼庄子，谓宁俞忠而免之，执卫侯，归之于京师，寘诸深室[175]。宁子职纳橐馈焉[176]。元咺归之于卫，立公子瑕。

是会也，晋侯召王，以诸侯见，且使王狩。仲尼曰[177]：“以臣召君，不可以训。”故书曰：“天子狩于河阳。”言非其地也，且明德也。

壬申[178]，公朝于王所。

丁丑[179]，诸侯围许。

晋侯有疾，曹伯之竖侯獳货筮史[180]。使曰：“以曹为解。齐桓公为会而封异姓，今君为会而灭同姓。曹叔振铎[181]，文之昭也。先君唐叔，武之穆也。且合诸侯而灭兄弟^⑱，非礼也。与卫偕命^⑱，而不与偕复，非信也。同罪异罚^⑱，非刑也。礼以行义，信以守礼，刑以正邪，舍此三者，君将若之何？"公说，复曹伯，遂会诸侯于许。

晋侯作三行以御狄^⑱，荀林父将中行，屠击将右行，先蔑将左行。

【注释】

①南河：即南津，又称棘津、济津、石济津，在今河南省淇县之南，延津县之北。　②戊申：初九日。　③五鹿：卫地名。　④胥臣：即司空季子。　⑤上德：即尚德，崇尚德行。⑥孟：卫地名，在今河南省濮阳县东南。　⑦出：赶走。说：同"悦"。　⑧襄牛：卫地名，在今河南省范县境内。　⑨公子买：鲁国宗室，字子丛。　⑩卒戍：驻守不满期。　⑪门：用作动词，即攻城门。　⑫尸：用作动词，即陈尸。　⑬舍于墓：在曹人墓地宿营。　⑭凶惧：恐惧。　⑮丙午：初八日。　⑯数：责备，即罗列罪状。　⑰僖负羁：详见僖公二十三年传。乘轩者：指坐车子的官员。　⑱献状：观状。即先责其用人之过，然后诛观状之罪。观状指观晋文公骈胁的罪状。　⑲免其族：免其族人之罪。　⑳劳其不图：指对有功劳的人尚不考虑行赏，魏犨、颠颉均有从亡之劳。　㉑爇（ruò）：烧。　㉒问：馈送东西。㉓视之：探视病情。　㉔病：指伤势重。　㉕灵：威灵。　㉖不有宁：不敢自图安定。　㉗距跃三百：向上跳跃多次。三百，虚数，并非实指。　㉘曲踊：向前跳跃，似今之跳远。一说曲踊为回旋起伏，即作战时的动作。　㉙舍：舍而不杀。　㉚徇：示众。　㉛舟之侨：本虢臣，于闵公二年奔晋。　㉜门尹般：宋国大夫。　㉝藉之告楚：指通过齐、秦出面干预以停止楚国攻宋。　㉞怒顽：即恼怒楚国的顽固。　㉟畀（bì）：给予。　㊱从：追逐。　㊲情伪：真伪。情，实。㊳年：年寿。　㊴除其害：剪除他的政敌，指晋惠公、怀公、吕甥、郤芮等。　㊵《军志》：古代兵书，已失传。　㊶允当则归：指敌我相当，有适当收获就应收兵，即适可而止。　㊷知难而退：指敌强我弱，不能取胜就应退兵。　㊸三志：三条记载。志，记。　㊹伯棼（fén）：即斗椒，字子越，斗伯比之孙。　㊺间执：塞住，堵住。谗慝之口：指说别人坏话的人。　㊻王：指楚成王。　㊼西广：指楚国右军的兵车。东宫：楚太子所属部队。若敖：子玉的祖父，即子玉同族子弟所组成的亲兵。六卒：一百八十辆。兵车三十辆为一卒。　㊽宛春：楚大夫。

㊾君取一，臣取二：晋文公为国君，只取一个释宋之围的好处，子玉为楚臣，却取得复卫和封曹两个好处。　㊿不可失：指不可失去这个兴师问罪的机会。　51定人：使人安定。　52已：甚。　53携之：指拉拢曹、卫，一说指离间曹、卫与楚的关系。　54辟：通"避"。　55老：疲惫。　56师直：指师出有名，理直。　57曲：理曲。　58久：长久在外。　59微：无。60亢：通"抗"。一作庇护解。　61饱：指士气饱满。　62戊辰：初三日。　63国归父、崔夭：齐国二大夫名。小子慭（yìn）：秦穆公之子。城濮：卫地名，在今河南省范县西南。　64鄐（xié）：险要的丘陵地带。　65原田：高而平坦的田地。每每：草盛。一说为肥美。　66表里山河：指晋国外有黄河，内有太行山，面河背山，地势优越，足以固守。　67栾贞子：即栾枝。　68汉阳诸姬：指汉水以北姬姓诸国。　69尽：灭尽。　70搏：格斗。　71伏己：即伏在

晋文公身上。盬（gǔ）：嘴嚼。　⑫得天：指晋侯仰卧向上，象征得天。　⑬伏其罪：指楚子俯卧，向下，象征伏罪。　⑭柔：柔服，即以柔克刚。　⑮斗勃：楚大夫。　⑯戏：角力。　⑰冯轼：靠着车前扶手横木。冯通"盬"。　⑱得臣：子玉名。寓目：寄目以观。　⑲大夫：指子玉。　⑳其敢：岂敢。　㉑二三子：二三位，指楚国将领。　㉒诘朝：明日早晨。　㉓鞎（xiǎn）、靷（yǐn）、鞅、鞶（bàn）：均为战马装备的各种皮件，意为装备齐全。　㉔有莘之虚：莘国旧城遗址。虚：同"墟"。　㉕兵：兵器。　㉖己巳：四月四日。　㉗莘北：即城濮。　㉘胥臣：即司空季子。　㉙子西：楚大夫，又称斗宜申。　㉚子上：即斗勃。　㉛二旆：前军的两队。　㉜曳柴：拖着柴草。　㉝公族：指晋文公直辖的军队，由公族子弟组成。横击：拦腰截击。　㉞馆谷：用作动词。馆，住；谷，吃楚军的粮食。　㉟癸酉：四月初六日。　㊱甲午：二十七日。　㊲衡雍：郑地名，在今河南省原阳县西南。　㊳践土：郑地名，在原阳县西。　㊴乡役：城濮战役之前。乡通"向"。　㊵致其师：即出兵助战。　㊶子人九：人名，郑大夫。行成：求和。　㊷丙午：初九日。　㊸丁未：初十日。　㊹驷介：披甲的驷马。　㊺徒兵：步兵。　㊻傅：相。　㊼平礼：用从前周平王接待晋文侯的礼仪。　㊽己酉：十二日。　㊾尹氏及王子虎：周王室二卿士。内史：官名。叔兴父：人名，掌管策命的官员。侯伯：诸侯之长，即霸主。　㊿大辂：祭祀所用涂金的车子。服：与车子相应的服装。　⑪戎辂：兵车。　⑫彤弓：涂朱漆之弓。赐弓表示授予征伐之权。　⑬旅（lǔ）：黑色。　⑭秬（jǔ）鬯（chàng）：用黑黍和香草酿成的香酒。秬，黑黍。鬯：香酒。卣（yǒu）：酒器。　⑮虎贲：勇士。　⑯叔父：指晋文公。　⑰纠逷（tì）：惩治剔除。逷，远离。　⑱丕显休命：伟大光明的赐命。丕：大；显，明；休，美。　⑲受策：接受策书。　⑳出入三觐：前后三次进见天子。　㉑元咺（xuān）：卫臣。叔武：卫成侯之弟。　㉒癸亥：五月二十六日。　㉓要：约。　㉔奖：助，成。　㉕渝：变，背。　㉖殛：诛。　㉗俾：使。队：坠，颠覆。　㉘无克祚国：不能享有国家。克：能；祚，福，享有。　㉙琼弁：装饰玉石的马冠。玉缨：装饰玉石的马鞅。　㉚先战：即战前。　㉛河神：黄河之神。　㉜孟诸：即孟诸泽，在宋国境内。麋：同"湄"，水边草地。　㉝大心：子玉之子。荣黄：即荣季，楚臣。　㉞二子：指大心、子西。　㉟勤民：以民事为重。　㊱王：指楚成王。　㊲申、息之老：申息二邑的父老。　㊳孙伯：即大心。　㊴得臣：即子玉。　㊵连谷：地名，其址不详。　㊶莫予毒：即莫毒予，意为没有人害我。　㊷芳吕臣：楚臣，即僖公二十三传之叔伯。　㊸奉己：自守而无大志。　㊹诉：诬告。　㊺角：元咺之子元角。　㊻貣叔：即叔武。入守：回国摄政。　㊼宁武子：卫臣，一名宁俞。宛濮：卫地名，在今河南省长垣县西南。　㊽不协：不和。　㊾天诱其衷：即天意在我。　㊿降心：放弃成见。　⑪扞：保卫。牧圉：牧牛养马的人。　⑫乞盟：乞求宣誓。　⑬保其力：仗恃其功劳。　⑭长牂（zāng）：卫臣。　⑮捉发：握着头发。　⑯风于泽：于泽中遇大风。　⑰大斾：旗名。左旃（zhān）：前军左边赤色大旗。　⑱祁瞒：晋臣。奸命：违犯军令。　⑲茅筏（fá）：晋臣。　⑳壬午：六月十六日。　㉑士会：随武子，士芳之孙。摄右：代理车右。　㉒丙申：疑为初二日。　㉓振旅：胜利归来。　㉔恺（kǎi）：凯旋的乐曲。　㉕献俘：献上生俘的。授馘（guó）：呈报杀敌数字。馘，战争中割取的敌人左耳。　㉖大赏：遍赏有功者。　㉗征会讨贰：征召诸侯会盟，讨伐那些有三心二意的国家。　㉘能刑：能严明刑罚。　⑯三罪：杀三罪人，即颠颉、祁瞒、舟之侨。　⑰惠此中国二句：出自《诗经·大雅·民劳》。　⑰讼：争讼。　⑰辅：即诉讼人。　⑰坐：即代理人。　⑭大士：即答辩人。　⑮深室：幽深之囚室。　⑯纳橐（tuó）：送衣食。橐，古代盛东西的器具。饘（zhān）：稠粥。　⑰仲尼：孔子。　⑱壬申：十月七日。　⑲丁丑：十一月十二日。　⑱竖：未成年的仆从。侯獳（nòu）：人名。贷：贿赂。筮史：晋国掌管卜筮的官员。　⑱叔振铎：曹国始封君，周文王之子。　⑱灭兄弟：灭兄弟之国。　⑱偕命：共同受复国之命。　⑱异罚：指卫已复国，而曹未复国。　⑱三行：三个步兵军。

【译文】

二十八年春季，晋文公准备攻打曹国，向卫国借道，卫国人不同意。晋军就绕道从卫国南面渡河，袭击曹国，并攻打卫国。正月九日，夺取了五鹿。二月，晋国的郤縠去世。原轸率领中军，胥臣出任下军副帅，因为先轸崇尚德行。晋文公和齐昭公在敛盂结盟。卫成公请求也参加结盟，晋国不同意。卫成公想亲近楚国，国人不愿意，他就赶走了成公，以取悦晋国。卫成公离开国都住在襄牛。

公子买戍守卫国，楚国人救援卫国，未能得胜。鲁僖公害怕晋国，就杀了公子买以讨好晋国。又对楚国人说："他没有等驻守期满就想回去，所以杀了他。"

晋文公包围了曹国，攻打城门时，死伤很多，曹国人把晋国人的尸体陈列在城上，文公非常担忧，便听从了役卒的建议，扬言"要把军队驻扎在曹国人的墓地上，以掘墓曝尸。"并让军队迁至墓地，曹国人这才害怕了，急忙把他们得到的晋军尸首装入棺材运了出来。晋国人趁曹国人害怕攻打城门。三月八日，进入曹都。文公指责曹共公任用三百多大夫，却不用僖负羁，并且说："过去你偷看我肋骨"。下令不准进入僖负羁的住宅，赦免他的族人，以报其馈赠食物和玉璧之恩，魏犨、颠颉很恼火，说："对有功劳的人都不考虑，还谈什么僖负羁？"就放火烧了僖负羁的住宅。魏犨胸部受伤，文公想杀了他，又爱惜他的才干，派人前去慰问，同时观察病情，如果受伤过重，就打算杀了他。魏犨包住胸部，出来会见使者，说："托国君的福，你看我这不是很安宁吗？"说完向上跳跃多次，又向前跳跃多次。晋文公就放弃了杀他的念头。杀了颠颉以通报全军。让舟之侨做了车右。

宋国人派大夫门尹般到晋国军中告急。文公说："宋国人向我们求救，如果不理，就会断绝两国关系，请求楚国退兵，楚国又不肯。我们想作战，齐国和秦国又不同意，怎么办？"先轸说："让宋国不要向我们求救，而去给齐、秦两国送礼，让他们请求楚国退兵。我们抓住曹君，把曹国、卫国的土地分给宋国。楚国不愿失去曹、卫两国，肯定不会同意齐国、秦国的请求。齐、秦两国得到了贿赂，自然对楚国的顽固不化恼怒，还能不参战吗？"文公很高兴，就抓住了曹共公，把曹、卫的田地给了宋国。

楚成王退至申地住下，让申叔离开谷地，让子玉离开宋国，说："不要追赶晋军。晋侯在外十九年，最后得到了晋国。一切艰难险阻，他都体验过了。百姓的真伪虚实，也都了如指掌。上天赐予他高寿，又帮他除掉了祸害。既然上天这样安排，难道还能废掉他吗？《军志》说：'适可而止。'又说：'知难而退'。又说：'有德人不可与之为敌。'这三句话说的就是晋国啊。"

子玉让伯棼请求作战，说："虽然不敢说一定能立功，但希望以我的行动堵住谗佞小人的嘴。"成王很生气，给了他少量军队，只派西广、东宫和若敖的一百八十辆战车跟随他去。

子玉派宛春告诉晋军说："请恢复卫侯的君位，把土地还给曹国，我们也解除对宋国的包围。"子犯说："子玉真是无礼。让我们国君只得到一桩好处，他作为臣子却要得到两桩好处，不要失去进攻楚国的机会。"先轸说："应该答应他的请求。安定别人的国家叫做有礼，楚国一句话能安定三国，而我们一句话却使三国灭亡。这样我们就无礼了，又靠什么来作战呢？不同意楚国的请求，等于抛弃宋国，本来打算救宋，却又将其抛弃，对各国诸侯怎么交代呢？楚国对三国有恩，我们对三国有怨，怨仇多了，靠什么作战？不如暗中恢复卫国君位，还给曹国土地，以离间他们和楚国的关系，同时抓住宛春以激怒楚国，等打起仗来再做考虑。"文公非常高兴，就把宛春抓起来囚禁在卫国，同时私下同意恢复了曹国土地和卫国君位。曹、卫两国和楚国断绝了关系。

子玉非常愤怒，追赶晋军，晋军后退。晋军军官说："作为国君却躲避臣子，真是耻辱。而且楚军已经疲惫不堪，我们为何后退？"子犯说："领兵作战，关键在于理之曲直，理直一方就是气壮，理曲一方就是疲弱，不在于时间长短。国君如果当初没有楚国的恩惠，就不会到今天这一步，现在后退三舍，就是要报答他们。背弃对方的恩德，违背当初的诺言，又去保护他们的仇敌，这样我们就理曲而楚国就理直了。楚军一向士气饱满，不能说他疲弱。如果我们退兵，楚国也回去，我们也就别无所求了。如果他们不回去，那么国君撤退，臣下进犯，理曲一方就是他们了。"晋军后退九十里，楚军士兵想要停下，子玉不答应。

夏季四月一日，晋文公、宋成公、齐国的归父、崔夭、秦国的小子憖驻扎

中華藏書

四书五经·最新校勘精注今译本

中国书店

一八六〇

在城濮。楚军背靠险要的丘陵地带扎营，文公很担心，又听士兵唱道："田野里草茂盛，赶紧除掉播新种。"文公心中有些疑虑。子犯说："打吧！只要能取得胜利，就一定能得到诸侯的信赖。即使不胜，我们外有高山，内有大河，肯定也没有什么害处。"文公说："还考虑不考虑楚国的恩惠呢？"栾枝说："汉水以北的姬姓国家都被楚国灭亡了。不要总想着小恩小惠，却忘了奇耻大辱，还是打吧。"文公做梦和楚成王搏斗，成王伏在文公身上，咬他的脑袋，文公因此害怕了。子犯说："这是吉兆。国君面朝天，说明我们得到了上天的帮助，楚王面朝下，说明他已伏罪，我们马上就会使楚国顺服了。"

子玉派斗勃请战，说："我请求和您的军队较量较量，您可以靠在车前横木上观看，我也陪您一起观看。"文公派栾枝回答说："寡君明白您的意思了。楚王的恩惠不敢忘记，所以一直停在这里没有前进。本以为您已经退兵了，因为您作为臣下，难道能与国君抵抗吗？既然不肯退兵，那么就烦您转告贵国将领：'请准备好你们的战车，为你们的国君而战斗吧，明天早晨再见'。"

晋军出动战车七百辆，车马装备一应俱全。文公登上有莘旧城的废墟检阅军容，说："士兵长幼排列有序，说明懂得礼仪，可以使用了。"就命令砍伐山上的树木以增加作战兵器。

二日，晋军在莘北摆开战阵，胥臣率领下军的一部分抵挡陈、蔡军队。子玉用若敖的一百八十辆战车率领中军，说："今日一定要灭亡晋国。"子西率领左军，子右率领右军。胥臣用虎皮蒙住马身，首先攻打陈、蔡。陈、蔡两军逃散，楚军右师也随之溃散了。狐毛从上军中抽出两支部队，帮助击退溃散的楚军。栾枝让战车拖着木柴，使路上的灰尘扬起，假装逃走，果然楚军追了上来。原轸、郤溱率领中军的禁卫军拦腰攻击。狐毛、狐偃率领上军夹攻子西，楚国的左军也溃散了。楚军大败。子玉及时收兵停战，才使他的一百八十辆战车得以保住。

晋军休整三天，食用楚军留下的粮食，到了六日才班师回国。二十七日，到达衡雍，在践土为天子建造了一座行宫。

城濮之战以前的三月，郑文公派军队到楚国协助作战，楚军失败，郑文公害怕了，派子人九去向晋国求和。晋国的栾枝到郑国和郑文公商量结盟之事。五月九日，晋文公和郑文公在衡雍结盟。

十日，晋国把俘获楚国的战利品献给天子，有驷马披甲的战车一百辆，步兵一千人。郑文公给天子担任相礼，使用周平王接待晋文侯的礼节来接待文公。十二日，天子设宴招待，赐给晋文公甜酒喝，并允许他向自己敬酒。天子让尹氏、王子虎和内史叔兴父制发策书任命晋文公为诸侯领袖，赐给他大辂车、戎辂车及其服饰，红色的弓一把，红色的箭一百支，黑色的弓十把，黑色的箭一千支，用黑黍和香草酿造的酒一卣，勇士三百。还对文公说："天子让我们对叔父说：'要服从天子的命令，安抚四方诸侯，并为天子惩治邪恶。'"文公辞谢三次，才接受命令。说："重耳叩头再拜，一定要宣扬天子的伟大命令。"接受策书后便离开了王室，前后朝见了天子三次。

卫成公听说楚军战败，非常害怕，逃亡到了楚国，又到了陈国，派元咺辅佐叔武到王室接受盟约。二十六日，王子虎和诸侯在天子的庭院里订立盟约，盟约说："要共同辅佐王室，不要互相残害。谁要违背此盟，神灵将其惩罚：使其失去军队，不能长期享有国家，即使到了你的玄孙一代，无论老幼，也都要遵守此盟。"君子认为这次结盟是讲究信用的，并认为晋国在这次战役中是以德取胜的。

当初，楚国的子玉自己制作了马冠和马鞅，但没有使用。城濮一战之前，他梦见黄河的河神对自己说："你把马冠马鞅送给我，我把宋国孟诸的沼泽地送给你。"子玉不给，大心和子西让荣黄劝他，他也不听。荣黄说："只要对国家有利，就是去死也可以，何况是献出美玉呢？美玉不过是粪土一样，假使能使军队得胜，有什么可惜的？"子玉不听。荣黄出来告诉大心和子西说："并非神灵让令尹失败，而是令尹不为百姓着想，实际上是自找失败。"子玉失败以后，成王派人对他说："大夫战败，如何对申、息两地的父老乡亲交代呢？"子西和大心说："子玉打算自杀，是我们两人阻拦他，说：'国君会惩罚你的。'"子玉到了连谷就自杀了。

晋文公听说后喜形于色，说："今后再也没有人和我作对了。蒍吕臣做令尹，他只知道保全自己，是不会为百姓着想的。"

有人在卫成公面前诬陷元咺说："他立了叔武做国君。"元咺的儿子元角正跟随成公，成公让人杀了他。元咺并没有废弃成公的命令，仍然侍奉叔武回国摄政。

六月，晋国人让卫成公恢复了君位。宁武子和卫国人在宛濮结盟说："上天降祸给卫国，使得君臣不和，因此遭到这样的祸患。现在上天又保佑我国，使大家捐弃前嫌团结起来。如果没有留下来的人，谁来守卫国家呢？如果没有人跟随国君出行，谁来保护国君随身携带的财物呢？因为君臣不和，才乞求在神灵面前盟誓，以得到上天的保佑。从今天订立盟约开始，以后随国君出外的人不要居功自傲，留在国内的人不要担心有罪。谁要违背此盟，让他遇到灾祸降临。今有神灵和先君在上。对背弃盟约者严加惩处。"国人听说了这一盟约，才没有了二心。

卫成公提前回到了卫都，宁武子比成公先到，当时长牂守卫城门，认为他是国君的使者，就和他同乘一辆车入城。公子歂犬、华仲走在成公前面。叔武正准备洗头，听说国君来到，非常高兴，手握着头发跑出来迎接，被走在前面的人杀了。成公知道他没有罪，就伏在叔武的大腿上哭起来。歂犬吓得跑了，成公派人把他杀了。元咺逃到了晋国。

在城濮之战中，晋国的中军曾在沼泽地遇到了大风，大风刮走了前军左军的大旗。祁瞒触犯了军令，司马把他杀了，并通报诸侯。让茅茷接替他，然后军队回来，六月十六日，渡过黄河。舟之侨提前回国，由士会代理车右。秋季，七月某日，军队胜利归来，在乐曲声中进入国都。在太庙汇报俘虏和杀死敌兵的人数，并设酒宴犒赏，还召集诸侯会盟，准备攻打存有二心的国家。还杀了舟之侨，并向全国通报，百姓因此大为顺服。

君子认为晋文公"能正确地使用刑罚，杀了颠颉、祁瞒和舟之侨三个罪人，从而使百姓顺服。《诗经》说：'施恩于中原各国，以安抚四方诸侯。'说的就是不要失去公正的赏赐和刑罚。"

冬季，僖公和晋文公、齐昭公、宋成公、蔡庄公、郑文公、陈穆公、莒子、邾子、秦人在温地会见，为的是攻打不肯顺服的国家。

卫成公和元咺向晋国提起诉讼，宁武子作为卫成公的诉讼代理人，鍼庄子为成公作证，士荣为成公辩护。结果卫成公败诉。晋国杀了士荣，砍了鍼庄子的双脚，认为宁武子忠诚而赦免了他。又逮捕了卫成公，把他押送到京城，囚在牢房里。宁武子负责给成公送衣送食。元咺回到卫国，立了公子瑕为君。

这次温地会见期间，晋文公曾请天子前来，带领诸侯朝见，并让天子打猎。孔子说："作为臣子召请天子，不能作为诸侯的榜样。"因此《春秋》记载为"天子狩于河阳"。是说这里并不是周天子的地方，也是为了表明晋国的功德，以为文公的过失避讳。

十月七日，僖公到天子的住处朝见。

十一月十二日，诸侯包围了许国。

晋文公患了病，曹共公的童仆侯獳贿赂晋国的筮史，让他说："这是因为灭了曹国。从前齐桓公主持盟会，封了异姓国家，如今国君主持盟会却灭了同姓国家。曹国先祖叔振铎是文王的儿子，先君唐叔是武王的儿子。会合诸侯灭掉兄弟国家，是不合礼的。答应曹国和卫国，却不能同时使其复国，是不讲信用的。罪过相同而处罚不同，是用刑不当。礼是用来推行道义的，信用是用以维护礼的，刑罚是用来纠正邪恶的，丢弃了这三项，国君准备怎么办呢？"文公很高兴，便恢复了曹共公的君位，曹共公立刻在许地和诸侯结了盟。

晋文公组建了三个步兵军抵御狄人，由荀林父率领中军，屠击率领右军，先蔑率领左军。

僖公二十九年

经 二十有九年春，介葛卢来。公至自围许。夏六月，会王人、晋人、宋人、齐人、陈人、蔡人、秦人盟于翟泉。秋，大雨雹。冬，介葛卢来。

传 二十九年春，介葛卢来朝①，舍于昌衍之上②。公在会，馈之刍米③，礼也。

夏，公会王子虎、晋狐偃、宋公孙固、齐国归父、陈辕涛涂、秦小子憖，盟于翟泉④，寻践土之盟，且谋伐郑也。卿不书，罪之也。在礼，卿不会公、侯，会伯、子、男可也。

秋，大雨雹，为灾也。

冬，介葛卢来，以未见公，故复来朝，礼之加燕好⑤。介葛卢闻牛鸣。曰："是生三牺⑥，皆用之矣⑦，其音云。"问之而信⑧。

【注释】

①介葛卢：介国国君。介，东夷国名。 ②昌衍：即昌平山，在今山东省曲阜县东南。③刍：干草。 ④翟泉：地名，在今河南洛阳城内大仓附近。 ⑤燕好：以宴享之礼招待及馈赠上等财货。 ⑥是生三牺：这头牛生下三头牛，用作祭品。 ⑦用之：用来祭祀。 ⑧信：真实。

【译文】

二十九年春季，介国国君葛庐来鲁国朝见，鲁国让他住在昌衍山上。僖公正在会合诸侯围攻许国，派人给他送了草料粮食，这是合乎礼的。

夏季，僖公和王子虎、晋国的狐偃、宋国的公孙固、齐国的国归父、陈国的辕涛涂、秦国的小子憖在翟泉会盟，重温了践土之盟，并谋划攻打郑国。《春秋》没有记载参加盟会者的名字，表示怪罪他们。依礼规定，诸侯的卿不能和公、侯一同开会，和伯、子、男一起开会是可以的。

秋季，鲁国降了大雨和冰雹，造成了灾害。

冬季，介君葛庐又来到鲁国，因为上次没有见到僖公，所以再次来朝见，僖公以礼相待，以宴享之礼招待并馈赠上等财货。席间，葛庐听到外面牛叫声，他说："这头牛生了三头小牛，都被用于祭祀了，从其叫声可以听出是这样。"一问，果然如此。

僖公三十年

经　三十年春，王正月。夏，狄侵齐。秋，卫杀其大夫元咺及公子瑕。卫侯郑归于卫。晋人、秦人围郑。介入侵萧。冬，天王使宰周公来聘。公子遂如京师，遂如晋。

传　三十年春，晋人侵郑，以观其可攻与否。狄间晋之有郑虞也①，夏，狄侵齐。

晋侯使医衍酖②卫侯。宁俞货医③，使薄其酖④，不死。公为之请⑤，纳玉于王与晋侯，皆十珏⑥。王许之。秋，乃释卫侯。

卫侯使赂周歂、冶廑⑦，曰："苟能纳我，吾使尔为卿。"周、冶杀元咺及子适、子仪⑧。公入祀先君。周、冶既服将命⑨，周歂先入，及门，遇疾而死。冶廑辞卿。

九月甲午⑩，晋侯、秦伯围郑，以其无礼于晋，且贰于楚也。晋军函陵⑪，秦军氾南⑫。

佚之狐言于郑伯曰⑬："国危矣，若使烛之武见秦君⑭，师必退。"公从之。辞曰："臣之壮也，犹不如人；今老矣，无能为也已。"公曰："吾不能早用子。今急而求子，是寡人之过也。然郑亡，子亦有不利焉。"许之。

夜缒而出⑮，见秦伯，曰："秦、晋围郑，郑既知亡矣。若亡郑而有益于君，敢以烦执事⑯。越国以鄙远⑰，君知其难也，焉用亡郑以陪邻⑱。邻之厚，君之薄也。若舍郑以为东道主⑲，行李之往来⑳，共其乏困㉑，君亦无所害。且君尝为晋君赐矣㉒；许君焦、瑕㉓，朝济而夕设版焉㉔，君之所知也。夫晋何厌之有？既东封郑㉕，又欲肆其西封㉖，若不阙秦㉗，将焉取之？阙秦以利晋，唯君图之㉘。"秦伯说，与郑人盟，使杞子、逢孙、扬孙戍之。乃还。

子犯请击之，公曰："不可。微夫人之力不及此㉙。因人之力而敝之㉚，不仁。失其所与，不知㉛。以乱易整㉜，不武㉝。吾其还也。"亦去之。

初，郑公子兰出奔晋，从于晋侯伐郑，请无与围郑。许之，使待命于东[34]。郑石甲父、侯宣多逆以为大子[35]，以求成于晋，晋人许之。

冬，王使周公阅来聘，飨有昌歜、白黑、形盐[36]。辞曰："国君，文足昭也[37]，武可畏也，则有备物之飨，以象其德。荐五味[38]，羞嘉谷[39]，盐虎形，以献其功[40]。吾何以堪之[41]？"

东门襄仲将聘于周，遂初聘于晋。

【注释】

①间：乘隙，钻空子。郑虞：担忧郑国。　②医衍：医生，名衍。鸩（zhèn）：用鸩酒毒杀。　③货：贿赂。　④薄：少。　⑤公：指鲁僖公。　⑥十珏（jué）：十对。双玉为珏。⑦周歂（chuǎn）、冶廑（jǐn）：皆为人名，卫臣。　⑧子适：即公子瑕。子仪：公子瑕的弟弟。　⑨既服：穿戴好礼服。将命：将接受任命。　⑩甲午：初十日。　⑪函陵：地名，在今河南省新郑县北。　⑫氾南：地名，在今河南省中牟县南。　⑬佚之狐：郑大夫。　⑭烛之武：郑大夫。　⑮缒：以绳悬之而下。　⑯烦：烦劳。　⑰越国：越过别国。鄙远：以远方之地为边境。　⑱陪邻：增加邻国（指晋国）的土地。陪通"倍"。　⑲东道主：东路的主人。⑳行李：外交官员。　㉑共：通"供"。乏困：缺少的东西。　㉒为晋君赐：即有赐予晋君，指援助晋惠公。　㉓焦、瑕：晋国二地名。晋惠公曾答应归秦。　㉔朝济：早晨渡过黄河回国。设版：筑城。版，筑城的夹版。　㉕东封郑：向东在郑国土地上封疆，即扩张领土。　㉖肆：任意，恣意。　㉗阙：损害。　㉘唯：希望。　㉙夫人：那个人，指秦穆公。　㉚因：凭借。敝：败坏。　㉛知：同"智"。　㉜以乱易整：秦、晋本结盟，内部完全一致。如攻秦则是以乱易整。　㉝不武：不具武德。　㉞东：指晋东部边界。　㉟石甲父：郑臣。一名石癸。侯宣多：郑臣。大子：太子。　㊱昌歜（chù）：用菖蒲根腌制而成的菜，又称菖蒲菹。白黑：白米粥，黑黍粥。形盐：虎形的盐块。　㊲昭：显扬。　㊳五味：昌歜有五味之和。　㊴嘉谷：指稻、黍。　㊵献：象。　㊶堪：承受。

【译文】

三十年春季，晋国人入侵郑国，以此试探郑国能否攻打。狄人趁晋国对郑国有所顾虑这个机会，于夏季，攻打齐国。

晋文公派医生衍用毒酒害死卫成公。宁武子给医生送了财礼，让他少放一些毒药，结果成公没有被毒死。僖公又为成公求情，并献给天子和晋文公每人十对玉。天子同意了。秋季，释放了卫成公。

卫成公派人给周歂、冶廑送了财礼，说："你们如果能接纳我回国复位，我封你们为卿。"周歂、冶廑就杀了元咺和公子瑕、子仪。成公回国后，先在宗庙祭祀先君。周、冶二人穿好礼服，准备受命为卿，周歂先到宗庙，到了门口，突然发病而死。冶廑急忙辞去了卿位。

九月十日，晋文公和秦穆公联合围攻郑国，因为郑国曾对晋文公无礼，而且对晋国怀有二心。晋军驻扎在函陵，秦军则驻扎在氾水南面。

佚之狐对郑文公说："国家很危险啊！如果派烛之武去面见秦君，他们的军队肯定能撤退。"文公听了他的话。烛之武推辞说："我当初年轻力壮时，尚且比不上别人，如今老了，什么也做不成了。"文公说："我不能及早重用您，到现在危急时才来求您，这是寡人的过错。然而一旦郑国灭亡了，对您也不利啊！"烛之武答应了。

夜里，烛之武被人用绳子绑住，系下城墙，见到秦穆公，说："秦晋两国军队围攻郑国，郑国人已经知道就要灭亡了。假如灭亡了郑国对国君有好处，那么就麻烦您用兵也无所谓。要越过一个国家，使远方的土地成为本国的边邑，您知道这是很难办到的，又何必为了增加邻国的地盘而灭掉郑国呢？邻国的实力增强了，就等于您的力量削弱了。假如您饶了郑国，它可以作为东路上招待您的主人，将来贵国的使者来往经过这里，能供应他们缺乏的一切物品，这对您来说也没有什么害处。再说您曾对晋惠公施以恩惠，他把晋国的焦、瑕二地许给您，但早上刚刚渡河回国，晚上就修筑工事与您对抗，这也是您所知道的。晋国哪里会满足呢？等它把国土向东扩展到郑国后，就又会向西扩展，到那时，除了侵占秦国的土地，还能到哪里去取得地盘呢？损害秦国以有利于晋国，请国君认真考虑一下这个问题。"秦穆公很高兴，便和郑国人结了盟，派杞子、逢孙、扬孙留在郑国戍守，自己则率军回去了。

子犯请求袭击秦军，文公说："不行。如果当初没有秦君的帮助，我是到不了这一步的，得到过别人的帮助，却又反过来去伤害人家，这是不仁。失掉了自己的盟国，这是不智。两国本来联合作战，却要自相冲突，这是不武。我们还是撤军吧。"于是撤出了郑国。

当初，郑国的公子兰逃亡到晋国，追随晋文公。这次攻打郑国，他请求不要让他参加对郑国的围攻。文公答应了，让他在晋国东部边境等待命令。郑国的石甲父、侯宣多接他回国做太子，以和晋国讲和，晋国答应了。

冬季，天子派周公阅前来聘问，鲁国用菖蒲菹、白米糕、黑黍糕和虎形盐招待他。周公阅推辞说："对待国君，因为他文治显耀四方，武治令人畏惧，所以才准备这些物品宴请他，以象征他的德行。进美味，献美食，盐状如虎，以象征他的功业。我怎么担当得起这个？"

东门襄仲准备到王室聘问，然后顺便对晋国做了首次聘问。

中華藏書 春秋左传 中国书店

经　三十有一年春，取济西田。公子遂如晋。夏四月，四卜郊，不从，乃免牲。犹三望。秋七月。冬，杞伯姬来求妇。狄围卫。十有二月，卫迁于帝丘。

传　三十一年春，取济西田，分曹地也。使臧文仲往，宿于重馆①。重馆人告曰："晋新得诸侯，必亲其共②，不速行，将无及也。"从之，分曹地，自洮以南③，东傅于济④，尽曹地也。

襄仲如晋，拜曹田也。

夏四月，四卜郊⑤，不从⑥，乃免牲⑦，非礼也。犹三望⑧，亦非礼也。礼不卜常祀⑨，而卜其牲⑩、日⑪，牛卜日曰牲⑫。牲成而卜郊，上怠慢也⑬。望，郊之细也⑭。不郊，亦无望可也。

秋，晋蒐于清原⑮，作五军以御狄。赵衰为卿。

冬，狄围卫，卫迁于帝丘⑯。卜曰三百年。

卫成公梦康叔曰⑰："相夺予享⑱。"公命祀相，宁武子不可，曰："鬼神非其族类，不歆其祀⑲。杞、鄫何事⑳？相之不享于此久矣，非卫之罪也，不可以间成王、周公之命祀㉑。请改祀命。"

郑泄驾恶公子瑕㉒，郑伯亦恶之，故公子瑕出奔楚。

【注释】

①重：鲁地名，在今山东省鱼台县西。　②共：同"恭"。　③洮：地名，见僖公八年注。　④傅：近。　⑤卜郊：占卜郊祭的吉凶。　⑥不从：即不吉利。　⑦免牲：不杀牲。　⑧三望：各国名山大川之神。　⑨常祀：常规的祭祀。郊祭即为祭天的常祀。　⑩牲：牺牲。　⑪日：日期。　⑫卜日：占卜得吉日。　⑬怠慢：怠于吉典，亵渎龟策。　⑭细：细节。　⑮清原：晋地名，在今山西省稷山县东南。　⑯帝丘：地名，在今河南省濮阳县西南。　⑰康叔：卫国的始祖。　⑱相：夏代帝启之孙，帝中康之子。　⑲歆：享。　⑳杞、鄫何事：即杞、鄫为何不祭祀。杞、鄫均为夏代之后。　㉑间：违犯。　㉒泄驾：郑大夫。

【译文】

三十一年春季，鲁国取得了济水以西的土地，这是瓜分的曹国土地。僖公派臧文仲前去接受，臧文仲住在重地的旅馆里。旅馆里的人告诉他："晋国新近得到诸侯的拥护，必然对尊重他的人格外亲近，你还不快点去，不然会赶不上的。"臧文仲听了他们的话，分得了曹国的土地，从洮水以南，东边紧靠济水，这都是曹国的土地。

襄仲就分得曹国土地，前往晋国拜谢。

夏季四月，鲁国就举行郊祭，占卜四次，都不吉利，便不再宰杀牛羊，这是不合礼的。但还是又举行了三次望祭，这也是不合礼的。依规定，对常规祭祀不用占卜，只占卜祭祀所用的牛和日期就行了。牛在占卜到吉日后就改称为牲。已经成为牲却还要占卜郊祭的吉凶，这是在上位的人对大典和龟甲的不恭和亵渎。望祭本是郊祭的一个环节。既然不举行郊祭，自然就不必举行望祭了。

秋季，晋国在清原检阅军队，组建了五个军准备抵御狄人。赵衰被任命为卿。

冬季，狄人围攻卫国，卫国被迫迁都帝丘。对其国运占卜，还能延续三百年。

卫成公梦见康叔说："相夺走了我的祭品。"成公命令祭祀相，宁武子不同意，说："如果祭祀者不是同族，神灵就不会享用祭品。杞国和鄫国为什么不祭祀呢？杞国和卫国已经很久没有祭祀相了，这不是卫国的罪过，不能违犯成王、周公所规定的祭祀对象。请改变祭祀相的命令。"

郑国的泄驾很厌恶公子瑕，郑文公也讨厌他，因此公子瑕逃亡到了楚国。

僖公三十二年

经　三十有二年春，王正月。夏四月己丑，郑伯捷卒。卫人侵狄。秋，卫人及狄盟。冬十有二月己卯，晋侯重耳卒。

传　三十二年春，楚斗章请平于晋，晋阳处父报之①。晋、楚始通②。

夏，狄有乱。卫人侵狄，狄请平焉。秋，卫人及狄盟。

冬，晋文公卒。庚辰③，将殡于曲沃④，出绛，柩有声如牛。卜偃使大夫拜，曰："君命大事⑤。将有西师过轶我⑥，击之，必大捷焉。"

杞子自郑使告于秦，曰："郑人使我掌其北门之管⑦，若潜师以来⑧，国可得也。"穆公访诸蹇叔⑨，蹇叔曰："劳师以袭远，非所闻也。师劳力竭，远主备之⑩，无乃不可乎！师之所为，郑必知之。勤而无所⑪，必有悖心⑫。且行千里，其谁不知？"公辞焉⑬。召孟明、西乞、白乙⑭，使出师于东门之外。蹇叔哭之，曰："孟子⑮，吾见师之出，而不见其入也。"公使谓之曰："尔何知？中寿⑯，尔墓之木拱矣⑰。"蹇叔之子与师⑱，哭而送之，曰："晋人御师必于殽⑲。殽有二陵焉⑳：其南陵，夏后皋之墓也㉑；其北陵，文王之所辟风雨也㉒。必死是间㉓，余收尔骨焉。"秦师遂东。

【注释】

①阳处父：晋大夫。　②通：交通，来往。　③庚辰：十二月十日。　④殡：停枢待葬。　⑤大事：战事。　⑥西师：西方的军队。过轶：越境而过。轶，超前。　⑦管：锁钥。　⑧潜师：秘密派兵。　⑨蹇叔：秦大夫。　⑩远主：指郑国。　⑪勤而无所：疲劳而无处所。　⑫悖心：背离之心，即怨恨情绪。　⑬辞：不听从。　⑭孟明、西乞、白乙：即秦国将领百里孟明视、西乞术、白乙丙。　⑮孟子：指孟明视。　⑯中寿：中等寿命，约指 60 岁以上，80 岁以下，说法不一。　⑰拱：拱手合围，即合抱。　⑱与师：参与军队。　⑲殽：或作崤，即殽山，在今河南省洛宁县西北。　⑳二陵：指殽之二峰，即东殽山和西殽山。二陵之间，山高路窄，下临深涧，为绝险之地。　㉑夏后皋：夏代君主，名皋，为夏桀之祖父。后，君主。　㉒辟：通"避"。　㉓是间：指二陵之间。

【译文】

三十二年春季，楚国的斗章到晋国请求讲和，晋国的阳处父到楚国回访。晋国和楚国开始正式交往。

夏季，狄国发生了动乱。卫国人入侵狄人，狄人请求讲和。秋季，卫国人和狄人结盟。

冬季，晋文公去世。十二月十日，晋国人准备将棺材停放在曲沃，离开绛城时，听到棺材里有声音犹如牛叫。卜偃让大夫们跪拜，说："国君发布了军事命令。将会有西边的军队途经我国。如果攻击他们，定能大获全胜。"

杞子从郑国派人告诉秦国："郑国人让我掌管国都北门的钥匙，如果秘密派军队前来，就可以取得郑国。"穆公征求蹇叔的意见，蹇叔说："兴师动众，去袭击远方的国家，我从来没有听说过这种事情。军队疲劳，气力衰竭，远方的国家却已有了准备，这样恐怕不行吧。况且军队的一举一动，郑国人必然知道。辛劳一趟却毫无所得，士兵必然会产生怨恨情绪。再说，沿途要走上一千里，谁能不知道呢？"穆公不听劝告。召见孟明、西乞、白乙三人，让他们率军从东门外出发。蹇叔哭着为部队送行，说："孟明啊，我恐怕只能看到军队出去，却看不到回来了。"穆公派人训斥蹇叔说："你知道什么？如果你活到六七十岁就死了，现在你坟上的树恐怕都有一抱粗了！"蹇叔的儿子也在军队里，蹇叔哭着送他说："晋国人肯定要在殽山一带伏击秦军。殽山有两个山头：南面的山头是夏朝天子皋的坟墓，北面的山头是周文王躲避风雨的地方。你肯定将要死在那里，我要到那里收拾你的尸骨。"随后秦国军队便向东出发了。

僖公三十三年

经　三十有三年春，王正月，秦人入滑。齐侯使国归父来聘。夏四月辛巳，晋人及姜戎败秦师于殽。癸巳，葬晋文公。狄侵齐。公伐邾，取訾娄。秋，公子遂帅师伐邾。晋人败狄于箕。冬十月，公如齐。十有二月，公至自齐。乙巳，公薨于小寝。陨霜不杀草，李梅实。晋人、陈人、郑人伐许。

传　三十三年春，秦师过周北门，左右免胄而下①，超乘者三百乘②。王孙满尚幼③，观之，言于王曰："秦师轻而无礼④，必败。轻则寡谋，无礼则脱⑤。入险而脱，又不能谋，能无败乎？"

及滑⑥，郑商人弦高将市于周⑦，遇之。以乘韦先⑧，牛十二，犒师，曰："寡君闻吾子将步师出于敝邑⑨，敢犒从者。不腆敝邑⑩，为从者之淹⑪，居则具一日之积⑫，行则备一夕之卫。"且使遽告于郑⑬。

郑穆公使视客馆⑭，则束载、厉兵、秣马矣⑮。使皇武子辞焉⑯，曰："吾子淹久于敝邑，唯是脯资饩牵竭矣⑰。为吾子之将行也，郑之有原圃⑱，犹秦之有具囿也⑲。吾子取其麋鹿以闲敝邑⑳，若何？"杞子奔齐，逢孙、扬孙奔宋。

孟明曰："郑有备矣，不可冀也㉑。攻之不克，围之不继㉒，吾其还也。"灭滑而还。

齐国庄子来聘㉓，自郊劳至于赠贿㉔，礼成而加之以敏㉕。臧文仲言于公曰："国子为政㉖，齐犹有礼，君其朝焉。臣闻之，服于有礼㉗，社稷之卫也㉘。"

晋原轸曰："秦违蹇叔，而以贪勤民㉙，天奉我也。奉不可失，敌不可纵㉚。纵敌患生，违天不祥。必伐秦师。"栾枝曰："未报秦施而伐其师㉛，其为死君乎㉜？"先轸曰："秦不哀吾丧而伐吾同姓㉝，秦则无礼，何施之为？吾闻之，一日纵敌，数世之患也。谋及子孙，可谓死君乎？"遂发命，遽兴姜戎㉞。子墨衰绖㉟，梁弘御戎，莱驹为右㊱。

夏四月辛巳㊲，败秦师于殽，获百里孟明视、西乞术、白乙丙以归。遂墨以葬公文。晋于是始墨㊳。

文嬴请三帅㊴，曰：“彼实构吾二君㊵，寡君若得而食之㊶，不厌，君何辱讨焉㊷！使归就戮于秦，以逞寡君之志㊸，若何？”公许之㊹。先轸朝，问秦囚。公曰：“夫人请之，吾舍之矣㊺。”先轸怒曰：“武夫力而拘诸原㊻，妇人暂而免诸国㊼。堕军实而长寇仇㊽，亡无日矣。”不顾而唾㊾。公使阳处父追之㊿，及诸河，则在舟中矣。释左骖(51)，以公命赠孟明。孟明稽首曰：“君之惠，不以累臣衅鼓(52)，使归就戮于秦，寡君之以为戮，死且不朽。若从君惠而免之，三年将拜君赐(53)。”

秦伯素服郊次(54)，乡师而哭曰(55)：“孤违蹇叔以辱二三子，孤之罪也。”不替孟明(56)，曰：“孤之过也。大夫何罪？且吾不以一眚掩大德(57)。”

狄侵齐，因晋丧也。

公伐邾，取訾娄(58)，以报升陉之役。邾人不设备。秋，襄仲复伐邾。

狄伐晋，及箕(59)。八月戊子(60)，晋侯败狄于箕。郤缺获白狄子(61)。

先轸曰：“匹夫逞志于君而无讨(62)，敢不自讨乎？”免胄入狄师，死焉。狄人归其元(63)，面如生。

初，臼季使，过冀(64)，见冀缺耨(65)，其妻馌之(66)。敬，相待如宾(67)。与之归，言诸文公曰：“敬，德之聚也(68)。能敬必有德，德以治民，君请用之。臣闻之，出门如宾，承事如祭(69)，仁之则也。”公曰：“其父有罪(70)，可乎？”对曰：“舜之罪也殛鲧(71)，其举也兴禹(72)。管敬仲，桓之贼也(73)，实以相济(74)。《康诰》曰(75)：‘父不慈，子不祗(76)，兄不友，弟不共，不相及也。’《诗》曰：‘采葑采菲，无以下体(77)。’君取节焉可也(78)。”文公以为下军大夫。反自箕，襄公以三命命先且居将中军(79)，以再命命先茅之县赏胥臣曰(80)：“举郤缺，子之功也。”以一命命郤缺为卿，复与之冀，亦未有军行(81)。

冬，公如齐朝，且吊有狄师也(82)。反，薨于小寝(83)，即安也(84)。

晋、陈、郑伐许，讨其贰于楚也。

楚令尹子上侵陈、蔡。陈、蔡成，遂伐郑，将纳公子瑕，门于桔柣之门(85)。瑕覆于周氏之汪(86)。外仆髡屯禽之以献(87)。文夫人敛而葬之郐城之下(88)。

晋阳处父侵蔡，楚子上救之(89)，与晋师夹泜而军(90)。阳子患之，使谓子上曰：“吾闻之，文不犯顺(91)，武不违敌(92)。子若欲战，则吾退舍(93)，子济而陈(94)，迟速唯命。不然纾我(95)。老师费财(96)，亦无益也。”乃驾以待。子上欲涉，大孙伯曰(97)：“不可，晋人无信，半涉而薄我(98)，悔败何及？不如纾之。”乃退舍，阳子宣言曰："楚师遁矣。"遂归。楚师亦归。

大子商臣潜子上曰："受晋赂而辟之，楚之耻也，罪莫大焉。"王杀子上。

葬僖公，缓作主^{⑨⑨}，非礼也。凡君薨，卒哭而祔^{⑩⑩}，祔而作主，特祀于主^{⑩①}，烝、尝、禘于庙^{⑩②}。

【注释】

①左右：指战车上武士。免胄：脱下头盔。　②超乘：一跃上车。　③王孙满：周襄王之孙，名满。一说为襄王时一位大夫。　④轻：轻狂。　⑤脱：疏忽。　⑥滑：姬姓小国，故址在今河南省偃师县南。　⑦市：做买卖。　⑧以乘韦先：以四张熟牛皮作为先行致送的礼物。乘，四。古代一车四马，故借乘为四。韦，熟牛皮。　⑨步师：行军。敝邑：敝国。　⑩不腆（tiǎn）：不富厚。　⑪淹：留。　⑫积：指粮草等军需品。　⑬遽（jù）：古代传递公文消息的快车，即驿车。　⑭客馆：指杞子、逢孙、扬孙所住的馆舍。　⑮束载：捆束车子。厉兵：磨砺兵器。秣马：喂饱马匹。　⑯皇武子：郑大夫。　⑰脯资饩（xì）牵：指肉食和粮食。脯，干肉。资，粮食。饩牵：未宰杀的牲畜。　⑱原圃：郑国养兽打猎的苑囿，在今中牟县西北。　⑲具囿：秦国养兽打猎的苑囿，在今陕西省泾阳县境内。　⑳闲：得有空闲，用作动词。　㉑冀：希望。　㉒不继：无后援。　㉓国庄子：即国归父。　㉔郊劳：郊外迎接。赠贿：赠送礼物送行。　㉕敏：容仪举止大方得当。　㉖国子：指国庄子。为政：执政。　㉗服：顺服。　㉘卫：保障。　㉙勤民：劳民。　㉚纵：放走。　㉛秦施：秦国的恩惠。施，恩惠。　㉜为死君：指忘掉先君。君，即晋文公。　㉝同姓：指郑、滑，与晋同为姬姓国。　㉞遽兴姜戎：急速调动姜戎的军队。姜戎，秦晋之间的一个部族，与晋国关系密切。　㉟子：指晋文公之子晋襄公。因文公未葬，尚未即位，故称子。墨衰绖：染黑丧服。衰（cuī），麻制丧服。绖（dié），麻制腰带。衰、绖均为白色。因行军穿白色孝服不吉利，故用墨染黑。　㊱梁弘、莱驹：两人名，均为晋大夫。　㊲辛巳：十三日。　㊳始墨：开始用黑色作丧服，形成习俗。　㊴文嬴：晋文公夫人，襄公嫡母。请：求请。　㊵构：离间。　㊶寡君：指秦穆公。　㊷辱：委屈，谦词。　㊸逞：满足。逞志，即快意。　㊹公：指晋襄公。　㊺舍：放走。　㊻力：拼命。原：指战场。　㊼暂：突然，一下子。一说为诈欺。免：赦免，释放。　㊽堕军实：毁伤战果。堕通"隳"（huī）。长寇仇：长敌人气焰。　㊾不顾而唾：不回头就在襄公面前吐唾沫。言其气愤之极。　㊿阳处父：晋大夫。　51释左骖：解开左边驾车的马。古代一车四马，在两旁的称骖。　52累臣：囚臣。衅鼓：即杀戮。古代有以囚俘祭鼓的现象。　53拜君赐：拜谢君王的恩赐，言外之意即复仇。　54素服：凶服。郊次：住在郊外。　55乡：同"向"。　56替：废，撤职。　57眚（shěng）：过失。　58訾娄：邾地名。　59箕：晋地名，在今山西省蒲县东北。　60戊子：二十二日。　61郤缺：晋臣，又名郤成子。白狄子：白狄的首领。　62逞志于君：指不顾而唾一事。　63元：首级。　64臼季：即胥臣，又称臼衰。冀：国名，见僖公二年传。　65冀缺：即郤缺。耨（nòu）：锄草。　66馌（yè）：给耕者送饭。　67如宾：如会见宾客。　68聚：集中体现。　69承事：承当事情。如祭：像参加祭祀。

⑦其父有罪：冀缺之父为惠公之党，欲害文公，为秦穆公所诱杀。　⑦罪：治罪。殛鲧：把鲧流放到荒远的地方。鲧，禹的父亲。　⑦举：选拔。　⑦贼：仇敌。　⑦济：成功。　⑦《康诰》：《尚书》中篇名。　⑦祗（zhī）：恭敬。　⑦采葑采菲二句：出自《诗经·邶风·谷风》。葑，蔓青。菲，萝卜。无以下体：不要以为是下体而抛弃。　⑦取节：节取其长处。　⑦三命：诸侯任命大臣有“一命”“再命”“三命”的区别。以命数多为贵，车服的规制也与此相应。三命为最高等级。先且居：先轸之子。　⑧先茅：晋大夫，因绝后，故取其县赏赐胥臣。　⑧军行：军列，即军职。　⑧吊：慰问。　⑧小寝：燕寝，诸侯平日所居。　⑧即安：小寝为诸侯燕安之所，鲁僖公病，未移居路寝（正寝），就小寝而死，故云即安。　⑧门：攻城门。桔柣之门：郑都远郊之门。　⑧覆：车子颠覆。　⑧髡屯：人名。禽，同“擒”。　⑧文夫人：郑文公夫人。邬城：本为国，妘姓，为郑所灭，其地在今河南省密县东南。　⑧子上：即斗勃，楚令尹。　⑨汦（zhī）：即潢水，今名沙河。　⑨犯顺：违犯顺理成章之言。　⑨违敌：躲避仇敌之军。　⑨退舍：后撤三十里。　⑨子济而陈：你们渡过河而列阵。　⑨纾我：使我纾缓，即济河而列阵。　⑨老师：军队久驻在外，疲劳不堪。　⑨大孙伯：子玉之子，又名大心，成大心。　⑨薄我：迫我，即击我。　⑨作主：制作神主。　⑩卒哭：终止号哭。古礼，父母之丧，自初死至于卒哭，朝夕之间，哀至则哭，其哭无定时。以诸侯论，五月而葬，葬后第十四日行卒哭礼，自此以后，唯朝夕哭，他时不哭，故曰卒哭。祔（fù）：将新死者之主附于宗庙。　⑩特祀：单向新死者祭祀。　⑩烝：冬祭。尝：秋祭。禘：死后三年的大祭。

【译文】

　　三十三年春季，秦军途经成周北门时，战车上的车左和车右都摘下头盔下车步行。刚一下车就又跳了上去，有三百辆车都是这样。当时王孙满年纪尚小，看到这种情况，对周天子说：“秦军轻佻无礼，肯定失败。轻佻则缺少谋略，无礼则粗心大意。进入险要之地而粗心大意，又没有谋略，能不失败吗？”

　　到了滑国，郑国的商人弦高正准备到京城去做买卖，遇到秦军。他先给秦军送了四张熟牛皮，又送去十二头牛，以犒劳秦军，他说：“寡君听说贵军要到我国去，特派我前来慰劳贵军将士。我国虽不富裕，但愿意为贵国长期服务，如果要居留，保证提供每天的必需品，即使要离开，也要为你们守卫到最后一夜。”同时派人迅速向郑国报信。

　　郑穆公派人前去杞子等人居住的旅馆探听情况，发现他们已经装束完毕，磨砺兵器，喂饱战马，准备行动了。就派皇武子前去驱逐他们说：“你们长期住在我国，因为我们的肉类和粮食快被用完了，所以你们要离开这里了。郑国有一个打猎的地方叫原圃，和秦国的具圃一样。请你们到那里猎取麋鹿，以减轻我们的负担，也让我们喘口气，怎么样？”杞子逃亡到了齐国，逢孙、扬孙逃亡到了宋国。

孟明说："郑国已经有所准备，这次征战没有什么希望了。攻打不能取胜，包围则又没有后续部队，我们还是回去吧。"就灭亡了滑国后撤军回国。

齐国的国庄子来鲁国聘问，从郊外欢迎到赠物告别，自始至终遵礼而行，聪明而又稳重。臧文仲对僖公说："现在国子执政，齐国还是讲究礼的，国君去朝见吧！我听说：顺服有礼之国，等于保卫自己的国家。"

晋国的先轸说："秦君不听蹇叔的劝告，因为贪婪而兴师动众，实在是上天帮助我们。上天赐予的机会不能失去，远道而来的敌人不能让它逃走。放走了敌人就会产生祸患，违背上天的意愿则不吉祥。一定要攻打秦军。"栾枝说："没有报答秦国的恩德，却又攻打它的军队，我们心目中还有去世的国君吗？"先轸说："秦国不但不来吊唁我们的丧事，却去攻打我们的同姓国家，秦国的行为是非常无礼的。还有什么恩惠可讲？据我所知，放走敌人一天，那将是几代人的祸害。我们是为了子孙后代而战，这总可以向死去的国君交代了吧！"便发布命令，并迅速动员了姜戎的军队参加。晋襄公穿着黑色的丧服，梁弘为他驾车，莱驹为车右。

夏季四月十三日，晋军在殽山打败了秦国军队，俘虏了百里孟明视、西乞术、白乙丙回国。又穿着黑色的丧服安葬了文公。从此以后，晋国人凡遇丧事都穿黑色丧服。

文嬴请求释放孟明等秦军三个主将回去，她说："他们是挑拨两国关系的罪魁祸首，寡君如果能抓到他们，就是食其肉也不能解恨，又何必有劳您去惩治呢？让他们回到秦国去受刑，以满足寡君的愿望，怎么样？"襄公同意了。先轸朝见襄公，问起秦国的囚犯。襄公说："夫人为他们请求，我已经把他们放回去了。"先轸恼怒地说："将士们在战场上费了那么大的劲才把他们抓获，一个女人几句骗人的话就把他们放走了。这是在糟蹋我们的战果而助长敌人的气焰，晋国距亡国没有多久了。"说完往地上吐了口唾沫，头也没回就走了。襄公派阳处父追赶孟明，追到黄河边上，他们已经上船了。阳处父以襄公的名义说要把左骖送给孟明，孟明在船上叩头拜谢说："承蒙国君开恩，不把俘虏处死，而让我们回国受刑，如果寡君杀了我们，即使死了，也不会忘记今天的恩惠。如果托国君的福而得到赦免，三年以后，我们将前来拜谢国君的恩德！"

秦穆公身穿素服在郊外等候，面对归来的将士失声痛哭，他说："我没有听蹇叔的话，使你们几位蒙受耻辱，这是我的罪过。"也没有解除孟明的职务，他解释说:"这完全是我的过错,大夫有什么错?再说我也不能因为一次过失而抹杀他的大功啊!"

狄人入侵齐国,是因为晋国有丧事。

僖公攻打邾国,夺取了訾娄,报了升陉一战之仇。邾国没有提防。秋季,襄仲又一次攻打邾国。

狄人攻打晋国,到了箕地。八月二十二日,晋襄公在箕地打败了狄人。郤缺俘获了白狄子。

先轸说:"像我这样一个普通人竟敢在国君面前无礼,却没有受到制裁,我自己还敢不惩罚自己吗?"就摘下头盔冲进狄军,结果战死。狄人送回他的脑袋时,他的面容还和生前一样。

当初,臼季出使外国,曾途经冀国,看到冀缺正在田间除草,妻子给他送饭。二人相敬如宾。臼季邀请冀缺一起回到晋国,对文公说:"恭敬是德行的集中表现。对人恭敬就一定有德行,德行用来治理百姓,请国君重用冀缺!据我所知:出门恭敬好像对待宾客,办事庄重犹如参加祭祀,这是仁爱的法则。"文公说:"他的父亲冀芮有罪,能重用他吗?"臼季回答说:"从前舜为了惩罚犯罪而流放了鲧,为了选拔人才却起用了鲧的儿子禹。管仲曾一度是齐桓公的敌人,却被任命为相并取得了成功。《尚书·康诰》说:'父亲不仁慈,儿子不孝顺,哥哥不友爱,弟弟不恭敬,彼此之间没有关系。'《诗经》中说:'采蔓青,采萝卜,不要舍弃它的根部。'国君根据他的优点挑选就行了。"文公便让冀缺担任了下军大夫。箕地一战回来,襄公用诸侯大臣中的最高规格任命先轸之子先且居率领中军,用仅次于先且居的规格把先茅的县赏给胥臣,并对他说:"举荐郤缺,是你的功劳。"用仅次于胥臣的规格任命郤缺为卿,重新把冀地封给他,但没有让他担任军职。

冬季,僖公到齐国朝见,同时就狄人攻打齐国一事慰问。回国后,在燕寝中去世,他为了安逸才没有移居到正寝。

晋国、陈国、郑国攻打许国,是讨伐它亲近楚国。

楚国令尹子上攻打陈国、蔡国。陈、蔡和楚国讲和后,楚军又攻打郑国,并准备送公子瑕回国,攻打郑都城门桔秩之门时,公子瑕的车子翻在周氏之汪中,仆人髡屯把他抓住后献给了郑穆公。文夫人为他收了尸并安葬在邻城下。

晋国的阳处父攻打蔡国,楚国的子上前去援救,和晋军隔着泜水对峙。阳处父很担心,派人对子上说:"我听说:'使用文的方法不能违背真理,使用武的方法不能躲避敌人。'您如果想打,那么我后退三十里,让您渡过河摆好阵势，至于早打还是晚打，我听您的，否则，让我渡过河去，再休整一下，又耗费时间，浪费钱财，也没有什么好处。"就套上战车准备让楚军过河。子上想渡河，大孙伯说："不行。晋国人不讲信用，我们渡过一半时，他们就会袭击，到时候战败了，再后悔也来不及了。不如我们后退，让他们缓口气。"于是楚军后退三十里，阳处父便向部队宣布："楚军逃跑了。"就率军回国了，楚军也只好回国。

太子商臣诬告子上说："子上接受了晋国的贿赂，才逃避和晋军打仗，这是楚国的耻辱，没有比这更大的罪过了。"成王便杀了子上。

鲁国安葬了僖公，没有及时设置神位，这是不合礼的。凡国君去世，安葬后十几天，停止了不定时的号哭后，就要把死者的神位送入祖庙，送入祖庙就要设置神位，以便于单独向死者祭祀，烝祭、尝祭、禘祭，也在祖庙内举行。

文　公

文公元年

经　元年春，王正月。公即位。二月癸亥，日有食之。天王使叔服来会葬。夏四月丁巳，葬我君僖公。天王使毛伯来锡公命。晋侯伐卫。叔孙得臣如京师。卫人伐晋。秋，公孙敖会晋侯于戚。冬十月丁未，楚世子商臣弑其君頵。公孙敖如齐。

传　元年春，王使内史叔服来会葬。公孙敖闻其能相人也①，见其二子焉。叔服曰：“穀也食子②，难也收子③。穀也丰下④，必有后于鲁国⑤。”

于是闰三月，非礼也。先王之正时也⑥，履端于始⑦，举正于中⑧，归余于终⑨。履端于始，序则不愆⑩。举正于中，民则不惑。归余于终，事则不悖⑪。

夏四月丁巳⑫，葬僖公。

王使毛伯卫来锡公命⑬，叔孙得臣如周拜⑭。

晋文公之季年⑮，诸侯朝晋。卫成公不朝，使孔达侵郑⑯，伐緜、訾⑰，及匡⑱。晋襄公既祥⑲，使告于诸侯而伐卫，及南阳⑳。先且居曰：“效尤，祸也。请君朝王，臣从师。”晋侯朝王于温，先且居、胥臣伐卫。五月辛酉朔㉑，晋师围戚㉒。六月戊戌㉓，取之，获孙昭子㉔。

卫人使告于陈。陈共公曰：“更伐之㉕，我辞之㉖。”卫孔达帅师伐晋，君子以为古㉗。古者越国而谋。

秋，晋侯疆戚田㉘。故公孙敖会之。

初，楚子将以商臣为大子，访诸令尹子上㉙。子上曰：“君之齿未也㉚，而又多爱㉛，黜乃乱也。楚国之举㉜，恒在少者㉝。且是人也，蜂目而豺声㉞，忍人也㉟，不可立也。”弗听。既又欲立王子职而黜大子商臣㊱。商臣闻之而未察㊲，告其师潘崇曰：“若之何而察之？”潘崇曰：“享江芈而勿敬也㊳。”从之。江芈怒曰：“呼，役夫㊴！宜君王之欲杀女而立职也㊵。”告潘崇曰：“信矣。”潘崇曰：“能事诸乎㊶？”曰：“不能。”“能行乎㊷？”曰：“不能”。“能行大事乎㊸？”曰：“能。”

冬十月，以宫甲围成王㊹。王请食熊蹯而死㊺。弗听。丁未㊻，王缢。谥之曰灵，不瞑；曰成，乃瞑。

穆王立㊼，以其为大子之室与潘崇，使为大师，且掌环列之尹㊽。

穆伯如齐㊾，始聘焉，礼也。凡君即位，卿出并聘㊿，践修旧好(51)，要结外援(52)，好事邻国，以卫社稷，忠信卑让之道也。忠，德之正也；信，德之固也；卑让(53)，德之基也。

殽之役，晋人既归秦帅，秦大夫及左右皆言于秦伯曰：“是败也，孟明之罪也，必杀之。”秦伯曰：“是孤之罪也。周芮良夫之诗曰(54)：‘大风有隧，贪人败类。听言则对，诵言如醉。匪用其良，覆俾我悖(55)。’是贪故也，孤之谓矣。孤实贪以祸夫子(56)，夫子何罪？”复使为政。

【注释】

①公孙敖：鲁大夫庆父之子。相人：给人相面。 ②穀：字文伯，公孙敖长子。食子：奉养您。 ③难：字惠叔，公孙敖次子。收子：安葬您。 ④丰下：颐颔丰满。 ⑤有后：后嗣昌盛。 ⑥正时：端正时令。 ⑦履端于始：推算年历以冬至为始。 ⑧举正于中：以正朔之月为正月。 ⑨归余于终：置闰月于岁终。 ⑩愆（qiān）：过错。 ⑪悖：谬误。 ⑫丁巳：二十六日。 ⑬毛伯卫：人名：天王使者。 ⑭叔孙得臣：鲁臣，又称叔孙庄叔、庄叔。拜：拜谢赐命。 ⑮季年：末年。 ⑯孔达：卫臣。 ⑰緜：不详何地，当与匡邑相近。訾：訾娄，本为卫邑，后属郑。 ⑱匡：本为卫邑，在今河南省长垣县西南，后为郑国夺去。 ⑲祥：古丧礼名。既祥即小祥祭祀以后。 ⑳南阳：地名，详见僖公二十五年传注。 ㉑辛酉朔：初一日。 ㉒戚：卫邑，在今河南省濮阳县北。 ㉓戊戌：初八日。 ㉔孙昭子：卫大夫。 ㉕更伐之：转过去攻打他们。 ㉖辞：言辞。 ㉗古：粗略、固陋。 ㉘疆：划疆正界。 ㉙访：询问。 ㉚齿未：年岁不大。 ㉛多爱：内宠多。 ㉜举：立。 ㉝恒：常。 ㉞蜂目：眼睛像蜂。豺声：声音如豺。 ㉟忍人：残忍的人。 ㊱既：立了以后。王子职：商臣的庶弟。 ㊲未察：未明察。 ㊳江芈（mǐ）：楚成王之妹。 ㊴呼：叹词，表惊怪。役夫：贱者的称呼。 ㊵杀女：即废掉你。女同“汝”。 ㊶事：事奉。 ㊷行：逃亡。 ㊸大事：指弑君，一说指政变。 ㊹宫甲：东宫甲士。 ㊺熊蹯：熊掌。 ㊻丁未：十月十八日。 ㊼穆王：即商臣。 ㊽环列之尹：统领宫廷警卫的长官。 ㊾穆伯：即公孙敖。 ㊿并聘：普遍向诸侯聘问。 (51)践：继续。 (52)要：束，集。 (53)卑让：谦让。 (54)芮良夫：周厉王时卿士。 (55)大风有隧六句：出自《诗经·大雅·桑柔》篇。隧，迅疾。败类：败坏良善。听言则对：听到道听途说的话就喜欢答对。诵言如醉：听到经典之中的话就昏昏欲睡。诵言，指《诗》、《书》之言。匪：通非。覆俾我悖：反使我做悖逆之行。覆：反。 (56)夫子：指孟明。

　　元年春季，天子派内史叔服前来参加僖公的葬礼。公孙敖听说叔服会相面，便让自己的两个儿子见他。叔服说："穀能祭祀供养您，难可以安葬您。穀的下巴丰满，其后代必然会在鲁国昌盛起来。"

　　这时候闰三月，不合礼。先王为了端正时令，推算年历时以冬至作为开始，把春分、秋分、夏至、冬至的月份作为四季的中月，剩余的时间则归在年终。推算年历以冬至为开始，四季的顺序就不会混乱；春分、秋分、夏至、冬至的月份作为四季的中月，百姓就不会糊涂；将剩余的时间归在年终，做事就不会有谬误。

　　夏季四月二十六日，安葬鲁僖公。

　　天子派毛伯卫前来赐命鲁文公，叔孙得臣前往王室拜谢。

　　晋文公晚年，诸侯前往晋国朝见。卫成公没去朝见，又派孔达入侵郑国，攻打縣、訾，到达匡地。晋襄公在举行了小祥祭祀以后，派人通告诸侯前往攻打卫国，到了南阳。先且居说："效法错误的行为，将会招致祸害。请国君朝见天子，我领着军队去攻打。"襄公到温地朝见天子，先且居、胥臣攻打卫国。五月一日，晋军围攻戚地。六月八日，夺取了戚地，抓获了孙昭子。

　　卫国派人向陈国告急。陈共公说："再去攻打他们，我去请求讲和。"卫国的孔达率军进攻晋国，君子认为卫国这样做过于固陋。所谓固陋是指居然让其他国家为自己出主意。

　　秋季，晋国划定戚地的疆界。为此公孙敖在戚地会见了晋襄公。

　　当初，楚成王准备把商臣立为太子，曾向令尹子上征求意见。子上说："国君还很年轻，又有这么多宠妾。如果现在立了商臣，将来再废黜，就会产生祸乱。楚国立太子，常常立最年轻的。再说商臣这个人，有着蜂一样的眼睛，豺狼一样的声音，是个残忍的人，不能立他。"成王不听。立了商臣后，又想立王子职，就决定废黜太子商臣。商臣对此有所风闻，但不太清楚，就告诉他老师潘崇说："怎样才能搞清楚呢？"潘崇说："你设宴招待江芈，故意对她不尊重。"商臣听了他的话。果然，江芈生气地说："好啊，下贱的东西！难怪国君想杀掉你而立职，真是活该。"商臣告诉潘崇说："果真有此事。"潘崇说："你能事奉公子职吗？"商臣说："不能。""能逃到国外吗？""不能"。"能把国君杀掉吗？""能"。

　　冬季十月，商臣带领宫中侍卫包围了成王。成王请求吃了熊掌后再死。商臣不同意。十八日，成王自缢而死。给他加谥号"灵"，他死不瞑目；谥为"成"，才闭上眼睛。

楚穆王商臣即位，他把太子时的财物仆妾都送给了潘崇，并让他做了太师，还兼管宫廷侍卫军。

穆伯到齐国开始聘问，这是合乎礼的。凡国君即位，卿都要到各国聘问，继续发展过去的友好关系，团结外部力量，与邻国友好相处，以保卫自己的国家，这是合乎忠、信、卑让之道的。忠，使德行更为纯正；信，使德行得以巩固；卑让，则是德行的基础。

殽地之战后，晋国释放了秦国主帅，秦国的大夫和左右侍从都对秦穆公说："这次失败，是孟明的罪过，一定要把他杀死。"穆公说："这是我的罪过。周朝芮良夫有诗说：'大风迅疾刮过，贪婪使人弃善从恶，听到什么就轻率回答，诵读《诗》《书》则昏睡欲卧，不能重用有才之人，反而听信邪恶之说。'这是贪婪的缘故，说的正是我啊。我因为贪婪而使孟明获罪，孟明有什么罪？"就重新让孟明执政。

文公二年

经　二年春，王二月甲子，晋侯及秦师战于彭衙，秦师败绩。丁丑，作僖公主。三月乙巳，及晋处父盟。夏六月，公孙敖会宋公、陈侯、郑伯、晋士縠盟于垂陇。自十有二月不雨，至于秋七月。八月丁卯，大事于大庙，跻僖公。冬，晋人、宋人、陈人、郑人伐秦。公子遂如齐纳币。

传　二年春，秦孟明视帅师伐晋，以报殽之役。二月，晋侯御之。先且居将中军，赵衰佐之。王官无地御戎①，狐鞫居为右②。甲子③，及秦师战于彭衙④。秦师败绩。晋人谓秦"拜赐之师"。

战于殽也，晋梁弘御戎，莱驹为右。战之明日，晋襄公缚秦囚，使莱驹以戈斩之。囚呼，莱驹失戈，狼瞫取戈以斩囚⑤，禽之以从公乘⑥，遂以为右。箕之役，先轸黜之而立续简伯⑦。狼瞫怒。其友曰："盍死之？"瞫曰："吾未获死所。"其友曰："吾与女为难⑧。"瞫曰："《周志》有之⑨，勇则害上⑩，不登于明堂⑪。死而不义，非勇也。共用之谓勇⑫。吾以勇求右，无勇而黜，亦其所也。谓上不我知⑬，黜而宜，乃知我矣。子姑待之。"及彭衙，既陈，以其属驰秦师，死焉。晋师从之，大败秦师。

君子谓："狼瞫于是乎君子。诗曰：'君子如怒，乱庶遄沮⑭。'又曰：'王赫斯怒，爰整其旅⑮。'怒不作乱而以从师，可谓君子矣。"

秦伯犹用孟明。孟明增修国政，重施于民。赵成子言于诸大夫曰⑯："秦师又至，将必辟之⑰，惧而增德，不可当也。诗曰：'毋念尔祖，聿修厥德⑱。'孟明念之矣。念德不怠，其可敌乎？"

丁丑⑲，作僖公主，书，不时也。

晋人以公不朝来讨。公如晋。夏四月己巳⑳，晋人使阳处父盟公以耻之。书曰："及晋处父盟。"以厌之也。适晋不书，讳之也。

公未至，六月，穆伯会诸侯及晋司空士縠盟于垂陇㉑，晋讨卫故也。书士縠，堪其事也㉒。

陈侯为卫请成于晋，执孔达以说㉓。

秋八月丁卯㉔，大事于大庙㉕，跻僖公㉖，逆祀也㉗。于是夏父弗忌为宗伯㉘，尊僖公，且明见曰㉙："吾见新鬼大㉚，故鬼小㉛。先大后小，顺也。跻圣贤，明也。明、顺，礼也。"

君子以为失礼："礼无不顺。祀，国之大事也，而逆之，可谓礼乎？子虽齐圣㉜，不先父食久矣㉝。故禹不先鲧㉞，汤不先契㉟，文、武不先不窋㊱。宋祖帝乙，郑祖厉王，犹上祖也㊲。是以《鲁颂》曰㊳：'春秋匪解，享祀不忒，皇皇后帝，皇祖后稷。'君子曰礼，谓其后稷亲而先帝也。《诗》曰：'问我诸姑，遂及伯姊㊴。'君子曰礼，谓其姊亲而先姑也。"

仲尼曰："臧文仲，其不仁者三，不知者三㊵。下展禽㊶，废六关㊷，妾织蒲㊸，三不仁也。作虚器㊹，纵逆祀㊺，祀爰居㊻，三不知也。"

冬，晋先且居、宋公子成、陈辕选、郑公子归生伐秦，取汪及彭衙而还，以报彭衙之役。卿不书，为穆公故，尊秦也，谓之崇德。

襄仲如齐纳币，礼也。凡君即位，好舅甥㊼，修昏姻，娶元妃以奉粢盛㊽，孝也。孝，礼之始也。

【注释】

①王官无地：人名，晋臣。　②狐鞫（jū）居：晋臣，又称续鞫居。　③甲子：二月七日。　④彭衙：秦地名，在今陕西省白水县东北。　⑤狼瞫（shěn）：人名，晋臣。　⑥禽之：擒莱驹。　⑦续简伯：即续鞫居。　⑧为难：发难，即共杀先轸。　⑨《周志》：即《周书》。　⑩则：如果。　⑪明堂：祖庙。　⑫共用：为国效命。　⑬上：指先轸。　⑭君子如怒二句：出自《诗经·小雅·巧言》。乱庶遄（chuán）沮（jǔ）：动乱差不多能迅速制止。遄，疾，速；沮，阻止。　⑮王赫斯怒，爰整其旅：句出《诗经·大雅·皇矣》。赫斯，赫然发怒

的样子。爱，于是。　⑯赵成子：赵衰。　⑰辟：通"避"。　⑱毋念尔祖二句：出自《诗经·大雅·文王》。毋同"无"。毋念，怀念。聿：语助词，无义。厥：代词，他的，那个。⑲丁丑：二月二十日。　⑳己巳：十三日。　㉑士縠（hú）：士芳之子。垂陇：郑地，在今河南省荥阳县东北。　㉒堪其事：能胜任其事。　㉓说：解说。　㉔丁卯：十三日。　㉕大事：指祭祀。　㉖跻僖公：升僖公的神位。跻（jī）：升，登。僖公与闵公为兄弟，僖公继闵公为君，依当时礼制，闵公当在僖公之上。此升僖公之位于闵公之上，故称跻。　㉗逆祀：不按先后次序祭祀。　㉘于是：当时。夏父弗忌：人名，鲁臣。宗伯：古代掌礼之官。　㉙明见：明言其所见。　㉚新鬼：指僖公。　㉛故鬼：指闵公，其死已久。　㉜齐圣：聪明圣哲。　㉝不先父食：此句为譬喻，即后之国君享受祭品不能在先立国君之上。　㉞鲧：禹的父亲。　㉟契：汤的十三世祖。　㊱不窋（zhú）：周文王的先祖。　㊲上祖：尊尚父祖。　㊳《鲁颂》曰以下四句：出自《诗经·鲁颂·閟宫》，言郊祭上天与后稷。匪解：不懈怠。忒（tè）：差误。皇皇后帝：指天。后稷：相传尧舜时的农官，周之先祖。　㊴问我诸姑，遂及伯姊：句出《诗经·邶风·泉水》。姑，父之姊妹。伯姊：长姊。　㊵不知：不智。　㊶下展禽：使展禽屈居下位，展禽，即柳下惠。　㊷废六关：即置六关以纳税。　㊸妾织蒲：小老婆织蒲席贩卖。言其与民争利。　㊹作虚器：指藏文仲畜养大蔡之龟的事。　㊺纵逆祀：指纵容夏父弗忌跻僖公的主张。　㊻祀爰居：祭祀海鸟爰居。爰居，海鸟名。　㊼好舅甥：鲁与齐世通婚姻，为舅甥之国，遣使申好，故称好舅甥。　㊽娶元妃：鲁文公为初娶，故称娶元妃。奉粢盛：举行祭祀。粢盛，祭品。

【译文】

二年春季，秦国的孟明视率军攻打晋国，以报殽地一战之仇。二月，晋襄公领兵抵抗。先且居率领中军，赵衰为副帅。王官无地驾驭战车，狐鞫居为车右。二月七日，在彭衙和秦军交战。秦军大败。晋国人把秦军称为"前来拜谢恩德的部队。"

在殽地之战中，晋国的梁弘驾车，莱驹为车右。战斗持续到第二天，襄公让人把秦国的几个俘虏捆起来，让莱驹用戈砍他们的脑袋。俘虏大声喊叫起来，莱驹一失手，戈掉在地上，狼瞫迅速拿起戈砍了俘虏的脑袋，并把莱驹抓起追上了襄公的战车，襄公让他做了车右。箕地一战中，先轸废黜了狼瞫，让续简伯代替他。狼瞫非常恼怒。他的朋友说："你何不去死？"狼瞫说："我还没有找到死的地方。"朋友说："我帮你杀掉先轸怎么样？"狼瞫说："《周志》上说：勇猛但如果杀了位居在上的人，死后也不能进入庙堂。如果不义而死，不能算是勇敢。为国而死才叫做勇敢。我因为勇敢而做了车右，如今因为不勇敢而被废黜，也是应该的。如果说是先轸不了解我，废黜得当，这就是了解我。您等着瞧吧。"等到彭衙一战，狼瞫在摆开阵势以后，率领他的部下冲入秦军，结果死在那里。晋军紧随而上，大败秦军。

君子对此评论说："狼瞫在这件事上可以说是个君子。《诗经》说：'君子如果发怒，动乱差不多可以迅速终止。'又说：'文王勃然大怒，于是就整顿军队。'愤怒但不去作乱，却上前线打仗，可以说是君子了。"

秦穆公还是任用了孟明。孟明更加努力于修明政事，给百姓以更大的好处。赵衰对大夫们说："秦军再来攻打，一定要躲开，因为害怕对方而进一步修明德行，这样的人是不能抵抗的。《诗经》说：'怀念你的祖先，修明你的德行。'孟明知道这两句话。致力于修德并能坚持不懈，难道能抵抗吗？"

二十日，鲁国设置了僖公的神位，《春秋》记载此事，是因为没有及时设置。

晋国人因为文公不去朝见而发兵攻打鲁国。文公便去了晋国。夏季四月十三日，晋国派阳处父和文公结盟，以此来羞辱他。《春秋》记载为"及晋处父盟"，表示对晋国的不满。对文公前往晋国一事不加记载，是为了避讳。

文公还没有回到鲁国，六月，穆伯和诸侯以及晋国司空士縠在垂陇结盟，这是因为晋国要攻打卫国。《春秋》直书"士縠"的名字，是认为他能胜任此事。

陈共公替卫国向晋国请求和好，并抓了孔达以向晋国解释。

秋季八月十三日，鲁国在太庙祭祀，把僖公的神位升到闵公之上，这是一位违背正常顺序的祭祀。当时夏父弗忌担任宗伯一职，他尊崇僖公，并且说明了他所见到的情况："我看到新死的僖公的鬼魂大，早死的闵公的鬼魂小。先大后小，是合乎顺序的。使圣贤升位，是明智的。明智并且合乎顺序，是合乎礼的。"

君子认为这样做是失礼的："礼没有不合顺序的。祭祀是国家的大事，不按照正常的顺序，能说是合乎礼吗？即使儿子再聪明圣哲，也不能在父亲之前享受祭品，这是老规矩。因此禹不能在鲧前面，汤不能在契前面，文王、武王不能在不窋前面。宋国以帝乙为祖宗，郑国以厉王为祖宗，都是对祖宗的崇尚。所以《鲁颂》说：'四时不怠惰，祭祀无差错，祭我伟大的上帝，祭我伟大的祖先后稷。'君子认为这是合乎礼的，就是说虽然和后稷亲近，却要先称上帝。《诗经》说：'问候我的姑姑，再问候我的姐姐。'君子认为这也合乎礼，就是说虽然姐姐和自己亲近，但却要先问候姑姑。"

孔子说："臧文仲有三件事做得不仁爱，有三件事做得不聪明。使展禽屈居自己之下，设置了六个关口收税，让他的小妾织席贩卖与民争利，这三件事不够仁爱。给一个大乌龟建造房屋并养起来，纵容夏父弗忌升僖公之位于闵公之上，让国人祭祀海鸟爰居，这三件事不够聪明。"

冬季，晋国的先且居、宋国的公子成、陈国的辕选、郑国的公子归生攻打秦国，夺取了汪地，到达彭衙后回国，报了彭衙一战之仇。《春秋》不写各国卿的名字，是为了秦穆公的缘故，尊重秦国，叫做崇尚德行。

襄仲到齐国送去玉帛财礼，这是合乎礼的。凡国君即位，发展甥舅国家之间的友好关系，两国联姻，娶原配夫人以参加祭祀，这就是孝。讲究孝道，是遵循礼的开始。

文公三年

经　三年春，王正月，叔孙得臣会晋人、宋人、陈人、卫人、郑人伐沈，沈溃。夏五月，王子虎卒。秦人伐晋。秋，楚人围江。雨螽于宋。冬，公如晋。十有二月己巳，公及晋侯盟。晋阳处父帅师伐楚以救江。

传　三年春，庄叔会诸侯之师伐沈①，以其服于楚也。沈溃。凡民逃其上曰溃②，在上曰逃。

卫侯如陈，拜晋成也。

夏四月乙亥③，王叔文公车④，来赴，吊如同盟，礼也。

秦伯伐晋，济河焚舟，取王官⑤，及郊⑥。晋人不出，遂自茅津济⑦，封殽尸而还。遂霸西戎，用孟明也。

君子是以知"秦穆公之为君也，举人之周也⑧，与人之壹也⑨；孟明之臣也，其不解也⑩，能惧思也；子桑之忠也⑪，其知人也，能举善也。《诗》曰⑫：'于以采蘩？于沼于沚，于以用之？公侯之事。'秦穆有焉。''夙夜匪解，以事一人'⑬。孟明有焉。'诒厥孙谋，以燕翼子⑭。'子桑有焉。"

秋，雨螽于宋⑮，队而死也⑯。

楚师围江。晋先仆伐楚以救江⑰。

冬，晋以江故告于周。王叔桓公、晋阳处父伐楚以救江⑱，门于方城⑲，遇息公子朱而还⑳。

晋人惧其无礼于公也，请改盟。公如晋，及晋侯盟。晋侯飨公，赋《菁菁者莪》㉑。庄叔以公降、拜㉒，曰："小国受命于大国，敢不慎仪㉓。君贶之以大礼㉔，何乐如之。抑小国之乐㉕，大国之惠也。"晋侯降，辞。登，成拜。公赋《嘉乐》㉖。

【注释】

①庄叔：即叔孙得臣。沈：国名，姬姓，在今河南省沈丘旧县治一带。　②逃其上：百姓逃避他们的上层人物，因人数众多，故称"溃"。　③乙亥：二十四日。　④王叔文公：即王子虎。　⑤王官：晋地名，在今山西省闻喜县西。　⑥郊：地名，在王官附近。　⑦茅津：地名，即今山西省平陆县境内茅津渡。　⑧周：全面，周密。　⑨与人：信任、任用人。壹：专一无二。　⑩解：同"懈"。　⑪子桑：即公孙枝。　⑫《诗》曰：以下四句出自《诗经·召南·采蘩》篇。于以：于何。蘩：白蒿。沚（zhǐ）：沙渚。引此诗句喻秦穆公能以忠信待人，故人能为其尽力。　⑬夙夜匪解，以事一人：句出《诗经·大雅·烝民》篇。本意以"一人"指周宣王，此则借以指秦穆公。　⑭诒厥孙谋，以燕翼子：句出《诗经·大雅·文王有声》篇。诒，遗留。孙，子孙后代。谋，谋略。燕，安定。翼，辅助。子，子孙。引此诗句指子桑能荐举百里奚父子为秦穆公辅佐，成就霸业。　⑮雨畲：畲斯像下雨一样。　⑯队：同"坠"。　⑰先仆：晋臣。　⑱王叔桓公：周卿士，王叔文公之子。　⑲门：攻打城门，此为攻击。方城：方城山的关口。　⑳息公子朱：楚大夫。息公，息县之尹，名子朱。　㉑《菁菁者莪》：《诗经·小雅》篇名。义取"既见君子，乐且有仪"句。　㉒庄叔：即叔孙得臣，时为文公相礼。降：降阶再拜。　㉓慎仪：谨慎地恪守礼仪。　㉔贶（kuàng）：赏赐。大礼，即享礼。　㉕抑：语首助词，无义。　㉖《嘉乐》：《诗经·大雅》之篇名。文公赋此诗，义取"显显令德，宜民宜人，受禄于天"以赞颂晋侯。

【译文】

　　三年春季，庄叔会合诸侯军队攻打沈国，因为沈国顺服了楚国。沈国百姓纷纷溃逃。凡是百姓逃离他们的国君叫做"溃"，国君逃走则叫做"逃"。

　　卫成公前往陈国，就和晋国讲和一事表示感谢。

　　夏季四月二十四日，王叔文公去世，王室送来了讣告，鲁国以同盟诸侯的礼节吊唁，是合乎礼的。

　　秦穆公讨伐晋国，过了黄河后便将渡船烧毁，夺取了王官到达郊地。晋军不出城迎战，秦军就从茅津渡过黄河，在殽地堆上树碑，以纪念死亡的将士，然后就回国了。秦穆公从此称霸西戎，其原因就是重用了孟明。

　　君子因此而知道"秦穆公作为国君，选拔人才考虑周到，起用人才果断专一。孟明作为臣子，仍能坚持不懈，通过对战败的反思，进一步修明德行；子桑更为忠诚，不但了解别人，而且能举荐贤人。《诗经》说：'何处去采蒿？池塘里，小洲中。哪里去用它？公侯的祭典上。'秦穆公就是这样的人。'起早贪黑努力干，一心事奉一人。'孟明就是这样的人。'留给子孙谋略，将其安定辅佐。'子桑就是这样的人。"

秋季，宋国发现鹢斯像下雨一般落下来，是死后掉下来的。

楚军围攻江国，晋国的先仆攻打楚国，以救援江国。

冬季，晋国把江国被围一事报告了天子。王叔桓公、晋国的阳处父攻打楚国以救援江国，攻打方城山关口时，遇到了楚国的息公子朱，然后就回国了。

晋国人因对鲁文公无礼而害怕，请求改订盟约。于是文公前往晋国和晋襄公结盟。襄公设宴招待文公，吟诵了《菁菁者莪》一诗表示欢迎。庄叔让文公走下台阶再拜，说："小国在大国接受命令，岂敢对礼仪不慎重？国君设宴隆重款待我们，有什么比这更令人高兴的呢？小国的高兴完全是大国的恩赐啊。"晋襄公也走下台阶辞让，二人登上台阶至堂上，完成了拜礼。文公吟诵了《嘉乐》一诗表示感谢。

文公四年

经　四年春，公至自晋。夏，逆妇姜于齐。狄侵齐。秋，楚人灭江。晋侯伐秦。卫侯使宁俞来聘。冬十有一月壬寅，夫人风氏薨。

传　四年春，晋人归孔达于卫，以为卫之良也①，故免之。

夏，卫侯如晋拜。

曹伯如晋，会正②。

逆妇姜于齐，卿不行，非礼也。君子是以知出姜之不允于鲁也③。曰："贵聘而贱逆之，君而卑之④，立而废之，弃信而坏其主⑤，在国必乱，在家必亡。不允宜哉。《诗》曰：'畏天之威，于时保之⑥。'敬主之谓也⑦。"

秋，晋侯伐秦，围邧、新城⑧，以报王官之役。

楚人灭江，秦伯为之降服⑨，出次⑩，不举⑪，过数⑫。大夫谏，公曰："同盟灭，虽不能救，敢不矜乎⑬！吾自惧也。"君子曰："《诗》云⑭：'惟彼二国，其政不获；惟此四国，爰究爰度。'其秦穆之谓矣。"

卫宁武子来聘，公与之宴，为赋《湛露》及《彤弓》⑮。不辞⑯，又不答赋。使行人私焉⑰。对曰："臣以为肄业及之也⑱。昔诸侯朝正于王⑲，王宴乐之，于是乎赋《湛露》，则天子当阳⑳，诸侯用命也㉑。诸侯敌王所忾而献其功㉒，王于是乎赐之彤弓一，彤矢百，玈弓矢千，以觉报宴㉓。今陪臣来继旧好，君辱贶之，其敢干大礼以自取戾㉔？"

冬，成风薨㉕。

【注释】

①良：贤良之才。　②会正：与会交纳贡赋。正，同"政"，即交纳贡赋。当时小国诸侯有向霸主纳贡赋的义务，与会以定其数额。　③出姜：即哀姜，鲁文公夫人。不允：不终。④君：小君，国君之妻的称谓。　⑤弃信：指贵聘贱逆，不依所聘时之礼行事。坏其主：夫人为公宫内之主，而卑之，废之，故曰："坏其主"。　⑥畏天之威，于时保之：句出《诗经·周颂·我将》篇。威，威灵。保之，保有福禄。　⑦敬主：敬重内主。　⑧邧（yuán）：秦邑名，在今陕西省澄城县南。新城：秦邑，在澄城县东北。　⑨降服：素服。　⑩出次：离开正寝，居住于别室。　⑪不举：减膳撤乐。　⑫过数：超过了应有礼数。　⑬矜：哀怜。　⑭《诗》云：以下四句出自《诗经·大雅·皇矣》篇。二国：指夏、商。不获：不得人心。四国：四方国家。爰究爰度：于是探讨、谋虑。爰，于是。　⑮《湛露》、《彤弓》：均为《诗经·小雅》篇名。　⑯不辞：不辞谢。　⑰行人：外交人员。私：以私人身份探问。　⑱肄业：练习赋诗。　⑲朝正：正月朝贺京师。　⑳当阳：面对太阳而坐。　㉑用命：效劳听命。　㉒敌王所忾：抗击天子所痛恨的人。忾，痛恨。　㉓以觉报宴：比较功劳的大小以宴乐报答。觉，通"校"，量。　㉔干：违犯。戾：罪过。　㉕成风：鲁僖公之母。

【译文】

　　四年春季，晋国认为孔达是卫国的贤良人才，而将其赦免，释放回国。
　　夏季，卫成公前往晋国致谢。
　　曹共公到晋国，就向晋纳贡一事会谈。
　　鲁国派人到齐国迎娶姜氏，卿没有前去迎接，这是不合礼的。君子因此而知道出姜不会在鲁国善终。他们说："聘礼隆重，迎娶规格却很低，虽为国君之妻却不以国君之妻的礼节对待，立她为夫人却又废弃了相应的礼仪，不讲信用而贬损了夫人的身份，一个国家发生了这种事情，必然会造成祸乱，一个家族发生了这种事情，必然会导致灭亡。她在鲁国不能善终是理所应当的了！《诗经》说：'害怕上天的神威，因此而保全她的身份。'说的就是要对夫人尊敬。"
　　秋季，晋襄公攻打秦国，包围了邧地、新城，报了王官一战之仇。
　　楚国人灭了江国，秦穆公身着素服，移居侧室，减少膳食，撤除音乐，以表示哀悼，礼数超过了规定的限度。大夫劝谏他，他说："同盟国家被灭亡，即使未能援救，难道还能不哀悼吗？我是以此来警戒自己啊。"君子认为："《诗经》说：'夏、商两国为政不得人心，四方诸侯探其原因，以此为鉴。'说的就是秦穆公啊。"

卫国的宁武子来鲁国聘问，文公为他举行饮宴，席间演奏了《湛露》和《彤弓》二诗。宁武子既没有辞谢，也没有吟诗以答。文公派外交官私下探问原因。宁武子回答说："我原以为贵国是为练习而演奏的呢！过去诸侯在正月里到王室朝见，天子设宴奏乐款待，这时才演奏《湛露》一诗，表示天子犹如太阳，诸侯俯首听命。诸侯以天子所痛恨的人作为自己的敌人，并献上攻打四夷的功劳，天子赐给红色的弓一把，红色的箭一百支，黑色的弓十把，黑色的箭一千支，以宴乐报答功劳。如今我本是前来继续发展过去的友好关系的，承蒙国君赐宴，哪里还敢违背天子宴享诸侯的礼仪而自取罪过啊！"

冬季，成风去世。

文公五年

经　五年春，王正月，王使荣叔归含，且赗。三月辛亥，葬我小君成风。王使召伯来会葬。夏，公孙敖如晋。秦人入鄀。秋，楚人灭六。冬十月甲申，许男业卒。

传　五年春，王使荣叔来含且赗[①]，召昭公来会葬[②]，礼也。

初，鄀叛楚即秦[③]，又贰于楚。夏，秦人入鄀。

六人叛楚即东夷[④]。秋，楚成大心、仲归帅师灭六[⑤]。

冬，楚子燮灭蓼[⑥]。臧文仲闻六与蓼灭，曰："皋陶、庭坚不祀忽诸[⑦]。德之不建，民之无援，哀哉！"

晋阳处父聘于卫，反过宁[⑧]，宁嬴从之[⑨]。及温而还，其妻问之，嬴曰："以刚[⑩]。《商书》曰：'沈渐刚克，高明柔克[⑪]。'夫子壹之[⑫]，其不没乎[⑬]！天为刚德，犹不干时[⑭]，况在人乎？且华而不实[⑮]，怨之所聚也。犯而聚怨[⑯]，不可以定身[⑰]。余惧不获其利而离其难[⑱]，是以去之。"

晋赵成子、栾贞子、霍伯、臼季皆卒[⑲]。

【注释】

①荣叔：周臣。含：以珠玉等物置于死者口中叫做含。来含，即致送死者所含的珠玉等物。赗（fèng）：助丧的礼物。　②召昭公：周王卿士，即召伯。　③鄀：秦、楚界上小国。详见僖公二十五年传注。　④六：国名，皋陶之后，故城在今安徽省六安县北。　⑤成大心、仲归：二人名，均为楚臣。　⑥子燮：楚公子。蓼：国名，在今河南省固始县东北。　⑦忽诸：突然，一下子。　⑧宁：晋邑名。其地当在河南省修武县东。　⑨宁嬴：人名，逆旅主

人。一说为逆旅大夫。　⑩以刚：太刚强。　⑪《商书》曰：以下二句出自《尚书·洪范》。沈渐：深沉。刚克：以刚强去克制。高明：爽朗。　⑫壹之：只具其一。　⑬不没：不得善终。　⑭不干时：不违犯寒暑四时的次序。　⑮华而不实：指言过其行。　⑯犯：触犯别人。　⑰定身：安身。　⑱离：同"罹"。　⑲赵成子：即赵衰。栾贞子：即栾枝。霍伯：即先且居，霍为其采邑。臼季：即胥臣。

【译文】

五年春季。天子派荣叔送来含玉和丧仪，并派召昭公前来参加葬礼，这是合乎礼的。

当初，郜国曾背叛楚国亲近秦国，又暗中亲近楚国。夏季，秦军攻入郜国。

六国人背叛了楚国，亲近东夷。秋季，楚国的成大心和仲归领兵灭掉了六国。

冬季，楚国的公子燮灭亡了蓼国，臧文仲听说六国和蓼国灭亡的消息后说："皋陶和庭坚突然之间就没有人祭祀了。可见如果不建立德行，百姓就没有救了，真让人伤心啊！"

晋国的阳处父到卫国聘问，回来路过宁地，宁嬴跟他走。但走到温地就又回去了，妻子问他为何又回来，他说："这个人太刚强了。《商书》说：'优柔的人应以刚强来克服，豪爽的人应以柔弱来克服。'阳处父只具备豪爽和刚强一个方面，恐怕难以善终！上天为阳本属刚强，尚且不去触犯四季运行的顺序，何况人呢？再说如果只说不做，华而不实，就会招致怨恨。刚强触犯了别人，招来怨恨，就难以使自身安定。我担心得不到他的好处，反而遭到祸患，因此离开了他。"

晋国的赵成子、栾贞子、霍伯、臼季都去世了。

文公六年

经　六年春，葬许僖公。夏，季孙行父如陈。秋，季孙行父如晋。八月乙亥，晋侯驩卒。冬十月，公子遂如晋，葬晋襄公。晋杀大夫阳处父。晋狐射姑出奔狄。闰月，不告月，犹朝于庙。

传　六年春，晋蒐于夷，舍二军①。使狐射姑将中军②，赵盾佐之③。阳处父至自温，改蒐于董④，易中军。阳子⑤，成季之属也⑥，故党于赵氏⑦，且谓赵盾能[8]，曰：“使能，国之利也。”是以上之[9]。宣子于是乎始为国政，制事典[10]，正法罪[11]，辟狱刑[12]，董逋逃[13]，由质要[14]，治旧洿[15]，本秩礼[16]，续常职[17]，出滞淹[18]。既成，以授大傅阳子与大师贾佗，使行诸晋国，以为常法。

臧文仲以陈、卫之睦也，欲求好于陈。夏，季文子聘于陈[19]，且娶焉。

秦伯任好卒[20]。以子车氏之三子奄息、仲行、鍼虎为殉[21]，皆秦之良也。国人哀之，为之赋《黄鸟》[22]。

君子曰：“秦穆之不为盟主也，宜哉。死而弃民。先王违世[23]，犹诒之法[24]，而况夺之善人乎！《诗》曰：‘人之云亡，邦国殄瘁[25]。’无善人之谓。若之何夺之？古之王者知命之不长，是以并建圣哲[26]，树之风声[27]，分之采物[28]，著之话言[29]，为之律度[30]，陈之艺极[31]，引之表仪[32]，予之法制，告之训典[33]，教之防利[34]，委之常秩[35]，道之礼则[36]，使无失其土宜[37]，众隶赖之，而后即命[38]。圣王同之[39]。今纵无法以遗后嗣[40]，而又收其良以死，难以在上矣。”君子是以知秦之不复东征也。

秋，季文子将聘于晋，使求遭丧之礼以行。其人曰：“将焉用之？”文子曰：“备豫不虞[41]，古之善教也[42]。求而无之，实难[43]。过求何害[44]？”

八月乙亥[45]，晋襄公卒。灵公少[46]，晋人以难故，欲立长君[47]。赵孟曰[48]：“立公子雍[49]。好善而长。先君爱之，且近于秦[50]。秦，旧好也。置善则固，事长则顺[51]，立爱则孝，结旧则安。为难故，故欲立长君，有此四德者[52]，难必抒矣[53]。”贾季曰[54]：“不如立公子乐[55]。辰嬴嬖于二君[56]，立其子，民必安之。”赵孟曰：“辰嬴贱，班在九人[57]，其子何震之有[58]？且为二嬖，淫也。为先君子，不能求大而出在小国，辟也[59]。母淫子辟，无威。陈小而远[60]，无援。将何安焉？杜祁以君故[61]，让偪姞而上之[62]，以狄故，让季隗而己次之[63]，故班在四。先君是以爱其子而仕诸秦，为亚卿焉[64]。秦大而近，足以为援，母义子爱，足以威民，立之不亦可乎？”使先蔑、士会如秦[65]，逆公子雍。贾季亦使召公子乐于陈。赵孟使杀诸郫[66]。

贾季怨阳子易其班也[67]，而知其无援于晋也。九月，贾季使续鞫居杀阳处父[68]。书曰：“晋杀其大夫。”侵官也。

冬十月，襄仲如晋，葬襄公。

十一月丙寅，晋杀续简伯。贾季奔狄。宣子使臾骈送其帑[69]。

夷之蒐，贾季戮臾骈[70]，臾骈之人欲尽杀贾氏以报焉。臾骈曰：“不可。吾闻《前志》有之曰[71]：‘敌惠敌怨[72]，不在后嗣’，忠之道也。夫子礼于贾季[73]。我以其宠报私怨[74]，无乃不可乎？介人之宠[75]，非勇也。损怨益仇，非知也。以私害公，非忠也。释此三者㉖，何以事夫子？”尽具其帑，与其器用财贿，亲帅扦之⑦⑦，送致诸竟⑦⑧。

闰月不告朔⑦⑨，非礼也。闰以正时⑧⑩，时以作事⑧①，事以厚生⑧②，生民之道，于是乎在矣。不告闰朔，弃时政也，何以为民？

【注释】

①舍：撤销。　②狐射姑：狐偃之子。　③赵盾：晋臣，又称赵宣子。　④董：晋地名。　⑤阳子：即阳处父。　⑥成季：即赵衰。　⑦党：偏袒。　⑧能：才能。　⑨上之：居于上位。　⑩制事典：制订办事章程、条例。　⑪正法罪：制订刑罚律令。　⑫辟狱刑：清理诉讼积案。　⑬董逋逃：督察追捕逃犯。　⑭由质要：使用契约、账目作为凭据。　⑮治旧洿（wū）：治理清除政治污垢。洿，污秽。　⑯本秩礼：恢复被破坏的等级次序。　⑰续常职：重建被废弃的官职。　⑱出滞淹：推举被埋没的贤能。　⑲季文子：鲁桓公之子季友的孙子，又称季孙行父。　⑳任好：秦穆公之名。　㉑殉：殉葬。　㉒《黄鸟》：《诗经·秦风》之篇名。　㉓违世：离开人世。　㉔诒：同“遗”。　㉕人之云亡，邦国珍（tiǎn）瘁：《诗经·大雅·瞻印》句。云，语气助词。珍瘁，病伤。　㉖圣哲：泛指贤能。　㉗风声：风化声教。　㉘采物：指旌旗衣服之类。　㉙话言：善言。　㉚律度：法度。　㉛艺极：准则。　㉜引之表仪：引导其效仿表帅。　㉝训典：前代的典章制度。　㉞防利：防止贪利。　㉟常秩：一定的职务及俸禄。　㊱道：教导。　㊲土宜：即因地制宜。　㊳即命：天命已终，即死去。　㊴圣王：圣人和先王。　㊵纵：纵然，即使。无法：没有法度。　㊶备豫不虞：准备着预料不到的事情。　㊷善教：好的教训。　㊸实难：会处于困境。　㊹过求：求之过早。　㊺乙亥：十四日。　㊻灵公：名夷皋，襄公子。　㊼长君：年长的国君。　㊽赵孟：即赵盾以后，赵氏世称孟。　㊾公子雍：晋文公之子，襄公庶弟。　㊿近：亲近。　51事长：立长。　52四德：即固、顺、孝、安。　53抒：即“纾”，缓解。　54贾季：即狐射姑。　55公子乐：公子雍之弟。　56辰嬴：即子圉之妻怀嬴，后嫁晋文公，故改称辰嬴。二君：指怀公、文公。　57班：位次。　58震：威。　59辟：同“僻”，鄙陋。　60陈：陈国，公子乐出居于陈。　61杜祁：公子雍之母。杜，国名；祁，姓。　62偪姞（bī jí）：晋襄公之母。偪：国名，姞，姓。　63季隗：见僖公二十八年传。　64亚卿：次卿。　65先蔑、士会：见僖公二十八年传。　66郫：晋邑名。　67易其班：改变其地位。贾季本为中军主帅，后改为中军副帅。　68续鞫居：即狐鞫居，又称续简伯。　69宣子：赵盾。臾骈：人名，赵盾的下属。孥：妻子儿女。　70戮：侮辱。　71《前志》：古书名。　72敌惠敌怨：有惠于人或有怨于人。敌，对。　73夫子：指赵盾。　74以其宠：借助他（赵盾）的宠信。　75介：因。　76释：舍弃。　77扦：保卫。　78竟：同“境”。　79告朔：告月。即每月于朔日告神，又称为月祭。④闰以正时：闰月是用来补正四时的差错。81作事：农耕之事。　82厚生：生活富裕。

【译文】

六年春季，晋国在夷地检阅军队，撤销两个军。派狐射姑率领中军，赵盾为副帅。阳处父从温地回来后，又改在董地检阅，同时调换了中军主帅。阳处父曾是成季的部下，所以偏袒赵氏，并且认为赵盾确有才能，他说："任用有才能的人对国家是有利的。"因此使赵盾居于狐射姑之上。赵盾从此开始掌管国家政权，制定规章制度，修订法律条令，清理诉讼积案，督察追捕逃犯，运用契约账簿作为凭据，铲除政治弊端使之清明，恢复日趋混乱的等级，重建已经废弃的官职，起用屈居下位的贤能之人。章法条令制定出来后，交给太傅阳处父和太师贾佗，让他们在全国推行，以作为晋国的基本法则。

藏文仲因为陈国和卫国关系较好，也希望能和陈国结好。夏季，季文子前往陈国聘问，并在陈国娶了妻。

秦穆公任好去世。殡葬时用子车氏的三个儿子奄息、仲行、铖虎陪葬，他们都是秦国的贤良人才。秦国人为他们感到悲痛，并为此创作了《黄鸟》一诗。

君子对此评论说："看来秦穆公未能成为盟主，也是理所应当的了！死后还要连累他人，遗弃百姓。前代国君死后，都给后人留下典范，树立榜样，哪里会夺去百姓心目中好人的生命呢？《诗经》说：'如果贤能之人死亡，国家也就病入膏肓'。就是说已经没有好人了。为什么还要把好人的生命夺去呢？古代国君自知不能长生不老，于是就广泛地选用贤能之人，给他们树立风俗教化的典范，使他们的旗帜服饰显示出尊卑上下，为他们撰写了许多治国良言，制定了无数法律制度，宣布了应该遵循的准则，并引导他们遵守法纪，教给他们如何使用法律，讲解先王的典章遗训，教导他们不可过分谋求私利，任命他们担当一定的职务，教给他们各种礼仪和规范，使他们对各种问题因地制宜，灵活处置，百姓因此而信赖他们。古代国君把上述各项事情都做完了才放心地死去。圣明的君王都是这样做的。如今秦穆公不但没有给后人留下可供遵循的法律典章，反而夺走贤良之才作为他的殉葬品，他很难长久下去。"君子因此知道秦国不可能再向东扩展了。

秋季，季文子准备到晋国聘问，让侍从代为请求一旦遭到丧事使用什么样的礼仪，然后才动身。侍从问他："有这个必要吗？"文子说："及早动手，有备无患，这是自古以来的教训。不事先准备，临时请求，就会很被动。早做准备，有什么害处呢？"

八月十四日，晋襄公去世。当时晋灵公尚且年幼，晋国人为了避免灾难，想立一位年长的国君。赵盾说："就立公子雍吧。他好做善事且年长。先君文公很喜欢他，他又和秦国亲近。秦国是我国的旧友。拥立一个善良人为国君，国家就能巩固，事奉年长的人名正言顺，立先君喜爱的儿子合乎孝道，结交昔日的友邦能使国家安定。为了避免祸难，所以要立年长者为国君。具备了固、顺、孝、安四种德行，灾难必然能够消除。"狐射姑说："我看不如立公子乐。他的母亲辰嬴曾经受到怀公、文公两位先君的宠爱。拥立她的儿子为君，百姓必然安定。"赵盾说："辰嬴身份低贱，在文公夫人中位居第九，她的儿子有什么威信呢？再说她曾受到两位国君的宠幸，是一个淫乱的女人。公子乐作为先君文公的儿子，不争取到大国做官，却甘愿去那小小的陈国，是一个邪僻之人。母亲淫荡，儿子邪僻，自然没有威严。陈国弱小而且遥远，不能援助我们，国家靠什么安定？杜祁为了国君，才让偪姞位居自己之上，为了安抚狄人，又甘愿屈居季隗之下，因此她排名第四。先君文公因此而特别喜欢她的儿子，让他到秦国做官，官至亚卿。秦国强大离我国又很近，能够及时援救我们，母亲仁义儿子备受喜爱，就能够镇服百姓，立他不是也可以吗？"就派先蔑、士会到秦国迎接公子雍。狐射姑也派人到陈国召请公子乐。赵盾派人在郫地杀了公子乐。

狐射姑对阳处父把他从中军主帅降为副帅一直耿耿于怀，也知道自己在晋国没有人帮助。九月贾季派续鞫居杀了阳处父。《春秋》中记载为"晋杀其大夫"，是因为阳处父侵夺了狐射姑中军主帅的职务。

冬季十月，襄仲到晋国参加晋襄公的葬礼。

十一月某日，晋国人杀了续鞫居。狐射姑逃亡到了狄人那里。赵盾派臾骈把他的妻子儿女送了过去。

在夷地阅兵时，狐射姑曾经侮辱过臾骈，臾骈的部下打算把狐射姑全家斩尽杀绝，以为臾骈报仇。但臾骈阻拦说："不能这样做。据我所知，《前志》上有句话说：'无论和人有恩还是有怨，都和他的子孙没有关系。'这是忠恕之道。赵盾对狐射姑非常尊重。我却利用他的宠信报复自己的私仇，恐怕不行吧？利用别人的宠信去报复，不能算是勇敢。虽然泄了愤，却增加了对方的仇恨，不是聪明之举。因为私事而损害公事，这是不忠。抛弃了勇、知、忠三条，又靠什么去事奉赵盾呢？"于是臾骈遵照赵盾的命令，亲自率兵把狐射姑的家人和财物护送到边境。

这一年闰月，鲁国没有在宗庙举行告朔典礼，这是不合礼的。闰是用来修正四时误差的，根据四时安排农事，农事合乎时令百姓就能有生活保障，使百姓赖以生存的道理就在这里。如果不举行告朔典礼，等于放弃了利用四时管理农事的形式，那么又靠什么来治理百姓呢。

文公七年

经　七年春，公伐邾。三月甲戌，取须句。遂城郚。夏四月，宋公王臣卒。宋人杀其大夫。戊子，晋人及秦人战于令狐。晋先蔑奔秦。狄侵我西鄙。秋八月，公会诸侯，晋大夫盟于扈。冬，徐伐莒。公孙敖如莒莅盟。

传　七年春，公伐邾，间晋难也①。

三月甲戌②，取须句③，实文公子焉④，非礼也。

夏四月，宋成公卒。于是公子成为右师⑤，公孙友为左师，乐豫为司马，鳞矔为司徒，公子荡为司城，华御事为司寇。昭公将去群公子⑥，乐豫曰："不可。公族，公室之枝叶也，若去之则本根无所庇荫矣⑦。葛藟犹能庇其本根⑧，故君子以为比⑨，况国君乎？此谚所谓'庇焉而纵寻斧焉'者也⑩。必不可，君其图之。亲之以德，皆股肱也，谁敢携贰？若之何去之？"不听。穆、襄之族率国人以攻公⑪，杀公孙固、公孙郑于公宫。六卿和公室⑫，乐豫舍司马以让公子卬⑬，昭公即位而葬。书曰："宋人杀其大夫。"不称名，众也，且言非其罪也。

秦康公送公子雍于晋⑭，曰："文公之入也无卫，故有吕、郤之难⑮。"乃多与之徒卫⑯。

穆嬴日抱大子以啼于朝，曰："先君何罪？其嗣亦何罪？舍嗣不立而外求君，将焉寘此？"出朝，则抱以适赵氏，顿首于宣子曰："先君奉此子也而属诸子⑰，曰：'此子也才，吾受子之赐；不才，吾唯子之怨。'今君虽终，言犹在耳，而弃之，若何？"宣子与诸大夫皆患穆嬴，且畏逼⑱，乃背先蔑而立灵公⑲，以御秦师。箕郑居守。赵盾将中军，先克佐之。荀林父佐上军。先蔑将下军，先都佐之。步招御戎，戎津为右。及堇阴⑳，宣子曰："我若受秦㉑，秦则宾也；不受，寇也。既不受矣，而复缓师㉒，秦将生心㉓。先人有夺人之心㉔，军之善谋也，逐寇如追逃，军之善政也。"训卒利兵㉕，秣马蓐食㉖，潜师夜起㉗。戊子㉘，败秦师于令狐㉙，至于刳首㉚。

己丑㉛，先蔑奔秦，士会从之。

先蔑之使也，荀林父止之，曰："夫人、大子犹在，而外求君，此必不行。子以疾辞，若何？不然将及。摄卿以往可也㉜，何必子？同官为寮，吾尝同寮㉝，敢不尽心乎！"弗听。为赋《板》之三章㉞。又弗听。及亡，荀伯尽送其帑及其器用财贿于秦㉟，曰："为同寮故也。"

士会在秦三年，不见士伯㊱。其人曰："能亡人于国㊲，不能见于此，焉用之㊳？"士季曰："吾与之同罪，非义之也，将何见焉？"及归，遂不见。

狄侵我西鄙，公使告于晋。赵宣子使因贾季问酆舒㊴，且让之。酆舒问贾季曰："赵衰、赵盾孰贤？"对曰："赵衰，冬日之日也。赵盾，夏日之日也。"

秋八月，齐侯、宋公、卫侯、郑伯、许男、曹伯会晋赵盾盟于扈㊵，晋侯立故也。公后至，故不书所会。凡会诸侯，不书所会，后也。后至，不书其国，辟不敏也㊶。

穆伯娶于莒㊷，曰戴己，生文伯，其娣声己生惠叔。戴己卒，又聘于莒，莒人以声己辞，则为襄仲聘焉㊸。

冬，徐伐莒。莒人来请盟。穆伯如莒莅盟，且为仲逆。及鄢陵㊹，登城见之，美，自为娶之。仲请攻之，公将许之。叔仲惠伯谏曰㊺："臣闻之，兵作于内为乱，于外为寇。寇犹及人，乱自及也㊻。今臣作乱而君不禁，以启寇仇㊼，若之何？"公止之，惠伯成之。使仲舍之㊽，公孙敖反之㊾，复为兄弟如初。从之。

晋郤缺言于赵宣子曰："日卫不睦㊿，故取其地。今已睦矣，可以归之。叛而不讨，何以示威？服而不柔[51]，何以示怀[52]？非威非怀，何以示德？无德，何以主盟？子为正卿，以主诸侯，而不务德，将若之何？《夏书》曰：'戒之用休[53]，董之用威[54]，劝之以《九歌》[55]，勿使坏。'九功之德皆可歌也，谓之九歌。六府、三事，谓之九功。水、火、金、木、土、谷，谓之六府。正德、利用、厚生，谓之三事。义而行之，谓之德、礼。无礼不乐，所由叛也。若吾子之德，莫可歌也，其谁来之？盍使睦者歌吾子乎？"宣子说之。

【注释】

①间：乘隙。　②甲戌：十七日。　③须句：鲁国封内所属国。　④文公：指邾文公。⑤右师：官名。宋国右师、左师、司马、司徒、司城（司空）、司寇为六卿。　⑥昭公：名杵曰，宋成公之子。去：除掉。　⑦庇荫：树荫遮护。　⑧葛藟（lěi）：一种野生植物，属葡萄科。　⑨以为比：以葛藟作比喻，见《诗经·王风·葛藟》篇。　⑩寻斧：使用斧头。　⑪穆、襄之族：即宋穆公、襄公的子孙。　⑫和公室：与公室讲和。　⑬公子卬：宋昭公之弟。⑭秦康公：名罃，秦穆公之子。　⑮吕、郤之难：见僖公二十四年传。　⑯徒卫：步兵卫士。　⑰属：托付。　⑱逼（bī）：威胁，强迫。　⑲灵公：即太夷皋。　⑳董阴：晋地，在今山西省临猗县东。　㉑受秦：即接受秦国送公子雍回国。　㉒缓师：慢腾腾地出兵。　㉓生心：产生别的念头。　㉔先人：行动在别人之前。　㉕利兵：使兵器锋利。　㉖蓐（rù）食：

中华藏书

四书五经·最新校勘精注今译本

中国书店

一八九六

饱餐。蕝，厚。　㉗潜师夜起：使军队隐蔽起来夜间行军。　㉘戊子：四月初一日。　㉙令狐：晋地名，见僖公二十四年传。　㉚刳（kū）首：晋地名，在今临猗县西。　㉛己丑：四月二日。　㉜摄卿：指以大夫代理卿职。摄，代理。　㉝寮：同“僚”。　㉞《板》：《诗经·大雅》篇名。　㉟荀伯：即荀林父。　㊱士伯：即先蔑。　㊲能亡人于国：即能与人俱逃亡到晋国。　㊳焉用之：即何用如此。　㊴酆舒：狄相。　㊵扈：郑地，在今河南省原阳县西。　㊶不敏：不清楚。　㊷穆伯：即公孙敖。　㊸襄仲：即公子遂。　㊹鄢陵：莒邑名，在今山东省临沭县境。　㊺叔仲惠伯：鲁宗簇。　㊻自及：自取祸患。　㊼启寇仇：招致外敌的进攻。　㊽舍之：放弃莒女不娶。　㊾反之：将莒女送回莒国。　㊿日：指往日。　(51)柔：怀柔。　(52)示怀：即示恩，示惠。　(53)戒之用休：用喜庆的事情告诉他。戒，同“诫”；休，喜庆。　(54)董：督察。　(55)劝：勉励。

【译文】

七年春季，文公攻打邾国，这是钻晋国国内有祸难的空子。

三月十七日，鲁国夺取了须句，安排邾文公的儿子在那里，这是不合礼的。

夏季四月，宋成公去世。此时公子成任右师，公子友任左师，乐豫任司马，鳞瞿任司徒，公子荡任司城，华御事任司寇。宋昭公打算把公子们都杀掉，乐豫劝阻说：“不行。公族犹如公室的枝叶，假如铲除了它，公室便失去了庇护。连葛藤都知道保护自己的躯干和根部，所以君子们以它作比喻说明这个道理，何况作为一个国君呢？这正如俗话所说‘貌似保护自己，实则持斧自斫。’绝对不能这么做，请国君慎重考虑！如果以德行亲近他们，那么他们都能成为您的有力助手，谁还敢有三心二意呢？为什么要杀掉他们呢？”昭公不听。穆公和襄公的族人被迫叛乱，攻打昭公，在宫里杀了公孙固和公孙郑。六卿出面为公室调停，使其讲和，乐豫主动把司马的位置让给了公子卬。直到昭公即位后才安葬了宋成公。《春秋》中只写“宋人杀其大夫”，没有记载大夫的名字，是因为被杀的人太多，而且也表明他们并没有罪。

秦康公送公子雍回到晋国，并对他说：“当年文公回国时因为没有卫士保护，所以才发生了吕、郤之乱。”派了很多步兵卫士，护送他回国。

穆嬴每天抱着太子在朝廷上哭闹，她说：“先君有什么罪？他的继承人又有什么罪？放弃嫡子不立，反而到国外迎立庶子为君，准备把这个孩子怎么安置？”从朝廷上出来，又抱着太子来到赵盾家，向赵盾叩头，说：“先君曾把这个孩子托付给您，并说：‘这孩子如果成才，我就感谢您的恩德；如果不能成才，我将怨恨您。’如今先君虽已去世，但他的话还在耳边，您却把太子放弃不管。你看怎么办？"赵盾和大夫们都对穆嬴的哭闹感到头痛，也害怕穆嬴一派人的威胁，就背叛了先蔑，立太子灵公为君，并抵抗秦国军队。由箕郑留守国内，赵盾亲率中军，先克为副帅。荀林父作为副帅独率上军。先蔑率领下军，先都为副帅。步招驾车，戎津任车右。军队行至董阴，赵盾说："如果我们接受秦国护送的公子雍，秦军就是宾客，如果不接受，秦军就是敌寇。既然已经决定不接受了，却又迟迟不肯出兵进攻，秦军必生疑心。抢先一步压倒敌人的士气，是对敌作战中的上策。追赶敌人犹如追击逃兵，这是对敌作战中的好方案。"于是操练士兵，磨砺武器，喂饱战马，让部队饱餐一顿，夜里悄悄出发。四月一日，在令狐一地打败秦军，并一直追到刳首。

四月二日，先蔑逃亡到秦国，士会也跟着去了。

当初先蔑出使秦国时，荀林父曾阻止他，说："夫人和太子都还在，却要到国外去寻求国君，这样做肯定不行。你借口患病不去行不行？不然的话，将招致灾祸。派一个代理卿前去就可以了，何必你亲自前往？在一起做官就是同僚，我们曾是同僚，怎敢不尽我的心意呢？"先蔑不听。荀林父又为他吟诵了《板》一诗的第三章再次劝他，还是不听。等到后来逃亡，荀林父又把他的家人和财物送到秦国，并解释说："这是因为我们曾经是同僚。"

士会在秦国三年期间，没有见过先蔑。他的侍从说："能和他一起从晋国逃亡，在这里又不去见他，有什么意思呢？"士会说："和他一同出逃，是因为都是获罪之人，并不是认为他有道义，又何必去见他呢？"直到回国，都没有见先蔑一次。

狄人入侵鲁国西部边境，文公派使者到晋国报告。赵盾派狐射姑前去问酆舒，并责备他。酆舒问狐射姑："赵衰和赵盾二人相比，哪一个更为贤明？"狐射姑回答说："赵衰犹如冬天的太阳，赵盾则像夏天的太阳。"

秋季八月，齐昭公、宋成公、卫成公、郑穆公、许男、曹共公和晋国的赵盾在扈地结盟，这是晋灵公即位的缘故。由于鲁文公迟到，《春秋》没有记载与会的国家。凡是诸侯会盟，如果《春秋》不记载与会的国家，就表明有的国家迟到了。由于迟到而不记载，是为了避免因搞不清具体原因而记错。

穆伯从莒国娶了一个妻子，叫戴己，生了文伯，她的妹妹声己生了惠叔。戴己去世后，穆伯又到莒国娶妻，莒国人以声己为由拒绝了他，穆伯只好给襄仲聘定了一个妻子。

冬季，徐国攻打莒国。莒国人来鲁国请求结盟。穆伯到莒国参加盟会，并为襄仲迎娶。到达鄢陵，进城见到那个女子非常漂亮，便自己娶了过来。襄仲请求攻打穆伯，文公准备答应。叔仲惠伯劝阻说："据我所知：内部发生了战争叫做乱，外部发生了战争叫做寇。在外部作战还能使敌人造成一定伤亡，而内部发生了战乱，死伤的就都是自己人。现在臣子意欲作乱国君却不加禁止，势必引来外敌入侵，到那时怎么办呢？"于是文公阻止了襄仲，惠伯又为穆伯和襄仲调解。让襄仲放弃莒女不娶，让穆伯把莒女送回莒国，二人恢复兄弟关系，就像当初一样。襄仲和穆伯听从了惠伯的话。

晋国的郤缺对赵盾说："从前卫国和我国不和，所以我国才夺取了卫国的土地，如今两国已经和好，应该把土地还给卫国了。背叛了不加讨伐，怎么显示威严？顺从了却不安抚，又怎能表明怀柔政策呢？没有威严，没有安抚，怎么能显示我们的德行呢？没有德行，又怎么能担当诸侯盟主呢？您作为正卿，负责诸侯之间的事务，如果不尽力显扬我国的德行，怎么行呢？《夏书》中说：'以善行告诫，以威严监督，用《九歌》规劝，使其不要变坏。'九功德行都可以歌唱，叫做九歌。六府三事叫做九功。水、火、金、木、土、谷，叫做六府。端正德行，利于使用，富裕百姓，叫做三事。把九功合乎道义地推行于天下，就是有德、有礼。假如无礼无德，百姓就心中不乐，叛乱也会由此而发生。如果您的德行没有值得歌颂的地方，谁肯来归顺您呢？为什么不想办法使友好邻邦歌颂您呢？"赵盾非常高兴。

文公八年

经　八年春，王正月。夏四月。秋八月戊申，天王崩。冬十月壬午，公子遂会晋赵盾盟于衡雍。乙酉，公子遂会雒戎盟于暴。公孙敖如京师，不至而复。丙戌，奔莒。螽。宋人杀其大夫司马。宋司城来奔。

传　八年春，晋侯使解扬归匡、戚之田于卫①，且复致公壻池之封②，自申至于虎牢之境③。

夏，秦人伐晋，取武城④，以报令狐之役。

秋，襄王崩。

晋人以扈之盟来讨。冬，襄仲会晋赵孟，盟于衡雍⑤，报扈之盟也，遂会伊雒之戎。书曰"公子遂"，珍之也⑥。

穆伯如周吊丧，不至，以币奔莒⑦，从己氏焉⑧。

宋襄夫人⑨，襄王之姊也，昭公不礼焉。夫人因戴氏之族⑩。以杀襄公之孙孔叔、公孙钟离及大司马公子卬，皆昭公之党也。司马握节以死⑪，故书以官。司城荡意诸来奔⑫，郊节于府人而出⑬。公以其官逆之，皆复之⑭，亦书以官，皆贵之也。

夷之蒐，晋侯将登箕郑父、先都⑮，而使士縠、梁益耳将中军。先克曰："狐、赵之勋⑯，不可废也。"从之。先克夺蒯得田于堇阴。故箕郑父、先都、士縠、梁益耳、蒯得作乱⑰。

【注释】

①解扬：晋臣，字子虎，后又称霍虎。　②公壻池：人名，不详。　③申：郑地，在今河南省巩县东。　④武城：晋邑，在今陕西省华县东北。　⑤衡雍：地名，见僖公二十八年传注。　⑥珍：尊重。　⑦币：指馈送吊丧的礼品。　⑧己氏：指莒女。　⑨宋襄夫人：宋襄公为昭公的祖父，夫人为昭公祖母。　⑩戴氏之族：宋国华、乐、皇三氏均为戴公之后，为戴族。　⑪节：符节，古人用以表信。　⑫荡意诸：公子荡之孙。　⑬郊节：将符节交还。　⑭复之：恢复官职。　⑮登：提升。　⑯狐、赵之勋：指狐偃、赵衰有从晋文公流亡的功勋。　⑰蒯得：晋臣。

【译文】

八年春季，晋灵公派解扬把匡、戚两处的土地归还了卫国，并把公壻池的封地还给了卫国，从申地到虎牢的边境。

夏季，秦军攻打晋国，夺取了武城，以报令狐一战之仇。

秋季，周襄王去世。

晋国借口扈地结盟时文公迟到而攻打鲁国。冬季，襄仲和晋国的赵盾会见，在衡雍结盟，这是对扈地之盟的补偿，又会见了伊雒两地的戎人。《春秋》记载为"公子遂"，表示对他的重视。

穆伯前往王室吊唁丧事，没有走到周都，就带着丧礼逃到莒国，追随那个莒国女子己氏去了。

宋襄公夫人是周襄王的姐姐，宋昭公对她很不礼貌。夫人就借戴氏族人之手杀了襄公的孙子孔叔、公孙钟离以及大司马公子卬，这些人都是昭公的党羽。大司马死时手里还拿着符节，因此《春秋》中记载了他的官职。宋国司城荡意诸逃亡鲁国，把符节交给府人后就出走了。鲁文公以他的原任官职接待，对其下属各官也都恢复了原任官职，《春秋》记载他的官职，同样表示对他的尊重。

夷地阅兵时，晋灵公准备提升箕郑父和先都，并让士縠和梁益耳率领中军。先克说："狐、赵的功劳不可磨灭。"灵公听从了他的话。先克在堇阴夺取了蒯得的土地。因此箕郑父、先都、士縠、梁益耳和蒯得发动了叛乱。

文公九年

经　九年春，毛伯来求金。夫人姜氏如齐。二月，叔孙得臣如京师。辛丑，葬襄王。晋人杀其大夫先都。三月，夫人姜氏至自齐。晋人杀其大夫士縠及箕郑父。楚人伐郑。公子遂会晋人、宋人、卫人、许人救郑。夏，狄侵齐。秋八月，曹伯襄卒。九月癸酉，地震。冬，楚子使椒来聘。秦人来归僖公、成风之襚。葬曹共公。

传　九年春，王正月己酉①，使贼杀先克。乙丑②，晋人杀先都、梁益耳。
毛伯卫来求金③，非礼也。不书王命，未葬也。
二月，庄叔如周④。葬襄王。
三月甲戌⑤，晋人杀箕郑父、士縠、蒯得。
范山言于楚子曰⑥："晋君少，不在诸侯⑦，北方可图也。"楚子师于狼渊以伐郑⑧。囚公子坚、公子龙及乐耳⑨。郑及楚平。
公子遂会晋赵盾、宋华耦、卫孔达、许大夫救郑，不及楚师。卿不书，缓也，以惩不恪⑩。
夏，楚侵陈，克壶丘⑪，以其服于晋也。
秋，楚公子朱自东夷伐陈⑫，陈人败之，获公子茷⑬。陈惧，乃及楚平。
冬，楚子越椒来聘⑭，执币傲⑮。叔仲惠伯曰："是必灭若敖氏之宗⑯。傲其先君，神弗福也。"
秦人来归僖公、成风之襚⑰，礼也。诸侯相吊贺也，虽不当事⑱，苟有礼焉，书也，以无忘旧好。

【注释】

①己酉：初二日。　②乙丑：十八日。　③毛伯卫：周臣。求金：即求赙，求取丧葬财物。　④庄叔：即叔孙得臣。　⑤甲戌：二十八日。　⑥范山：楚大夫。　⑦不在诸侯：即无意称霸诸侯。　⑧狼渊：地名，在今河南省许昌市西。　⑨公子坚、公子龙、乐耳：三人均为郑大夫。　⑩不恪：不敬。　⑪壶丘：陈邑名，在今河南省新蔡县东南。　⑫公子朱：即息公子朱。　⑬公子茷（fèi）：楚公子。　⑭子越椒：即斗椒，字子越，又字伯棼。　⑮执币：拿着礼物。　⑯若敖：斗椒之曾祖。　⑰襚（suì）：为死者赠送的衣衾。　⑱不当事：不及时。

九年春季，周历正月二日，晋国派人杀了先克。十八日，又杀了先都和梁益耳。

毛伯卫来鲁国索取金子，这是不合礼的。《春秋》没有写明是天子的命令，是因为周襄王还没有安葬。

二月，庄叔前往王室参加周襄王的葬礼。

三月二十八日，晋国人杀了箕郑父、士縠和蒯得。

范山对楚穆王说："现在晋君年纪还小，无意在诸侯中称霸，可以考虑向北方扩张。"穆王发兵到狼渊讨伐郑国。囚禁了公子坚、公子尨和乐耳。郑国人和楚国讲和。

襄仲会同晋国赵盾、宋国华耦、卫国孔达以及许国大夫救援郑国，没有赶上楚国军队。《春秋》中不写卿的名字，是因为出兵迟缓，以此惩罚他们办事不力。

夏季，楚国入侵陈国，攻克了壶丘，因为陈国归顺了晋国。

秋季，楚国的公子朱从东夷攻打陈国，被陈国人打败，公子茷被俘。陈国惧怕楚国报复，就和楚国讲和了。

冬季，楚国的子越椒来鲁国聘问，手拿着礼物，态度很傲慢。叔仲惠伯说："此人必定使若敖氏的宗族灭掉。一个人对先君傲慢，神灵是不会降福给他的。"

秦国派人给僖公和成风送来丧衣，这是合乎礼的。诸侯之间互相吊唁贺喜，即使不够及时，假如合乎礼，《春秋》都要加以记载，以表示不忘昔日的友好。

文公十年

经　十年春，王三月辛卯，臧孙辰卒。夏，秦伐晋。楚杀其大夫宜申。自正月不雨，至于秋七月。及苏子盟于女栗。冬，狄侵宋。楚子、蔡侯次于厥貉。

传　十年春，晋人伐秦，取少梁①。

夏，秦伯伐晋，取北征②。

初，楚范巫矞似谓成王与子玉、子西曰："三君皆将强死③。"城濮之役，王思之，故使止子玉曰："毋死。"不及。止子西，子西缢而县绝④，王使适至⑤，遂止之，使为商公⑥。沿汉泝江⑦，将入郢⑧。王在渚宫⑨，下，见之。惧而辞曰："臣免于死，又有谗言，谓臣将逃，臣归死于司败也⑩。"王使为工尹⑪，又与子家谋弑穆王⑫。穆王闻之，五月，杀斗宜申及仲归⑬。

秋七月，及苏子盟于女栗⑭，顷王立故也。

陈侯、郑伯会楚子于息。冬，遂及蔡侯次于厥貉⑮，将以伐宋。

宋华御事曰："楚欲弱我也⑯。先为之弱乎，何必使诱我⑰？我实不能，民何罪？"乃逆楚子，劳⑱，且听命。遂道以田孟诸⑲。宋公为右盂⑳，郑伯为左盂。期思公复遂为右司马㉑，子朱及文之无畏为左司马㉒。命夙驾载燧㉓。宋公违命，无畏抶其仆以徇㉔。

或谓子舟曰㉕："国君不可戮也㉖。"子舟曰："当官而行㉗，何强之有？《诗》曰：'刚亦不吐，柔亦不茹㉘。''毋纵诡随，以谨罔极㉙。'是亦非辟强也㉚，敢爱死以乱官乎㉛！"

厥貉之会，麇子逃归㉜。

【注释】

①少梁：古梁国，僖公十九年亡于秦。　②北征：晋邑名。　③强死：无病而死。强，健。　④县绝：绳子断开。县同"悬"。　⑤适：刚刚，恰巧。　⑥商：即商密，楚地名，在今河南省淅川县西南。　⑦沿汉泝江：沿汉水顺流而下，入长江后再逆水向长江上游而行。⑧郢：楚国都，在今湖北省江陵县北。　⑨渚宫：楚王别宫。　⑩司败：楚官名，即司寇，执法官。　⑪工尹：官名，掌百工，亦可临时统兵。　⑫子家：即仲归，楚臣。　⑬斗宜申：即子西。　⑭苏子：周卿士。女栗：不详何地。　⑮厥貉：地名，在今河南项城县境。　⑯弱：降服，归附。　⑰诱：诱迫。　⑱劳：慰劳。　⑲道：引导。孟诸：地名，见僖公二十八年传注。　⑳盂：田猎阵名，即圆阵。　㉑期思：楚邑名。复遂：人名，期思县尹。　㉒文之无畏：人名，楚臣。　㉓夙驾：早上驾车。燧：木燧，取火的工具。　㉔抶（chì）：笞打。仆：宋公的仆人。　㉕子舟：即文之无畏。　㉖戮：辱。　㉗当官而行：当其官守，行其职责。㉘刚亦不吐，柔亦不茹：句出《诗经·大雅·烝民》。　㉙毋纵诡随，以谨罔极：句出《诗经·大雅·民劳》。纵，放纵。诡随，狡诈的人。罔极，无准则，即行为放荡。　㉚非辟强：不避强悍。　㉛爱死：惜死。乱官：即放弃职守。　㉜麇（jūn）：国名，故城在今湖北省郧县。

【译文】

十年春季，晋国人攻打秦国，夺取了少梁。

夏季，秦康公讨伐晋国，夺取了北征。

当初，楚国范地的巫人鬻似就楚成王和子玉、子西预言说："这三个人将不能善终！"城濮之战时，成王想起了这句话，派人劝阻子玉说："不要自杀。"没有来得及。去阻止子西，子西也正准备上吊，恰好绳子断了，使者赶到，才阻止了他没有自杀，并任命为商公。子西顺汉水而下，溯长江而上，准备进入郢都。成王正在渚宫，下来接见他。子西非常害怕，急忙辩解说："臣虽然幸免一死，又有人诬陷说我准备逃走，臣特来请求让司败把臣处死！"成王让他做了工尹，他又和仲归勾结企图谋杀楚穆王。穆王听说后，五月，杀了他和仲归。

秋季七月，文公和苏子在女栗结盟，这是周顷王即位的缘故。

陈共公、郑穆公和楚穆三在息地会见。冬季，和蔡庄公一起驻扎在厥貉，准备攻打宋国。

宋国的华御事说："楚国想让我们降服。我们先主动表示降服吗，何必等他们诱迫呢？我们确实是没有能耐，但百姓们有什么罪呢？"就前去迎接楚穆王，向他慰问，并且表示降服。然后给穆王带路在孟诸打猎。宋昭公率领右边圆阵，郑穆公率领左边圆阵，期思公复遂担任右司马，子朱和文之无畏担任左司马。穆王下令一大早就用车子载上取火工具出发。宋昭公违背了命令，文之无畏就鞭打了宋昭公的仆人，并在全军示众。

有人对文之无畏说："不能随便侮辱国君。"文之无畏说："我秉公办事，国君有什么了不起？《诗经》说：'硬的不怕，软的也不怕。''不能放纵狡诈之人，以便使其有所收敛。'说的就是不畏强权，我怎么敢为了保全性命而不履行职守呢？"

在厥貉会见时，麇子逃了回去。

文公十一年

经　十有一年春，楚子伐麇。夏，叔彭生会晋郤缺于承匡。秋，曹伯来朝。公子遂如宋。狄侵齐。冬十月甲午，叔孙得臣败狄于咸。

传　十一年春，楚子伐麇，成大心败麇师于防渚[1]。潘崇复伐麇，至于锡穴[2]。

夏，叔仲惠伯会晋郤缺于承匡[3]，谋诸侯之从于楚者。

秋，曹文公来朝，即位而来见也。

襄仲聘于宋，且言司城荡意诸而复之，因贺楚师之不害也。

鄋瞒侵齐④，遂伐我。公卜使叔孙得臣追之，吉。侯叔夏御庄叔⑤，緜房甥为右，富父终甥驷乘⑥。冬十月甲午⑦，败狄于咸⑧，获长狄侨如⑨。富父终甥舂其喉⑩以戈杀之。埋其首于子驹之门⑪，以命宣伯⑫。

初，宋武公之世，鄋瞒伐宋，司徒皇父帅师御之⑬，耏班御皇父充石，公子谷甥为右，司寇牛父驷乘，以败狄于长丘⑭，获长狄缘斯⑮，皇父之二子死焉。宋公于是以门赏耏班⑯，使食其征⑰，谓之耏门。

晋之灭潞也⑱，获侨如之弟焚如。齐襄公之二年，鄋瞒伐齐，齐王子成父获其弟荣如，埋其首于周首之北门⑲。卫人获其季弟简如⑳，鄋瞒由是遂亡。

郕大子朱儒自安于夫钟㉑，国人弗徇㉒。

【注释】

①成大心：成得臣之子，字孙伯。防诸：麇地名，即今湖北省房县。 ②锡（yāng）穴：当是麇国都城，在今陕西省白河县东。 ③叔仲惠伯：即叔彭成，鲁宗族。承匡：宋地名，在今河南省睢县西。 ④鄋（sōu）瞒：国名，即北方长狄部落。 ⑤御庄叔：即驾驭庄叔的战车。庄叔，即得臣。 ⑥驷乘：四人共乘一车。 ⑦甲午：初三日。 ⑧咸：鲁地，在今山东省巨野县南。 ⑨长狄侨如：鄋瞒国君。 ⑩舂（chōng）：抵住。 ⑪子驹之门：鲁国西郭门。 ⑫命宣伯：即将宣伯命名为侨如。宣伯，即叔孙得臣之子叔孙侨如。 ⑬皇父：宋戴公之子，字皇父，名充石。 ⑭长丘：宋邑名。 ⑮缘斯：侨如的先祖。 ⑯门：指城门。 ⑰食其征：享有城门的征税。 ⑱潞：长狄部落名。 ⑲周首：齐邑名，在今山东省东阿县东。 ⑳季弟：小弟弟。 ㉑夫钟：郕邑名，在今山东省汶上县东北。 ㉒徇：顺服。

【译文】

十一年春季，楚穆王攻打麇国，成大心在防渚打败了麇军。潘崇再次攻打麇国，一直攻至麇国的锡穴。

夏季，鲁国的叔仲惠伯在承匡会见了晋国的郤缺，为的是谋划如何对付顺从楚国的诸侯。

秋季，曹文公来鲁国朝见，这是他即位之后的例行朝见。

鲁国的襄仲前往宋国聘问，同时谈起司城荡意诸以及让他回国的事，还就楚国没有使宋国遭受危害一事表示了祝贺。

狄人鄋瞒进攻齐国。又攻打鲁国。文公占卜让叔孙得臣追赶，吉利。于是由侯叔夏为叔孙得臣驾车，緜房甥为车右，富父终甥为驷乘。冬季十月三日，在咸地打败狄人，俘虏了狄将长狄侨如。富父终甥以戈顶住他的喉咙将其杀死，把他的脑袋埋在鲁国的子驹之门下面。叔孙得臣以长狄侨如的名字为儿子起名，叫叔孙侨如。

当初，在宋武公时期，鄋瞒曾经进攻宋国，司徒皇父率领军队抵抗，耏班为皇父驾车，公子谷甥为车右，司寇牛父为驷乘，在长丘打败了狄人，俘虏了长狄缘斯，但皇父的两个儿子都战死了。宋武公因此把一座城门赏给了耏班，让他以征收的城门税作为俸禄，这座门被称为耏门。

晋国灭亡潞国时，曾俘虏了侨如的弟弟焚如。齐襄公二年，鄋瞒攻打齐国，齐国的王子成父俘虏了侨如的弟弟荣如，并把他的脑袋埋到周首的北门下面。卫国又俘虏了焚如的小弟弟简如，鄋瞒从此灭亡。

鄅国的太子朱儒独自一人居住在夫钟，因为国人都不肯顺服他。

文公十二年

经 十有二年春，王正月，郕伯来奔。杞伯来朝。二月庚子，子叔姬卒。夏，楚人围巢。秋，滕子来朝。秦伯使术来聘。冬十有二月戊午，晋人、秦人战于河曲。季孙行父帅师城诸及郓。

传 十二年春，郕伯卒，郕人立君。大子以夫钟与郕邽来奔[①]。公以诸侯逆之，非礼也。故书曰："郕伯来奔。"不书地，尊诸侯也。

杞桓公来朝，始朝公也。且请绝叔姬而无绝昏[②]，公许之。

二月，叔姬卒，不言杞，绝也。书叔姬，言非女也[③]。

楚令尹大孙伯卒[④]，成嘉为令尹[⑤]。群舒叛楚[⑥]。夏，子孔执舒子平及宗子[⑦]，遂围巢[⑧]。

秋，滕昭公来朝，亦始朝公也。

秦伯使西乞术来聘，且言将伐晋。襄仲辞玉曰："君不忘先君之好，照临鲁国[⑨]，镇抚其社稷，重之以大器[⑩]，寡君敢辞玉。"对曰："不腆敝器，不足辞也。"主人三辞[⑪]。宾答曰："寡君愿徼福于周公、鲁公以事君[⑫]，不腆先君之敝器，使下臣致诸执事以为瑞节[⑬]，要结好命[⑭]，所以藉寡君之命[⑮]，结二国之好，是以敢致之。"襄仲曰："不有君子，其能国乎？国无陋矣[⑯]。"厚贿之。

秦为令狐之役故，冬，秦伯伐晋，取羁马[⑰]。晋人御之。赵盾将中军，荀林父佐之。郤缺将上军，臾骈佐之。栾盾将下军[⑱]，胥甲佐之[⑲]。范无恤御戎[⑳]，以从秦师于河曲[㉑]。

臾骈曰："秦不能久，请深垒固军以待之^㉒。"从之。

秦人欲战。秦伯谓士会曰："若何而战？"对曰："赵氏新出其属曰臾骈^㉓，必实为此谋，将以老我师也。赵有侧室曰穿^㉔，晋君之婿也，有宠而弱^㉕，不在军事，好勇而狂^㉖，且恶臾骈之佐上军也。若使轻者肆焉^㉗，其可。"秦伯以璧祈战于河。

十二月戊午^㉘，秦军掩晋上军^㉙，赵穿追之，不及。反，怒曰："裹粮坐甲^㉚，固敌是求，敌至不击，将何俟焉？"军吏曰："将有待也。"穿曰："我不知谋，将独出。"乃以其属出。宣子曰^㉛："秦获穿也，获一卿矣。秦以胜归，我何以报^㉜？"乃皆出战，交绥^㉝。

秦行人夜戒晋师曰："两君之士皆未憖也^㉞，明日请相见也。"臾骈曰："使者目动而言肆^㉟，惧我也，将遁矣。薄诸河^㊱，必败之。"胥甲、赵穿当军门呼曰："死伤未收而弃之，不惠也；不待期而薄入于险，无勇也。"乃止。秦师夜遁。复侵晋，入瑕。

城诸及郓^㊲，书，时也。

【注释】

①邽：即圭，玉器。郕邽，即郕国之宝。　②绝叔姬：与叔姬断绝夫妻关系。无绝昏：与鲁国不断绝婚姻关系。　③非女：并非未嫁的女子。　④大孙伯：即成大心。　⑤成嘉：若敖曾孙，字子孔。　⑥舒：国名，偃姓。有舒庸、舒蓼、舒鸠、舒龙、舒鲍、舒龚六名，均为同宗异国，称为群舒。大致宗国在今安徽省舒城县，而散居于舒城县、庐江县至巢县一带。　⑦舒子平：舒国国君名平。宗子：舒同宗国之君。　⑧巢：群舒国名，在今安徽省巢县东北。⑨照临：光临。　⑩大器：圭、璋之类。　⑪主人：指襄仲。　⑫徼（yāo）福：求福。　⑬瑞节：吉祥的信物。节，信。　⑭要：约。好命：友好之命。　⑮藉寡君之命：凭借此物（指玉）以表达寡君的命令。　⑯无陋：不鄙陋。　⑰羁马：晋邑，在今山西省永济县南。　⑱栾盾：栾枝之子。　⑲胥甲：胥臣之子。　⑳范无恤：晋臣。　㉑从：迎战。　㉒深垒：加高壁垒。　㉓出其属：提拔其下属。　㉔侧室：氏族的旁支。　㉕弱：年少。　㉖狂：狂妄。　㉗轻者：指勇而无刚的人。肆：突然袭击而后撤退。　㉘戊午：初四日。　㉙掩：袭击。　㉚裹粮坐甲：装着粮食，披着甲胄。　㉛宣子：即赵盾。　㉜报：回报国人。　㉝交绥：交相退兵。　㉞未憖：不痛快。憖：情愿。　㉟言肆：声音失常。　㊱薄：迫近。　㊲诸、郓：鲁二邑名。

【译文】

十二年春季，郕伯去世，郕国人另立了国君。太子朱儒带着夫钟一地和郕国宝器逃奔来到鲁国。文公以诸侯之礼接待，这是不合礼的。因此《春秋》

记载为"郕伯来奔。"没写进献土地一事，是出于对诸侯的尊重。

杞桓公来鲁国朝见，这是他首次朝见文公。同时提出和叔姬离婚，但并不断绝两国的婚姻关系，文公答应了他。

二月，叔姬去世，《春秋》中没写"杞"字，表明她已与杞国断绝了关系。写"叔姬"，说明她已不是未嫁女子了。

楚国的令尹大孙伯去世，成嘉做了令尹。此时群舒背叛了楚国。夏季，成嘉抓住了舒子平和宗子，并包围了巢国。

秋季，滕昭公来鲁国朝见，他也是首次朝见文公。

秦康公派西乞术来鲁国聘问，并说打算攻打晋国。襄仲辞谢西乞术赠送的玉器，说："承蒙贵君没有忘记两国先君结下的友谊，派您光临敝国，以稳定我国，并赠给我们贵重的玉器。寡君不敢接受玉器。"西乞术回答说："区区薄礼，不值得辞谢！"襄仲辞让三次。西乞术说："寡君希望能得到周公和鲁公的保佑，以事奉贵君，因此派我将这并不丰厚的玉器送给贵国，以作为信物，求得两国之间的友好，我肩负寡君的使命，前来缔结两国的友好，所以才敢献上这微薄的礼物。"襄仲说："如果没有这样的君子，还能治理好国家吗？看来秦国人并不鄙陋啊！"厚赠了西乞术。

令狐战役，秦国战败，因此秦康公于冬季攻打晋国，夺取了羁马。晋国人抵抗。赵盾率领中军，荀林父为副帅。郤缺率领上军，臾骈为副帅。栾盾率领下军，胥甲为副帅。由范无恤驾车，追击秦军，直到河曲。

臾骈说："秦军坚持不了很久，我军应高筑营垒，巩固防线，以等待秦军撤退。"赵盾采纳了这一建议。

秦军准备攻击，秦康公对士会说："采取什么方法作战呢？"士会回答说："赵盾最近提拔了一位下属名叫臾骈，一定是这个人出的主意，企图使我军长久在外以至疲惫不堪，但赵盾有个旁支子弟名叫赵穿，是晋君的女婿，很受赵盾宠信，他年轻，不懂得打仗，生性勇猛且狂妄自大，并且对臾骈出任上军副帅非常不满，如果派出一些勇猛但不刚强的人袭击他，大概能够激他出战。"秦康公把玉璧投入黄河，祈求河神保佑取得胜利。

十二月四日，秦军袭击晋国的上军，赵穿追出城外，没有追上。回来后发怒说："带着粮食，披着盔甲，就是为了追击敌人，敌人来到跟前却不去追，还等什么呢？"军吏说："准备等待好时机啊！"赵穿说："我不懂得什么谋略，我准备自己出去。"就率领他的部下冲出城外。赵盾说："假如秦军俘虏了赵穿，就是俘虏了我国一个卿。如果秦军带着他胜利回国，我拿什么回报国人

中华藏书

四书五经·最新校勘精注今译本

中国书店

呢?"于是晋军全部出城作战,两军刚一交锋就退兵了。

秦国派使者在夜间到晋军告诉说:"双方的将士还没有尽兴,请求明天再打!"史骈说:"秦军使者眼珠乱转声音失常,表明已经害怕我们,准备逃走了。只要把他们逼到黄河边上,就一定能打败。"此时臾甲、赵穿挡住营门大声喊道:"死伤的将士还没有来得及救护,就丢下他们去追击敌人,实在是不仁慈啊!不到约定的时间就把人家逼到险要之处,是没有勇气的行为。"于是晋军停止了追击。秦军在夜间逃走。又进攻晋国,夺取了瑕地。

鲁国在诸地和郓地筑城,《春秋》记载此事,是因为此时筑城合乎时令。

文公十三年

经　十有三年春,王正月。夏五月壬午,陈侯朔卒。邾子蘧蒢卒。自正月不雨,至于秋七月。大室屋坏。冬,公如晋。卫侯会公于沓。狄侵卫。十有二月己丑,公及晋侯盟。公还自晋,郑伯会公于棐。

传　十三年春,晋侯使詹嘉处瑕①,以守桃林之塞②。

晋人患秦之用士会也,夏,六卿相见于诸浮③。赵宣子曰:"随会在秦④,贾季在狄,难日至矣,若之何?"中行桓子曰⑤:"请复贾季,能外事⑥,且由旧勋⑦。"郤成子曰⑧:"贾季乱,且罪大,不如随会,能贱而有耻⑨,柔而不犯⑩,其知足使也,且无罪。"

乃使魏寿余伪以魏叛者以诱士会⑪,执其帑于晋,使夜逸。请自归于秦,秦伯许之。履士会之足于朝⑫。秦伯师于河西,魏人在东。寿余曰:"请东人之能与夫二三有司言者⑬,吾与之先。"使士会。士会辞曰:"晋人,虎狼也,若背其言,臣死,妻子为戮,无益于君,不可悔也。"秦伯曰:"若背其言,所不归尔帑者,有如河。"乃行。绕朝赠之以策⑭,曰:"子无谓秦无人,吾谋适不用也。"既济,魏人噪而还⑮。秦人归其帑。其处者为刘氏。

邾文公卜迁于绎⑯。史曰:"利于民而不利于君。"邾子曰:"苟利于民,孤之利也。天生民而树之君,以利之也。民既利矣,孤必与焉。"左右曰:"命可长也⑰,君何弗为?"邾子曰:"命在养民。死之短长,时也⑱。民苟利矣,迁也,吉莫如之!"遂迁于绎。

五月,邾文公卒。君子曰:"知命⑲。"

秋七月,大室之屋坏⑳,书,不共也。

冬，公如晋朝，且寻盟。卫侯会公于沓㉑，请平于晋。公还，郑伯会公于
棐㉒，亦请平于晋。公皆成之。

郑伯与公宴于棐。子家赋《鸿雁》㉓。季文子曰㉔："寡君未免于此。"文
子赋《四月》㉕。子家赋《载驰》之四章㉖，文子赋《采薇》之四章㉗。郑伯
拜，公答拜。

【注释】

①詹嘉：晋大夫。瑕：晋邑名。　②桃林：地名，在今河南省灵宝县西，接陕西潼关界。
塞：要塞。　③诸浮：城外某地。　④随会：即士会。　⑤中行桓子：即荀林父。　⑥能外
事：知道境外的事情。　⑦由旧勋：因过去有功。　⑧郤成子：郤缺。　⑨能贱而有耻：处卑
贱而知耻。　⑩柔而不犯：性情柔弱但不容侵犯。　⑪魏寿余：晋臣，毕万之后。　⑫履：
踩。　⑬东人：指晋国人。二三有司：指魏邑的几位臣吏。　⑭绕朝：秦大夫。策：马鞭。一
说为策书。　⑮噪：吵嚷。　⑯绛　邯邑名。　⑰命可长：生命能延长。　⑱时：运命。　⑲
知命：知道天命。　⑳大室：太庙当中之室。　㉑沓：卫地名。　㉒棐：郑地名，在今河南省
新郑县东。　㉓子家：郑大夫公子归生。《鸿雁》：《诗经·小雅》篇名。其首章有"鸿雁于
飞，肃肃其羽。之子于征，劬劳于野。爰及矜人，哀此鳏寡"句。子家赋此诗句，将郑国以鳏
寡自比，欲使鲁文公为之奔波适晋而请和。　㉔季文子：鲁臣，又称季孙行父。　㉕《四
月》：《诗经·小雅》篇名。此诗为大夫行役过时刺怨而作。　㉖《载驰》：《诗经·鄘风》篇
名，许穆夫人所作。子家赋此诗，取义"控于大邦，谁因谁极"两句，欲通过鲁国而求援于
晋国。　㉗《采薇》：《诗经·小雅》篇名。其四章有"戎车既驾，四牡业业。岂敢定居？一
月三捷"句，表示答应郑伯到晋国为之谋和。

【译文】

十三年春季，晋灵公派詹嘉驻扎在瑕地，以防守桃林这个要塞。

晋国人担心秦国重用士会，夏季，晋国六卿在诸浮会见。赵盾说："士会
在秦国，狐射姑在狄人那里，灾难随时都可能发生，怎么办呢？"荀林父说：
"请让狐射姑回来，他善于处理外交事务，再说他父亲过去有功。"郤缺说：
"狐射姑贯于作乱，而且罪行严重，不如让士会回来。士会能屈能伸，知耻明
义，性虽柔弱，但不容冒犯，他足智多谋，可以重用，而且也没有什么罪过。"

于是派魏寿余假装率领魏地的人背叛晋国，以此引诱士会回国，抓住了魏
寿余及其妻子儿女，囚禁在晋国，又故意让魏寿余夜里逃走。魏寿余请求秦康
公同意把魏地归属秦国，秦康公同意了。魏寿余在朝廷上踩了一下士会的脚。
秦军驻扎在河西，魏地人在河东。魏寿余说："请派一个东边的又能与魏地几
个官员谈判的人，我和他先过去。"秦康公派士会去。士会推辞说："晋国人

犹如虎狼凶狠，如果他们违背了诺言，我就要被杀死，妻子儿女也会被害，这对国君也没有什么好处，到时候后悔也来不及。"秦康公说："如果晋国食言，我保证将你的妻子儿女送回去，以河神为证。"士会这才动身。绕朝赠送他一条马鞭，说："你不要以为秦国没有人，只不过是我的意见不被采纳罢了。"士会过了河之后，魏地的人们欢呼着把他迎接回去。秦康公也只好送还了他的妻子儿女。士会留在秦国的子孙，改姓为刘氏。

邾文公为迁都到绎地占卜。史官说："对百姓有利，对国君不利。"邾文公说："假若对百姓有利，也就是对我有利。上天生育了百姓并为他们设立了国君，就是要为他们谋取福利。既然百姓获得了利益，自然有我一份了。"他的左右官员说："如果不迁，国君的寿命就可以延长一些，为什么不这样做呢？"邾文公说："国君的使命就在于养育百姓。个人寿命的长短，只能听天由命了。只要对百姓有利，就坚决迁移，这是再吉利不过的了。"于是邾国把国都迁到绎地。

五月，邾文公去世。君子认为："邾文公能知天命。"

秋季七月，鲁国太庙的屋顶坏了，《春秋》记载此事，是责备大臣不够恭敬。

冬季，文公前往晋国朝见，同时重温从前的盟约。途中在沓地会见了卫成公，卫成公请求文公出面让卫、晋讲和。返回途中，又在棐地会见了郑穆公，郑穆公也请求文公出面使郑、晋两国讲和。文公都让他们和晋国讲了和。

郑穆公在棐在宴请文公。子家吟诵了《鸿雁》一诗。季文子说："寡君也存在这种情况。"就吟诵了《四月》一诗。子家又吟诵了《载驰》一诗的第四章，季文子则吟诵了《采薇》一诗的第四章。郑穆公向文公拜谢，文公也予以答拜。

文公十四年

经　十有四年春，王正月，公至自晋。邾人伐我南鄙，叔彭生帅师伐邾。夏五月乙亥，齐侯潘卒。六月，公会宋公、陈侯、卫侯、郑伯、许男、曹伯、晋赵盾。癸酉，同盟于新城。秋七月，有星孛入于北斗。公至自会。晋人纳捷菑于邾，弗克纳。九月甲申，公孙敖卒于齐。齐公子商人弑其君舍。宋子哀来奔。冬，单伯如齐。齐人执单伯。齐人执子叔姬。

传　十四年春，顷王崩。周公阅与王孙苏争政，故不赴。凡崩、薨，不赴则不书。祸、福，不告亦不书。惩不敬也。

邾文公之卒也，公使吊焉，不敬。邾人来讨，伐我南鄙，故惠伯伐邾。

子叔姬妃齐昭公①，生舍。叔姬无宠，舍无威。公子商人骤施于国②，而多聚士，尽其家，贷于公有司以继之③。夏五月，昭公卒，舍即位。

邾文公元妃齐姜生定公，二妃晋姬生捷菑。文公卒，邾人立定公，捷菑奔晋。

六月，同盟于新城，从于楚者服，且谋邾也。

秋七月乙卯夜，齐商人弑舍而让元④。元曰："尔求之久矣。我能事尔，尔不可使多蓄憾⑤。将免我乎，尔为之。"

有星孛入于北斗⑥，周内史叔服曰："不出七年，宋、齐、晋之君皆将死乱⑦。"

晋赵盾以诸侯之师八百乘纳捷菑于邾。邾人辞曰："齐出玃且长⑧。"宣子曰："辞顺而弗从，不祥。"乃还。

周公将与王孙苏讼于晋，王叛王孙苏，而使尹氏与聃启讼周公于晋⑨。赵宣子平王室而复之。

楚庄王立，子孔、潘崇将袭群舒，使公子燮与子仪守，而伐舒蓼。二子作乱⑩，城郢而使贼杀子孔，不克而还。八月，二子以楚子出⑪，将如商密⑫。庐戢梨及叔麇诱之⑬，遂杀斗克及公子燮⑭。

初，斗克囚于秦，秦有殽之败，而使归求成。成而不得志，公子燮求令尹而不得，故二子作乱。

穆伯之从己氏也⑮，鲁人立文伯⑯。穆伯生二子于莒而求复，文伯以为请。襄仲使无朝听命。复而不出，三年而尽室以复适莒⑰。文伯疾而请曰："穀之子弱⑱，请立难也⑲。"许之。文伯卒，立惠叔。穆伯请重赂以求复，惠叔以为请，许之，将来，九月卒于齐。告丧，请葬，弗许。

宋高哀为萧封人⑳，以为卿，不义宋公而出，遂来奔。书曰："宋子哀来奔。"贵之也。

齐人定懿公，使来告难，故书以九月。

齐公子元不顺懿公之为政也，终不曰"公"，曰"夫己氏㉑"。

襄仲使告于王，请以王宠求昭姬于齐㉒。曰："杀其子，焉用其母？请受而罪之。"冬，单伯如齐㉓，请子叔姬，齐人执之。又执子叔姬。

【注释】

①妃：同"配"。 ②公子商人：齐桓公夫人密姬之子。骤施于国：多次在国内施舍财物。骤，屡。 ③公有司：指掌管公室财物的官员。 ④元：即惠公，为齐桓公夫人所生，商人之兄。 ⑤蓄憾：积蓄怨恨。 ⑥孛：即彗星，俗称扫帚星。北斗：在北天排列成斗形的七颗亮星，其名称是一天枢，二天璇，三天玑，四天权，五玉衡，六开阳，七瑶光。 ⑦死乱：死于祸乱。 ⑧齐出：齐女所生。獂且：即定公。长：年长。 ⑨尹氏：周卿士。聃启：周大夫。讼周公：为周公诉冤求理。 ⑩二子：指公子燮与子仪。 ⑪以：挟持。 ⑫商密：楚地名，在今河南省淅川县西。 ⑬庐戢梨、叔麇：二人名，庐大夫。 ⑭斗克：即子仪。 ⑮穆伯：即公孙敖。 ⑯文伯：穆公之子，名榖。详见文公七年传。 ⑰尽室：尽其家室。 ⑱弱：幼弱。 ⑲难：穆伯之子，文伯之弟。 ⑳萧：宋邑名，详见庄公十二年传注。 ㉑夫己氏：即那个人。己，读如"其"。 ㉒昭姬：即子叔姬。 ㉓单伯：周卿士。

【译文】

十四年春季，周顷王去世。周公阅和王孙苏争夺政权，因此没有给鲁国发讣告。凡是天子"驾崩"，诸侯"薨"，不给鲁国发讣告，《春秋》就不予记载。遇到灾祸或喜庆之事，只要不通知鲁国，《春秋》也不加记载。这是对不尊重鲁国的惩罚。

邾文公去世时，鲁文公派人前去吊唁，使者不够恭敬。邾国人就发兵攻打鲁国南部边境，因此惠伯攻打邾国。

子叔姬嫁给齐昭公后，生了儿子舍。叔姬不受宠爱，人们就不怕公子舍。公子商人多次在国内施舍钱财，还招纳了很多门客，把家产都用尽了，又向掌管公室财物的官员借了很多债，继续施舍。夏季五月，昭公去世，公子舍即位。

邾文公的原配齐姜生了定公，第二个妻子生了捷菑。文公去世后，邾国人立了定公为君，捷菑逃亡到了晋国。

六月，鲁文公在新城和宋昭公、陈灵公、卫成公、郑穆公、许男、曹文公以及晋国的赵盾结盟，因为跟随楚国的陈、郑、宋三国又顺服了晋国，同时商量了帮助捷菑返回邾国的问题。

秋季七月某日夜里，齐国的公子商人杀了舍，让元出任国君。元说："你想做国君已经很久了。我可以侍奉你，但你不能侍奉我。否则，你将对我产生许多怨恨。到那时，你还能不杀我吗？还是你来做国君吧！"

鲁国发现了彗星进入北斗星附近，周朝内史叔服预测说："不用七年时间，齐、宋、晋三国国君都将死于叛乱。"

晋国的赵盾率领诸侯联军的八百辆战车护送捷菑回到了邾国。邾国人辞谢说："齐女所生的貜且年长。"赵盾说："有道理，如果不听，就不吉祥。"于是就率军离开了邾国。

周公准备和王孙苏到晋国争辩是非曲直，周匡王违背了当初要帮助王孙苏的诺言，派尹氏和聃启到晋国为周公辩护。赵盾调解了王室的纠纷，使他们各复其位。

楚庄王即位后，子孔、潘崇准备袭击群舒，派公子燮和子仪留守国内，自己攻打舒蓼。公子燮和子仪在国内作乱，加强了郢都的城防，并派人刺杀子孔，没有成功。八月，二人挟持楚庄王离开国都，准备到商密去。庐戢梨和叔麇诱杀了子仪和公子燮。

当初，子仪被囚禁在秦国时，恰遇秦国在殽地之战中失败，秦国派他回晋国求和。两国讲和之后，子仪的要求没有得到满足，公子燮想当令尹也没能如愿，因此二人发动了叛乱。

穆伯为求己氏到莒国后，鲁国人立了文伯为继承人，穆伯在莒国生了两个儿子，又要求返回鲁国，并让文伯代为请求，襄仲让他回国后不得上朝参与政事。穆伯同意，回国后再也没有出来过，三年后又举家迁往莒国。此时文伯患病，请求说："我的儿子尚且年幼，请立我的弟弟难吧。"鲁国人同意了。文伯死后，就立了惠叔。此后穆伯又想回到鲁国，并送了重礼，让惠叔替他请求，得到了允许。准备动身时，九月死在齐国。报告了丧事，并请求归葬鲁国，没有得到同意。

宋国的高哀镇守萧地时，被提升为卿，他认为宋昭公不讲道义，就离开宋国逃亡到鲁国。《春秋》记载为"宋子哀来奔"，是表示对他的尊重。

齐国人在安定了齐懿公之后，才派人来通报杀掉公子舍的事情，《春秋》把这一事件归入"九月"。

齐国的公子元对懿公执政很不服气，始终不称他为"公"，而是称"那个人"。

襄仲派人向天子报告，请求以天子的名义向齐国求取子叔姬，说："既然杀了他的儿子舍，又哪里用得着母亲？请把她送回鲁国惩治。"冬季，王室卿士单伯到齐国求取子叔姬，齐国人把他抓了起来。同时把子叔姬也抓了起来。

中華藏書

四书五经·最新校勘精注今译本

中国书局

一九一四

文公十五年

经　十有五年春，季孙行父如晋。三月，宋司马华孙来盟。夏，曹伯来朝。齐人归公孙敖之丧。六月辛丑朔，日有食之。鼓，用牲于社。单伯至自齐。晋郤缺帅师伐蔡。戊申，入蔡。秋，齐人侵我西鄙。季孙行父如晋。冬十有一月，诸侯盟于扈。十有二月，齐人来归子叔姬。齐侯侵我西鄙。遂伐曹，入其郛。

传　十五年春，季文子如晋，为单伯与子叔姬故也。三月，宋华耦来盟，其官皆从之。书曰："宋司马华孙"，贵之也。

公与之宴，辞曰："君之先臣督①，得罪于宋殇公，名在诸侯之策。臣承其祀，其敢辱君？请承命于亚旅②。"鲁人以为敏。

夏，曹伯来朝，礼也。诸侯五年再相朝，以修王命，古之制也。

齐人或为孟氏谋③，曰："鲁，尔亲也。饰棺置诸堂阜④，鲁必取之。"从之。卞人以告⑤。惠叔犹毁以为请⑥，立于朝以待命。许之。取而殡之。齐人送之。书曰："齐人归公孙敖之丧。"为孟氏，且国故也。葬视共仲⑦。声己不视⑧，帷堂而哭⑨。襄仲欲勿哭，惠伯曰⑩："丧，亲之终也。虽不能始，善终可也。史佚有言曰⑪：'兄弟致美⑫。救乏、贺善、吊灾、祭敬、丧哀，情虽不同，毋绝其爱，亲之道也。'子无失道，何怨于人？"襄仲说，帅兄弟以哭之。

他年，其二子来⑬，孟献子爱之⑭，闻于国。或谮之曰："将杀子。"献子以告季文子。二子曰："夫子以爱我闻⑮，我以将杀子闻，不亦远于礼乎？远礼不如死。"一人门于句鼆⑯，一人门于戾丘⑰，皆死。

六月辛丑朔，日有食之，鼓，用牲于社，非礼也。日有食之，天子不举，伐鼓于社；诸侯用币于社，伐鼓于朝，以昭事神、训民、事君，示有等威⑱，古之道也。

齐人许单伯请而赦之，使来致命。书曰："单伯至自齐。"贵之也。

新城之盟，蔡人不与。晋郤缺以上军、下军伐蔡，曰："君弱，不可以怠。"戊申⑲，入蔡，以城下之盟而还。凡胜国，曰"灭之"；获大城焉，曰"入之"。

秋，齐人侵我西鄙，故季文子告于晋。

冬十一月，晋侯、宋公、卫侯、蔡侯、陈侯、郑伯、许男、曹伯盟于扈，寻新城之盟，且谋伐齐也。齐人赂晋侯，故不克而还。于是有齐难，是以公不会。书曰："诸侯盟于扈。"无能为故也。凡诸侯会，公不与，不书，讳君恶也。与而不书，后也。

齐人来归子叔姬，王故也。

齐侯侵我西鄙，谓诸侯不能也^⑳。遂伐曹，入其郛，讨其来朝也。

季文子曰："齐侯其不免乎？已则无礼，而讨于有礼者，曰：'女何故行礼！'礼以顺天，天之道也，已则反天^㉑，而又以讨人，难以免矣。诗曰：'胡不相畏，不畏于天^㉒。'君子之不虐幼贱，畏于天也。在《周颂》曰：'畏天之威，于时保之^㉓。'不畏于天，将何能保？以乱取国，奉礼以守，犹惧不终，多行无礼，弗能在矣^㉔！"

【注释】

①督：即华督，华耦的曾祖。　②亚旅：官名，上大夫。　③孟氏：鲁公孙敖的家族，称孟氏。　④饰棺：古代对于死人的棺木，依爵位、等级的不同，而有不同的装饰，称为饰棺。堂阜：地名，鲁齐交界处。　⑤卞人：鲁卞邑大夫。　⑥毁：因悲哀而毁颜销骨。　⑦葬视共仲：葬礼如同共仲一样。共仲，即夫父。　⑧声己：公孙敖次妻，惠叔之母。不视：不视灵柩。⑨帷堂：古时，人死后尸体放置堂中小敛，四周围上帷幕，叫帷堂。　⑩惠伯：即叔彭生。　⑪史佚：古人名，见僖公十五年传注。　⑫致美：各尽其美。　⑬二子：指穆伯在莒国的两个儿子。⑭孟献子：文伯穀之子仲孙蔑。　⑮夫子：指孟献子。　⑯句鼆（měng）：鲁邑名。　⑰戾丘：鲁邑名与句鼆均不详何处。　⑱等威：威仪之等差。　⑲戊申：初八日。⑳不能：即不能相互救援。　㉑反天：反礼。　㉒胡不相畏，不畏于天：句出《诗经·小雅·雨无正》篇。　㉓畏天之威，于时保之：句出《诗经·周颂·我将》篇。于时，于是。保之，保其福禄或保其天命。　㉔弗能在：不能善终。

【译文】

十五年春季，季文子前往晋国，是为了单伯和子叔姬去的。

三月，宋国的华耦来鲁国结盟，他的下属也一同前来。《春秋》称其为"宋司马华孙"，是表示尊重他。

文公设宴招待他，他推辞说："我们国君的先臣华督曾杀害了宋殇公，因此而名列诸侯的史册。小臣承继他的祭祀，哪里敢使国君蒙受耻辱招待我呢？请派一个上大夫来接待就行了。"鲁国人认为华耦机敏。

夏季，曹文公来鲁国朝见，这是合乎礼的。诸侯之间每五年互相朝见两次，以履行天子的命令，这是自古以来的制度。

齐国有人为孟氏策划说："鲁国是你的亲属之国。你把穆伯的棺材放到堂阜，鲁国必定派人把它运走。"孟氏听从了这一劝告。不久卞邑的大夫报告了此事。此时惠叔还在服丧期间，他容颜消瘦，请求取回棺材，并立在朝廷上等候答复。鲁国同意了请求，就把棺材取回停放起来。齐国人也护送前来。《春秋》记载为"齐人归公孙敖之丧，"这是因为孟氏世为鲁卿，又是鲁国的公族。鲁国比照庆父的葬礼安葬了穆伯。声己怨恨穆伯，不肯去看他的棺材，只是在灵堂帐幔外哭泣。襄仲也打算不去哭丧，惠伯劝他说："丧事是对待亲人的最后一次表示。虽然开始时没有把关系处理好，但把最后这件事处理好也是可以的。史佚有这样的话：'兄弟之间要各自做到尽善尽美。救济贫困，祝贺喜庆，吊唁灾祸，祭祀恭敬，哀悼丧事，这几种情况虽然感情不同，都是为了不断绝彼此之间的友爱，是对待亲人的道理'。你不要不讲这个道理。何必对他人怨恨呢。"襄仲很高兴，就领着他的兄弟前去哭丧。

几年以后，穆伯的两个儿子从莒国回来，孟献子很喜欢他们，当时全国都知道这件事。有人诬陷这两个人说："这两个人准备杀了你。"孟献子告诉了季文子。这两个人说："全国都知道夫子喜欢我们，如果杀死他，全国人也必然都知道，这样做也太有悖于礼了。有悖于礼还不如死了的好。"于是一人在句鼆门守门，一人在戾丘守门，后来都战死了。

六月一日，鲁国发生了日食，人们击鼓，并宰牛祭祀土地神，这是不合礼的。一般日食时，天子要减少膳食，撤去音乐，在土地神庙里击鼓。诸侯则用玉帛在土地神庙里祭祀，并在朝廷上击鼓，以表示敬奉神灵、训导百姓、事奉国君。天子和诸侯采取的礼仪不同，表示等级不同，这是自古以来的道理。

齐国人同意单伯要子叔姬回国的请求，并赦免了他，让他到鲁国通报。《春秋》记载为"单伯至自齐"，表示尊重他。

举行新城盟会时，蔡国人没有参加。晋国的郤缺率领上军、下军攻打蔡国，他说："国君虽然年少，但不能因此使国事懈怠。"六月八日，攻入蔡国，在蔡都城下订立了盟约后回国。凡是战胜一个国家叫"灭亡"，攻下一座城则叫"入之"。

秋季，齐军入侵鲁国西部边境，因此季文子向晋国告急。

冬季十一月，晋灵公、宋昭公、卫成公、蔡庄侯、陈灵公、郑穆公、许男、曹文公在扈地结盟，以重温新城之盟，同时商量攻打齐国。齐国人贿赂了晋灵公，因此诸侯没等战胜齐国就撤兵了。当时正值齐国侵犯鲁国西部边境，因此鲁文公没去参加盟会。《春秋》记载为"诸侯盟于扈"。表示诸侯没有能够解救鲁国。凡是诸侯会盟，如果鲁国国君不参加，《春秋》就不加记载，这是为了给国君避讳。参加了盟会而不予记载，则是表示国君迟到了。

齐国人把子叔姬送回鲁国，这是执行天子的命令。

齐懿公进攻鲁国西部边境，他认为诸侯不会救援鲁国。又攻打曹国，进入曹都的外城。这是为了讨伐曹国对鲁国的朝见。

季文子说："齐侯恐怕难免遭灾吧？他自己无礼却又讨伐有礼之国，还说：'你们为什么去鲁国朝见？'礼是用来顺乎天意的，这是替天行道。自己违背天意，又以此来讨伐别国，必然难免灾祸。《诗经》说：'为何不互相畏惧，因为不畏惧上天。'君子之所以不虐待弱小和卑贱，是因为畏惧上天。《周颂》中说：'惧怕上天的威严，因此而保有福禄。'如果不怕上天，能保住什么呢？依靠动乱取得政权的国家，即使奉行礼以保守君位，尚且担心没有好结果，更何况又做了这么多无礼之事，这就更加难保善终了。"

文公十六年

经　十有六年春，季孙行父会齐侯于阳谷，齐侯弗及盟。夏五月，公四不视朔。六月戊辰，公子遂及齐侯盟于郪丘。秋八月辛未，夫人姜氏薨。毁泉台。楚人、秦人、巴人灭庸。冬十有一月，宋人弑其君杵臼。

传　十六年春，王正月，及齐平。公有疾，使季文子会齐侯于阳谷。请盟，齐侯不肯，曰："请俟君间①。"

夏五月，公四不视朔②，疾也。公使襄仲纳赂于齐侯，故盟于郪丘③。

有蛇自泉宫出④，入于国，如先君之数⑤。

秋八月辛未⑥，声姜薨⑦，毁泉台⑧。

楚大饥，戎伐其西南，至于阜山⑨，师于大林⑩。又伐其东南，至于阳丘⑪，以侵訾枝⑫。

庸人帅群蛮以叛楚⑬。麇人率百濮聚于选⑭，将伐楚。于是申、息之北门不启。

楚人谋徙于阪高⑮。蔿贾曰⑯："不可。我能往，寇亦能往。不如伐庸。夫麇与百濮，谓我饥不能师，故伐我也。若我出师，必惧而归。百濮离居，将各走其邑，谁暇谋人？"乃出师。旬有五日，百濮乃罢。

自庐以往⑰，振廪同食⑱。次于句澨⑲。使庐戢梨侵庸，及庸方城。庸人逐之，囚子扬窗⑳。三宿而逸，曰："庸师众，群蛮聚焉，不如复大师㉑，且起王卒，合而后进。"师叔曰㉒："不可。姑又与之遇以骄之。彼骄我怒，而后可克，先君蚡冒所以服陉隰也㉓。'又与之遇，七遇皆北㉔，唯裨、鯈、鱼人实逐之㉕。

庸人曰："楚不足与战矣。"遂不设备㉖。楚子乘驲㉗，会师于临品㉘，分为二队：子越自石溪㉙，子贝自仞㉚，以伐庸。秦人、巴人从楚师，群蛮从楚子盟。遂灭庸。

宋公子鲍礼于国人㉛，宋饥，竭其粟而贷之㉜。年自七十以上，无不馈诒也，时加羞珍异㉝。无日不数于六卿之门㉞，国之材人㉟，无不事也，亲自桓以下㊱，无不恤也㊲。公子鲍美而艳，襄夫人欲通之㊳，而不可，乃助之施。昭公无道，国人奉公子鲍以因夫人㊴。

于是，华元为右师，公孙友为左师，华耦为司马，鳞鱹为司徒，荡意诸为司城，公子朝为司寇。初，司城荡卒㊵，公孙寿辞司城㊶，请使意诸为之㊷。既而告人曰："君无道，吾官近，惧及焉。弃官则族无所庇。子，身之贰也㊸，姑纾死焉㊹。虽亡子，犹不亡族。"

既，夫人将使公田孟诸而杀之㊺。公知之，尽以宝行。荡意诸曰："盍适诸侯？"公曰："不能其大夫至于君祖母以及国人㊻，诸侯谁纳我？且既为人君，而又为人臣，不如死。"尽以其宝赐左右而使行。

夫人使谓司城去公，对曰："臣之而逃其难，若后君何？"

冬十一月甲寅㊼，宋昭公将田孟诸，未至，夫人王姬使帅甸攻而杀之㊽。荡意诸死之。书曰："宋人弑其君杵臼㊾。"君无道也。

文公即位㊿，使母弟须为司城。华耦卒，而使荡虺为司马(51)。

【注释】

①间：病愈。 ②视朔：古礼诸侯每月初一以特羊告庙，称为告朔。告朔毕，即听治此月之政，称为视朔，也叫听朔。 ③郪（qī）丘：齐地名，在齐国临淄附近。 ④泉宫：鲁都曲阜近郊邑名。 ⑤如先君之数：鲁国自伯禽至僖公共十七位君主。 ⑥辛未：初八日。 ⑦声姜：鲁僖公夫人，文公之母。 ⑧泉台：即郎台，在曲阜南郊。 ⑨阜山：楚邑名，在今湖北省房县南。 ⑩大林：楚邑名，在今湖北省荆门县西北。 ⑪阳丘：楚地名，不详何处。 ⑫訾枝：楚邑名，在今湖北省枝江县境。 ⑬群蛮：指散居在今湖北省境内的少数民族部落。 ⑭百濮：散居在今湖北省石首县一带的少数民族部落。濮，种族名。选：楚地名，在今湖北省枝江县境。 ⑮阪高：楚地名，在今湖北省当阳市东北。 ⑯蒍贾：人名，见僖公二十七年传。 ⑰庐：楚邑名，在今湖北省南漳县东。 ⑱振廪：打开粮仓。 ⑲句澨（gōu shì）：楚

地名，在今湖北省均县旧治西。⑳子扬窗：庐戢梨的下属官员。㉑复大师：再次发动大兵。㉒师叔：楚大夫潘尫。㉓蚡冒：楚先君名。陉隰：国名。㉔北：败北。㉕裨、儵(tiáo)、鱼：均为群蛮部落名。㉖设备：设防。㉗驲（rì）：释站传车。㉘临品：地名，在今湖北省均县境。㉙子越：又称子越椒、斗椒，楚宗族。石溪：地名。㉚子贝：楚臣。仞：地名。㉛公子鲍：宋昭公庶弟，即宋文公。㉜贷：施舍。㉝时：按时令。加羞珍异：加进珍贵食品。羞，进献。㉞数：密，即参请不断。㉟材人：有才能的人。㊱桓：指宋桓公，公子鲍的曾祖。㊲恤：赈济。㊳襄夫人：宋襄公夫人，周襄王之姊。㊴因：依附。㊵司城荡：即公子荡。司城，官名。㊶公孙寿：公子荡之子，父死，子承其位。㊷意诸：即荡意诸，公孙寿之子。寿辞位，使其子继承。㊸身之贰：意即我的替身。㊹纾死：缓死。㊺孟诸：地名，见僖公二十八年传注。㊻不能：不能取得信赖。能，用作动词。君祖母，古人称母为君母，祖母为君祖母。宋昭公为成公之子，襄公之孙，故襄夫人为其祖母。㊼甲寅：二十二日。㊽王姬：即襄夫人。帅甸：官名，即《周礼》中所谓甸师，有徒三百人。㊾杵臼：宋昭公名。㊿文公：即公子鲍，宋昭公庶弟。(51)荡虺（huī）：荡意诸之弟。

【译文】

十六年春季，周历正月，鲁国和齐国讲和。因为文公患病，派季文子在阳谷和齐懿公会见。季文子请求结盟，齐懿公不肯，说：“等贵君病好了再说吧！”

夏季五月，文公因为生病，四次不上朝听政。文公派襄仲给齐懿公送了许多财礼，所以就在郪丘结了盟。

鲁国发现许多大蛇从泉宫爬出来，一直爬到国都的城门内，而且数量与鲁国先君的数量一样，有十七条。

秋季八月八日，声姜去世，然后把泉台拆毁了。

楚国发生了大饥荒，戎人趁机攻打楚国西南边境，深入到阜山，驻扎在大林。又进攻楚国东南边境，逼至阳丘，并侵入訾枝。

庸国人率领群蛮也背叛了楚国。麇国人也率领百濮人聚集在选地，准备攻打楚国。楚国申、息两城的北门也不敢开放了。

楚国人商量把国都迁往阪高。苏贾说：“不行。我们能迁过去，敌人也能追过去。不如攻打庸国。至于麇国和百濮，认为我们遭受灾荒不能出兵，才乘机攻打我们。如果我们出兵，他们必然因害怕而回去。百濮人散居各地，必然各自逃回居住的地方，谁还有时间来攻打我们？”于是出兵抵抗。十五天以后，百濮人就撤兵回去了。

楚军从庐地出发以后，沿途打开粮仓让将士和百姓同时食用。军队驻扎在句澨后，派庐戢梨攻打庸国，攻至庸国的方城，庸人追赶他们，子扬窗被俘。子扬窗在庸人那里住了三天后逃跑，回来说："庸军人多，蛮人都聚集在那里，不如再派大军前来，把国君的卫戍部队也派来参战，各路兵马汇集在一起后再行进攻。"师叔说："不行。姑且再和他们交战，以使其产生骄傲情绪。等敌人骄傲，我军斗志高昂时，就可以一战而胜。先君蚡冒就是用这种方法征服陉、隰两地的。"于是楚军又和庸人交战，交战七次，楚军全部佯装败走，庸军中只有裨、儵、鱼人追击楚军。

庸国人说："楚军已经不堪一击了。"就不再设防。楚庄王乘坐驿站的传车，在临品与各路军队会合，然后兵分两路，子越从石溪出发，子贝从仞地出发，同时进攻庸军，秦军、巴军跟随楚军，结果那些蛮人纷纷和楚庄王结盟，随后灭亡了庸国。

宋国的公子鲍对国人很有礼，宋国发生饥荒时，他把粮食全部拿出来施舍给百姓。对年纪在七十岁以上的人，没有不赠送的，还不时增加一些美味食品。每天都要到六卿家里为百姓参请，对国内有才干的人都予以重用，对桓公子孙以下的亲属都给予救济。公子鲍漂亮无比光彩照人，宋襄公夫人想和他私通，公子鲍不肯，襄公夫人就帮助他一起施舍。宋昭公无道，国人都愿意事奉公子鲍，并依靠襄公夫人。

当时华元担任右师，公孙友任左师，华耦任司马，鳞鱹任司徒，荡意诸任司城，公子朝任司寇。当初，司城荡去世后，公孙寿辞掉了司城的职务，请求让荡意诸担任。不久又对别人说："国君无道，我的官职又常常接近国君，我害怕祸及自身。但如果放弃这个职务不干，我的族人又无人保护。儿子是我的替身，由他接替，我就可以死得晚一些。即使丧失了儿子，还不至于丧失整个家族。"

不久，襄公夫人准备让宋昭公到孟诸打猎，并趁机杀了他。昭公得知此事后，带上全部珍宝准备逃亡。荡意诸说："何不逃到诸侯那里去？"昭公说："我连宋国的大夫以至祖母襄公夫人和国人的信任都得不到，又有哪个诸侯肯接纳我呢？再说我作为国君，却到别国成为臣子，还不如死了的好。"就把他的财宝全部赐给左右侍从，让他们逃走。

襄公夫人派人告诉荡意诸，让他离开昭公。但他回答说："身为臣子却要逃避国君的灾难，还怎么事奉新君呢？"

冬季十一月二十二日，宋昭公打算在孟诸打猎，还没有走到，襄公夫人就派甸地的军帅杀了他，荡意诸也被杀死。《春秋》记载为："宋人弑其君杵白”，表示昭公无道。

宋文公即位，派同母弟卬须出任司城。华耦去世后，派荡虺出任司马。

文公十七年

经　十有七年春，晋人、卫人、陈人、郑人伐宋。夏四月癸亥，葬我小君声姜。齐侯伐我西鄙。六月癸未，公及齐侯盟于谷。诸侯会于扈。秋，公至自谷。冬，公子遂如齐。

传　十七年春，晋荀林父、卫孔达、陈公孙宁、郑石楚伐宋，讨曰：“何故弑君！”犹立文公而还。卿不书，失其所也①。

夏四月癸亥②，葬声姜。有齐难，是以缓。

齐侯伐我北鄙。襄仲请盟。六月，盟于谷。

晋侯蒐于黄父③，遂复合诸侯于扈，平宋也。公不与会，齐难故也。书曰“诸侯”，无功也④。

于是，晋侯不见郑伯，以为贰于楚也。郑子家使执讯而与之书⑤，以告赵宣子，曰：

“寡君即位三年，召蔡侯而与之事君。九月，蔡侯入于敝邑以行。敝邑以侯宣多之难⑥，寡君是以不得与蔡侯偕⑦。十一月，克减侯宣多而随蔡侯以朝于执事⑧。十二年六月⑨，归生左寡君之嫡夷⑩，以请陈侯于楚而朝诸君。十四年七月，寡君又朝，以藏陈事⑪。十五年五月，陈侯自敝邑往朝于君。往年正月，烛之武往朝夷也⑫。八月，寡君又往朝。以陈、蔡之密迩于楚而不敢贰焉⑬，则敝邑之故也。虽敝邑之事君，何以不免？在位之中，一朝于襄⑭，而再见于君⑮。夷于孤之二三臣相及于绛⑯，虽我小国，则蔑以过之矣⑰。今大国曰：‘尔未逞吾志。’敝邑有亡⑱，无以加焉。”

“古人有言曰：‘畏首畏尾，身其余几⑲。’又曰：‘鹿死不择音⑳。’小国之事大国也，德，则其人也；不德，则其鹿也；铤而走险，急何能择？命之罔极㉑，亦知亡矣。将悉敝赋以待于鯈㉒，唯执事命之。”

“文公二年六月壬申㉓，朝于齐。四年二月壬戌，为齐侵蔡，亦获成于楚。居大国之间而从于强令㉔，岂其罪也？大国若弗图㉕，无所逃命。”

晋巩朔行成于郑㉖，赵穿、公壻池为质焉㉗。

秋，周甘歜败戎于邥垂㉘，乘其饮酒也。

中华藏书

四书五经·最新校勘精注今译本

中国书店

一九二二

冬十月，郑大子夷、石楚为质于晋㉙。

襄仲如齐，拜榖之盟。复曰："臣闻齐人将食鲁之麦。以臣观之，将不能。齐君之语偷㉚。臧文仲有言曰：'民主偷必死㉛。'"

【注释】

①失其所：丧失其立场。　②癸亥：初四日。　③黄父：晋地名，在今山西省翼城县东北。　④无功：无成效。　⑤执讯：通讯官。　⑥侯宣多之难：事见僖公三十年传。　⑦偕：同行。　⑧克减：灭绝。　⑨十二年：指郑穆公十二年，即鲁文公十一年。　⑩归生：子家名。夷：太子名，即郑穆公之子郑灵公。　⑪戁（chǎn）陈事：完成陈国的事情。　⑫朝夷：使夷朝见晋。朝，使动用法。　⑬密迩：紧密连接。　⑭襄：指晋襄公。　⑮君：指晋灵公。　⑯孤：小国之君称孤。相及：一个接一个。　⑰蔑：无。　⑱有亡：只有被灭亡掉。　⑲身其余几：身体剩余多少。　⑳音：鸣叫声。　㉑命之罔极：命令没有准则，即反复无常。　㉒敝赋：敝国的军备。儵：地名，在晋、郑边境处。　㉓壬申：二十日。　㉔从：屈服。强令：强加的命令。　㉕弗图：不考虑我们的处境。　㉖巩朔：晋大夫，即巩伯，又称士庄伯。　㉗公婿池：人名，见文公八年传。　㉘甘歜（chù）：周大夫。邥（shěn）垂：周地名，在今河南省洛阳市南。　㉙石楚：郑大夫名。　㉚偷：苟且。　㉛民主：百姓的主人。

【译文】

十七年春季，晋国的荀林父、卫国的孔达、陈国的公孙宁、郑国的石楚攻打宋国。理由是："为什么杀了你们的国君？"直到立了宋文公才回国，《春秋》没有记载卿的名字，是因为他们对此事处置不够妥当。

夏季四月四日，鲁国安葬了声姜。因为齐国的动乱，葬礼才推迟了。

齐懿公攻打鲁国北部边境。襄仲请求结盟。六月，双方在榖地结盟。

晋灵公在黄父阅兵，又召集诸侯在扈地会合，商议平定宋国内乱之事。文公没有参加会议，因为当时齐国正攻打鲁国。《春秋》只写"诸侯"而不写他们的名字，表示没有成效。

当时晋灵公不肯接见郑穆公，认为郑国暗中亲近楚国。郑国子家派一位负责通讯、联络的官员送给赵盾一封信。信中说：

"寡君即位三年时，就召请蔡侯一起事奉贵君。九月，蔡侯到我国，从这里去了贵国。当时我国发生了侯宣多的叛乱，因此寡君未能与蔡侯一同前往。十一月，平定了侯宣多之乱后，便同蔡侯一同朝见了阁下。十二年六月，公子归生辅佐太子夷，到楚国请求允许陈侯同去朝见贵君。十四年七月，寡君又到贵国朝见，促成了陈国顺服贵国一事。十五年五月，陈侯又从我国前往朝见贵君。去年正月，烛之武去了贵国，目的是使太子夷前往朝见贵君。八月，寡君又一次前去朝见。陈、蔡两国虽然紧邻楚国却不敢对贵国存有二心，这都是我国努力的结果。我国如此事奉贵国，为什么还不能免于灾祸呢？寡君在位期间，曾朝见贵国先君襄公一次，现任国君两次。太子夷和我国几个臣子也先后都到达绛城。作为一个小国，如此事奉贵国，可以说不能比这再过分了。而如今大国却说：'你们还没有使我们满足。'那就只有等待灭亡，实在不能做得更好了。"

"古人有句话说：'如果怕这怕那，还能有什么不怕？'又说：'当鹿快要死亡的时候，就顾不上选择庇阴的地方了。'小国事奉大国，如果大国能以恩德相待，那么小国就像人一样恭顺服贴；如果不以恩德相待，小国就会像将死的鹿一样铤而走险，危急时刻也就顾不上危险不危险了。既然贵国的要求反复无常，我们也就知道亡国在即了。那就只好动员全部兵力，在儵地严阵以待了。何去何从，我们唯命是从。"

"文公于二年六月二十日曾到齐国朝见。四年二月某日，为齐国攻打蔡国，和楚国讲和。处在大国之间而不得不听从大国的命令，难道是我们的罪过吗？假若大国不体谅小国的苦衷，我们也就别无出路了。"

晋国的巩朔到郑国讲和。赵穿和公壻池到郑国作为人质。

秋季，王室的甘歜在邥垂打败了戎人，是乘戎人喝酒时袭击的。

冬季十月，郑国的太子夷、石楚到晋国作了人质。

襄仲到了齐国，就穀地结盟一事表示谢意。回来后对文公说："我听说齐国人准备吃鲁国的麦子。依我看来，做不到。因为齐君的话缺乏远虑。臧文仲有句话说：'百姓的君主如果缺乏长远考虑，必然很快死去'。"

文公十八年

经　十有八年春，王二月丁丑，公薨于台下。秦伯罃卒。夏五月戊戌，齐人弑其君商人。六月癸酉，葬我君文公。秋，公子遂、叔孙得臣如齐。冬十月，子卒。夫人姜氏归于齐。季孙行父如齐。莒弑其君庶其。

传　十八年春，齐侯戒师期[①]，而有疾。医曰："不及秋，将死。"公闻之[②]，卜曰："尚无及期[③]。"惠伯令龟[④]，卜楚丘占之曰："齐侯不及期，非疾也。君亦不闻。令龟有咎。"二月丁丑[⑤]，公薨。

齐懿公之为公子也，与邴歜之父争田⑥，弗胜。及即位，乃掘而刖之⑦，而使歜仆⑧。纳阎职之妻⑨，而使职骖乘⑩。

夏五月，公游于申池⑪。二人浴于池，歜以扑抶职⑫。职怒。歜曰："人夺女妻而不怒，一抶女庸何伤⑬？"职曰："与刖其父而弗能病者何如⑭？"乃谋弑懿公，纳诸竹中，归，舍爵而行⑮。齐人立公子元。

六月，葬文公。

秋，襄仲、庄叔如齐，惠公立故，且拜葬也。

文公二妃，敬嬴生宣公。敬嬴嬖而私事襄仲⑯。宣公长而属诸襄仲，襄仲欲立之，叔仲不可⑰。仲见于齐侯而请之。齐侯新立而欲亲鲁，许之。

冬十月，仲杀恶及视而立宣公⑱。书曰"子卒"，讳之也。

仲以君命召惠伯⑲。其宰公冉务人止之⑳，曰："入必死。"叔仲曰："死君命可也。"公冉务人曰："若君命可死，非君命何听？"弗听，乃入，杀而埋之马矢之中㉑。公冉务人奉其帑以奔蔡，既而复叔仲氏㉒。

夫人姜氏归于齐，大归也㉓。将行，哭而过市曰："天乎，仲为不道，杀适立庶。"市人皆哭，鲁人谓之哀姜。

莒纪公生大子仆㉔，又生季佗，爱季佗而黜仆，且多行无礼于国。仆因国人以弑纪公，以其宝玉来奔，纳诸宣公。公命与之邑，曰："今日必授。"季文子使司寇出诸竟㉕，曰："今日必达㉖。"公问其故。季文子使大史克对曰：

"先大夫臧文仲教行父事君之礼，行父奉以周旋㉗，弗敢失队㉘。曰：'见有礼于其君者，事之如孝子之养父母也。见无礼于其君者，诛之如鹰鹯之逐鸟雀也㉙。'先君周公制《周礼》曰㉚：'则以观德㉛，德以处事㉜，事以度功㉝，功以食民㉞。'作《誓命》曰㉟：'毁则为贼㊱，掩贼为藏㊲，窃贿为盗㊳，盗器为奸㊴。主藏之名㊵，赖奸之用㊶，为大凶德，有常无赦㊷，在《九刑》不忘㊸。'行父还观莒仆㊹，莫可则也㊺。孝敬忠信为吉德，盗贼藏奸为凶德。夫莒仆，则其孝敬，则弑君父矣；则其忠信，则窃宝玉矣。其人，则盗贼也；其器，则奸兆也㊻。保而利之，则主藏也。以训则昏㊼，民无则焉。不度于善，而皆在于凶德，是以去之。"

"昔高阳氏有才子八人㊽：苍舒、隤敳、梼戭、大临、龙降、庭坚、仲容、叔达㊾，齐圣广渊㊿，明允笃诚[51]，天下之民谓之'八恺'[52]。高辛氏有才子八人[53]：伯奋、仲堪、叔献、季仲、伯虎、仲熊、叔豹、季狸[54]，忠肃共懿[55]，宣慈惠和[56]，天下之民谓之'八元'[57]。此十六族也，世济其美[58]，不陨其名。以至于尧，尧不能举。舜臣尧，举八恺，使主后土[59]，以揆百事[60]，莫不时序[61]，地平天成㉒；举八元，使布五教于四方㉓，父义、母慈、兄友、弟共、子孝、内平外成㉔。昔帝鸿氏有不才子㉕，掩义隐贼，好行凶德，丑类恶物㉖，玩嚚不友㉗，是与比周㉘，天下之民谓之'浑敦'㉙。少昊氏有不才子㉚，毁信废忠，崇饰恶言㉛，靖谮庸回㉜，服谗蒐慝㉝，以诬盛德，天下之民谓之'穷奇'㉞。颛顼氏有不才子，不可教训，不知话言㉟，告之则顽㊱，舍之则嚚㊲，傲很明德㊳，以乱天常，天下之民谓之'梼杌'㊴。此三族也，世济其凶，增其恶名，以至于尧，尧不能去。缙云氏有不才子㊵，贪于饮食，冒于货贿㊶，侵欲崇侈㊷，不可盈厌㊸，聚敛积实㊹，不知纪极㊺，不分孤寡㊻，不恤穷匮，天下之民以比三凶㊼，谓之'饕餮'㊽。舜臣尧，宾于四门㊾，流四凶族浑敦、穷奇、梼杌、饕餮㊿，投诸四裔○51以御魑魅○52。是以尧崩而天下如一，同心戴舜以为天子○53，以其举十六相○54，去四凶也。故《虞书》数舜之功曰'慎徽五典，五典克从'○55，无违教也；曰'纳于百揆，百揆时序'○56，无废事也；曰'宾于四门，四门穆穆'○57，无凶人也。"

"舜有大功二十而为天子○58。今行父虽未获一吉人，去一凶矣，于舜之功，二十之一也，庶几免于戾乎○59！"

宋武氏之族道昭公子○60，将奉司城须以作乱○61。十二月，宋公杀母弟须及昭公子，使戴、庄、桓之族攻武氏于司马子伯之馆○62。遂出武、穆之簇○63，使公孙师为司城，公子朝卒，使乐吕为司寇，以靖国人○64。

【注释】

①戒师期：下达出兵伐鲁日期的命令。　②公：指鲁文公。　③尚：希望。　④令龟：即命龟。据《周礼·春官》载：临卜，以所卜之事告龟。　⑤丁丑：二十三日。　⑥邴是歜（bǐng chù）：齐臣。　⑦掘而刖：掘其尸而断其足。　⑧仆：驾车。　⑨阎职：齐臣。　⑩骖乘：古时候乘车在车右的人。　⑪公：指齐懿公。申池：齐都城外的水池名。　⑫扑挟：用马鞭击打。扑，击马的竹鞭。挟，笞击。　⑬庸何：庸、何为同义词连用。　⑭病：忧虑，怨忿。　⑮舍爵：见桓公二年传注。　⑯私事：暗中勾结。　⑰叔仲：惠伯，即叔彭生。　⑱恶、视：鲁文公二子，其母为出姜，齐女。　⑲仲：襄仲。君命：文公死，太子恶当立，此"君"当指太子恶。　⑳宰：春秋时卿大夫的家臣之长称作宰。公冉务人：人名，惠伯的家臣之长。　㉑马矢：马粪。矢通："屎"。　㉒复叔仲氏：复立其子，其子为叔仲氏。　㉓大归：古时妇女既嫁以后，回娘家省亲叫曰宁，归而不返称大归。而姜氏夫死子亡，不得不大归。　㉔莒纪公：莒国国君，名庶其。　㉕出诸竟：逐出国境。　㉖达：彻底执行。　㉗行父：季孙行父，即季文子。周旋：应酬。　㉘失队：失落。队同"坠"。　㉙鹯（zhān）：鹰类猛禽。　㉚《周礼》：此《周礼》当是姬旦所著书名或篇名，今已亡佚。　㉛则：礼制。　㉜处事：办事。　㉝度功：衡量功劳。　㉞食民：取食于民。　㉟《誓命》：似为姬旦所作篇名，今亡

佚。㊱毁则：毁弃礼制。㊲掩：隐匿。藏：通“脏”，即窝赃。㊳窃贿：盗窃财物。㊴盗器：偷盗宝器。器，宝物。㊵主藏之名：因窝赃有名。㊶赖奸之用：以奸人的宝器为利。㊷常：常刑，常法。㊸《九刑》：即九种刑罚，即墨、劓、刖、宫、大辟以及流、赎、鞭、扑。不忘：依罪量刑，罚当其罪。忘读为“妄”。㊹还观：全面仔细观察。还，通“旋”。㊺则：取法，效法。㊻奸兆：偷窃的赃物。兆即佻，偷，窃取。㊼训：教育百姓。昏：迷乱。㊽高阳氏：传说中五帝之一，名颛顼，黄帝的孙子。才子：有才能的后代子孙。㊾苍舒等：此八人已无据可考。㊿齐圣广渊：齐，行为中正；圣，世事通达；广：度量宽宏；渊，谋略深远。(51)明允笃诚：明，明察事务；允，守信不二；笃，笃厚善良；诚，诚实纯正。(52)恺：和乐。(53)高辛氏：传说中五帝之一，名喾，黄帝的曾孙。(54)伯奋等：此八人诸说多异，未可深考。(55)忠肃共懿：忠，忠心奉上；肃，恭敬严肃；共，勤谨治事；懿，行为端美。(56)宣慈惠和：宣，知思周密；慈，心地慈爱；惠，怜贫恤穷；和，宽和大方。(57)元：善。(58)济其美：承继其美德。(59)后土：地官。(60)揆：管理。(61)时序：循四时之序。即顺当。(62)地平天成：天地平静和顺。(63)布五教：宣扬传布五种教化。五教，即父义、母慈、兄友、弟共、子孝。(64)内平外成：内外都平静和顺。(65)帝鸿氏：一说为黄帝，一说帝俊，或帝舜、帝喾，诸说不一。(66)丑类恶物：即以恶物为同类。丑类为同义词，作动词用。(67)顽嚚不友：即愚顽奸诈的恶人。(68)比周：关系密切。(69)浑敦：愚昧，不开通。(70)少昊氏：金天氏之号。一说即黄帝之子玄嚣。(71)崇饰：尽力粉饰。(72)靖谮：安于谗谮。庸回：即庸违，听信奸邪。(73)服谗：造谣中伤。蒐慝：掩盖罪恶。(74)穷齐：歪门邪道。一说即共工。(75)话言：善言。(76)顽：冥顽不化。(77)嚚：顽固愚蠢。(78)傲很：无视。(79)梼（táo）杌（wù）：凶顽无比。(80)缙云氏：黄帝时官名，即夏官，姜姓，炎帝的苗裔。(81)冒：贪。(82)崇侈：奢侈。(83)盈厌：满足。(84)积实：财谷。(85)纪极：限度。纪、极为同义词连用。(86)不分：不分散财物。(87)三凶：指浑敦、穷齐、梼杌。(88)饕餮（tāo tiè）：传说中一种贪食的恶兽，此比喻为贪婪凶恶的人。(89)宾于四门：开辟四方之门。(90)流：流放。(91)四裔：四方边远的地方。(92)魑魅（chīmèi）：古人幻想中害人的怪物。(93)戴：拥戴。(94)十六相：指八恺、八元。(95)数：列举。徽：美好。五典：即五常，指父义、母慈、兄友、弟恭、子孝。(96)百揆：百事。(97)四门穆穆：指来自四方的宾客都敬穆而有美德。(98)大功二十：指举拔十六相及去四凶。(99)戾：罪。(100)道：引导。(101)司城须：宋文公母弟。(102)子伯：即华耦。(103)出：逐出。(104)靖：安定。

【译文】

十八年春季，齐懿公宣布了攻打鲁国的时间，不久就患了病，御医说：“等不到秋天就会死去。”文公听说后，让人占卜，并说：“希望他等不到攻打我国就死去。”惠伯把要占卜的事情先告诉龟甲，卜楚丘占卜后说：“齐侯等不到进攻鲁国，但并非死于疾病。国君也听不到他死的消息了。连告诉龟甲的人也将有灾祸。”二月二十三日，文公去世。

齐懿公还是公子的时候，曾和邴歜的父亲争夺田地，没有争到手。等到即位之后，便挖出了邴歜父亲的尸体砍去了双脚，但又让邴歜为他驾车。夺走了阎职的妻子，又让阎职作骖乘。

夏季五月，懿公到申池游泳。邴歜和阎职则在池水里洗澡。邴歜用鞭子抽打阎职。阎职非常生气。邴歜说："别人夺走了你的妻子都不生气，我打你一下，有什么了不起？"阎职说："我和那个被人砍了父亲双脚都不生气的人相比怎么样？"于是二人密谋杀了懿公，把尸体隐藏到竹林中。回去后，在宗庙里祭告了祖先，然后才逃亡。齐国人立了公子元为君，就是齐惠公。

六月，鲁国安葬了文公。

秋季，襄仲、庄叔前往齐国，向齐惠公即位表示祝贺，同时也对齐国派人参加文公葬礼表示感谢。

文公的次妃敬嬴生了宣公。敬嬴受到文公的宠爱，却和襄仲私通。宣公年长，敬嬴把他托付给襄仲，襄仲打算立他，叔仲不同意。襄仲向齐惠公请求立宣公为君。齐惠公刚被立为国君，想和鲁国亲近，就答应了襄仲。

冬季十月，襄仲杀了太子恶和公子视，立宣公为国君。《春秋》记为"子卒"，是为了隐讳事情的真相。

襄仲以国君的名义召请惠伯。惠伯的总管公冉务人劝阻他说："你去了肯定会死。"惠伯说："死于国君的命令也算是死得其所了。"公冉务人说："如果真是国君的命令，倒也可以死去，如果不是国君的命令，为什么要听从呢？"惠伯不听，进宫后，被杀死并埋在马粪中。公冉务人侍奉惠伯的家人逃亡到了蔡国，不久鲁国又立了惠伯的儿子为叔仲氏。

文公夫人姜氏回到娘家齐国就不再回来了。她临走时哭着穿过集市，说："天啊，襄仲无道，竟然杀了嫡子立庶子。"集市上的人也都跟着哭泣，因此鲁国人就称她为"哀姜。"

莒纪公生了太子仆，又生了季佗，纪公宠爱季佗，想废黜太子仆，而且他在国内做了很多违背礼义的事情。太子仆借助国人的力量杀了纪公，然后携带莒国的财宝逃亡来到鲁国，献给了宣公。宣公下令给他一个城邑，并说："今天就要给他！"季文子却让司寇把他驱逐出了国境，也说："今天就要执行！"宣公问他为什么要这样做，季文子派太史克回答说："先大夫臧文仲曾教导我事奉国君的礼仪，我是据此来处理有关事宜的，不敢有所违背。臧文仲说：'如果见到对他的国君有礼的人，就事奉他，如同孝子奉养父母一样。如果见到对他的国君无礼的人，就诛杀他，犹如老鹰追逐鸟雀一样。'先君周公在其所著的《周礼》中说：'礼制用以观察人的德行，德行用以处理各种事情，处理事情要考虑功劳的大小，功劳用以养育百姓。'又在所著《誓命》中说：'破坏礼制就是奸贼，隐匿奸贼就是窝藏，窃取财物就是强盗，盗取国宝就是奸臣。有着窝藏的罪名，依靠盗取的国宝，都是极大的凶德，对这些行为，都有规定的刑罚，不能赦免，而且都在九刑中记载下来，不能忘记。'我认真观察了莒国太子仆，感觉这个人没有一条可取之处。孝敬、忠信为吉德，盗贼、藏奸是凶德。那个太子仆，从孝敬父母看，他杀了他的君父；从忠信来看，他盗取了国家的宝玉。可见这个人就是盗贼，他带的财宝就是赃证。保护这个人并收下他的财宝，就是掩护盗贼，窝藏赃物。以此教育百姓，百姓就会感到迷惑不解进而无所适从了。这些都不是善行，而是凶德，所以我才坚持把他赶走。"

"从前高阳氏有八个有才干的儿子，就是苍舒、隤敳、梼戭、大临、尨降、庭坚、仲容、叔达，他们公正、博学、宽宏、深沉、明察、守信、厚道、诚实，天下的百姓称其为八恺。高辛氏也有八个有才干的儿子，他们是伯奋、仲堪、叔献、季仲、伯虎、仲熊、叔豹、季狸，他们忠诚、恭敬、勤勉、美好、周到、慈祥、仁爱、宽和，天下的百姓称其为八元。这十六个家族，世世代代继承先人的美好品德，始终没有丧失祖宗的美好名声，直到尧的时代，但尧没有重用他们。当舜做了尧的臣子后，才重用了八恺，让他们负责管理土地，并处理各种事务，都很顺利，地上无事，天下平安。又重用了八元，让他们到各地去推行宣扬五种教化，即父有道义，母亲慈祥，哥哥友爱，弟弟恭敬，子孙孝顺，因此国内平安，国外和平。从前帝鸿氏有一个无能的儿子，他掩弃正义，包庇奸贼，作恶多端，勾结坏人，和那些不讲道义、无忠无信之徒狼狈为奸，天下的百姓称之为浑敦。少皞氏有一个没有才干的儿子，他败坏信用，废弃忠诚，道貌岸然，惯于诬陷他人，重用奸邪之辈，喜听谗言，包庇恶人，欺凌好人，天下的百姓称其为穷奇。颛顼氏有一个不肖之子，他不可救药，不知好歹，管教他，不听，不管他，又学坏，鄙视美德，违背上天的伦理纲常，天下的百姓称其为梼杌。这三个人的家族，世世代代都继承了祖先的奸邪，更增加了祖先的恶名，以至到了尧的时代，都没有能把他们除掉。缙云氏有个不肖之子，只知吃喝，贪图财物，穷奢极欲，不知满足，他聚财囤粮，不计其数，从不周济孤儿寡妇，也不救助穷苦百姓，天下的百姓把他比成上述三凶，称他为饕餮。直到舜做了尧的臣子之后，才打开四方城门接纳贤人，并把这四大凶人及其家族都流放到四方蛮荒之地，用他们去抵抗种种妖魔鬼怪。因此在尧去世后，天下人就万众一心地拥戴舜为天子，原因就是舜起用了十六相并驱逐了四大凶人。因此《虞书》记载了舜的功业，说他'认真推行五常之理，五常就能服从他的安排。'是说他没有错误的教导。又说：'让他处理各种事情，各种事情都能有条不紊。'是说他没有荒废政务。又说：'打开四方城门，来宾都恭敬有礼。'是说他没有招来坏人。"

"舜做了二十件大功后才做了天子。如今我虽然没有得到一个好人，但却为国家赶走了一个坏人，和舜的功业相比，是二十分之一，大概也可以免除罪过了吧。"

宋国武氏的族人领着宋昭公的儿子，准备事奉司城须发动叛乱。十二月，宋文公杀了同母弟弟须和昭公的儿子，又派戴公、庄公、桓公的族人到司马子伯的旅馆中攻打武氏。把武公和穆公的族人都驱逐出境，委派公孙师任司城，公子朝去世后，委派乐吕担任司寇，以安定国人。

宣　公

宣公元年

经　元年春，王正月，公即位。公子遂如齐逆女。三月，遂以夫人妇姜至自齐。夏，季孙行父如齐。晋放其大夫胥甲父于卫。公会齐侯于平州。公子遂如齐。六月，齐人取济西田。秋，邾子来朝。楚子、郑人侵陈，遂侵宋。晋赵盾率师救陈。宋公、陈侯、卫侯、曹伯会晋师于棐林，伐郑。冬，晋赵穿帅师侵崇。晋人、宋人伐郑。

传　元年春，王正月，公子遂如齐逆女，尊君命也。

三月，遂以夫人妇姜至自齐，尊夫人也。

夏，季文子如齐，纳赂以请会。

晋人讨不用命者，放胥甲父于卫①，而立胥克②。先辛奔齐③。

会于平州④，以定公位。

东门襄仲如齐拜成。

六月，齐人取济西之田，为立公故，以赂齐也。

宋人之弑昭公也，晋荀林父以诸侯之师伐宋，宋及晋平。宋文公受盟于晋，又会诸侯于扈，将为鲁讨齐，皆取赂而还。郑穆公曰：“晋不足与也。”遂受盟于楚。陈共公之卒，楚人不礼焉。陈灵公受盟于晋。

秋，楚子侵陈，遂侵宋。晋赵盾帅师救陈、宋。会于棐林⑤，以伐郑也。楚苏贾救郑，遇于北林⑥。囚晋解扬⑦，晋人乃还。

晋欲求成于秦，赵穿曰：“我侵崇⑧，秦急崇，必救之。吾以求成焉。”冬，赵穿侵崇，秦弗与成。

晋人伐郑，以报北林之役。于是，晋侯侈⑨，赵宣子为政，骤谏而不入⑩，故不竞于楚⑪。

【注释】

①放：放逐。　②胥克：胥甲父之子。　③先辛：胥甲父的下属。　④平州：齐地名，在

今山东省莱芜县西。　⑤棐林：郑地名，在今河南省新郑县北。　⑥北林：郑地名，在今河南省郑州市东南。　⑦解扬：晋大夫。　⑧崇：国名，在今陕西省户县东。　⑨侈：奢侈。　⑩骤谏：屡谏。不入：听不进。　⑪竞：争。

【译文】

元年春季，周历正月，公子遂到齐国迎娶齐女。《春秋》直书"公子遂"，表明他是遵照国君的命令去的。

三月，公子遂带着夫人妇姜从齐国回到鲁国。《春秋》称公子遂为"遂"，表示对夫人的尊重。

夏季，季文子前往齐国，向齐国进献财礼以请求参加诸侯的会盟。

晋国为了惩罚不肯效命的人，把胥甲父放逐到了卫国，立了胥克为继承人。先辛逃亡到了齐国。

宣公和齐惠公在平州会谈，为的是稳定宣公的君位。

公子遂前往齐国，就宣公得以参加诸侯会盟表示感谢。

六月，齐国取得了鲁国济水以西的田地，这是为感谢齐国同意立宣公为君而送去的礼物。

宋国人杀了宋昭公的时候，晋国的荀林父率领诸侯的军队攻打宋国，宋国和晋国讲和，宋文公接受了晋国的盟约，晋国又在扈地会合诸侯，准备为鲁国攻打齐国，但各国接受了宋国的财物后就全部撤军了。郑穆公说："晋国不值得结交。"于是接受了楚国的盟约。陈共公去世时，楚国人未行丧礼。陈灵公即位后便接受了晋国的盟约。

秋季，楚庄王入侵陈国，又攻打宋国。晋国的赵盾率军救援陈、宋两国。和宋文公、陈灵公、卫成公、曹文公在棐林会师，以攻打郑国。楚国的芳贾救援郑国，双方在郑国的北林遭遇。楚军俘虏了晋国的解扬，晋军才撤退回国。

晋国想和秦国讲和，赵穿说："我们入侵崇国，秦国为崇国着急，必然会救援崇国。我们就可以提出和秦国讲和。"冬季，赵穿入侵崇国，秦国并没有和晋国讲和。

晋军攻打郑国，为的是报北林一战之仇。此时晋灵公奢侈无度，赵盾执政，虽多次进谏，灵公也不听，因此晋国无力与楚国抗争。

宣公二年

经　二年春，王二月壬子，宋华元帅师及郑公子归生帅师，战于大棘。宋师败绩，获宋华元。秦师伐晋。夏，晋人、宋人、卫人、陈人侵郑。秋九月乙丑，晋赵盾弑其君夷皋。冬十月乙亥，天王崩。

传　二年春，郑公子归生受命于楚①，伐宋。宋华元、乐吕御之②。二月壬子③，战于大棘④，宋师败绩，囚华元，获乐吕，及甲车四百六十乘，俘二百五十人，馘百人。

狂狡辂郑人⑤，郑人入于井，倒戟而出之⑥，获狂狡。君子曰："失礼违命，宜其为禽也。戎⑦，昭果毅以听之之谓礼⑧。杀敌为果，致果为毅。易之，戮也。"

将战，华元杀羊食士，其御羊斟不与⑨。及战，曰："畴昔之羊⑩，子为政，今日之事，我为政。"与入郑师，故败。君子谓："羊斟非人也，以其私憾⑪，败国殄民⑫。于是刑孰大焉。《诗》所谓'人之无良'者⑬，其羊斟之谓乎，残民以逞。"

宋人以兵车百乘、文马百驷以赎华元于郑⑭。半入⑮，华元逃归。立于门外，告而入。见叔牂⑯，曰："子之马然也。"对曰："非马也，其人也。"既合而来奔⑰。

宋城，华元为植⑱，巡功⑲。城者讴曰⑳："睅其目㉑，皤其腹㉒，弃甲而复㉓。于思于思㉔，弃甲复来。"使其骖乘谓之曰："牛则有皮，犀兕尚多㉕，弃甲则那㉖？"役人曰："从其有皮㉗，丹漆若何？"华元曰："去之，夫其口众我寡。"

秦师伐晋，以报崇也，遂围焦㉘。夏，晋赵盾救焦，遂自阴地㉙，及诸侯之师侵郑，以报大棘之役。

楚斗椒救郑，曰："能欲诸侯而恶其难乎㉚？"遂次于郑以待晋师。赵盾曰："彼宗竞于楚㉛，殆将毙矣。姑益其疾㉜。"乃去之。

晋灵公不君㉝，厚敛以雕墙㉞，从台上弹人而观其辟丸也㉟。宰夫胹熊蹯不熟㊱，杀之，置诸畚㊲，使妇人载以过朝。赵盾、士季见其手，问其故，而患之。将谏。士季曰："谏而不入，则莫之继也。会请先，不入则子继之㊳。"三进㊴，及溜㊵，而后视之。曰："吾知所过矣，将改之。"稽首而对曰："人谁无过？过而能改，善莫大焉。《诗》曰：'靡不有初，鲜克有终㊶。'夫如是，则能补过者鲜矣。君能有终，则社稷之固也，岂唯群臣赖之。又曰：'衮职有阙㊷，惟仲山甫补之㊸。'能补过也。君能补过，衮不废矣。"

犹不改。宣子骤谏㊹，公患之㊺。使鉏麑贼之㊻。晨往，寝门辟矣。盛服将朝，尚早，坐而假寐㊼。麑退，叹而言曰：“不忘恭敬，民之主也。贼民之主，不忠。弃君之命，不信。有一于此，不如死也。”触槐而死。

秋九月，晋侯饮赵盾酒，伏甲将攻之。其右提弥明知之㊽，趋登曰㊾：“臣侍君宴，过三爵，非礼也。”遂扶以下。公嗾夫獒焉㊿，明搏而杀之。盾曰：“弃人用犬，虽猛何为。”斗且出，提弥明死之。

初，宣子田于首山(51)，舍于翳桑(52)。见灵辄饿(53)，问其病。曰：“不食三日矣。”食之，舍其半。问之，曰：“宦三年矣(54)，未知母之存否。今近焉，请以遗之。”使尽之，而为之箪食与肉，置诸橐以与之。既而与为公介(55)，倒戟以御公徒(56)，而免之。问何故。对曰：“翳桑之饿人也。”问其名居(57)，不告而退，遂自亡也。

乙丑(58)，赵穿攻灵公于桃园(59)。宣子未出山而复(60)。太史书曰：“赵盾弑其君。”以示于朝。宣子曰：“不然。”对曰：“子为正卿，亡不越竟，反不讨贼，非子而谁？”宣子曰：“呜呼！‘我之怀矣(61)，自诒伊戚(62)’，其我之谓矣！”孔子曰：“董狐(63)，古之良史也，书法不隐(64)。赵宣子，古之良大夫也，为法受恶(65)。惜也，越竟乃免。”

宣子使赵穿逆公子黑臀于周而立之(66)。壬申(67)，朝于武宫(68)。

初，丽姬之乱，诅无畜群公子(69)，自是晋无公族(70)。及成公即位，乃宦卿之適而为之田(71)，以为公族。又宦其馀子，亦为馀子(72)，其庶子为公行(73)。晋于是有公族、馀子、公行。

赵盾请以括为公族(74)。曰：“君姬氏之爱子也(75)。微君姬氏(76)，则臣狄人也。”公许之。冬，赵盾为旄车之族(77)。使屏季以其故族为公族大夫。

【注释】

①命于楚：受楚于命。 ②华元：时为宋右师，当政。乐吕：时为宋司寇。 ③壬子：二月无壬子，恐有误。 ④大棘：宋地名，在今河南省睢县南。 ⑤狂狡：宋大夫。辂：迎战。 ⑥倒戟：即狂狡将戟柄授予人。 ⑦戎：战争。 ⑧昭果毅以听之：表明果敢坚毅的精神而服从政令。 ⑨羊斟：人名。不与：未参与吃羊肉。 ⑩畴昔：前天。 ⑪私憾：私仇。 ⑫殄民：残害人民。 ⑬人之无良：句出《诗经·小雅·角弓》。 ⑭文马百驷：毛色有文彩的马四百匹。 ⑮半人：指所赎的兵车、文马仅送去一半。 ⑯叔牂（zāng）：即羊斟。 ⑰合：答。 ⑱植：主持者。 ⑲巡功：巡行检查工程。 ⑳讴：唱歌。 ㉑睅（hàn）：眼睛瞪大突出。 ㉒皤（pó）：肚子大。 ㉓复：指战败逃归。 ㉔于思：胡须多的样子。于，语助词；思，同偲（sāi）。 ㉕犀兕（sì）：犀牛。兕，雌性犀牛。 ㉖那，奈何的合音。 ㉗从：同“纵”。 ㉘焦：晋邑，在今河南省陕县南。 ㉙阴地：地名，在今河南省卢氏县东北。 ㉚欲

诸侯：想得到诸侯拥护。恶：厌恶。 ㉛彼宗：他那个宗族。斗椒为若敖氏族，自子文以来，世为令尹。竞于楚：在楚国争强斗胜。 ㉜益其疾：扩大他的毛病。 ㉝不君：不合为君之道。 ㉞厚敛：加重赋税。雕墙：彩饰墙壁。 ㉟弹人：用弹弓打人。辟丸：躲避弹丸。 ㊱宰夫：膳夫。胹（ér）：烧煮。熊蹯：熊掌。 ㊲畚：畚箕。 ㊳不入：不纳。 ㊴三进：始进入门，再进入庭，三进升阶。 ㊵溜：屋檐下台阶之间。 ㊶靡不有初二句：出自《诗经·大雅·荡》篇。意为事情往往有好的开始，但很少能够善终。鲜，少；克，能。 ㊷衮：天子以及上公的礼服。阙：破损。 ㊸仲山甫：周宣王时的贤臣樊侯，也称樊仲甫。 ㊹宣子：即赵盾。 ㊺患：厌恶。 ㊻鉏麑（chú ní）：晋力士。贼：刺杀。 ㊼假寐：打瞌睡。 ㊽提弥明：赵盾的车右。 ㊾趋登：快步登堂。 ㊿嗾（sǒu）：用嘴发出声音驱使狗。獒（áo）：猛犬。 51首山：即首阳山，在今山西省永济县东南。 52翳桑：首山一带地名。 53灵辄：人名。 54宦：为人臣隶。一说为游学。 55公介：晋灵公的甲士。 56倒戟：即倒戈。 57名居：姓名和住处。 58乙丑：九月二十六日。 59赵穿：晋臣，赵盾的从父兄弟之子。 60未出山：未逃出晋境。 61怀：怀恋。 62诒：通遗。伊：此，指示代词。 63董狐：晋太史名。 64书法不隐：据法直书而不隐讳。 65为法受恶：因法度而蒙受恶名。 66公子黑臀：晋文公少子，立为成公。 67壬申：十月三日。 68武宫：曲沃武公之庙。 69诅：诅咒。古有盟诅之法，盟大诅小，皆杀牲歃血，告誓明神，若有违背，神加其祸。畜：蓄留，收容。 70公族：官名，掌管教训同族子弟，使同姓者担任。 71宦卿之适：授予卿之嫡子以官职。宦，仕，用作动词。适同"嫡"。 72馀子：嫡子的同母弟，也为官名。 73庶子：妾生的儿子。公行：官名。 74括：赵括也称屏括、屏季，赵盾异母弟，其母赵姬，晋文公女。 75君姬氏：即赵姬，晋成公之姊。 76微：无。 77旄车之族：即馀子或公行。旄车，即诸侯所乘坐的戎路，也叫戎车。因戎车有旄，故名旄车。

【译文】

二年春季，郑国的公子归生接受楚国的命令攻打宋国，宋国的华元、乐吕领兵抵抗。二月某日，双方在大棘交战，宋军大败，郑国俘虏了华元，得到了乐吕的尸首，缴获战车四百六十辆，俘虏二百五十人，并割了被打死的敌人的耳朵一百只。

宋大夫狂狡迎战一个郑国人，郑国人跳到井中躲避，他把戟柄探到井里把那人拉出来，结果那人出来后反而把他抓获。君子说："背弃作战的规律，违反杀敌的命令，狂狡被俘是理所应当的。双方交战，要发扬果敢刚毅的精神，并听从命令服从指挥，这就是作战的礼。能杀死敌人就是果敢，使士兵做到果敢就是刚毅。反之，就会被杀。"

准备作战时，宋将华元下令杀羊犒劳士兵，却不给他的御者羊斟吃。等到作战时，羊斟说："前天的羊由你做主，今天的战斗则由我做主！"羊斟驾车驰入郑国军队中，因此宋国战败。君子认为羊斟"简直不是人，因为一点点私人怨恨，竟然使国家战败百姓遭殃，没有比这更大的罪行了。《诗经》所说的'人没有好的'，大概说的就是羊斟吧！他居然以残害百姓来发泄自己的私愤。"

宋国人用一百辆兵车和四百匹毛色漂亮的马向郑国赎取华元。才送去一半，华元就逃回来了，他站在都城门外，向守门人说明身份后就进城了。他见到羊斟后说："那天是你的马不听指挥才闯入敌阵的吧？"羊斟说："与马无关，是人的缘故。"说完就逃到鲁国来了。

宋国开始筑城，由华元主持，他巡视工程进展情况时，听到筑城的人唱道："瞪着大眼睛，挺着大肚子，丢盔弃甲跑回来。"满脸长着大胡子，丢盔弃甲跑回来。华元听了，派他的骖乘告诉筑城的人们："有牛就有皮，犀牛兕牛多的是，丢盔弃甲又有什么关系？"筑城的人又说："纵然有牛皮，又到那里找丹漆。"华元恼怒地说："让他们滚开！他们人多口众，我们人少，说不过他们！"

秦军攻打晋国，为的是报去年崇地一战之仇，包围了晋国的焦地。夏季，晋国赵盾援救焦地，并从阴地会合诸侯的军队入侵郑国，以报大棘一战之仇。

楚国的斗椒救援郑国，他说："想要得到诸侯的拥护，能对他们的祸难置之不理吗？"随后驻扎在郑国，以等待晋军。赵盾说："斗椒的家族在楚国一直很强盛，不过从此可能就要走向灭亡了。姑且加速他的灭亡吧。"就率军离开了郑国。

晋灵公丧失了为君之道，横征暴敛，用以装潢宫室，经常从台上用弹弓打人以看他们躲避从中取乐。厨师没有把熊掌煮熟，就把他杀了放在畚箕中，让宫中女子抬着从朝廷上走过。赵盾、士会看到了一只手，便询问是怎么回事，得知后非常担心。准备进谏。士会说："如果我们一同进谏，国君不采纳的话，就没有人继续进谏了。请让我先进去，国君不听，你再继续劝谏。"士会边进边行礼，一连行礼三次，走到屋檐下，灵公才正眼看他，并说："我知道自己所犯的错误了，准备今后改正"。士会叩头回答说："一个人谁没有犯过错误呢？错了只要能改，那就再好不过了。《诗经》说：'一般人悔过自新，往往有始无终。'如果是这样的话，那么能改正错误的人就少了。国君能够坚持下去的话，国家就有保障了，这不仅是我们群臣的希望。《诗经》又说：'国君有了过失，仲山甫能够弥补。'这是说过错是能够弥补的。国君如能弥补过失，国君的职责就不至于废弃了。"

晋灵公还是没有改正过错。赵盾屡次劝谏，灵公很厌恶，便派钮麑去刺杀他。钮麑早晨去时，赵盾家的门已经开了，赵盾已穿戴整齐准备上朝，由于时间还早，他就坐在那里打盹。钮麑见此情景，退了出来，感叹地说："如此恭敬勤奋之人，是百姓的主人。杀了百姓的主人，就是不忠；违背国君的命令，就是不信。只要具备了其中的一条，就不如死了的好。"于是撞到槐树上死去。

秋季九月，晋灵公设酒宴招待赵盾，埋伏了甲士，准备杀死他。赵盾的车右提弥明有所察觉，便快步进入殿堂说："臣子事奉君主饮宴，酒过三杯就算失礼了。"说完就扶着赵盾走出宫殿，灵公唆使一只猛狗扑向赵盾，提弥明与狗搏斗并将狗打死。赵盾说："不用人却用狗，狗虽然凶猛，又有什么用呢？"二人边斗边退出来，结果提弥明死去。

当初，赵盾在首山打猎，曾住在翳桑，看到灵辄饿得很厉害时，问他有什么病。灵辄说："已经有三天没有吃饭了。"赵盾便送给他食物吃，灵辄把食物留起来一半。问他原因，他说："我在外做了三年奴仆，不知道母亲是否健在，现在快到家了，请允许我把这一半留给她。"赵盾让灵辄把食物都吃完，又为他准备了一篮饭和肉，放在口袋里让他带回去。不久灵辄进宫做了晋灵公的甲士，在这次事件中，灵辄掉过兵器抵抗灵公手下的人，使赵盾免于祸难。赵盾问他为什么要保护自己，他说："我就是翳桑那个挨饿的人。"问他的姓名和住址，他没有回答就退下去，不久灵辄也逃亡了。

九月二十六日，赵穿在桃园杀死了晋灵公。此时赵盾逃亡还没有走出国境，听到这一消息后，就又回来了。晋国太史董狐记载为"赵盾弑其君"。并拿到朝廷上让众人看。赵盾反驳说："不是这样。"董狐回答说："你是正卿，逃亡却没有走出国境，回来后又不惩罚杀死国君的凶手，凶手不是你又是谁呢？"赵盾说："天啊！《诗经》说：'因为我眷恋祖国，反而给自己带来灾祸。'大概说的就是我吧！"孔子对此评论说："董狐是古代的一位优秀史官，他不隐讳赵盾的罪责而秉笔直书。赵盾是古代的一位优秀大夫，他因为史官书写的方法而不得不蒙受了弑君的恶名，真是太可惜了。如果当时他走出国境，就可以避免这一罪名了。"

赵盾派赵穿从王室迎接公子黑臀回来，立为国君。十月三日，在晋武公的庙中朝祭。

当初，骊姬制造祸乱时，曾在宗庙内诅咒，不许收容诸公子，从此晋国就废除了公族一职，等晋成公即位，就把这一官职授给了卿的嫡子，并分给他们田地，让他们作为公族大夫。还把官职授给卿的其他儿子，让他们担任馀子之职，让他们的庶子担任公行之职。晋国从此恢复了公族、馀子、公行三种官职。

赵盾请求让赵括担任公族，说："他是君姬氏的爱子。如果没有君姬氏，臣下就是狄人了。"成公答应了。冬季，赵盾成为掌管旄车的馀子。让赵括作为公族大夫统率他的旧族。

宣公三年

经　三年春，王正月，郊牛之口伤，改卜牛。牛死，乃不郊。犹三望。葬匡王。楚子伐陆浑之戎。夏，楚人侵郑。秋，赤狄侵齐。宋师围曹。冬十月丙戌，郑伯兰卒。葬郑穆公。

传　三年春，不郊而望○，皆非礼也。望，郊之属也。不郊亦无望，可也。晋侯伐郑，及郔②，郑及晋平，士会入盟。

楚子伐陆浑之戎③，遂至于雒④，观兵于周疆⑤。定王使王孙满劳楚子。楚子问鼎之大小轻重焉⑥。对曰："在德不在鼎。昔夏之方有德也⑦，远方图物⑧，贡金九牧⑨，铸鼎象物⑩，百物而为之备，使民知神、奸。故民入川泽山林，不逢不若⑪。螭魅罔两⑫，莫能逢之，用能协于上下，以承天休⑬。桀有昏德，鼎迁于商，载祀六百⑭。商纣暴虐，鼎迁于周。德之休明⑮，虽小，重也。其奸回昏乱，虽大，轻也。天祚明德⑯，有所厎止⑰。成王定鼎于郏鄏⑱，卜世三十⑲，卜年七百⑳，天所命也。周德虽衰，天命未改，鼎之轻重，未可问也。"

夏，楚人侵郑，郑即晋故也。

宋文公即位三年，杀母弟须及昭公子，武氏之谋也。使戴、桓之族攻武氏于司马子伯之馆。尽逐武、穆之族。武、穆之族以曹师伐宋。秋，宋师围曹，报武氏之乱也。

冬，郑穆公卒。

初，郑文公有贱妾曰燕姞，梦天使与己兰，曰："余为伯鯈。余，而祖也。以是为而子。以兰有国香，人服媚之如是㉑。"既而文公见之，与之兰而御之㉒。辞曰："妾不才，幸而有子，将不信㉓，敢征兰乎㉔？"公曰："诺"。生穆公，名之曰兰。

文公报郑子之妃㉕，曰陈妫，生子华、子臧。子臧得罪而出。诱子华而杀之南里㉖，使盗杀子臧于陈、宋之间。又娶于江，生公子士。朝于楚，楚人鸩

中华藏书 四书五经·最新校勘精注今译本 中国书房

之，及叶而死㉗。又娶于苏㉘，生子瑕、子俞弥。俞弥早卒。泄驾恶瑕，文公亦恶之，故不立也。公逐群公子，公子兰奔晋，从晋文公伐郑。石癸曰㉙："吾闻姬、姞耦㉚，其子孙必蕃。姞，吉人也，后稷之元妃也⑰。今公子兰，姞甥也。天或启之，必将为君，其后必蕃，先纳之可以亢宠㉜。"与孔将钽、侯宣多纳之，盟于大宫而立之，以与晋平。

穆公有疾，曰："兰死，吾其死乎？吾所以生也。"刈兰而卒㉝。

【注释】

①郊、望：均为祭礼，详见僖公三十一年传注。　②郔（yán）：郑国北方边境地名，即令河南省延津县。　③陆浑之戎：少数民族部落名，在今河南省嵩县及伊川县境。　④雒：即洛水。　⑤观兵：陈兵示威。周疆：周王室境界内。　⑥鼎：周人以鼎为王权的象征。楚王问鼎，有取代周王的意图。　⑦方：正当。　⑧图物：描绘各种事物。图，用作动词。　⑨贡金九牧：为九牧贡金的倒装句。贡金，进贡青铜。九牧，九州之长，牧即地方长官。　⑩铸鼎象物：铸造九鼎，并将所画事物铸在鼎上。　⑪不若：不顺，即不利于自己的事物。　⑫罔两：木石的怪物。　⑬用：因。协：和协。天休：上天的福佑。　⑭载祀：即年。古人或称载，或称祀，或称年，或称岁。　⑮休明：美好光明。　⑯祚：福。　⑰厎（zhǐ）止：固定。　⑱郏鄏（jiā rù）：周地，即今河南洛阳市。　⑲卜世三十：占卜结果将传三十代。　⑳卜年七百：占卜预测将享国七百年。　㉑服媚：佩而爱之。　㉒御：妃妾侍寝称御。　㉓将：假若。　㉔征兰：以兰为信物。　㉕报：淫乱。郑子：即子仪，郑文公的叔父。　㉖南里：郑地，在今河南省新郑县南。　㉗叶：楚地，在今河南省叶县南。　㉘苏：即温，见隐公十一年传注。㉙石癸：即石甲父，见僖公二十四年传。　㉚姬、姞耦：姬、姞二姓宜于婚配。　㉛后稷：周的先祖，其正妻为姞姓。　㉜亢宠：保持宠幸不衰。　㉝刈（yì）：割。

【译文】

　　三年春季，宣公没有举行郊祭却举行了望祭，这是不合礼的。望祭是郊祭的一种。不举行郊祭，也就可以不举行望祭了。

　　晋成公攻打郑国，行至郑国郔地，郑国和晋国讲和，士会到郑都结盟。

　　楚庄王攻打陆浑戎人，军队行至洛水，在王室境内陈兵示威，周定王派王孙满前去慰劳庄王。庄王问起九鼎的大小和轻重。王孙满回答说："一个人能否得到天下，在于德而不在鼎。从前夏朝实行德政的时候，远方各国把当地的风物绘制成图，九州的长官把青铜贡献出来，夏王铸造了九座鼎，鼎上铸出了各种风物，万物都被铸在上面，使百姓能从中认识各种鬼神妖怪的形状。因此百姓进入川泽、山林，不会遇到不顺利的事情，即使各种鬼怪妖魔也不会碰到，因此上下一心，都能承受上天的恩赐。夏桀昏庸无道，九鼎被商朝夺去，保存了六百年。商纣又暴虐无道，九鼎又落入周朝。如果德政美好，鼎虽然很小，也是很重的。如果昏庸暴乱，即使鼎再大，也是轻的。上天保佑有德行的君主，也是有一定限度的。戊王把九鼎安置在郏鄏时，曾经占卜过周朝可以拥有多少年，结果是可以传世三十代，历经七百年，这是上天的旨意。如今周朝的德行虽然已渐趋衰微，但是天意还没有改变，九鼎的轻重大小，您就不必过问了。"

夏季，楚国人攻打郑国，因为郑国又亲近了晋国。

宋文公即位第三年，杀了同母弟弟公子须和昭公的儿子，因为武氏策划他们发动了叛乱。文公让戴公、桓公的族人到司马子伯的旅馆里攻打武氏。又把武公和穆公的族人全部赶出了宋国。武公、穆公的族人领着曹国军队攻打宋国。秋季，为了报复武氏的叛乱，宋军包围了曹国。

冬季，郑穆公去世。

当初，郑文公有个贱妾名叫燕姞，曾做梦见到天使送给她一把兰草，并说："我是伯鯈，是你的祖先，你可把这兰草作为你的儿子。由于兰草是全国第一香草，你带上它，人们就会因它而喜爱你。"后来文公见到燕姞，就送给她一把兰草，并让她事奉自己。燕姞对文公说："贱妾出身卑微，如果这次侥幸怀了孩子，别人也不会相信，您能否以兰草作为信物呢？"文公说："可以。"燕姞生下穆公后，就取名为"兰"。

文公奸污了叔父子仪的妃子陈妫，生下子华、子臧二人。子臧因犯罪而逃出郑国。文公在南里设计诱杀了子华，并派凶手在陈、宋两国交界处杀了子臧。又从江国娶了妻，生下公子士。公子士到楚国朝见，楚国人让他喝了毒酒，他走到叶地便死了。文公又从苏国娶了妻，生下子瑕、子俞弥。俞弥死得早。泄驾厌恶子瑕，文公也讨厌他，因此没有立他为太子。文公把公子们都赶出了郑国，公子兰逃亡到了晋国，曾跟随晋文公攻打郑国。石癸说："我听说：如果姬、姞两姓结为婚姻，其子孙必然繁荣昌盛。因为姞姓吉祥，后稷的第一个妻子就是姞姓，如今公子兰是姞姓的外甥。上天或许要帮助他，他一定会成为国君，其后代也必然兴隆昌盛，先把他接回来立为国君，可以永远得到他的保护。"于是石癸就和孔将锄、侯宣多把公子兰接回去，在宗庙中结盟后立为国君。并以此和晋国讲和。

郑穆公生了病，他说："如果兰草死了，我也就要死了！我是靠兰草而生存的。"兰草被割掉时，穆公也就去世了。

中华藏书

四书五经·最新校勘精注今译本

中国书房

一九四〇

经　四年春，王正月，公及齐侯平莒及郯。莒人不肯。公伐莒，取向。秦伯稻卒。夏六月乙酉，郑公子归生弑其君夷。赤狄侵齐。秋，公如齐。公至自齐。冬，楚子伐郑。

传　四年春，公及齐侯平莒及郯，莒人不肯。公伐莒，取向，非礼也。平国以礼，不以乱①。伐而不治，乱也。以乱平乱，何治之有？无治，何以行礼？

楚人献鼋于郑灵公②。公子宋与子家将见③。子公之食指动，以示子家，曰："他日我如此，必尝异味。"及入，宰夫将解鼋，相视而笑。公问之，子家以告。及食大夫鼋④，召子公而弗与也。子公怒，染指于鼎⑤，尝之而出。公怒，欲杀子公。子公与子家谋先⑥。子家曰："畜老，犹惮杀之，而况君乎？"反谮子家，子家惧而从之。夏，弑灵公。

书曰："郑公子归生弑其君夷。"权不足也。君子曰："仁而不武，无能达也⑦。"凡弑君，称君，君无道也；称臣，臣之罪也。

郑人立子良⑧，辞曰："以贤则去疾不足，以顺则公子坚长⑨。"乃立襄公⑩。

襄公将去穆氏⑪，而舍子良⑫。子良不可，曰："穆氏宜存，则固愿也⑬。若将亡之⑭，则亦皆亡，去疾何为⑮？"乃舍之，皆为大夫。

初，楚司马子良生子越椒⑯。子文曰："必杀之。是子也，熊虎之状，而豺狼之声，弗杀，必灭若敖氏矣。谚曰：'狼子野心。'是乃狼也，其可畜乎？"子良不可。子文以为大戚⑰，及将死，聚其族，曰："椒也知政⑱，乃速行矣，无及于难。"且泣曰："鬼犹求食，若敖氏之鬼⑲，不其馁而？"

及令尹子文卒，斗般为令尹⑳，子越为司马。蒍贾为工正㉑，谮子扬而杀之㉒，子越为令尹，己为司马。子越又恶之，乃以若敖氏之族圉伯嬴于轑阳而杀之㉓，遂处烝野㉔，将攻王。王以三王之子为质焉㉕，弗受，师于漳澨㉖。秋七月戊戌㉗，楚子与若敖氏战于皋浒。伯棼射王㉙，汰辀㉚，及鼓跗㉛，著于丁宁㉜。又射，汰辀，以贯笠毂㉝。师惧，退。王使巡师曰㉞："吾先君文王克息㉟，获三矢焉。伯棼窃其二，尽于是矣。"鼓而进之，遂灭若敖氏。

初，若敖娶于䢵㊱，生斗伯比。若敖卒，从其母畜于䢵，淫于䢵子之女㊲，生子文焉。䢵夫人使弃诸梦中㊳，虎乳之㊴。䢵子田，见之，惧而归，夫人以告，遂使收之。楚人谓乳穀④⁰，谓虎於菟，故命之曰斗穀於菟。以其女妻伯比，实为令尹子文。

其孙箴尹克黄使于齐④¹，还，及宋，闻乱。其人曰："不可以入矣。"箴尹曰："弃君之命，独谁受之④²？君，天也，天可逃乎？"遂归，复命，而自拘于司败④³。王思子文之治楚国也，曰："子文无后，何以劝善？"使复其所④⁴，改命曰生。

冬，楚子伐郑，郑未服也。

【注释】

①乱：指用兵。　②鼋（yuán）：大鳖。　③公子宋：郑国宗室，即子公。子家：即公子归生。　④食（sì）大夫鼋：将鼋赐给大夫们吃。　⑤染指于鼎：将手指蘸在鼎里。　⑥谋先：预谋先下手。　⑦无能达：即行不通。达，通。　⑧子良：即公子去疾，郑穆公庶子。⑨顺：指长幼顺序。　⑩襄公：即公子坚，公子去疾之兄。　⑪去：逐。穆氏：郑穆公的儿子们，襄公的兄弟。　⑫舍：赦免。　⑬固愿：本来的愿望。　⑭亡：逃亡。　⑮何为：即为何单独留下。　⑯司马子良：斗伯比之子，令尹子文之弟，司马为其官名。子越椒：即斗椒。⑰大戚：很大的心事。戚，忧。　⑱知政：执掌政事。　⑲若敖氏之鬼：若敖氏家族的祖先。　⑳斗般：令尹子文之子。　㉑工正：官名。　㉒子扬：即斗般。　㉓圉（yǔ）：囚禁。伯嬴：即芳贾。寮（liáo）阳：楚邑名。　㉔烝野：楚邑名，在今河南省新野县。　㉕三王之子：指楚文王、成王、穆王的子孙。　㉖漳澨（shì）：地名，在今湖北省荆门县西，漳水东岸。　㉗戊戌：初九日。　㉘皋浒：楚地名，在今湖北省襄阳县西。　㉙伯棼：斗椒字。　㉚汰（tài）辀（zhōu）：箭矢强有力，飞过车辕。辀，车辕。　㉛及鼓跗（fū）：穿过鼓架。　㉜著于丁宁：射在铜铮上。丁宁，即铜铮，军中用作号令的乐器，似铃而不同。　㉝贯：射穿。笠穀：支撑车盖的圆木。　㉞巡师：巡视军队。　㉟克息：战胜息国。事见庄公十四年传。　㊱郧：即郧，国名。见桓公十一年传。　㊲郧子：郧国君王。　㊳梦：即楚国云梦泽。　㊴虎乳之：老虎给他喂奶。　㊵谓乳穀：称乳为"穀"。　㊶箴尹：楚官名。　㊷独：语气副词，无义，常用于疑问句。　㊸司败：楚执法官名。　㊹复其所：复任箴尹的官职。

【译文】

四年春季，宣公和齐惠公让莒国和郯国讲和，莒国不肯。宣公便攻打莒国，夺取了向地，这是不合礼的。调停两国之间的关系，应依礼而不应使用武力，兴兵讨伐就会失去安定，这就是动乱。以动乱平定动乱，还有什么安定？没有了安定，又靠什么去推行礼呢？

楚国人献给郑灵公一只鳖。当时公子宋和子家正准备进宫求见。公子宋的食指忽然动弹起来，他让子家看，并且说："以往遇到这种情况时，一定能够品尝美味佳肴。"进去后看到厨师正在用刀切鳖，便相视而笑。灵公问他们为什么发笑，子家告诉了他。等到让大夫们吃鳖的时候，灵公偏不让公子宋吃。公子宋非常愤怒，把手指伸到鼎里蘸了蘸，尝了尝味道便出去了。灵公也很恼火，要杀公子宋。公子宋便和子家密谋先下手为强。子家说："对很老的家畜，人们尚且不忍心杀掉他，何况是国君呢？"公子宋反过来便在灵公面前诬陷子家，子家因害怕而被迫同意跟着他干。于是就在夏季，二人杀了灵公。

《春秋》中记载为："郑公子归生弑其君夷。"这是由于子家权小位低，才承担了这一罪名。君子认为："一个人只讲究仁爱而没有勇气，也是行不通的。"凡国君被害，如果只写国君的名字，说明是国君无道，只写臣子的名字，说明是臣子的罪过。

郑国人立子良为君，他推辞道："若论贤能，我是不够的，若论长幼顺序，公子坚比我年长。"于是便立了公子坚，即襄公。

襄公准备把兄弟们都清除掉，只留下公子良一人。子良不同意，他说："作为穆公的后代，都应该留下来，这才是我本来的愿望。如果逼迫他们逃亡，就干脆都逃亡好了，单独留下我有什么用呢？"襄公便把公子们都留下，都让他们做了大夫。

当初，楚国的司马子良生了子越椒。子文说："一定要把他杀掉。这个孩子的长相犹如熊虎一般，发出的声音就像豺狼一样，如果不杀掉，他一定会使若敖氏灭亡。俗话说：'豺狼的孩子必定有野心。'这孩子就是一条狼，还能养着他吗？"子良不同意。子文认为是个大隐患，临死时，他把族人召集起来说："一旦越椒掌握了政权，你们就尽快逃走，以免遭到灾难。"又哭着说："鬼神也还要求取食物，若敖氏的鬼神今后是要挨饿的呀！"

等令尹子文去世，斗般做了令尹，越椒则做了司马，蒍贾担任工正。蒍贾诬陷斗般，把斗般杀了。越椒任令尹，蒍贾任司马。这时越椒又开始讨厌蒍贾，就带领若敖氏的族人把蒍贾囚禁在轑阳，杀了他。随后越椒住在烝野，准备攻打楚庄王。庄王把楚文王、楚成王、楚穆王的儿子送给越椒做人质，越椒不接受，庄王在漳水之滨陈兵以待。秋季七月九日，庄王和若敖氏在皋浒一带作战。越椒用箭射庄王，用力过大，加上箭头锋利，箭头穿过车辕和鼓架，射到了铜钲上。又射一箭，箭头穿过车辕，又射穿了车盖。士兵害怕了，纷纷后退。庄王便派人在军队中巡视说："我们的先君文王攻克息国时曾获得三支箭，后被越椒偷去两支。这两支箭现在已经被他用完了。"击鼓前进，灭亡了若敖氏。

当初，若敖从邓国娶妻后生了斗伯比。若敖去世后，斗伯比跟着母亲在邓国生活，和邓子的女儿私通，生了子文。邓夫人派人把子文扔到了云梦泽中，老虎喂他奶吃。邓子打猎时看到了这情景，吓得跑回来，夫人告诉了他，邓子就让人养了子文。楚国人把"奶"称作"穀"，把老虎称作"於菟"，因此就给子文起名为"斗穀於菟"。还把女儿嫁给了斗伯比，这个斗穀於菟就是令尹子文。

子文的孙子是箴尹克黄，他出使齐国，返回途中经过宋国时，听到了越椒作乱的消息。随从说："不要回国了。"克黄说："背弃国君的命令，还有谁肯接纳我呢？国君就等于天，天命能逃脱吗？"然后回到楚国复命，并让人把自己捆绑起来送给司败请求处置。庄王考虑到子文治理楚国的功绩，说："象子文这样的人没有后代，又怎能劝人行善呢？"就使克黄仍任原职，并给他改名为"生"。

冬季，庄王攻打郑国，因为郑国还没有顺服。

宣公五年

经　五年春，公如齐。夏，公至自齐。秋九月，齐高固来逆叔姬。叔孙得臣卒。冬，齐高固及子叔姬来。楚人伐郑。

传　五年春，公如齐，高固使齐侯止公[①]，请叔姬焉[②]。
夏，公至自齐，书，过也[③]。
秋九月，齐高固来逆女，自为也。故[④]书曰："逆叔姬。"卿自逆也。
冬，来，反马也[⑤]。
楚子伐郑，陈及楚平。晋荀林父救郑，伐陈。

【注释】

①高固：齐臣，又名高宣子。止：留住。　②请叔姬：强请娶叔姬为妻。　③过：过错。④自为：为自己。　⑤反马：古代一种礼仪。古时士人娶妻，乘夫家之车，驾夫家之马。大夫以上娶妻，则乘母家之车，驾母家之马。成婚三月之后，夫家留其车而归还其马。

【译文】

五年春季，宣公前往齐国，高固让齐惠公挽留宣公，为的是强娶叔姬为妻。

夏季，宣公从齐国回来，《春秋》记载此事，意在说明宣公的过错。

秋季九月，齐国的高固前来迎娶叔姬，这是为自己迎娶新娘。因此《春秋》记载为"逆叔姬"，意思就是高固为自己迎娶妻子。

冬季，高固和子叔姬回到鲁国，这是行"反马"之礼。

楚庄王攻打郑国。陈国和楚国讲和。晋国的荀林父救援郑国，同时攻打陈国。

宣公六年

经　六年春，晋赵盾、卫孙免侵陈。夏四月。秋八月，螽。冬十月。

传　六年春，晋、卫侵陈，陈即楚故也。

夏，定王使子服求后于齐①。

秋，赤狄伐晋。围怀②，及邢丘③。晋侯欲伐之。中行桓子曰④："使疾其民⑤，以盈其贯⑥，将可殪也⑦。《周书》曰：'殪戎殷⑧。'此类之谓也。"

冬，召桓公逆王后于齐⑨。

楚人伐郑，取成而还。

郑公子曼满与王子伯廖语⑩，欲为卿。伯廖告人曰："无德而贪，其在《周易》《丰》☲☳之《离》☲☲⑪，弗过之矣⑫。"间一岁⑬，郑人杀之。

【注释】

①子服：周大夫。后：王后。　②怀：晋地名，在今河南省武陟县西南。　③邢丘：晋地，在今河南省温县东。　④中行桓子：即荀林父。　⑤疾：病，害。　⑥盈其贯：即使其满贯。意为积敛钱币，增加民疾。　⑦殪（yì）：绝灭。　⑧殪戎殷：句出《尚书·康诰》。即灭绝大国殷。戎，大国。　⑨召桓公：周王卿士。　⑩公子曼满、王子伯廖：二人名，均为郑大夫。　⑪《丰》：六十四卦之一，其卦象为离下震上。《离》：六十四卦之一，其卦象为下离上离。　⑫弗过之：不超过三年。因《丰》卦第六爻由阴变阳而成为《离》卦。《丰》卦第六爻辞为"丰其屋，蔀其家，阒其户，阒其无人，三岁不觌，凶。"　⑬间：间隔。

【译文】

六年春季，晋国和卫国攻打陈国，因为陈国又亲近了楚国。

夏季，周定王派子服到齐国要求娶齐女为王后。

秋季，赤狄攻打晋国，包围了怀地和邢丘。晋成公准备攻打。荀林父说：

"让他继续危害他的百姓吧。等他恶贯满盈的时候，就可以一举将其消灭。《周书》说：'把殷朝人彻底消灭'，就是这个意思。"

冬季，召桓公到齐国为天子迎娶王后。

楚军攻打郑国，直到郑国求和才回国。

郑国的公子曼满曾对王子伯廖说起他想做卿。伯廖告诉了别人说："一个人如果毫无德行而又贪婪，则正好应在《周易》由丰卦变成离卦这一卦象上，他超不过三年。"果然，事隔一年之后，他就被郑国人杀了。

宣公七年

经　七年春，卫侯使孙良夫来盟。夏，公会齐侯伐莱。秋，公至自伐莱。大旱。冬，公会晋侯、宋公、卫侯、郑伯、曹伯于黑壤。

传　七年春，卫孙桓子来盟①，始通，且谋会晋也。
夏，公会齐侯伐莱②，不与谋也③。凡师出，与谋曰及，不与谋曰会。
赤狄侵晋，取向阴之禾④。
郑及晋平，公子宋之谋也，故相郑伯以会。冬，盟于黑壤⑤，王叔桓公临之⑥，以谋不睦。
晋侯之立也，公不朝焉，又不使大夫聘，晋人止公于会⑦，盟于黄父。公不与盟，以赂免⑧。故黑壤之盟不书，讳之也。

【注释】

①孙桓子：即孙良夫。　②莱：国名。　③与谋：事前参与谋划。　④向阴：晋地名。⑤黑壤：即黄父，详见文公十七年传注。　⑥王叔桓公：周卿士。临：监临。　⑦止：拘留。⑧以赂免：鲁赂晋，故宣公获归。

【译文】

七年春季，卫国的孙桓子来鲁国结盟，两国开始通好，同时谋划和晋国会盟。

夏，宣公会合齐惠公攻打莱国，事先没有谋划。凡是出兵征伐，事先互相商量叫"及"，没有商量则叫"会"。

赤狄进攻晋国，抢收了向阴的谷子。

郑国和晋国讲和，这是公子宋的主意，因此公子宋作为郑襄公的相礼参加盟会。冬季，宣公、晋成公、宋文公、卫成公、郑襄公、曹文公在黑壤会盟，天子派王叔桓公到会监临，以商量对付不顺服晋国的国家。

晋成公即位时，宣公没有前去朝见，也没有派大夫前去聘问，晋国人便在盟会拘留了宣公。在黄父结盟。宣公没有参加盟会，送了贿赂后才得以回国。《春秋》没有记载黑壤之盟，是出于对这一耻辱的避讳。

宣公八年

经　八年春，公至自会。夏六月，公子遂如齐，至黄乃复。辛巳，有事于大庙，仲遂卒于垂。壬午，犹绎。万入，去籥。戊子，夫人嬴氏薨。晋师、白狄伐秦。楚人灭舒蓼。秋七月甲子，日有食之，既。冬十月己丑，葬我小君敬嬴。雨，不克葬。庚寅，日中而克葬。城平阳。楚师伐陈。

传　八年春，白狄及晋平。夏，会晋伐秦。晋人获秦谍①，杀诸绛市，六日而苏②。

有事于大庙，襄仲卒而绎③，非礼也。

楚为众舒叛故，伐舒、蓼，灭之。楚子疆之④，及滑汭⑤。盟吴、越而还。

晋胥克有蛊疾⑥，郤缺为政。秋，废胥克。使赵朔佐下军。

冬，葬敬嬴⑦。旱，无麻，始用葛茀⑧。雨，不克葬，礼也。礼，卜葬，先远日⑨，辟不怀也⑩。

城平阳，书，时也。

陈及晋平。楚师伐陈，取成而还。

【注释】

①谍：间谍。　②苏：死而复生。　③襄仲：即公子遂，又称仲遂。绎：连续两天举行祭祀。　④疆之：划定疆界。　⑤滑汭：滑水转弯处。滑水今已不详何地。　⑥蛊疾：一种神经错乱病。　⑦敬嬴：鲁文公次妃，宣公母。　⑧茀（fú）：牵引棺材的绳索。　⑨先远日：古时占卜葬期，先占卜较远的日子，即此月下旬先卜来月下旬，不吉则卜中旬，又不吉则卜上旬，由远及近，表示不急于求葬，以表孝心。　⑩辟不怀：避免不怀念已死者的心意。

【译文】

八年春季，白狄和晋国讲和。夏季，又联合晋国攻打秦国。晋国人抓获了秦国的一个间谍，在绛城的街市上将其处死，六天后，这个间谍又死而复生。

鲁国在太庙举行了祭祀，襄仲去世后连续祭祀了两天，这是不合礼的。

楚国因为舒姓诸国背叛而发兵攻打舒、蓼，将其灭亡。楚庄王为他们划定疆界，直到滑水附近。和吴、越结盟后回国。

晋国的胥克神经错乱，由郤缺代为执政。秋季，废了胥克。由赵朔出任下军副帅。

冬季，鲁国安葬了敬嬴。由于天旱，没有麻绳，开始使用葛作为牵引棺材的绳索。因为下雨，没能安葬，这是合乎礼的。依礼，占卜安葬的日期，是从较远的日子开始，这是为了避免被人认为对死者不怀念。

鲁国在平阳筑城，《春秋》记载此事，是因其合乎时宜。

陈国和晋国讲和。楚国军队攻打陈国，迫使陈国求和后回国。

宣公九年

经　九年春，王正月，公如齐。公至自齐。夏，仲孙蔑如京师。齐侯伐莱。秋，取根牟。八月，滕子卒。九月，晋侯、宋公、卫侯、郑伯、曹伯会于扈。晋荀林父帅师伐陈。辛酉，晋侯黑臀卒于扈。冬十月癸酉，卫侯郑卒。宋人围滕。楚子伐郑。晋郤缺帅师救郑。陈杀其大夫泄冶。

传　九年春，王使来征聘①。夏，孟献子聘于周，王以为有礼，厚贿之。

秋，取根牟②，言易也。

滕昭公卒。

会于扈③，讨不睦也④。陈侯不会。晋荀林父以诸侯之师伐陈。晋侯卒于扈，乃还。

冬，宋人围滕，因其丧也。

陈灵公与孔宁、仪行父通于夏姬⑤，皆衷其衵服以戏于朝⑥。泄冶谏曰⑦："公卿宣淫⑧，民无效焉⑨，且闻不令⑩，君其纳之⑪。"公曰："吾能改矣。"公告二子，二子请杀之，公弗禁，遂杀泄冶。

孔子曰："《诗》云：'民之多辟，无自立辟⑫。'其泄冶之谓乎。"

楚子为厉之役故，伐郑。

晋郤缺救郑，郑伯败楚师于柳棼⑬。国人皆喜，唯子良忧曰⑭："是国之灾也，吾死无日矣。"

【注释】

①征聘：示意鲁派使者往周聘问。　②根牟：国名，在今山东省沂水县南。　③扈：郑地名，在今河南省原阳县西。　④不睦：指不服从晋国。　⑤孔宁：陈卿，又名公孙宁。仪行父：陈卿。夏姬：郑穆公之女，陈大夫御叔之妻，夏征舒之母。　⑥衷：贴身穿着。衷，怀，用作动词。衵（nì）服：妇女的汗衣。戏于朝：在朝廷上开玩笑。　⑦泄冶：陈大夫。　⑧宣淫：宣扬淫乱。　⑨无效：无所效法。　⑩闻：名声。不令：不美。　⑪纳：藏。　⑫民之多辟二句：出自《诗经·大雅·板》。辟，邪恶。无自立辟：不要自立法度。辟，法度。　⑬柳棼：郑地名，今已不详。　⑭子良：即公子去疾。

【译文】

九年春季，天子派使臣来鲁国，要求派人到王室聘问。夏季，孟献子到王室聘问，天子认为孟献子有礼，便重重赏赐了他。

秋季，鲁国夺取了根牟，《春秋》记载"取根牟"，表明轻而易举。

滕昭公去世。

晋成公、宋文公、卫成公、郑襄公、曹文公在扈地会见，为的是讨伐不顺服晋国的国家。陈灵公没来参加，晋国的荀林父便率领诸侯联军攻打陈国。晋成公在扈地去世，诸侯军队便撤兵回国了。

冬季，宋国人趁滕昭公去世包围了滕国。

陈灵公和孔宁、仪行父三人都和夏姬通奸，都穿着夏姬的内衣在朝廷上取乐。泄冶劝谏道："国君和卿公开宣扬淫乱，百姓就无所效法，而且这样名声也很不好，请把那内衣藏起来吧！"灵公说："我能够改正错误。"灵公告诉了孔宁和仪行父，两人主张把泄冶杀掉，灵公也不加禁止，于是就杀了泄冶。

孔子认为："《诗经》说：'如果百姓都邪恶不正，就不必再去自立法度。'大概说的就是泄冶吧！"

楚庄王因为厉地之战而攻打郑国。

晋国的郤缺援救郑国，郑襄公在柳棼打败了楚军。郑国人都很高兴，只有子良深感忧虑，他说："这是国家的灾难，我们灭亡的时间为期不远了。"

宣公十年

经　十年春，公如齐。公至自齐。齐人归我济西田。夏四月丙辰，日有食之。己巳，齐侯元卒。齐崔氏出奔卫。公如齐。五月，公至自齐。癸巳，陈夏征舒弑其君平国。六月，宋师伐滕。公孙归父如齐。葬齐惠公。晋人、宋人、卫人、曹人伐郑。秋，天王使王季子来聘。公孙归父帅师伐邾，取绎。大水。季孙行父如齐。冬，公孙归父如齐。齐侯使国佐来聘。饥，楚子伐郑。

传　十年春，公如齐。齐侯以我服故，归济西之田。

夏，齐惠公卒。崔杼有宠于惠公[1]，高、国畏其逼也[2]，公卒而逐之，奔卫。

书曰："崔氏"，非其罪也，且告以族，不以名。凡诸侯之大夫违[3]，告于诸侯曰："某氏之守臣某，失守宗庙，敢告。"所有玉帛之使者[4]，则告，不然，则否。

公如齐奔丧。

陈灵公与孔宁、仪行父饮酒于夏氏[5]。公谓行父曰："征舒似女。"对曰："亦似君。"征舒病之[6]。公出，自其厩射而杀之[7]。二子奔楚。

滕人恃晋而不事宋，六月，宋师伐滕。

郑及楚平。诸侯之师伐郑，取成而还。

秋，刘康公来报聘[8]。

师伐邾，取绎[9]。

季文子初聘于齐。

冬，子家如齐，伐邾故也。

国武子来报聘[10]。

楚子伐郑。晋士会救郑，逐楚师于颍北[11]。诸侯之师戍郑。

郑子家卒。郑人讨幽公之乱[12]，斫子家之棺而逐其族[13]。改葬幽公，谥之曰灵。

【注释】

①崔杼：齐国正卿。　②高、国：即高氏和国氏两族，此二氏世代为齐国上卿。　③违：离开国家。　④玉帛之使者：指诸侯国之间有友好往来者。　⑤夏氏：即陈大夫夏征舒家。⑥病：愤。　⑦厩：马房。　⑧刘康公：周臣，即王季子。报聘：回报聘问。　⑨绎：邾邑名。　⑩国武子：即国佐，齐卿，国归父之子。　⑪颍北：颍水以北，其地在今河南省禹县北。　⑫幽公之乱：事见宣公四年，指郑公子归生弑其君夷一事。幽公，即郑灵公。　⑬斫：剖开。

【译文】

十年春季，宣公前往齐国。齐惠公因为鲁国顺服，把济水以西的田地还给

中华藏书

四书五经·最新校勘精注今译本

中国书店

一九五〇

了鲁国。

夏季，齐惠公去世。崔杼在惠公生前很受宠信，高、国两族很怕崔杼，如今惠公死了，就把他赶了出去，崔杼逃亡到了卫国。

《春秋》记为"崔氏"，表明不是他的罪过，而且通告此事时也是只称其族不称其名。凡是诸侯的大夫离开本国，通告各诸侯时就说："某氏的守臣某人，不能继续奉守宗庙，特此通告。"不过，这种通告只发给有友好往来的国家，否则就不通告。

宣公前往齐国奔丧。

陈灵公和孔宁、仪行父在夏姬家里饮酒。灵公对仪行父说："征舒长得像你。"仪行父说："也很像你。"征舒对此非常恼火。灵公出来时，征舒从马棚内用箭射死了他。孔宁和仪行父则逃亡到了楚国。

滕国人依仗晋国而不事奉宋国。六月，宋军攻打滕国。

郑国和楚国讲和。诸侯联军攻打郑国，直到郑国求和才撤军。

秋季，刘康公来鲁国回聘。

鲁国出兵攻打邾国，夺取了绎地。

季文子首次到齐国聘问。

冬季，子家为攻打郑国一事到齐国访问。

国武子来鲁国回聘。

楚庄王攻打郑国。晋国的士会救援郑国，在颍水以北赶走了楚军。诸侯军队留在郑国戍守。

郑国的子家去世。郑国人为了报复子家杀害幽公的那次暴乱，砍开了子家的棺材，把他的族人赶出了郑国。然后改葬幽公，并把他的谥号改为"灵"。

宣公十一年

经 十有一年春，王正月。夏，楚子、陈侯、郑伯盟于辰陵。公孙归父会齐人伐莒。秋，晋侯会狄于欑函。冬十月，楚人杀陈夏征舒。丁亥，楚子入陈。纳公孙宁、仪行父于陈。

传 十一年春，楚子伐郑，及栎①。子良曰："晋、楚不务德而兵争，与其来者可也②。晋、楚无信，我焉得有信？"乃从楚。夏，楚盟于辰陵③，陈、郑服也。

楚左尹子重侵宋④，王待诸郔⑤。

令尹艻艾猎城沂⑥，使封人虑事⑦，以授司徒⑧。量功命日⑨，分财用⑩，平板干⑪，称畚筑⑫，程土物⑬，议远迩⑭，略基趾⑮，具馀粮⑯，度有司⑰，事三旬而成，不愆于素⑱。

晋郤成子求成于众狄⑲，众狄疾赤狄之役⑳，遂服于晋。秋，会于攒函㉑，众狄服也。

是行也。诸大夫欲召狄。郤成子曰："吾闻之，非德，莫如勤㉒，非勤，何以求人？能勤有继㉓，其从之也。《诗》曰：'文王既勤止㉔。'文王犹勤，况寡德乎㉕？"

冬，楚子为陈夏氏乱故，伐陈。谓陈人无动㉖，将讨于少西氏㉗。遂人陈，杀夏征舒，辕诸栗门㉘，因县陈㉙。陈侯在晋㉚。

申叔时使于齐，反，复命而退。王使让之曰："夏征舒为不道，弑其君，寡人以诸侯讨而戮之，诸侯、县公皆庆寡人，女独不庆寡人，何故？"对曰："犹可辞乎㉛？"王曰："可哉！"曰："夏征舒弑其君，其罪大矣。讨而戮之，君之义也。抑人亦有言曰㉜：'牵牛以蹊人之田㉝，而夺之牛。'牵牛以蹊者，信有罪矣㉞；而夺之牛，罚已重矣㉟。诸侯之从也㊱，曰讨有罪也。今县陈，贪其富也。以讨召诸侯，而以贪归之㊲，无乃不可乎？"王曰："善哉！吾未之闻也。反之，可乎？"对曰："可哉！吾侪小人所谓取诸其怀而与之也㊳。"乃复封陈，乡取一人焉以归㊴，谓之夏州㊵。故书曰："楚子入陈，纳公孙宁、仪行父于陈。"书有礼也。

厉之役，郑伯逃归，自是楚未得志焉。郑既受盟于辰陵，又徼事于晋㊶。

【注释】

①栎：郑地名，即今河南省禹县。　②与：顺服。　③辰陵：陈地名，在今河南省淮阳县西。　④左尹：官名。子重：即公子婴齐，又称令尹子重，楚庄王之弟。　⑤郔：地名，在陈、宋、郑三国交界处。　⑥艻艾猎：即孙叔敖。一说为孙叔敖之兄。沂：楚邑，在今河南省正阳县境。　⑦封人：主管筑城的官员。虑事：筹划工程设计等事宜。　⑧授：呈报。　⑨量功命日：计算工程大小，预计完工日期。　⑩分财用：分配材料用具。财通"材"。　⑪平板干：取平夹板和支柱。　⑫称畚筑：使运土之功与筑土之功相称。畚，运土的工具。筑，筑土的杵。　⑬程土物：计算土方和材木。　⑭议远迩：合议取材用料的远近。　⑮略基趾：巡视城墙基址。略，巡视。　⑯具馀（hóu）粮：准备粮食。馀，干粮。　⑰度有司：审度各方面的主持人。　⑱不愆于素：不超过原来的计划。愆，过。素，本来。　⑲成子：即郤缺、冀缺。　⑳役：役使。　㉑攒（cuán）函：狄地名，不详何处。　㉒勤：勤劳。　㉓继：结果。

中华藏书　四书五经·最新校勘精注今译本　中国书店

㉔文王既勤止：句出《诗经·周颂·赉》。止，语气词。　㉕寡德：指寡德之人。　㉖无动：不要惊恐。　㉗少西氏：即夏征舒。征舒之祖字子夏，名少西。　㉘轘（huán）：车裂之刑。栗门：陈国城门。　㉙县陈：以陈为楚县。县用作动词。　㉚陈侯：即陈灵公太子午，陈成公。　㉛辞：理由，辩解。　㉜抑：不过，转折连词。　㉝蹊：径。用作动词，践踏。　㉞信：实。　㉟已：太。　㊱从：服从。　㊲归：终结。　㊳吾侪：当时习惯语，犹如今"我们这些"。　㊴乡取一人：每乡带走一人。　㊵夏州：楚庄王在陈国每乡带走一人，集中住在一起，称为夏州。该夏州在今湖北省汉阳北。　㊶徼：求。

【译文】

十一年春季，楚庄王攻打郑国，军队行至栎地。子良说："晋、楚两国不致力于德行，而靠武力争夺诸侯，那么谁来攻打我们，就和谁亲近好了。晋、楚两国不讲信用，我们还讲什么信用呢？"就表示顺从楚国。夏季，楚国在辰陵举行盟会，因为陈、郑两国都已顺服。

楚国的左尹子重入侵宋国，楚庄王住在郔栎地等候。

楚国的令尹芳艾猎在沂地筑城，派筑城总监考虑工程计划，然后报告司徒。又计算工程量和所需日期，分配建筑材料，所需的夹板和支柱，测量所需土方，讨论何处取用水土，巡视城池的基地，准备粮食，审查监工人员，用了三十天时间，工程就完成了，没有超过预定的计划。

晋国的郤缺向各部族狄人谋求友好。各部族狄人都痛恨赤狄对他们的奴役，就顺服了晋国。秋季，晋国和狄人在欑函会谈，因为狄人顺服了晋国。

在欑函之行以前，大夫们都主张让狄人前来。郤缺说："我听说，如果没有德行，就要以勤劳来弥补，如果连勤劳也没有，怎么要求别人顺服自己呢？只要做到勤劳，就会取得好结果，还是到狄人那里去吧。《诗经》说：'文王是很勤劳的。'文王尚且勤劳，更何况我们这些缺少德行的人呢？"

冬季，楚庄王因为陈国的夏氏之乱而攻打陈国。庄王让陈国人不要害怕，只讨伐夏征舒。攻入陈国后，杀了夏征舒，在栗门外将其车裂，并把陈国灭亡，作为楚国的一个县。此时陈成公正在晋国。

楚国的申叔时出使齐国，回国复命后，就退下去了。庄王派人指责他说："夏征舒大逆不道，杀了自己的国君。寡人领着诸侯前去讨伐并将他杀掉，各诸侯及各县公都向我祝贺，惟独你不道贺，是什么意思？"申叔时说："我可以申辩一下理由吗？"庄王说："可以。"申叔时说道："夏征舒杀害他的国君，确实罪大恶极。国君讨伐并将其杀戮，也是伸张正义，但是人们也有话说：'牵牛践踏了别人的田地，就把他的牛夺过来。'牵牛践踏别人的田地诚然不对，但因此而夺走那人的牛，则惩罚又未免太重了吧。诸侯跟随国君攻打陈国，说是讨伐有罪之人。如今把陈国划为楚国的一个县，就有贪图陈国财富的嫌疑了。以讨伐为名召集诸侯，最后却以贪财而结束，恐怕不行吧。"庄王说："好！你这话我倒还没有听说过。那么现在还给他们，可不可以呢？"申叔时回答说："可以。这就是我们这些小人所说的'从别人怀中取走，再重新还给别人'啊！"于是庄王重新封立了陈国，只是从被俘的陈国人中，每一乡挑选一个人，把他们集中到楚国的一个地区，称为夏州。因此《春秋》中记载："楚子入陈，纳公孙宁、仪行父于陈"，表明庄王的做法是合于礼的。

厉地一战，郑襄公逃回国内，从此，楚国再没有能让郑国归顺。郑国在辰陵接受了楚国的盟约，又转而请求事奉晋国。

宣公十二年

经　十有二年春，葬陈灵公。楚子围郑。夏六月乙卯，晋荀林父帅师及楚子战于邲，晋师败绩。秋七月。冬十有二月戊寅，楚子灭萧。晋人、宋人、卫人、曹人同盟于清丘。宋师伐陈。卫人救陈。

传　十二年春，楚子围郑。旬有七日，郑人卜行成，不吉。卜临于大宫①，且巷出车②，吉。国人大临③，守陴者皆哭④。楚子退师，郑人修城。进复围之三月，克之。入自皇门⑤，至于逵路⑥。郑伯肉袒牵羊以逆⑦，曰："孤不天⑧，不能事君，使君怀怒以及敝邑，孤之罪也。敢不唯命是听？其俘诸江南以实海滨⑨，亦唯命。其翦以赐诸侯⑩，使臣妾之⑪，亦唯命。若惠顾前好，徼福于厉、宣、桓、武⑫，不泯其社稷⑬，使改事君，夷于九县⑭，君之惠也，孤之愿也，非所敢望也。敢布腹心⑮，君实图之。"左右曰："不可许也，得国无赦。"王曰："其君能下人⑯，必能信用其民矣，庸可几乎⑰？"退三十里而许之平。潘尪入盟⑱，子良出质⑲。

夏六月，晋师救郑。荀林父将中军，先縠佐之。士会将上军，郤克佐之。赵朔将下军，栾书佐之。赵括、赵婴齐为中军大夫。巩朔、韩穿为上军大夫。荀首、赵同为下军大夫。韩厥为司马。

及河，闻郑既及楚平，桓子欲还⑳，曰"无及于郑而剿民㉑，焉用之？楚归而动㉒，不后㉓。"随武子曰㉔："善！会闻用师，观衅而动㉕。德刑政事典礼不易㉖，不可敌也，不为是征㉗。楚军讨郑，怒其贰而哀其卑，叛而伐之，服而舍之，德刑成矣。伐叛，刑也；柔服，德也。二者立矣。昔岁入陈，今兹入郑^㉘，民不罢劳^㉙，君无怨讟^㉚，政有经矣^㉛。荆尸而举^㉜，商农工贾不败其业^㉝，而卒乘辑睦^㉞，事不奸矣^㉟。蒍敖为宰^㊱，择楚国之令典^㊲，军行^㊳，右辕^㊴，左追蓐^㊵，前茅虑无^㊶，中权^㊷，后劲^㊸，百官象物而动^㊹，军政不戒而备^㊺，能用典矣。其君之举也，内姓选于亲^㊻，外姓选于旧^㊼；举不失德，赏不失劳；老有加惠，旅有施舍^㊽；君子小人，物有服章^㊾；贵有常尊^㊿，贱有等威⁵¹；礼不逆矣。德立，刑行，政成，事时⁵²，典从⁵³，礼顺，若之何敌之？见可而进，知难而退，军之善政也。兼弱攻昧⁵⁴，武之善经也。子姑整军而经武乎！犹有弱而昧者，何必楚？仲虺有言曰⁵⁵：'取乱侮亡⁵⁶。'兼弱也。《汋》曰⁵⁷：'於铄王师⁵⁸，遵养时晦⁵⁹。'耆昧也⁶⁰。《武》曰⁶¹：'无竞惟烈⁶²。'抚弱耆昧以务烈所⁶³，可也。"彘子曰⁶⁴："不可。晋所以霸，师武臣力也⁶⁵。今失诸侯，不可谓力。有敌而不从，不可谓武。由我失霸，不如死。且成师以出，闻敌强而退，非夫也⁶⁶。命为军帅⁶⁷，而卒以非夫⁶⁸，唯群子能⁶⁹，我弗为也。"以中军佐济⁷⁰。知庄子曰⁷¹："此师殆哉⁷²。《周易》有之，在《师》☷☵之《临》☷☱⁷³，曰：'师出以律，否臧，凶⁷⁴'。执事顺成为臧⁷⁵，逆为否⁷⁶，众散为弱⁷⁷，川壅为泽⁷⁸，有律以如己也⁷⁹，故曰律。否臧，且律竭也⁸⁰。盈而以竭⁸¹，天且不整⁸²，所以凶也。不行之谓《临》⁸³，有帅而不从，临孰甚焉？此之谓矣。果遇，必败，彘子尸之⁸⁴。虽免而归，必有大咎。"韩献子谓桓子曰⁸⁵："彘子以偏师陷，子罪大矣！子为元帅，师不用命，谁之罪也？失属亡师⁸⁶，为罪已重，不如进也。事之不捷，恶有所分⁸⁷，与其专罪，六人同之，不犹愈乎？"师遂济。

楚子北，师次于郔。沈尹将中军⁸⁸，子重将左⁸⁹，子反将右⁹⁰，将饮马于河而归。闻晋师既济，王欲还。嬖人伍参欲战⁹¹。令尹孙叔敖弗欲，曰："昔岁入陈，今兹入郑，不无事矣。战而不捷，参之肉其足食乎？"参曰："若事之捷，孙叔为无谋矣。不捷，参之肉将在晋军，可得食乎？"令尹南辕反旆⁹²。伍参言于王曰："晋之从政者新⁹³，未能行令。其佐先縠刚愎不仁，未肯用命。其三帅者专行不获⁹⁴，听而无上⁹⁵，众谁适从？此行也，晋师必败。且君而逃臣⁹⁶，若社稷何？"王病之，告令尹，改乘辕而北之，次于管以待之⁹⁷。

晋师在敖、鄗之间⁹⁸，郑皇戌使如晋师⁹⁹，曰："郑之从楚，社稷之故也，未有二心。楚师骤胜而骄，其师老矣，而不设备，子击之，郑师为承¹⁰⁰，楚师必败。"彘子曰："败楚服郑，于此在矣，必许之。"栾武子曰¹⁰¹："楚自克庸以来，其君无日不讨国人而训之于民生之不易¹⁰²，祸至之无日，戒惧之不可以怠[103]。在军，无日不讨军实而申儆之于胜之不可保[104]，纣之百克，而卒无后。训之以若敖、蚡冒[105]，筚路蓝缕[106]，以启山林[107]。箴之曰[108]：'民生在勤，勤则不匮[109]。'不可谓骄。先大夫子犯有言曰：'师直为壮，曲为老。'我则不德，而徼怨于楚，我曲楚直，不可谓老。其君之戎，分为二广[110]，广有一卒[111]，卒偏之两[112]。右广初驾[113]，数及日中[114]；左则受之，以至于昏[115]。内官序当其夜[116]，以待不虞[117]，不可谓无备。子良，郑之良也。师叔，楚之崇也[118]师叔入盟，子良在楚，楚、郑亲矣！来劝我战，我克则来，不克遂往，以我卜也[119]，郑不可从。"赵括、赵同曰："率师以来，唯敌是求。克敌得属，又何俟？必从彘子。"知季曰[120]："原、屏[121]咎之徒也[122]。"赵庄子曰[123]："栾伯善哉[124]！实其言[125]，必长晋国[126]。"

楚少宰如晋师[127]，曰："寡君少遭闵凶[128]，不能文[129]。闻二先君之出入此行也[130]，将郑是训定[131]，岂敢求罪于晋[132]？二三子无淹久[133]！"随季对曰[134]："昔平王命我先君文侯曰：'与郑夹辅周室[135]，毋废王命。'今郑不率[136]，寡君使群臣问诸郑[137]，岂敢辱候人[138]？敢拜君命之辱！"彘子以为谄，使赵括从而更之，曰："行人失辞[139]。寡君使群臣迁大国之迹于郑[140]，曰：'无辟敌[141]。'群臣无所逃命。"

楚子又使求成于晋，晋人许之，盟有日矣[142]。楚许伯御乐伯，摄叔为右，以致晋师[143]。许伯曰："吾闻致师者，御靡旌摩垒而还[144]。"乐伯曰："吾闻致师者，左射以菆[145]，代御执辔，御下两马[146]，掉鞅而还[147]。"摄叔曰："吾闻致师者，右入垒[148]，折馘[149]，执俘而还。"皆行其所闻而复[150]。晋人逐之，左右角之[151]。乐伯左射马而右射人，角不能进，矢一而已。麋兴于前，射麋丽龟[152]。晋鲍癸当其后，使摄叔奉麋献焉，曰："以岁之非时，献禽之未至[153]，敢膳诸从者[154]。"鲍癸止之，曰："其左善射，其右有辞，君子也。"既免[155]。

晋魏锜求公族未得[156]，而怒，欲败晋师。请致师，弗许。请使，许之。遂往，请战而还。楚潘党逐之[157]，及荥泽[158]，见六麋，射一麋以顾献曰[159]："子有军事，兽人无乃不给于鲜[160]，敢献于从者。"叔党命去之[161]。赵旃求卿未得[162]，且怒于失楚之致师者。请挑战，弗许。请召盟，许之。与魏锜皆命而往。郤献子曰[163]："二憾往矣[164]，弗备必败。"彘子曰："郑人劝战，弗敢从也。楚人求成，弗能好也。师无成命，多备何为？"士季曰："备之善。若二子怒楚，楚人乘我[165]，丧师无日矣，不如备之。楚之无恶，除备而盟，何损于好？若以恶来，有备不败。且虽诸侯相见，军卫不彻，警也。"彘子不可。

士季使巩朔、韩穿帅七覆于敖前[166]，故上军不败。赵婴齐使其徒先具舟于河，故败而先济。

潘党既逐魏锜，赵旃夜至于楚军，席于军门之外，使其徒入之。楚子为乘广三十乘，分为左右。右广鸡鸣而驾，日中而说。左则受之，日入而说。许偃御右广，养由基为右。彭名御左广，屈荡为右。乙卯[167]，王乘左广以逐赵旃。赵旃弃车而走林[168]，屈荡搏之，得其甲裳。晋人惧二子之怒楚师也，使轺车逆之[169]。潘党望其尘，使骋而告曰："晋师至矣。"楚人亦惧王之入晋军也，遂出陈。孙叔曰："进之！宁我薄人[170]，无人薄我。《诗》云：'元戎十乘，以先启行[171]。'先人也[172]。《军志》曰：'先人有夺人之心[173]'，薄之也。"遂疾进师，车驰卒奔，乘晋军。桓子不知所为，鼓于军中曰："先济者有赏。"中军、下军争舟，舟中之指可掬也[174]。

晋师右移，上军未动。工尹齐将右拒卒以逐下军[175]。楚子使唐狡与蔡鸠居告唐惠侯曰[176]："不穀不德而贪，以遇大敌，不穀之罪也。然楚不克，君之羞也，敢借君灵以济楚师[177]。"使潘党率游阙四十乘[178]，从唐侯以为左拒，以从上军。驹伯曰[179]："待诸乎[180]？"随季曰："楚师方壮，若萃于我[181]，吾师必尽。不如收而去之。分谤生民[182]，不亦可乎？"殿其卒而退，不败。

王见右广，将从之乘。屈荡户之[183]，曰："君以此始，亦必以终。"自是楚之乘广先左。

晋人或以广队不能进[184]，楚人惎之脱扃[185]，少进，马还[186]，又惎之拔旆投衡[187]，乃出。顾曰："吾不如大国之数奔也[188]。"

赵旃以其良马二，济其兄与叔父，以他马反，遇敌不能去，弃车而走林。逢大夫与其二子乘，谓其二子无顾[189]。顾曰："赵傁在后[190]。"怒之，使下，指木曰："尸女于是[191]。"授赵旃绥[192]，以免。明日以表尸之[193]，皆重获在木下。

楚熊负羁囚知罃[194]。知庄子以其族反之。厨武子御，下军之士多从之。每射，抽矢，菆，纳诸厨子之房[195]。厨子怒曰："非子之求而蒲之爱[196]，董泽之蒲[197]，可胜既乎[198]？"知季曰："不以人子，吾子其可得乎？吾不可以苟射故也[199]。"射连尹襄老[200]，获之，遂载其尸。射公子谷臣[201]，囚之。以二者还。

及昏，楚师军于邲[202]，晋之余师不能军，宵济，亦终夜有声。

丙辰[203]，楚重至于邲，遂次于衡雍[204]。潘党曰："君盍筑武军[205]，而收晋尸以为京观[206]。臣闻克敌必示子孙，以无忘武功。"楚子曰："非尔所知也。夫文[207]，止戈为武。武王克商，作《颂》曰[208]：'载戢干戈[209]，载櫜弓矢[210]。我求懿德，肆于时夏[211]，允王保之[212]。'又作《武》[213]，其卒章曰[214]：'耆定尔功[215]。'其三曰[216]：'铺时绎思[217]，我徂惟求定[218]。'其六曰：'绥万邦，屡丰年。'夫武，禁暴、戢兵、保大㉑、定功、安民、和众、丰财者也。故使子孙无忘其章㉒。今我使二国暴骨㉑，暴矣；观兵以威诸侯，兵不戢矣，暴而不戢，安能保大？犹有晋在，焉得定功？所违民欲犹多㉒，民何安焉？无德而强争诸侯，何以和众？利人之几㉓，而安人之乱㉔，以为己荣，何以丰财？武有七德，我无一焉，何以示子孙？其为先君宫㉕，告成事而已㉖。武非吾功也。古者明王伐不敬，取其鲸鲵而封之㉗，以为大戮，于是乎有京观，以惩淫慝㉘。今罪无所㉙，而民皆尽忠以死君命㉚，又可以为京观乎？"祀于河，作先君宫，告成事而还。

是役也，郑石制实入楚师㉛，将以分郑而立公子鱼臣。辛未㉜，郑杀仆叔及子服㉝。君子曰："史佚所谓毋怙乱者，谓是类也。《诗》曰：'乱离瘼矣，爰其适归㉔？'归于怙乱者也夫。"

郑伯、许男如楚。

秋，晋师归，桓子请死㉟，晋侯欲许之。士贞子谏曰㊱："不可。城濮之役，晋师三日谷，文公犹有忧色。左右曰：'有喜而忧，如有忧而喜乎？'公曰：'得臣犹在，忧未歇也㊲。困兽犹斗，况国相乎！'及楚杀子玉㊳，公喜而后可知也，曰：'莫余毒也已㊴'。是晋再克而楚再败也。楚是以再世不竞㊵。今天或者大警晋也，而又杀林父以重楚胜，其无乃久不竞乎？林父之事君也，进思尽忠，退思补过，社稷之卫也㊶，若之何杀之？夫其败也，如日月之食焉，何损于明？"晋侯使复其位。

冬，楚子伐萧，宋华椒以蔡人救萧。萧人囚熊相宜僚及公子丙。王曰："勿杀，吾退。"萧人杀之。王怒，遂围萧。萧溃。

申公巫臣曰㊷："师人多寒。"王巡三军，拊而勉之㊸。三军之士，皆如挟纩㊹。遂傅于萧㊺。

还无社与司马卯言㊻，号申叔展㊼。叔展曰："有麦麯乎㊽？"曰："无。""有山鞠穷乎㊾？"曰："无。""河鱼腹疾奈何㊿？"曰："目于眢井而拯之[51]。""若为茅绖[52]，哭井则已。"明日萧溃，申叔视其井，则茅绖存焉，号而出之。

晋原縠、宋华椒、卫孔达、曹人同盟于清丘[53]。曰："恤病讨贰[54]。"于是卿不书，不实其言也。

宋以盟故，伐陈。卫人救之。孔达曰："先君有约言焉[55]，若大国讨，我则死之。"

【注释】

①临：号哭。大宫：太庙。　②巷出车：出车于街巷，表示虽困不降。　③国人大临：城

中人皆哭。　④陴（pí）：城上女墙。　⑤皇门：郑城门。　⑥逵路：城中宽阔而又四通的道路。　⑦郑伯：指郑襄公。肉袒：袒露上体，以示臣服。　⑧不天：不能承奉天意。　⑨实：置放。　⑩翦：翦灭。　⑪臣妾：奴婢。　⑫徼福：求福。厉、宣、桓、武：指周厉王、周宣王、郑桓公、郑武公。郑桓公为郑国始封君，周厉王之子，周宣王之弟，郑武公之父。　⑬泯：灭。　⑭夷：平，等同。九县：诸县。九，虚数。　⑮布腹心：披露心里话。　⑯下人：居于他人之下。　⑰几：同"冀"，希望。　⑱潘尪（wāng）：字师叔，楚臣。　⑲子良：即公子去疾，郑臣。　⑳桓子：即荀林父。　㉑无及于郑：救郑已来不及。剿民：劳民。　㉒动：动兵伐郑。　㉓不后：不算不及时。　㉔随武子：即士会。　㉕观衅：瞅空子。　㉖不易：不违背常道。　㉗不为是征：即不征是。　㉘今兹：今年。　㉙罢：通"疲"。　㉚黩（dú）：怨言。　㉛经：常法。　㉜荆尸：楚武王创立的阵法。　㉝贾（gǔ）：囤积营利叫"贾"，运货贩卖为"商"，所以古时有"行商坐贾"之说。　㉞卒乘：步兵称卒，车兵叫乘。辑睦：团结和睦。　㉟奸：犯。　㊱蔿敖：即孙叔敖。宰：令尹。　㊲令典：好法典。　㊳军行：军队出征。　㊴右辕：右军跟随主将车辕。　㊵左追蓐：左军搜寻粮草。　㊶前茅虑无：前锋持茅旌探路，侦察情况。茅，即旌。　㊷中权：主将居中权衡谋划。　㊸后劲：以精兵劲旅殿后。　㊹百官：各级军官。象物而动：根据象征自己的各种旗号的指挥而行动。物，旌旗上的各种标志。　㊺不戒而备：不待敕令而完备。　㊻内姓：同姓。　㊼旧：世代旧臣。　㊽旅：旅客。施舍：赐予。　㊾物有服章：衣物有等级色彩的区别。　㊿常尊：尊贵的常礼。　51等威：威仪的等级差别。　52事时：兴作合时，不误农耕。　53典从：政令法典执行。　54兼弱攻昧：兼并衰弱进攻昏暗。　55仲虺（huì）：商汤的左相。　56取乱侮亡：攻取动乱的国家，欺侮将灭亡的国家。　57《汋》：《诗经·周颂》中篇名。　58於（wū）铄王师：周王的军队阵容壮观。於，叹词。铄，美。　59遵养时晦：率领军队攻取昏昧的国家。遵，率。养，取。时，同"是"。　60耆昧：攻昧。　61《武》：《诗经·周颂》中篇名。　62无竞惟烈：周武克商的功业无比强大。竞，强。烈，业。　63以务烈所：以致力于功业所在。　64彘子：即先縠，晋中军佐。　65师武臣力：军队勇武、臣下尽力。　66夫：大丈夫。　67命：奉命。　68卒：终。　69群子：即你们几位。　70济：渡河。　71知庄子：即荀首，又称智季，晋臣。　72殆：危险。　73《师》、《临》：六十四卦中第七卦和第十九卦。《师》卦卦象为坎下坤上，《临》卦卦象为兑下坤上。　74师出以律，否臧，凶：句为《师》卦初六爻辞。言军队出征要有纪律约束，不善则凶。　75执事顺成：办事情顺从规律且有成效。　76否：恶，不顺。　77众散为弱：此句解释卦象，即从《师》卦变为《临》卦，指《师》卦初六爻由阴变阳（由坎变为兑），坎为水，代表众多；兑为少女，代表柔弱。所以坎变为兑，象征众散力弱。　78川壅为泽：因坎为水为川，兑为泽，坎变为兑，故象征流水壅塞淤积而成沼泽。　79如己：如指挥自己。　80律竭：法令穷尽而无用。　81盈而以竭：流水壅塞易盈满，泽水干涸易枯竭。　82夭且不整：天阏阻塞而且众散不齐。　83不行：不流通。　84尸：主，即祸首。　85韩献子：即韩厥。　86失属：失掉属国（指郑国）。　87恶有所分：失败的恶果可由大家分担。　88沈尹：人名，具体不详。　89子重：即公子婴齐。　90子反：公子侧。　91嬖人：宠臣。　92南辕：回车向南。反斾：倒转军中大旗。斾，军前大旗。　93从政者：执政者，指荀林父。

⑭专行不获：想专行而不得。　⑮听而无上：想听从命令又没有上司。　⑯君而逃臣：国君逃避臣下。楚庄王为君，晋荀林父为臣。　⑰管：地名，今河南郑州市。　⑱敖、鄗（qiāo）：二山名，俱在今河南省荥阳县之北。　⑲皇戌：郑卿。　⑳承：后继。　㉑栾武子：即栾书。　㉒讨：治理。　㉓戒惧：戒备警惕。　㉔军实：军中指战员。申儆：再三告诫。　㉕若敖、蚡冒：二人均为楚国先君。　㉖筚（bì）路：柴车。蓝缕：破敝的衣服。　㉗启：开辟。　㉘箴：规劝。　㉙匮：乏。　㉚二广：两部。　㉛广有一卒：每部有战车三十辆。楚以三十辆战车为一卒。　㉜卒偏之两：每卒又分为两偏，即每偏有战车十五辆。　㉝初驾：先驾车。　㉞数：计算时间。　㉟昏：黄昏。　㊱内官：国王左右亲近大臣。序当其夜：按照次序值夜当班。　㊲不虞：意外。　㊳崇：尊崇者。　㊴以我卜：用我们的胜负来作占卜。即晋胜则服晋，晋败则服楚。　⑫知季：即知庄子荀首。　㉑原、屏：原即赵同；屏即赵括。　㉒咎之徒：取祸之道。徒，借为途。　㉓赵庄子：赵朔，赵括之侄。　㉔栾伯：即栾书。　㉕实其言：听从其言。实，实践。　㉖长：长久。　㉗少宰：官名。　㉘闵凶：忧患。　㉙不能文：不善于辞令。　㉚此行：这条道路，指从楚至郑。　㉛将郑是训定：即"将训定郑"的倒装。训定，教导、安定。　㉜求罪：得罪。即并非与晋为敌。　㉝二三子：指晋诸将。无淹久：不必久留。　㉞随季：即随武子、士会。　㉟夹辅：共同辅佐。　㊱不率：不遵循。率，循。　㊲问：质问，问罪。　㊳候人：本为官名，为道路迎送宾客的官吏。此指楚少宰。　㊴失辞：说话不恰当。　⑭迁大国之迹于郑：即将大国（指楚）赶出郑境。　⑭辟：同"避"。　⑭盟有日：已约定盟期。　⑭致晋师：向晋军挑战。　⑭御靡旌摩垒而还：驾车者疾速行驶，使旌旗偃倒，迫近敌人营垒而返回。　⑭鄹（zōu）：利箭。　⑭两马：整齐马匹。　⑭掉鞅：整理马颈上的皮带。掉，整理。　⑭右：车右。　⑭折馘（guó）：杀死敌人，割取左耳。　⑭行其所闻：按其所听到的去实行。　⑮左右角之：从左右两角夹攻。　⑮射麋丽龟：射中了麋的背部。丽，正中。龟，禽兽的背部。　⑮献禽：即献兽。　⑮膳诸从者：进献给从者充当膳食。　⑮既免：尽免于被俘获。　⑮魏锜：又名厨武子、吕锜。公族：公族大夫，详见宣公二年传。　⑮潘党：潘尫之子。　⑮荥泽：即荥泽，在今河南省荥阳县东。　⑮顾献：回车献给潘党。　⑯兽人：官名，掌猎获禽兽。　⑯叔党：即潘党。　⑯赵旃：赵穿之子。　⑯郤献子：郤克。　⑯二憾：指魏锜与赵旃。憾，恨，即心怀不满。　⑯乘：乘机掩杀。　⑯七覆：七队伏兵。敖前：敖山之前。　⑯乙卯：六月十四日。　⑯走林：跑入林中。　⑯轴（tún）车：兵车的一种，用作屯守。　⑰薄：迫近。　⑰元戎十乘，以先启行：句出《诗经·小雅·六月》。元戎，冲锋的战车。启行，开道。　⑰先人：抢在敌人之先。　⑰夺人之心：夺去敌人的斗志。　⑭舟中之指可掬：船中的断指可以用手捧起来。即晋军争相上船，先上者或恐舟沉，或恐敌兵追至，以兵器砍断后上者的手指。掬，捧。　⑮工尹齐：楚大夫。工尹，官名。右拒：方形阵。　⑯唐狡、蔡鸠居：二人均为楚大夫。唐惠侯：唐国国君。唐，国名，姬姓，故城在今湖北省随县西北唐县镇。　⑰借君灵：借助君王的福灵。　⑱游阙：游动补阙的战车。　⑲驹伯：即郤克之子郤锜。　⑱待：抵御。　⑱萃：集中。　⑱分谤生民：分担战败的指责，保全士兵的生命。　⑱户：阻止。　⑱广队：兵车陷入坑中。广，兵车。队，同"坠"。　⑱惎（jì）：教。脱扃（jiǒng）：即去车前横木。　⑱还：盘旋。　⑱拔斾投衡：拔掉大旗，

扔掉车轫。　⑱大国：指楚国。数奔：屡次奔逃。　⑲无顾：不要回头看。　⑲赵旃：即赵旃。傻同"叟"，老人。　⑲尸女于是：在这里收你们的尸首。女，同"汝"。　⑲绥：登车的绳索。　⑲以表尸之：按标记收其尸骨。表，标记。　⑲熊负羁：楚大夫。知䓨：知庄子之子。　⑲厨武子：即魏锜。房：箭袋。　⑲非子之求："非求子"的倒装。即不去救儿子。而浦之爱：反而爱惜蒲柳。蒲柳常用以作箭杆。　⑲董泽：地名，在今山西省闻喜县东北。　⑱胜既：取完。胜，尽。既，取。　⑲苟射：随便乱射。　⑳连尹襄老：楚臣。连尹，官名。　㉑公子谷臣：楚王之子。　㉒邲：地名。在今郑州市西北。　㉓丙辰：六月十五日。　㉔衡雍：地名，在今河南省原武县西。　㉕武军：收集晋军尸体掩埋封土。　㉖京观：树立标志，以彰武功，称为京观。京，大丘。　㉗文：文字。　㉘《颂》：即《诗经·周颂》，下文出自《时迈》篇。　㉙载戢干戈：收藏干戈。载，句首助词。戢，止、敛。　㉚载櫜（gāo）弓矢：装裹起弓箭。櫜，箭袋。　㉛肆于时夏：陈于夏乐之中。肆，陈。时，是。夏，乐歌名。　㉜允王保之：成就王业保有天下。允，句首助词。　㉝《武》：《诗经·周颂》中篇名。　㉞卒章：最末一章。　㉟耆：致。　㊱其三：第三章。　㊲辅时绎思：铺陈。绎，陈。思，句末助词。　㊳徂：往。求定：求得安定。　㊴保大：保持强大。　㊵无忘其章：不要忘记他的大功。章，大功。　㊶暴骨：暴露尸骨。　㊷违民欲：违背百姓愿望。　㊸几：危难。　㊹安：安于。　㊺为先君宫：修建先君祖庙。　㊻告成事：报告战争胜利。　㊼鲸鲵：海中大鱼。此指罪魁。　㊽淫慝：罪恶，此指不敬。　㊾罪无所：无所归罪。　㊿死君命：为执行君命而死。　㉛石制：郑大夫。入：引入。　㉜辛未：七月二十九日。　㉝仆叔：即公子鱼臣。子服：石制。　㉞乱离瘼矣：句出《诗经·小雅·四月》。瘼，疾苦。爰其适归：将要归向何处。爰用作焉。　㉟请死：请处以死罪。　㊱士贞子：即士渥浊。　㊲歇：止，尽。　㊳子玉：即得臣。　㊴莫予毒：无人危害我。　㊵再世不竞：两世不强大。　㊶社稷之卫：国家的捍卫者。　㊷申公巫臣：楚申县之尹，名巫臣，字子灵，又称屈巫。　㊸拊：抚摩。　㊹纩（kuàng）：丝绵。　㊺傅：逼近。　㊻还（xuàn）无社：萧国大夫。司马卯：楚大夫。　㊼号：呼喊。申叔展：楚大夫。　㊽麦麹（qū）：小麦做成的酒母。　㊾山鞠穷：即今之川芎，其根可入药。　㉙河鱼腹疾：古时习语，即风湿之疾。此句示意还无社逃到低下处。　㉛眢（yuān）井：枯井。　㉜茅绖：草绳。　㉝清丘：卫地名，在今河南省濮阳县东南。　㉞恤病：抚恤有灾难的国家。　㉟约言：约定。

【译文】

　　十二年春季，楚庄王包围郑国。十七天后，郑国人打算求和，占卜的结果是不吉利。又占卜到祖庙号哭，并把兵车陈列在巷里以示决战到底，吉利。于是国人都到祖庙中大哭，守城的将士也都大哭起来。楚庄王下令退兵，等郑国人修复了城墙后，又再次包围，直到三月，终于攻克。楚军从皇门入城，来到城内大道上。郑襄公裸露着上身手牵着羊出来迎接，说："我没有奉承上天的旨意，事奉国君，使国君满怀愤怒来到敝国，这是我的罪过。怎么敢不听从国君的命令呢？即使把我俘虏到江南，发配到海滨，也听凭国君吩咐；即使把土地瓜分给诸侯，使郑国的男女成为别国的臣妾，也任凭国君摆布。如果承蒙国君念及两国从前的友好，并托周厉王、周宣王、郑桓公、郑武公的福，使郑国不致灭亡的话，那么让敝国改正错误事奉国君，并将郑国等同于楚国各县，就是国君莫大的恩惠了。也是我的心愿，但又不敢对此有所指望。这是我的真心话，请国君定夺。"庄王的左右侍从说："不能答应他，得到了一个国家就不能再赦免它。"庄王说："郑国的国君谦恭有礼，一定能够取得百姓信任，百姓也定能为其所用，这个国家还是很有希望的吧！"下令退兵三十里，同意了郑国的议和请求。潘尪进城结盟，子良到楚国做人质。

夏季六月，晋国军队救援郑国。荀林父率领中军，先縠任副帅。士会率领上军，郤克任副帅。赵朔率领下军，栾书为副帅。赵括、赵婴齐任中军大夫。巩朔、韩穿任上军大夫。荀首、赵同任下军大夫，韩厥任司马。

到达黄河，听说郑国已经和楚国讲和，荀林父想班师回国，他说："救郑为时已晚，如果再劳民兴众还有什么用？楚军撤走以后，再攻打郑国也不晚。"士会说："好。我听说用兵就在于抓住战机而后行动。如果一个国家的德行、刑罚、政治、事务、典章、礼仪没有背离常规，就不能与之为敌，也不宜征伐。楚国讨伐郑国，是恼恨他的三心二意，又怜悯他的低三下四，背叛了就讨伐，顺服了则宽恕，这样德行和刑罚就都具备了。讨伐叛逆，是刑法；安抚顺从，是德行，二者可以说都树立起来了。楚国去年攻打陈国，今年又讨伐郑国，百姓并不疲劳，国君也没有受到怨恨，这样的政令是合乎常道的。作战时的荆尸之阵井然有序，商、农、工等百业兴旺，而且军队的步兵和车兵也很和睦，各司其职互不侵犯。蒍敖担任令尹，选择推行楚国比较好的法典，军队出发时，右军紧跟主帅的车辕，左军寻找干草以备宿营之用，前军高举旌旄侦察情况，中军制定作战策略，后军则以精兵压阵，百官根据自己的职权而行动，军中政事无须等待上级命令就已准备就绪，这是能较好地运用法典的结果。他们的国君选择人才，在同姓中选拔亲近的人，异姓中选拔历代旧臣后裔。选拔不失有德之人，赏赐不漏有功之人。对年老者另有增加，对行旅之人也有施舍。君子和小人的服饰各有明确的规定。对尊贵者有一定的制度保持其尊贵地位，对低贱者也划分了等级以示威严，在礼上没有违背的。如此看来，楚国树立了德行，施行了刑罚，修明了政治，顺时做事，遵循典章，礼仪完善，怎么能够和他们对抗呢？见机而进，知难而退，是治军的最佳战术。兼并弱小攻打昏庸之国，是用兵的最好战略。您尽管整顿军队充实装备，还有弱小而昏庸的国家可供我们攻打，何必一定要攻打楚国呢？仲虺有句话说：'夺取动乱之国，欺凌将亡之国。'说的就是兼并衰弱。《为》说：'天子的军队真是威风，率领他们夺取昏庸的国家。'说的是进攻昏庸之国。《武》又说：'武王功绩卓著，无与伦比。'安抚弱国以进攻昏庸之国，完成武王未竟的事业，是可以的。"先縠说："不行。晋国所以能称霸诸侯，完全是靠军队勇猛，臣下尽力。现在失去了郑国，不能说是尽力；面对敌人不去迎战，不能说是勇猛。从我们身上丧失霸主的地位，还不如死了的好。况且兴师动众来到这里，听说敌人强大而退却，不是大丈夫的做法。受命担任军队统帅，却以有辱大丈夫的结果而告终，只有你们愿意这样，我是不干的。"于是先縠率领自己所属那部分军队渡过了黄河。荀首说："这支军队面临着极大的危险。《周易》中有这样的卦象，从师卦变为临卦，爻辞说：'军队出动要听从命令，否则就是凶。'顺应这一道理就是'臧'，违背这一道理就叫'否'。士兵纷纷离散，军队就会软弱无力，如同河道堵塞形成沼泽。有了律令，指挥三军就如同指挥一人一样，所以叫做'律'。如果不能做到令行禁止，律令就形同虚设。从充实到枯竭，堵塞而不整齐，这是凶象。水不流动即为'临'，有帅而不服从，则是更为严重的'临'。说的就是这个道理。如果和楚军遭遇，肯定失败，先縠要负全部责任。即使他侥幸回来，也必然难免灾祸。"韩厥对荀林父说："先縠率领的是中军的一部分，如果陷入敌军，您的罪过可就大了。您作为元帅，军队不听从命令，是谁的罪呢？失去了属国，又损失了军队，这一罪过可就大了，倒不如进军攻打。即使战败，也由大家来分担责任。与其由您一个人承担罪过，不如六个人共同承担，这样不是更好吗？"于是晋军渡过了黄河。

楚庄王率军北上，驻扎在郔地。沈尹率领中军，子重率领左军，子反率领右军，打算到黄河饮一下马就回国，听说晋军已经渡过黄河，庄王打算班师回国，宠臣伍参却主张作战。令尹孙叔敖也不想作战，他说："前年我们进入陈国，今年又攻打郑国，不能说没有战争。作战而不能取胜，你伍参的肉恐怕也不够让人吃的吧。"伍参则反驳说："作战能够取胜，说明你孙叔敖缺少谋略。如果不能得胜，我伍参的肉也必将落入晋人手中，你怎么能吃得到呢？"孙叔敖只管把车辕调转南方，军旗也指向南方，准备回国，伍参又对庄王说："晋国执政的是新人，其军令还不能通行无阻。他的中军副帅先縠刚愎自用，残暴不仁，不肯听从他的命令。其他三个将帅，想专权又办不到，想听从又无有权威的上司，军队听谁的呢？所以，这次行动，晋军必然失败。再说国君逃避臣子，又怎能使国家蒙受这一耻辱呢？"庄王也很担心，就命令令尹调转车辕，

中华藏书　春秋左传　中国书店　一九六三

晋军驻扎在敖、鄗两山之间。郑国的皇戌出使来到晋国军队说："郑国屈从楚国，是为了挽救国家不致灭亡，不是对晋国存有二心。楚国军队屡次胜利，产生了骄傲情绪，而且军队也已士气衰落，又没设防，你们如果攻打，我国的军队随后跟上，楚军必然失败。"先縠说："看来打败楚国，降服郑国，就在此一举了，一定要同意他的请求。"栾书说："楚国自从战胜庸国以来，其国君每天都这样管理和训诫国内的百姓：百姓生活还很艰苦，战祸随时会降临，一定要提高警惕常备不懈。在军队中则每天都这样管理和告诫将士：我们并不可能永远胜利，商纣王曾经百战百胜，最终却没有好结果。还用楚国先君若敖、蚡冒曾经乘柴车、穿破衣开辟山林的事迹来告诫他们说：'百姓的生存完全在于勤劳，只要勤劳就受用无穷。'由此看来，不能说他们骄傲自满。先大夫子犯说过：'出师有名则理直气壮，无名则理曲气衰。'我们的行为不合德行，又和楚国结怨，这是我们理曲而楚国理直，不能说楚军士气衰落。楚君的卫兵分为左右两部分，称为两广，每广有兵车三十辆，是为一卒，每卒又分左右两偏。右广先行驾车守卫，直到中午，再由左广接替，一直到晚上。国君的左右近臣则轮流值夜班，以防意外，不能说他们没有防备。子良是郑国的杰出人才，潘尫又素来为楚国人所推崇。潘尫前往郑国结盟，子良到楚国做人质，可见楚、郑两国关系密切。郑国派人来劝我们出战，其目的是，如果战胜，就来归服，一旦战败，就投奔楚国，这是在以我们的胜负来占卜其究竟应该归顺谁啊。郑国的话不能听从。"赵括、赵同说："率师前来，就是要寻找敌人。如果能战胜敌人，又能得到属国，还等待什么呢？一定要同意先縠的建议。"荀首说："赵同和赵括的想法，实际上是一条自取祸害的途径。"赵朔说："栾书说得好呀！如果照他的话去做，必能使晋国国运长久。"

楚国的少宰来到晋军说："寡君自幼遭遇忧患，不善辞令。听说从前楚国两位先君成王和穆王，来往途径此道，都是为了教训和安定郑国，怎么敢得罪晋国呢？希望你们不要在此久留！"士会回答说："从前周平王曾经命令我们先君晋文侯说：'你要和郑国共同辅佐周室，不要背弃天子的命令！'如今郑国不遵循天子命令，寡君派我们群臣前来质问郑国，又怎么敢劳驾您前来呢？谨此拜谢国君的命令！"先縠认为这话有点讨好楚国，又派赵括跟去，改变了口气说："刚才士会的话不够恰当，寡君派我们群臣前来，是要把大国的军队赶出郑国，他还说：'不要躲避敌人。'我们群臣不能不执行这一命令。"

楚庄王又派人向晋国求和，晋国人答应了，并确定了结盟的日期。但楚国的许伯为乐伯驾车，摄叔为车右，向晋军挑战。许伯说："我听说向敌人挑战，就要驾驭战车迅速迫近敌阵，然后再回来。"乐伯说："我听说向敌人挑战，就要由车左使用利箭射击敌人，而且还要替御者执掌马缰，让御者下车整理马匹，掉转方向，然后回来。"摄叔说："我听说向敌人挑战，车右要攻入敌人阵营，杀死敌人割掉耳朵，并生擒俘虏而还。"三个人都按照他们说的去做了。晋国人追赶他们，从左右夹攻。乐伯从左边射马，右边射人，使两边的晋国人不能靠近。只剩下一支箭时，有一只麋鹿跑在前面，乐伯用箭射中麋鹿的背部。此时晋国的鲍癸正在后面追赶，乐伯让摄叔把麋鹿献给他，说："因为还不到时令，应当奉献的禽兽还没有出现，暂且献上这只麋鹿，权做您的随从的佳肴吧。"鲍癸让部下停止追击，说："他们的车左擅长射箭，车右善于辞令，可见都是君子啊。"就不再追赶了。

晋国的魏锜请求当公族大夫，没有如愿，非常恼怒，想让晋军失败。就请求前去挑战，未被批准。又请求出使到楚军，得到了允许。他来到楚军，请战后返回，楚国的潘党追击他，来到荥泽，魏锜看到六只麋鹿，就射死一只，回头献给潘党，说："你正在作战，恐怕没有人献给你新鲜野味，我把这只麋鹿献给您的随从。"潘党下令不要再追赶魏锜。赵旃想当卿而没有当成，并且对放走楚军前来挑战的人很恼火。于是请求领兵前往楚军挑战，没有得到允许。又请求去召请楚军前来结盟，得到了批准。他和魏锜都受命前往。郤克说："这两个心怀不满的人去了，如果我们不加以防备，肯定会失败。"先縠说："郑国人劝我们出兵作战，不敢听从；楚国人向我们求和，又不能与他们结好。军队没有一个固定的战略，即使多加防备又有什么用？"士会说："还是有所防备为好。如果他们两人激怒了楚国，楚军就会乘我们不备而袭击，这样很快就会丧失军队，不如提防一下。如果楚国没有恶意，到时候再解除战备，缔结盟约，对议和也没有什么影响。如果楚军怀有恶意而来，我们有所防备，就不会失败。再说即使是诸侯会见，各自带领的守卫部队也不加撤除，为的就是有所戒备，"先縠不同意。

士会派巩朔、韩穿在敖山前面埋伏了七处伏兵，因此上军才没有失败。赵婴齐派他的部下事先在黄河边准备了船只，因此才能在战败以后率先渡过黄河。

潘党赶走了魏锜后，赵旃又在夜里来到楚军，铺块席子坐在营门之外，派他的部下先进去。楚庄王的战车每广三十乘，分左右两乘。早晨鸡叫时右广套车值勤，中午卸车休息；左广中午接班，太阳落山才休息。许偃驾驭右广的指挥车，养由基为车右。彭名驾驭左广的指挥车，屈荡为车右。六月十四日，楚庄王乘坐左广的指挥车追赶赵旃。赵旃扔下车子逃到树林中，屈荡和他搏斗，扯下了赵旃的外衣。晋国人担心这两个人会惹恼楚军，派一辆兵车前去接应。潘党远远看到兵车扬起的尘土，派人驾车火速向楚军报告说："晋军到了！"楚国人也害怕楚庄王落入晋军之手，便急忙列阵迎战。孙叔说："向前进军！宁可我们逼近敌人，不可让敌人逼近我们。《诗经》说：'前锋有十辆战车，用于前面开道。'意思就是要先行一步。《军志》说：'抢在敌人前面就可以夺去敌人的斗志。'意思是要主动逼近敌人。"于是下令军队快速前进，战车奔驰，士兵奔跑，以便乘晋军不备冲过去。荀林父见此情景，不知所措，只得在军中击鼓说："先渡过黄河的有赏。"中军和下军为船只争夺起来，先上船的人把攀住船舷的人的手指砍断，船里的断指多得可以捧起来。

晋军向右边转移，上军没有动。工尹齐率领右边方阵的士兵追击晋国的下军。战前楚庄王曾派唐狡和蔡鸠居向唐惠侯报告说："我无德而有贪心，以致遭遇强大的敌人，这是我的罪过。但如果楚国不能取胜，也是您的耻辱，因此想借助您的威灵，帮助楚军战胜敌人。"于是派潘党率领机动战车四十辆，跟随唐侯作为左边的方阵，追击晋国的上军。驹伯说："要抗击敌人吗？"士会说："楚军士气正旺，如果集中兵力对付我们，我军必然全军覆没，不如收兵撤退。这样即可避免人们对打败仗的指责，又可使士兵免于死亡，不也可以吗？"于是就走在上军的最后，撤退下去，这样才没有打败仗。

楚庄王见到右广的指挥车，就准备坐上车。屈荡阻止说："国君既然是乘坐左广开始作战的，也应该乘坐左广来结束这场战争。"从此，楚国就把左广定为上位。

晋国有几辆战车陷到坑里不能前进，楚国人让他们抽去车前横木，车子就能前进了，但走了几步，马又盘旋不走了，楚国人又让他们扔掉大旗和车轭，晋国人才逃了出去。但他们反而回过头来讥讽楚国人说："我们可不像你们楚国那样，经常逃跑，很有经验。"

赵旃把他的两匹好马送给哥哥和叔父驾车，用他们的劣马套上自己的战车，以至于遇到敌人不能逃脱，只好扔下战车逃入树林。逢大夫正驾着战车和他的两个儿子走在前面，逢大夫让两个儿子不要回头，但他们还是回头，看到了赵旃，说："赵旃那老头在后面呢！"逢大夫很生气，让两个儿子下去，指着路边的树说："以后我在这里收拾你们的尸首。"然后把驾车的缰绳交给赵旃，赵旃这才得以逃脱。第二天，逢大夫前往树下收尸，果然看到两个儿子叠压在一起的尸体。

楚国的熊负羁俘虏了知䓨。荀首率领他的部属调转方向追赶，魏锜驾驭战车，下军的士兵多半都跟着回来。荀首每次射箭时，抽出箭来，一看是利箭，就放到魏锜的箭袋里。魏锜生气地说："你根本不想救你的儿子，而是爱惜你的箭，董泽的蒲柳可以制造无数支箭，能用得完吗？"荀首说："假如抓不住别人的儿子，能得到我的儿子吗？这就是我不随便使用利箭的原因。"结果射死了楚国的连尹襄老，把他的尸首装到车上。接着又射中了公子谷臣，把他囚禁起来。最后带着这两个人回去。

到了黄昏，楚军在邲地驻扎下来。晋国剩下的士兵已经溃不成军，连夜渡过河去，以至于整个夜里都能听到渡河的声音。

六月十五日，楚军的辎重到达邲地，随后驻扎到衡雍。潘党说："国君何不将晋军尸体收集起来埋掉，建一个京观以夸耀四方呢？我听说战胜敌人以后一定要把战果展示给后代子孙，使他们不忘记祖先的武功。"楚庄王说："这你就不懂了。从字义上解释，止戈二字合起来为'武'。从前周武王消灭商朝后，曾作《周颂》说：'把干戈收藏起来，把弓箭也收藏起来。我将追求美德，并把这一愿望体现在夏乐之中，以求得永久保有天下。'又写了《武》这首诗，诗的最后一章说：'我将把这一功绩巩固下来。'诗的第三章说：'我继承并发扬文王的美德，前去征讨纣王是为了安定天下。'诗的第六章说：'安定万邦，常有丰年。'所谓武功，就是要清除残暴，消灭战争，保有天下，巩固功业，安定百姓，调谐诸国，积聚财富，因此要使后代子孙不能忘记显赫的功业。现在我使两国士兵的尸骨暴露荒野，这是残暴不仁；夸耀武力使诸侯畏惧，就是没有消灭战争。既没有消除残暴，又没有停止战争，怎么能保有天下？再说晋国仍然存在，怎么能够巩固功业？违背百姓愿望的事情还有很多，百姓怎么能够安定？缺少德行勉强和诸侯争霸，怎么能协和各国？乘人之危为自己谋利，以别国的动乱求得自己的安定，还要以此为荣，怎么能增加财富？武功有上述七种德行，我却一种也不具备，又拿什么向子孙展示？我只在这里为先君建造一座神庙，报告胜利就行了，因为这一胜利还不能算是我的功业。古代圣明的君王出兵攻打不听王命的国家，杀死并埋掉首恶分子，这时才建造京观以警戒历代罪恶之人。现在并不能确定晋国的罪恶在哪里，而士兵又都是为了尽忠而死于君命，怎么能建造京观呢？"于是在黄河岸边祭祀了河神，修建了先君的神庙，报告了胜利后就回国了。

这次战役实际上是郑国的石制把楚军引进来的，他打算将郑国分割为二，一半给楚国，一半是郑国，并立公子鱼臣为国君。七月二十九日，郑国人杀了公子鱼臣和石制。君子对此评论说："《史佚》中所说的不要乘人之乱以利己，指的就是这一类人。《诗经》说：'动乱频仍，百姓苦不堪言，何处是他们的归宿呢？'是将罪过归于那些乘机作乱的人啊！"

郑襄公和许昭公到了楚国。

秋季，晋军回国，荀林父请求将自己处死，晋景公准备同意。士贞子劝阻说："不能这样做。当年城濮之战中，晋军吃了三天楚国的粮食，文公还面带忧虑，左右近臣问他：'现在有了喜事您却面带忧愁，难道等遇到忧事时才面呈喜色吗？'文公说：'只要楚国还有得臣这个人存在，我的忧愁就不会结束。被围困的野兽尚且要挣扎一下，何况是得臣这个一国之相呢？'等到楚国把得臣杀了，文公才喜形于色，说：'这下再没有人来害我了。'得臣的被害，等于是晋国取得了又一次胜利，楚国又一次遭到失败。从那以后，楚国历经两代都没能强盛起来。今天也许是上天要严厉地警告晋国一次，使我们打了败仗，但如果再杀了荀林父，不等于又让楚国战胜一次吗？那么晋国岂不也要从此一蹶不振了吗？荀林父事奉国君，进见时想着如何竭尽忠诚，退下时想着怎样弥补过失，他是捍卫国家的重臣，怎么能杀了他呢？这次失败，无损于他对国家的忠诚，就如同日食月食，无损于日月的光明。"于是晋景公让荀林父仍任原职。

冬季，楚庄王攻打萧国，宋国的华椒领着蔡军救援萧国。萧国人囚禁了熊相宜和公子丙。楚庄王说："你们不要杀他们，我马上退兵。"萧人杀了他们。庄王大怒，包围了萧国。萧国人就溃散了。

申公巫臣说："士兵们都很冷。"庄王巡视三军，亲自抚摩并勉励士兵。三军将士倍感温暖，军队又逼近萧都。

萧大夫还无社让司马卯把申叔展喊出来。叔展说："你有麦麹吗？"还无社说："没有。""有山鞠穷吗？"还无社说："没有。""如果得了风湿病怎么办？"还无社说："你如果看到枯井，就可以从那里面救出我来。"申叔展说："你在井边放上一根绳子，上面如果有人哭，那就是我。"第二天，萧军崩溃，申叔展寻找枯井，看到一口井边放着一根绳子，就大哭起来，然后把还无社救了上来。

晋国的原縠、宋国的华椒、卫国的孔达以及曹国人在清丘会盟，说："要帮助有困难的国家，讨伐怀有二心的国家。"《春秋》没有记载各国卿的名字，是因他们没能履行盟约。

宋国根据清丘之盟讨伐陈国，卫国人前去救援陈国。孔达说："先君和陈国有过约定，如果大国来攻打我们，我愿为此而死。"

宣公十三年

经　十有三年春，齐师伐莒。夏，楚子伐宋。秋，螽。冬，晋杀其大夫先縠。

传　十三年春，齐师伐莒，莒恃晋而不事齐故也。

夏，楚子伐宋，以其救萧也。君子曰："清丘之盟，唯宋可以免焉。"

秋，赤狄伐晋，及清①，先縠召之也。

冬，晋人讨邲之败②，与清之师，归罪于先縠而杀之，尽灭其族。君子曰："恶之来也③，己则取之，其先縠之谓乎。"

清丘之盟，晋以卫之救陈也讨焉。使人弗去，曰："罪无所归，将加而师④。".孔达曰："苟利社稷，请以我说。罪我之由⑤。我则为政而亢大国之讨⑥，将以谁任？我则死之。"

【注释】

①清：地名，一名清原，详见僖公三十一年传注。　②讨：追究其责。　③恶：指刑戮。　④而：同"尔"。　⑤罪我之由：即罪由我。　⑥亢：当。

【译文】

十三年春季，齐军攻打莒国，因为莒国依仗晋国而不事奉齐国。

夏季，楚庄王攻打宋国，因为宋国曾救援萧国。君子认为："清丘之盟，只有宋国实践了诺言，可以不被指责。"

秋季，赤狄攻打晋国，到达清地，这是晋国大夫先縠勾引来的。

冬季，晋国人追究邲地战败和清地之战的原因，都归罪于先縠，就把他杀了，并把他的族人也全都杀掉了。君子认为："祸患的到来，是他自己招致的。大概说的就是先縠吧！"

根据清丘之盟，晋国就卫国救援陈国一事予以谴责。晋国使者不肯离去，说："如果你们不交出救援陈国的罪魁祸首，我们将发兵攻打你们。"孔达说："如果对国家有利，把我推出来吧，因为罪过在于我。我是执政，大国来谴责，能把罪责推给谁呢？我甘愿为此而死。"

宣公十四年

经　十有四年春，卫杀其大夫孔达。夏五月壬申，曹伯寿卒。晋侯伐郑。秋九月，楚子围宋。葬曹文公。冬，公孙归父会齐侯于穀。

传　十四年春，孔达缢而死。卫人以说于晋而免。遂告于诸侯曰："寡君有不令之臣达，构我敝邑于大国①，既伏其罪矣，敢告。"卫人以为成劳②，复室其子③，使复其位④。

夏，晋侯伐郑，为邲故也。告于诸侯，蒐焉而还。中行桓子之谋也。曰："示之以整，使谋而来⑤。"郑人惧，使子张代子良于楚⑥。郑伯如楚，谋晋故也。郑以子良为有礼，故召之。

楚子使申舟聘于齐⑦，曰："无假道于宋。"亦使公子冯聘于晋，不假道于郑。申舟以孟诸之役恶宋，曰："郑昭宋聋⑧，晋使不害⑨，我则必死。"王曰："杀女，我伐之。"见犀而行⑩。及宋，宋人止之，华元曰："过我而不假道，鄙我也⑪。鄙我，亡也。杀其使者必伐我，伐我亦亡也。亡一也⑫。"乃杀之。楚子闻之，投袂而起⑬，屦及于窒皇⑭，剑及于寝门之外⑮，车及于蒲胥之市⑯。秋九月，楚子围宋。

冬，公孙归父会齐侯于穀。见晏桓子⑰，与之言鲁，乐。桓子告高宣子曰⑱："子家其亡乎⑲！怀于鲁矣⑳。怀必贪，贪必谋人。谋人，人亦谋己。一国谋之，何以不亡？"

孟献子言于公曰㉑："臣闻小国之免于大国也，聘而献物，于是有庭实旅百㉒。朝而献功㉓，于是有容貌采章嘉淑㉔，而有加货㉕。谋其不免也。诛而荐贿㉖，则无及也㉗。今楚在宋，君其图之。"公说。

【注释】

①构：构造祸端。　②成劳：旧勋。　③室：娶妻。用作动词。　④复其位：承袭其父禄位。　⑤使谋而来：使郑自谋而来归附晋国。　⑥子张：即公孙黑肱，郑穆公之孙。　⑦申舟：楚臣，又名文之无良。　⑧昭：眼明。聋：耳不聪。　⑨不害：无害。⑩见犀而行：将犀引见给楚王然后出行。犀，申犀，申舟之子。　⑪鄙我：以我国为边鄙之地。　⑫亡一：一样是亡。　⑬投袂：奋袂。袂，衣袖。　⑭屦及于窒皇：随从追到路寝前庭才送上鞋子。窒皇，路寝前庭。　⑮寝门：寝宫之门。　⑯蒲胥，地名。　⑰晏桓子：晏婴之父。　⑱高宣

子：即高固。　⑲子家：公孙归父之字。　⑳怀于鲁：怀恋鲁国的宠信。　㉑孟献子：即仲孙蔑。　㉒庭实旅百：详见庄公二十二年传注。　㉓献功：献其治国或征伐之功。　㉔容貌采章嘉淑：泛指华美珍贵之物。　㉕加货：额外附加的礼物。　㉖诛而荐贿：当被责罚时再进献财物。　㉗无及：来不及。

【译文】

十四年春季，孔达自缢而死。卫国人以此向晋国解释，从而免于被攻打。随后卫国通告诸侯说："寡君有一不良臣子孔达，在敝国和大国之间制造不和，已经伏罪。谨此通告。"卫国人认为孔达有辅佐成公复国的功劳，便把公室的女子嫁给他的儿子为妻，并让他的儿子承袭了孔达的官位。

夏季，晋景公讨伐郑国，是因为郊地之战中郑国帮助了楚国。晋国通告各国，举行了阅兵后就回国了，这是荀林父的计谋。他说："我们向郑国展示严整的军容，让他们主动前来归附我们。"果然郑国人害怕了，派子张到楚国代替子良做人质。郑襄公又到楚国，谋划如何对付晋国。郑国解释，因为子良有礼让君位的美德，所以才召他回国。

楚庄王派申舟到齐国聘问，对他说："你不必向宋国请求借道。"又派公子冯到晋国聘问，也让他不要向郑国借道。申舟曾在孟诸那次打猎中得罪了宋国，他对庄王说："郑国人通情达理，宋国人则昏聩不清，派往晋国的人没有危险，我必然被宋国杀害。"庄王说："他们杀了你，我就攻打他们。"申舟将儿子申犀引见给庄王后就出发了。到了宋国，宋国人拘留了他。华元说："路过我国却又不借道，这是把我国当成了他们边境的县城。把我们当成边境的县城，实际上就是当我们亡了国。杀了他们的使者，必然讨伐我们，讨伐也不过就是亡国，反正都是亡国。"就杀了申舟。庄王听说后，一挥袖子站了起来，侍从追到院子里才把鞋子送上，追到门口才把佩剑送上，追到蒲胥街市上才让他坐上车子。秋季九月，庄王围攻宋国。

冬季，公孙归父在穀地和齐顷公会见。见到晏桓子，和他谈到了鲁国，非常高兴。桓子告诉高固说："子家可能会逃跑，因为他怀念鲁国。一旦怀念就必然产生贪心，一有贪心就必然会算计别人，他算计别人，别人也会算计他。一个国家的人都算计他，怎么能不逃跑呢？"

孟献子对鲁宣公说："我听说，一个小国之所以能免于被大国问罪，最有效的方法就是前去聘问，并献上财物。于是大国就有了堆满庭院的财礼。小国朝见大国并献上所建功劳，于是大国也就有了各种各样色彩斑斓的装饰品，再加上额外的财物。这都是为了谋求避免难以避免的灾难。如果等大国责难问罪时再去行贿送礼，就来不及了。现在楚王正在宋国，国君还是要考虑送礼过去！"宣公很高兴。

宣公十五年

经　十有五年春，公孙归父会楚子于宋。夏五月，宋人及楚人平。六月癸卯，晋师灭赤狄潞氏，以潞子婴儿归。秦人伐晋。王札子杀召伯、毛伯。秋，螽。仲孙蔑会齐高固于无娄。初税亩。冬，蝝生。饥。

传　十五年春，公孙归父会楚子于宋。

宋人使乐婴齐告急于晋①。晋侯欲救之。伯宗曰②："不可。古人有言曰：'虽鞭之长，不及马腹。'天方授楚，未可与争。虽晋之强，能违天乎？谚曰：'高下在心'。川泽纳污，山薮藏疾，瑾瑜匿瑕，国君含垢，天之道也。君其待之。"乃止。

使解扬如宋③，使无降楚，曰："晋师悉起，将至矣。"郑人囚而献诸楚，楚子厚赂之，使反其言，不许，三而许之。登诸楼车④，使呼宋人而告之。遂致其君命。楚子将杀之，使与之言曰："尔既许不穀而反之，何故？非我无信，女则弃之，速即尔刑⑤。"对曰："臣闻之，君能制命为义⑥，臣能承命为信⑦，信载义而行之为利⑧。谋不失利，以卫社稷，民之主也⑨。义无二信，信无二命。君之赂臣，不知命也。受命以出，有死无霣⑩，又可赂乎？臣之许君，以成命也。死而成命，臣之禄也⑪。寡君有信臣，下臣获考死⑫，又何求？"楚子舍之以归。

夏五月，楚师将去宋。申犀稽首于王之马前，曰："毋畏知死而不敢废王命⑬，王弃言焉⑭。"王不能答。申叔时仆⑮，曰："筑室反耕者⑯，宋必听命。"从之。宋人惧，使华元夜入楚师，登子反之床⑰，起之曰："寡君使元以病告，曰：敝邑易子而食⑱，析骸以爨⑲。虽然，城下之盟，有以国毙⑳，不能从也。去我三十里，唯命是听。"子反惧，与之盟而告王。退三十里。宋及楚平，华元为质。盟曰："我无尔诈㉑，尔无我虞㉒。"

潞子婴儿之夫人㉓，晋景公之姊也。酆舒为政而杀之，又伤潞子之目。晋侯将伐之，诸大夫皆曰："不可。酆舒有三俊才，不如待后之人。"伯宗曰："必伐之。狄有五罪，俊才虽多，何补焉？不祀，一也。耆酒㉔，二也。弃仲章而夺黎氏地㉕，三也。虐我伯姬㉖，四也。伤其君目，五也。怙其俊才，而不以茂德㉗，滋益罪也㉘。后之人或者将敬奉德义以事神人，而申固其命㉙，若之何待之？不讨有罪，曰'将待后'，后有辞而讨焉，毋乃不可乎？夫恃才与众，亡之道也。商纣由之，故灭。天反时为灾③⓪，地反物为妖③①，民反德为乱③②，乱则妖灾生。故文反正为乏③③，尽在狄矣。"晋侯从之。六月癸卯③④，晋荀林父败赤狄于曲梁③⑤。辛亥，灭潞。酆舒奔卫，卫人归诸晋，晋人杀之。

王孙苏与召氏、毛氏争政③⑥，使王子捷杀召戴公及毛伯卫③⑦。卒立召襄③⑧。

秋七月，秦桓公伐晋，次于辅氏③⑨。壬午④⓪，晋侯治兵于稷以略狄土④①，立黎侯而还。及雒④②，魏颗败秦师于辅氏④③。获杜回，秦之力人也④④。

初，魏武子有嬖妾④⑤，无子。武子疾，命颗曰："必嫁是。"疾病④⑥，则曰："必以为殉④⑦。"及卒，颗嫁之，曰："疾病则乱④⑧，吾从其治也④⑨。"及辅氏之役，颗见老人结草以亢杜回⑤⓪，杜回顾而颠⑤①，故获之。夜梦之曰："余，而所嫁妇人之父也⑤②。尔用先人之治命，余是以报。"

晋侯赏桓子狄臣千室⑤③，亦赏士伯以瓜衍之县⑤④。曰："吾获狄土，子之功也。微子，吾丧伯氏矣⑤⑤。"羊舌职说是赏也⑤⑥，曰："《周书》所谓'庸庸祇祇'者⑤⑦，谓此物也夫⑤⑧。士伯庸中行伯，君信之，亦庸士伯，此之谓明德矣。文王所以造周⑤⑨，不是过也。故《诗》曰：'陈锡载周⑥⓪。'能施也。率是道也⑥①，其何不济？"

晋侯使赵同献狄俘于周，不敬。刘康公曰⑥②："不及十年，原叔必有大咎⑥③，天夺之魄矣⑥④。"

初税亩⑥⑤，非礼也。谷出不过籍⑥⑥，以丰财也。

冬，蟓生⑥⑦，饥。幸之也。

【注释】

①乐婴齐：宋臣。　②伯宗：晋臣，孙伯起之子。　③解扬：晋大夫。　④楼车：用来眺望敌人的兵车。　⑤即尔刑：接受你的刑罚。即刑，就刑。　⑥制命为义：制定、发布命令合于道义。　⑦承命为信：接受、贯彻命令叫做信守。　⑧信载义而行：信用通过贯彻道义去执行。　⑨民之主：百姓的主人。指卿大夫而言。　⑩隳：同"隳"，落，废弃。　⑪禄：福，职责。　⑫考死：死得其所。　⑬毋畏：即申舟。　⑭弃言：丢掉自己的话。即说话不算数。　⑮仆：驾车。　⑯筑室反耕：使军队建造房子，让种田人返回。此为持久之计。　⑰子反：楚军主将公子侧。　⑱易子而食：交换儿子而吃掉。　⑲析骸以爨（cuàn）：劈开尸骨烧火做饭。　⑳以国毙：与国俱亡。　㉑诈：骗。　㉒虞：欺。　㉓潞子婴儿：赤狄潞国君主。　㉔耆：同"嗜"。　㉕仲章：潞国贤人。黎：本殷商古国名，在今山西省长治县西南。　㉖虐：杀。　㉗茂德：美德。　㉘滋益：更为加重。　㉙申固其命：强固其国家的命运。　㉚反时：违反时令。　㉛反物：违反物性。　㉜反德：违反为人做事的准则。　㉝反正为乏："正"字

的小篆反过来是“乏”。㉞癸卯：十八日。㉟曲梁：地名，今名石梁，在山西省潞城县北。㊱王孙苏、召氏、毛氏：三人均为周王卿士。㊲王子捷：即王札子。㊳召襄：召戴公之子。㊴辅氏：晋地名，在今陕西省大荔县东。㊵壬午：二十七日。㊶稷：晋地，今山西省稷山县南。略：强行占取。㊷雒：晋地，在今大荔县东南。㊸魏颗：魏犨之子。㊹力人：力士。㊺魏武子：即魏犨。㊻疾病：病危。㊼殉：殉葬。㊽乱：神志不清。㊾治：与“乱”相对，即神志清醒。㊿亢：遮挡。(51)踬（zhì）而颠：足遇障碍而跌倒。(52)而：同“尔”。(53)狄臣：做奴隶的狄人。千室：千家。(54)士伯：即士渥浊。瓜衍：县名，在今山西省孝义县北。(55)伯氏：即荀林父。(56)羊舌职：叔向之父。说：通“悦”。(57)庸庸祇祇：用其可用，敬其可敬。庸，同“用”；祇，敬。(58)物：类。(59)造周：创立周朝。(60)陈锡载周：句见《诗经·大雅·文王》篇。陈，布施。锡，赐。载周，即造周。(61)率：循。(62)刘康公：王季子。(63)原叔：即赵同。(64)魄：魂魄。(65)税亩：按田亩征税。(66)藉：商周以来，实行井田制，井田制有私田，有公田，农奴有在公田进行无偿劳动的义务，即所谓“藉”法。(67)蝝（yuán）：飞蝗的幼虫。

【译文】

十五年春季，公孙归父在宋国会见了楚庄王。

宋国人派乐婴齐到晋国告急。晋景公准备援救。伯宗说：“不行，古人有句话说：‘马鞭虽长，也不能鞭打马腹。’上天正保佑楚国日益强大，不能与它争强。晋国虽然也很强大，怎么能违背天意呢？俗话说：‘处事是屈是伸，必须心中有数。’江河湖泊也总要容纳一些污浊之物，山林草莽也总要隐藏一些蛇蝎毒虫，即使是美玉也还是会有一些瑕疵。国君忍受一下不救宋国的耻辱，也是上天的道理。还是等待一下吧！”因此景公停止了出兵。

晋国派解扬前往宋国，劝告他们不要投降楚国，并说：“晋国军队已全部出发，马上就要到了。”郑国人把解扬抓住送给了楚国人，楚庄王送给他很多钱财，让他按相反的意思去说，解扬不干，劝说三次他才同意。于是让解扬登上楼车，向宋国人喊话。解扬趁机把景公的意思告诉了宋国人。庄王准备杀掉解扬，派人告诉他：“你既然答应了我，却又反悔，这是为什么？不是我不讲信用，是你自己背弃了诺言，快去受刑吧！”解扬回答说：“我听说，国君制发命令合乎道义，臣子接受君命应该守信。用臣的信去奉行君的义，才符合国家的利益。谋划不失利益，以此保卫国家，才是百姓的主人。奉行义便不能用两种信，讲究信也就不能受两种命。国君贿赂我，就说明您不明白这一道理。既然接受了国君的命令出使国外，宁可去死也不能背弃，怎么能被一点点贿赂收买呢？我所以假装答应您，是为了完成寡君交给我的使命。我虽然死了但能完成君命，也是我的福分。寡君有我这样守信的臣子，我获得了完成使命的光荣，还有什么要求呢？"庄王就放他回国了。

夏季五月，楚军准备离开宋国。申犀跪在庄王马前叩头说："父亲生前虽然知道必死无疑也没有废弃国君的命令，但国君现在却说话不算数了。"庄王无言以对。此时申叔时为庄王驾车，他说："如果在此建造营房，并让逃跑的种田人都回来，以表示我们要长久留下，这样宋国人必然会俯首听命。"庄王听了他的话，果然宋国人害怕了，派华元夜间来到楚军，径直走到子反床前，把他喊醒，说："寡君派我来，把我们的困难告诉你。他让我说：'现在都城内的人们都在交换儿子，杀了吃掉，然后把尸骨作柴烧。即使如此，我们也不能接受贵国提出的城下之盟。纵使国家灭亡，也不屈从。只要贵军后退三十里，我国就一切听从。'"子反也有点害怕，就和他私下订立了盟，并报告了庄王。于是楚军后退三十里，宋国和楚国终于讲和，华元到楚国作为人质，两国盟誓说："从今以后，我不欺骗你，你也不必防备我。"

潞子婴儿的妻子是晋景公的姐姐。酆舒执政时把她杀了，并弄坏了潞子的眼睛。景公准备攻打酆舒，大夫们都说："不行。因为酆舒有三种突出的才干，不如等以后再说。"伯宗说："一定要讨伐他。狄人有五大罪状，虽然有很多杰出的才干，也没有什么用。不祭祖先，是第一罪；嗜酒过度，是第二罪；废弃贤人仲章并侵占了黎氏的土地，是第三罪；杀害我国的伯姬，是第四罪；损坏了他的君主潞子婴儿的眼睛，是第五罪。酆舒依仗自己的才干而不行善修德，就更加重了他的罪过。将来他的后任也许推行德政讲求仁义，事奉神灵，安定百姓，这样就会更加强大，更加巩固，到那时候怎么再对付它？现在不讨有罪之人，却说'等到以后'，以后有了理由再去讨伐，恐怕不行吧！况且他依仗才干突出和人多势众无恶不作，恰是走上灭亡之路。商纣这样做了，所以他灭亡了。天时违反了常规就会形成灾害，大地上的万物失去了常情就会产生妖怪，百姓违背了道德伦理就会发生动乱。动乱一旦发生，则灾害和妖怪随之而出现。因此在文字上，'正'字反过来写就像乏。这些现象，狄人那里就都出现了。"景公听从了他的话。六月十八日，晋国的荀林父在曲梁打败了赤狄。六月二十六日，灭亡了潞国。酆舒逃亡到了卫国，卫国人则把他送给晋国，晋国人杀了他。

王孙苏和召戴公、毛伯公争夺政权。王孙苏让王子捷杀了召戴公和毛伯卫，最后立了召襄。

秋季七月，秦桓公攻打晋国，军队驻扎在辅氏。七月二十七日，晋景公在稷地操练兵马，夺取了狄人的土地，立了黎侯为狄君后回来。到达雒地时，魏颗在辅氏打败了秦军，俘虏了杜回。杜回是秦国的一个大力士。

当初，魏犨有一爱妾，没有儿子。魏犨患病时对魏颗说："我死后你一定要让她改嫁。"病危时又说："一定要让她为我殉葬！"魏犨死后，魏颗就让她改嫁了，他说："病重时神志不清，我按照父亲清醒时说的话去办。"等到辅氏一战，魏颗在战场上看到一个老人在把草打成结以阻挡杜回，杜回绊倒在地，被俘虏。夜里魏颗梦见那个老人说："我就是你让改嫁的那个女人的父亲，你遵照你父亲清醒时说的话把我女儿改嫁，我以此来报答你。"

晋景公将狄人的奴隶一千户赏给荀林父，把瓜衍的县城赏给了士伯。他说："我得到狄人的土地，这是你的功劳。但没有士伯的劝谏，我也就会失去荀林父了。"羊舌职对景公的做法非常赞赏，他说："《周书》中说：'能用则用，可敬则敬。'就是这个道理吧。士伯认为荀林父可以重用，国君相信了他，也认为士伯可用，就可以说是昭明德行了。文王缔建了周朝，也不过如此。因此《诗经》说：'文王为天下谋福利，因此而建立了周朝。'就是说文王能施恩于天下百姓。如果照此去做，怎么能不成功呢？"

晋景公派赵同向王室进献俘获的狄人，赵同不够恭敬。刘康公说："不出十年，赵同必遭大祸，因为上天已经夺去了他的魂魄。"

鲁国开始征收田亩税，这是不合礼的。过去的井田制是借助百姓之力以耕田，是增加财富的方法。

冬季，鲁国境内缘虫成灾，造成了饥荒。《春秋》记载此事，是庆幸没有造成严重灾害。

宣公十六年

经　十有六年春，王正月，晋人灭赤狄甲氏及留吁。夏，成周宣榭火。秋，郯伯姬来归。冬，大有年。

传　十六年春，晋士会帅师灭赤狄甲氏及留吁、铎辰①。

三月，献狄俘。晋侯请于王。戊申②，以黻冕命士会将中军③，且为大傅④。于是晋国之盗逃奔于秦。羊舌职曰："吾闻之，禹称善人⑤，不善人远。此之谓也夫。《诗》曰：'战战兢兢，如临深渊，如履薄冰⑥。'善人在上也。善人在上，则国无幸民⑦。谚曰：'民之多幸，国之不幸也。'是无善人之谓也。"

夏，成周宣榭火⁸，人火之也⁹。凡火，人火曰火，天火曰灾。

秋，郯伯姬来归，出也⑩。

为毛、召之难故，王室复乱。王孙苏奔晋，晋人复之。

冬，晋侯使士会平王室，定王享之，原襄公相礼⑪，殽烝⑫。武子私问其故⑬。王闻之，召武子曰："季氏，而弗闻乎？王享有体荐⑭，宴有折俎。公当享⑮，卿当宴，王室之礼也。"武子归而讲求典礼，以修晋国之法。

【注释】

①甲氏、留吁、铎辰：均为赤狄所属氏族部落名。　②戊申：二十七日。　③黻冕：古代礼服的一种。　④大傅：官名。大，通"太"。　⑤称：举拔。　⑥战战兢兢三句：出自《诗经·小雅·小旻》篇，恐惧谨慎的样子。　⑦幸民：心怀侥幸的人。　⑧宣榭：土台上厅堂式的建筑物，用于习射讲武。　⑨人火：人为的火灾。　⑩出：遗弃。　⑪原襄公：周大夫。　⑫殽烝：古代祭祀、宴会，杀牲以置于俎叫烝。若将整个牲体置于俎上，并不煮熟，叫全烝，只是用作祭天。若将半个牲体置于俎上，叫房烝。若节解牲体，连肉带骨置于俎上，就叫殽烝，也称折俎。殽烝，宾主可食。全烝、房烝则是虚设，不能食。　⑬武子：即士会。武，其谥。季，其字。　⑭体荐：即房烝。　⑮公：指诸侯。

【译文】

十六年春季，晋国的士会领兵灭亡了赤狄的甲氏、留吁和铎辰三个部落。

三月，晋国向王室献上俘获的赤狄人。晋景公向天子请求准许让士会晋升官职。二十七日，赐给士会卿大夫的礼服，任命他为中军将领，并兼任太傅。此时，晋国的盗贼纷纷逃奔到秦国。羊舌职说："据我所知：'禹王重用贤人，恶人纷纷远离。'说的就是这种情况吧。《诗经》说：'内心极为恐惧，如同面临深渊，又像脚踩薄冰。'这是因为有贤人在位。贤人在上位，国内就没有抱有侥幸心理的人。俗话说：'百姓多存侥幸，国家则有不幸。'说的是没有贤人的情况。"

夏季，王室的宣榭失火，这是人为放的火。凡有火灾，人为放火称"火"，天然起火称"灾"。

秋季，郯伯姬回到鲁国。她是被郯国休弃赶回娘家的。

由于毛伯卫、召戴公发动的祸乱，王室又一次发生了暴乱。王孙苏逃亡到了晋国，晋国人让他恢复了原位。

冬季，晋景公派士会前去平定王室之乱，天子以诸侯之礼酒请他，原襄公为相礼。士会看到把切开的带骨肉放到器具上，问这是干什么用？天子听说此事后，召见士会说："士会，你没有听说过吗？天子用食物招待人时，要把半个牛放到器具上，用酒饭招待人时，则要连肉带骨切烂放到器具上。对诸侯要设享礼招待，对卿则要设宴礼招待。这是王室之礼。"士会回国后，从此很讲究礼仪，进一步修明了晋国的法度。

宣公十七年

经 十有七年春，王正月庚子，许男锡我卒。丁未，蔡侯申卒。夏，葬许昭公。葬蔡文公。六月癸卯，日有食之。已未，公会晋侯、卫侯、曹伯、邾子同盟于断道。秋，公至自会。冬十有一月壬午，公弟叔肸卒。

传 十七年春，晋侯使郤克征会于齐①。齐顷公帷妇人②，使观之。郤之登③，妇人笑于房④。献子怒⑤，出而誓曰："所不此报⑥，无能涉河！"献子先归，使栾京庐待命于齐⑦，曰："不得齐事⑧，无复命矣。"

郤子至，请伐齐，晋侯弗许；请以其私属⑨，又弗许。

齐侯使高固、晏弱、蔡朝、南郭偃会⑩。及敛盂⑪，高固逃归。夏，会于断道⑫，讨贰也。盟于卷楚⑬，辞齐人。晋人执晏弱于野王⑭，执蔡朝于原，执南郭偃于温。苗贲皇使⑮，见晏桓子，归，言于晋侯曰："夫晏子何罪？昔者诸侯事吾先君，皆如不逮⑯，举言群臣不信⑰，诸侯皆有贰志。齐君恐不得礼⑱，故不出，而使四子来。左右或沮之⑲，曰：'君不出，必执吾使。'故高子及敛盂而逃。夫三子者曰：'若绝君好，宁归死焉。'为是犯难而来⑳，吾若善逆彼，以怀来者，吾又执之，以信齐沮㉑，吾不既过矣乎㉒？过而不改，而又久之㉓，以成其悔，何利之有焉？使反者得辞㉔，而害来者，以惧诸侯，将焉用之？"晋人缓之㉕，逸㉖。

秋八月，晋师还。

范武子将老㉗，召文子曰㉘："燮乎！吾闻之，喜怒以类者鲜㉙，易者实多㉚。《诗》曰：'君子如怒，乱庶遄沮；君子如祉，乱庶遄已㉛。'君子之喜怒，以已乱也。弗已者，必益之。郤子其或者欲已乱于齐乎？不然，余惧其益之也。余将老，使郤子逞其志，庶有豸乎㉜？尔从二三子唯敬。"乃请老，郤献子为政。

冬，公弟叔肸卒。公母弟也㉝。凡大子之母弟，公在曰公子，不在曰弟。凡称弟，皆母弟也。

【注释】

①征：召。 ②帷：作动词用，张帷使藏于后。妇人：即齐顷公之母萧同叔子。 ③郤子：即郤克。登：登上台阶。 ④笑于房：郤克是跛子，故当其登阶，妇人笑之。房，正室左右的厢房。 ⑤献子：即郤克。 ⑥所不此报：若不报复这次耻辱。所，假设连词，多用于盟誓。 ⑦栾京庐：郤克的副手。 ⑧不得齐事：不能完成来齐的使命。 ⑨私属：宗族家兵。 ⑩高固：即高宣子。晏弱：即晏桓子。蔡朝、南郭偃：皆为齐臣。 ⑪敛盂：卫地，在今河南省濮阳县东南。 ⑫断道：晋地名。 ⑬卷楚：晋地名，一说即断道。另一说距断道不远，为另一地。 ⑭野王：地名，在今河南省沁阳县治。 ⑮苗贲皇：晋大夫。 ⑯不逮：赶不上。 ⑰举：皆。不信：不讲信用。 ⑱不得礼：不被礼遇。 ⑲沮：阻止。 ⑳犯难：冒着危险。 ㉑信：证实。 ㉒既过：已经做错。 ㉓久：久执不放。 ㉔反者得辞：回去的人找到理由。反者指高固。 ㉕缓：放松看管。 ㉖逸：逃跑。 ㉗范武子：即晋国军帅士会，初封于随，故称随武子，后改封于范，故又称范武子·以后其子孙均称范。老：告老退休。 ㉘文子：士燮，范武子之子。 ㉙喜怒以类：喜怒合于礼法，称为"以类"。 ㉚易：反。 ㉛君子如怒四句：出自《诗经·小雅·巧言》篇。乱庶遄沮：祸乱庶几很快阻止。庶，庶几。遄，速。沮，止。祉：喜悦。已：止。 ㉜豸（zhì）：解。 ㉝母弟：同母弟。

【译文】

十七年春季，晋景公派郤克到齐国召请参加盟会。齐顷公让一妇人在帐幔后面偷看郤克。郤克腿瘸，上台阶时，妇人在房内笑出声来。郤克大为恼火，出来后发誓说："假如不雪此耻，决不再东渡黄河。"郤克先行回国，留下栾京庐在齐国等候答复，他对栾京说："得不到齐国答复，你就不要回国。"

郤克回到晋国，请求攻打齐国，晋景公不同意。又请求带领自己的家族攻打，也没有被批准。

齐顷公派高固、晏弱、蔡朝、南郭偃参加盟会。走到敛盂时，高固逃了回去。夏季，诸侯在断道举行会见，商议讨伐怀有二心的国家。又在卷楚结盟，但没有让齐国人参加。晋国在野王抓住了晏弱，在原地抓住了蔡朝，在温地抓住了南郭偃。晋国的苗贲皇出使国外，见到了晏弱，回国后对晋景公说："晏弱有什么罪？从前诸侯事奉我们先君时，都争先恐后。如今诸侯各国都认为我国群臣不讲信用，因此诸侯也都有了二心。齐君怕得不到礼遇，因此才不亲自出动，而使四个臣子代替。当时他的左右近臣中有人阻止说：'国君如果不去，晋国肯定会抓住我们的使者。'因此高固走到敛盂就逃回去了。这三个人说：'即使死了，我们也不能断绝国君与诸侯的友好。'他们这是冒险而来啊。如果对他们热情欢迎，就能怀柔天下诸侯纷纷前来。把他们抓住，就证明了齐国人阻拦齐君的话是对的，我们难道不是已经犯错误了吗？有了过错又不纠正，还要把他们长期关押不肯释放，使其感到后悔莫及，对我们又有什么用呢？反而使中途逃回去的高固有了借口，并且会使前来我国的人畏惧，使诸侯惧怕，这有什么作用呢？"于是晋国人故意放松了对晏弱三人的看管，让他们逃走了。

秋季八月，晋军班师回国。

士会准备告老退休，把儿子文子喊来说："士燮啊，我听说，喜怒合于礼的人是很少的，相反的人则很多。《诗经》说：'君子如果发怒，祸乱也许被遏阻；君子如果高兴，祸乱也许要结束。'说明君子的一喜一怒，都是为了消除祸乱。如果不能阻止，就一定会加剧祸乱。郤克也许是要阻止齐国的祸乱吧！如果不是这样，我担心他会加剧齐国的祸乱。我准备告老辞官，以便让郤克满足心愿，这样也许可以使祸乱得以消除吧。希望你能恭恭敬敬地跟随这几位大夫。"随后就辞官退休，由郤克接管政权。

冬季，宣公的弟弟叔肸去世。叔肸和宣公是同母兄弟。凡是太子的同母弟弟，国君在世就称为"公子"，国君不在世则称为"弟"。凡称为弟的，都是同母弟。

宣公十八年

经 十有八年春，晋侯、卫世子臧伐齐。公伐杞。夏四月。秋七月，邾人戕鄫子于鄫。甲戌，楚子旅卒。公孙归父如晋。冬十月壬戌，公薨于路寝。归父还自晋，至笙。遂奔齐。

传 十八年春，晋侯、卫大子臧伐齐，至于阳谷。齐侯会晋侯盟于缯[①]，以公子强为质于晋。晋师还，蔡朝、南郭偃逃归。

夏，公使如楚乞师，欲以伐齐。

秋，邾人戕鄫子于鄫。凡自内虐其君曰弑[②]，自外曰戕[③]。

楚庄王卒。楚师不出，既而用晋师，楚于是乎有蜀之役[④]。

公孙归父以襄仲之立公也，有宠，欲去三桓以张公室[⑤]。与公谋而聘于晋，欲以晋人去之。冬，公薨。季文子言于朝曰[⑥]："使我杀适立庶以失大援者，仲也夫[⑦]。"臧宣叔怒曰[⑧]："当其时不能治也，后之人何罪？子欲去之，许请去之。"遂逐东门氏[⑨]。

子家还[⑩]，及笙[⑪]，坛帷[⑫]，复命于介[⑬]。既复命，袒，括发[⑭]，即位哭[⑮]，三踊而出⑯。遂奔齐。书曰："归父还自晋。"善之也。

【注释】

①缗：地名，已不可考。 ②虐：杀。 ③戕（qiāng）：杀害。 ④蜀之役：指成公二年冬之役。蜀，鲁地，在今山东省泰安县西。 ⑤三桓：鲁国季孙氏、孟孙氏、叔孙氏皆出自桓公，久在鲁执政。 ⑥季文子：即季孙行父。 ⑦仲：即襄仲，公孙归父之父。 ⑧臧宣叔：即臧孙许，臧文仲之子。 ⑨东门氏：襄仲之族号东门氏。 ⑩子家：即公孙归父。 ⑪笙：地名，无考。 ⑫坛帷：以帷幕遮住土坛。 ⑬介：子家的副手。 ⑭括发：用麻束发。 ⑮即位哭：依礼走到自己的位子上号哭。 ⑯踊：顿足，表示哀痛已极。

【译文】

十八年春季，晋景公和卫国太子臧攻打齐国，军队到达阳谷。齐顷公和晋景公在缗地会见并结盟，齐国派公子强到晋国做人质。晋军撤退回国，齐国的蔡朝、南郭偃也逃回国内。

夏季，宣公派使者到楚国请求出兵，打算攻打齐国。

秋季，邾国人在鄟国杀了鄟子。凡是本国人杀了自己的国君称为弑，外国人杀了则称为戕。

楚庄王去世。楚国就没有出兵，不久鲁国又请求晋国出兵，楚国因此在鲁成公二年发动了蜀地之战。

公孙归父由于父亲襄仲当年拥立了宣公，而倍受宣公的宠信。他想铲除三桓，以使公室的权势进一步扩张。和宣公策划妥当后，就到晋国聘问，准备借助晋国人的力量铲除三桓。冬季，宣公去世。季文子在朝廷上说："当年主张杀死嫡子拥立庶子，从而使我国丧失强大诸侯外援的人就是襄仲啊！"臧宣叔听到这话非常生气地说："当时没有追究襄仲的罪责，他的后代有什么罪？如果您想把他铲除，我就除掉他。"于是把襄仲的家族东门氏全部驱逐出了鲁国。

公孙归父从晋国返回，行至笙地时，筑起一座祭坛，并用帷幕围住，向他的副手举行了复命仪式。随后便脱去上衣，以麻绳束起头发，在自己应立的位置上痛哭宣公，一连顿足三次才出来。然后逃亡到了齐国。《春秋》记载为"归父还自晋"，表示对他的赞赏。

成　公

成公元年

经　元年春，王正月，公即位。二月辛酉，葬我君宣公。无冰。三月，作丘甲。夏，臧孙许及晋侯盟于赤棘。秋，王师败绩于茅戎。冬十月。

传　元年春，晋侯使瑕嘉平戎于王①，单襄公如晋拜成②。刘康公徼戎③，将遂伐之。叔服曰④："背盟而欺大国⑤，此必败。背盟不详，欺大国不义，神人弗助，将何以胜？"不听，遂伐茅戎。三月癸未⑥，败绩于徐吾氏⑦。

为齐难故，作丘甲⑧。

闻齐将出楚师⑨，夏，盟于赤棘⑩。

秋，王人来告败。

冬，臧宣叔令修赋、缮完、具守备⑪，曰："齐、楚结好，我新与晋盟，晋、楚争盟，齐师必至。虽晋人伐齐，楚必救之，是齐、楚同我也⑫。知难而有备，乃可以逞⑬。"

【注释】

①瑕嘉：即詹嘉。　②单襄公：即单朝，周卿士。　③徼戎：对戎心存徼幸。　④叔服：周王内史。　⑤大国：指晋国。　⑥癸未：十九日。　⑦徐吾氏：茅戎部落名，即交战处。⑧作丘甲：实行丘甲制度，即每丘出一定数量的军赋，丘中人各按所耕田数分摊。丘，地方基层组织名称。　⑨出楚师：率同楚师。　⑩赤棘：晋地名，不详何处。　⑪修赋：治理军赋，即实施"丘甲"制。缮完：修治城郭。具守备：准备好防御设施。　⑫齐、楚同我：意即齐、楚两国共同以我为敌。　⑬逞：解开，缓解。

【译文】

元年春季，晋景公派瑕嘉到周王室调停王室和戎人的冲突，事后单襄公到晋国对调停成功表示感谢。刘康公想趁机侥幸攻打戎人。叔服说："这样做既背弃了与戎人的盟约，又欺骗了前来调停的晋国，必然失败。背弃盟约是不吉祥，欺骗晋国是不义，神和人都不会帮助你，又靠什么打胜仗呢？"刘康公不听，发兵攻打茅戎。三月十九日，在徐吾氏被打得大败。

鲁国为了预防齐国入侵，进行了军赋改革，建立了丘甲制度。

鲁国听说齐国准备联合楚军前来进攻，便在夏季，由臧孙许和晋景公在赤棘结盟。

秋季，周天子派人来通报王室军队被茅戎打败的消息。

冬季，臧宣叔下令整顿军赋，修治城郭，完成战略防御工作。他说："齐、楚两国结为友好，我国最近与晋国结盟。晋、楚两国争夺霸主地位，齐国军队也必然前来。虽说晋国攻打齐国，但楚国必然救援它，这实际上是齐、楚两国联合进攻我国。充分估计到可能遇到的困难，并且有足够的准备，才可以使祸难得以缓解。"

成公二年

经　二年春，齐侯伐我北鄙。夏四月丙戌，卫孙良夫帅师及齐师战于新筑，卫师败绩。六月癸酉，季孙行父，臧孙许、叔孙侨如、公孙婴齐帅师会晋郤克、卫孙良夫、曹公子首及齐侯战于鞌，齐师败绩。秋七月，齐侯使国佐如师。己酉，及国佐盟于袁娄。八月壬午，宋公鲍卒。庚寅，卫侯速卒。取汶阳田。冬，楚师、郑师侵卫。十有一月，公会楚公子婴齐于蜀。丙申，公及楚人、秦人、宋人、陈人、卫人、郑人、齐人、曹人、邾人、薛人、鄫人盟于蜀。

传　二年春，齐侯伐我北鄙，围龙①。顷公之嬖人卢蒲就魁门焉②，龙人囚之。齐侯曰："勿杀！吾与而盟，无入而封③。"弗听，杀而膊诸城上④，齐侯亲鼓，士陵城，三日，取龙，遂南侵及巢丘⑤。

卫侯使孙良夫、石稷、宁相、向禽将侵齐⑥，与齐师遇。石子欲还，孙子曰："不可。以师伐人，遇其师而还，将谓君何？若知不能，则如无出。今既遇矣，不如战也。"

夏，有……⑦

石成子曰⑧："师败矣。子不少须⑨，众惧尽⑩。子丧师徒，何以复命？"皆不对。又曰："子，国卿也。陨子⑪，辱矣。子以众退，我此乃止。"且告车来甚众。齐师乃止，次于鞠居⑫。新筑人仲叔于奚救孙桓子⑬，桓子是以免。

既，卫人赏之以邑，辞。请曲县，繁缨以朝⑭，许之。

仲尼闻之曰："惜也，不如多与之邑。唯器与名⑮，不可以假人，君之所司也⑯。名以出信，信以守器⑰，器以藏礼⑱，礼以行义，义以生利，利以平民⑲，政之大节也。若以假人，与人政也。政亡，则国家从之，弗可止也已。"

孙桓子还于新筑，不入，遂如晋乞师。臧宣叔亦如晋乞师。皆主郤献子。晋侯许之七百乘。郤子曰："此城濮之赋也⑳。有先君之明与大夫之肃㉑，故捷。克于先大夫，无能为役㉒。"请八百乘，许之。郤克将中军，士燮佐上军，栾书将下军，韩厥为司马，以救鲁、卫。臧宣叔逆晋师，且道之㉓。季文子帅师会之。

及卫地，韩献子将斩人㉔，郤献子驰，将救之，至则既斩之矣。郤子使速以徇，告其仆曰："吾以分谤也。"

师从齐师于莘。六月壬申㉕，师至于靡笄之下㉖。齐侯使请战，曰："子以君师，辱于敝邑，不腆敝赋㉗，诘朝请见㉘。"对曰："晋与鲁、卫，兄弟也。来告曰：'大国朝夕释憾于敝邑之地㉙。'寡君不忍，使群臣请于大国，无令舆师淹于君地㉚。能进不能退，君无所辱命㉛。"齐侯曰："大夫之许，寡人之愿也；若其不许，亦将见也。"齐高固入晋师，桀石以投人㉜，禽之而乘其车㉝，系桑本焉㉞，以徇齐垒，曰："欲勇者贾余余勇㉟。"

癸酉㊱，师陈于鞌㊲。邴夏御齐侯，逢丑父为右。晋解张御郤克，郑丘缓为右。齐侯曰："余姑翦灭此而朝食㊳。"不介马而驰之㊴。郤克伤于矢，流血及屦，未绝鼓音㊵，曰："余病矣㊶！"张侯曰㊷："自始合㊸，而矢贯余手及肘，余折以御㊹，左轮朱殷㊺，岂敢言病。吾子忍之！"缓曰㊻："自始合，苟有险，余必下推车，子岂识之？然子病矣！"张侯曰："师之耳目，在吾旗鼓，进退从之。此车一人殿之㊼，可以集事㊽，若之何其以病败君之大事也？擐甲执兵㊾，固即死也㊿。病未及死，吾子勉之！"左并辔，右援枹而鼓○51，马逸不能止○52，师从之。齐师败绩。逐之，三周华不注○53。

韩厥梦子舆谓己曰○54："旦辟左右○55。"故中御而从齐侯○56。邴夏曰："射其御者，君子也。"公曰："谓之君子而射之，非礼也。"射其左，越于车下○57。射其右，毙于车中，綦毋张丧车○58，从韩厥，曰："请寓乘○59。"从左右○60，皆肘之○61，使位于后。韩厥俛○62，定其右○63。逢丑父与公易位○64。将及华泉，骖絓于木而止○65。丑父寝于辎辀中○66，蛇出于其下，以肱击之，伤而匿之○67，故不能推车而及。韩厥执絷马前○68，再拜稽首，奉觞加璧以进○69，曰："寡君使群臣为鲁、卫请曰：'无令舆师陷入君地。'下臣不幸，属当戎行○70，无所逃隐。且惧奔辟而忝两君㉑，臣辱戎士，敢告不敏㉒，摄官承乏㉓。"丑父使公下，如华泉取饮㉔。郑周父御佐车㉕，宛茷为右，载齐侯以免。韩厥献丑父，郤献子将戮之。呼曰："自今无有代其君任患者，有一于此，将为戮乎！"郤子曰："人不难以死免其君，我戮之不详，赦之以劝事君者㉖。"乃免之。

齐侯免，求丑父㉗，三入三出。每出，齐师以帅退，入于狄卒㉘。狄卒皆抽戈楯冒之㉙，以入于卫师。卫师免之。遂自徐关入㉚。齐侯见保者㉛，曰："勉之！齐师败矣。"辟女子㉜，女子曰："君免乎？"曰："免矣。"曰："锐司徒免乎㉝？"曰："免矣。"曰："苟君与吾父免矣，可若何！"乃奔。齐侯以为有礼，既而问之，辟司徒之妻也㉞。予之石窌㉟。

晋师从齐师，入自丘舆㊱，击马陉㊲。

齐侯使宾媚人赂以纪甗、玉磬与地㊳。不可，则听客之所为。宾媚人致赂，晋人不可，曰："必以萧同叔子为质，而使齐之封内尽东其亩㊴。"对曰："萧同叔子非他，寡君之母也。若以匹敌，则亦晋君之母也。吾子布大命于诸侯，而曰：'必质其母以为信。'其若王命何？且是以不孝令也。《诗》曰：'孝子不匮㊵，永锡尔类。'若以不孝令于诸侯，其无乃非德类也乎㊶？先王疆理天下物土之宜㊷，而布其利，故《诗》曰：'我疆我理，南东其亩㊸。'今吾子疆理诸侯，而曰'尽东其亩'而已，唯吾子戎车是利，无顾土宜，其无乃非先王之命也乎？反先王则不义，何以为盟主？其晋实有阙㊹。四王之王也㊺，树德而济同欲焉㊻。五伯之霸也㊼，勤而抚之，以役王命㊽。今吾子求合诸侯，以逞无疆之欲㊾。《诗》曰：'布政优优，百禄是遒㊿。'子实不优○101，而弃百禄，诸侯何害焉！不然，寡君之命使臣则有辞矣，曰：'子以君师，辱于敝邑，不腆敝赋，以犒从者。畏君之震○102，师徒桡败○103，吾子惠徼齐国之福不泯其社稷，使继旧好，唯是先君之敝器、土地不敢爱○104。子又不许。请收拾余烬○105，背城借一○106。敝邑之幸，亦云从也。况其不幸，敢不唯命是听。'"鲁、卫谏曰："齐疾我矣！其死亡者，皆亲昵也。子若不许，仇我必甚。唯子则又何求？子得其国宝，我亦得地，而纾于难，其荣多矣！齐、晋亦唯天所授，岂必晋？"晋人许之，对曰："群臣帅赋舆以为鲁、卫请○107，若苟有以借口而复于寡君○108，君之惠也。敢不唯命是听。"

禽郑自师逆公○109。

秋七月，晋师及齐国佐盟于爰娄○110，使齐人归我汶阳之田。公会晋师于上鄍○111，赐三帅先路三命之服○112。司马、司空、舆帅、侯正、亚旅○113，皆受一命之服。

八月，宋文公卒。始厚葬，用蜃炭⑭，益车马，始用殉⑮。重器备⑯，椁有四阿⑰，棺有翰桧⑱。

君子谓："华元、乐举⑲，于是乎不臣⑳。臣治烦去惑者也㉑，是以伏死而争㉒。今二子者，君生则纵其惑，死又益其侈，是弃君于恶也。何臣之为？"

九月，卫穆公卒，晋三子自役吊焉㉓，哭于大门之外。卫人逆之，妇人哭于门内，送亦如之。遂常以葬㉔。

楚之讨陈夏氏也㉕，庄王欲纳夏姬，申公巫臣曰："不可。君召诸侯，以讨罪也。今纳夏姬，贪其色也。贪色为淫，淫为大罚。《周书》曰：'明德慎罚㉖。'文王所以造周也。明德，务崇之之谓也㉗。慎罚，务去之之谓也㉘。若兴诸侯，以取大罚，非慎之也。君其图之！"王乃止，子反欲取之㉙，巫臣曰："是不详人也！是夭子蛮㉚，杀御叔㉛，弑灵侯㉜，戮夏南㉝，出孔、仪㉞，丧陈国，何不详如是？人生实难，其有不获死乎㉟？天下多美妇人，何必是？"子反乃止。王以予连尹襄老㊱。襄老死于邲，不获其尸，其子黑要烝焉㊲。巫臣使道焉㊳，曰："归！吾聘女。"又使自郑召之，曰："尸可得也，必来逆之。"姬以告王，王问诸屈巫㊴。对曰："其信！知罃之父㊵，成公之嬖也，而中行伯之季弟也㊶，新佐中军，而善郑皇戌㊷，甚爱此子㊸。其必因郑而归王子与襄老之尸以求之㊹。郑人惧于邲之役而欲求媚于晋，其必许之。"王遣夏姬归。将行，谓送者曰："不得尸，吾不反矣。"巫臣聘诸郑，郑伯许之。及共王即位，将为阳桥之役㊺，使屈巫聘于齐，且告师期。巫臣尽室以行㊻。申侯跪从其父将适郢㊼，遇之，曰："异哉！夫子有三军之惧㊽，而又有《桑中》之喜㊾，宜将窃妻以逃者也㊿。"及郑，使介反币○51，而以夏姬行。将奔齐，齐师新败，曰："吾不处不胜之国。"遂奔晋，而因郤至○52，以臣于晋。晋人使为邢大夫○53。子反请以重币锢之○54，王曰："止！其自为谋也，则过矣。其为吾先君谋也，则忠。忠，社稷之固也，所盖多矣○55。且彼若能利国家，虽重币，晋将可乎？若无益于晋，晋将弃之，何劳锢焉。"

晋师归，范文子后入○56。武子曰○57："无为吾望尔也乎？"对曰："师有功，国人喜以逆之，先入，必属耳目焉○58，是代帅受名也，故不敢。"武子曰："吾知免矣。"

郤伯见○59，公曰："子之力也夫○60！"对曰："君之训也，二三子之力也，臣何力之有焉！"范叔见○61，劳之如郤伯○62，对曰："庚所命也○63，克之制也○64，燮何力之有焉！"栾伯见○65，公亦如之，对曰："燮之诏也○66，士用命也，书何力之有焉！"

宣公使求好于楚，庄王卒，宣公薨，不克作好。公即位，受盟于晋。会晋伐齐。卫人不行使于楚，而亦受盟于晋，从于伐齐。故楚令尹子重为阳桥之役以救齐。将起师，子重曰："君弱，群臣不如先大夫，师众而后可。《诗》曰：'济济多士，文王以宁⑯。'夫文王犹用众，况吾侪乎？且先君庄王属之曰：'无德以及远方，莫如惠恤其民，而善用之。'"乃大户⑱，已责⑲，逮鳏⑳，救乏㉑，赦罪，悉师。王卒尽行，彭名御戎，蔡景公为左，许灵公为右。二君弱，皆强冠之㉒。

冬，楚师侵卫，遂侵我，师于蜀。使臧孙往㉓，辞曰："楚远而久，固将退矣，无功而受名，臣不敢。"楚侵及阳桥，孟孙请往㉔，赂之以执斤、执针、织纴㉕，皆百人。公衡为质㉖，以请盟，楚人许平。

十一月，公及楚公子婴齐、蔡侯、许男、秦右大夫说、宋华元、陈公孙宁、卫孙良夫、郑公子去疾及齐国之大夫盟于蜀。卿不书，匮盟也㉗。于是乎畏晋而窃与楚盟，故曰匮盟。蔡侯、许男不书，乘楚车也，谓之失位。

君子曰："位其不可不慎也乎！蔡、许之君，一失其位，不得列于诸侯，况其下乎？《诗》曰：'不解于位，民之攸墍㉘。'其是之谓矣。"

楚师及宋，公衡逃归。臧宣叔曰："衡父不忍数年之不宴㉙，以弃鲁国，国将若之何？谁居㉚？后之人必有任是夫㉛！国弃矣。"

是行也，晋辟楚，畏其众也。君子曰："众之不可以已也。大夫为政㉜，犹以众克，况明君而善用其众乎？《大誓》所谓'商兆民离㉝，周十人同'者，众也。"

晋侯使巩朔献齐捷于周㉞，王弗见，使单襄公辞焉，曰："蛮夷戎狄，不式王命㉟，淫湎毁常㊱，王命伐之，则有献捷，王亲受而劳之，所以惩不敬，劝有功也。兄弟甥舅㊲，侵败王略㊳，王命伐之，告事而已，不献其功，所以敬亲昵，禁淫慝也。今叔父克遂㊴，有功于齐，而不使命卿镇扶王室㊵，所使来扶余一人㊶，而巩伯实来，未有职司于王室，又奸先王之礼，余虽欲于巩伯㊷，其敢废旧典以忝叔父㊸？夫齐，甥舅之国也，而大师之后也㊹，宁不亦淫从其欲以怒叔父㊺，抑岂不可谏诲㊻？"士庄伯不能对㊼。王使委于三吏㊽，礼之如侯伯克敌使大夫告庆之礼，降于卿礼一等。王以巩伯宴，而私贿之。使相告之曰㊾："非礼也，勿籍㊿。"

【注释】

①龙：鲁地，在今山东省泰安市东南。　②门：攻打城门。　③而封：你们的边境。而同

④脯：暴尸。　⑤巢丘：鲁地，当距龙不远。　⑥孙良夫等：四人均为卫臣。　⑦夏，有……：原文有缺，此段当叙新筑战事。　⑧石成子：即石稷。　⑨少须：稍稍等待。⑩惧尽：恐怕要全军覆没。　⑪陨子：损失了你。　⑫鞠居：卫地名。　⑬仲叔于奚：新筑大夫。孙桓子：即孙良夫。　⑭曲县：古礼，天子乐器，四面悬挂，称为"宫悬"。诸侯去其南面乐器，三面悬挂，称为"轩悬"又叫"曲悬"。大夫仅用左右两面悬挂，称为"判悬"。士仅于东面或阶间悬挂，称为"特悬"。此指仲叔于奚僭用诸侯之礼。繁缨：马身上的装饰物，也属诸侯之礼。　⑮器：指"曲县"、"繁缨"等器物。名：爵号。　⑯司：主管、掌握。⑰信：威信。守器：保持器物。　⑱藏礼：体现礼法。　⑲平民：治民。　⑳赋：军赋，此指战车。　㉑肃：敏捷。　㉒无能为役：不足以为其仆人。　㉓道：同"导"，向导。　㉔韩献子：即韩厥，时为司马。掌军法。　㉕壬申：十六日。　㉖靡笄（jī）：山名，即今山东省济南市千佛山。　㉗不腆敝赋：敝国军力不强。赋：军赋。　㉘诘朝：明日早晨。　㉙释憾：发泄怨恨。敝邑之地：此指鲁、卫二国。　㉚舆师：众军。淹于君地：久停在齐国。意欲速战。㉛君无所辱命：即不至于辱君命，此为许战之辞。　㉜枡石：举起石块。　㉝禽：通"擒"。㉞系桑本：将桑树根系在车上。　㉟贾余余勇：买我的剩余勇气。　㊱癸酉：十七日。　㊲鞌（ān）：齐地名，在今济南市西。　㊳朝食：吃早饭。　㊴不介马：马不披甲。　㊵未绝鼓音：指郤克忍痛击鼓，指挥晋军。　㊶病：负伤。　㊷张侯：即解张。　㊸合：交战。　㊹折：折断箭杆。　㊺左轮朱殷：血流在左边车轮上，染成黑红色。　㊻缓：即郑丘缓。　㊼殿：镇守。　㊽集事：成功。　㊾擐（huàn）甲：穿着盔甲。　㊿固即死：本来就是赴死。
51援枹（fú）：拿起鼓槌。　52逸：奔跑。　53三周华不注：绕着华不注山追了三圈。华不注：山名，在今济南市东北。　54子舆：韩厥之父。　55辟左右：避开车左和车右。　56中御：代御者居中执辔。　57越：坠下。　58綦（qì）毋张：晋大夫。　59寓乘：搭车。　60从左右：即立于车左车右。　61肘之：即用肘推他。肘用做动词。　62俛：同"俯"，弯下身子。　63定其右：安置好车右的尸体。　64与公易位：与齐顷公交换位置。　65綯（guà）：绊住。　66辌（zhàn）：有栈棚的车子。　67疒而匿之：受了伤而隐瞒下来。　68执絷：为当时之礼。69进：献。　70属当戎行：适逢在军旅服役。戎行，即军旅，或以为战场，战车行列亦通。71忝（tiǎn）：辱。两君：指晋君与齐君。　72不敏：谦词，即不才。　73摄：代替。承乏：因缺乏人手，故由自己承当。即代御者为顷公驾车，实为俘虏齐顷公。　74华泉：华不注山下之泉。取饮：取水。　75佐车：副车。　76劝：劝勉。　77求：寻找。　78狄卒：狄人组成的徒兵，时为晋国友军。　79楯：同"盾"。冒：拥蔽，护卫。　80徐关：齐地，在今山东省淄川镇西。　81保者：守城者。　82辟女子：有女子当齐君路，令避开。　83锐司徒：主管锐兵的官吏。　84辟司徒：主管壁垒的官吏。辟，通"壁"。　85石窌（liū）：齐地，在今山东省长清县东南。　86丘舆：齐邑名，在今山东省益都县西南。　87马陉：在丘舆之北。　88宾媚人：即国佐。纪甗、玉磬：齐灭纪国时得到的珍宝。甗（yán），礼器；磬，乐器。　89东其亩：使田垄变为东西方向。便于晋军进攻齐国。　90孝子不匮二句：见隐公元年传注。　91德类：道德法则。　92疆理：划分疆界，分其地理。物土之宜：因地制宜。　93我疆我理二句：出自《诗经·小雅·信南山》。　94阙：过失。　95四王：指舜、禹、汤、武。王：统一天下。

⑨济同欲：满足共同愿望。　　⑨五伯：指齐桓、晋文、宋襄、秦穆、楚庄。霸：霸主。　　⑨
役王命：为王命服役、效劳。　　⑨无疆之欲：无止境的欲望。　　⑩布政优优二句：出自《诗经
·商颂·长发》。布政，施政。优优，宽舒和缓貌。百禄，各种福禄。遒，聚。　　⑩不优：不
宽和。　　⑩震：威。　　⑩桡（náo）败：失败。　　⑩爱：怜惜。　　⑩余烬：比喻残兵败将。
⑩背城借一：借使背城一战。　　⑩赋舆：兵车。　　⑩复于寡君：即有辞以答复寡君之命。　　⑩
禽郑：鲁大夫。　　⑩爰娄：齐地，在今山东省临淄镇西。　　⑪上鄍（míng）：齐卫交界地，在
今山东省阳谷县境。　　⑫三帅：指郤克、士燮、栾书。先路：诸侯赐予卿大夫的礼车。三命之
服：卿大夫最高规格的礼服。古代对卿大夫有"三命"、"再命"、"一命"之别，命多则尊贵，
车服也随之华丽。　　⑬司马等：均为官名。　　⑭蜃炭：蜃烧成的灰及木炭。蜃：大蚌蛤。　　⑮
殉：用活人殉葬。　　⑯器备：器物。　　⑰椁：外棺。四阿：四面呈坡形，如房屋的建筑形式。
⑱翰桧：棺木上的装饰。　　⑲华元、乐举：时为宋国执政大臣。　　⑳不臣：失去为臣之道。
㉑治烦去惑：治理烦乱，解除昏惑。　　㉒伏死：冒死。　　㉓自役：领兵回国途中。　　㉔常：
吊于门外行礼为常。　　㉕讨陈夏氏：事见宣公十一年传。　　㉖明德慎罚：见《尚书·康诰》
篇。明德，宣扬道德；慎罚，谨慎处罚。　　㉗崇：提高。　　㉘去：去除。　　㉙子反：楚公子
侧。取，同"娶"。　　㉚子蛮：当为夏姬前夫。　　㉛御叔：夏姬丈夫，夏征舒之父。　　㉜灵侯：
即陈灵公，因夏姬而被杀。　　㉝夏南：即夏征舒，夏姬之子。　　㉞出孔、仪：使孔宁、仪行父
出逃在外。　　㉟不获死：不得善终。　　㊱连尹襄老：见宣公十年传注。　　㊲黑要：连尹襄老之
子。　　㊳使道焉：使人示意于夏姬。道，同"导"。　　㊴屈巫：即巫臣。　　㊵知罃之父：指荀
首。邲之役，知罃被楚俘获。　　㊶中行伯：即荀林父。　　㊷皇戌：郑臣。　　㊸此子：指知罃。
㊹王子：即公子谷臣，为荀首所获。　　㊺阳桥：鲁地，在今山东泰安县西北。　　㊻尽室以
行：把全部家产带走。　　㊼申叔跪：申叔时之子。　　㊽三军之惧：肩负军事使命的警惧之心。
㊾桑中：卫国地名，在今河南汲县境内。《诗经·鄘风》有《桑中》篇，为男女幽会之地。
此借用"桑中"一词，暗指巫臣与夏姬私约。　　㊿宜：殆，大概。　　⑤介：副使。反币：带回
财礼。　　⑤因：通过。　　⑤邢：晋邑名。　　⑤锢：禁锢，即永不录用。　　⑤盖：覆，护卫。
⑤范文子：即士燮。　　⑤武子：士会，士燮之父。　　⑤属耳目：使众人耳目集中于我。属，
聚。　　⑤郤伯：郤克。　　⑥力：功劳。　　⑥范叔：即范文子。　　⑥劳：慰劳。　　⑥庚：荀庚，
荀林父之子，此时将上军，士燮为上军佐。　　⑥克：郤克，为中军帅。　　⑥栾伯：即栾书。
⑥诏：指示。　　⑥济济多士二句：出自《诗经·大雅·文王》。济济，众多。　　⑥大户：清理
户口。　　⑥已责：免除百姓对国家的债务。已，止。责同"债"。　　⑦逮鳏：施舍到老年鳏夫。
⑦救乏：救济贫困。　　⑦强冠之：勉强行了加冠礼。　　⑦臧孙：即臧孙许。　　⑦孟孙：即孟
献子仲孙蔑。　　⑦执斫（zhuó）：指木工。执针：指缝工。织纴（rèn）：指织工。　　⑦公衡：
或为宣公之子，成公之弟。　　⑦匮盟：缺乏诚意之盟。　　⑦不解于位二句：出自《诗经·大雅
·假乐》。解，通"懈"。民之攸墍（jì）：即百姓得以休息。墍，休息。　　⑦衡父：即公衡。
不宴：不安宁。　　⑩居：语末助词。　　⑩任是：承担此祸。　　⑩大夫：指楚王主帅子重。　　⑩
《大誓》：即《泰誓》，《尚书》篇名。商兆民离：商朝亿万人离心离德。　　⑩献齐捷：进献齐
国俘虏。　　⑩不式：不用，不执行。　　⑩淫湎毁常：沉湎于酒色，败坏法度。　　⑩兄弟甥舅：

兄弟指同姓诸侯，甥舅指异姓诸侯。因异姓诸侯间多有婚姻关系，故称甥舅。　⑱侵败王略：侵犯败坏天子的法度。　⑲叔父：指晋景公。克遂：能成功。　⑳命卿：经天子任命的执政大臣。　㉑余一人：周王自称。　㉒欲：好。　㉓忝：辱。　㉔大师：齐始祖吕尚。　㉕宁：反诘副词，难道。淫从其欲：放纵其欲望。从，同"纵"。　㉖抑：或者。谏诲：劝谏教诲。㉗士庄伯：即巩朔。　㉘三吏：三公。　㉙相：赞礼者。即司仪。　㉚勿籍：不要记载于史册。

【译文】

二年春季，齐顷公发兵攻打鲁国的北部边境，包围了龙地。顷公的宠臣卢蒲就魁攻打城门，龙地人把他抓了起来。齐顷公说："不要杀他，我和你们结盟，并马上撤出你们的边境。"龙地人不听，把卢蒲就魁杀了，并陈尸城上示众。齐顷公亲自敲击战鼓，士兵登上城墙，仅用三天时间就夺取了龙地，接着又向南入侵，直到巢丘。

卫穆公派孙良夫、石稷、宁相、向禽前去攻打齐国，在齐、卫两国边境和齐军相遇。石稷想撤军，孙良夫说："不行。本来我们率军就是去攻打齐国的，现在遇到了齐军却又要撤退，怎么向国君交代？如果知道不能与敌人作战，就不如干脆不出来。现在既然和齐军遭遇，就不如一战。"

夏季，有……

石稷说："我军已经战败。如果你不稍稍等待以顶住敌军的进攻，恐怕就要全军覆没。你丧失了军队，怎么向国君复命？"众人都不回答。石稷又说："你孙良夫是国家的卿。如果连您也损失了，将是国家的耻辱。你带着军队撤退，我在这里抵抗。"并且又通告全军说救援的兵车来了很多。这样齐军才停止进攻，驻扎在鞠居。前来救援的是新筑大夫仲叔于奚，他使孙良夫免遭被俘。

事后不久，卫国人要赏给仲叔于奚一座城邑，被他谢绝。但他请求允许他以诸侯才能使用的乐器和马饰朝见国君，卫穆公同意了。

孔子听说此事后说："可惜啊！还不如多赏他几座城邑呢。因为只有器物和爵号不能轻易赐给他人，这是国君应该掌握的。有了名号，就有了相应的威信，有了相应的威信，才能保有他所得的器物，拥有各种器物才能体现出尊卑贵贱的礼，有了礼才能推行道义，推行道义才能谋得百姓的利益，谋求了百姓利益才能治理百姓，这是国家的关键。如果随便赐给别人，就等于把政权拱手交给别人。一旦政权丧失，国家也就随之而丧失，到那时就无可挽回了。"

孙良夫回到新筑，他没有进城就前往晋国请求出兵。鲁国的臧宣叔也来到晋国请求出兵。他们都找到郤克。晋景公只答应派给七百辆战车。郤克说："这只是城濮之战的兵力。那次战役，依仗先君的明德和诸位先大夫的才能，才取得胜利。我和先大夫相比，才干差得远。简直连给他们当差都不够。"请求拨给八百乘，晋景公同意了，于是郤克率领中军，士燮为上军副帅，栾书率领下军，韩厥为司马，前往救援鲁、卫二国。臧宣叔迎接晋军同时作为向导带路。鲁国的季文子则率军和晋军会合。

军队到达卫国，有人违犯了军法，韩厥要杀人，郤克飞车前往营救，到达时那人已经被杀了。于是郤克派人迅速在全军示众，他对御者说："我这样做是为了分担别人对韩厥的指责。"

联军在莘地追上了齐军。六月十六日，联军攻至靡笄山下。齐顷公派人请战说："您率领你们国君的军队来到敝国，虽然我军已经疲惫不堪，但也要准备和贵军一会，请明天早晨再见。"郤克回答说："晋国和鲁、卫二国是兄弟国家，他们来告诉我们说：'齐国频频到我们国家发泄愤怒。'寡君不忍心，便派群臣前来贵国请求收敛一些，但又不让我们长期滞留贵国。既已出兵，就只有前进，不能后退，我们不会让国君失望。"齐顷公说："大夫的许诺，正是我的愿望。即使您不同意，我们也一定要和你们决战。"齐国的高固闯入晋军，举起一块巨石砸向晋国士兵，把那士兵擒获又坐上他的战车，还连根拔起一棵桑树系在车后，回到齐军，巡视各个营垒，并且说："谁需要勇气，我有多余的可以卖给他！"

十七日，两军在齐国鞌地摆开阵势。邴夏为齐顷公驾车，逢丑父为车右。晋国的解张为郤克驾车，郑丘缓为车右。齐顷公说："我还是把这些人都消灭了再吃早饭吧。"没有给马披甲，就向晋军奔去。郤克在此之前被箭所伤，鲜血一直流到鞋上，但还是不停地擂打战鼓，他说："我受伤了！"解张鼓励他说："从一开始，我的手和肘就被箭射伤了，我把箭折断继续驾车，左边的车轮都被血染红了，我哪里敢说受伤呢？您还是坚持一下吧。"郑丘缓说："从开始交战，只要遇到危险，我就下去推车，您哪里知道这些呢？但是您也确实受伤了。"解张说："我手中的旗子和战鼓是军队的耳目，是进是退都要听从它们。因此这辆战车上只要有一个人镇守，就可以完成，怎么能因为个人受伤而败坏了国君的大事呢？身披铠甲，手持兵器，本来就抱定了去死的决心。虽然受伤了，但还没有死，您还是奋力作战吧。"说完，就一把用左手抓住缰绳，用右手拿起鼓槌击鼓，战马就控制不住地飞奔起来，军队也随后跟着冲了上去。结果齐军大败。晋军又追赶上去，一直绕着华不注山追了三圈。

韩厥在前天夜里曾做了一个梦，梦见父亲子舆对自己说："明天早晨交战时你不要站在车的左右两侧。"因此韩厥就站在车的中间代替御者追击齐顷公。邴夏对齐顷公说："快射后面车上那位御者，我看他的神态像个君子。"顷公说："既然认为他是个君子又要射他，这不合礼。"于是便射车左，车左坠到车下，又射车右，车右也死在车中。此时晋国的大夫綦母张丢了自己的战车，他追着韩厥喊道："请让我搭乘您的车。"綦母张上车后准备站在车左或车右的位置上，都被韩厥用肘推开了，韩厥让他站在自己身后，又弯下身子，把死去的车右的尸体扶正。趁这个机会，逢丑父和齐顷公互换了位置。当他们快到华泉时，骖马被路边的树木挂住，车子走不动了。头一天夜里，逢丑父在车中睡觉，有一条毒蛇从车底下爬上来，他用胳膊打蛇，结果被蛇咬伤，但他隐瞒了这件事，因此现在车被挂住，他不能下去推车，以至被韩厥追上。韩厥手持马缰走到顷公面前，磕了几个头，手里捧着酒杯，又献上一块玉璧，说："寡君派我们众位臣子前来为鲁、卫二国求情说：'不要让晋军进入齐国土地。'遗憾的是恰巧和您的兵车在一条路上碰到了，我也无法逃避。再说我也不能逃避，不然会给两国国君带来耻辱，我作为一个战士也感到极为惭愧。我想冒昧地禀告国君，我很无能，但既然作为补充的人手承担这一职务，就必须履行我的职责。"逢丑父让顷公下车到华泉去取水。郑周父驾着副车，宛茷为车右，载上顷公跑了，从而使他免于被俘。韩厥把逢丑父献上，郤克准备杀掉他，他连忙喊道："迄今为止还没有像我这样代替国君受难的人，现在有一个在这里，你们还要杀了他吗？"郤克说："一个人为了使其国君免于祸难，宁可自己去死，我杀了这样的人是不吉利的。不如赦免了他，从而劝勉事奉国君的人。"于是就免除逢丑父一死。

齐顷公侥幸免于被俘，但他为了营救逢丑父，三次冲入晋军，又三次杀出重围。每次杀出重围时，齐军都紧紧护卫着他，当他冲进狄人军队中时，狄人士兵都拿戈和盾保护他，让他顺利进入卫国军队中。卫军也没有加害于他。因此顷公就一路畅通从徐关进入齐国。他对守城的人说："你们务必要加强戒备。因为我军已经战败了！"行进中，前卫驱赶路上的一个女子，让她躲开。那个女子问："国君幸免了吗？"前卫回答说："幸免了。"女子又问："锐司徒幸免了吗？""幸免了。"那女子叹口气说："如果国君和我父亲幸免于难了，我还想怎么样呢？"说完就走开了。顷公认为这个女子先问君后问父，很懂礼。事后经过查问，才知道他是辟司徒的妻子。就把石窌这个地方封给了她。

晋军追击齐军，从丘舆进入齐国，一直攻打到马陉。

齐顷公派宾媚人把纪国的甗、玉磬以及土地献给晋军。如果晋国人不接受，就只好随他们的便。果然宾媚人献礼物时，晋国人不接受，说："必须让萧同叔子作为人质，把齐国境内的田垄都改成东西走向。"宾媚人说："萧同叔子不是别人，她可是寡君的母亲啊。如果说齐国和晋国的地位平等的话，那么齐君的母亲也就等于是晋君的母亲。您向诸侯发布这一重大命令，说必须让他们的母亲做人质才能取信于晋国，这样您又怎么来对待天子的命令呢？您这是让天下诸侯做不孝之事啊。《诗经》说：'孝子之孝无穷尽，永远赐给你同类。'如果您以不孝来号令诸侯，恐怕不是推行孝道的行动准则吧。先王划分疆界，治理土地，因地制宜，然后安排怎样才能更为有利。因此《诗经》说：'划分疆界，治理土地，田垄走向或者东西或者南北。'现在您划分和治理诸侯的土地，却说：'一律是东西走向'，这实际上是只考虑您战车行进时的方便，而不顾及地势是否适宜。这恐怕不是先王的命令吧！违背了先王的命令就是不义，又怎么能成为天下盟主呢？这样晋国可就有过错了。四王安定天下，靠的是树立德行，尽量满足诸侯的共同愿望。五伯称霸各国，靠的是勤勤恳恳，安抚诸侯，以共同执行天子的命令。如今您联合诸侯，却要满足自己无穷无尽的欲望。《诗经》说：'政策宽松缓和，各种福禄必将集于一身，'您施行的政策不够宽松，将失去各种福禄，对诸侯又有什么害处呢？如果不同意讲和，那么寡君还让我有话说：'您率领你们国君的军队光临我国，我们以疲惫的士兵和你们交锋。因为慑于贵国国君的威力，我军战败，如果您赐福于我国，使我们不致灭亡，从而继续保持两国之间的友好关系，那么先君留下的宝器和我国的土地任您挑选，我们毫不可惜。但您又不同意。这样，我们只有收集残兵败将，在城下与您决一死战了。即使侥幸战胜，我们仍然听从贵国的命令。如果不幸战败，就更不敢不服从了。'"鲁国和卫国都劝郤克说："齐国已经非常恨我们了。在这次战役中死亡的，都是齐侯的宗族亲戚。您如果不答应，他们必然更加仇恨我们。您还有什么要求呢？您得到他们的国宝，我们得到土地，又使祸难得到缓解，荣耀也够多的了。再说齐、晋两国都是上天保佑的国家，怎能一定让晋国得胜呢？"晋国人同意了，答复说："我们大家驾车远征，就是为鲁、卫两国请命，假如有理由回去向寡国复命，这也就是国君的恩惠了。我怎么能不听从您的命令呢？"

鲁国的禽郑从军中回国迎接成公归来。

秋季七月，晋军和齐国的宾媚人在爰娄订立了盟约，规定齐国把汶阳的土地归还鲁国。成公在上郓会见了晋军，赐给郤克、士燮、栾书三位将帅先路车和三命服，司马、司空、舆师、侯正、亚旅等人也都接受了一命服。

八月，宋文公去世。开始使用厚葬，用生石灰和木炭置于墓穴，增加了随葬的车马，并开始用活人殉葬。陪葬的物品也都增加了很多，外椁做成四面坡，棺木用翰和桧做装饰。

君子认为："华元和乐举在这个问题上失去了为臣之道。臣子的职责就是为国君解除烦恼和消除惑乱，即使为此冒死也在所不惜。而这两个人，国君生前，他们放纵他作恶多端，国君去世，他们又奢侈无度，实际上是把君王推向邪恶。这根本不是一个臣子所应该做的。"

九月，卫穆公去世，晋国的郤克、士燮、栾书三人在作战回国途中前往吊唁，在大门外哭泣。卫国人也在大门外答谢，妇女们都在大门里面哭，送他们出来时也是这样。此后别国前来吊唁的，也都在大门之外行礼，直到下葬。

楚国在攻打陈国夏氏时，庄王想收夏姬为妃，申公巫臣劝阻说："不行。国君召集诸侯，本是为了讨伐罪人。现在您收纳夏姬，就说明您是贪恋她的美色。贪恋美色就是淫乱，淫乱就要受到重罚。《周书》说：'要宣扬德行，谨慎使用刑罚。'这是文王所以能缔造周朝的根本原因。宣扬德行，就是说要努力提倡；谨慎使用刑罚，就是说要尽量不用它。如果联合诸侯兴师动众，最终却得到了惩罚，对此不能不谨慎小心啊。国君要认真考虑一下。"庄王打消了这一念头。子反想娶夏姬，巫臣劝他说："这个女人不吉利。她使她哥哥子蛮早亡，使御叔被杀，又使陈灵公被害，夏征舒被诛，还使孔宁、仪行父逃亡国外，陈国也因她而导致灭亡，不吉利竟然到了这种地步。人生在世实在不易，您如果娶了夏姬，恐怕也难得善终。天下有那么多美人，何必一定要娶她呢？"子反也改变了主意。庄王把夏姬送给了连尹襄老。襄老在邲之战中死去，连尸首也没有找到。襄老的儿子黑要和夏姬私通。巫臣派人向夏姬暗示说："你回郑国去，我要娶你。"又让郑国召夏姬回去，他对夏姬说："襄老的尸体一定能找到，你必须亲自来接。"夏姬告诉了庄王，庄王征求巫臣的意见，巫臣说："这话可信。知罃的父亲荀首是成公的宠臣，又是荀林父的小弟弟，新近做了中军副帅，和郑国的皇戌关系很好，又非常喜欢知罃。他一定通过让郑国归还王子和襄老的尸首，以换取知罃。郑国人对邲地一战至今心有余悸，因此想要讨好晋国，一定要答应他们。"庄王就让夏姬回去。夏姬将要动身时，对送行的人们说："如果得不到襄老的尸体，我就不回来了。"随后巫臣便向郑国请求聘夏姬为妻，郑襄公同意了他的要求。等到楚共王即位，准备发动阳桥之战时，共王派巫臣前往齐国聘问，并且告诉他们出兵的日期。巫臣动身时带走了全部家财。申叔跪跟随他父亲准备到郢都去，路上遇到了巫臣。他说："奇怪！这个人既有重任在肩的谨慎，又有桑中约会的喜悦，我看很可能是要带着他的妻子逃跑吧！"果然巫臣到达郑国后，就派副手带着齐国回赠楚国的财礼返回楚国，而他自己则带着夏姬逃走了。准备逃亡到齐国，碰巧齐军刚刚失败，他说："我不到战败之国居住。"就又逃往晋国，通过郤至的关系做了晋国的臣子。晋国委任他为邢地大夫。子反请求送给晋国重礼，以求得他们对巫臣永不起用，但楚共王说："不行。他为自己考虑，无疑是错误的。但他曾为先君谋划过，却是忠诚的表现。忠诚，是国家赖以巩固的东西，它对国家的作用太大了。再说如果他能有利于晋国，即使送去重礼，晋国能同意我们的要求吗？如果晋国准备废弃他，又哪里用得着你这一招呢？"

晋军回到国内，士燮最后进入国都。他的父亲士会说："你不知道我盼望你吗，为什么不能早点回来？"士燮说："军队胜利归来，国内的人们必然热情欢迎，如果先回来，一定会特别引人注意，这岂不是要代替主帅领受这份殊荣吗？因此我不敢先回来。"士会说："我知道我们的家族必然能免于祸患了。"

郤克求见晋景公，景公说："这次我军大胜是你的功劳啊。"郤克回答说："这完全是国君的训教，和几位将帅的功劳，我有什么功劳呢？"士燮进见景公，景公用同样的话慰问他，士燮回答说："这次作战胜利，是听从荀庚命令，接受郤克统帅的结果，我有什么功劳呢？"栾书进见景公，景公又用同样的话慰问他，他回答说："这次胜利有赖于士燮的指挥和士兵的奋力作战，我有什么功劳呢？"

当初鲁宣公派使者到楚国请求结好时，恰遇楚庄王去世，不久鲁宣公也去世了，因此两国就没有能够建立友好关系。鲁成公即位以后，于去年接受了晋国的盟约，并会合晋国攻打齐国。卫国人不但不去楚国聘问，反而也接受了晋国的盟约，跟随晋国攻打齐国。因此楚国令尹子重就发动了阳桥之战以救援齐国。正准备出征时，子重说："现在国君年幼，我们这些大臣又比不上先大夫们贤能，只有拥有众多的军队才能出兵。《诗经》说：'拥有众多的人才，文王才赖以平定天下。'连文王都要依靠众多的兵力，何况我们这些人呢？再说先君庄王把国君托付给我们时说：'假如没有德行推广到远方，那么最好是关怀百姓并较好地使用他们。'"于是共王就下令清理户口，免除百姓的债务，关怀孤寡老人，救济贫穷的人们，赦免有罪之人，发动全国的军队。连楚共王的侍卫军也出动了，由彭名驾车，蔡景公为车左，许灵公为车右。蔡、许二君虽然还不到成年，也都不得已提前行了冠礼。

冬季，楚军入侵卫国，随后又入侵鲁国，军队驻扎在蜀地。鲁国派臧宣叔前往楚军谈判，臧宣叔推辞说："楚军千里跋涉，长时间奔波在外，本来就要退兵了。如今让我去轻而易举地取得这一功劳，我不敢冒功。"楚军攻至阳桥，孟孙请求送给楚军木工、裁缝、织工各一百人。并让成公儿子公衡作为人质，以和楚国求和，楚国人同意讲和。

十一月，成公和楚国的公子婴齐、蔡景公、许灵公、秦国右大夫说、宋国的华元、陈国的公孙宁、卫国的孙良夫、郑国的公子去疾以及齐国的大夫在蜀地结盟。《春秋》没有记载卿的名字，表示此次结盟缺乏诚意。此时既害怕晋国，又偷偷地和楚国结盟，所以说此次结盟缺乏诚意。至于对蔡景公和许灵公也没有记载，是由于他们乘坐的是楚国的车辆，表明他们丧失了作为一个国君的地位。

君子对此评论说："国君的地位不能不谨慎维护啊！蔡、许两国国君，一旦失去作为一个国君的独立地位，便不能与诸侯并列，更何况在他们之下的人呢？《诗经》说：'国君勤于政事，百姓就能得以休息'。说的就是这个道理。"

当楚军到达宋国时，成公的儿子公衡就逃回来了。臧宣叔说："公衡不愿忍受几年的艰苦生活，从而置鲁国于不顾，国家怎么办呢？谁能解除这一祸患呢？后代子孙必然受到这一祸害！国家就要被抛弃了。"

这次战争中，晋军避开了楚国的军队，是因为害怕楚军兵力强大。君子认为："可见拥有强大的军队是很有必要的。连大夫执政尚且都要利用众人战胜敌军，贤明的君主则更需要善于利用大众。《大誓》所说的'商朝万民离心离德，周朝十人团结一心。'就是说要依靠众人。"

晋景公派巩朔把齐国俘虏献给周王室，但天子不肯接见，派单襄公推辞，说："当蛮夷戎狄不服从天子命令、沉溺酒色、败坏伦常、天子命令讨伐他们时，如果取得胜利，才向王室进献俘虏，天子亲自接受并加以慰劳，目的是惩罚叛逆、褒奖有功。同姓兄弟国家或异姓甥舅国家之间互相侵犯，破坏天子的法度，天子命令讨伐他们时，如果取得胜利，只是派人来王室报告一下胜利的消息就行了，不必进献俘虏。这样做为的是一方面表示和诸侯之间的亲近，一方面又能禁止邪恶。现在叔父虽然能够成功，战胜了齐国，但却没有派一位天子任命的卿来问候王室，派来的只是巩朔这样一个人，而在王室所任命的卿中并没有巩朔的名字。另外，把齐国的俘虏献给王室，也违背了先王之礼。我虽然想接见巩朔，但又不敢无视先王的典章制度以羞辱叔父。齐国和王室是甥舅关系，又是姜太公的后代。难道是齐国放纵私欲激怒了叔父，或者是齐国不听劝谏和教诲，从而使晋国攻打齐国吗？"巩朔无言以对。天子把接待巩朔的任务交给三公，让他们使用侯伯战胜敌国派大夫向王室告捷的礼节对待巩朔，比接待卿的礼节低了一等。天子设宴招待巩朔，私下送给他礼物，并告诉相礼："这种接待不合礼，不要记在史书上。"

成公三年

经　三年春，王正月，公会晋侯、宋公、卫侯、曹伯伐郑。辛亥，葬卫穆公。二月，公至自伐郑。甲子，新宫灾。乙亥，葬宋文公。夏，公如晋。郑公子去疾帅师伐许。公至自晋。秋，叔孙侨如帅师围棘。大雩。晋郤克、卫孙良夫伐廧咎如。冬十有一月，晋侯使荀庚来聘。卫侯使孙良夫来聘。丙午，及荀庚盟。丁未，及孙良夫盟。郑伐许。

传　三年春，诸侯伐郑，次于伯牛①，讨邲之役也，遂东侵郑。郑公子偃帅师御之，使东鄙覆诸鄤②，败诸丘舆③。皇戌如楚献捷。

夏，公如晋，拜汶阳之田④。

许恃楚而不事郑，郑子良伐许。

晋人归楚公子谷臣与连尹襄老之尸于楚，以求知罃。于是荀首佐中军矣，故楚人许之。王送知罃，曰："子其怨我乎？"对曰："二国治戎⑤，臣不才，不胜其任，以为俘馘。执事不以衅鼓，使归即戮，君之惠也。臣实不才，又谁敢怨？"王曰："然则德我乎⑴？"对曰："二国图其社稷，而求纾其民，各惩其忿以相宥也⑦，两释累囚以成其好。二国有好，臣不与及，其谁敢德？"王曰："子归，何以报我？"对曰："臣不任受怨，君亦不任受德，无怨无德，不知所报。"王曰："虽然，必告不穀。"对曰："以君之灵，累臣得归骨于晋，寡君之以为戮，死且不朽。若从君之惠而免之，以赐君之外臣首⑧；首其请于寡君而以戮于宗⑨，亦死且不朽。若不获命，而使嗣宗职⑩，次及于事⑪，而帅偏师以修封疆，虽遇执事，其弗敢违。其竭力致死，无有二心，以尽臣礼，所以报也。"王曰："晋未可与争。"重为之礼而归之。

秋，叔孙侨如围棘⑫，取汶阳之田。棘不服，故围之。

晋郤克、卫孙良夫伐廧咎如⑬，讨赤狄之余焉。廧咎如溃，上失民也。

冬十一月，晋侯使荀庚来聘，且寻盟。卫侯使孙良夫来聘，且寻盟。公问诸臧宣叔曰：“中行伯之于晋也⑭，其位在三⑮。孙子之于卫也，位为上卿，将谁先？”对曰：“次国之上卿当大国之中，中当其下，下当其上大夫。小国之上卿当大国之下卿，中当其上大夫，下当其下大夫。上下如是，古之制也。卫在晋，不得为次国。晋为盟主，其将先之。”丙午⑯，盟晋，丁未⑰，盟卫，礼也。

十二年甲戌⑱，晋作六军。韩厥、赵括、巩朔、韩穿、荀骓、赵旃皆为卿，赏鞌之功也。

齐侯朝于晋，将授玉。郤克趋进曰：“此行也，君为妇人之笑辱也，寡君未之敢任。”

晋侯享齐侯。齐侯视韩厥，韩厥曰：“君知厥也乎⑲？”齐侯曰：“服改矣。”韩厥登，举爵曰：“臣之不敢爱死，为两君之在此堂也。”

荀罃之在楚也⑳，郑贾人有将置诸褚中以出㉑。既谋之，未行，而楚人归之。贾人如晋，荀罃善视之㉒，如实出己㉓。贾人曰：“吾无其功，敢有其实乎？吾小人，不可以厚诬君子㉔。”遂适齐。

【注释】

①伯牛：郑国西部地名。　②鄤（màn）：郑国东部地名。　③丘舆：地名，当在郑国东部。　④拜：拜谢。　⑤治戎：交战。　⑥德：用作动词，感激。　⑦惩其忿：戒怒。相宥：互相原谅。　⑧外臣：当时卿大夫对外国国君自称为外臣。首：荀首，知罃之父。　⑨宗：宗庙。　⑩嗣宗职：继承宗子之职。　⑪次及于事：按次序承担政事。　⑫棘：地名，在今山东省肥城县南。一说在泰安县西南。　⑬庸苦如：赤狄部落名。详见僖公二十三年传注。　⑭中行伯：即荀庚。　⑮其位在三：当时晋以郤克为中军帅，位第一；荀首为中军佐，位第二；荀庚为上军帅，位第三，荀庚当为下卿。　⑯丙午：十一月二十八日。　⑰丁未：二十九日。　⑱甲戌：二十六日。　⑲知：认识。　⑳荀罃：即知罃。　㉑褚（zhǔ）：盛衣物的口袋。　㉒善视：善待。　㉓如实出己：好像真的把自己救出来一样。　㉔厚诬：大加欺骗。

【译文】

三年春季，诸侯联军攻打郑国，军队驻扎在伯牛，这是为了报复郑国在鲁宣公十二年邲之战中对晋国的不忠，随后东下入侵郑国。郑国的公子偃率军抵抗，并派部队在东部鄤地设下伏兵，在丘舆一地击败了联军。郑大夫皇戌前往楚国进献战利品。

夏季，成公前往晋国，就晋国让齐国归还汶阳的田地一事答谢。

许国依仗楚国的支持而不事奉郑国，郑国的子良发兵攻打许国。

晋国人把楚国的公子谷臣和连尹襄老的尸体归还楚国，以此求得赎回知
䓨。此时知䓨的父亲荀首已出任晋国中军副帅，因此楚国人接受了这一要求。
楚共王送知䓨回国时说："你怨恨我吗？"知䓨回答说："两国交战，我没有才
能，未能胜任自己的职务，结果成了俘虏。国君没有把我杀掉，使我能回国受
刑，这是您对我的恩惠。我实在是无能之辈，又敢怨恨谁呢？"共王又说：
"那么你感激我吗？"知䓨回答说："两国交兵，都是为了谋求本国的利益，消
除百姓的苦难。现在两国都克制住自己的愤怒，互相达成谅解，双方释放战
俘，以重修友好关系。两国友好，和我个人并没有什么关系，我为什么要感激
谁呢？"共王说："你回到晋国，将来怎么报答我呢？"知䓨回答说："我既不
怨恨您，也不感激您，我们之间没有怨恨，也没有恩德，我不知道应该报答什
么？"共王说："即使如此，也一定要把你的想法告诉我。"知䓨回答说："托
国君的洪福，使我这把骨头得以回到晋国，即使寡君将我杀掉，我也认为死而
不朽。如果承蒙您的恩惠，寡君免我一死，而把我交给父亲处置，即使我父亲
征得寡君同意在宗庙内将我杀死，我也认为死而不朽。如果寡君不同意将我处
死，并且又让我继承宗族世袭的官位，并依照规定的次序参与政事，率领一部
分军队保卫边境，到那时，即使遇到您，我也不敢违背命令。我将竭尽全力作
战，即使战死，也不敢有二心，以此来尽到我作为臣子的责任。这就是我对您
的报答。"共王感叹说："看来不能和晋国争衡啊。"于是，便为知䓨举行了隆
重的仪式，送他回国。

秋季，鲁国的叔孙侨如围攻棘地，占领了汶阳的田地。这是因为棘地人不
肯顺服，所以才围攻他们。

晋国的郤克和卫国的孙良夫联合攻打廧咎如，以进一步消灭赤狄的残余势
力。结果廧咎如溃败，这是因为他们的首领失去了百姓的拥护。

冬季十一月，晋景公派荀庚来鲁国聘问，同时也是为了重温旧盟。卫国也
派孙良夫来鲁国聘问，也是来重温旧盟的。成公问臧宣叔："荀庚在晋国是下
卿，孙良夫在卫国是上卿，应该先让谁行礼呢？"臧宣叔回答说："次国的上
卿相当于大国的中卿，中卿相当于它的下卿，下卿相当于它的上大夫。小国的
上卿只能相当于大国的下卿，中卿相当于它的上大夫，下卿相当于它的下大
夫。上下职位如此，是自古以来的制度。现在卫国和晋国相比，连次国也够不
上，只能算是小国，而且晋国为诸侯盟主，应该先让晋国在前面行礼。"二十
八日，和晋国结盟。二十九日，和卫国结盟，这是合于礼的。

十二月二十六日，晋国将军队扩充为六个军。韩厥、赵括、巩朔、韩穿、

中华藏书 春秋左传 中国书店 一九九九

荀骓、赵旃都晋升为卿，这是奖赏他们在鞌地之战中的功劳。

齐顷公到晋国朝见，正要举行授玉仪式时，郤克快步上前说："国君此次来访，是为了对上次贵国女人嘲笑小臣一事表示道歉的吧，寡君可担当不起。"

晋景公设宴款待齐顷公。席间齐顷公一直盯着韩厥看，韩厥说："国君您认识我吗？"齐顷公说："服装不一样了。"韩厥登上台阶举起酒杯说："当初我之所以冒死追赶国君，就是为了两国国君今天能在这里举杯欢宴啊。"

知䓨在楚国时，有个郑国的商人准备把他藏到装东西的大口袋里，帮助他逃出去。两人已经商量好了，但还没有行动，楚国人就准备把知䓨送回晋国了。后来这个商人到晋国时，知䓨对他热情招待，就像他真的把自己救出来了一样。商人说："知䓨回国，我并没有功劳，怎么好意思接受他的款待呢。我是个小人，不能这样来欺骗一个君子。"于是就到齐国去了。

成公四年

经　四年春，宋公使华元来聘。三月壬申，郑伯坚卒。杞伯来朝。夏四月甲寅，臧孙许卒。公如晋。葬郑襄公。

秋，公至自晋。冬，城郓。郑伯伐许。

传　四年春，宋华元来聘，通嗣君也①。

杞伯来朝，归叔姬故也②。

夏，公如晋，晋侯见公，不敬。季文子曰："晋侯必不免。《诗》曰：'敬之敬之！天惟显思，命不易哉③！'夫晋侯之命在诸侯矣，可不敬乎？"

秋，公至自晋，欲求成于楚而叛晋。季文子曰："不可。晋虽无道，未可叛也。国大臣睦，而迩于我，诸侯听焉，未可以贰。史佚之《志》有之④，曰：'非我族类⑤，其心必异。'楚虽大，非吾族也，其肯字我乎⑥？"公乃止。

冬十一月，郑公孙申帅师疆许田⑦，许人败诸展陂⑧。郑伯伐许，取鉏任、泠敦之田⑨。

晋栾书将中军，荀首佐之。士燮佐上军，以救许伐郑。取氾、祭⑩。

楚子反救郑，郑伯与许男讼焉。皇戌摄郑伯之辞⑪，子反不能决也。曰："君若辱在寡君⑫，寡君与其二三臣，共听两君之所欲，成其可知也⑬。不然，侧不足以知二国之成⑭。"

晋赵婴通于赵庄姬⑮。

①通嗣君：为继位的国君通好。　②归叔姬：休弃叔姬。叔姬当为鲁公女，杞伯夫人。
③敬之敬之三句：出自《诗经·周颂·敬之》篇。详见僖公二十二年传注。　④史佚：见僖
公十五年传注。　⑤族类：指种族。　⑥字：爱。　⑦疆许田：在许国田地上划定疆界。疆用
作动词。　⑧展陂：地名，在今河南省许昌市西北。　⑨钼任、泠敦：地名，在今河南省许昌
县境内。　⑩氾、祭：二地名。氾在今河南省荥阳县西北；祭在今郑州市东北。　⑪摄：代。
⑫辱在寡君：当时外交辞令，意欲使两君同去朝楚。　⑬成：判明是非。　⑭侧：子反名。
⑮赵婴：即楼婴，又称赵婴齐。赵庄姬：赵朔之妻。赵婴与赵庄姬为夫叔与侄媳通奸。

【译文】

四年春季，宋国的华元前来聘问，为新即位的宋共公谋求和鲁国的友好。

杞伯前来鲁国朝见，因为他准备休弃叔姬。

夏季，成公前往晋国，晋景公会见成公时，不够礼貌。季文子说："晋侯
将来肯定难免灾祸。《诗经》说：'小心又谨慎！上天明察，天命不易常保不
变！'晋侯的命运决定于诸侯的向背，他对诸侯怎么能不恭敬呢？"

秋季，成公从晋国回来，准备和楚国结好而背叛晋国，季文子说："不行。
晋国虽然无道，但也不能背叛。因为它是大国，加之群臣和睦团结，又靠近我
国，诸侯都听从它的命令，不能够有二心。史佚在《志》书中有这样的话：
'不是同一种族，必然不能同心同德。'楚国虽然幅员辽阔，但不是我们的同
族，它能够喜欢我们吗？"于是成公改变了主意。

冬季十一月，郑国的公孙申领兵前去划定所取得的许国土地，在展陂被许
国人打败。于是郑襄公兴师讨伐许国，夺取了钼任、泠敦的田地。

晋国的栾书率领中军，荀首为副帅，士燮为上军副帅，发兵前去救援许国
讨伐郑国，夺取了郑国的氾、祭二地。

楚国的子反领兵救援郑国，郑悼公和许灵公在子反面前互相指责，皇戌代
表郑悼公发言。子反听了双方的申辩，也无法做出决断。他说："如果您二位
能前去面见寡君，他和几个大臣听取了你们各自的要求，才能做出明断。否
则，我是无法分清你们谁是谁非的。"

晋国赵盾的弟弟赵婴和赵庄姬通奸。

成公五年

经　五年春，王正月，杞椒姬来归。仲孙蔑如宋。夏，叔孙侨如会晋荀首

于谷。梁山崩。秋，大水。冬十有一月己酉，天王崩。十有二月己丑，公会晋侯、齐侯、宋公、卫侯、郑作、曹伯、邾子、杞伯同盟于虫牢。

传　五年春，原、屏放诸齐①。婴曰："我在，故栾氏不作②。我亡，吾二昆其忧哉③！且人各有能有不能，舍我何害④？"弗听。

婴梦天使谓己："祭余，余福女⑤。"使问诸士贞伯⑥，贞伯曰："不识也。"既而告其人曰⑦："神福仁而祸淫，淫而无罚，福也。祭，其得亡乎⑧？"祭之，之明日而亡。

孟献子如宋⑨，报华元也。

夏，晋荀首如齐逆女，故宣伯馈诸谷⑩。

梁山崩⑪，晋侯以传召伯宗⑫。伯宗辟重⑬，曰："辟传⑭！"重人曰⑮："待我，不如捷之速也。"问其所，曰："绛人也。"问绛事焉，曰："梁山崩，将召伯宗谋之。"问："将若之何？"曰："山有朽壤而崩，可若何？国主山川⑯，故山崩川竭，君为之不举⑰，降服⑱，乘缦⑲，彻乐，出次⑳，祝币㉑，史辞以礼焉㉒。其如此而已，虽伯宗若之何？"伯宗请见之㉓，不可。遂以告，而从之。

许灵公愬郑伯于楚㉔。六月，郑悼公如楚，讼，不胜、楚人执皇戌及子国㉕。故郑伯归，使公子偃请成于晋。秋八月，郑伯及晋赵同盟于垂棘㉖。

宋公子围龟为质于楚而还㉗，华元享之。请鼓噪以出，鼓噪以复入，曰："习攻华氏㉘。"宋公杀之。

冬，同盟于虫牢㉙，郑服也。

诸侯谋复会，宋公使向为人辞以子灵之难㉚。

十一月己酉㉛，定王崩。

【注释】

①原、屏：原即赵同，屏即赵括，二人为赵婴之兄。放诸齐：指将赵婴放逐到齐国。　②栾氏：指栾书等人。不作：不敢作乱。　③昆：兄。　④舍：赦免。　⑤福：这里用作动词。⑥士贞伯：即士贞子、士渥浊。　⑦其人：指赵婴所派遣的人。　⑧其得亡乎：难道能无祸吗？亡通"无"。　⑨孟献子：即仲孙蔑。　⑩宣伯：即叔孙侨如。馈（yùn）：馈送食物。⑪梁山：梁山有数处，此梁山当在今陕县韩城县，距黄河不远处。⑫传：传车。伯宗：晋大夫。　⑬辟重：令重车让路。　⑭辟传：令人躲开传车。　⑮重人：押送重车的人。　⑯主山川：以山川为主。　⑰不举：即食不杀牲、菜肴不丰盛、不用音乐助食。⑱降服：不着华丽衣服。　⑲乘缦：乘坐无彩饰的车子。一说王乘卿车，自我贬责。　⑳出次：离开寝宫，出居

他处。 ㉑祝币：陈列献神的礼物。 ㉒史辞以礼：太史宣读祭文以礼祭神。 ㉓请见：请求引见给晋侯。 ㉔愬：同"诉"。 ㉕子国：郑穆公之子公子发。 ㉖垂棘：晋地名，在今山西潞城县北。 ㉗公子围龟：宋文公之子，字子灵。 ㉘习：演习。 ㉙虫牢：郑地名，在今河南省封丘县北。 ㉚向为人：人名，宋臣。 ㉛己酉：十二日。

【译文】

五年春季，赵同、赵括准备将赵婴驱逐到齐国。赵婴对他们说："如果晋国有我在，栾氏等人就不敢作乱。如果把我赶走，你们两位兄长就将有忧患。再说一个人有优点，也有缺点，如果宽恕了我，对你们有什么坏处呢？"赵同和赵括不听。

赵婴在夜里梦见上天派使者告诉自己："你如果祭祀我，我将降福于你。"赵婴派人请士贞伯解释，贞伯说："我也不知道这是什么意思。"停了一会儿又告诉那人："神灵只能降福给仁爱之人，降祸于淫乱之人。淫乱而没有受到惩罚，就是有福气了，如果他祭祀神灵，或许能被放逐，并因此而逃脱一场灾祸。"赵婴祭祀了神灵，第二天就逃到了齐国。

鲁国的孟献子前往宋国，对去年华元的聘问进行回访。

夏季，晋国的荀首到齐国为晋景公迎娶齐女，因此鲁国的叔孙侨如在榖地等候送给他们食物。

梁山发生了山崩，晋景公用驿车召见伯宗火速回到国都。途中伯宗让一辆载重车给驿车让路："快给让路。"押送重车的人说："你与其等我这辆车过去再走，倒不如走捷径更快。"伯宗问他是哪里人，他说："我是晋都绛城人。"又问他绛城的情况，他说："因为发生了山崩，所以国君才召见伯宗回去商议。"伯宗问车夫应该怎么办？他说："山因为土质腐朽而发生了崩塌，又能有什么办法呢？一个国家以山川为主体，一旦发生山崩河枯这类事，国君就应因此而减膳撤乐，身着常服，乘坐没有彩饰的车子，不奏音乐，离开寝宫外出居住，给神灵献上礼品，并由祝史宣读祭文以祭祀山川之神灵。也只能这样，即使让伯宗去办，他又能怎么样呢？"伯宗邀请他去见国君，他不肯去。伯宗把他的话告诉了晋景公，景公同意按车夫的话去做。

许灵公到楚国控告郑悼公。六月，郑悼公到楚国争辩曲直，结果败诉。楚国人便抓住了皇戌和子国。因此郑悼公回国之后，派公子偃到晋国求和。秋季八月，郑悼公和晋景公在垂棘结盟。

宋国的公子围龟在楚国当人质，回到宋国时，华元设宴招待他。但他要求击鼓呼叫着出入华元家，并且说："我这是演习攻打华氏一族。"宋共公便把他杀了。

冬季，成公和晋景公、齐顷公、宋共公、卫定公、郑悼公、曹宣公、邾子、杞伯在虫牢举行盟会，这是因为郑国归顺了晋国。

诸侯打算再召开一次盟会，但宋共公派向为人前来表示，因为国内发生了围龟事件，不来参加盟会了。

十一月十二日，周定王去世。

成公六年

经　六年春，王正月，公至自会。二月辛巳，立武宫。取鄟。卫孙良夫帅师侵宋。夏六月，邾子来朝。公孙婴齐如晋。壬申，郑伯费卒。秋，仲孙蔑、叔孙侨如帅师侵宋。楚公子婴齐帅师伐郑。冬，季孙行父如晋。晋栾书帅师救郑。

传　六年春，郑伯如晋拜成，子游相①，授玉于东楹之东②。士贞伯曰："郑伯其死乎？自弃也已③！视流而行速④，不安其位，宜不能久⑤。"

二月，季文子以鞌之功立武宫⑥，非礼也。听于人以救其难⑦，不可以立武。立武由己，非由人也。

取鄟⑧，言易也。

三月，晋伯宗、夏阳说⑨、卫孙良夫、宁相、郑人、伊洛之戎、陆浑、蛮氏侵宋⑩，以其辞会也⑪。师于锄⑫，卫人不保⑬。说欲袭卫⑭，曰："虽不可入，多俘而归，有罪不及死。"伯宗曰："不可。卫唯信晋，故师在其郊而不设备。若袭之，是弃信也。虽多卫俘，而晋无信，何以求诸侯？"乃止。师还，卫人登陴。

晋人谋去故绛⑮。诸大夫皆曰："必居郇瑕氏之地⑯，沃饶而近盬⑰，国利君乐，不可失也。"韩献子将新中军，且为仆大夫⑱。公揖而入。献子从。公立于寝庭⑲，谓献子曰："何如？"对曰："不可。郇瑕氏土薄水浅，其恶易觏⑳。易觏则民愁，民愁则垫隘㉑，于是乎有沉溺重腿之疾㉒。不如新田㉓，土厚水深，居之不疾，有汾、浍以流其恶㉔，且民从教，十世之利也。夫山、泽、林、盬，国之宝也。国饶则民骄佚，近宝，公室乃贫，不可谓乐。"公说，从之。夏四月丁丑㉕，晋迁于新田。

六月，郑悼公卒。

子叔声伯如晋㉖。命伐宋。

秋，孟献子、叔孙宣伯侵宋，晋命也。

楚子重伐郑，郑从晋故也。

冬，季文子如晋，贺迁也。

晋栾书救郑，与楚师遇于绕角㉗。楚师还，晋师遂侵蔡。楚公子申、公子成以申、息之师救蔡，御诸桑隧㉘。赵同、赵括欲战，请于武子㉙，武子将许之。知庄子、范文子、韩献子谏曰："不可。吾来救郑，楚师去我，吾遂至于此，是迁戮也㉚。戮而不已，又怒楚师，战必不克。虽克，不令㉛。成师以出，而败楚之二县，何荣之有焉？若不能败，为辱已甚，不如还也。"乃遂还。

于是，军帅之欲战者众㉜，或谓栾武子曰："圣人与众同欲㉝，是以济事。子盍从众？子为大政㉞，将酌于民者也㉟。子之佐十一人㊱，其不欲战者，三人而已。欲战者可谓众矣。《商书》曰：'三人占，从二人。'众故也。"武子曰："善钧㊲，从众。夫善，众之主也㊳。三卿为主，可谓众矣。从之，不亦可乎？"

【注释】

①子游：即公子偃。　②楹（yíng）：古代堂前东西两大立柱，称东楹、西楹。　③自弃：不自尊重。　④视流：目光流动。行速：走路慌张。　⑤宜：大概。　⑥武宫：宣扬武功的纪念建筑物。　⑦听于人：听从别人指挥。鄗之战是鲁向晋请求出兵而救己难，故军事均听从晋人。　⑧鄟（zhuān）：诸侯小国名，在今山东省郯城县东北。　⑨夏阳说：晋国大夫。　⑩蛮氏：即昭公十六年戎蛮。　⑪辞会：指宋拒绝会见。　⑫铖：卫邑名，在今河南省濮阳县附近。　⑬不保：不加守备。　⑭说：即夏阳说。　⑮故绛：晋人称故都绛为故绛，此后迁都新田，也称新田为绛。　⑯郇瑕氏之地：郇瑕为二地，郇在解池西北，瑕在解池南。此云择其一。　⑰盬（gǔ）：即盐池，今称解池。　⑱仆大夫：即太仆，掌管宫中之事。　⑲寝庭：路寝外庭院。　⑳恶：指污秽肮脏之物。觏（gòu）：结成。　㉑垫隘：瘦弱。　㉒沉溺重腿（zhuì）：沉溺为风湿病，重腿即足肿。　㉓新田：即今侯马市，距故绛五十里。　㉔汾、浍：二水名，汾水流经新田西北，浍水流经新田，注入汾水。　㉕丁丑：十三日。　㉖子叔声伯：即公孙婴齐。　㉗绕角：蔡地名，在今河南省鲁山县东南。　㉘桑隧：地名，在今河南确山县东。　㉙武子：栾书。　㉚迁戮：即侵蔡。　㉛不令：不好。　㉜军帅：军官。　㉝与众同欲：与众人的愿望相同。　㉞大政：即执政大臣。　㉟酌：斟酌。　㊱佐：辅佐者。　㊲善钧：同样是善。钧同均。　㊳众之主：大众的主张。

【译文】

六年春季，郑悼公前往晋国就讲和一事表示感谢，由郑大夫子游担任相礼。郑悼公本应在两楹之间行授玉之礼，但他却走到东楹东边行礼。士贞伯说："郑伯恐怕难活多久，因为他不能自重，而且目光游移，东张西望，走路过快不够安详，说明他在君位上不能安定，大概长久不了。"

二月，季文子为了纪念鞌地之战的胜利建立了武宫，这是不合礼的。依靠别人解救自己的灾难，不能建立武宫。在依靠自己而不是依靠别人取得胜利的情况下才能建立武宫。

《春秋》中记载夺取了鄟国，说明这一行动完成得非常容易。

三月，晋国的伯宗、夏阳说，卫国的孙良夫、宁相，郑国人以及伊洛的戎人，陆浑、蛮氏等联合进攻宋国，因为宋国去年拒绝参加虫牢会见。联军驻扎在卫国的鍼地，卫国人没有设防。夏阳说建议偷袭卫国，他说："即使不能攻进卫都，也可多抓一些俘虏回去，就是有罪也还不至于被处死吧。"伯宗说："不能这么做。卫国十分信赖晋国，因此尽管我军驻扎在郊外，他们也不防备。如果趁机偷袭他们，是不讲信用。虽然多抓了一些俘虏，但晋国却会因此而丧失了信用，又怎么能得到诸侯的拥戴呢？"便打消了这一念头。晋军撤退之后，卫国人才登上城墙。

晋国人打算从故绛迁都。大夫们都说："要迁就一定要迁到郇瑕氏那个地方，那里土地肥沃，又距盐池很近，对国家有利，又使国君快乐，不能放弃这个好地方。"此时韩献子担任新中军将领，同时还兼任仆大夫。晋景公待群臣朝见礼毕，退入路门，韩献子跟在后面。景公站在寝宫的院子里对韩献子说："怎么办呢？"韩献子回答说："不行。郇瑕氏这个地方土地贫瘠，又缺少水源，容易积聚污秽肮脏之物。有了污秽肮脏之物，百姓就会愁苦不堪，百姓愁苦不堪，身体就会羸弱，因此就会滋生风湿和脚肿等疾病。不如迁往新田，因为那里土厚水深，居住不会生病，又有汾水和浍水冲走各种污秽肮脏之物，而且那里的百姓服从管理，这对国家的千秋万代极为有利。再说大山、沼泽、森林、盐地，是国家的宝藏。一旦国家富裕了，百姓就会骄傲放纵，靠近宝藏之地，公室将会因此而贫困，并不能使国君欢乐。"景公很高兴，听从了他的意见。夏季四月十三日，晋国迁都到新田。

六月，郑悼公去世。

鲁国的子叔声伯前往晋国。晋国命令鲁国攻打宋国。

秋季，孟献子、叔孙宣伯入侵宋国，这是晋国的命令。

楚国的子重攻打郑国，原因是郑国又归顺了晋国。

冬季，季文子前往晋国，就晋国迁都表示祝贺。

晋国的栾书率军救援郑国，与楚军在绕角相遇。楚军撤退回国，晋军便随后攻打蔡国。楚国的公子申、公子成率领申地、息地的军队救援蔡国，在桑隧抵抗晋军。赵同、赵括准备出战，向栾书请示，栾书准备同意。荀首、士燮、韩厥劝阻说："不行。我们本来是救郑国而来，因为楚军离开我们，我们才到了这里。这实际上是把杀戮转移到了别人身上。杀戮没有结束，就又激怒了楚军，这样作战肯定胜利不了。即使能够取胜，也不能算是好事。出动大军，而仅仅打败楚国两个县的军队，有什么光荣呢？如果不能打败他们，那么我们蒙受的耻辱就更大了。不如回去吧。"于是晋军就退兵回国了。

此时军中将领有很多人主张作战，有人对栾书说："圣明的人顺从大家的愿望，因此才能把事情办好，您怎么不顺从大家的愿望呢？您是执政大臣，应该根据民心做出决定。在您的十一位副帅之中，只有三个人不主张作战。主张作战的可以说是多数了。《商书》说：'如果有三个人占卜，就听从两个人的。'因为两个人就是多数。"栾书说："如果同样都是善，就听从多数人的意见。善应该是大家的主张。现在有三位卿持有同一主张，也就可以说是大家了吧。我们听从他们的，不也可以吗？"

成公七年

经 七年春，王正月，鼷鼠食郊牛角，改卜牛。鼷鼠又食其角，乃免牛。吴伐郯。夏五月，曹伯来朝。不郊，犹三望。秋，楚公子婴齐帅师伐郑。公会晋侯、齐侯、宋公、卫侯、曹伯、莒子、邾子、杞伯救郑。八月戊辰，同盟于马陵。公至自会。吴入州来。冬，大雩。卫孙林父出奔晋。

传 七年春，吴伐郯，郯成。
季文子曰："中国不振旅[①]，蛮夷入伐，而莫之或恤，无吊者也夫[②]！《诗》曰：'不吊昊天，乱靡有定[③]。'其此之谓乎！有上不吊[④]，其谁不受乱？吾亡无日矣！"君子曰："知惧如是，斯不亡矣。"
郑子良相成公以如晋，见，且拜师[⑤]。
夏，曹宣公来朝。
秋，楚子重伐郑，师于氾[⑥]。诸侯救郑。郑共仲、侯羽军楚师[⑦]，囚郧公钟仪，献诸晋。
八月，同盟于马陵[⑧]，寻虫牢之盟，且莒服故也。
晋人以钟仪归，囚诸军府[⑨]。

楚围宋之役，师还。子重请取于申、吕以为赏田⑩，王许之。申公巫臣曰："不可。此申、吕所以邑也，是以为赋，以御北方。若取之，是无申、吕也。晋、郑必至于汉⑪。"王乃止。子重是以怨巫臣。子反欲取夏姬，巫臣止之，遂取以行。子反亦怨之。及共王即位，子重、子反杀巫臣之族子阎、子荡及清尹弗忌及襄老之子黑要，而分其室。子重取子阎之室，使沈尹与王子罢分子荡之室，子反取黑要与清尹之室。巫臣自晋遗二子书，曰："尔以谗慝贪婪事君，而多杀不辜。余必使尔罢于奔命以死⑫。"

巫臣请使于吴，晋侯许之。吴子寿梦说之。乃通吴于晋⑬。以两之一卒适吴⑭，舍偏两之一焉⑮。与其射御⑯，教吴乘车，教之战陈，教之叛楚。置其子狐庸焉⑰，使为行人于吴⑱。吴始伐楚，伐巢、伐徐⑲，子重奔命。马陵之会，吴入州来⑳，子重自郑奔命㉑。子重、子反于是乎一岁七奔命。蛮夷属于楚者，吴尽取之，是以始大㉒，通吴于上国㉓。

卫定公恶孙林父㉔。冬，孙林父出奔晋。卫侯如晋，晋反戚焉㉕。

【注释】

①中国：当时华夏各国的总称。振旅：整顿军备。　②吊：甲骨文及金文"叔"、"吊"同是一字。叔同"淑"，善。"无吊者"，即无善君。　③不吊昊天二句：出自《诗经·小雅·节南山》。昊天，苍天。靡：无。　④上：指霸主。　⑤拜师：拜谢去年出兵救郑。　⑥氾：此地为南氾，在今河南省襄城县。　⑦军：包围。　⑧马陵：卫地，在今河北省大名县东南。　⑨军府：军用仓库。　⑩申、吕：申，见隐公元年传注。吕，古国名，姜姓，为楚所灭，故城在今河南省南阳市西。　⑪汉：汉水。　⑫罢，通疲。　⑬通：通好。　⑭两之一卒：合两偏为一卒的战车，即兵车三十辆。　⑮舍偏两之一：留下卒中一偏，即兵车十五辆。　⑯射御：射手和驭手。　⑰置其子：留下其子。　⑱行人：外交人员。　⑲巢、徐：均为楚之属国。　⑳州来：楚属国，在今安徽省凤台县境。　㉑奔命：奉命奔驰以御吴军。　㉒大：强大。　㉓上国：指中原诸国。　㉔孙林父：孙良夫之子，又称孙文子。　㉕戚：本孙氏采邑，孙林父奔晋，其戚邑随孙氏归晋。

【译文】

七年春季，吴国攻打郯国，郯国求和。

季文子说："中原各国不整军修防，经常遭到四方蛮夷的入侵，竟然没有人对此忧虑，看来是缺乏有权威的能人啊。《诗经》说：'上天不仁，人间动乱不休。'说的就是这种情况吧！即使有了霸主，但他不仁不善，不能胜任，诸侯各国又怎能避免不被入侵呢？看来我国也会很快灭亡了。"君子认为：

"能像季文子这样忧国忧民，国家就不至于灭亡了。"

郑国的子良作为郑成公的相礼前往晋国朝见晋景公，见面后，同时就去年晋国出兵救郑一事表示感谢。

夏季，曹宣公来鲁国朝见。

秋季，楚国的令尹子重攻打郑国，进军至氾地。诸侯前去救援郑国。郑国的共仲、侯羽包围了楚军，将郧公钟仪抓获，献给了晋国。

八月，成公和晋景公、齐顷公、宋共公、卫定公、曹宣公、莒子、邾子、杞桓公在马陵会盟，目的是重温虫牢的盟约，同时也是因为莒国归顺了晋国。

晋国人带着钟仪回国，把他囚禁在军用仓库中。

在楚国围攻宋国那一战役结束，军队回国后，令尹子重请求将申、吕两地赏给他，楚庄王同意了。申公巫臣阻止说："不能这么做。申、吕两地所以成为城邑，是因为这里能征收兵赋，抵御北方的入侵。如果赏给私人，就等于丧失了两个城邑。这样，晋、郑两国就必然会扩张到汉水一带。"于是庄王取消了这一决定。从此子重非常怨恨巫臣。当子反想娶夏姬时，巫臣阻拦他，结果他自己反而娶了夏姬逃到了晋国，因此子反也恨他。等到楚共王即位，子重、子反便杀了巫臣的族人子阎、子荡、清尹弗忌和襄老的儿子黑要，并且瓜分了他们的家产。子重占有了子阎的家产，让沈尹和王子罢分了子荡的家产，子反则占有了黑要和清尹的家产。巫臣在晋国听到这一消息后写信给子重、子反说："你们靠谗言和贪婪事奉国君，并且又杀了很多无辜好人。我一定要报复你们，让你们不得安宁，以至于死亡。"

巫臣请求出使到吴国，晋景公同意了。吴子寿梦非常赏识他。巫臣使吴、晋两国建立了友好关系。他去吴国时带了三十辆兵车，这时就留下十五辆。并送给吴国射手和御者，教吴国人怎样驾车，教他们如何使用战阵，又教他们背叛楚国。并把他的儿子狐庸送到吴国做了外交官。吴国开始攻打楚国、巢国和徐国。子重为了救援这些国家，四处奔波。诸侯在马陵会盟时，吴国攻入州来。子重此时正在救援郑国，又从郑国赶去救援。子重、子反在一年内为了救援别国，领兵奔波七次。从前属于楚国的蛮夷，如今都被吴国夺走了。吴国因此开始强大起来，并开始和中原各国来往。

卫定公开始讨厌孙林父。冬季，孙林父逃亡到了晋国。卫定公又到晋国，晋国把孙林父的封邑戚地还给了卫国。

成公八年

经　八年春，晋侯使韩穿来言汶阳之田，归之于齐。晋栾书帅师侵蔡。公孙婴齐如莒。宋公使华元来聘。夏，宋公使公孙寿来纳币。晋杀其大夫赵同、赵括。秋七月，天子使召伯来赐公命。冬十月癸卯，杞叔姬卒。晋侯使士燮来聘。叔孙侨如会晋士燮、齐人、邾人伐郯。卫人来媵。

传　八年春，晋侯使韩穿来言汶阳之田，归之于齐。季文子饯之①，私焉②，曰："大国制义以为盟主③，是以诸侯怀德畏讨，无有贰心。谓汶阳之田，敝邑之旧也，而用师于齐④，使归诸敝邑。今有二命曰⑤：'归诸齐。'信以行义，义以成命，小国所望而怀也。信不可知，义无所立，四方诸侯，其谁不解体⑥？《诗》曰：'女也不爽，士贰其行。士也罔极，二三其德⑦。'七年之中，一与一夺，二三孰甚焉？士之二三，犹丧妃耦⑧，而况霸主？霸主将德是以，而二三之，其何以长有诸侯乎？《诗》曰：'犹之未远，是用大简⑨。'行父惧晋之不远犹而失诸侯也⑩，是以敢私言之。"

晋栾书侵蔡，遂侵楚，获申骊⑪。

楚师之还也，晋侵沈，获沈子揖初，从知、范、韩也⑫。君子曰："从善如流，宜哉！《诗》曰：'恺弟君子，遐不作人⑬。'求善也夫！作人，斯有功绩矣。"

是行也，郑伯将会晋师，门于许东门，大获焉。

声伯如莒，逆也。

宋华元来聘，聘共姬也。

夏，宋公使公孙寿来纳币⑭，礼也。

晋赵庄姬为赵婴之亡故，谮之于晋侯，曰："原、屏将为乱。"栾、郤为征⑮。六月，晋讨赵同、赵括。武从姬氏畜于公宫⑯。以其田与祁奚⑰。韩厥言于晋侯曰："成季之勋⑱，宣孟之忠⑲，而无后，为善者其惧矣。三代之令王⑳，皆数百年保天之禄。夫岂无辟王㉑，赖前哲以免也㉒。《周书》曰：'不敢侮鳏寡。'所以明德也。"及立武，而反其田焉。

秋，召桓公来赐公命。

晋侯使申公巫臣如吴，假道于莒。与渠丘公立于池上㉓，曰："城已恶㉔！"莒子曰："辟陋在夷㉕，其孰以我为虞㉖？"对曰："夫狄焉思启封疆以利社稷者㉗，何国蔑有㉘？唯然，故多大国矣，唯或思或纵也㉙。勇夫重闭㉚，况国乎？"

冬，杞叔姬卒。来归自杞，故书。

晋士燮来聘，言伐郯也，以其事吴故。公贿之，请缓师。文子不可㉛，曰："君命无贰，失信不立㉜。礼无加货㉝，事无二成㉞。君后诸侯，是寡君不得事君也。燮将复之。"季孙惧，使宣伯帅师会伐郯。

卫人来媵共姬，礼也。凡诸侯嫁女，同姓媵之，异姓则否。

【注释】

①饯：设酒食送行。　②私：私人交谈。　③制义：处理事务适宜。　④用师：指鞌之战。　⑤二命：不同的命令。　⑥解体：瓦解，涣散。　⑦女也不爽四句：出自《诗经·卫风·氓》篇。爽，差错。士贰其行：男人的行为有过错。"贰"当为"忒"之误字。爽、忒同义互文。罔极：无标准。二三其德：三心二意。　⑧妃耦：配偶。妃，同"配"。　⑨犹之后未远二句：出自《诗经·大雅·板》。意为谋略无远见。犹同"猷"，谋。大谏：极力规劝。谏，谏。　⑩行父：即季文子。　⑪申骊：楚大夫。　⑫知、范、韩：指知庄子、范文子、韩献子。　⑬恺悌君子二句：见《诗经·大雅·旱麓》篇。恺悌，平易近人。遐不作人：何不起用人才。　⑭纳币：即《仪礼·士昏礼》中纳征，亦即后代的纳聘礼。　⑮栾、郤为征：栾氏、郤氏作证。　⑯武：赵武。　⑰祁奚：晋臣，又称祁大夫。　⑱成季：赵衰，辅佐晋文公有功。　⑲宣孟：即赵盾。　⑳令王：贤明君王。　㉑辟王：邪僻的君王。　㉒前哲：即先代令王。　㉓渠丘公：莒国君。池：护城河。　㉔已：太、甚。　㉕辟陋在夷：偏僻狭小而又处在蛮夷之地。　㉖以我为虞：把我国作为觊觎的对象。虞，望。　㉗犾：狡猾的人。　㉘蔑：无。　㉙或思或纵：有的思虑做好准备，有的放纵而不设防。　㉚重闭：内外门户层层关闭。　㉛文子：即士燮。　㉜失信不立：完不成使命难以自立。　㉝礼无加货：依礼不应增加财币。此为拒绝受贿。　㉞事无二成：即出师与缓师，二者只能择其一。此为拒绝缓师。

【译文】

八年春季，晋景公派韩穿来鲁国。要求把汶阳田地重新还给齐国。季文子给韩穿饯行时，私下对他说："大国只有合理公道地处理各种事宜，才能作为诸侯盟主，诸侯才因此怀念它的德行，畏惧它的攻伐，不敢有三心二意。说起汶阳之田，本是我国领土，对齐国用兵之后，才迫使齐国归还我国。而现在又有了第二道命令：'再归还齐国。'道义要靠信用推行，命令要靠道义执行，这是小国对大国的希望，也因此而归顺它们。如今不讲信用，不行道义，四方诸侯能不分崩离析吗？《诗经》说：'女人并无过错，是男人的所作所为不对；男人心中没有主意，他的行为变化无常。'七年之内，给一次又要回去一次，还有比这更没有主意的吗？男人变化无常，尚且会失去恋人，更何况是诸侯盟主呢？作为霸主必须依靠德行，如果朝令夕改，怎么能长期得到诸侯的拥戴呢？《诗经》说：'您的谋略无远见，我就极力来劝谏。'我担心晋国在这个问题上不能深谋远虑，所以才敢私下对您说这些话。"

晋国的栾书领兵入侵蔡国，随后又侵入楚国，抓住了楚国大夫申骊。

鲁成公六年，楚、晋两军在绕角相遇，楚军撤退后，晋国趁机入侵沈国，俘虏了沈子揖初，这是栾书采纳荀首、士燮、韩厥三人计谋的结果。君子认为："采纳善言像流水一样爽快，这是很恰当的啊！《诗经》说：'善良的君子，怎么不起用人才？'说的就是求取贤能之人吧。善于起用人才，才能建立功绩。"

在这次行动中，郑悼公准备会合晋军，经过许国时，顺便攻打了许都的东门，结果收获很大。

鲁国的声伯前往莒国，迎娶妻子。

宋国的华元来鲁国聘问，为宋共公定亲，聘定的是共姬。

夏季，宋共公又派公孙寿来鲁国致送彩礼，这是合乎礼的。

晋国的赵庄姬因为赵婴逃亡一事，在晋景公面前诬陷赵同和赵括说："赵同和赵括准备叛乱。"栾氏和郤氏又从旁为她作证。六月，晋国人攻打赵同、赵括。赵武跟着庄姬住在晋景公的宫内。晋景公把赵氏的田地赏给了祁奚。韩厥对晋景公说："赵衰功勋卓著，赵盾忠心耿耿，这样的人到头来却没有留下后代，会使善良的人感到恐惧。夏、商、周三代君王都能够享有江山几百年。难道他们中间就没有昏君吗？只不过是靠他们贤明的祖先才得以免除灾祸罢了。《周书》说：'不要欺侮鳏夫寡妇。'就是为了宣扬德行。"于是晋景公就把赵武立为赵氏继承人，并把赵氏的田地还给了他。

秋季，召桓公来鲁国传达天子赐爵成公的命令。

晋景公派申公巫臣到吴国，向莒国借道。巫臣和渠丘公站在城池边上说："你们的城墙太破旧了。"渠丘公说："我国地处偏远，为夷蛮之邦，谁还会打我们的主意呢？"巫臣说："狡诈之人都是想方设法扩展疆土，以有利于自己的国家，哪个国家没有这样的人？正因为如此，才出现了很多大国，只是小国中有的警惕性较高，有的则疏于提防。一个勇敢的人在睡觉时尚且要关闭门窗，更何况是一个国家呢？"

冬季，杞叔姬去世。因为他是被杞国休弃回到鲁国的，出于怜悯，《春秋》才加以记载。

晋国的士燮来鲁国聘问，说是要攻打郑国，因为郑国背叛晋国而事奉吴国。成公送给士燮财礼，请求让鲁国暂缓出兵。士燮不同意，说："执行国君的命令不能随意变更，失去对国君的信用就难以自立。我只能接受规定的礼物，不能另外有所增加，马上出兵或暂缓出兵，只能有一种选择。如果国君在其他诸侯之后出兵，那么寡君就难以再事奉您了。我将如实向寡君汇报。"季孙害怕了，只好让宣伯领兵会同晋军讨伐郑国。

卫国人送来一个女子作为共姬的陪嫁，这是合乎礼的。凡是诸侯的女儿嫁给其他国家，如果是同姓国家就要送一女子作为陪嫁，异姓国家不用。

成公九年

经　九年春，王正月，杞伯来逆叔姬之丧以归。公会晋侯、齐侯、宋公、卫侯、郑伯、曹伯、莒子、杞伯，同盟于蒲。公至自会。二月，伯姬归于宋。夏，季孙行父如宋致女。晋人来媵。秋七月丙子，齐侯无野卒。晋人执郑伯。晋栾书帅师伐郑。冬十有一月，葬齐顷公。楚公子婴齐帅师伐莒。庚申，莒溃。楚人入郓。秦人、白狄伐晋。郑人围许。城中城。

传　九年春，杞桓公来逆叔姬之丧①，请之也②。杞叔姬卒，为杞故也。逆叔姬，为我也。

为归汶阳之田故，诸侯贰于晋。晋人惧，会于蒲，以寻马陵之盟。季文子谓范文子曰："德则不竞，寻盟何为？"范文子曰："勤以抚之③，宽以待之，坚强以御之，明神以要之④，柔服而伐贰，德之次也。"

是行也，将始会吴，吴人不至。

二月，伯姬归于宋。

楚人以重赂求郑，郑伯会楚公子成于邓⑤。

夏，季文子如宋致女⑥，复命，公享之。赋《韩奕》之五章⑦。穆姜出于房⑧，再拜，曰："大夫勤辱，不忘先君以及嗣君⑨，施及未亡人⑩。先君犹有望也！敢拜大夫之重勤⑪。"又赋《绿衣》之卒章而入⑫。

晋人来媵，礼也。

秋，郑伯如晋。晋人讨其贰于楚也，执诸铜鞮⑬。

栾书伐郑，郑人使伯蠲行成⑭，晋人杀之，非礼也。兵交，使在其间可也。

楚子重侵陈以救郑。

晋侯观于军府，见钟仪，问之曰："南冠而絷者⑮，谁也？"有司对曰："郑人所献楚囚也。"使税之⑯，召而吊之⑰。再拜稽首。问其族⑱，对曰："泠人也⑲。"公曰："能乐乎？"对曰："先人之职官也，敢有二事？"使与之琴，操南音⑳。公曰："君王何如？"对曰："非小人之所得知也。"固问之㉑，对曰："其为大子也，师保奉之，以朝于婴齐而夕于侧也㉒。不知其他。"公语范文子，文子曰："楚囚，君子也。言称先职，不背本也。乐操土风㉓，不忘旧也。称大子，抑无私也㉔。名其二卿㉕，尊君也。不背本，仁也。不忘旧，信也。无私，忠也。尊君，敏也。仁以接事㉖，信以守之，忠以成之，敏以行之。事虽大，必济。君盍归之，使合晋、楚之成㉗。"公从之，重为之礼，使归求成。

冬十一月，楚子重自陈伐莒，围渠丘㉘。渠丘城恶㉙，众溃，奔莒。戊申㉚，楚入渠丘。莒人囚楚公子平，楚人曰："勿杀！吾归而俘。"莒人杀之。楚师围莒。莒城亦恶，庚申㉛，莒溃。楚遂入郓。莒无备故也。

君子曰："恃陋而不备㉜，罪之大者也。备豫不虞㉝，善之大者也。莒恃其陋，而不修城郭，浃辰之间㉞，而楚克其三都，无备也夫！《诗》曰㉟：'虽有丝麻，无弃菅蒯。虽有姬、姜，无弃蕉萃。凡百君子，莫不代匮。'言备之不可以已也。"

秦人、白狄伐晋，诸侯贰故也。

郑人围许，示晋不急君也㊱。是则公孙申谋之，曰："我出师以围许，伪将改立君者，而纾晋使㊲，晋必归君。"

城中城㊳，书，时也。

十二月，楚子使公子辰如晋㊴，报钟仪之使，请修好结成。

【注释】

①丧：尸体。　②请之：应鲁国的请求。　③勤以抚之：即抚之以勤的倒装，下列句式同此。　④明神：指会盟。要：约束。　⑤邓：国名，鲁庄公十六年为楚所灭。　⑥致女：古代女子出嫁，使大夫随行聘问，称为致女。　⑦韩奕：《诗经·大雅》之篇名。　⑧穆姜：伯姬之母。　⑨先君：指鲁宣公，即穆姜之夫，伯姬之父。嗣君：指鲁成公，伯姬之兄。　⑩施：延续。未亡人：当时寡妇自称。　⑪重勤：倍加辛勤。　⑫绿衣：《诗经·邶风》之篇名。　⑬铜鞮（tí）：晋侯的别宫。　⑭伯蠲：人名，郑臣。　⑮南冠：楚人的帽子。絷（zhì）：拘禁、束缚。　⑯税：同"脱"，解脱。　⑰吊：慰问。　⑱族：世官。　⑲泠人：乐官，亦作"伶人"。　⑳南音：南方各地乐调。　㉑固问之：一再问他。　㉒朝于婴齐：早晨请教于令尹子重。夕于侧：晚上请教于司马子反。侧，即司马子反。　㉓土风：乡土乐调，即南音。

㉔抑：语气助词。　　㉕名其二卿：直呼二卿的名字。　　㉖接事：处理事务。　　㉗合晋楚之成：洽商晋、楚媾和的事情。　　㉘渠丘：莒地名，在今山东省莒县东南。　　㉙城恶：城墙毁坏。㉚戊申：五日。　　㉛庚申：十七日。　　㉜陋：简陋。　　㉝备豫不虞：预先防备意料之外的事情。豫，预先有防备。不虞，预料之外。　　㉞浃辰：十二日。此指由戊申到庚申经历地支一遍。浃，遍。辰，即从子到亥十二辰。　　㉟《诗》曰：以下诗句或出自《逸诗》，今《诗经》无此文。菅、蒯：均为多年生草本植物，古人用以编织席、鞋、绳索等。姬、姜：指代美女。蕉萃：即憔悴，指代面黄肌瘦的丑女。代匮：缺此少彼。　　㊱不急君：不急于救出国君。　　㊲纾晋使：暂缓不派使者去晋国。　　㊳城中城：在城中筑内城。　　㊴公子辰：字子商，楚太宰。

【译文】

　　九年春季，杞桓公前来接回叔姬的灵柩，这是应鲁国的要求而来的。叔姬是因为被杞国遗弃才死去的。杞国迎回叔姬的尸体也是为了鲁国。

　　因为让鲁国把汶阳田地归还齐国一事，诸侯对晋国都有了二心。晋国人非常担心，就召集诸侯在蒲地会盟，以重温马陵的盟约。季文子对士燮说："德行已趋衰落，重温旧盟有什么用呢？"士燮说："以勤勉安抚诸侯，以宽厚对待诸侯，以坚强领导诸侯，以盟誓约束诸侯，怀柔顺服者，讨伐三心二意者，这也毕竟是次一等的德行。"

　　这次会盟，本来打算开始和吴国会见，但吴国没有派人来参加。

　　二月，伯姬嫁到宋国。

　　楚国送给郑国大批财礼，请求和郑国和好，于是郑成公在邓地和楚国的公子成举行了会盟。

　　夏季，季文子到宋国聘问伯姬，回国后向成公复命，成公设宴招待他。席间季文子吟诵了《韩奕》一诗的第五章，穆姜听到后从里屋走出来，两次下拜，说："大夫辛苦了，您不忘先君和国君的恩德，还因此对我好。先君当初也是这样希望您的，再次拜谢大夫的辛劳。"说完吟诵了《绿衣》一诗的最后一章才进去。

　　晋国人也送来一个女子作为陪嫁，这是合乎礼的。

　　秋季，郑成公前往晋国。晋国人为了惩罚他又一次投靠楚国，把他抓起来囚禁在铜鞮。

　　栾书攻打郑国，郑国派伯蠲求和，晋国人把他杀了。这是不合礼的。在交战期间，使者是可以在双方之间来往的。

　　楚国的子重入侵陈国以救援郑国。

　　晋景公视察军用仓库，看到被囚禁的钟仪，问左右的人："那个头戴南方帽子被绑起来的是谁呢？”有司回答说："是郑国人送来的楚国俘虏。"景公让给钟仪松绑，并召见安慰他一番。钟仪两次叩头表示感谢。景公问起他的世官，他回答说："是乐官。"景公又问："你能演奏音乐吗？"回答说："先人就是主管这个的，我还能学什么呢？"让他弹琴，他弹奏的是南方乐曲。景公又问："你们国君怎么样？"钟仪回答说："这我就不知道了。"坚持问他，他才回答说："他做太子时有师保事奉，每天早晨请教令尹子重，晚上又请教司马子反。其他情况我就不知道了。"景公把这话告诉了士燮，士燮说："钟仪真是个君子。说话时先提到先人的官职，说明他没有忘本；奏乐时弹奏家乡乐曲，说明他没有忘旧；说起国君则只介绍他做太子时的事情，说明他没有私心。直呼本国的两位卿的名字，表明了对所在国国君的尊重。不忘本就是仁，不忘旧就是信，没有私心就是忠，尊重国君就是敏。依靠仁来处事，依靠信来守事，依靠忠来成事，依靠敏来行事，具备了这四者，即使再大的事也能完成。国君何不放他回去，以让他成就晋、楚两国的友好呢？"景公听从了士燮的建议，对钟仪隆重招待，让他回国去为晋、楚两国求和。

冬季十一月，楚国的子重从陈国出发攻打莒国，包围了渠丘。由于渠丘的城墙极为破旧，双方一交战，守军便溃散逃到了莒国都城。五日，楚军开进渠丘。莒国人俘虏了楚国的公子平，楚国人说："别杀他，我们把你们的人归放回去。"莒国人还是把公子平杀了。于是楚军包围了莒城。莒都的城墙也很破旧，十七日，莒军溃散。随后楚军便进入郓城。莒国轻而易举被攻克，完全是由于没有防备的缘故。

君子对此评论说："城墙简陋而不加防备，这是罪中之大罪；提防意外，则是善中之大善。莒国依仗其简陋破旧的城墙，不修治城郭，加强防御，在十二天之内，楚国就将它的三个城市攻陷，这完全是没有防备的结果啊。《诗经》说：'虽然有了丝和麻，也不要将杂草扔掉；虽然有了美丽的姬妾，也不要将丑陋的妻子遗弃；即使是君子，也难保顾此失彼。'说的就是不能不防患于未然啊！"

秦国人和白狄攻打晋国，这是因为诸侯对晋国有了二心。

郑国人包围了许国，以此向晋国表示，他们并不急于救出国君。这是公孙申的主意，他说："我们出兵围攻许国，给晋国造成我们要另立国君的假象，同时也暂不派使者到晋国。这样，晋国肯定会把国君送回来。"

鲁国在都城内又建造了一座城，《春秋》记载此事，是因为此时修城合乎时宜。

十二月，楚共王派公子辰前往晋国，对钟仪为两国修好一事表示感谢，并请求重修旧好，订立盟约。

成公十年

经　十年春，卫侯之弟黑背帅师侵郑。夏四月，五卜郊，不从，乃不郊。五月，公会晋侯、齐侯、宋公、卫侯、曹伯伐郑。齐人来媵。丙午，晋侯獳卒。秋七月，公如晋。冬十月。

传　十年春，晋侯使郤犨如楚①，报大宰子商之使也②。

卫子叔黑背侵郑③，晋命也。

郑公子班闻叔申之谋④。三月，子如立公子繻⑤。夏四月，郑人杀繻，立髡顽⑥。子如奔许。栾武子曰："郑人立君，我执一人焉，何益？不如伐郑而归其君，以求成焉。"晋侯有疾。五月，晋立大子州蒲以为君，而会诸侯伐郑。郑子罕赂以襄钟⑦，子然盟于修泽⑧，子驷为质⑨。辛巳⑩，郑伯归。

晋侯梦大厉⑪，被发及地⑫，搏膺而踊⑬，曰："杀余孙⑭，不义。余得请于帝矣！"坏大门及寝门而入。公惧，入于室。又坏户⑮。公觉⑯，召桑田巫⑰。巫言如梦。公曰："何如？"曰："不食新矣⑱。"公疾病⑲，求医于秦。秦伯使医缓为之⑳。未至，公梦疾为二竖子㉑，曰："彼，良医也。惧伤我㉒，焉逃之？"其一曰："居肓之上，膏之下，若我何？"医至，曰："疾不可为也㉓。在肓之上，膏之下，攻之不可㉔，达之不及㉕，药不至焉，不可为也。"公曰："良医也。"厚为之礼而归之。六月丙午㉖，晋侯欲麦㉗，使甸人献麦㉘，馈人为之㉙。召桑田巫，示而杀之㉚。将食，张㉛，如厕，陷而卒㉜。小臣有晨梦负公以登天㉝，及日中，负晋侯出诸厕。遂以为殉。

郑伯讨立君者，戊申㉞，杀叔申、叔禽㉟。君子曰："忠为令德，非其人犹不可㊱，况不令乎？"

秋，公如晋。晋人止公，使送葬。于是郤犨未反。

冬，葬晋景公。公送葬，诸侯莫在。鲁人辱之，故不书，讳之也。

【注释】

①郤犨（fā）：人名，晋大夫。　②子商：即公子辰。　③子叔黑背：卫穆公之子。　④叔申：即公孙申。　⑤子如：即公子班。　⑥髡（kūn）顽：郑成公太子，即郑僖公。　⑦子

中華藏書　春秋左传

中国书房

二〇一七

罕：郑臣，即公子喜。襄钟：郑襄公庙之钟。　⑧子然：郑臣，郑穆公之子。修泽：郑地名，在今河南原阳县西南。　⑨子驷：郑臣，郑穆公之子，又称公子𬴂。　⑩辛巳：五月十一日。　⑪大厉：恶鬼。　⑫被发：披发。　⑬搏膺：搥胸。踊：跳。　⑭杀余孙：当指晋侯杀赵同、赵括事。　⑮户：内室之门。　⑯觉：醒。　⑰桑田巫：桑田的巫人。桑田，晋邑名。　⑱不食新：吃不到新麦。即死在尝新之前。　⑲疾病：病重。　⑳医缓：医生，名缓。为：诊治。　㉑竖子：儿童。　㉒惧伤我：恐怕要伤害我们。　㉓居肓之上，膏之下：待在肓的上面，膏的下面。古代医学把心尖脂肪叫膏，心脏与隔膜之间叫肓，肓上膏下为药与针灸所不能达到的地方。　㉔攻：指灸。　㉕达：指针。　㉖丙午：六日。　㉗欲麦：即尝新。　㉘甸人：官名。据《礼记·祭义》载，诸侯有藉田百亩，甸人主管藉田，并供给野物。　㉙馈人：为诸侯主持饮食之官。　㉚示：即示以新麦。　㉛张：今作胀，肚子发胀。　㉜陷而卒：跌入粪坑而死。　㉝小臣：宦官。　㉞戊申：六月八日。　㉟叔申、叔禽：叔申即公孙申，叔禽为叔申之弟。　㊱非其人：不是那种人。

【译文】

十年春季，晋景公派大夫籴茷到楚国，答谢楚国太宰公子辰对晋国的访问。

卫国的子叔黑背领兵入侵郑国，这是晋国的命令。

郑国的公子班听从了公孙申的计谋。三月，立公子繻为国君。夏季四月，郑国人杀了公子繻，又立了髡顽为国君，公子班逃亡许国。晋国的来书说："郑国人又立了新君，我们囚禁他们的国君还有什么用呢？不如攻打郑国，把他们的国君送过去，以谋求两国的和好。"晋景公患了病。五月，晋国人立太子州蒲为新君，然后由新君会合诸侯攻打郑国。郑国的子罕把郑襄公庙里的钟送给晋国求和，由子然和晋国等在修泽会盟，派子驷到晋国作人质。十一日，郑成公回到国内。

晋景公夜里梦见一个大鬼，头发披散到地上，捶胸跳着对景公说："你杀了我的子孙，太不讲道义。我已经得到上帝的允许，要为子孙报仇了。"捣毁宫门和屋门走了进来。景公非常害怕，躲到内室。内室的门也被捣毁。景公惊醒后，派人召请桑田的巫师。巫师的解释和景公梦中所见完全一样。景公问："这是什么意思呢？"巫师说："国君吃不到今年的麦子了。"景公从此病情越来越重，于是派人到秦国求医。秦桓公派医缓来给景公治疗。医生还未来到，景公又做了一梦，梦见他的病变成了两个小孩，一个说："医缓是个名医，恐怕要伤害我们，我们逃到哪里好呢？"另一个说："我们躲到肓的上面，膏的下面，他还能把我们怎么样？"医缓到晋国诊断后说："国君的病无法治好。

它在肓之上，膏之下，不能用灸法攻治，用针法治疗又达不到，服药的话，药力也到不了，不能治了。"景公说："真是个名医。"就赏给他很多礼物，送他回国了。六月六日，景公想吃新麦子，让管理土地的人献上麦子。厨师做好后端了上来。景公把桑田的那个巫师召来，把做好的新麦让他看，然后把他杀了。景公正要进食，忽然感到肚子发胀，就到厕所去，不小心掉到粪坑里淹死了。有一个宦官早晨做梦背着景公上了天，等到中午，他果然把景公从厕所中背了出来。晋国就决定让他为景公殉葬。

郑成公要惩治另立新君的人，六月八日，杀了叔申和叔禽。君子对此认为："忠诚是人的美德，如果效忠的对象不合适也是不行的，更何况他本身就缺乏美德呢？"

秋季，成公到晋国访问。晋国人强留成公，让他为景公送葬。这时籴茷还没有回来。

冬季，安葬了景公。成公为景公送葬，其他诸侯都没有参加。鲁国人认为这是鲁国的耻辱，所以《春秋》没有记载，这是为了避讳。

成公十一年

经　十有一年春，王三月，公至自晋。晋侯使郤犨来聘，己丑，及郤犨盟。夏，季孙行父如晋。秋，叔孙侨如如齐。冬十月。

传　十一年春，王三月，公至自晋。晋人以公为贰于楚，故止公。公请受盟，而后使归。

郤犨来聘，且莅盟。

声伯之母不聘①，穆姜曰②："吾不以妾为姒③。"生声伯而出之，嫁于齐管于奚。生二子而寡④，以归声伯。声伯以其外弟为大夫⑤，而嫁其外妹于施孝叔⑥。郤犨来聘，求妇于声伯，声伯夺施氏妇以与之⑦。妇人曰："鸟兽犹不失俪⑧，子将若何？"曰："吾不能死亡⑨。"妇人遂行，生二子于郤氏。郤氏亡，晋人归之施氏，施氏逆诸河，沉其二子⑩。妇人怒曰："己不能庇其伉俪而亡之，又不能字人之孤而杀之⑪，将何以终？"遂誓施氏⑫。

夏，季文子如晋报聘，且莅盟也。

周公楚恶惠、襄之逼也⑬，且与伯舆争政，不胜，怒而出。及阳樊⑭，王使刘子复之⑮，盟于鄄而入⑯。三日，复出奔晋。

秋，宣伯聘于齐，以修前好。

晋郤至与周争鄇田[17]，王命刘康公、单襄公讼诸晋。郤至曰："温，吾故也，故不敢失。"刘子、单子曰："昔周克商，使诸侯抚封[18]，苏忿生以温为司寇，与檀伯达封于河。苏氏即狄，又不能于狄而奔卫。襄王劳文公而赐之温，狐氏、阳氏先处之[19]，而后及子。若治其故，则王官之邑也[20]，子安得之？"晋侯使郤至勿敢争。

宋华元善于令尹子重，又善于栾武子。闻楚人既许晋籴茷成，而使归复命矣。冬，华元如楚，遂如晋，合晋、楚之成。

秦、晋为成，将会于令狐[21]。晋侯先至焉，秦伯不肯涉河，次于王城，使史颗盟晋侯于河东[22]。晋郤犨盟秦伯于河西，范文子曰："是盟也何益？齐盟[23]，所以质信也[24]。会所[25]，信之始也。始之不从，其可质乎？"秦伯归而背晋成。

【注释】

①声伯：即公孙婴齐。不聘：不行媒聘之礼。　②穆姜：鲁宣公夫人。声伯之父叔肸与鲁宣公为同胞兄弟，故穆姜与声伯之母为姒娣。　③姒：姒娣之间，年长者为姒，年幼者为娣。姒，今称嫂。　④二子：实为一男一女。　⑤外弟：指声伯的异父同母弟。　⑥外妹：即声伯异父同母妹。　⑦施氏：即施孝叔。　⑧俪：配偶。　⑨死亡：死及逃亡。亡：灭。　⑩沉其二子：即将其二子投进黄河。　⑪字：慈爱。　⑫誓施氏：发誓不做施氏之妻。　⑬惠、襄：指周惠王、周襄王的后裔族人。　⑭阳樊：地名，在今河南省济源县东南。　⑮刘子：周臣。　⑯鄇：周邑，不详何地。　⑰鄇（hòu）：温之别邑，在今河南省武陟县西南。　⑱抚封：据有封地。　⑲狐氏、阳氏：狐氏指狐溱，曾为温大夫。阳氏指阳处父，温曾为阳氏采邑。　⑳王官：周王官员。　㉑令狐：地名，详见僖公二十四年传注。　㉒史颗：秦大夫。　㉓齐：通"斋"。　㉔质信：保证信用。　㉕会所：会盟的处所。

【译文】

十一年春季，周历三月，成公从晋国回国。晋国人认为成公又暗中勾结楚国，所以就强行扣留了他。直到成公接受了盟约后，才让他回国。

郤犨来鲁国聘问，同时也是为了参加结盟。

声伯的母亲未行聘礼就嫁给了声伯的父亲，穆姜说："我不能容忍一个妾做我的嫂子。"声伯的母亲生了声伯之后就被遗弃了，嫁给了齐国的管于奚。生了两个孩子后又守寡了，最后又带着孩子回到声伯身边。声伯让他的异父弟弟做了大夫，把异父妹妹嫁给了施孝叔。郤犨来鲁国聘问时，请求声伯给他介绍一个妻子。声伯就又把那个异父妹妹从施孝叔手里夺走给了郤犨。那个女人对施孝叔说：“鸟兽都不愿失去配偶，你怎么办呢？”施孝叔说：“我不愿因此而被处死或赶走。”女人就跟郤犨走了，为郤氏生了两个孩子。郤氏灭亡后，晋国人又把她还给了施孝叔，施孝叔在黄河边上迎接，却把她带的两个孩子丢到河里淹死了。女人气愤地说：“你既不能保护自己的妻子而让她离开，又不能爱护别人的孤儿而将他们杀死，这样的人靠什么得到善终？”发誓不再做施氏的妻子。

夏季，季文子到晋国对郤犨的聘问进行回访，同时也是为了参加结盟。

周公楚对周惠王和周襄王后人的逼迫非常厌烦，同时他又与伯舆发生了权力之争，没有得胜，就气得跑回了阳樊。天子让刘子请他回来，他在鄇地和刘子结盟后就回来了。但过了三天，又逃亡到了晋国。

秋季，宣伯到齐国聘问，以重修两国以前的友好关系。

晋国的郤至和周王室争夺鄇田，天子令刘康公、单襄公到晋国争辩是非曲直。郤至说：“温地本来就是我的封地，因此我才不敢丢掉这块地方。”刘康公和单襄公回答说：“从前周朝灭掉商朝后，让诸侯都有了封地。苏忿生被封在温地，并做了司寇，他和檀伯达一样都是被封在黄河北部的。后来苏氏族人投靠了狄人，和狄人合不来，又逃回了卫国。周襄王为了慰劳晋文公而把温地赐给了他。狐氏和阳氏两族人都先后被封在温地，到最后才封给你们这一族。如果要探根寻源，温地是周天子属官的封邑，您又怎么能得到它呢？”晋厉公让郤至不要再争。

宋国的华元和楚国的令尹子重关系很好，和晋国的栾叔也很要好。他听说楚国接受了晋国籴茷的和议，并让他回国复命，便在冬季到了楚国，进一步促成了晋、楚两国的和好。

秦、晋两国达成和议，准备在令狐会谈。晋厉公先行到达，秦桓公不肯渡过黄河，而是驻扎在王城，派史颗到河东和厉公结盟。晋国的郤犨则到河西和桓公结盟。士燮说：“这种结盟有何用处呢？本来斋戒结盟就是为了表示信用，结盟的地点是这种信用的开始。如今一开始在地点上就不讲信用，又怎能说有诚意呢？”果然，桓公回国后就背叛了和议。

成公十二年

经　十有二年春，周公出奔晋。夏，公会晋侯、卫侯于琐泽。秋，晋人败狄于交刚。冬十月。

传 十二年春，王使以周公之难来告。书曰："周公出奔晋。"凡自周无出，周公自出故也。

宋华元克合晋、楚之成。夏五月，晋士燮会楚公子罢、许偃。癸亥^①，盟于宋西门之外，曰："凡晋、楚无相加戎^②，好恶同之，同恤菑危^③，备救凶患。若有害楚，则晋伐之。在晋、楚亦如之。交贽往来^④，道路无壅，谋其不协，而讨不庭^⑤。有渝此盟，明神殛之，俾队其师^⑥，无克胙国^⑦。"郑伯如晋听成^⑧，会于琐泽^⑨，成故也。

狄人间宋之盟以侵晋，而不设备。秋，晋人败狄于交刚^⑩。

晋郤至如楚聘，且莅盟。楚子享之，子反相，为地室而县焉^⑪。郤至将登，金奏作于下^⑫，惊而走出。子反曰："日云莫矣^⑬，寡君须矣^⑭，吾子其入也！"宾曰^⑮："君不忘先君之好，施及下臣，贶之以大礼，重之以备乐^⑯。如天之福，两君相见，何以代此？下臣不敢。"子反曰："如天之福，两君相见，无亦唯是一矢以相加遗^⑰，焉用乐？寡君须矣，吾子其入也！"宾曰："若让之以一矢，祸之大者，其何福之为？世之治也，诸侯间于天子之事^⑱，则相朝也，于是乎有享宴之礼，享以训共俭，宴以示慈惠。共俭以行礼，而慈惠以布政。政以礼成，民是以息。百官承事，朝而不夕^⑲，此公侯之所以扞城其民也^⑳。故《诗》曰：'赳赳武夫，公侯干城^㉑。'及其乱也，诸侯贪冒^㉒，侵欲不忌^㉓，争寻常以尽其民^㉔，略其武夫，以为己腹心股肱爪牙。故《诗》曰：'赳赳武夫，公侯腹心^㉕。'天下有道，则公侯能为民干城，而制其腹心。乱则反之。今吾子之言，乱之道也，不可以为法。然吾子，主也^㉖，至敢不从？"遂入，卒事。归，以语范文子。文子曰："无礼必食言^㉗，吾死无日矣夫！"

冬，楚公子罢如晋聘，且莅盟。十二月，晋侯及楚公子罢盟于赤棘。

【注释】

①癸亥：初四日。 ②加戎：以武力相加。 ③菑危：灾难危险。菑同"灾"。 ④交贽往来：即使者往来。贽，使者往来所携带的聘礼。 ⑤不庭：不朝。此指背盟者。 ⑥队：同"坠"，即颠覆。 ⑦无克胙国：不能保佑国家。胙，通"祚"，福佑。 ⑧听：受。 ⑨琐泽：晋地名，在今河北涉县。 ⑩交刚：地名，具体不详。 ⑪为地室而县：在地下室悬挂钟鼓。县，通"悬"。 ⑫金奏：指钟镈（bó，大钟）奏九种夏乐，先击钟镈，后击鼓磬。春秋时诸侯相见常用此乐曲。 ⑬日云莫：日将正中，即时间不早。莫，同"暮"。 ⑭须：等待。 ⑮宾：指郤至。 ⑯备乐：指金奏。 ⑰一矢以相加遗：用一枝箭相款待，馈赠。暗指战

争。　⑱闲：闲暇。　⑲朝而不息：白天谒见叫"朝"，晚上谒见叫"夕"。　⑳扞城：保护。扞城即干城，干、城为同义词连用。　㉑赳赳武夫二句：出自《诗经·周南·兔罝》篇。㉒贪冒：贪婪。贪、冒为同义词连用。　㉓不忌：无所顾忌。　㉔争寻常以尽其民：争夺尺寸之地，竭尽民力。寻常在古时以八尺为"寻"，一丈六尺为"常"。尽其民，意为驱使百姓在战场卖命。　㉕公侯腹心：句亦见《兔罝》篇。腹心，即心腹。　㉖主：当时国君宴享卿大夫，因地位不等，故国君自己不做主人。此子反为相，代楚共王做主人。　㉗食言：说话不算数。

【译文】

十二年春季，周天子派人来通报周公楚奔逃一事，《春秋》记载说"周公出奔晋。"从王室逃出不称"出"，周公楚是自己出逃，因此才使用"出"字。

宋国的华元促成了晋、楚两国的和谈。夏季五月，晋国的士燮和楚国的公子罢、许偃举行会谈。四日，在宋国的西门外结盟，双方盟誓："今后晋、楚两国不再以武力相争，要团结协作，共同挽救危难，援助灾荒。如果有人危害楚国，晋国将出兵讨伐；楚国对晋国也是这样。两国使者往来，途中不得设置障碍，有不同看法共同协商，有背叛两国者共同讨伐。谁若背叛这一盟誓，神灵将他诛杀，使他的军队毁灭，让他失去国家。"郑成公也到晋国接受和约，并和诸侯在琐泽会见，这都是晋、楚两国缔结了友好的缘故。

狄人抓住晋、楚两国在宋国结盟这个机会，发兵攻打晋国，但自己又没有足够的防备。秋季，晋国人在交刚将狄人打败。

晋国的郤至到楚国聘问，同时参加结盟。楚共王设宴款待他，由子反为相礼，在地下室悬挂上乐器以奏乐助兴。郤至正要登堂，就听到下面奏起了乐曲，他吓得赶紧跑了出来。子反说："天快黑了，寡君正在等候您，您快点进去吧！"郤至回答说："贵君没有忘记和我们先君的友谊，从而善待下臣，又以隆重的礼仪和全套音乐来欢迎我。如果上天赐福给我们，让两国君主相见，那么贵国将使用什么规格的礼节呢？小臣不敢接受这份厚遇。"子反说："如果上天降福让两君相见，也只能在战场上相见，又哪里用得着音乐。寡君正在等您，快点进去吧！"郤至说："如果双方兵戎相见，那么这是祸中之大祸，还说什么上天降福。在天下大治的时代，诸侯完成天子交给的使命之余，还要互相朝见。也正因此，产生了享、宴这种礼仪。享礼用以倡导节俭，宴礼用以表示慈爱恩惠。节俭用以推行礼，慈惠则用以布施政事。政事通过礼完成，百姓因此而安居乐业。百官处理政事都是在早晨而不是晚上，这是公侯用以保护他们百姓的办法。因此《诗经》说：'雄健的武夫，是公侯的护卫。'在社会

中華藏書
春秋左传
中国书房
二〇二三

动乱不安的时代，诸侯都贪婪冒功，四处入侵，无所顾忌，往往为争夺尺寸之地而使百姓生灵涂炭，搜罗他国的武夫作为自己的心腹、帮凶和爪牙。因此《诗经》又说：'雄健的武夫，是公侯的心腹。'如果天下有道，政治清明，公侯就能成为百姓的保护者，从而控制他的心腹。如果是动乱时代，情况就刚好相反。刚才您说的话，是乱世之语，不能作为我们行动的法则。但您是主人，我又怎能不服从呢？"说完就入席了。他把事情办完之后回到晋国，将上述情况告诉了士燮。士燮说："不懂礼的国家，说话肯定不会算数。我们很快就会战死疆场的。"

冬季，楚国的公子罢到晋国聘问，同时参加结盟。十二月，晋厉公和楚国的公子罢在赤棘举行盟会。

成公十三年

经 十有三年春，晋侯使郤锜来乞师。三月，公如京师。夏五月，公自京师，遂会晋侯、齐侯、宋公、卫侯、郑伯、曹伯、邾人、滕人伐秦。曹伯卢卒于师。秋七月，公至自伐秦。冬，葬曹宣公。

传 十三年春，晋侯使郤锜来乞师，将事不敬。孟献子曰："郤氏其亡乎！礼，身之干也。敬，身之基也。郤子无基。且先君之嗣卿也①，受命以求师，将社稷是卫，而惰，弃君命也，不亡何为？"

三月，公如京师。宣伯欲赐②，请先使，王以行人之礼礼焉。孟献子从③。王以为介，而重贿之。

公及诸侯朝王，遂从刘康公、成肃公会晋侯伐秦。成子受脤于社④，不敬。刘子曰："吾闻之，民受天地之中以生⑤，所谓命也。是以有动作礼义威仪之则，以定命也。能者养以之福，不能者败以取祸。是故君子勤礼，小人尽力，勤礼莫如致敬，尽力莫如敦笃⑥。敬在养神⑦，笃在守业⑧。国之大事，在祀与戎，祀有执膰⑨，戎有受脤⑩，神之大节也。今成子惰，弃其命矣，其不反乎？"

夏四月戊午⑪，晋侯使吕相绝秦⑫，曰：

"昔逮我献公，及穆公柤好，戮力同心⑬，申之以盟誓，重之以昏姻。天祸晋国，文公如齐，惠公如秦。无禄⑭，献公即世，穆公不忘旧德，俾我惠公用能奉祀于晋。又不能成大勋，而为韩之师⑮。亦悔于厥心，用集我文公⑯，是穆之成也。文公躬擐甲胄，跋履山川，逾越险阻，征东之诸侯，虞、夏、商、周之胤⑰，而朝诸秦，则亦既报旧德矣。郑人怒君之疆埸，我文公帅诸侯及秦围郑。秦大夫不询于我寡君⑱，擅及郑盟。诸侯疾之，将致命于秦⑲。文公恐惧，绥静诸侯，秦师克还无害，则是我有大造于西也⑳。无禄，文公即世，穆为不吊㉑，蔑死我君㉒，寡我襄公㉓，迭我殽地㉔，奸绝我好㉕，伐我保城㉖，殄灭我费滑㉗，散离我兄弟㉘，挠乱我同盟，倾覆我国家。我襄公未忘君之旧勋，而惧社稷之陨，是以有殽之师。犹愿赦罪于穆公㉙，穆公弗听，而即楚谋我。天诱其衷㉚，成王殒命，穆公是以不克逞志于我。穆、襄即世，康、灵即位㉛。康公，我之自出㉜，又欲阙翦我公室㉝，倾覆我社稷，帅我蝥贼㉞，以来荡摇我边疆。我是以有令狐之役。康犹不悛㉟，入我河曲，伐我涑川㊱，俘我王官㊲，翦我羁马。我是以有河曲之战。东道之不通，则是康公绝我好也。

及君之嗣也，我君景公引领西望曰：'庶抚我乎！'君亦不惠称盟㊳，利吾有狄难，入我河县㊴，焚我箕、郜㊵，芟夷我农功㊶，虔刘我边陲㊷。我是以有辅氏之聚㊸。君亦悔祸之延㊹，而欲徼福于先君献、穆，使伯车来㊺，命我景公曰：'吾与女同好弃恶，复修旧德，以追念前勋。'言誓未就，景公即世。我寡君是以有令狐之会。君又不详㊻，背弃盟誓。白狄及君同州㊼，君之仇雠，而我之昏烟也。君来赐命曰：'吾与女伐狄。'寡君不敢顾昏姻，畏君之威，而受命于吏。君有二心于狄，曰：'晋将伐女。'狄应且憎㊽，是用告我。楚人恶君之二三其德也，亦来告我曰：'秦背令狐之盟，而来求盟于我，昭告昊天上帝、秦三公㊾、楚三王，曰㊿："余虽与晋出入(51)，余唯利是视。"不穀恶其无成德(52)，是用宣之，以惩不壹(53)。'诸侯备闻此言，斯是用痛心疾首，昵就寡人(54)。寡人帅以听命，唯好是求。君若惠顾诸侯，矜哀寡人，而赐之盟，则寡人之愿也。其承宁诸侯以退(55)，岂敢徼乱。君若不施大惠，寡人不佞(56)，其不能以诸侯退矣。敢尽布之执事，俾执事实图利之(57)！"

秦桓公既与晋厉公为令狐之盟，而又召狄与楚，欲道以伐晋，诸侯是以睦于晋。晋栾书将中军，荀庚佐之。士燮将上军，郤锜佐之。韩厥将下军，荀罃佐之。赵旃将新军，郤至佐之。郤毅御戎(58)，栾鍼为右(59)。孟献子曰："晋帅乘和，师必由大功。"五月丁亥(60)，晋师以诸侯之师及秦师战于麻隧(61)。秦师败绩，获秦成差及不更女父(62)。曹宣公卒于师。师遂济泾(63)，及侯丽而还(64)。迓晋侯于新楚(65)。

成肃公卒于瑕(66)。

六月丁卯夜(67)，郑公子班自訾求入于大宫，不能，杀子印、子羽(68)。反军于市。己巳⁶⁹，子驷帅国人盟于大宫，遂从而尽焚之，杀子如、子駹、孙叔、孙知⁷⁰。

曹人使公子负刍守⁷¹，使公子欣时逆曹伯之丧。秋，负刍杀其大子而自立也。诸侯乃请讨之，晋人以其役之劳⁷²，请侯他年。冬，葬曹宣公。既葬，子臧将亡⁷³，国人皆将从之。成公乃惧⁷⁴，告罪，且请焉。乃反，而致其邑。

【注释】

①嗣卿：继承其父的卿位。　②宣伯，欲赐：宣伯即叔孙侨如。欲赐，欲得周王赏赐。　③孟献子：即仲孙蔑。　④成子：指成肃公。　⑤天地之中：指天地的中和之气。　⑥敦笃：敦厚笃实。　⑦养神：供奉鬼神。　⑧守业：安守本分。　⑨执膰（fán）：一种祭礼。即祭祀完毕后，将祭肉分与有关人员。　⑩受脤（shèn）：详见闵公二年传注。　⑪戊午：五日。　⑫吕相：即魏锜之子魏相。　⑬戮力：并力。　⑭无禄：不幸。　⑮韩之师：指秦晋韩原之战。　⑯集：成全，成就。　⑰胤：后代。　⑱秦大夫：实指秦穆公。此为委婉的说法。　⑲致命：拼命。　⑳有大造于西：有大功于秦国。西，指秦国。　㉑穆为不吊：秦穆公做事不善。　㉒蔑死我君：即蔑视我故去的国君。　㉓寡：弱小。用作动词。　㉔迭：借为"佚"，侵犯。　㉕奸绝：断绝。　㉖保城：城邑。保，通堡，小城。　㉗费滑：即滑国。费为滑国都城。　㉘兄弟：指姬姓兄弟国家。　㉙赦罪：释罪，即和解。　㉚天诱其衷：详见僖公二十八年传注。　㉛康、灵即位：指秦康公、晋灵公做国君。　㉜我之自出：康公母为晋女，是晋之外甥。　㉝阙翦：损害。　㉞蟊（máo）贼：害虫。指秦送公子雍回晋国争位。　㉟不悛：不改。　㊱涑（sù）川：地名，在今山西省永济县东北。　㊲王官：见文公三年传注。　㊳不惠称盟：不愿施恩会盟。　㊴河县：疑为河曲之变文。　㊵箕、郜：二地名。箕，见僖公十三年传注。郜，当距箕不远。　㊶农功：庄稼。　㊷虔刘：骚扰杀掠。　㊸辅氏之聚：即辅氏之战，此战役见宣公十五年传。聚，战。　㊹延：蔓延。　㊺伯车：秦桓公之子。名铖。　㊻不详：与"不吊"同义。　㊼同州：即同在雍州境。　㊽狄应且憎：狄人接受而又厌恶。应，受。　㊾秦三公：指秦穆公、康公、共公。　㊿楚三王：指楚成王、穆王、庄王。　51出入：往来。　52无成德：即反复无常。　53不壹：指言行不一。　54昵就：亲近。　55承宁：止息，安定。　56不佞：不才，不敏。　57图利：权衡利害。　58郤毅：郤至之弟。　59栾铖：栾书之子。　60丁亥：四日。　61麻隧：秦地名，在今陕西省咸阳县北。　62成差：秦臣。不更女父：不更，即车右。女父，人名。　63泾：泾水，流经泾阳县南然后入渭水。　64侯丽：地名，当在泾水南岸。　65新楚：妾地，当在今陕西大荔县境。　66瑕：晋地，详见僖公三十年传注。　67丁卯：十五日。　68子印、子羽：二人均为郑穆公之子。　69己巳：十七日。　70子如：即公子班。子駹（páng）：子如之弟。孙叔、孙知：孙叔为子如之子，孙知为子駹之子。　71公子负刍、公子欣时：皆为曹宣公庶子。　72劳：功劳。　73子臧：公子欣时之字。　74成公：即负刍。

　　十三年春季，晋厉公派郤锜来鲁国请求出兵，态度不够恭敬。孟献子说："郤氏恐怕要灭亡了。礼，犹如一个人身体的躯干。恭敬，就像身体的基础。郤子已经丧失了立身的基础。再说他作为先君的嗣卿，本是受命前来请求出兵以保卫国家的，却如此怠惰无礼，这是弃君命于不顾。他怎能不灭亡呢？"

　　三月，成公到京城朝见天子。宣伯想得到赏赐，请求先到京城，天子只用对普通外交人员的礼节接待他。等到孟献子跟随成公到了京城，天子却把他作为成公的副手重加赏赐。

　　成公和诸侯朝见天子后，跟随刘康公、成肃公会同晋厉公攻打秦国。出发前在社庙祭祀分发社肉时，成肃公不够恭敬。刘康公说："我听说：百姓依靠天地中和之气而生存，这就是天命。因此就有了规范人们动作、礼仪、威仪的各种法则，用以安定一个人的命运。贤能的人遵循这些法则得到福禄，无能的人败坏这些法则招致灾祸。因此君子勤于礼，小人则竭尽力气。勤于礼最重要的是要恭敬，竭尽力气则需要朴实宽厚。恭敬表现为供奉神明，宽厚朴实表现为安于本分。一个国家的大事就是祭祀和战争。祭祀有分享祭肉之礼，作战则有分发社肉之礼，这都是事奉神明的重大礼节。现在成子怠惰无礼，把天命都弃置不理了，他还能活着回国吗？"

　　夏季四月五日，晋厉公派吕相前去断绝和秦国的外交关系，绝交书说：

　　"从我们晋献公和你们秦穆公开始，晋、秦两国就一直非常友好。两国同心协力，立下盟誓，并结为婚姻。后来天降灾祸给晋国，文公到了齐国，惠公到了秦国。不幸的是献公又去世了。穆公不忘两国旧日情谊，使惠公能继承晋国君位。遗憾的是秦国没能为两国和好建立更大的功勋，而发动了韩地之战。后来你们有所懊悔，又支持文公登上君位，这都是秦穆公的功劳。文公身披甲胄，跋山涉水，历尽艰难险阻，征服了东方的诸侯，使这些虞、夏、商、周的后代都来朝见秦国，可以说是报答了秦国的恩德。郑国人侵犯贵国边境，是我们文公率领诸侯和秦军攻打郑国。当时秦国大夫没有征求寡君的意见，擅自和郑国订立了和约。诸侯们对此都义愤填膺，决心和秦国拼死一战。是我们文公为贵国分忧，安抚诸侯，使秦军得以平安回国，没有受到伤害，这可以说是我们对贵国的大功劳了吧。文公不幸去世后，穆公不但不来吊唁，蔑视我们去世的国君，而且还趁机欺凌我们软弱的襄公，侵犯我们的殽地，断绝和我国的友好关系，攻打我们的城堡，灭亡我们的滑国，离间我兄弟国家的关系，破坏我们同盟国的团结，企图颠覆我国。我们襄公虽然不曾忘记昔日贵国的功劳，但为使国家免遭灭亡，不得已才匆忙地发兵。即使如此，仍然希望秦穆公能赦免我们的罪过，但穆公一意孤行，而且和楚国勾结起来对付我们。所幸上帝有灵，楚成王被害，使穆公的阴谋未能得逞。穆公、襄公去世后，秦康公和晋灵公即位。康公是我晋国的外甥，也想毁灭我们宫室，颠覆我们国家，还勾结我们国内的小人骚扰我国的边境。为此两国发生了令狐之战。秦康公仍不思悔改，继续侵我河曲，攻我涑川，劫我王官，灭我羁马。因此我们之间又有了河曲一战。秦、晋之间断绝了友好往来，完全是秦康公拒绝和我们友好的缘故。"

"等到国君您继位，我们景公翘首西望说：'这下大概秦国会安抚我们了吧！'令人失望的是，您也不肯屈尊和我们结盟，并且利用我们遭到狄人入侵的机会侵入我国河县，焚烧我箕、郜二地，抢收我庄稼，杀害我边疆百姓。因此我们才有了辅氏一战。国君您也对战火如此蔓延不息深感后悔，并祈求先君献公、穆公保佑，派伯车对我们景公说：'我和你要捐弃前嫌，同修旧好，以此表示对先君功勋的怀念！'盟约还没有订立，景公就去世了。因此寡君和贵国举行了令狐会盟。但您不怀好意，转眼又背弃了盟约。白狄和您同处一州，它是您的仇人，却是我们的姻亲。您派人传令说：'我和你们一起攻打白狄！'此时寡君不敢顾及亲戚关系，迫于您的威力，不得已接受了命令。可是您却又改变了主意，讨好白狄说：'晋国人要来攻打你们了。'白狄虽然表面上应付，内心却对你们非常憎恶，把此事告诉了我们。如今楚国人也很讨厌你们的这种反复无常。他们来告诉我们：'秦国背叛了和贵国的令狐之盟，而来和我们结盟，他们对着皇天上帝、秦国三公、楚国三王发誓说："我们虽然与晋国往来，但纯粹是唯利是图。"我们楚三非常讨厌他们这种出尔反尔，所以才把它公之于众，以惩罚它们言行不一。'诸侯们听了这些话，都为秦国痛心疾首，也就更加亲近我们。现在寡君率领诸侯前来听候国君的吩咐，目的是谋求友好。国君如果为诸侯着想，怜悯我们，肯与我们结盟，将是我们国君的愿望。这样我们就可以安抚诸侯退兵回去，哪里还敢制造战乱呢？但如果国君不肯施惠，那么寡君就没有本事能让诸侯们退兵了。我们把想说的全都坦率地说完了，请国君权衡利弊。"

秦桓公在和晋厉公订立了令狐之盟后，马上就联络狄人和楚国，要引导他们一起攻打晋国。因为这件事，诸侯们反而跟晋国更为团结了。此时晋国的栾书率领中军，荀庚为副帅。士燮率领上军，郤锜为副帅。韩厥率领下军，荀罃为副帅。赵旃率领新军，郤至为副帅。郤毅驾驭战车，栾鍼为车右。孟献子说："晋国的将士上下齐心，军队定能大获全胜。"五月四日，晋军率领诸侯的军队在麻隧和秦军作战。秦军大败，晋军俘获了秦国的大夫成差和车右女父。曹宣公死于军中。晋军渡过泾水，推进到侯丽才回来。军队在新楚迎接晋厉公。

成肃公在瑕地去世。

六月十五日夜间，郑国的公子班想从郑国的訾地去郑国祖庙，没能如愿，就杀了子印和子羽。然后又率军返回市内驻扎。十七日，子驷率领国人在神庙内结盟，随后率军追赶公子班，一把火把他驻扎的地方烧了，并杀了公子班、子狐、孙叔、孙知。

曹国人派公子负当留守国内，派公子欣时前往迎接曹宣公的灵柩。秋季，负刍杀了太子而自立为君。诸侯请求讨伐他，晋国人以他在对秦作战中有功为由，请求等到下一年再讨伐。冬季，安葬了曹宣公。之后，欣时准备逃往国外，国人都要跟他走。成公害怕了，连忙承认犯下的罪过，请求欣时不要出走。这样，欣时又回到曹国，并把自己的封邑送给了成公。

成公十四年

经 十有四年春，王正月，莒子朱卒。夏，卫孙林父自晋归于卫。秋，叔孙侨如如齐逆女。郑公子喜帅师伐许。九月，侨如以夫人妇姜氏至自齐。冬十月庚寅，卫侯臧卒。秦伯卒。

传 十四年春，卫侯如晋，晋侯强见孙林父焉①，定公不可②。夏，卫侯既归，晋侯使郤犨送孙林父而见之。卫侯欲辞，定姜曰③："不可。是先君宗卿之嗣也④，大国又以为请，不许，将亡。虽恶之，不犹愈于亡乎？君其忍之！安民而宥宗卿，不亦可乎？"卫侯见而复之。

卫侯飨苦成叔⑤，宁惠子相⑥。苦成叔傲。宁子曰："苦成家其亡乎！古之为享食也，以观威仪、省祸福也⑦"。故《诗》曰："兕觥其觩，旨酒思柔。彼交匪傲，万福来求⑧。'今夫子傲，取祸之道也。"

秋，宣伯如齐逆女。称族⑨，尊君命也。

八月，郑子罕伐许，败焉。戊戌⑩，郑伯复伐许。庚子⑪，入其郛。许人平以叔申之封⑫。

九月，侨如以夫人妇姜氏至自齐。舍族⑬，尊夫人也。故君子曰："《春秋》之称，微而显^⑭，志而晦^⑮，婉而成章^⑯，尽而不汙^⑰，惩恶而劝善。非圣人谁能修之?"

卫侯有疾，使孔成子、宁惠子立敬姒之子衎以为大子^⑱。冬十月，卫定公卒。夫人姜氏既哭而息，见大子之不哀也，不内酳饮^⑲。叹曰："是夫也，将不唯卫国之败，其必始于未亡人! 呜呼! 天祸卫国也夫! 吾不获鱄也使主社稷^⑳。"大夫闻之，无不悚惧。孙文子自是不敢舍其重器于卫^㉑，尽置诸戚^㉒，而甚善晋大夫^㉓。

【注释】

①强见孙林父：即晋候勉强卫侯接见孙林父。　②定公：即卫侯。　③定姜：定公夫人。
④先君宗卿：先君指定公之父卫穆公，宗卿指孙林父之父孙良夫。孙氏与卫君同宗，孙良夫曾为卫执政大臣。　⑤飨苦成叔：设享礼招待苦成叔。苦成叔，即郤犨。　⑥宁惠子：卫臣，即宁殖。　⑦省祸福：省察祸福。　⑧兕（sì）觥其觩（qiú）四句：出自《诗经·小雅·桑扈》篇。兕觥，古代用犀牛角制成的酒器。觩：弯曲的样子。旨酒思柔：美酒柔和。思，语中助词。彼交匪傲：不骄不傲。彼，通"匪"。交，借为"骄"。求：聚焦。　⑨称族：称呼族名，指称叔孙。　⑩戊戌：二十三日。　⑪庚子：二十五日。　⑫叔申之封：见成公四年传。叔申，即公孙申。　⑬舍族：指不称叔孙。　⑭微而显：言精而意明。　⑮志而晦：记载史实含蓄深远。　⑯婉而成章：表达婉转而顺理成章。　⑰尽而不汙：直言其事而不歪曲。汙，不正。　⑱孔成子：即孔烝钼，孔达之子。敬姒：当是卫定公妾。衎（kàn）：即卫献肥。　⑲不内酳饮：不饮水。内，通"纳"。据《礼记·丧大记》载，死者殡后，夫人世妇诸妻皆疏食水饮，酳饮即指疏食水饮。　⑳鱄（zhuān）：卫献公的母弟。　㉑重器：宝重之器。　㉒戚：孙氏采邑。　㉓善：交好。

【译文】

十四年春季，卫定公到晋国访问，晋厉公强行让他接见孙林父，定公不肯。夏季，卫定公回到国内，晋厉公派郤犨送孙林父回国拜见国君。卫定公准备拒绝，定公夫人定姜说："不能这么做。孙林父是先君同宗卿的后人，而且又有大国来请求，不同意，势必要亡国。即使讨厌他，不是也比亡国更好一些吗? 国君应该忍耐一下。您接见他，既安定了百姓，又赦免了宗卿，岂不两全其美?"于是卫定公接见了孙林父，并恢复了他的职位和封地。

卫定公设宴款待郤犨，由宁惠子为相礼。席间郤犨极为傲慢。宁惠子说："郤犨家族将要灭亡。自古以来，设宴款待，就是为了观察一个人的言行威仪，了解他的祸福。因此《诗经》说：'酒杯虽大，酒性柔和，不骄不傲，福禄全到。'现在那个人傲慢无礼，这实在是自取灾祸啊。"

秋季，宣伯到齐国为鲁成公迎娶齐女。《春秋》称呼宣伯的族名"叔孙"，表示他是奉君命而去的。

八月，郑国的子罕讨伐许国，被打败。二十三日，郑成公再次攻打许国。二十五日，攻入许都外城。许国人被迫以叔申的封地送给郑国求和。

九月，宣伯领着夫人姜氏从齐国回来。这次《春秋》不称他的族名"叔孙"，是为了尊重夫人。因此君子们认为："《春秋》的语言，文辞细密但含义显明，记载史实又意义深远，委婉含蓄但顺理成章，记述全面又无所歪曲，惩戒邪恶，劝化善行。如果不是圣人，谁能达到这种程度呢？"

卫定公患了病，让孔成子、宁惠子拥立他的妾敬姒的儿子衎为太子。冬季十月，卫定公去世。夫人定姜哭了一阵就停下来了，她看到太子并不悲哀，气得连水也不喝了。叹道："太子这个人啊，不但会使卫国走向灭亡，而且还一定会从我身上开刀。唉！这大概是上天降祸给卫国吧！我后悔没有让他的同母弟弟鱄来做国君。"大夫们听到以后，都十分害怕。从此孙林父不敢把他的贵重物品放在卫都，而是移到了他的封邑戚地，同时也很注意和晋国的大夫们搞好关系。

成公十五年

经　十有五年春，王二月，葬卫定公。三月乙巳，仲婴齐卒。癸丑，公会晋侯、卫侯、郑伯、曹伯、宋世子成、齐国佐、邾人同盟于戚。晋侯执曹伯归于京师。公至自会。夏六月，宋公固卒。楚子伐郑。秋八月庚辰，葬宋共公。宋华元出奔晋。宋华元自晋归于宋。宋杀其大夫山。宋鱼石出奔楚。冬十有一月，叔孙侨如会晋士燮、齐高无咎、宋华元、卫孙林父、郑公子鳅、邾人会吴于钟离。许迁于叶。

传　十五年春，会于戚，讨曹成公也。执而归诸京师。书曰："晋侯执曹伯。"不及其民也[1]。凡君不道于其民，诸侯讨而执之，则曰某人执某侯。不然，则否。

诸侯将见子臧于王而立之[2]，子臧辞曰："《前志》有之[3]，曰：'圣达节[4]，次守节[5]，下失节[6]。'为君，非吾节也。虽不能圣，敢失守乎[7]？"遂逃，奔宋。

夏六月，宋共公卒。

楚将北师⑧。子襄曰⑨："新与晋盟而背之，无乃不可乎？"子反曰："敌利则进，何盟之有？"申叔时老矣，在申，闻之，曰："子反必不免。信以守礼，礼以庇身⑩，信礼之亡，欲免得乎？"

楚子侵郑，及暴隧⑪，遂侵卫，及首止⑫。郑子罕侵楚，取新石⑬。

栾武子欲报楚⑭，韩献子曰："无庸。使重其罪⑮，民将叛之。无民，孰战？"

秋八月，葬宋共公。于是华元为右师，鱼石为左师⑯，荡泽为司马⑰，华喜为司徒，公孙师为司城，向为人为大司寇，鳞朱为少司寇，向带为大宰，鱼府为少宰。荡泽弱公室⑱，杀公子肥。华元曰："我为右师，君臣之训，师所司也。今公室卑而不能正，吾罪大矣。不能治官⑲，敢赖宠乎？"乃出奔晋。

二华，戴族也⑳。司城，庄族也。六官者㉑，皆桓族也。鱼石将止华元，鱼府曰："右师反㉒，必讨，是无桓氏也。"鱼石曰："右师苟获反，虽许之讨，必不敢。且多大功，国人与之，不反，惧桓氏之无祀于宋也㉓。右师讨，犹有戌在㉔，桓氏虽亡，必偏㉕。"鱼石自止华元于河上。请讨，许之，乃反。使华喜、公孙师帅国人攻荡氏，杀子山。书曰："宋杀其大夫山。"言背其族也。

鱼石、向为人、鳞朱、向带、鱼府出舍于睢上㉖。华元使止之，不可。冬十月，华元自止之，不可。乃反。鱼府曰："今不从，不得入矣。右师视速而言疾㉗，有异志焉㉘。若不我纳，今将驰矣。"登丘而望之，则驰。骋而从之，则决睢澨㉙，闭门登陴矣。左师、二司寇、二宰遂出奔楚。华元使向戌为左师，老佐为司马㉚，乐裔为司寇，以靖国人。

晋三郤害伯宗㉛，谮而杀之，及栾弗忌㉜。伯州犁奔楚㉝。韩献子曰："郤氏其不免乎！善人，天地之纪也，而骤绝之㉞，不亡何待？"

初，伯宗每朝，其妻必戒之曰："盗憎主人，民恶其上。子好直言，必及于难。"

十一月，会吴于钟离㉟，始通吴也。

许灵公畏逼于郑，请迁于楚。辛丑㊱，楚公子申迁许于叶。

【注释】

①不及其民：即其罪祸未延及百姓。　②子臧：即公子欣时。详见成公十三年传。　③《前志》：古书名。　④圣达节：圣人于进退、上下皆合节操。　⑤次守节：次者仅能保守节操。　⑥下失节：下等者失去节操。　⑦失守：即失节。　⑧北师：出兵北方。　⑨子襄：楚共王弟，庄王子，又称公子贞。　⑩庇身：保护生存。　⑪暴隧：本为周室暴辛公采地，后属郑，当在河南省原阳县西。　⑫首止：卫地，在河南省睢县东南。　⑬新石：楚邑，当在今河

南叶县境内。　⑭报楚：报复楚国。　⑮重其罪：加重其罪过。　⑯鱼石：公子目夷的曾孙。　⑰荡泽：名山，公孙寿之孙。　⑱弱公室：削弱公室。　⑲治官：尽职责。　⑳二华：指华元、华喜。戴族：宋戴公之后。　㉑六官：指鱼石、荡泽、向为人、鳞朱、向带、鱼府。　㉒反：通"返"。　㉓无衉于宋：即在宋被灭掉。　㉔戍：向戍，出自桓族，或是华元党羽。　㉕偏：一部分。　㉖睢上：睢水岸边。距宋都不远。睢水今已湮塞。　㉗视速而言疾：目光快速，言语急迫。　㉘异志：别的想法，意即非真心挽留。　㉙决睢澨：掘开睢水堤防。澨：堤防。　㉚老佐：人名，宋戴公五世孙。　㉛三郤：指郤锜、郤犨与郤至。伯宗：晋大夫，见宣公十五年传。　㉜栾弗忌：伯宗党羽。　㉝伯州犂：伯宗之子。　㉞骤绝之：屡次灭绝我们。　㉟钟离：吴邑，在今安徽凤阳县东。　㊱辛丑：十一月三日。

【译文】

　　十五年春季，成公和晋厉公、卫献公、郑成公、曹成公、宋国的世子成、齐国的国佐、邾人等在戚地结盟，目的是要讨伐曹成公。在盟会上把曹成公抓住后送到了京城。《春秋》记载"晋侯执曹伯"，表示并不连累曹国百姓。凡是国君对百姓无道，诸侯讨伐将其抓住，称为"某人执某侯"，否则就不这样写。

　　诸侯准备让子臧去进见天子，然后立他为曹君，他推辞说："《前志》有句话说：'圣人是通达节操，其次是保守节操；最下等的是失去节操。'出任国君不符合我的节操。我虽然不能成为圣人，也不敢失去或保守节操。"就逃亡到了宋国。

　　夏季六月，宋共公去世。

　　楚国准备侵略北方。子囊说："我们刚刚和晋国结盟，就转而背叛了它，恐怕不行吧？"子反说："敌情对我有利就要进攻，不用顾忌结盟不结盟。"此时申叔时已告老退休，住在申地，听说这一消息后，说："子反将难免灾祸。信用是用来保护礼的，礼是用来保护自身的，如果信用和礼都没有了，想免于灾祸也办不到。"

　　楚共王入侵郑国，攻至暴隧，又入侵卫国，进至首止。郑国的子罕发兵攻打楚国，攻占了新石。

　　栾书想要报复楚国，韩厥说："用不着这么做。尽可让他们加重自己的罪过，到一定时候，百姓必然会背叛他们。失去了百姓，还靠什么作战？"

　　秋季，安葬了宋共公。此时华元担任右师，鱼石担任左师，荡泽担任司马，华喜担任司徒，公孙师担任司城，向为人担任大司寇，鳞朱担任少司寇，向带担任太宰，鱼府担任少宰。荡泽打算削弱公室，就杀了公子肥。华元说：

"我担任右师，君臣之礼都是我所掌管的。如今公室衰弱，我又无力拨正，我的罪过可就大了。不能尽职尽责，还希望得到什么宠信呢？"便逃亡到了晋国。

二华即华元、华喜，都是宋戴公的后人。司城公孙师是宋庄公的后人，其余六个大臣鱼石、荡泽、向为人、鳞朱、向带、鱼府都是宋桓公的后人。鱼石本来准备劝阻华元不要出逃，但鱼府说："右师如果回来，必然会讨伐荡泽，这样就会连带把我们这些桓公子孙一并铲除。"鱼石说："假如右师能够回来，即使准许他讨伐罪人，他也肯定不敢。再说他功劳卓著，国人都很亲近他，如果不让他回来，恐怕国人要将我们这一族人消灭，从而使我们祖先的神灵得不到祭祀啊。即使右师要讨伐荡泽，肯定也不会讨伐他的党羽向戌。向戌也是桓族后代，即使我们灭亡，对桓族说也只是灭亡了一部分。"于是鱼石就赶到黄河阻止华元出国，华元提出要讨伐荡泽，鱼石同意，华元才回来。然后派华喜、公孙师率领国人攻打荡氏，杀了荡泽。《春秋》中记载为"宋杀其大夫山"，是说荡泽背叛了他的族人。

鱼石、向为人、鳞朱、向带、鱼府都离开国都住到睢水边上。华元派人阻止他们，他们不听。冬季十月，华元又亲自去劝他们，还是没有同意。华元只好回来了。鱼府说："现在如果不听从华元的劝告，以后就不能回宋都了。我看华元目光敏锐，说话很快，一定是别有用心，并不是真心要挽留我们。如果他不是真心让我们回去，现在肯定已经驱车回去了。"五人登上土丘远眺，果然看见华元已飞车远去。五人便也驱车跟了上去，走到国都，华元已掘开睢水大堤，关上城门登上城墙，严阵以待了。于是，这五个人就逃亡到了楚国。华元委任向戌担任左师，老佐担任司马，乐裔担任司寇，以安定国内百姓。

晋国的郤锜、郤至、郤犨勾结起来迫害伯宗，在国君面前诬陷他，最后把他杀害，并且还杀了栾弗忌。伯州犁逃亡到了楚国。韩厥说："郤氏必将难逃大祸！好人是维系天地的纲纪，却屡次杀害他们。还能不灭亡吗？"

当初，伯宗每次朝见国君，他的妻子必定告诫他："盗贼憎恨主人，百姓讨厌大官。你一贯直言相谏，肯定要遇到灾祸。"

十一月，叔孙侨如和晋国的士燮、齐国的高无咎、宋国的华元、卫国的孙林父、郑国的公子鳍在钟离和吴国举行了会谈，这是中原各国首次和吴国往来。

许灵公害怕郑国的屡次入侵，请求迁到楚国居住。三日，楚国的公子申把许国迁到了叶城。

成公十六年

经　十有六年春，王正月，雨，木冰。夏四月辛未，滕子卒。郑公子喜帅师侵宋。六月，丙寅朔，日有食之。晋侯使栾黡来乞师。甲午晦，晋侯及楚子、郑伯战于鄢陵。楚子、郑师败绩。楚杀其大夫公子侧。秋，公会晋侯、齐侯、卫侯、宋华元、邾人于沙随，不见公。公至自会。公会尹子、晋侯、齐国佐、邾人伐郑。曹伯归自京师。九月，晋人执季孙行父，舍之于苕丘。冬十月乙亥，叔孙侨如出奔齐。十有二月乙丑，季孙行父及晋郤犨盟于扈。公至自会。乙酉，刺公子偃。

传　十六年春，楚子自武城使公子成以汝阴之田求成于郑①。郑叛晋，子驷从楚子盟于武城②。

夏四月，滕文公卒。

郑子罕伐宋。宋将鉏③、乐惧败诸汋陂④。退舍于夫渠，不儆⑤，郑人覆之，败诸汋陵⑥，获将鉏、乐惧。宋恃胜也。

卫侯伐郑，至于鸣雁⑦，为晋故也。

晋侯将伐郑，范文子曰：“若逞吾愿，诸侯皆叛，晋可以逞⑧。若唯郑叛，晋国之忧，可立俟也。”栾武子曰：“不可以当吾世而失诸侯，必伐郑。”乃兴师。栾书将中军，士燮佐之。郤锜将上军，荀偃佐之。韩厥将下军，郤至佐新军，荀䓨居守。郤犨如卫，遂如齐，皆乞师焉。栾黡来乞师，孟献子曰：“有胜矣。”戊寅⑨，晋师起。

郑人闻有晋师，使告于楚，姚句耳于往⑩。楚子救郑，司马将中军，令尹将左，右尹子辛将右。过申、子反入见申叔时，曰：“师其何如？”对曰：“德、刑、详、义、礼、信，战之器也⑪。德以施惠，刑以正邪，详以事神，义以建利，礼以顺时，信以守物。民生厚而德正，用利而事节⑫，时顺而物成⑬。上下和睦，周旋不逆，求无不具，各知其极⑭。故《诗》曰：‘立我烝民，莫匪尔极⑮。’是以神降之福，时无灾害，民生敦庬⑯，和同以听，莫不尽力以从上命，致死以补其阙⑰。此战之所由克也。今楚内弃其民，而外绝其好，渎齐盟⑱，而食话言，奸时以动⑲，而疲民以逞⑳。民不知信，进退罪也㉑。人恤所底㉒，其谁致死？子其勉之！吾不复见子矣。”姚句耳先归，子驷问焉，对曰：“其行速，过险而不整。速则失志㉓，不整，丧列㉔，志失列丧，将何以战？楚惧不可用也。"

五月，晋师济河。闻楚师将至，范文子欲反，曰："我伪逃楚，可以纾忧。夫合诸侯，非吾所能也，以遗能者。我若群臣辑睦以事君，多矣㉕。"武子曰："不可。"

六月，晋、楚遇于鄢陵。范文子不欲战，郤至曰："韩之战，惠公不振旅㉖。箕之役，先轸不反命㉗。邲之师，荀伯不复从㉘。皆晋之耻也。子亦见先君之事矣。今我辟楚，又益耻也。"文子曰："吾先君之亟战也㉙，有故。秦、狄、齐、楚皆强，不尽力，子孙将弱。今三强服矣，敌楚而已。唯圣人能外内无患，自非圣人㉚，外宁必有内忧。盍释楚以为外惧乎？"

甲午晦㉛，楚晨压晋军而陈。军吏患之。范匄趋进㉜，曰："塞井夷灶，陈于军中，而疏行首㉝。晋、楚唯天所授，何患焉？"文子执戈逐之㉞，曰："国之存亡，天也。童子何知焉？"栾书曰："楚师轻窕㉟，固垒而待之，三日必退，退而击之，必获胜焉。"郤至曰："楚有六间㊱，不可失也：其二卿相恶㊲；王卒以旧㊳；郑陈而不整；蛮军而不陈；陈不违晦㊴；在陈而嚣㊵，合而加嚣㊶，各顾其后，莫有斗心。旧不必良㊷，以犯天忌㊸。我必克之。"

楚子登巢车以望晋军㊹，子重使大宰伯州犁侍于王后㊺。王曰："骋而左右㊻，何也？"曰："召军吏也。""皆聚于军中矣！"曰："合谋也。""张幕矣。"曰："虔卜于先君也。""彻幕矣！"曰："将发命也。""甚嚣，且尘上矣㊼！"曰："将塞井夷灶而为行也。""皆乘矣，左右执兵而下矣！"曰："听誓也㊽。""战乎？"曰："未可知也。""乘而左右皆下矣！"曰："战祷也㊾。"伯州犁以公卒告王㊿。苗贲皇在晋侯之侧[51]，亦以王卒告。皆曰："国士在[52]，且厚，不可当也。"苗贲皇言于晋侯曰："楚之良，在其中军王族而已。请分良以击其左右，而三军萃于王卒[53]，必大败之。"公筮之，史曰[54]："吉。其卦遇《复》䷗[55]，曰：'南国蹙[56]，射其元王，中厥目[57]。'国蹙王伤，不败何待？"公从之。

有淖于前，乃皆左右相违于淖。步毅御晋厉公[58]，栾鍼为右。彭名御楚共王，潘党为右。石首御郑成公，唐苟为右。栾、范以其族夹公行[59]，陷于淖。栾书将载晋侯，鍼曰："书退！国有大任[60]，焉得专之？且侵官，冒也[61]；失官，慢也；离局，奸也[62]。有三罪焉，不可犯也。"乃掀公以出于淖[63]。

癸巳[64]，潘尪之党与养由基蹲甲而射之[65]，彻七札焉[66]。以示王，曰："君有二臣如此，何忧于战？"王怒曰："大辱国[67]。诘朝，尔射，死艺[68]。"吕锜梦射月[69]，中之，退入于泥。占之，曰："姬姓，日也。异姓，月也。必楚王也。

射而中之，退入于泥，亦必死矣。"及战，射共王，中目。王召养由基，与之两矢，使射吕锜，中项，伏弢⑩。以一矢复命。

郤至三遇楚子之卒，见楚子，必下，免胄而趋风⑪。楚子使工尹襄问之以弓⑫，曰："方事之殷也⑬，有韎韦之跗注⑭，君子也。识见不穀而趋⑮，无乃伤乎？"郤至见客⑯，免胄承命，曰："君之外臣至，从寡君之戎事，以君之灵，间蒙甲胄⑰，不敢拜命⑱。敢告不宁君命之辱⑲，为事之故，敢肃使者⑳。"三肃使者而退。

晋韩厥从郑伯，其御杜溷罗曰："速从之！其御屡顾，不在马，可及也。"韩厥曰："不可以再辱国君。"乃止。郤至从郑伯，其右茀翰胡曰："谍辂之㉛，余从之乘而俘以下。"郤至曰："伤国君有刑。"亦止。石首曰："卫懿公唯不去其旗，是以败于荧。"乃内旌于弢中。唐苟谓石首曰："子在君侧，败者壹大㉜。我不如子，子以君免，我请止。"乃死。

楚师薄于险㉝，叔山冉谓养由基曰："虽君有命，为国故，子必射！"乃射。再发，尽殪。叔山冉搏人以投㉞，中车，折轼。晋师乃止。囚楚公子茷。

栾鍼见子重之旌，请曰："楚人谓夫旌，子重之麾也㉟。彼其子重也。日臣之使于楚也㊱，子重问晋国之勇。臣对曰：'好以众整㊲。'曰：'又何如？'臣对曰：'好以暇㊳'今两国治戎，行人不使，不可谓整。临事而食言，不可谓瑕。请摄饮焉㊴。"公许之。使行人执榼承饮㊵，造于子重㊶，曰："寡君乏使㊷，使鍼御持矛㊸。是以不得犒从者，使某摄饮。"子重曰："夫人尝与吾言于楚㊹，必是故也，不亦识乎㊺！"受而饮之。免使者而复鼓㊻。旦而战，见星未已。

子反命军吏察夷伤㊼，补卒乘，缮甲兵，展车马㊽，鸡鸣而食，唯命是听。晋人患之。苗贲皇徇曰："蒐乘补卒，秣马厉兵，修陈固列，蓐食申祷㊾，明日复战。"乃逸楚囚。王闻之，召子反谋。谷阳竖献饮于子反㊿，子反醉而不能见。王曰："天败楚也夫！余不可以待。"乃宵遁。

晋入楚军，三日穀。范文子立于戎马之前○，曰："君幼，诸臣不佞，何以及此？君其戒之！《周书》曰'惟命不于常○'，有德之谓。"

楚师还，及瑕，王使谓子反曰："先大夫之覆师徒者，君不在。子无以为过，不穀之罪也。"子反再拜稽首曰："君赐臣死，死且不朽。臣之卒实奔，臣之罪也。"子重使谓子反曰："初陨师徒者，而亦闻之矣！盍图之？"对曰："虽微先大夫有之○，大夫命侧，侧敢不义？侧亡君师，敢忘其死。"王使止之，弗及而卒。

战之日，齐国佐、高无咎至于师。卫侯出于卫，公出于坏隤[104]。宣伯通于穆姜[105]，欲去季、孟[106]，而取其室。将行，穆姜送公，而使逐二子。公以晋告难，曰："请反而听命。"姜怒，公子偃、公子鉏趋过[107]，指之曰："女不可，是皆君也。"公待于坏隤，申宫儆备[108]，设守而后行，是以后。使孟献子守于公宫。

秋，会于沙随[109]，谋伐郑也。宣伯使告郤犨曰："鲁侯待于坏隤以待胜者。"郤犨将新军，且为公族大夫，以主东诸侯[110]。取货于宣伯而诉公于晋侯[111]，晋侯不见公。

曹人请于晋曰："自我先君宣公即世，国人曰：'若之何忧犹未弭？'而又讨我寡君，以亡曹国社稷之镇公子，是大泯曹也。先君无乃有罪乎？若有罪，则君列诸会矣。君唯不遗德刑，以伯诸侯。岂独遗诸敝邑？敢私布之。"

七月，公会尹武公及诸侯伐郑[112]。将行，姜又命公如初。公又申守而行。诸侯之师次于郑西。我师次于督扬[113]，不敢过郑。子叔声伯使叔孙豹请逆于晋师[114]，为食于郑郊。师逆以至，声伯四日不食以待之，食使者而后食。

诸侯迁于制田[115]。知武子佐下军。以诸侯之师侵陈，至于鸣鹿[116]。遂侵蔡。未反，诸侯迁于颍上[117]。戊午[13]，郑子罕宵军之[119]，宋、齐、卫皆失军[120]。

曹人复请于晋，晋侯谓子臧："反，吾归而君。"子臧反，曹伯归。子臧尽致其邑与卿而不出[121]。

宣伯使告郤犨曰："鲁之有季、孟，犹晋之有栾、范也。政令于是乎成。今其谋曰：'晋政多门，不可从也。宁事齐、楚，有亡而已，蔑从晋矣。'若欲得志于鲁，请止行父而杀之[122]，我毙蔑也而事晋[123]，蔑有贰矣。鲁不贰，小国必睦。不然，归必叛矣。"九月，晋人执季文子于苕丘。公还，待于郓。使子叔声伯请季孙于晋，郤犨曰："苟去仲孙蔑而止季孙行父，吾与子国，亲于公室。"对曰："侨如之情，子必闻之矣。若去蔑与行父，是大弃鲁国而罪寡君也。若犹不弃，而惠徼周公之福，使寡君得事晋君。则夫二人者，鲁国社稷之臣也。若朝亡之，鲁必夕亡。以鲁之密迩仇雠[124]，亡而为雠，治之何及？"郤犨曰："吾为子请邑。"对曰："婴齐，鲁之常隶也[125]，敢介大国以求厚焉[126]！承寡君之命以请，若得所请，吾子之赐多矣。又何求？"范文子谓栾武子曰："季孙于鲁，相二君矣。妾不衣帛，马不食粟，可不谓忠乎？信谗慝而弃忠良，若诸侯何？子叔婴齐奉君命无私，谋国家不贰，图其身不忘其君。若虚其请，是弃善人也。子其图之！"乃许鲁平，赦季孙。

冬十月，出叔孙侨如而盟之，侨如奔齐。十二月，季孙及郤犨盟于扈。

归，刺公子偃㉗，召叔孙豹于齐而立之。

齐声孟子通侨如㉘，使立于高、国之间㉙。侨如曰："不可以再罪。"奔卫，亦间于卿㉚。

晋侯使郤至献楚捷于周，与单襄公语，骤称其伐㉝。单子语诸大夫曰："温季其亡乎㉜！位于七人之下，而求掩其上㉝。怨之所聚，乱之本也。多怨而阶乱，何以在位？《夏书》曰：'怨岂在明？不见是图㉞。'将慎其细也㉟。今而明之，其可乎？"

【注释】

①武城：见僖公六年传注。汝阴：汝水之南，在今河南郏县与叶县之间。　②子驷：即公子騑，见成公十年传。　③将铏、乐惧：二人均为宋臣。汋（zhuó）陂：宋地，当在今河南商丘与宁陵县之间。　④夫渠：地名，当离汋陂不远。　⑤不儆：不加警戒。　⑥汋陵：在今宁陵县南。　⑦鸣雁：在今河南杞县北。　⑧逞：缓。假借为"缬"。　⑨戊寅：四月十二日。⑩姚句耳：人名，非正式使者。　⑪战之器：战争手段。　⑫用利而事节：用利，举动有利于国而行；事节，事情合于节度。　⑬时顺而物成：时顺，时令和顺；物成，物产有成就。⑭各知其极：人人皆知其行为准则。　⑮立我烝民二句：出自《诗经·周颂·思文》篇。立，安置。烝，众。　⑯敦庬（páng）：厚丰。　⑰阙：空缺，指战死者。　⑱渎齐盟：亵渎盟约。齐，同"斋"。　⑲奸时以动：违反时令而兴兵。　⑳疲民以逞：劳民而图快意。　㉑进退罪也：进退都是罪过。　㉒人恤所厎（zhǐ）：人们为结局担忧。厎，至。　㉓失志：考虑不周。㉔丧列：失去阵列。　㉕多矣：足够了。　㉖不振旅：即不能取胜。　㉗不反命：指战死。㉘不复从：指失败。　㉙亟战：屡战。　㉚自非圣人：若不是圣人。自，假设连词，若，多用于否定句。　㉛甲午晦：六月三十日。　㉜范匄（gài）：士燮之子士匄。　㉝疏行首：将行列间道路隔宽。行首，行道。　㉞文子：即范文子士燮。　㉟轻窕：即轻佻。　㊱六间：六个空子。　㊲二卿：指子反、子重。　㊳以旧：任用旧贵族。　㊴不违晦：不避晦日，古人迷信，月末不宜布阵作战。　㊵嚣：吵闹、喧哗。　㊶合：交战。　㊷旧不必良：旧族子弟，未必精良。　㊸犯天忌：指晦日用兵。　㊹巢车：兵车的一种，高如鸟巢，以眺望敌军。　㊺伯州犁：晋伯宗之子，后奔楚，为楚太宰。以下为楚共王与伯州犁的对话。　㊻骋而左右：即左右驰骋。　㊼甚嚣，且尘上矣：喧哗得厉害，且尘土扬起。　㊽听誓：听从号令。　㊾战祷：战前祈祷。　㊿公卒：指晋侯之卒。　51苗贲皇：楚斗椒之子，后奔晋。见宣公十七年传。52国士：国家的杰出人物。　53萃于王卒：集中攻击王族。　54史：太史。　55《复》：六十四卦之一，其卦象为下震上坤。　56南国蹙（cù）：南国，即楚国。蹙，局迫。　57元王：即国王。58叔毅：即郤毅。　59夹公行：护卫晋厉公前进。　60大任：大事。　61侵官：侵犯他人职权。冒：冒犯。　62离局：离开自己的部属。奸：乱。　63掀公：即掀起厉公的战车。64癸巳：为甲午日前一天。此补叙前事。　65潘尪之党：即潘尪之子潘党，与养由基俱见宣公十二年传。蹲甲：将甲置放一起。　66彻七札：穿透七层。　67大辱国：当时口头骂人的

话。　⑱死艺：死于自身技艺。　⑲吕锜：即晋国的魏锜。　⑳伏弢（tāo）：伏于弓套而死。弢，弓套。　㉑免胄而趋风：脱下头盔，快步前进。　㉒工尹襄：工尹，官名；襄，其名。问之以弓：赠弓问好。　㉓方事之殷：战事正当激烈。　㉔袜韦之跗注：浅红色熟牛皮军衣。袜（mèi）：浅红色。跗（fū），脚背。注，连属。跗注，当时军服，长至脚背。　㉕识：同"适"，时间副词。　㉖客：即工尹襄。　㉗间：参与。　㉘不敢拜命：据《礼记·曲礼上》载："介者不拜。"即穿甲的人不下拜。　㉙不宁：未受伤。　㉚肃：揖拜。　㉛谍辂之：即令派轻兵从小道迎击。　㉜败者壹大：战败者应专一保护国君。壹，专一。大，指郑君。　㉝薄于险：被压迫在险阻之地。　㉞搏人以投：抓住晋人投掷过去。　㉟麾：指挥作战的旗子。　㊱日：昔日。　㊲好以众整：爱好军队整肃一致。　㊳好以暇：喜好从容不迫。　㊴摄饮：派人代为进酒。　㊵执榼承饮：端着酒器献酒。榼（kè），酒器。　㊶造：前往。　㊷乏使：缺乏有才的使者。　㊸持矛：即车右。古者车右持矛。　㊹夫子：指栾鍼。　㊺识（zhì）：记。言记忆力强。　㊻免：放走。　㊼夷伤：创伤。　㊽展：排列。　㊾蓐食申祷：饱餐一顿，再次祝祷。　⑩⑩谷阳竖：子反的仆臣。　⑩①戎马：晋厉公车马。　⑩②惟命不于常：句出《尚书·康诰》，意为天命不会固定不变。　⑩③微：无。　⑩④坏隤（tuí）：地名，在曲阜县境内。　⑩⑤宣伯：即叔孙侨如。穆姜：成公之母。　⑩⑥季、孟：指季文子和孟献子。　⑩⑦公子偃、公子鍼：二人为成公庶弟。　⑩⑧申宫：即司宫，守宫。　⑩⑨沙随：宋地，在今河南宁陵县北。　⑩⑩主东诸侯：主持东方诸侯事务。　⑪①诉：毁谤。　⑪②尹武公：即尹子。　⑪③督扬：郑东地名。　⑪④子叔声伯：即公孙婴齐。叔孙豹：叔孙侨如之弟。　⑪⑤制田：地名，在今河南新郑县东北。　⑪⑥鸣鹿：在今河南鹿邑县西。　⑪⑦颍上：颍水之旁，当在今河南禹县境。　⑪⑧戊午：七月二十四日。　⑪⑨宵军：夜间突袭。　⑫⑩失军：溃败。　⑫①不出：不出仕。　⑫②行父：季孙行父，季文子。　⑫③蔑：即仲孙蔑，孟献子。　⑫④密迩：紧靠着。　⑫⑤常隶：寻常的小臣。　⑫⑥介：仗恃。求厚：求取厚禄。　⑫⑦刺：暗杀。　⑫⑧声孟子：齐灵公之母，宋国女。　⑫⑨立：同"位"。　⑬⑩间于卿：在卿位之间。　⑬①骤称其伐：屡夸其功。　⑬②温季：即郤至。　⑬③掩：盖。　⑬④怨岂在明二句：本逸书，作伪者编入伪古文《五子之歌》。意为防止怨恨不仅限于明显之处。不见是图：应图谋那不易见到的地方。　⑬⑤慎其细：谨慎那些细微之处。

【译文】

　　十六年春季，楚共公从武城派公子成用汝阴的田地向郑国求和。于是郑国背叛了晋国，子驷到武城和共公订立了盟约。

　　夏季四月，滕文公去世。

　　郑国的子罕攻打宋国。宋国的将鉏、乐惧在汋陂将子罕打败。然后宋军撤退驻扎在夫渠，但没有加强戒备，结果郑国人设下伏兵，在汋陵将宋军击败，并抓获了将鉏和乐惧。这是宋军先胜后轻敌的结果。

　　卫献公攻打郑国，进至鸣雁一地，这是为了晋国才出兵的。

　　晋厉公准备攻打郑国，二燮劝阻道："如果想要满足我们的愿望，必须等到诸侯都背叛以后，晋国的危机才能得以缓解。只是一个郑国背叛了，就出兵讨伐，就会马上遇到祸患。"栾书说："决不能在我们执政期间失去诸侯，一定要攻打郑国。"于是下令出兵。由栾书率领中军，士燮为副帅。郤锜率领上军，荀偃为副帅。韩厥率领下军，郤至为新军副帅，由荀䓖留守国内。郤犨先到卫国，又到齐国，都是为了请求出兵协助。栾黡来鲁国求兵，孟献子说："晋国定能取胜。"十二日，晋军出动。

郑国人听说晋军出动，便火速派人告诉楚国，姚句耳也随使者前往。楚共王发兵救郑，由司马子反率领中军，令尹子重率领左军，右尹子辛率领右军。途经申地，子反拜见申叔时，说："这次出兵结果会怎样？"申叔时回答说："德行、刑法、祭祀、道义、礼、信用这六种是作战的必备条件。德行用以布施恩惠，刑法用以匡正邪恶，祭祀用以事奉神灵，道义用以建树利益，礼用以顺应时机，信用用以保守事物。百姓生活富足，德行就会端正，一切行动都是为了百姓谋利就合于法度，顺时应势万物就能有所成就。上下团结一致，一切行动顺利无阻，任何需求都能满足，每人都能知道行动的准则。因此《诗经》说：'安置我的百姓，人人都合准则。'这样，神灵就会降福给他们，使其四季无灾，百姓富裕，万众一心听从政令，人人都竭尽全力为国君效力，不惜献出自己的生命前赴后继。这才是作战能够取胜的原因。现在楚国对内抛弃了百姓，对外断绝了和其他国家的友好关系，亵渎神圣的盟约，言而无信，在这春耕之时兴兵作战，使百姓疲于奔命以满足自己的扩张野心。百姓不知道什么是信用，因此前进或后退都是犯罪，他们都为自己的命运而担心，还有谁肯拼死作战呢？您尽力去做吧，反正我是再也看不到您了。"姚句耳先回到郑国，子驷问他情况，他回答说："楚军行军迅速，但经过险要地带时军容不整。动作太快就容易考虑不周，军容不整，就会使队列混乱。考虑不周，队列混乱，又怎能作战？恐怕楚军靠不住了。"

五月，晋军渡过黄河。听说楚军将要来到，士燮想要退兵，他说："我们假装逃避楚军，这样就可以使晋国的忧患得到缓解。会合诸侯，不是我们所能做到的，还是留给以后有能力的人去做吧，只要我们群臣团结一致事奉国君就足够了。"栾书说："不行。"

六月，晋、楚两军在鄢陵遭遇。士燮不想作战，郤至说："当初韩地之战，惠公未能整军而归，败于敌人；箕地之战，先轸战死疆场；邲地之战，荀伯一败即退。这都是我们晋国的耻辱。您也看到过先君的成败。现在再躲避楚国，无疑是更增加了我们的耻辱。"士燮说："先君几次作战都是有原因的。当初，秦、狄、齐、楚都是强国，如果不尽力抗争，子孙就会被进一步削弱。现在齐、秦、狄三国都已屈服，和我们相匹敌的只有一个楚国了。只有圣人才能做到既无外忧又无内患，我们都不是圣人，即使消除了外患，内忧也必然随之而来。何不放过楚国，使我国仍然对外有所戒惧，从而消除内忧的发生呢？"

六月三十日，楚军早晨逼近晋军摆开阵势，晋国军官对此极为担心。范匄快步向前，说："我们应尽快填井平灶，列开阵势，放宽队列之间的距离。晋、楚两国都是上天所保佑的，害怕什么呢？"他父亲士燮拿起戈追打他，说："国家的存亡安全在于天意，你小孩子知道什么？"栾书说："楚军军心浮躁，只要我们坚守阵地，三天之后他们必定撤军。一旦他们撤退，我们再追击，就一定能大获全胜。"郤至说："现在楚军有六个空子可乘，不能失去这个机会。他们的两个卿子重和子反互相仇视，楚王的亲兵都是旧家子弟，郑国军队阵容不整，蛮人军队未列阵势，列军作战没有回避月末这一天，士兵在阵中喧闹不安，各阵势会合后又更加喧闹。各军互相观望后顾，毫无斗志。旧家子弟未必是强兵良将，晦日出兵犯了大忌，这样我们肯定能攻克他们。"

楚共王登上巢车眺望晋军，子重让太宰伯州犁站在楚王身后。共王说："晋军的兵车向左右两个方面奔驰是什么意思呢？"伯州犁回答说："这是在召集军官开会。"共王又说："都集中到中军了。"伯州犁说："这是在研究战略。"共王又说："张开了帐幕。"伯州犁说："这是在他们先君灵位前祈祷和占卜。"共王说："又把帐幕拆除了。"伯州犁说："这是准备发布命令。"共王说："那里非常喧闹，而且尘土飞扬。"伯州犁说："这是在填井平灶准备列阵了。"共王又说："他们都上车了，但将帅和车右又拿着武器下来了。"伯州犁说："这是要听取军令。"共王问："就要作战了吗？"伯州犁说："还不能知道。"共王说："他们上了战车，但将帅和车右又都下来了。"伯州犁说："这是在做战前祈祷。"伯州犁还把晋厉公亲兵的情况告诉了共王。此时晋军方面的苗贲皇正站在晋厉公的旁边，也把楚王新兵的情况告诉了晋厉公。厉公左右的人都说："楚国有伯州犁这样的杰出人才，而且阵容强大，恐怕不可抵抗。"苗贲皇对厉公说："楚军的精兵强将都集中在他们的中军王族中了。请把我们的精兵分开去攻击他们的左右两军，并派三军集中攻击他们中军的王族，这样肯定能大败楚军。"厉公让太史占筮，太史说："吉利。占筮得到的是复卦，卦辞说：'南方之国正日益削弱，箭射它的国君，定能射中他的眼睛。'国家衰弱，国君受伤，还能不败吗？"厉公听从了他们的建议。

晋军前面有一片泥沼，于是便都左右避开泥沼绕行。步毅为厉公驾车，来

中华藏书

四书五经 · 最新校勘精注今译本

中国书店

铖为车右。彭名为共王驾车，潘党为车右。石首为郑成公驾车，唐苟为车右。栾书、士燮带着他们的族人护卫在厉公两侧，厉公的战车陷到了泥沼里。栾书准备让厉公乘坐自己的战车，但他儿子栾铖说："栾书您退下！您身负国家重任，怎能独揽一切事务。再说您侵犯别人的职权，这是冒犯；放弃自己的职守，这是怠慢；离开自己的部属，也是犯错误的。这三个罪名，都是不能触犯的。"说完下去把厉公的车从泥沼中掀了出来。

前一天，也就是五月二十九日，楚国潘尪的儿子潘党和养由基把铠甲放到远处，用箭射它，结果穿透了七层。拿给楚共王看，并说："国君有我们这样的神射手，还怕作战吗？"共王大怒："真不知羞耻。如果明天早晨你们也这么射箭，就必然死到这箭术上。"晋国的吕锜夜里梦见用箭射月，而且射中了，可自己退下后却掉到了泥坑里。他让人占卜，结果是："姬姓为日，异姓为月，这月亮一定就是代表楚王。虽然你射中了他，但你一退就掉入泥坑，说明你也难免一死。"战争开始后，果然他一箭射中共王的眼睛。共王叫来养由基，给他两支箭，让他射吕锜，结果一箭就射中了他的脖子，吕锜当时就倒在弓袋上死了。养由基拿着剩下的那支箭向共王复命。

郤至三次遇到共王的亲兵。见到共王后，他就一定要下车，摘下头盔，向前快步而进。共王派工尹襄送给他一张弓表示问候，并说："目前战斗正在激烈地进行，这位身着红色军服的人想必是位君子吧。刚才见到寡人就快步向前，可能是受伤了吧。"郤至见到工尹襄，摘下头盔接受共王的命令，说："外臣跟随寡君作战，托国君的威灵，得以披甲入列，不敢拜受国君的问候。我并没有受伤，承蒙国君关心，实在担当不起。由于军务在身，谨向使者肃拜以表敬意。"对着使者肃拜三次才退下去。

晋国的韩厥追赶郑成公时，他的御者说："要不要赶快追上去。前面那辆车的御者屡屡回头，注意力没有集中到马上，我们可以追上去。"韩厥说："我曾经羞辱过齐侯一次，这次可不敢再羞辱郑伯了。"下令停车。郤至继续追击郑成公，他的车右茀翰胡说："快派轻兵抄到前面去拦阻，我从后面追上他的车，就能把他抓获。"郤至说："伤害国君是要受到刑罚的。"也停下不追了。石首对郑成公说："从前卫懿公与狄人作战时就因为没有丢掉旗子，才在荥泽被害。"便把旗子收起来放到弓袋里。唐苟对石首说："你在国君旁边，遇到失败就应一心保护国君。我不如您，请您保护国君逃走，我下车抵挡一阵。"结果唐苟战死。

楚军被逼至险要地带。叔山冉对养由基说："虽然国君曾命令您不得随便射箭，但为了国家的利益，您必须射箭。"于是养由基便搭弓射箭，两箭射死两人。叔山冉抓住一个俘虏就向晋军扔去，掷中晋军的战车，把车前横木都砸断了。晋军停下来，仅仅俘虏了公子茷。

栾铖看到子重的旗子后请求说："楚国俘虏说那是子重的旗子。车上的人肯定就是子重了。以前我出使楚国时，子重问我晋国的勇武表现在哪里，我回答说：'表现在最喜欢军容整肃。'他又问：'还有什么呢？'我回答说：'喜欢从容不迫。'现在两国交兵，外交使节不相往来，不能说是军容整肃；遇到战争爆发却说话不算数，也不能说是从容不迫。请国君派人替我给子重敬酒。"厉公同意了他的请求，派人送给子重一杯酒，并说："寡君缺少人手，让栾铖担任车右，所以他不能亲自来犒劳阁下，特派我来向您敬酒。"子重说："栾铖当初在楚国曾和我说过你们晋国喜好整肃和从容，一定是为了这句话才给我送酒，他的记性真好。"接过酒来一饮而尽。使者回去之后，就又去鼓作战，从早晨一直到傍晚星星出来。

子反让军官了解伤亡情况，及时补充步兵和车兵，修理盔甲武器，摆列战车马匹，鸡叫时就吃饭，整装待发。晋国非常忧虑。苗贲皇通告全军说："现在检阅战车，补充兵员喂饱战马，磨砺武器，排好战阵，各就各位，饱餐一顿，再祷告一次，准备明天再战。"并故意放跑了楚国俘虏。楚共王得知后，召子反商量对策。子反的侍从谷阳竖给子反饮酒，子反喝醉了，因此不能前去进见。共王感叹地说："看来是上天要让楚国失败啊！我不能坐以待毙。"就连夜逃走了。

晋军进入楚军阵地，一连把楚军的粮食吃了三天。士燮站在晋厉公的车马前说："我们国君年轻，群臣又无才干，但我们为什么却取得了这么大的胜利呢？国君要以此为戒啊！《周书》中说：'天命不会一成不变。'也就是说，只有有德的人才能享受天命。"

楚军撤退回国，走到瑕地，共王派人对子反说："当年城濮之战时，先大夫子玉使楚军全军覆没，当时国君不在军中。但这次战败，你没有责任，是我的罪过。"子反连续叩首两次说："即使国君赐我一死，我也感到无限光荣。是我的部下率先逃亡，这次失败是我的罪过。"子重派人对子反说："当初那个使军队失败的子玉是怎样的结果，想必你也听说了。何去何从，你自己斟酌吧。"子反说："即使没有子玉自杀一事，您让我去死，我也不敢贪求不义而苟且偷生啊。我使国君的军队遭到失败，哪里敢忘记以死谢罪呢？"共王派人去阻拦，没有赶到他就自杀了。

战争爆发的第二天，齐国的国佐、高无咎来到军中。卫献公领兵从国内前来参战，鲁成公也从鲁国的坏隤率军赶来。宣伯和穆姜私通，打算杀掉季文子和孟献子，侵吞他们的财产。成公准备动身时，穆姜为他送行，要求让成公驱逐季文子和孟献子。成公把晋国要求联合攻打郑国的事情告诉了她，然后说："请等我回来再听从您的吩咐。"穆姜非常生气，这时成公的庶弟公子偃、公子鉏从旁路过，穆姜指着这两个人说："你如果不答应，他们都可以成为国君。"成公在坏隤等待去晋国，同时下令加强宫中守卫和警备，并在各处都设置了守卫，然后才动身，因此他去晚了。当时他派孟献子留守宫中。

秋季，成公和晋厉公、齐灵公、卫献公、宋国的华元、邾人在沙随举行会谈，研究如何攻打郑国。宣伯派人告诉郤犨说："鄢陵之战时，鲁侯待在坏隤迟迟不去，是静观晋、楚两国的胜负。"当时郤犨率领新军，并且兼任公族大夫，主管东方诸侯的有关事宜。他从宣伯那里接受了财物，在晋厉公面前告了成公。晋厉公因此拒绝会见成公。

曹国人向晋国人请求说："自从我们先君宣公去世，国人都说：'这可怎么办？忧患没完没了。'去年贵国又讨伐寡君，并使我国主持国政的公子子臧逃亡国外，这是要彻底灭亡曹国啊。是我们先君有罪吗？如果他有罪，为什么又让他参加鲁宣公十七年的断道盟会呢？国君您向来没有丢失德行和刑罚，赏所当赏，罚所当罚，因此才称霸于诸侯。为什么唯独对我们曹国却赏罚失当，不够公平呢？特此申述，敬请宽恕。"

七月，成公会合尹武公和诸侯攻打郑国。准备出发时，穆姜又要求他驱逐季、孟二人。成公又一次布置了宫中的守卫警备之后才离开。诸侯军队驻扎在郑都西部，鲁军则驻扎在郑都东部的督扬，不敢经过郑都。子叔声伯派叔孙豹请求晋军前去迎接鲁军，并在郑郊为晋军准备了饭食。晋军为迎接鲁军来到郑郊，声伯等待晋军四天没有吃饭，直到让晋国的使者吃了饭才进食。

诸侯的军队转移到制田。荀鉏任下军副帅，率领着诸侯的军队入侵陈国，来到鸣鹿。随后侵入蔡国。诸侯军队没有返回，又转移到颍上。二十四日，郑国的子罕在夜里偷袭，结果宋、齐、卫都受到重创。

曹国人又一次请求晋国，晋厉公对子臧说："你回去吧，我把你们国君送回。"子臧回国后，曹成公就被释放回国了。子臧把自己的封地和卿位全都还给了曹成公，从此归隐不再出仕。

宣伯又派人对晋国的郤犨说："鲁国的季氏和孟氏，就像晋国的栾氏、范氏一样，政令都是由他们制定的。现在他们商量说：'晋国政出多门，很不统一，无法服从。我们宁可去事奉齐、楚两国，即使是亡国，也不去跟随晋国

中华藏书 春秋左传 中国书店

了。'如果你们仍然想得到鲁国的拥护，就请在晋国把季孙行父杀死，我在国内将仲孙蔑杀掉，到那时鲁国事奉晋国就不会三心二意了。鲁国没有了二心，其他小国也必然顺服晋国。不然的话，季孙行父回国后肯定要背叛晋国。"九月，晋国人在苕丘抓住了季文子。成公回到国内，在郓地等候季文子。并派子叔声伯到晋国请求把他放掉。郤犨对声伯说："假如你能铲除仲孙蔑和季孙行父，我就把鲁国的政权交给您，对您比对晋国公室还要亲近。"声伯回答说："宣伯的有关情况想必您也了解。如果铲除了仲孙蔑和季孙行父，就等于是彻底抛弃鲁国，而惩罚寡君了。如果您还不准备抛弃鲁国，并且托周公的福气，还能让寡君继续事奉晋君的话，这两个人就是鲁国的重臣。如果他们早晨被处死，鲁国晚上就会灭亡。鲁国距你们敌国齐、楚很近，如果你们要灭亡它，它就必然会成为你们的仇敌，到时候再挽救也来不及了。"郤犨说："我为您请求一个封邑。"声伯说："我本是鲁国的一个普通官员，怎么敢依仗大国来求取丰厚的官禄呢？我奉寡君前来请求，如果能被获准，那就是您对我的丰厚赏赐了，我还敢要求别的什么呢？"士燮对栾书说："季孙行父在鲁国，先后辅佐过两个国君。他的妾不穿丝绸，马不吃粮食，能说他不是忠心耿耿吗？相信谗言和奸邪而丢弃忠诚善良，怎么向天下的诸侯交代？声伯奉行国君的命令没有任何私心杂念，为国家着想忠心不二，即使为自己考虑时也不忘记他的国君。我们如果拒绝他的请求，无疑就是丢弃善人啊！您还是认真考虑一下！"于是晋国同意和鲁国讲和，赦免了季文子。

冬季十月，鲁国驱逐了宣伯，群臣都参加了盟誓，宣伯逃亡到了齐国。十二月，季文子和郤犨在扈地结盟，回国后暗杀了公子偃，然后把叔孙豹从齐国召回立为叔孙氏的继承人。

齐灵公的母亲声孟子也和宣伯私通，因此齐国让宣伯的地位和齐国上卿高氏和国氏一样高。宣伯说："我不能再滋生祸端了。"便逃亡到了卫国，也位列各卿之间。

晋厉公派郤至到周王室献上和楚国作战时的俘虏，郤至在和单襄公谈话时，多次夸耀自己的战功。单襄公对大夫们说："郤至难免杀身之祸。他的地位仅仅是七人之下，却夸耀自己的功劳在七人之上，企图独揽大权。这样必然会招致更多的怨恨，这是产生祸乱的根源。招致怨恨自取祸乱，又怎么能保持自己的官位呢？《夏书》中说：'怨恨难道都在明处，看不到的更应多加小心。'就是说即使对一些细微的问题也要谨慎从事。现在郤至却在明目张胆地招致怨恨，能行吗？"

中华藏书 四书五经·最新校勘精注今译本 中国书店

成公十七年

经　十有七年春，卫北宫括帅师侵郑。夏，公会尹子、单子、晋侯、齐侯、宋公、卫侯、曹伯、邾人伐郑。六月乙酉，同盟于柯陵。秋，公至自会。齐高无咎出奔莒。九月辛丑，用郊。晋侯使荀䓨来乞师。冬，公会单子、晋侯、宋公、卫侯、曹伯、齐人、邾人伐郑。十有一月，公至自伐郑。壬申，公孙婴齐卒于狸脤。十有二月丁巳朔，日有食之。邾子貜且卒。晋杀其大夫郤锜、郤犫、郤至。楚人灭舒庸。

传　十七年春，王正月，郑子驷侵晋虚、滑①。卫北宫括救晋，侵郑，至于高氏②。夏五月，郑大子髡顽、侯獳为质于楚③，楚公子成、公子寅戍郑。

公会尹武公、单襄公及诸侯伐郑，自戏童至于曲洧④。

晋范文子反自鄢陵，使其祝宗祈死⑤，曰："君骄侈而克敌，是天益其疾也。难将作矣！爱我者惟祝我⑦，使我速死，无及于难，范氏之福也。"六月戊辰⑧，士燮卒。

乙酉⑧，同盟于柯陵⑨，寻戚之盟也。

楚子重救郑，师于首止。诸侯还。

齐庆克通于声孟子，与妇人蒙衣乘辇而入于闳⑩。鲍牵见之⑪，以告国武子⑫，武子召庆克而谓之。庆克久不出，而告夫人曰："国子谪我⑬！"夫人怒。国子相灵公以会，高、鲍处守。及还，将至，闭门而索客⑭。孟子诉之曰："高、鲍将不纳君，而立公子角。国子知之⑮。"秋七月壬寅⑯，刖鲍牵而逐高无咎。无咎奔莒，高弱以卢叛⑰。齐人来召鲍国而立之⑱。

初，鲍国去鲍氏而来，为施孝叔臣。施氏卜宰⑲，匡句须吉。施氏之宰，有百室之邑。与匡句须邑，使为宰。以让鲍国，而致邑焉。施孝叔曰："子实吉。"对曰："能与忠良，吉孰大焉！"鲍国相施氏忠，故齐人取以为鲍氏后。

仲尼曰："鲍庄子之知不如葵⑳，葵犹能卫其足。"

冬，诸侯伐郑。十月庚午㉑，围郑。楚公子申救郑，师于汝上㉒。十一月，诸侯还。

初，声伯梦涉洹㉓，或与己琼瑰㉔，食之，泣而为琼瑰，盈其怀。从而歌之曰："济洹之水，赠我以琼瑰。归乎！归乎！琼瑰盈吾怀乎！"惧不敢占也。还自郑，壬申，至于狸脤而占之㉕，曰："余恐死，故不敢占也。今众繁而从余三年矣，无伤也。”言之，之莫而卒㉖。

齐侯使崔杼为大夫，使庆克佐之。帅师围卢。国佐从诸侯围郑，以难请而归。遂如卢师，杀庆克，以穀叛。齐侯与之盟于徐关而复之㉗。十二月，卢降，使国胜告难于晋㉘，待命于清㉙。

晋厉公侈，多外嬖㉚。反自鄢陵，欲尽去群大夫，而立其左右㉛。胥童以胥克之废也㉜，怨郤氏，而嬖于厉公。郤锜夺夷阳五田㉝，五亦嬖于厉公。郤犨与长鱼矫争田，执而梏之，与其父母妻子同一辕㉞。既，矫亦嬖于厉公。栾书怨郤至，以其不从己而败楚师也，欲废之。使楚公子茷告公曰：“此战也，郤至实召寡君。以东师之未至也㉟，与军帅之不具也，曰：‘此必败！吾因奉孙周以事君㊱。’”公告栾书，书曰：“其有焉。不然，岂其死之不恤㊲，而受敌使乎㊳？君盍尝使诸周而察之㊴？”郤至聘于周，栾书使孙周见之。公使觇之㊵，信。遂怨郤至。

厉公田，与妇人先杀而饮酒㊶，后使大夫杀。郤至奉豕，寺人孟张夺之㊷，郤至射而杀之。公曰：“季子欺余。”

厉公将作难，胥童曰：“必先三郤，族大多怨。去大族不逼，敌多怨有庸㊸。”公曰：“然。”郤氏闻之，郤锜欲攻公，曰：“虽死，君必危。”郤至曰：“人所以立，信、知、勇也。信不叛君，知不害民，勇不作乱。失兹三者，其谁与我？死而多怨㊹，将安用之？君实有臣而杀之，其谓君何？我之有罪，吾死后矣！若杀不辜，将失其民，欲安，得乎？待命而已！受君之禄，是以聚党。有党而争命㊺，罪孰大焉！”壬午㊻胥童、夷羊五帅甲八百，将攻郤氏。长鱼矫请无用众㊼，公使清沸魋助之㊽，抽戈结衽㊾，而伪讼者㊿。三郤将谋于榭51。矫以戈杀驹伯、苦成叔于其位52。温季曰53：“逃威也54！”遂趋。矫及诸其车以戈杀之，皆尸诸朝。

胥童以甲劫栾书、中行偃于朝55。矫曰：“不杀二子，忧必及君。”公曰：“一朝而尸三卿，余不忍益也。”对曰：“人将忍君。臣闻乱在外为奸，在内为轨56。御奸以德，御轨以刑。不施而杀，不可谓德。臣逼而不讨，不可谓刑。德刑不立，奸轨并至。臣请行。”遂出奔狄。公使辞于二子，曰：“寡人有讨于郤氏，郤氏既伏其辜矣。大夫无辱，其复职位。”皆再拜稽首曰：“君讨有罪，而免臣于死，君之惠也。二臣虽死，敢忘君德？”乃皆归，公使胥童为卿。

公游于匠丽氏57，栾书、中行偃遂执公焉。召士匄，士匄辞。召韩厥，韩厥辞，曰：“昔吾畜于赵氏58，孟姬之谗59，吾能违兵60。古人有言曰：‘杀老牛莫之敢尸61’，而况君乎？二三子不能事君，焉用厥也？”

舒庸人以楚师之败也，道吴人围巢，伐驾，围厘、虺^{⑥②}，遂恃吴而不设备。楚公子橐师袭舒庸，灭之。

闰月乙卯晦^{⑥③}，栾书、中行偃杀胥童。民不与郤氏，胥童道君为乱，故皆书曰："晋杀其大夫。"

【注释】

①虚、滑：二地名，晋邑。　②高氏：地名，在今河南禹县西南。　③侯獳：郑大夫。④戏童：即戏，在今河南巩县东南。曲洧（wěi）：即今河南洧川（归洧川县，今已废）。　⑤祝宗：古时卿大夫家有祝史、祝宗，祝宗为主家庙祷祝的家臣。　⑥祝我：诅咒我。　⑦戊辰：九日。　⑧乙酉：六月二十六日。　⑨柯陵：即嘉陵，在今河南许昌市南。　⑩闳（hóng）：宫中巷门。　⑪鲍牵：鲍叔牙曾孙。　⑫国武子：即国佐，齐卿。　⑬谪：谴责。⑭索客：检查旅客。　⑮知：参与。　⑯壬寅：十三日。　⑰高弱：高无咎之子。卢：高氏采邑，在今山东长清西南。　⑱鲍国：鲍牵之弟。　⑲卜宰：占卜家宰人选。家宰为当时卿大夫家总管。　⑳鲍庄子：即鲍牵，葵：一种蔬菜。　㉑庚午：十二日。　㉒汝上：汝水岸边。㉓洹：洹水，即今安阳河。　㉔琼瑰：玉珠。　㉕狸脤：不详何地。　㉖之莫：至暮。　㉗徐关：详见二年传注。　㉘国胜：国佐之子。　㉙清：齐邑，在今山东聊城西。　㉚外嬖：宠幸的大夫。　㉛左右：即外嬖。　㉜胥童：胥克之子。　㉝夷阳五：亦作夷羊五，晋大夫。　㉞同一辕：同拴在一个车辕上。　㉟东师：指齐、鲁、卫三国之军。　㊱奉孙周：拥立孙周。孙周，即晋悼公。　㊲不恤：不顾虑。　㊳受敌使：指鄢陵之战，楚子曾赠弓问候。　㊴使诸周：出使周王室。　㊵觇（chān）：侦察、窥探。　㊶杀：射猎。　㊷寺人孟张：晋厉公宦官名。　㊸敌多怨有庸：以多怨之人为敌，容易成功。　㊹死而多怨：叛乱败死招致更加怨恨。　㊺争命：抗命。　㊻壬午：二十六日。　㊼无用众：不必用兵。　㊽清沸魋（tuí）：嬖人。㊾结衽：连接衣襟。　㊿伪讼：伪装争讼。　51谋于榭：在公堂听讼。　52驹伯、苦成叔：驹伯，即郤锜。苦成叔即郤犨。　53温季：即郤至。　54逃威：逃避无罪被杀。威，读为"畏"。畏，无罪被杀。　55中行偃：即荀偃。　56轨：借为"宄"（guǐ）。　57匠丽氏：厉公嬖臣，主工匠者。　58畜于赵氏：韩厥为赵盾所提拔。畜，养。　59孟姬之谗：孟姬谗杀赵同、赵括，事见成公八年传。　60违兵：不肯用兵。　61尸：主。　62驾、厘、虺：均为地名。驾、厘均在今安徽无为县境。虺在今庐江县境。　63乙卯：二十九日。

【译文】

十七年春季，周历正月，郑国的子驷入侵晋国的虚、滑二地。卫国的北宫括救援晋国，进攻郑国，攻至高氏一地。夏季五月，郑国的太子髡顽，侯獳到楚国作人质，楚国的公子成、公子寅到郑国戍守。

成公会合尹武公、单襄公和晋厉公、齐灵公、宋平公、卫献公、曹成公、邾人讨伐郑国，军队从戏童出发，到达曲洧。

晋国的士燮从鄢陵战场上回国之后，就让他家的祝宗为他祷告，希望能早点死去，他说："我们国君如此的骄横奢侈，却能战胜楚国，这是上天在加重其罪过。大难就要临头了。希望爱我的人能够诅咒我，以便让我早点死去，不要遇到祸患，这就是我们范氏一族的福气了。"六月九日，士燮去世。

六月二十六日，成公和尹武公、单襄公、晋厉公、齐灵公、宋平公、卫献公、曹成公、邾人在柯陵举行盟会，重温了鲁成公十五年戚地的盟约。

楚国的子重救援郑国，军队驻扎在首止。诸侯联军撤退回国。

齐国的庆克和齐灵公的母亲声孟子私通，有一次他男扮女装和一个妇人同乘一辆车子进入宫中小巷。鲍牵看见后，告诉了国武子，国武子把庆克找来责备一番。从此庆克藏在家里，很久不敢出门，他告诉声孟子说："国子责备了我。"声孟子非常恼火。国武子作为齐灵公的相礼前去参加诸侯会盟时，由高无咎和鲍牵镇守都城。国武子和灵公回国，行至国都时，城门被关闭了，并且要检查行人。声孟子向灵公告状说："高、鲍二人不想让您进城，准备立公子角为君，国子也知道这一阴谋。"秋季七月十三日，灵公下令砍去鲍牵的双脚，把高无咎驱逐出境。高无咎逃亡到莒国，高弱率领高氏封邑庐地的人叛乱。齐国人把鲍国从鲁国召回，立为大夫。

当初，鲍国离开鲍氏族人来到鲁国做了施孝叔的家臣。施家要通过占卜挑选一位总管家，占卜的结果是选用匡句须吉利，施家的总管家应该有一百户人家的封邑。于是施家就给了匡句须封邑，委任他做总管。但他要让给鲍国，并且把封邑也给了他。施孝叔说："你是最吉利的啊。"匡句须说："把这一地位送给忠诚善良之人，还有比这更大的吉利吗？"果然鲍国辅佐施家忠心耿耿，因此齐国人才把他召请回去作为鲍氏的后代。

孔子认为："鲍牵还不如葵菜聪明，葵菜尚且能保护自己的双脚。"

冬季，成公会合单襄公、晋厉公、宋平公、卫献公、曹成公、齐国人、邾国人讨伐郑国。十月十二日，包围了郑国。楚国的公子申救援郑国，军队驻扎到汝水岸上。十一月，诸侯回国。

当初，声伯做梦徒步渡过洹水，有人送给他一块珠玉，他吃下去后，哭泣时泪水却变成了珠玉，装满了怀抱。他跟着那人唱道："我渡过洹水，有人赠我以珠玉，回去吧，回去吧，珠玉已满怀！"醒来后很害怕，不敢占卜吉凶。从郑国回来，走到狸脤才占卜，他说："我因为怕死，才不敢占卜。现在有这么多人跟随我，而且已三年了，不会受到伤害吧。"说了这话之后，到晚上就死了。

齐灵公委任崔杼为大夫，让庆克辅佐他，率领军队围攻庐地。当时国佐正随诸侯围攻郑国，听说此事后，以国内发生了动乱为由请求回国。随后就到了包围卢地的军队中，杀了庆克，并领着穀地人发动了叛乱。齐灵公和他在徐关结盟，并恢复了他的官位。十二月，卢地宣布投降，齐国派国胜到晋国报告，并让他在清地等候命令。

晋厉公非常奢侈，有很多外宠。从鄢陵回来后，就打算铲除周围的所有大夫，而另立他的左右宠信之人。胥童因为胥克被郤缺罢免而怨恨郤氏，却很受厉公宠信。郤锜夺去了夷阳五的田地，夷阳五也受到厉公的宠信。郤犨和长鱼矫为田地争夺起来，郤犨把长鱼矫抓了起来，把他和他的父母妻子捆在一辆车上。不久，长鱼矫也受宠于晋厉公。栾书怨恨郤至，是因为嫉妒他不听从自己的主张却立下打败楚军的功劳，打算罢黜他。他让楚国的公子茷告诉厉王说："这次战役，实际上是郤至请寡君来的。因为当时东方各诸侯军队还没有来到，晋军各个将帅也还没有到齐，他说：'这次战役晋国肯定失败，我拥立孙周以事奉国君。'"厉公把这话告诉栾书，栾书说："有这回事。不然的话，他怎么敢不怕死去接见敌国的使者呢？国君何不把他派往王室以进一步考察他呢？"于是郤至到王室聘问，栾书又让孙周和他见面。厉公派人监视郤至，看到他和孙周相见，就相信了栾书的话。从此对郤至怨恨起来。

厉公外出打猎，他和女人先射猎然后又一起饮酒。郤至献给厉公一头野猪，寺人孟张上来抢夺，郤至一箭把他杀死。厉公说："郤至你欺负我。"

厉公准备动手除掉异己，胥童说："一定要先从三郤下手。他们家族大，招致的怨恨也多。如果铲除这一大族，公室就不会受到逼迫，讨伐大家所怨恨的人容易成功。"厉公说："对。"郤氏一族听说后，郤锜要攻打厉公，他说："即使我们死了，国君也必然面临危险。"郤至说："一个人所以能立身处世，就在于有信用、明智、勇气。讲究信用就不能背叛国君，明智就不能残害百姓，勇敢就不能发动内乱。失去这三点，谁还能亲近我们？死了又增加许多怨恨，还有什么用？臣子归国君所有，国君要杀臣子，能把他怎么样？我如果有罪，那就死得太晚了。如果滥杀无辜，他将失去百姓，想要安于君位，能行吗？还是听候命令吧。我们享受了国君俸禄，才能蓄养家兵，如果用这些家兵和国君抗争，还有比这更大的罪过吗？"二十六日，胥童、夷阳五率领甲士八百多人准备攻打郤氏。长鱼矫请求不要兴师动众，厉公派清沸魋协助他。长鱼矫和清沸魋抽出戈，把两人的衣襟连结起来，伪装成打架的样子。三郤准备在台榭上为他们调解，长鱼矫趁机抽出戈来杀了郤锜和郤犨。郤至说："与其冤枉被杀不如赶快逃走。"就逃了出去。长鱼矫追上他的车子，用戈杀死了他。

然后将三郤陈尸朝廷示众。

胥童领着甲士在朝廷上劫持了栾书和荀偃。长鱼矫说："不杀了这两个人，国君一定大祸临头。"厉公说："一个早晨就杀了三位卿。我不忍心再多杀了。"长鱼矫回答说："国君对他们不忍心，他们对您会忍心的。我听说外面发生了祸乱是奸，内部发生了祸乱是轨。防奸要用德行，防轨要用刑罚。不施恩惠而杀人，不能叫德行，但遇到臣子逼迫而不加讨伐，也不能叫刑罚。德行和刑罚不树立，内忧外患就会同时到来。我请求国君允许我离开晋国。"然后逃亡到了狄人那里。厉公派人释放了栾书和荀偃，说："寡人是为了讨伐郤氏，现在郤氏已经伏法。大夫不要感到耻辱，我让你们官复原职！"二人两次叩头拜谢说："国君讨伐有罪之人，赦免了我们的死罪，这是国君的恩惠。我们二人即使死了，也不敢忘记国君的大德。"然后都回去了，厉公任命胥童为卿。

有一天厉公到宠臣匠丽氏家里游玩，栾书和荀偃乘机把他抓住。他们让士匄杀厉公，士匄推辞了。又让韩厥杀，韩厥也推辞了。韩厥说："从前我在赵家长大。后来孟姬陷害赵氏，赵氏受到攻打，只有我没有出兵。古人有句话说：'宰杀老牛，无人做主。'更何况对待国君呢？你们几个人既然不愿意事奉国君，又何必利用我的手杀害他呢？"

舒庸人利用楚军战败的机会，领着吴国人包围了巢地，攻打驾地，又包围了厘、虺二地。又依仗有吴国支持，不加强防备。楚国的公子槖师率军偷袭舒庸，把它灭亡。

闰十二月二十九日，栾书、荀偃又杀了胥童。百姓不亲近郤氏，胥童趁机引诱国君制造动乱，因此《春秋》记载为"晋杀其大夫"。

成公十八年

经 十有八年春，王正月，晋杀其大夫胥童。庚申，晋弑其君州蒲。齐杀其国佐。公如晋。夏，楚子、郑伯伐宋。宋鱼石复入于彭城。公至自晋。晋侯使士匄来聘。秋，杞伯来朝。八月，邾子来朝。筑鹿囿。己丑，公薨于路寝。冬，楚人、郑人侵宋。晋侯使士鲂来乞师。十有二月，仲孙蔑会晋侯、宋公、卫侯、邾子、齐崔杼同盟于虚朾。丁未，葬我君成公。

传 十八年春，王正月庚申①，晋栾书、中行偃使程滑弑厉公，葬之于翼东门之外②，以车一乘。使荀罃、士鲂逆周子于京师而立之③，生十四年矣。

大夫逆于清原，周子曰："孤始愿不及此。虽及此，岂非天乎！抑人之求君，使出命也④，立而不从，将安用君？二三子用我今日，否亦今日，共而从君⑤，神之所福也。"对曰："群臣之愿也，敢不唯命是听。"庚午⑥，盟而入，馆于伯子同氏⑦。辛巳⑧，朝于武宫，逐不臣者七人。周子有兄而无慧，不能辨菽麦，故不可立。

齐为庆氏之难故，甲申晦⑨，齐侯使士华免以戈杀国佐于内宫之朝⑩。师逃于夫人之宫⑪。书曰："齐杀其大夫国佐。"弃命⑫，专杀，以穀叛故也。使清人杀国胜。国弱来奔⑬，王湫奔莱⑭。庆封为大夫，庆佐为司寇。既，齐侯反国弱，使嗣国氏，礼也。

二月乙酉朔⑮，晋悼公即位于朝。始命百官，施舍、已责⑯，逮鳏寡，振废滞⑰，匡乏困，救灾患，禁淫慝，薄赋敛，宥罪戾，节器用，时用民⑱，欲无犯时⑲。使魏相、士鲂、魏颉、赵武为卿。荀家、荀会、栾黡、韩无忌为公族大夫，使训卿之子弟共俭孝弟。使士渥浊为大傅，使修范武子之法。右行辛为司空，使修士蒍之法，弁纠御戎，校正属焉⑳，使训诸御知义㉑。荀宾为右，司士属焉㉒，使训勇力之士时使㉓。卿无共御，立军尉以摄之。祁奚为中军尉，羊舌职佐之。魏绛为司马。张老为候奄㉔。铎遏寇为上军尉。籍偃为之司马，使训卒乘，亲以听命㉕。程郑为乘马御㉖，六驺属焉㉗，使训群驺知礼。凡六官之长，皆民誉也。举不失职，官不易方㉘，爵不逾德，师不陵正㉙，旅不逼师，民无谤言，所以复霸也。

公如晋，朝嗣君也。夏六月，郑伯侵宋，及曹门外㉚。遂会楚子伐宋，取朝郏㉛。楚子辛、郑皇辰侵城郜，取幽丘㉜，同伐彭城，纳宋鱼石、向为人、鳞朱、向带、鱼府焉。以三百乘戍之而还。书曰："复入"。凡去其国，国逆而立之曰入。复其位曰复归。诸侯纳之曰归。以恶曰复入㉝。宋人患之。西鉏吾曰㉞："何也？若楚人与吾同恶，以德于我，吾固事之也，不敢贰矣。大国无厌，鄙我犹憾㉟。不然，而收吾憎，使赞其政，以间吾衅，亦吾患也。今将崇诸侯之奸，而披其地㊱，以塞夷庚㊲。逞奸而携服㊳，毒诸侯而惧吴、晋。吾庸多矣，非吾忧也。且事晋何为？晋必恤之。"

公至自晋。晋范宣子来聘，且拜朝也。君子谓："晋于是乎有礼。"

秋，杞桓公来朝，劳公，且问晋故。公以晋君语之。杞伯于是骤朝于晋而请为昏。

七月，宋老佐、华喜围彭城，老佐卒焉。

八月，邾宣公来朝，即位而来见也。

筑鹿囿，书，不时也。

己丑㊴，公薨于路寝，言道也。

冬十一月，楚子重救彭城，伐宋。宋华元如晋告急。韩献子为政，曰："欲求得人㊵，必先勤之㊶，成霸安疆，自宋始矣。"晋侯师于台谷以救宋㊷。遇楚师于靡角之谷㊸。楚师还。

晋士鲂来乞师。季文子问师数于臧武仲㊹，对曰："伐郑之役，知伯实来㊺，下军之佐也。今嬖季亦佐下军，如伐郑可也。事大国，无失班爵而加敬焉，礼也。"从之。

十二月，孟献子会于虚朾㊻，谋救宋也。宋人辞诸侯而请师以围彭城。孟献子请于诸侯，而先归会葬。

丁未，葬我君成公，书，顺也。

【注释】

①庚申：初五日。　②翼：晋国旧都。　③周子：即孙周。　④出命：发布命令。　⑤共：同"恭"。　⑥庚午：十五日。　⑦伯子同：当是晋大夫。　⑧辛巳：二十六日。　⑨甲申：正月二十九日。　⑩士华免：华免，人名；士，掌刑之官。　⑪师：众。　⑫弃命等：三事均见去年传。　⑬国弱：国胜之弟。　⑭王湫：国佐党羽。　⑮乙酉朔：初一日。　⑯已责：免除百姓对国家的欠债。责，同"债"。　⑰振废滞：起用被废黜或长居下位的旧贵族。　⑱时用民：用民有一定的时限。　⑲欲无犯时：不因私欲侵占农时。　⑳校正：掌马之官。　㉑诸御：兵车驾驭者。　㉒司士：官名，即司右。　㉓时使：待时选用。　㉔候奄：官名。又名元侯、侯正。　㉕亲以听命：协调一致，服从命令。　㉖乘马御：国君乘车的仆御。　㉗六骒：主六厩。骒，养马的官员。　㉘易方：改变常规。　㉙正：正大于师，师大于旅。正、师、旅为一般官吏名位。　㉚曹门：宋城门。　㉛朝郏：宋地，当今河南夏邑县。　㉜城郜、幽丘：二地当在今安徽萧县。　㉝恶：指武力强制。　㉞西钼吾：宋臣。　㉟鄙我犹憾：以我国当做边鄙尚感到遗憾。　㊱披：分。　㊲夷庚：车马往来的平道。　㊳逞奸而携服：使乱臣满意，使服从之国离心。携，离。　㊴己丑：初七日。　㊵得人：得诸侯拥护。　㊶勤之：为之勤劳。　㊷台谷：不详何地。　㊸靡角之谷：地名，当在彭城附近。　㊹臧武仲：即臧孙纥，臧孙许之子。　㊺知伯：即荀蕾。　㊻虚朾（tīng）：鲁地，在今山东泗水县。

【译文】

十八年春季，周历正月五日，晋国的栾书和荀偃派程滑杀了晋厉公，葬在翼地的东门之外，下葬时仅用了一辆车子。又派荀蕾、士鲂到京城迎接孙周回来立为新君，即晋悼公，此时才十四岁。晋国大夫到清原迎接，悼公说："我并没有想到要做国君。现在既然到了这一地步，恐怕也是天意的安排。人们要求拥立国君，是为了让他发号施令。如果立他为君又不听从他的命令，那么要他有什么用？你们几位今天要想立我也可以，不想立我也可以。恭敬而又听君命，那就是神灵所赐的福气了。"群臣都说："这也正是我们群臣的愿望，怎敢不唯命是听？"十五日，悼公和群臣盟誓后才进入国都，住在伯子同家。二十六日，朝见了武官庙，下令驱逐了不肯称臣的夷阳五等七人。悼公本来还有位哥哥，但是个白痴，竟然连豆子和麦子都分辨不清，因此不能立为国君。

齐国因为发生了国佐杀死庆克的事件，正月二十九日，齐灵公派士华免在宫中用戈杀了国佐。众人都逃到了夫人的宫里。《春秋》记载说："齐杀其大夫国佐。"是因为他背弃会师伐郑的君命提前回国，专权杀死庆克，而且又率领縠地的人发动了叛乱。随后齐灵公又让清地人杀了国胜。国弱逃亡到鲁国，王湫逃亡到莱地。庆封做了大夫，庆佐做了司寇。不久，齐灵公又让国弱回来，让他继承了国氏的宗嗣，这是合乎礼的。

二月一日，晋悼公在朝廷举行即位大典，并开始任命百官，同时决定施惠于百姓，免除百姓债务，照顾鳏夫寡妇，起用被废黜或屈居下位的贤人，救济贫困，援助灾患，严禁邪恶，减收税赋，赦免罪人，节省开支，适时使用百姓，决不违背农时。任命魏相、士鲂、魏颉、赵武为卿，荀家、荀会、栾黡、韩无忌为公族大夫，让他们教育卿的子弟知道恭敬、节俭、孝顺、友爱。任命士渥浊为太傅，负责修订士会制定的兵法；任命右行辛为司空，负责修订士蒍制定的法令。由弁纠驾驭战车，掌马之官也归他管辖，让他教育御者要懂得礼义。荀宾担任车右，所有的车右都归他管辖，让他教育勇士们要及时效力。各军主帅和副帅没有固定的御者，设立军官统管此事。任命祁奚为中军尉，羊舌职为副职，任命魏绛为司马，张老为侯奄。任命铎遏寇为上军尉，籍偃为司马，让他训练步兵和车兵，做到步调一致，听从命令。任命程郑为乘马御，六种马官归他管辖，让他教育马官懂得礼仪。凡是各部门的长官都是深受百姓赞誉的人，被选拔的人均能称职，每个官员都能遵守现行制度，授予的爵位不超出他们的德行，下级不欺凌上级，副职不欺凌正职，百姓不毁谤朝廷，因此晋国又能再一次称霸诸侯。

成公前往晋国，朝见新立的晋悼公。

夏季六月，郑成公入侵宋国，攻到宋都曹门之外。又联合楚共王攻打宋国，夺取了宋国的朝郏。楚国的子辛、郑国的皇辰侵占了宋国的城郜，夺取了幽丘。又一起攻打彭城，把宋国的鱼石、向为人、鳞朱、向带、鱼府送回宋国。又留下三百辆战车帮助戍守，然后班师回国。《春秋》记载为"复入"。

凡是离开自己的国家，本国又迎他回来并且仍旧立他，叫"入"，恢复他的职位叫"复归"，诸侯把他送回来叫"归"，强行以武力让他回来叫"复入"。宋国人对楚国留下三百辆战车戍守极为担心。西钮吾说："担心什么？如果楚国人和我们同样憎恨鱼石等人，施恩给我们，那么我们本来就应该事奉他们，不敢再有二心了。但楚国贪得无厌，把我国作为他们的边邑还感到不满足。不是和我们同仇敌忾，而是收留我们憎恶的人，并企图让他们辅佐政事，伺机钻我们的空子，这才是我们的祸害呢。现在他们尊崇鱼石等奸邪之人，并且分封他们土地，阻塞各国之间的通道。使得奸人拍手称快，而使顺服者离心离德，损害诸侯并且使吴、晋等国心生畏惧，这对我们来说，好处就大了，并不是我们的忧患。再说我们事奉晋国是为了什么，不就是能在这时候帮助我们吗？晋国肯定会来救援我们。"

成公从晋国回来。晋国的范宣子来鲁国聘问，以答谢成公对晋悼公的朝见。君子认为："晋国在这件事上是有礼的。"

秋季，杞桓公来鲁国朝见，慰劳成公，同时询问晋国发生的事件。成公把晋悼公新的政策告诉了他。杞桓公立即到晋国朝见并请求通婚。

七月，宋国的老佐、华喜包围了彭城，老佐在这次战役中去世。

八月，邾宣公来鲁国朝见，这是他即位后的例行朝见。

鲁国修建了养鹿的园林，《春秋》记载此事，表明不合时令。

七日，成公在寝宫内去世，这是合乎常规的。

冬季十一月，楚国的子重领兵援救彭城，攻打宋国，宋国的华元派人到晋国告急。此时韩厥执政，他对悼公说："如果想得到诸侯的拥护，自己首先要勤劳，成就霸业，安定天下，应该从救援宋国开始。"于是悼公发兵到台谷以救援宋国。在靡角之谷遇到楚军。楚军撤退回国。

晋国的士鲂来鲁国请求出兵。季文子问臧武仲应派出多少军队，臧武仲说："上次攻打郑国时，荀罃来请求出兵，他是下军的副帅。现在士鲂也是下军副帅，和上次出兵的数量一样就可以了。事奉大国，应充分考虑到使者的爵位次序，而且要恭敬，才合乎礼。"

十二月，孟献子和晋悼公、宋平公、卫献公、邾子、齐国的崔杼在虚打会见，谋划援救宋国。宋国人谢绝了诸侯的好意，只请求让军队攻打彭城。孟献子向诸侯请求之后，先行回国参加葬礼。

十二月二十六日，"葬我君成公"。《春秋》这样记载，表示国内形势非常稳定。

襄 公

襄公元年

经　元年春，王正月，公即位。仲孙蔑会晋栾黡、宋华元、卫宁殖、曹人、莒人、邾人、滕人、薛人围宋彭城。夏，晋韩厥帅师伐郑，仲孙蔑会齐崔杼、曹人、邾人、杞人次于鄑。秋，楚公子壬夫帅师侵宋。九月辛酉，天子崩。邾子来朝。冬，卫侯使公孙剽来聘。晋侯使荀䓨来聘。

传　元年春己亥①，围宋彭城。非宋地，追书也。于是为宋讨鱼石，故称宋，且不登叛人也②。为之宋志。

彭城降晋，晋人以宋五大夫在彭城者归③，置诸瓠丘④。

齐人不会彭城，晋人以为讨。二月，齐大子光为质于晋。

夏五月，晋韩厥、荀偃帅诸侯之师伐郑，入其郛，败其徒兵于洧上。于是东诸侯之师次于鄑⑤，以待晋师。晋师自郑以鄑之师侵楚焦、夷及陈⑥，晋侯、卫侯次于戚⑦，以为之援。

秋，楚子辛救郑⑧，侵宋吕、留⑨。郑子然侵宋⑩，取犬丘⑪。

九月，邾子来朝，礼也。

冬，卫子叔、晋知武子来聘⑫，礼也。凡诸侯即位，小国朝之，大国聘焉，以继好结信，谋事补阙⑬，礼之大者也。

【注释】

①己亥：疑为乙亥之误，乙亥为二十五日。　②叛人：指鱼石等。　③宋五大夫：指鱼石、向为人、鳞朱、向带、鱼府。　④瓠丘：即壶丘，在今山西垣曲县东南。　⑤鄑：郑地，在今河南睢县东南。　⑥焦、夷：二邑本陈地，详见僖公二十三年传注。　⑦戚：卫地名。　⑧子辛：即公子壬夫。　⑨吕、留：宋国二邑名。吕在今徐州市东南，留在徐州市北。　⑩子然：郑穆公子。　⑪犬丘：宋地，在今河南永城县西北。　⑫子叔：即公孙剽。　⑬补阙：补正过失。

元年春季，正月二十五日，诸侯包围了宋国的彭城。彭城已经不是宋国之地了，《春秋》仍记为"宋彭城"，是一种追记的方法。此时诸侯是为了宋国才去讨伐鱼石等人，所以称为宋国，同时表示反对这些叛逆者。这是宋国人的愿望。

彭城投降晋国，晋国人把在彭城的鱼石等五个宋国大夫带回晋国，安置在瓠丘。

齐国人没有发兵到彭城会合，晋国又去讨伐齐国。二月，齐国的太子光到晋国做了人质。

夏季五月，晋国的韩厥、荀偃率领诸侯的军队攻打郑国，进至郑都外城，在洧水上游将郑国的步兵击败。此时东部诸侯的军队正驻扎在鄫地等候和晋国会合。晋军从郑国带领鄫地的军队入侵楚国的焦地、夷地和陈国，晋悼公、卫献公驻在戚地，作为后援。

秋季，楚国的子辛救援郑国，侵入宋国的吕地和留地。郑国的子然也领兵入侵宋国，夺取了犬丘。九月，邾子来鲁国朝见，这是合乎礼的。

冬季，卫国的子叔、晋国的荀蓍来鲁国聘问，这也合乎礼。凡是诸侯即位，小国都应朝见，大国则聘问，为的是继续发展友好关系，取得对方信任，研究两国大事，弥补从前的过失，这是礼中最重要的内容。

襄公二年

经 二年春，王正月，葬简王。郑师伐宋。夏五月庚寅，夫人姜氏薨。六月庚辰，郑伯睔卒。晋师、宋师、卫宁殖侵郑。秋七月，仲孙蔑会晋荀蓍、宋华元、卫孙林父、曹人、邾人于戚。己丑，葬我小君齐姜。叔孙豹如宋。冬，仲孙蔑会晋荀蓍、齐崔杼、宋华元、卫孙林父、曹人、邾人、滕人、薛人、小邾人于戚，遂城虎牢。楚杀其大夫公子申。

传 二年春，郑师侵宋，楚令也。

齐侯伐莱。莱人使正舆子赂夙沙卫以索马牛①，皆百匹，齐师乃还。君子是以知齐灵公之为"灵"也。

夏，齐姜薨。初，穆姜使择美槚②，以自为榇与颂琴③。季文子取以葬。

君子曰："非礼也。礼无所逆，妇④，养姑者也⑤，亏姑以成妇，逆莫大焉。《诗》曰⑥：'其惟哲人，告之话言，顺德之行。'季孙于是为不哲矣。且姜氏，君之妣也⑦。《诗》曰⑧：'为酒为醴，烝畀祖妣，以洽百礼，降福孔偕。'"

齐侯使诸姜宗妇来送葬⑨。召莱子，莱子不会，故晏弱城东阳以逼之⑩。

郑成公疾，子驷请息肩于晋⑪。公曰："楚君以郑故，亲集矢于其目⑫，非异人任⑬，寡人也。若背之，是弃力与言⑭，其谁呢我？免寡人⑮，唯二三子！"

秋七月庚辰，郑伯睔卒。于是子罕当国⑯，子驷为政，子国为司马。晋师侵郑，诸大夫欲从晋。子驷曰："官命未改⑰。"

会于戚，谋郑故也。孟献子曰⑱："请城虎牢以逼郑⑲。"知武子曰："善。鄫之会，吾子闻崔子之言，今不来矣。滕、薛、小邾之不至，皆齐故也。寡君之忧不唯郑。蓄将复于寡君而请于齐。得请而告，吾子之功也。若不得请，事将在齐⑳。吾子之请，诸侯之福也，岂唯寡君赖之。"

穆叔聘于宋，通嗣君也。

冬，复会于戚，齐崔武子及滕、薛、小邾之大夫皆会，知武子之言故也。遂城虎牢，郑人乃成。

楚公子申为右司马，多受小国之赂，以逼子重、子辛，楚人杀之。故书曰："楚杀其大夫公子申。"

【注释】

①正舆子：莱国贤大夫。夙沙卫：齐灵公幸臣。索马牛：精选的马和牛。索，选择。　②美槚：上等槚木。槚（jiǎ），山楸，木材细密，古人常作棺椁。　③颂琴：琴名，长七尺二寸，宽一尺八寸，弦二十五根。穆姜制此作为殉葬品。　④妇：媳妇，即儿媳。　⑤姑：婆母。　⑥《诗》曰：下列诗句出自《诗经·大雅·抑》。哲人：明智的人。话言：善言。　⑦妣：祖母。　⑧《诗》曰：下列诗句出自《诗经·周颂·丰年》。烝畀：献与。洽：协和。孔偕：很普遍。孔，甚。偕，遍。　⑨诸姜宗妇：诸姜，与齐同姓之女嫁与齐国大夫为妻者。宗妇，同姓大夫之妻。　⑩东阳：齐国境上邑名。　⑪息肩：即今之放包袱。　⑫集矢于其目：指成公十六年鄢陵之战，楚共王被射中目一事。　⑬非异人任：并非保护其他人。任，保。　⑭弃力与言：背弃其功劳与誓言。力，功。　⑮免：免于过错。免，使动用法。　⑯当国：秉政。　⑰官命：指郑成公之令。　⑱孟献子：鲁卿仲孙蔑。　⑲虎牢：即北制，详见隐公元年传。　⑳事将在齐：意为将伐齐。事，指军事。

【译文】

二年春季，郑国的军队入侵宋国，这是楚国的命令。

齐灵公讨伐莱国，莱国派正舆子把精选的马、牛各一百头送给夙沙卫，齐军才撤退。君子从这件事上知道了齐灵公所以被谥为"灵"的原因。

夏季，鲁成公夫人齐姜去世。当初，成公的母亲穆姜选择上好的檟木，为自己做好了内棺和颂琴。季文子把它拿来安葬了齐姜。

君子认为："这是不合礼的，礼不能前后颠倒。媳妇本是供养婆婆的人，如今却亏待婆婆成全媳妇，还有比这更严重的颠倒长幼次序的吗？《诗经》说：'只有明智的人，告诉他善言之后，他才能顺应道德而行动。'季孙在这个问题上是很不明智的。再说穆姜又是国君的祖母啊！《诗经》说：'酿造美酒甜酒，献给祖父祖母，合乎所有礼仪，神灵普降福禄。'"

齐灵公派嫁给本国大夫的姜姓女人和同姓大夫的妻子来鲁国为齐姜送葬。同时又召见莱子，莱子拒绝前去，因此晏弱就在齐国边境的东阳筑城，以逼迫莱国。

郑成公患了病，子驷请求和晋国结好，以解除楚国给郑国带来的沉重负担。郑成公说："楚君因为郑国，眼睛才受了伤，他并非为了别人，而完全是为我啊。如果我背叛他，则是背弃了别人的功劳和自己的诺言，这样谁还会亲近我呢？你们几个人不要让我成为忘恩负义之人。"

秋季七月某日，郑成公睔去世。此时郑国由子罕执政，子驷负责处理日常政务，子国任司马。晋国军队入侵郑国时，大夫们都主张顺从晋国。子驷说："国君还未下葬，他的命令不能改变。"

鲁国的孟献子和晋国的荀䓨、宋国的华元、卫国的孙林父以及曹国人、邾国人在戚地会见，谋划征服郑国之事。孟献子说："请求在虎牢修城以威逼郑国。"晋国的荀䓨说："好。在鄬地会盟时，齐国崔杼说的话您也听说了，果然现在他们不来了。滕国、薛国和小邾国不来，完全是齐国的缘故。寡君忧虑的不仅仅是郑国。我将把这一情况向国君汇报，然后再请求齐国前来参加盟会。如果齐国同意了，就通知各诸侯在虎牢筑城，那么这将是您的功劳。如果齐国不同意，就讨伐齐国。您的这一请求，实在是诸侯们的福气，不仅仅是寡君的愿望。"

穆叔到宋国聘问，通报鲁襄公即位的消息。

冬季，诸侯再次在戚地会见，齐国的崔杼和滕、薛、小邾等国的大夫都参加了会见，这是荀䓨一番话的结果。随后在虎牢筑城。郑国人终于求和。

楚国的公子申担任右司马，他接受了小国的很多贿赂，又企图逼夺子重、子辛的权力，楚国人便把他杀了。因此《春秋》记载为"楚杀其大夫公子申"。

经　三年春，楚公子婴齐帅师伐吴。公如晋。夏四月壬戌，公及晋侯盟于长樗。公至自晋。六月，公会单子、晋侯、宋公、卫侯、郑伯、莒子、邾子、齐世子光。己未，同盟于鸡泽。陈侯使袁侨如会。戊寅，叔孙豹及诸侯之大夫及陈袁侨盟。秋，公至自会。冬，晋荀罃帅师伐许。

传　三年春，楚子重伐吴，为简之师①。克鸠兹②，至于衡山③。使邓廖帅组甲三百④、被练三千以侵吴⑤。吴人要而击之⑥，获邓廖。其能免者，组甲八十、被练三百而已。

子重归，既饮至三日，吴人伐楚，取驾⑦。驾，良邑也。邓廖，亦楚之良也。君子谓："子重于是役也，所获不如所亡。"楚人以是咎子重。子重病之，遂遇心疾而卒⑧。

公如晋，始朝也。夏，盟于长樗⑨。孟献子相，公稽首。知武子曰："天子在，而君辱稽首，寡君惧矣。"孟献子曰："以敝邑介在东表⑩，密迩仇雠，寡君将君是望，敢不稽首？"

晋为郑服故，且欲修吴好，将合诸侯。使士匄告于齐曰："寡君使匄，以岁之不易⑪，不虞之不戒，寡君愿与一二兄弟相见，以谋不协，请君临之，使匄乞盟。"齐侯欲勿许，而难为不协，乃盟于耏外⑫。

祁奚请老，晋侯问嗣焉⑬。称解狐，其仇也，将立之而卒。又问焉，对曰："午也可⑭。"于是羊舌职死矣⑮。晋侯曰："孰可以代之？"对曰："赤也可⑯。"于是使祁午为中军尉，羊舌赤佐之。

君子谓"祁奚于是能举善矣。称其仇，不为谄。立其子，不为比⑰。举其偏⑱，不为党⑲。《商书》曰：'无偏无党，王道荡荡。'其祁奚之谓矣！解狐得举，祁午得位，伯华得官⑳，建一官而三物成㉑，能举善也！夫唯善，故能举其类。《诗》云：'惟其有之，是以似之㉒。'祁奚有焉。"

六月，公会单顷公及诸侯。己未㉓，同盟于鸡泽㉔。

晋侯使荀会逆吴子于淮上㉕，吴子不至。

楚子辛为令尹，侵欲于小国。陈成公使袁侨如会求成，晋侯使和组父告于诸侯㉖。秋，叔孙豹及诸侯之大夫及陈袁侨盟，陈请服也。

晋侯之弟扬干乱行于曲梁㉗，魏绛戮其仆。晋侯怒，谓羊舌赤曰："合诸侯以为荣也，扬干为戮，何辱如之？必杀魏绛，无失也！"对曰："绛无贰志，事君不辟难，有罪不逃刑，其将来辞，何辱命焉？"言终，魏绛至，授仆人书，将伏剑㉘。士鲂、张老止之。公读其书曰："日君乏使，使臣斯司马㉙。臣闻师众以顺为武，军事有死无犯为敬㉚。君合诸侯，臣敢不敬？君师不武，执事不敬，罪莫大焉。臣惧其死，以及扬干，无所逃罪。不能致训，至于用钺㉛。臣之罪重，敢有不从，以怒君心。请归死于司寇㉜。"公跣而出㉝，曰："寡人之言，亲爱也。吾子之讨，军礼也。寡人有弟，弗能教训，使干大命㉞。寡人之过也。子无重寡人之过㉟，敢以为请。"

晋侯以魏绛为能以刑佐民矣。反役㊱，与之礼食㊲，使佐新军。张老为中军司马，士富为侯奄。

楚司马公子何忌侵陈，陈叛故也。

许灵公事楚，不会于鸡泽。冬，晋知武子帅师伐许。

【注释】

①简：选拔。　②鸠兹：吴邑，当在今安徽芜湖市东南。　③衡山：吴地，即当今繁县东北的横山。　④组甲：车兵之服，此指车士。　⑤被练：徒兵之服，此指徒兵。　⑥要而击之：拦腰攻击楚军。　⑦驾：楚邑，见成公十七年传注。　⑧心疾：精神病。　⑨长樗（chū）：疑是晋郊地名。　⑩介在东表：疆域处于东方偏远的地方。　⑪岁之不易：近年多有纠纷。不易，不平。　⑫洏（ér）：水名，即时水。　⑬嗣：继位人。　⑭午：即祁午，祁奚之子。　⑮羊舌职：此时为晋中军佐。　⑯赤：羊舌职之子。　⑰比：偏私。　⑱偏：副手。　⑲党：勾结。　⑳伯华：即羊舌赤。　㉑三物：即三事，指得举、得位、得官。　㉒惟其有之，是以似之：句出《诗经·小雅·裳裳者华》。意为惟善人有此德，故能举拔出似己者。㉓己未：二十三日。　㉔鸡泽：地名，在今河北邯郸市东北。　㉕淮上：淮水之北，疑在今凤台县境。　㉖和组父：人名，官爵不详。　㉗乱行于曲梁：在曲梁扰乱军队行列。曲梁，在鸡泽附近。　㉘伏剑：抽剑自杀。　㉙斯司马：任司马之职。斯，同"司"。　㉚无犯：不违犯军纪。　㉛钺（yuè）：行刑所用的大斧。　㉜司寇：司法官。　㉝跣（xiǎn）：赤足。　㉞干大命：违犯军令。　㉟重：加重。　㊱反役：事后返国。　㊲礼食：公食大夫之礼，即在太庙设礼食招待。

【译文】

　　三年春季，楚国的子重攻打吴国，组建了一支经过严格挑选的军队，攻下鸠兹后，又逼至衡山。派邓廖率领三百身穿组甲的车兵和三千身穿被练的步兵进攻吴国。吴国人拦腰截击，一举抓获邓廖。只有八十车兵和三百步兵幸免被俘。

子重回国后，一连三天设宴庆祝胜利，到第三天，吴国人进攻楚国，夺取了驾地。驾地是楚国的一个好地方，邓廖也是楚国的一个杰出将领。因此君子们认为："子重在这次战役中得到的没有失去的多。"楚国人因此而归罪于子重，子重心中忧郁愤懑，得了精神病而死去。

襄公前往晋国，这是即位后首次朝见。夏季，两国在长樗结盟。孟献子为相礼，襄公向晋悼公叩头。荀䓨说："今有天子在上，国君却屈尊行此大礼，寡君会感到为难的。"孟献子说："我们国家远在东方，和齐、楚等仇国近在咫尺，寡君要完全依靠贵君，怎能不行此大礼？"

晋国因为郑国已经顺服，并且也想和吴国建立友好关系，便准备召集诸侯会盟。派士匄到齐国告诉说："寡君派我前来，是因为近年来各国之间纠纷不断，对意外情况就没有加强戒备。寡君希望几位兄弟国家相见，以便共同研究对付敌国。请国君能届时光临，特此派我前来请求结盟。"齐灵公本来不想答应，但又不好公开闹不团结，就在耏水之外举行了盟会。

祁奚请求告老退休，晋悼公问谁能接替他的职位。祁奚推荐了解狐，解狐是他的仇人，悼公正准备任命解狐，不料他却死了。悼公又问祁奚，还有谁可以担任此职，祁奚回答说："我的儿子可以。"刚好此时羊舌职也死了，悼公又问祁奚："谁能代替他？"祁奚说："羊舌职的儿子可以胜任。"于是悼公任命祁午为中军尉，羊舌赤为他的副职。

君子们认为祁奚"在这个问题上能够做到举贤荐能，推举他的仇人不算是谄媚，推举他的儿子不算是营私，推举他的副手不算是结党。《商书》说：'既不结党又不营私，君王之道光明磊落。'大概说的就是祁奚。解狐被举荐，祁午被重用，羊舌赤得官位，任命一个官员却完成了三件事，这是能举贤人的典范。只有贤能之人才能举荐贤能之人。因此《诗经》说：'正因为他有才能，所以被举荐者才像他一样。'祁奚就是这样的人。"

六月，襄公会合单顷公和晋悼公、宋平公、卫献公、郑僖公、莒子、邾子、齐国的世子光。二十三日，在鸡泽会盟。

晋悼公派荀会到淮水上游迎接吴王寿梦，吴王没来。

楚国的子辛出任令尹，准备侵略小国以满足其扩张野心。陈成公派袁侨到鸡泽盟会上请求和好。晋悼公派和组父把此事告诉诸侯。秋季，叔孙豹和诸侯的大夫与陈国的袁侨结盟，这是陈国请求归顺的缘故。

晋悼公的弟弟扬干的车子在鸡泽不远的曲梁扰乱了前往参加盟会军队的行列，魏绛便杀了扬干的车夫。晋悼公听说后大为恼火，对羊舌赤说："会合诸侯本是一种荣耀，但扬干却因此而受到了惩罚，这是多么大的耻辱啊！一定要杀掉魏绛，不要让他跑掉。"羊舌赤回答说："魏绛忠心不二，事奉国君从来不逃避任何危险，有了罪过也不会逃避刑罚，他肯定会自动前来请罪，又何必劳国君下令呢？"果然，话音刚落，魏绛来到，把一封信交给御仆后，就想拔剑自杀。士鲂和张老上前劝阻了他。悼公打开他的信，信中说："当初国君缺乏人手，让臣下担任司马之职。我听说军队服从纪律叫做武，参军后宁死不违军纪叫做敬。国君会合诸侯，我怎敢不执行军法军纪呢？国君的部队不守军纪，军中官吏不执军法，再没有比这更大的罪过了。我正因为怕犯下这一大罪，才敢连累扬干，我别无选择。我对下属有失训教，以至于用大斧杀了扬干的车夫，我罪过很重，怎敢不伏罪以激怒国君呢？请把我交给司寇处死。"悼公没等穿上鞋就急忙从屋子里跑出来，说："我的话是出于对兄弟的友爱，您杀了扬干的车夫，这是执行军法。我对弟弟没有能够教育好，使他触犯了军令，这是我的过错，您不要再以死来加重我的过错了。请您不要再死。"

晋悼公认为魏绛能较好地运用刑罚治理百姓，因此，从鸡泽回国之后，就在太庙中设礼食款待他，并晋升他为新军副帅。又任命张老为中军司马，士富为侯奄。

楚国的司马公子何忌入侵陈国，因为陈国背叛了楚国。

许灵公事奉楚国，没来参加鸡泽盟会。冬季，晋国的荀䓿领兵攻打许国。

襄公四年

经　四年春，王三月己酉，陈侯午卒。夏，叔孙豹如晋。秋七月戊子，夫人姒氏薨。葬陈成公。八月辛亥，葬我小君定姒。冬，公如晋。陈人围顿。

传　四年春，楚师为陈叛故，犹在繁阳①。韩献子患之，言于朝曰："文王帅殷之叛国以事纣，唯知时也②。今我易之，难哉！"

三月，陈成公卒。楚人将伐陈，闻丧乃止。陈人不听命。臧武仲闻之，曰："陈不服于楚，必亡。大国行礼焉而不服，在大犹有咎，而况小乎？"

夏，楚彭名侵陈，陈无礼故也。

穆叔如晋③，报知武子之聘也，晋侯享之。金奏《肆夏》之三④，不拜。工歌《文王》之三⑤，又不拜。歌《鹿鸣》之三⑥，三拜。韩献子使行人子员问之，曰："子以君命，辱于敝邑。先君之礼，藉之以乐⑦，以辱吾子。吾子舍其大⑧，而重拜其细⑨，敢问何礼也？”对曰：“三《夏》，天子所以享元侯也⑩，使臣弗敢与闻。《文王》，两君相见之乐也，使臣不敢及。《鹿鸣》，君所以嘉寡君也，敢不拜嘉？《四牡》，君所以劳使臣也，敢不重拜？《皇皇者华》，君教使臣曰：‘必咨于周⑪。’臣闻之：‘访问于善为咨，咨亲为询，咨礼为度，咨事为诹，咨难为谋。’臣获五善，敢不重拜？”

秋，定姒薨。不殡于庙，无榇，不虞⑫。

匠庆谓季文子曰⑬：“子为正卿，而小君之丧不成，不终君也⑭。君长，谁受其咎？”

初，季孙为己树六檟于蒲圃东门之外⑮。匠庆请木⑯，季孙曰：“略。”匠庆用蒲圃之檟，季孙不御⑰。

君子曰：“《志》所谓‘多行无礼⑱，必自及也，’其是之谓乎！”

冬，公如晋听政⑲，晋侯享公。公请属鄫⑳，晋侯不许。孟献子曰：“以寡君之密迩于仇雠，而愿固事君，无失官命。鄫无赋于司马㉑，为执事朝夕之命敝邑，敝邑褊小，阙而为罪，寡君是以愿借助焉！”晋侯许之。

楚人使顿间陈而侵伐之㉒，故陈人围顿。

无终子嘉父使孟乐如晋㉓，因魏庄子纳虎豹之皮㉔，以请和诸戎。晋侯曰：“戎狄无亲而贪，不如伐之。”魏绛曰：“诸侯新服，陈新来和，将观于我，我德则睦，否则携贰。劳师于戎，而楚伐陈，必弗能救，是弃陈也，诸华必叛㉕。戎，禽兽也㉖，获戎失华，无乃不可乎？《夏训》有之曰㉗：‘有穷后羿㉘。’”公曰：“后羿何如？”对曰：“昔有夏之方衰也，后羿自鉏迁于穷石㉙，因夏民以代夏政。恃其射也，不修民事而淫于原兽㉚。弃武罗、伯因、熊髡、龙圉而用寒浞㉛。寒浞，伯明氏之谗子弟也。伯明后寒弃之㉜，夷羿收之㉝，信而使之，以为己相。浞行媚于内㉞，而施赂于外，愚弄其民，而虞羿于田㉟，树之诈慝以取其国家㊱，外内咸服。羿犹不悛，将归自田，家众杀而亨之㊲，以食其子㊳。其子不忍食诸，死于穷门㊴。靡奔有鬲氏㊵。浞因羿室㊶，生浇及豷㊷，恃其谗慝诈伪而不德于民。使浇用师，灭斟灌及斟寻氏㊸。处浇于过，处豷于戈㊹。靡自有鬲氏，收二国之烬㊺，以灭浞而立少康㊻。少康灭浇于过，后杼灭豷于戈㊼。有穷由是遂亡，失人故也。昔周辛甲之为大史也㊽，命百官，官箴王阙㊾。于《虞人之箴》曰㊿：‘芒芒禹迹(51)，画为九州(52)。经启九道(53)，民有寝庙，兽有茂草，各有攸处，德用不扰(54)。在帝夷羿，冒于原兽(55)，亡其国恤(56)，而思其麀牡(57)。武不可重(58)，用不恢于夏家(59)。兽臣司原(60)。敢告仆夫(61)。’《虞箴》如是，可不惩乎(62)？”于是晋侯好田，故魏绛及之。

公曰："然则莫如和戎乎？"对曰："和戎有五利焉：戎狄荐居㊲，贵货易土㊱，土可贾焉㊺，一也。边鄙不耸㊻，民狎其野㊼，穑人成功㊽，二也。戎狄事晋，四邻振动，诸侯威怀㊾，三也。以德绥戎，师徒不勤，甲兵不顿㊿，四也。鉴于后羿㋐，而用德度㋑，远至迩安㋒，五也。君其图之。"

公说，使魏绛盟诸戎，修民事，田以时。

冬十月，邾人、莒人伐鄫。臧纥救鄫㋓，侵邾，败于狐骀㋔。国人逆丧者皆髽㋕。鲁于是乎始髽㋖，国人诵之曰："臧之狐裘㋗，败我于狐骀。我君小子㋘，朱儒是使。朱儒！朱儒！使我败于邾。"

【注释】

①繁阳：地名，在今河南新蔡县北。　②知时：知道时机不成熟。　③穆叔：即叔孙豹。　④《肆夏》：乐章名。其辞今已亡。　⑤工：乐人。《文王》之三：指《诗经·大雅》中《文王》、《大明》、《緜》三篇。　⑥《鹿鸣》之三：即《诗经·小雅》中《鹿鸣》、《四牡》、《皇皇者华》三篇。　⑦藉：进献。　⑧合其大：指放弃重大的《肆夏》之三与《文王》之三。　⑨细：指《鹿鸣》之三。　⑩元侯：诸侯之长。　⑪咨于周：《皇皇者华》诗篇中有"周爰咨诹"等句，意为咨询于所谓忠信之人。　⑫虞：祭礼。死者葬后，生者返殡宫祭祀而安死者之灵，称虞礼。　⑬匠庆：鲁大匠人、名庆。　⑭不终君：意为使襄公未为生母送终。　⑮蒲圃：种植树木的园圃。　⑯请木：请求为定姒作棺材的木料。　⑰御：止。　⑱《志》：古书名。　⑲听政：听从别人的要求。　⑳属鄫：使鄫归属鲁国。　㉑司马：晋司马主管诸侯的贡赋。　㉒顿：近陈小国。　㉓无终：山戎国名。　㉔魏庄子：即魏绛。　㉕诸华：指中原诸国。　㉖戎，禽兽也：当时中原诸国，文化发达，而落后国家，或尚处于原始状况，故视为禽兽。　㉗《夏训》：即《夏书》。　㉘有穷后羿：有穷，部落名。后，君，即当时酋长。　㉙鉏、穷石：鉏，地名，在今河南滑县东。穷石，即穷谷，在洛阳市南。　㉚淫于原兽：沉溺于田猎。　㉛弃：抛弃武罗等四人。此四人均为后羿的贤臣。尨、龙通用。寒浞（zhuó）：人名。后杀羿而代其位。　㉜伯明后寒：即寒后伯明，寒国之君。　㉝夷羿：即后羿。夷，种族名。　㉞行媚于内：在宫内献媚。即与羿的妻妾通奸。　㉟虞羿于田：使羿以田猎为娱乐。虞，同"娱"。　㊱树之诈慝：扶植奸诈邪恶。　㊲亨：今作烹。　㊳以食其子：让羿的儿子吃。　㊴穷门：穷国之门。　㊵靡：后羿的遗臣。有鬲氏：部落名，其地当在山东德州市东南。　㊶因羿室：占有羿的妻妾。　㊷浇（ào）、豷（yì）：二人名。　㊸斟灌、斟寻氏：皆部落名。　㊹过、戈：皆部落名。过在今山东掖县西北。戈在宋、郑之间。　㊺烬：遗民。　㊻少康：夏代君主名。　㊼后杼：少康之子。　㊽辛甲：本殷臣，事纣，屡谏不听，后弃周，为周公卿。　㊾官箴王阙：官员须劝谏天子的过失。箴，劝谏，用作动词。　㊿《虞人之箴》：篇名。虞人，主田猎的官员。　㋑芒芒禹迹：夏禹足迹所至，苍茫辽远。　㋒画：分。　㋓经启九道：开辟无数大道。九，泛指很多。　㋔德用不扰：人与兽互不干扰。此箴言意为匡猎不能过滥。　㋕冒：贪。　㋖国恤：国忧。　㋗麀（yōu）牡：泛指禽兽。麀，母鹿。牡，公鹿。　㋘武：指田猎。　㋙恢于夏家：扩大夏国。　㋚司原：

主管田猎。 (61)仆夫：左右、侍者。 (62)惩：警戒。 (63)荐居：逐水草而居。荐，草。 (64)贵货易土，重视财货，轻视土地。 (65)贾：买。 (66)不耸：不惧怕。 (67)狎其野：习惯于田野耕作。 (68)穑人：农人，或疑为农官。 (69)威怀：因威严而慑服。 (70)顿：坏。 (71)鉴：借鉴。 (72)德度：道德法度。 (73)远至迩安：远国来朝，邻国怀安。 (74)臧纥：即臧孙纥、武仲。 (75)狐骀（tái）：邾地，在今山东滕县东南。 (76)髽（zhuā）：本为妇人丧服，即以麻束发，去簪。 (77)诵：讽。怨辞。 (78)臧之狐裘：臧纥身上的狐皮袄。 (79)我君小子：当时襄公有生母定姒之丧在身，古人可称君为小子。 (80)朱儒是使：委派给一个朱儒。朱儒，即侏儒。臧纥矮小，故被称为侏儒。

【译文】

四年春季，楚军因陈国叛变而入侵陈国，军队一直驻扎在繁阳。这使韩厥深为忧虑，他在朝廷上说："文王率领背叛商朝的国家事奉纣王，是因为他知道时机还未成熟。现在我们却反了过来，想要成就功业真是难啊。"

三月，陈成公去世。楚国正准备攻打陈国，听到这一消息后便停止出兵了。陈国仍旧不肯服从楚国。臧武仲听说后说："陈国不顺服楚国，必然灭亡。大国在陈国国丧期间不攻打，这是讲究礼的，即使这样还不顺服，这对大国来说尚且难免招致灾祸，更何况是小小陈国呢？"

夏季，楚国的彭名攻打陈国，因为陈国无礼。

叔孙豹前往晋国，对荀罃聘问进行回访，晋悼公设宴招待他。席间以钟鼓演奏了《肆夏》三章，叔孙豹并未起身拜谢。乐工又唱了《文王》三首，他还是没有答谢。直到再唱《鹿鸣》等三首时，他才起身，连续拜谢三次。

韩厥派外交官子员问他："大夫奉国君之命光临我国，我们根据先君之礼用音乐款待大夫。大夫对前两次演唱不拜，却对第三次演唱一拜再拜，请问这是什么意思？"叔孙豹回答说："《肆夏》是天子用来招待诸侯领袖的，我不敢听；《文王》是两君相见时演奏的，我也不敢听；《鹿鸣》是国君用来颂扬寡君的，怎敢不拜谢？《四牡》是国君慰劳我的，怎敢不再次拜谢？《皇皇者华》说明国君教导小臣一定要请教忠信之人，我听说向善人请教是咨，向亲戚访问是询，询问有关礼是度，询问有关政事是诹，询问有关祸难是谋。我得到这五种善事，怎敢不起身三拜呢？"

秋季，襄公的母亲定姒去世。没有在祖庙停放棺材，没有使用内棺，没有举行虞祭。

匠庆对季文子说："您作为国家正卿，国君生母的丧礼没有按夫人的规格办理，这等于不让国君为他母亲送终。将来国君长大后，谁来承担这一责任呢?"

当初,季文子为自己在蒲圃的东门之外种了六棵槚树。匠庆请求使用这些树给定姒做棺木,季文子说:"简单一点儿吧!"匠庆还是砍伐了蒲圃的槚树,季文子也没有加以阻拦。

君子认为:"《志》书中说的'自己多做无礼之事,总有一天要自食恶果。'说的就是季文子吧!"

冬季,襄公前往晋国听取晋国对鲁国提出的要求,悼公设宴招待襄公。襄公请求把鄫国划归鲁国作为附庸,悼公不同意。孟献子说:"寡君距离敌国这么近,但始终坚持事奉国君,从没有违背贵国的命令。鄫国从来不向晋国交纳贡赋,而国君的左右官员却整天对我国提出各种要求。我国虽然地域狭小,无力承担这种负担,但如果不满足贵国的要求,就是罪过。寡君希望能得到鄫国作为补偿。"悼公同意了这一要求。

楚国人让顿国乘陈国的空子进攻它,为此陈国人包围了顿国。

无终国国君嘉父派孟乐到晋国,通过魏绛的关系给晋悼公献上了一些虎豹皮,以请求晋国和戎人各部落讲和。悼公说:"戎狄不可亲近而且贪婪,不如攻打他们。"魏绛说:"各诸侯刚刚归服我国,陈国也新近才和我们讲和,正在观察我们的表现,如果我们有德,就亲近我们,否则,就背叛我们。兴师动众去征伐戎狄,让楚国乘机攻打陈国,我们肯定不能救援他们,这实际上是抛弃了陈国,中原诸国必然会背叛我们。戎狄犹如禽兽,如果征服了戎狄却失去了中原各国,恐怕得不偿失吧!《夏训》有句话说:'有穷的后羿——'"。悼公打断他的话说:"后羿又怎么样?"魏绛说:"从前夏朝正日趋衰落时,后羿自鉏地迁徙到穷石,利用夏朝的百姓取代了夏朝的政权。后羿依仗自己善于射箭,不修政事致力于安抚百姓,却沉溺于打猎之中,丢弃了武罗、伯困、熊髡、龙圉等贤人,却起用了寒浞。寒浞是伯明氏的一个奸邪子弟,寒国国君伯明抛弃了他,后羿却收养了他,相信并且重用他,让他担任了自己的助手。寒浞在宫内对女人献媚,在外面又遍施钱财,愚弄百姓,使后羿终日以打猎为业,又运用奸诈邪恶的手段夺取了国家的政权,国内都归顺了他。此时后羿仍然不思悔改,结果从打猎的地方回来后,就被他的家臣杀了。还把他煮熟,让他儿子吃。他儿子不忍心吃,被杀死在穷门。后羿的臣子靡逃到了有鬲氏。寒浞霸占了后羿的妻妾,生了浇和豷,又仗着他的奸诈邪恶,对百姓不施德行,并派浇发兵灭了斟灌和斟寻氏。又让浇镇守过地,让豷镇守戈地。靡在有鬲氏收集了斟灌和斟寻两国的遗民,一举灭亡了寒浞,立了少康。少康在过地消灭了浇，后杼在戈地消灭了豷。有穷从此就灭亡了，这就是失去贤人的结果。从前周朝的辛甲做太史的时候，曾下令百官每人都要对天子的过错进行劝谏。《虞人之箴》中说：'大禹统治的辽阔土地，划分为九个州，开辟了无数道路，百姓生前有房屋死后有庙宇，禽兽有茂盛的野草，也有可供栖息的地方，人兽和平共处，互不干扰。后羿身为君主，贪恋野兽，不顾国家的忧患，终日所思都是飞禽走兽。田猎不可过分，否则将使国家灭亡。兽臣是管理田猎之官，所以才敢告诉国君。'《虞箴》中这么说，难道还不引以为戒吗？"此时晋悼公正热衷于打猎，所以魏绛才讲了后羿的故事。

晋悼公说："那么还有没有比跟戎狄讲和更好的办法呢？"魏绛回答说："与戎狄讲和有五点好处：戎狄四处流动，逐水草而居，看重财物而轻视土地，可以把他们的土地买过来，这是第一点；边疆不必再加强警备防守，百姓可以安心耕种，管理边疆农田的官员也可以完成任务了，这是第二点；一旦戎狄事奉晋国，四周各国必然被惊动，诸侯因为我们的威望而更加顺服，这是第三点；以德行安抚戎狄，能免去将士远征之苦，武器也不会被损坏，这是第四点；汲取后羿的亡国教训，推行德政，使远方的国家来朝，邻近的国家安心，这是第五点。国君还是认真考虑一下吧！"

悼公非常高兴，派魏绛和戎狄各部落结盟，并致力于百姓事务，即使打猎也不违背农时。

冬季十月，邾人、莒人攻打鄫国。臧纥救援鄫国，侵入邾国，却在狐骀被打败。国人迎接阵亡将士灵柩回国时，都以麻结发。鲁国从此开始流行以麻束发的习俗，国人都讽刺说："臧孙身穿狐皮袄，狐骀一战被打败，我们国君太年幼，竟然派此侏儒人。侏儒人啊侏儒人，使我败给邾国人。"

襄公五年

经　五年春，公至自晋。夏，郑伯使公子发来聘。叔孙豹、鄫世子巫如晋。仲孙蔑、卫孙林父会吴于善道。秋，大雩。楚杀其大夫公子壬夫。公会晋侯、宋公、陈侯、卫侯、郑伯、曹伯、莒子、邾子、滕子、薛伯、齐世子光、吴人、鄫人于戚。公至自会。冬，戍陈。楚公子贞帅师伐陈。公会晋侯、宋人、卫侯、郑伯、曹伯、莒子、邾子、滕子、薛伯、齐世子光救陈。十月二日，公至自救陈。辛未，季孙行父卒。

传　五年春，公至自晋。

王使王叔陈生愬戎于晋①，晋人执之。士鲂如京师，言王叔之贰于戎也。

夏，郑子国来聘②，通嗣君也。

穆叔觌鄫大子于晋③，以成属鄫。书曰："叔孙豹、鄫世子巫如晋。"言比诸鲁大夫也。

吴子使寿越如晋④，辞不会于鸡泽之故，且请听诸侯之好。晋人将为之合诸侯，使鲁、卫先会吴，且告会期。故孟献子、孙文子会吴于善道⑤。

秋，大雩，旱也。

楚人讨陈叛故，曰："由令尹子辛实侵欲焉。"乃杀之。书曰："楚杀其大夫公子壬夫。"贪也。

君子谓："楚共王于是不刑⑥。《诗》曰⑦：'周道挺挺，我心扃扃，讲事不令，集人来定。'己则无信，而杀之以逞，不亦难乎？《夏书》曰：'成允成功⑧。'"

九月丙午⑨，盟于戚，会吴，且命成陈也。

穆叔以属鄫为不利，使鄫大夫听命于会。

楚子囊为令尹⑩。范宣子曰："我丧陈矣！楚人讨贰而立子囊，必改行而疾讨陈⑪。陈近于楚，民朝夕急，能无往乎⑫？有陈，非吾事也，无之而后可。"

冬，诸侯成陈。子囊伐陈。十一月甲午⑬，会于城棣以救之⑭。

季文子卒。大夫入敛，公在位。宰庀家器为葬备⑮，无衣帛之妾，无食粟之马，无藏金玉，无重器备。君子是以知季文子之忠于公室也。相三君矣，而无私积，可不谓忠乎？

【注释】

①王叔陈生：周卿士。　②子国：即公子发。　③觌（dí）：相见。　④寿越：吴大夫。　⑤善道：吴地，在今安徽盱眙县北。　⑥不刑：处刑不当。　⑦《诗》曰：下列诗句或为逸诗，不在今《诗经》中。周道挺挺：大道笔直。扃扃（jiǒng）：明察。讲事不令：谋事不善。集人来定：当聚集人才商定。⑧成允成功：完成信用才能成功。允，信。　⑨丙午：二十三日。　⑩子囊：公子贞之字。　⑪改行：改变子辛的行为。　⑫往：归向楚国。　⑬甲午：十二日。　⑭城棣：地名，在今河南原阳县北。　⑮宰庀（pǐ）：宰，家臣之首。庀，准备，收拾。葬备，葬具。

【译文】

五年春季，襄公从晋国回到国内。

天子派王叔陈生向晋国控告戎人，晋国反倒把他抓了起来。士鲂到京城，说王叔暗中勾结戎人。

夏季，郑国的子国来鲁国聘问，为新即位的郑僖公谋求友好。

穆叔带着鄫国的太子到晋国，为的是完成鄫国归属鲁国的工作。《春秋》记载为"叔孙豹、鄫世子巫如晋"，意思是把鄫国的太子也视为鲁国的大夫一般。

吴王派寿越到晋国，对未能参加鸡泽盟会进行解释，并请求服从命令和诸侯友好。晋国人为此准备再次召集诸侯会盟，派鲁、卫两国先和吴国会谈，同时告诉了会谈的日期。因此孟献子和孙文子在善道和吴国人会见。

秋季，鲁国举行了大雩祭，这是因天旱而求雨。

楚国人质问陈国为何背叛楚国，陈国人说："是因为令尹子辛侵略我国以满足其无穷的欲望。"楚国就把子辛杀了。《春秋》中说："楚杀其大夫公子壬夫"，表明子辛是因贪婪而被杀的。

君子认为"楚共王在这个问题上处罚不当。《诗经》说：'大道平坦笔直，心中明察秋毫，如果处理不当，集合贤人决定'。自己不讲信用，以杀人来推脱责任，不是很难将国家治理好吗？《夏书》说：'有了信用，才能成功'。"

九月二十三日，襄公和晋悼公、宋平公、陈哀公、卫献公、郑僖公、曹成公、莒子、邾子、滕子、薛伯、齐国的世子光、吴国人、鄫人在戚地举行了盟会，目的是和吴国会谈，同时决定诸侯出兵戍守陈国的问题。

穆叔认为鄫国归属鲁国之后，对鲁国不利，就让鄫国的大夫参加盟会，直接听取盟主的命令。

楚国的子囊做了令尹。晋大夫范宣子认为："我们将要失去陈国。楚国人讨伐了生有二心的陈国之后又立了子囊，一定会改变子辛的做法尽快讨伐陈国。陈国距楚国很近，百姓时刻担心敌人入侵，能不归服楚国吗？保留陈国，我们心有余而力不足，只有放弃它才可以。"

冬季，诸侯派兵戍守陈国。子囊讨伐陈国。十一月十二日，襄公和晋悼公、宋平公、卫献公、郑僖公、曹成公、齐国的世子光在城棣会合，前往救援陈国。

鲁国的季文子去世。依据通常大夫入殓的规矩，襄公亲自前往。季文子的家臣准备用家里的各种器物作为葬具，季文子的妻妾不穿丝绸，马匹不吃粮食，收藏的东西中没有金银玉器，各种器具没有多余的重份。君子因此知道季文子对公室的忠心耿耿，先后辅佐三个国君，却没有一点私人积蓄，能不说他是忠心耿耿吗？

襄公六年

经　六年春，王三月壬午，杞伯姑容卒。夏，宋华弱来奔。秋，葬杞桓公。滕子来朝。莒人灭鄫。冬，叔孙豹如邾。季孙宿如晋。十有二月，齐侯灭莱。

传　六年春，杞桓公卒，始赴以名，同盟故也。

宋华弱与乐辔少相狎①长相优②，又相谤也。子荡怒③，以弓梏华弱于朝④。平公见之，曰："司武而梏于朝⑤，难以胜矣！"遂逐之。夏，宋华弱来奔。

司城子罕曰："同罪异罚，非刑也。专戮于朝⑥，罪孰大焉？"亦逐子荡。子荡射子罕之门，曰："几日而不我从？"子罕善之如初。

秋，滕成公来朝，始朝公也。

莒人灭鄫，鄫恃赂也。

冬，穆叔如邾，聘，且修平。

晋人以鄫故来讨，曰："何故亡鄫？"季武子如晋见，且听命。

十一月，齐侯灭莱，莱恃谋也⑦。

于郑子国之来聘也，四月，晏弱城东阳，而遂围莱。甲寅⑧，堙之环城⑨，傅于堞⑩。及杞桓公卒之月，乙未⑪，王湫帅师及正舆子、棠人军齐师⑫，齐师大败之。丁未⑬，入莱。莱共公浮柔奔棠。正舆子、王湫奔莒，莒人杀之。四月，陈无宇献莱宗器于襄宫⑭。晏弱围棠，十一月丙辰⑮，而灭之。迁莱于郳⑯。高厚、崔杼定其田。

【注释】

①华弱、乐辔：华、乐两代俱为宋戴公后裔，世代为宋国卿大夫。少相狎：小时候互相亲昵。　②长相优：长大了互相戏谑。优，调戏。　③子荡：即乐辔。　④梏：套住。　⑤司武：即司马。宋国司马职掌军事。　⑥专戮：专横而侮辱他人。　⑦恃谋：指赂夙沙卫之谋，事见襄公二年。　⑧甲寅：四月无甲寅，或有误。　⑨堙之环城：围绕莱城四周筑成土山。堙（yīn），小土山。　⑩傅于堞：接近女墙。堞（dié），城上女墙。　⑪乙未：十五日。　⑫王湫：齐国佐党羽，国佐被杀，王湫奔莱。正舆子：见襄公二年传注。棠：莱邑名，疑在今山东平度县东南。军：抵御。　⑬丁未：二十七日。　⑭陈无宇：即陈桓子，陈完玄孙。襄宫：齐

襄公宗庙。一说襄为"惠"之误。　⑮十一月丙辰：当为十二月十日。　⑯郳（ní）：此地已不可考。

【译文】

六年春季，杞桓公去世，杞国首次在讣告上书写国君的名字，是出于两国同盟友好的缘故。

宋国的华弱和乐辔从小就很要好，长大之后就互相取笑，也彼此攻击。有一次乐辔发火了，在朝廷上用弓套住华弱的脖子。平公看到后说："统管军队的司马居然在朝廷上被戴上枷锁，将来打仗也必定难以取胜。"就把华弱驱逐出境。夏季，华弱逃亡到了鲁国。

司城子罕说："犯了同样的罪，却得到不同的处罚，这是不合刑法的。在朝廷上侮辱别人，还有比这更大的罪过吗？"也要把乐辔驱逐出国。乐辔气得用箭射子罕的房门，说："过不几天，我也会让你跟我一样被赶出去。"子罕吓得只好像过去一样对待他。

秋季，滕成公来鲁国朝见，这是他首次朝见襄公。

莒国人灭掉了鄫国，这是因为鄫国依仗鲁国，放松了戒备。

冬季，穆叔到邾国聘问，以重修两国的友好关系。

晋国人因为鄫国的灭亡而责问鲁国："为什么眼看鄫国灭亡不去救援？"季武子只好到晋国解释，同时听候晋国的处置。

十一月，齐灵公灭亡了莱国，这是因为莱国惯于玩弄计谋的结果。

郑国的子国来鲁国聘问时，正是去年四月，当时齐国的晏弱正在东阳筑城，然后包围了莱国。某日，在莱城四周堆起土山，高至墙垛。到把桓公去世的今年三月十五日，王湫率领军队和正舆子、棠人攻击齐军，被齐军打得大败。二十七日，齐军进入莱城。莱共公浮柔逃亡至棠地。正舆子和王湫逃亡至莒国，莒国人把他们杀了。四月，陈无宇将莱国宗庙中的宝器献到齐襄公的庙里。晏弱又包围了棠地，十二月十日将其灭掉。然后把莱地的百姓迁到郳地，高厚、崔杼负责划分莱国的田地。

襄公七年

经　七年春，郯子来朝。夏四月，三卜郊，不从，乃免牲。小邾子来朝。城费。秋，季孙宿如卫。八月，螽。冬十月，卫使孙林父来聘。壬戌，及孙林父盟。楚公子贞帅师围陈。十有二月，公会晋侯、宋公、陈侯、卫侯、曹伯、莒子、邾子于鄬。郑伯髡顽如会，未见诸侯，丙戌，卒于鄵。陈侯逃归。

传　七年春，郯子来朝，始朝公也。

夏四月，三卜郊，不从①，乃免牲。

孟献子曰："吾乃今而后知有卜筮②。夫郊，祀后稷以祈农事也。是故启蛰而郊③，郊而后耕。今既耕而卜郊，宜其不从也。"

南遗为费宰④。叔仲昭伯为隧正⑤，欲善季氏而求媚于南遗，谓遗："请城费，吾多与而役。"故季氏城费。

小邾穆公来朝，亦始朝公也。

秋，季武子如卫，报子叔之聘，且辞缓报，非贰也。

冬十月，晋韩献子告老。公族穆子有废疾⑥，将立之。辞曰："《诗》曰：'岂不夙夜，谓行多露⑦。'又曰：'弗躬弗亲，庶民弗信⑧。'无忌不才，让，其可乎？请立起也⑨！与田苏游⑩，而曰好仁。《诗》曰⑪：'靖共尔位，好是正直。神之听之，介尔景福。'恤民为德，正直为正，正曲为直，参和为仁⑫。如是，则神听之，介福降之⑬。立之，不亦可乎？"

庚戌，使宣子朝，遂老。晋侯谓韩无忌仁，使掌公族大夫。

卫孙文子来聘，且拜武子之言，而寻孙桓子之盟⑭。公登亦登。叔孙穆子相，趋进曰："诸侯之会，寡君未尝后卫君。今吾子不后寡君，寡君未知所过。吾子其少安⑮！"孙子无辞，亦无悛容⑯。

穆叔曰："孙子必亡。为臣而君⑰，过而不悛，亡之本也。《诗》曰⑱：'退食自公，委蛇委蛇。'谓从者也，衡而委蛇必折⑲。"

楚子囊围陈，会于鄬以救之⑳。

郑僖公之为大子也，于成之十六年，与子罕适晋，不礼焉。又与子丰适楚，亦不礼焉。及其元年㉑，朝于晋。子丰欲愬诸晋而废之，子罕止之。及将会于鄬，子驷相，又不礼焉。侍者谏，不听，又谏，杀之。及鄵㉒，子驷使贼夜弑僖公，而以疟疾赴于诸侯㉓，简公生五年㉔，奉而立之。

陈人患楚。庆虎、庆寅谓楚人曰㉕："吾使公子黄往而执之㉖。"楚人从之。二庆使告陈侯于会，曰："楚人执公子黄矣！君若不来，群臣不忍社稷宗庙，惧有二图㉗。"陈侯逃归。

【注释】

①不从：不吉利。　②卜筮：二者有别，卜用龟甲，筮用蓍草，方法不同。　③启蛰：古

节气名，与今惊蛰相当。　　④费宰：费邑县宰。自此，费为季氏私邑。　　⑤叔仲昭伯：惠伯之孙，名带。隧正：即遂人，掌管徒役。　　⑥穆子：韩厥长子。废疾：残废之病。一说为久治不愈之症。　　⑦岂不夙夜，谓行多露：句出《诗经·南召·行露》。诗本意为"难道不想早晚都去，无奈路上露水太重。"　　⑧弗躬弗亲，庶民弗信：两句见《诗经·小雅·节南山》。意为不能躬亲办事，则不能取信于民众。　　⑨起：穆子之弟。　　⑩田苏：晋贤人。　　⑪诗曰：以下诗句出自《诗经·小雅·小明》。意为忠实谨慎于本职位，喜好这正直之人。神灵听到了，赐予你大福。　　⑫参和：即德、正、直三者和为一体。　　⑬介福：大福。　　⑭孙桓子：即孙良夫，文子之父。　　⑮少安：稍停，使孙林父稍后。　　⑯无悛（quān）容：无悔改的样子。　　⑰为臣而君：做臣子的俨然国君。指与鲁君并行。　　⑱《诗》曰：以下两句出自《诗经·南召·羔羊》。退食自公：即自公退食，从朝廷上回家吃饭。委蛇：从容自得貌。蛇（yí）。　　⑲衡：即横。强横，专横。折：毁折，挫折。　　⑳郲（wěi）：郑地，在今河南鲁山县境。　　㉑元年：指郑僖公元年，当为鲁襄公三年。　　㉒鄵（cāo）：郑地。　　㉓疟疾：暴疾。　　㉔简公：僖公之子。　　㉕庆虎、庆寅：二庆为陈执政大夫。　　㉖公子黄：陈哀公之弟。　　㉗二图：别的打算。

【译文】

七年春季，郯子来鲁国朝见，他是首次朝见襄公。

夏季四月，鲁国为举行郊祭占卜三次，都不吉利，便决定免除使用祭牺牲。

孟献子说："我到现在才知道占卜和占筮的作用了。举行郊祭就是祭祀后稷，以祈求农业丰收。因此在启蛰这一节气举行郊祭，然后开始耕种。如今已经耕种完毕，再占卜郊祭之事，当然上天就不答应了。"

南遗出任费邑的县宰。叔仲昭伯出任隧正一职。他想巴结季氏，就先向南遗讨好，对南遗说："请季氏在费邑筑城，我多派给您劳役。"因此季氏决定在费邑筑城。

小邾国的穆公来鲁国朝见，他也是首次朝见襄公。

秋季，季武子到卫国回报子叔对鲁国的聘问，同时解释迟至现在才去答谢并非有了二心。

冬季十月，晋国的韩厥告老退休。他的长子穆子患有残疾。悼公要立他为卿，穆子推辞说："《诗经》说：'难道是我不想早晚都来，只因途中露水太多'。又说：'如果不能亲躬政事，百姓就不会信服。'我韩无忌没有才干，让别人来干，可不可以呢？请求国君立我弟弟韩起吧。韩起和田苏经常交往，田苏说他好行仁义。《诗经》说：'忠于你的职守，起用正直的人。神灵听说之后，将会降给你福祥。'同情关怀百姓是为德，循直而行是为正，匡正他人是为直，三者统一为一体是为仁。如此则神灵帮助，降给您福禄吉祥。任命这样的人为卿是可以的吧？"

九日，让韩起朝见悼公，同时宣布韩厥退休。悼公认为韩无忌讲究仁义，就让他统管公族大夫。

卫国的孙文子来鲁国聘问，同时对季武子的解释进行答谢，又重温了孙桓子聘问鲁国时订立的盟约。主客双方入内时，襄公每登一级台阶，孙文子也同时登一级台阶。叔孙穆子作为相礼，急忙赶过去说："当初诸侯会盟时，寡君并没有走在贵君后面，因为两国地位平等。现在您不略后一步，寡君不明白究竟有什么过错使您如此轻视他。您还是稍微慢一点吧。"孙文子没有解释，也没有悔改的样子。

穆叔说："孙文子必然会灭亡。他本为臣子却摆出国君的架势，有了过错又不知悔改，这就是灭亡的根本原因。《诗经》中'办完公务回家吃饭，神态从容谦恭和蔼。'就是说要顺从国君。如果专横无理又洋洋自得，肯定会遭受摧折。"

楚国的子囊包围了陈国，襄公和晋悼公、宋平公、陈哀公、卫献公、曹成公、莒子、邾子在鄬地会合，救援陈国。

郑僖公还是太子时，在鲁成公十六年和郑国的子𫐆一同到了晋国，行为很不礼貌。不久又和子丰到了楚国，也很无礼。等到郑僖公元年，又去晋国朝见。子丰打算向晋国控告把僖公废掉，被子𫐆制止。这次在鄬地会见时，子驷作为相礼，僖公还是很不礼貌。侍者劝谏他，不听，再次劝谏，竟然把侍者杀了。到了鄵地，子驷便派人在夜里杀了僖公，然后给诸侯发讣告说是僖公患了急病而死。简公当时年仅五岁，被立为国君。

陈国人因为楚国的围攻而寝食不安。陈国执政大夫庆虎、庆寅对楚国人说："我们派国君的弟弟公子黄前往贵国，你们把他抓起来。"楚国人照他们的话做了。二庆便通知正在参加诸侯大会的陈哀公："楚国已经把公子黄抓了起来。国君如果再不赶紧回来，群臣因为不忍心看到国家沦于灭亡，恐怕会有别的想法。"陈哀公便急忙赶了回来。

襄公八年

经 八年春，王正月，公如晋。夏，葬郑僖公。郑人侵蔡，获蔡公子燮。季孙宿会晋侯、郑伯、齐人、宋人、卫人、邾人于邢丘。公至自晋。莒人伐我东鄙。秋九月，大雩。冬，楚公子贞帅师伐郑。晋侯使士匄来聘。

传　八年春，公如晋朝，且听朝聘之数①。

郑群公子以僖公之死也，谋子驷。子驷先之②。夏四月庚辰③，辟杀子狐、子熙、子侯、子丁④。孙击、孙恶出奔卫⑤。

庚寅⑥，郑子国、子耳侵蔡，获蔡司马公子燮。郑人皆喜，唯子产不顺⑦，曰："小国无文德，而有武功，祸莫大焉。楚人来讨，能勿从乎⑧？从之，晋师必至。晋、楚伐郑，自今郑国，不四五年，弗得宁矣。"子国怒之曰："尔何知？国有大命，而有正卿，童子言焉，将为戮矣。"

五月甲辰⑨，会于邢丘⑩，以命朝聘之数，使诸侯之大夫听命。季孙宿、齐高厚、宋向戌、卫宁殖、邾大夫会之。郑伯献捷于会，故亲听命。大夫不书，尊晋侯也。

莒人伐我东鄙，以疆鄫田。

秋九月，大雩，旱也。

冬，楚子囊伐郑，讨其侵蔡也。

子驷、子国、子耳欲从楚，子孔、子蟜、子展欲待晋。子驷曰："《周诗》有之曰⑪：'俟河之清，人寿几何？兆云询多，职竞作罗。'谋之多族⑫，民之多违，事滋无成⑬。民急矣，姑从楚以纾吾民。晋师至，吾又从之。敬其币帛，以待来者，小国之道也。牺牲玉帛，待于二竟⑭，以待强者而庇民焉。寇不为害，民不罢病，不亦可乎？"

子展曰："小所以事大，信也。小国无信，兵乱日至，亡无日矣。五会之信⑮，今将背之，虽楚救我，将安用之？亲我无成⑯，鄙我是欲⑰不可从也。不如待晋。晋君方明，四军无阙，八卿和睦，必不弃郑。楚师辽远，粮食将尽，必将速归，何患焉？舍之闻之⑱：'杖莫如信⑲。'完守以老楚⑳，杖信以待晋，不亦可乎？"

子驷曰："《诗》云㉑：'谋夫孔多，是用不集。发言盈庭，谁敢执其咎？如匪行迈谋，是用不得于道。'请从楚，騑也受其咎㉒。"

乃及楚平，使王子伯骈告于晋㉓，曰："君命敝邑：'修而车赋㉔，儆而师徒，以讨乱略㉕。'蔡人不从，敝邑之人，不敢宁处，悉索敝赋㉖，以讨于蔡，获司马燮，献于邢丘。今楚来讨曰：'女何故称兵于蔡？'焚我郊保㉗，冯陵我城郭。敝邑之众，夫妇男女，不遑启处㉘，以相救也。翦焉倾覆㉙，无所控告。民死亡者，非其父兄，即其子弟，夫人愁痛㉚，不知所庇。民知穷困，而受盟于楚，孤也与其二三臣不能禁止。不敢不告。"

知武子使行人子员对之曰："君有楚命，亦不使一个行李告于寡君㉛，而即安于楚，君之所欲也，谁敢违君？寡君将帅诸侯以见于城下㉜，唯君图之！"

晋范宣子来聘，且拜公之辱，告将用师于郑。

公享之，宣子赋《摽有梅》㉝。季武子曰："谁敢哉！今譬于草木，寡君在君，君之臭味也㉞。欢以承命，何时之有？"武子赋《角弓》㉟。宾将出，武子赋《彤弓》㊱。宣子曰："城濮之役，我先君文公献功于衡雍，受彤弓于襄王，以为子孙藏㊲。匄也，先君守官之嗣也，敢不承命？"君子以为知礼。

【注释】

①数：贡献财币的数目。　②先之：先于群公子下手。　③庚辰：十二日。　④辟：罪。　⑤孙击、孙恶：疑为子狐之子。　⑥庚寅：二十二日。　⑦子产：公孙侨，子国之子。顺：顺从附和。　⑧从：顺从。　⑨甲辰：七日。　⑩邢丘：详见宣公六年传注。　⑪《周诗》：以下四句为逸诗。俟河之清：等待黄河澄清。兆云询多：占卜实在太多。兆，卜。云，语中助词。询，信，实。职竞作罗：当做罗网。职，当是自。竞，语气词。　⑫多族：多人。　⑬滋：益，更加。　⑭二竟：即郑与楚的边境和郑与晋的边境。　⑮五会：五次会盟，即会于鸡泽、戚、城棣、鄬及邢丘。　⑯无成：无终，即无好结果。　⑰鄙我是欲：其欲望是把我国作为边鄙。　⑱舍子：子展名。　⑲杖：依仗、凭靠。　⑳完守：坚固守备。　㉑《诗》云：以下诗句见《诗经·小雅·小旻》篇。孔：甚、太。集：成就。盈庭：充满院子。执其咎：负其罪责。匪行迈谋：意为一边走路一边和人商量。不得于道：路上一无所得。　㉒騑：即子驷。　㉓王子伯骈：郑大夫。　㉔车赋：车乘。　㉕乱略：扰乱疆界者。　㉖悉索敝赋：收尽兵力。　㉗保：城堡。　㉘不遑启处：无暇安居。　㉙翦焉：将被剪灭。　㉚夫人：人人。　㉛一个行李：一个使臣。一个，一介。行李，使臣。　㉜见于城下：言将伐郑。　㉝《摽有梅》：见《诗经·召南》。诗本意为男女婚姻应及时。范宣子赋此诗，欲使鲁及时出兵。　㉞臭味：气味。　㉟《角弓》：《诗经·小雅》篇名。　㊱《彤弓》：亦为《小雅》中篇名。　㊲藏：宝藏。

【译文】

八年春季，襄公到晋国朝见，同时听取晋国要求朝聘时进献财币的数字。

郑国的公子们以僖公去世为由，谋划杀害子驷。但子驷先动了手。夏季四月十二日，以其他罪名杀了子狐、子熙、子侯、子丁。孙击和孙恶逃到了卫国。

二十二日，郑国的子国、子耳入侵蔡国，抓获了蔡国的司马公子燮。郑国人都很高兴，只有子产一个人倒外，他说："一个小国不以教化和德行治理，却崇尚以武力征服别国，没有比这更大的祸患了。如果楚国前来讨伐，能不顺从他吗？顺从了楚国，晋军也必然随后赶到。晋、楚两国轮番攻打郑国，郑国因此将有四、五年不得安宁。"子国生气地说："你知道什么？国家的重大命令都由正卿发布。你胡说八道是要被杀头的！"

五月七日，季武子和晋悼公、郑简公、齐国人、宋国人、卫国人、邾国人在邢丘会见，晋国提出了各国进贡的财币数字，让诸侯各国照办。季武子、齐国的高厚、宋国的向戌、卫国的宁殖以及邾国大夫参加了会见。郑简公来向晋国进献对蔡之战中的战果，也顺便亲自到会听命。《春秋》中不记各国大夫的名字，是表示对晋悼公的尊重。

莒国人攻打鲁国东部边境，是为了划定鄫国田地的疆界。

秋季九月，鲁国因为大旱举行了盛大的雩祭活动。

冬季，楚国的子囊攻打郑国，以讨伐它对蔡国的入侵。

子驷、子国、子耳准备顺服楚国，子孔、子蟜、子展则打算抵抗以等待晋军的到来。子驷说："《周诗》中说：'如果等到黄河水清见底，人的寿命能有多久呢？占卜次数太多，反而作茧自缚。'越是和大家商量，众说不一，百姓就越是不能听从，事情就越发难以办成。百姓已万分危急，暂且投降楚国，以缓解百姓的灾难。等到晋军来到，我们再顺从他们。恭恭敬敬地备好财礼以等候别人，这是小国的生存之道。把祭祀用的牛羊和玉帛摆到我们和晋楚两国的边境上，以等待强国来保护我们的百姓。这样敌人既不残害百姓，百姓也免于疲惫作战，不是很好的办法吗？"

子展说："小国用来事奉大国的，完全是信用。如果小国不讲信用，那么战乱随时都会降临，亡国也就为期不远了。从前我们五次与晋国订立了盟约，如今却要背弃它，即使楚国能来救援我们，又有什么用呢？楚国亲近我们必然没有什么好结果，而是意在吞并我们，使我们成为他们的一个边邑，不能这么做。还是应该等候晋军的到来。晋侯非常贤明，四军强大无敌，八卿团结一心，肯定不会抛弃郑国。楚军远道而来，粮食将要吃完，肯定要很快回国，担心什么呢？我听说：依靠任何东西都不如依靠信用。我们加强防备，坚守阵地，楚军日益疲惫，依靠信用等候晋军的到来，不也是个很好的办法吗？"

子驷说："《诗经》说：'商量者太多就难以作出决断。满院子的人都要发言，谁来承担责任？如同一个人走路时征求别人意见，结果必然无所适从。'请大家同意顺从楚国，我来承担这一责任。"

于是就和楚国讲和，并派王子伯骈到晋国报告："国君曾命令我国：'修好你们的兵车，提醒你们的将士，准备讨伐叛乱。’蔡国人不肯顺从，我们也就不敢贪图安宁，便集中全部兵力征伐蔡国，俘虏了蔡国的司马燮，献到了邢丘诸侯盟会上。现在楚国来讨伐我们说：‘你们为何攻打蔡国？’并且焚毁我郊外城堡，围攻我都城城郭。我国百姓不论夫妻男女，顾不上休息互相救援，国家倾覆灭亡，又无处可控告。百姓中死去的，不是他们的父兄，便是他们的子弟，人人悲痛欲绝，不知何处得以藏身。百姓感到已经山穷水尽，无路可走，只好接受了楚国的盟约。我和几个臣子也无法制止百姓的这一行动。但又不敢不报告贵国。”

荀罃派外交官子员对王子伯骈说：“贵君接受了楚国的命令，也不派一个人来告诉寡君，就轻易向楚国屈服。这完全是贵君的愿望，谁还能违抗呢？寡君将率领诸侯到贵国城下相见，希望贵君能慎重考虑。”

晋国的士匄来鲁国聘问，答谢襄公对晋国的朝见，同时通报准备攻打郑国。

襄公设宴招待士匄，席间士匄吟诵了《摽有梅》一诗。季武子说：“怎敢不及时出兵呢？以草木做比，贵君就是花与果实，寡君则好比那散发出来的香味。只有痛痛快快地接受命令，哪里还会存在迟早问题呢？”季武子吟诵了《角弓》一诗。士匄离席时，季武子又吟诵了《彤弓》一诗。士匄说：“当年城濮之战，我国先君晋文公曾到衡雍向天子献上战果，天子赏给文公一把彤弓，作为子孙的传家之宝。我士匄是先君大臣的后代，怎么敢不听从您的命令呢？”君子由此知道士匄懂得礼。

襄公九年

经　九年春，宋灾。夏，季孙宿如晋。五月辛酉，夫人姜氏薨。秋八月癸未，葬我小君穆姜。冬，公会晋侯、宋公、卫侯、曹伯、莒子、邾子、滕子、薛伯、杞伯、小邾子、齐世子光伐郑。十有二月己亥，同盟于戏。楚子伐郑。

传　九年春，宋灾。乐喜为司城以为政。使伯氏司里[①]，火所未至，彻小屋，涂大屋[②]；陈畚挶[③]，具绠缶[④]，备水器；量轻重，蓄水潦[⑤]，积土涂[⑥]；巡丈城，缮守备，表火道[⑦]。使华臣具正徒[⑧]，令隧正纳郊保[⑨]，奔火所。使华阅讨右官[⑩]，官庀其司[⑪]。向戌讨左，亦如之。使乐遄庀刑器[⑫]，亦如之。使皇郧命校正出马[⑬]，工正出车[⑭]，备甲兵，庀武守[⑮]。使西钼吾庀府守[⑯]。令司宫、巷伯儆宫⑰。二师令四乡正敬享⑱，祝宗用马于四墉⑲，祀盘庚于西门之外⑳。

晋侯问于士弱曰：“吾闻之，宋灾，于是乎知有天道。何故？”对曰：“古之火正㉑，或食于心㉒，或食于咮㉓，以出内火㉔。是故咮为鹑火，心为大火。陶唐氏之火正阏伯居商丘㉕，祀大火㉖，而火纪时焉㉗。相土因之㉘，故商主大火㉙，商人阅其祸败之衅㉚，必始于火㉛，是以日知其有天道也㉜。”公曰：“可必乎？”对曰：“在道㉝。国乱无象㉞，不可知也。”

夏，季武子如晋，报宣子之聘也。

穆姜薨于东宫㉟。始往而筮之，遇《艮》☶之八㊱。史曰：“是谓《艮》之《随》☳㊲。《随》，其出也㊳。君必速出。”姜曰：“亡。是于《周易》曰：‘《随》，元亨利贞㊴，无咎。’元，体之长也㊵。亨，嘉之会也㊶。利，义之和也㊷。贞，事之干也㊸。体仁足以长人㊹，嘉德足以合礼㊺，利物足以和义㊻，贞固足以干事。然，故不可诬也㊼，是以虽《随》无咎。今我妇人而与于乱㊽。固在下位而有不仁，不可谓元。不靖国家，不可谓亨。作而害身，不可谓利。弃位而姣㊾，不可谓贞。有四德者，《随》而无咎。我皆无之，岂《随》也哉㊿？我则取恶，能无咎乎？必死于此，弗得出矣。”

秦景公使士雃乞师于楚㊿，将以伐晋，楚子许之。子囊曰：“不可。当今吾不能与晋争。晋君类能而使之㊿，举不失选㊿，官不易方㊿。其卿让于善，其大夫不失守㊿，其士竞于教㊿，其庶人力于农穑。商工皂隶㊿，不知迁业㊿。韩厥老矣，知罃禀焉以为政。范匄少于中行偃而止之，使佐中军。韩起少于栾黡，而栾黡、士鲂上之，使佐上军。魏绛多功，以赵武为贤而为之佐。君明臣忠，上让下竞。当是时也，晋不可敌，事之而后可。君其图之！”王曰：“吾既许之矣，虽不及晋，必将出师。”

秋，楚子师于武城以为秦援㊿。

秦人侵晋，晋饥，弗能报也㊿。

冬十月，诸侯伐郑。庚午㊿，季武子、齐崔杼、宋皇郧从荀罃、士匄门于鄟门㊿。卫北宫括、曹人、邾人从荀偃、韩起门于师之梁㊿。滕人、薛人从栾黡、士鲂门于北门。杞人、郳人从赵武、魏绛斩行栗㊿。甲戌㊿，师于氾㊿，令于诸侯曰：“修器备，盛餱粮㊿，归老幼㊿，居疾于虎牢㊿，肆眚㊿，围郑。”

郑人恐，乃行成。中行献子曰：“遂围之，以待楚人之救也而与之战。不然，无成。”知武子曰：“许之盟而还师，以敝楚人。吾三分四军㊿，与诸侯之锐以逆来者㊿，于我未病㊿，楚不能矣，犹愈于战㊿。暴骨以逞，不可以争。大劳未艾㉕，君子劳心，小人劳力，先王之制也㉖。"诸侯皆不欲战，乃许郑成。十一月己亥㉗，同盟于戏，郑服也。

将盟，郑六卿公子騑、公子发、公子嘉、公孙辄、公孙虿、公孙舍之及其大夫、门子皆从郑伯㉘。晋士庄子为载书㉙，曰："自今日既盟之后，郑国而不唯晋命是听，而或有异志者，有如此盟。"公子騑趋进曰："天祸郑国，使介居二大国之间。大国不加德音而乱以要之㉚，使其鬼神不获歆其禋祀，其民人不获享其土利，夫妇辛苦垫隘㉛，无所厎告㉜。自今日既盟之后，郑国而不唯有礼与强可以庇民者是从，而敢有异志者，亦如之。"荀偃曰："改载书。"公孙舍之曰："昭大神，要言焉㉝，若可改也，大国亦可叛也。"知武子谓献子曰："我实不德，而要人以盟㉞，岂礼也哉！非礼，何以主盟？姑盟而退，修德息师而来，终必获郑，何必今日？我之不德，民将弃我，岂唯郑？若能休和㉟，远人将至，何恃于郑？"乃盟而还。

晋人不得志于郑，以诸侯复伐之。十二月癸亥㊱，门其三门。闰月戊寅㊲，济于阴阪㊳，侵郑。次于阴口而还㊴。子孔曰："晋师可击也，师老而劳，且有归志，必大克之。"子展曰："不可。"

公送晋侯。晋侯以公宴于河上，问公年，季武子对曰："会于沙随之岁，寡君以生。"晋侯曰："十二年矣！是谓一终，一星终也㊵。国君十五而生子。冠而生子㊶，礼也，君可以冠矣！大夫盍为冠具㊷？"武子对曰："君冠，必以裸享之礼行之㊸，以金石之乐节之㊹，以先君之祧处之㊺。今寡君在行㊻，未可具也。请及兄弟之国而假备焉！"晋侯曰："诺"。公还，及卫，冠于成公之庙㊼，假钟磬焉，礼也。

楚子伐郑，子驷将及楚平。子孔、子蟜曰："与大国盟，口血未干而背之㊽，可乎？"子驷、子展曰："吾盟固云：'唯强是从。'今楚师至，晋不我救，则楚强矣。盟誓之言，岂敢背之？且要盟无质㊾，神弗临也，所临唯信。信者，言之瑞也㊿，善之主也，是故临之。明神不蠲要盟(101)，背之可也。"乃及楚平。公子罢戎入盟。同盟于中分(102)。

楚庄夫人卒，王未能定郑而归。

晋侯归，谋所以息民(103)。魏绛请施舍(104)，输积聚以贷(105)。自公以下，苟有积者，尽出之。国无滞积(106)，亦无困人(107)。公无禁利(108)，亦无贪民。祈以币更(109)，宾以特牲(110)，器用不作(111)，车服从给(112)。行之期年(113)，国乃有节(114)。三驾而楚不能与争。

【注释】

①司里：管辖城内街巷。　②涂：以泥涂封。　③陈畚挶：陈列盛土的器具。畚（běn）挶（jú），器具，可以盛土，也可以盛粮。　④绠缶：绠，绳索。缶，盛水容器。二者为汲水器具。　⑤蓄水潦：蓄水于池塘。　⑥土涂：泥土。　⑦表：标志。　⑧具正徒：按规定征调徒役。　⑨纳郊堡：把郊外徒卒调赴国都。　⑩讨：治，主管。　⑪官庀其司：作为官长以督促下属各尽其责。　⑫庀刑器：准备刑具。　⑬校正：司马属官。　⑭工正：也是司马属官。　⑮庀武守：守护武器库。　⑯庀府守：主管国库的守卫。　⑰司宫、巷伯：司官为宫内宦官之长。巷伯，主管宫内巷寝门户。　⑱二师：左师、右师。乡正：宋都有四乡，乡有乡正，即乡大夫。　⑲用马于四墉：杀马祭祀四门城隍。　⑳盘庚：宋国远祖。　㉑火正：官名，职掌祭火星。　㉒食于心：以心宿配食。　㉓食于味：以柳宿配食。味（zhòu），星名，即柳宿。　㉔以出内火：据《周礼·夏官·司爟》载，"季春出火，民咸从之。季秋内火，民亦如之"。出、内，即见、伏。一说出、内为用火与禁火。　㉕阏（è）伯：相传为高辛氏的苗裔。今河南商丘县西南有阏伯台。　㉖大火：即大火星。　㉗纪时：确定时节。　㉘相土：殷商先祖。　㉙主大火：以大火为祭祀主星。　㉚阅：考察。衅：预兆。　㉛始于火：从火灾开始。　㉜日：往日。天道：自然规律。　㉝道：治乱之道。　㉞象：征兆。　㉟东宫：别宫名，非太子之宫。　㊱遇《艮》之八：占筮得到《艮》卦，变为八。《周易》以"九"、"六"为变爻，并以此占断，此言"遇《艮》之八"并非依据《周易》。晋杜预认为此是用《连山易》或《归藏易》，然而此二易今已不可知。　㊲《艮》之《随》：《艮》变为《随》。《艮》，六十四卦之一，卦象为下艮上艮。《随》，六十四卦之一，卦象为下震上兑。《艮》卦六爻中初、三、四、五、六爻变化而成《随》卦。　㊳《随》其出也：《随》卦有随人出走之象。　㊴元、亨、利、贞：《随》卦卦辞。　㊵元，体之长也：元，首。首为身体最高处。　㊶亨，嘉之会也：亨，即享。凡嘉礼必有享礼，享礼有主宾，故称会。　㊷利，义之和也：利是道义的总体表现。古人以行公利为义。　㊸贞，事之干也：贞，忠信。干，本。　㊹体仁，以仁爱为本体。长人：高于常人。　㊺嘉德：嘉会。　㊻利物：即利人。物，人。　㊼诬：欺。　㊽与于乱：参与动乱。　㊾弃位而姣：丢弃未亡人的本位而打扮得娇美。　㊿岂《随》也哉：难道能符合《随》的卦辞吗！　51士雃（qiān）：秦大夫。　52类能而使：量才适用。　53举不失选：举拔人才，各得其所。　54官不易方：任命官员不改变政策。　55不失守：不失职守。　56竞于教：致力于教育。竞，强。　57皂隶：贱役。　58不知迁业：不愿改变职业。　59武城：楚地，在今河南南阳市北。　60报：回报，报复。　61庚午：十一日。　62鄟（zhuān）门：郑城东门名。　63师之梁：郑城西门。　64行栗：道路旁的果树。　65甲戌：十五日。　66汜：即东汜水，在今河南中牟县西南。　67糇粮：干粮。　68归老幼：送回老幼兵卒。　69居疾于虎牢：使患病的住在虎牢。　70肆眚：宽恕过错。　71三分四军：即将四个军分为三部分。　72锐：精锐军队。　73未病：不疲敝。　74愈于战：比决战好。　75未艾：未止息。　76制：训示。　77己亥：初十日。　78门子：卿的嫡子。　79载书：盟书，盟辞。　80乱以要之：发动战乱以强行结盟。　81垫隘：困乏瘦弱。　82底告：致告，诉说。　83要言：约言，

即盟约。 (84)要：要挟。 (85)休和：美好和协。 (86)癸亥：五日。 (87)闰月戊寅：此年无闰月，闰月疑为“门五日”之误。戊寅，十二月二十日。 (88)阴阪：洧水渡口。在今新郑县西北。 (89)阴口：当在阴阪对岸处。 (90)一星终：古人认为木星（又称岁星）一年运行一次，十二年满一周天（即一圈），故十二年为一星终，而以此纪年。 (91)冠：古代由童子至成人举行冠礼。国君举行冠礼的年龄，其说不一。晋悼公认为十二岁可以冠，十五岁可以生子。 (92)冠具：举行冠礼的用具。 (93)祼（guàn）享：即用配上香料煮成的酒倒在地上，使受祭者或宾客闻到香气。以此作为举行隆重礼节的序幕。 (94)节之：有节度。 (95)祧（tiāo）：庙。 (96)行：道路。 (97)成公：指卫成公。 (98)口血未干：盟誓必歃血，意即不久。 (99)要盟无质：强加盟约没有诚信。 (100)瑞：玉石，古人以此作凭证。 (101)明神不蠲要盟：明察的神灵以为强制的盟约不洁净。蠲（juān）：清洁。 (102)中分：郑城中里名。 (103)谋所以息民：商量休养生息的办法。 (104)施舍：赐予恩惠。 (105)输积聚以贷：将积聚的财物运出来借贷给百姓。 (106)滞积：积压的财货。 (107)困人：困乏的人。 (108)公无禁利：官方不禁止牟利。 (109)祈以币更：祭祀、祈祷用币代替。币，指缯帛、圭璧等财货。 (110)宾以特牲：招待宾客只用一头雄性牲畜。 (111)器用不作：不制作新的器具。 (112)车服从给：车马服饰够用即可。 (113)期年：一周年。 (114)节：法度。 (115)三驾：三次兴师。

【译文】

九年春季，宋国发生了火灾。此时司城乐喜执政。他派伯氏管理城内街巷，在火没有烧到的地方拆除小屋，大屋不易拆除就涂上泥土防火，同时准备了各种装运泥土的工具，以及汲水的绳子、盛水的器物，并根据对泥土和水的需求量的预测，储存积水，堆积泥土，又派兵巡视城郭，加强戒备，并用标志表明大火的燃烧方向以提醒行人。派司徒华臣组织大批徒役，让隧正调集了远郊的一些徒卒奔赴起火场所。让华阅督促所率右师各官各尽其职，让向戌督促所率左师各官各负其责。让乐遄准备刑具以防有人趁火打劫。让皇郧带领校正备好马匹，工正备好战车和武器，保护武器仓库。让西鉏吾保护国库。让司官、巷伯等人加强宫中戒备。左右二师命令四乡乡正祭祀神灵，让祝宗杀马祭祀四方城池之神，又在西门外祭祀盘庚。

晋悼公问士弱：“我听说，宋国因火灾而明白了上天之道。这是怎么回事呢？”士弱回答说：“古代的火正在祭祀火星时，或者以心宿陪祭，或者以柳宿陪祭，因为火星是在这两个星宿之间运行。因此柳宿就是鹑火星，心宿就是大火星。陶唐氏的火正阏伯住在商丘，祭祀大火星时，根据火星移动来确定时节。殷商先祖相土沿袭了这种方法，因此商朝就以大火星作祭祀的主星。商朝人观察他们祸乱失败的征兆，就一定是从火灾开始，因此过去他们就以为掌握了天道。”晋悼公说：“这种规律能把握住吗？”士弱回答说：“这完全在于有道或无道。如果国家发生了动乱，上天不给显示预兆，就无法知道了。"

夏季，季武子到晋国答谢士匄对鲁国的聘问。

穆姜在东宫去世。当初她搬到东宫时，曾做了占筮，得到艮卦变为八，太史说："这就是说艮卦变为随卦。随表示出走。您一定要尽快出去。"穆姜说："不必了。这卦象在《周易》中的卦辞是'随、元、亨、利、贞，无灾无祸。'元是身体的最高处，即头；亨表示主宾相会；利是道义的总和；贞是事物的本体。自身的行为体现了仁就能够领导别人，美好的德行足以协调礼义，对一切事物有利就可以统揽道义，本体坚强就能够成就事业。有了这四种德行，就不算欺妄，因此即使遇到随卦也没有灾祸。而现在我这样一个女人却制造了动乱。本来女人就地位低下，再加上有了不仁的行为，不能说是元。使国家动荡不安，不能说是亨。所作所为害及自身，不能说是利。不守妇德而讲究修饰，不能说是贞。具备了这四种德行，即使遇到随卦也没有灾祸，我没有这四种德行，怎能符合随卦的卦辞呢？我自取邪恶，能没有灾祸吗？我肯定要死在这里，出不去了。"

秦景公派士雅到楚国请求出兵，准备攻打晋国，楚共王答应了。子囊却说："不行。现在我们不能与晋国争雄。晋侯量才使用，选拔的人都能胜任其职，官员都能坚决执行政策。他的卿都甘愿把职位让给贤人，大夫都能恪尽职守，士都能致力于教化，农民都能努力生产粮食，工商皂隶都能安于本业。韩厥已告老退休，荀䓨代替他掌管政权。士匄比中行偃年轻，中行偃却让他位居自己之上，担任中军副帅。韩起比栾黡年轻，栾黡和士鲂却让他位居自己之上，担任上军副帅。魏绛屡建奇功，但他认为赵武贤能，便甘愿做他的副手。国君贤明，臣子忠诚，上面谦让，下面努力。在这种情况下，是不能与晋国为敌的，只有事奉他们才可以。国君还是认真考虑一下！"共王说："我既然已经答应出兵了，即使赶不上晋国，也一定要出兵。"

秋季，楚共王进兵武城，作为对秦国的支援。

秦国人入侵晋国，晋国正发生饥荒，因此没有能予以回击。

冬季十月，诸侯联军攻打郑国。十一日，季武子、齐国的崔杼、宋国的皇郧随同荀䓨、士匄进攻郑都东门鄟门。卫国的北宫括、曹国人、邾国人随同荀偃、韩起攻打郑都西门师之梁。滕国人、薛国人随同栾黡、士鲂进攻郑都北门。杞国人、郳人随同赵武、魏绛负责砍伐路边的栗树。十五日，联军驻扎在氾水之滨，晋悼公传令诸侯："整治武器，准备干粮，把年老年幼者送回去，让有病的人住到虎牢，对无意中犯错误的人要从宽赦免，准备围攻郑国。"

中華藏書

春秋左传

中国书店

二〇八五

郑国人害怕了，派人求和。荀偃说："要迅速完成对郑国的包围，以便等候楚军来救，和他们作战。不这样，就不可能真正讲和。"知䓨说："可以同意与郑国结盟然后撤兵，让楚军攻打郑国，使其疲惫不堪。随后我们把四军分成三个部分，再加上其他诸侯的精锐部队，轮番迎击楚军。对我军来说，轮番作战并不困乏，但楚军得不到休整，就受不了了。这种方法要比包围郑国或等候和楚军决战更好，决一死战以图一时痛快，不能以这种方法和敌人争胜。更大的劳苦还在后面，应该注意养精蓄锐。君子以智慧取胜，小人靠力气取胜，这是前代君王的遗训。"于是诸侯都不想作战了，同意和郑国讲和。十一月十日，双方在戏地结盟，表明郑国已经顺服。

盟会正在开始，郑国的六位卿公子骓、公子发、公子嘉、公孙辄、公孙虿、公孙舍之及其大夫、卿的嫡子都跟随郑简公来了。晋国的士弱起草了盟书，内容是："从今天盟誓后，郑国如果不对晋国绝对服从或有二心，要据此盟约处罚！"公子骓上前一步说："上天降祸给郑国，使我们夹在两个大国之间。大国不但不给我们带来恩德，反而以战乱相要挟，使我们的神灵得不到祭祀，百姓享受不到土地的利益，男女老少辛苦劳作却仍然瘦弱不堪，而且无处诉说。从今日盟誓之后，郑国如果不对有礼且能保护我国百姓的国家绝对服从，并有其他念头的话，甘愿受此处罚！"荀偃说："要再修改一下盟书！"公孙舍之说："已经对着神灵宣读过了，如果还能修改的话，就是说我们也可以背叛大国了。"荀罃对荀偃说："我们自己缺少德行，却又以盟约要挟人家，难道合乎礼吗？不合礼，怎能主持盟会呢？不如暂且结盟后退兵，待修养德行，休整军队后再来。最终必能得到郑国，又何必急于要今天得到呢？假如我们没有德行，连百姓都将弃我们而去，哪里仅仅是郑国呢？如果我们既有美好的德行又很和睦，远方的诸侯将自动前来归附，又何必只指望郑国呢？"便和郑国结盟，然后撤退回国了。

晋国人在郑国那里不能达到自己的目的，便率领诸侯联军再次攻打郑国。十二月五日，进攻郑都的东、西、北三个城门，一连攻打五天。十二月二十日，在阴阪渡过洧水，再次攻打郑国，驻扎在阴口，然后就回去了。子孔说："可以攻击晋军，他们的军队已经疲惫了，而且士兵归心似箭，一定能大获全胜。"子展说："不能攻击。"

襄公送别晋悼公。悼公在黄河岸上设宴招待襄公，问起襄公的年龄，季武子回答说："寡君出生于沙随盟会那一年。"悼公说："虚岁已经十二年了，这是一终，就是岁星运行一周的时间。国君十五岁生孩子，十二岁举行冠礼之后生孩子是合乎礼的，国君可以举行冠礼了。大夫为什么不给国君准备举行冠礼的用具呢？"季武子说："国君举行冠礼，开始时必须先行裸享之礼，并且要伴以钟磬之乐表示有节度，还要到先君宗庙中举行典礼。现在寡君正在途中，无法准备各种用具，等到了其他兄弟国家后再准备吧。"悼公说："可以。"襄公回来经过卫国时，在卫成公庙中举行了加冠典礼，当时还借用了卫国的钟和磬，这是合乎礼的。

楚共王讨伐郑国，子驷准备和楚国讲和，子孔、子蟜说："我们与晋国歃血为盟，如今嘴上的血还没有干就背弃了，怎么可以呢？"子驷、子展说："盟约中本来就说'只要是强大的国家我们就服从。'现在楚军来到，晋国不来救我们，那么楚国就是强国了，盟誓中的话，怎么敢违背呢？再说在要挟情况下订立的盟约也没有什么信用可言，神灵也未必亲临听取，只有真诚的盟会神灵才亲临。信用是语言的祥兆，善良的根本，所以神才降临。圣明的神灵不会理睬强迫订立的盟约，背叛它是可以的。"于是就和楚国讲和。公子罢戎进入郑都订立盟约。又在中分举行了结盟仪式。

楚庄王的夫人去世，因此共王没等到安定郑国就回去了。

晋悼公回到国内，商议如何使百姓休养生息。魏绛请求予以施舍，把国家储存的财物借给百姓。自国君以下的所有官员，凡是有积蓄的都贡献出来。国家货物流通，没有贫困之人，国君也没有专门的利益，国内没有贪婪的百姓。祈祷时以财货代替牛羊，宴请宾客也只用一种牲畜，不再制造新的器具，车马服装以够用为原则不求多余。这一政策推行一年，国家便有了法度。晋悼公三次出兵征伐，楚国都没能与之争衡。

襄公十年

经　十年春，公会晋侯、宋公、卫侯、曹伯、莒子、邾子、滕子、薛伯、杞伯、小邾子、齐世子光会吴于柤。夏五月甲午，遂灭偪阳。公至自会。楚公子贞、郑公孙辄帅师伐宋。晋师伐秦。秋，莒人伐我东鄙。公会晋侯、宋公、卫侯、曹伯、莒子、邾子、齐世子光、滕子、薛伯、杞伯、小邾子伐郑。冬，盗杀郑公子騑、公子发、公孙辄。戍郑虎牢。楚公子贞帅师救郑。公至自伐郑。

传　十年春，会于柤①，会吴子寿梦也。

三月癸丑②，齐高厚相大子光以先会诸侯于钟离，不敬。士庄子曰："高子相大子以会诸侯，将社稷是卫，而皆不敬，弃社稷也，其将不免乎！"

夏四月戊午③，会于柤。

晋荀偃、士匄请伐偪阳④，而封宋向戌焉。荀罃曰："城小而固，胜之不武，弗胜为笑。"固请。丙寅⑤，围之，弗克。孟氏之臣秦堇父辇重如役⑥。偪阳人启门，诸侯之士门焉。县门发⑦，郰人纥抉之以出门者⑧。狄虒弥建大车之轮而蒙之以甲以为橹⑨，左执之，右拔戟，以成一队。孟献子曰："《诗》所谓'有力如虎'者也⑩。"主人县布⑪，堇父登之，及堞而绝之⑫。队则又县之⑫，苏而复上者三⑬。主人辞焉，乃退，带其断以徇于军三日⑭。

诸侯之师久于偪阳，荀偃、士匄请于荀罃曰："水潦将降⑮，惧不能归，请班师⑯！"知伯怒⑰，投之以机⑱出于其间，曰："女成二事而后告余。余恐乱命⑲，以不女违⑳。女既勤君而兴诸侯，牵帅老夫以至于此㉑，既无武守㉒，而又欲易余罪㉓，曰：'是实班师，不然克矣。'余赢老也，可重任乎㉔？七日不克，必尔乎取之㉕！"五月庚寅㉖，荀偃、士匄帅卒攻偪阳，亲受矢石。甲午㉗，灭之。书曰："遂灭偪阳"，言自会也。

以与向戌，向戌辞曰："君若犹辱镇抚宋国，而以偪阳光启寡君㉘，群臣安矣，其何贶如之？若专赐臣，是臣兴诸侯以自封也。其何罪大焉？敢以死请。"乃予宋公。

宋公享晋侯于楚丘，请以《桑林》㉙。荀罃辞。荀偃、士匄曰："诸侯宋、鲁，于是观礼。鲁有禘乐，宾祭用之。宋以《桑林》享君，不亦可乎？"舞，师题以旌夏㉚，晋侯惧而退入于房。去旌，卒享而还。及著雍㉛，疾。卜，《桑林》见㉜，荀偃、士匄欲奔请祷焉。荀罃不可，曰："我辞礼矣，彼则以之。犹有鬼神㉝，于彼加之。"晋侯有间㉞，以偪阳子归，献于武宫，谓之夷俘。偪阳，妘姓也。使周内史选其族嗣，纳诸霍人㉟，礼也。

师归，孟献子以秦堇父为右。生秦丕兹，事仲尼㊱。六月，楚子囊、郑子耳伐宋，师于訾毋㊲。庚午㊳，围宋，门于桐门㊴。

晋荀罃伐秦，报其侵也。

卫侯救宋，师于襄牛㊵。郑子展曰："必伐卫，不然，是不与楚也。得罪于晋，又得罪于楚，国将若之何？"子驷曰："国病矣！"子展曰："得罪于二大国，必亡。病不犹愈于亡乎。"诸大夫皆以为然。故郑皇耳帅师侵卫，楚令也。孙文子卜追之㊶，献兆于定姜㊷。姜氏问《繇》㊸。曰："兆如山陵，有夫出征，而丧其雄。"姜氏曰："征者丧雄，御寇之利也。大夫图之！"卫人追之，孙蒯获郑皇耳于犬丘㊹。

秋七月，楚子囊、郑子耳伐我西鄙。还，围萧，八月丙寅㊺，克之。九月，子耳侵宋北鄙。

孟献子曰："郑其有灾乎！师竞已甚㊻。周犹不堪竞，况郑乎？有灾，其执政之三士乎㊼！"

莒人间诸侯之有事也，故伐我东鄙。

诸侯伐郑。齐崔杼使大子光先至于师，故长于滕。己酉㊽，师于牛首㊾。

初，子驷与尉止有争㊿，将御诸侯之师而黜其车(51)。尉止获(52)，又与之争。子驷抑尉止曰："尔车，非礼也。"遂弗使献(53)。初，子驷为田洫(54)，司氏、堵氏、侯氏、子师氏皆丧田焉。故五族聚群不逞之人(55)，因公子之徒以作乱(56)。

于是子驷当国，子国为司马，子耳为司空，子孔为司徒。冬十月戊辰(57)，尉止、司臣、侯晋、堵女父、子师仆帅贼以入，晨攻执政于西宫之朝，杀子驷、子国、子耳，劫郑伯以如北宫。子孔知之，故不死。书曰"盗"，言无大夫焉。

子西闻盗(58)，不儆而出，尸而追盗(59)，盗入于北宫，乃归授甲。臣妾多逃，器用多丧。子产闻盗，为门者(60)，庀群司(61)，闭府库，慎闭藏，完守备，成列而后出，兵车十七乘，尸而攻盗于北宫。子蟜帅国人助之，杀尉止、子师仆，盗众尽死。侯晋奔晋。堵女父、司臣、尉翩、司齐奔宋。

子孔当国，为载书，以位序(62)，听政辟(63)。大夫、诸司、门子弗顺，将诛之。子产止之，请为之焚书(64)。子孔不可，曰："为书以定国，众怒而焚之，是众为政也，国不亦难乎？"子产曰："众怒难犯，专欲难成(65)，合二难以安国，危之道也。不如焚书以安众，子得所欲，众亦得安，不亦可乎？专欲无成，犯众兴祸，子必从之。"乃焚书于仓门外(66)，众而后定。

诸侯之师城虎牢而戍之。晋师城梧及制(67)，士魴、魏绛戍之。书曰"戍郑虎牢"，非郑地也，言将归焉。郑及晋平。

楚子囊救郑。十一月，诸侯之师还郑而南(68)，至于阳陵(69)，楚师不退。知武子欲退，曰："今我逃楚，楚必骄，骄则可与战矣。"栾黡曰："逃楚，晋之耻也。合诸侯以益耻，不如死！我将独进。"师遂进。己亥(70)，与楚师夹颍而军(71)。子蟜曰："诸侯既有成行(72)，必不战矣。从之将退，不从亦退。退，楚必围我。犹将退也(73)。不如从楚，亦以退之。"宵涉颍，与楚人盟。栾黡欲伐郑师，荀罃不可，曰："我实不能御楚，又不能庇郑，郑何罪？不如致怨焉而还(74)。今伐其师，楚必救之，战而不克，为诸侯笑。克不可命(75)，不如还也！"

丁未㉗，诸侯之师还，侵郑北鄙而归。楚人亦还。

王叔陈生与伯舆争政㊐。王右伯舆㊑，王叔陈生怒而出奔。及河，王复之，杀史狡以说焉。不入，遂处之。晋侯使士匄平王室，王叔与伯舆讼焉。王叔之宰与伯舆之大夫瑕禽坐狱于王庭㊒，士匄听之。王叔之宰曰："筚门闺窦之人而皆陵其上㊓，其难为上矣！"瑕禽曰："昔平王东迁，吾七姓从王，牲用备具㊔。王赖之，而赐之骍旄之盟㊕，曰：'世世无失职。'若筚门闺窦，其能来东厎乎㊖？且王何赖焉？今自王叔之相也，政以贿成㊗，而刑放于宠㊘，官之师旅㊙，不胜其富。吾能无筚门闺窦乎？唯大国图之！下而无直㊚，则何谓正矣？"范宣子曰："天子所右，寡君亦右之。所左㊛，亦左之。"使王叔氏与伯舆合要㊜，王叔氏不能举其契㊝。王叔奔晋。不书，不告也。单靖公为卿士，以相王室。

【注释】

①柤（chá）：楚地，在今江苏省邳县西北。　②癸丑：二十六日。　③戊午：初一。　④偪阳：妘姓小国，在今邳县西北。　⑤丙寅：九日。　⑥孟氏之臣：鲁孟孙氏的家奴。秦重如役：挽着重车到了战场。　⑦县门发：悬吊的闸门放下来。　⑧郰人纥抉之：郰（zōu）人，郰邑大夫，即郰宰。郰，鲁邑名，在今山东曲阜县东南。纥，即叔梁纥，孔丘之父。抉，举起。　⑨狄虒（sì）弥：鲁人。橹：大盾牌。　⑩有力如虎：句见《诗经·邶风·简兮》。⑪主人县布：指偪阳守城从城上将布下悬。　⑫队：同"坠"。　⑬苏而复上：苏醒过来再上。　⑭带其断：以其断布为带。　⑮水潦：雨水。　⑯班师：还师。　⑰知伯：即荀罃，中军帅。　⑱机：弩机。古代大弓叫弩，发箭的器具叫机，亦称弩牙。一说机即几，矮桌。　⑲乱命：扰乱军令。　⑳不女违：没有违背你们。　㉑老夫：知罃自称。　㉒武守：坚守武攻。　㉓易余罪：即易罪于余，易罪，归罪。　㉔重任：任此重罪。　㉕必尔乎取之：一定取你们的首级。尔乎取即取乎尔的倒装。　㉖庚寅：四日。　㉗甲午：八日。　㉘光启寡君：使寡君扩大疆土。光启，即广启。　㉙《桑林》：乐舞名。　㉚师题以旌夏：乐师举着旌夏旗帜带着乐队进来。题，额，领先。旌夏，旌旗的一种，用雉羽缀于竿首，羽又染成五色。　㉛著雍：晋地名。　㉜《桑林》见：龟卜疾病，从兆象中见到桑林之神。　㉝犹：若。　㉞有间：不祈祷而愈。　㉟霍人：晋邑，在今山东繁峙县东郊。　㊱事仲尼：拜仲尼为师。　㊲訾毋：宋地，在今河南鹿邑县南。　㊳庚午：十四日。　㊴桐门：宋北门。　㊵襄牛：卫地。　㊶卜追之：为追逐郑国占卜。　㊷定姜：卫定公妻，献公之母。　㊸繇（zhòu）：卜辞。兆为兆象，即烧灼龟壳的裂纹，兆又另有繇辞。下述三句即为繇辞。　㊹孙蒯：孙林父子。犬丘：见襄公元年传注。　㊺丙寅：十一日。　㊻竞：相争。　㊼执政之三士：指子驷、子国、子耳秉政。　㊽己酉：九月二十五日。　㊾牛首：郑地，在今河南通许县北。　㊿尉止：郑大夫。　(51)黜其车：减少尉止的兵车。　(52)获：俘获敌人。　(53)弗使献：不使尉止献俘。　(54)田洫：田间水

沟。　㉟不逞之人：对子驷心怀不满的人。　㊱公子之徒：指襄公八年子驷所辟杀子狐、子熙、子侯、子丁的族党。　㊲戊辰：十四日。　㊳子西：公孙夏，子驷之子。　㊴尸：收敛尸体。　⑥为门者：设置守门卫士。　㊽庀群司：配备官员。　㊾以位序：安排官员序位。　㊿听政辟：发布政令法规。　⑭焚书：烧掉盟书。　⑮专欲：专权的欲望。　⑯仓门：郑国东南门。　⑰梧：地名，当在虎牢附近。　⑱还郑而南：环绕郑国而后向南进军。　⑲阳陵：郑地。在今许昌市西北。　⑳己亥：十六日。　㉑颖：颖水。　㉒成行：预定的退兵计划。　㉓犹将退：同样准备退兵。　㉔致怨焉：使郑怨楚。　㉕克不可命：胜利并无信心。　㉖丁未：二十四日。　㉗王叔陈生、伯舆：两人均为周王卿士。　㉘右：助。　㉙坐狱：两相对讼。　㉚筚门闺窦：筚门，柴门。闺窦，小户。言伯舆出身微贱。　㉛牲用：牺牲。　㉜骍旄之盟：赤牛的盟约。骍（xīn）旄，赤色牛。隆重的盟约方以赤牛为牺牲。　㉝来东厎（zhǐ）：来到东方安居。厎，止，安。　㉞政以贿成：用贿赂来从政。　㉟刑放于宠：执行刑法任凭宠臣。　㊱师旅：官员名。　㊲下而无直：地位低下就无理。　㊳左：右之反，即不助。　㊴合要：对证讼辞。　㊵契：文书，即要辞。

【译文】

　　十年春季，襄公和晋悼公、宋平公、卫献公、曹成公、莒子、邾子、滕子、杞孝公、小邾子、齐国的世子光在柤地会盟，为的是和吴王寿梦会谈。

　　三月二十六日，齐国的高厚作为太子光的相礼，和诸侯在钟离先行会谈，两人的态度都不够恭敬。晋国的士庄子说："高厚作为太子的相礼参加会见诸侯，是为了保卫齐国，但他们都如此不礼貌，实在是在抛弃自己的国家，恐怕难免灾祸。"

　　夏季四月一日，诸侯在柤地会见。

　　晋国的荀偃、士匄请求攻打偪阳，然后封给宋国的向戌。荀罃说："偪阳城虽小却很坚固，即使攻克也显不出我们的勇敢，如果攻克不了反而要被人嘲笑。"但荀偃等人坚持要求这么做。四月九日，晋军围攻偪阳，果然没有攻下。鲁国孟氏的家臣秦董父拉着一辆重车前来参战。偪阳人打开城门，诸侯的军队乘机攻打，偪阳人突然把城门放下，要把攻城的士兵关在城内。鲁国郰邑大夫叔梁纥用双手顶住城门，把城内的士兵放了出来。鲁国人狄虒弥把一个大车轮子立起来，并蒙上一层甲皮，作为大盾，左手抓住车轮，右手拔出一支戟，率领一队步兵冲锋陷阵。孟献子说："这真是《诗经》中所说的'力大如虎'的人啊！"偪阳人把一匹布从城墙上放了下来，董父拉着布就要登城，快爬到墙垛时，城上的人把布剪断，董父就坠了下来。城上的人又把布放下来，董父苏醒后又拉住布重新登城，如此反复三次，直到城上的人对他表示钦佩才停止，后来董父把割断的布做成带子在军中到处炫耀了三天。

诸侯军队围攻偪阳已经很久了，荀偃、士匄请求荀䓨说："快要下雨了，恐怕到时回不去，请下令撤退吧。"荀䓨非常恼怒，他抓起弩机扔向他们，弩机从两人中间飞了过去，他说："你们把伐偪阳封向戍这两件事计划好了再告诉我。我深恐意见不一致而有违君命，所以才批准了你们的请求。你们鼓动国君并集合了诸侯的军队，又把老夫我引到这里，现在你们攻克不下，又想把责任推给我，以后会说是我下令退兵的，不然也许能攻克了。我已老了，还能担得起这份责任吗？我告诉你们，限七天内攻克此城，否则要你们的脑袋。"五月四日，荀偃、士匄冒着箭、石的攻击，亲自率领大兵攻打。八日，终于灭了偪阳。《春秋》中记载为"遂灭偪阳"。是说祖地会盟后就马上去攻打偪阳了。

战后准备把偪阳封给向戍。向戍推辞说："如果国君打算安抚宋国，就应该将偪阳送给寡君以使他进一步扩展疆土，群臣也就安心了，还有比这更好的赠礼吗？如果国君要赐给小臣，那么就是小臣发动诸侯联军来为自己求得封地了，还有比这更大的罪过吗？小臣冒死请求国君批准我的请求。"于是就把偪阳送给了宋平公。

宋平公在楚丘设宴款待晋悼公，请求演奏《桑林》之舞以助兴。荀䓨谢绝了，荀偃、士匄说："诸侯只能到宋国、鲁国观看这种天子之礼。鲁国有周天子的禘乐，只有宴请贵宾和举行大祭时才能使用。现在宋国用《桑林》之舞招待国君，不也可以吗？"于是就决定演奏《桑林》之舞。乐队领队举着旌夏之旗率领乐人进来时，悼公吓得躲进了里屋。宋国人去掉了旌夏之旗，悼公参加完宴会才回来。回国时到达著雍一地，悼公患病。让人占卜，在龟甲上发现了桑林之神的形象。荀偃、士匄想重新回到宋国向桑林之神祈祷。荀䓨不让，他说："我们已经推辞了，宋国非要演奏不可，如果神灵要报复，也只能降祸给宋国。"不久，悼公的病便痊愈了，带了偪阳子回国，在武宫中举行了献俘典礼，称偪阳子为夷人俘虏。偪阳是妘姓。当初派周朝内史从他的宗族中挑选一个人送到霍人这个地方居住，但并没有因此灭掉妘姓，仍旧祭祀妘姓之神，这是合乎礼的。

鲁军回国之后，孟献子任命秦堇父为车右。后来他生了秦丕兹，跟随孔子读书。

六月，楚国的子囊、郑国的子耳讨伐宋国，军队驻扎在訾毋。十四日，围攻宋都，攻打它的北门桐门。

晋国的荀䓨攻打秦国，报复秦国在鲁襄公九年对晋国的入侵。

卫献公发兵救宋，军队驻扎在襄牛。郑国的子展说："一定要讨伐卫国，否则就是对楚国不亲近。已经得罪了晋国，如果再得罪楚国，将来国家怎么办呢？"子驷说："国家太困乏了。"子展说："得罪了这两个大国，肯定要灭亡。困乏不也比灭亡要好一些吗？"大夫们都认为子展的话很对。郑国的皇耳便领兵入侵卫国，这完全是楚国的命令。

孙文子就是否要追击郑军而占卜，并把占卜的征兆献给了定姜。姜氏问繇辞是怎么说的。孙文子说："卜兆犹如山陵，有人出兵远征，结果失去了他们的英雄。"姜氏说："出征者丧失了英雄，说明我们抵抗有利。大夫考虑一下吧！"于是卫国人便追击郑军，孙蒯在犬丘俘虏了郑国的皇耳。

秋季七月，楚国的子囊、郑国的子耳入侵鲁国西部边境。回国途中又包围了宋国的萧地。八月十一日，将萧地攻克。九月，子耳又入侵宋国北部边境。

孟献子说："郑国将有灾祸了吧！军队外出征战太频繁了。周王室尚且经不起连连出战，何况是一个郑国呢？若有灾祸，恐怕也要降到执政的那三个人身上吧！"

莒国人乘诸侯之间争战不休，攻打鲁国东部边境。

诸侯再次攻打郑国。齐国的崔杼派太子光率先来到军中，因此《春秋》把太子光排在了滕子的前面。二十五日，诸侯的军队驻扎在牛首。

当初，子驷和尉止有过争执，这次抵抗诸侯联军时，子驷消减了尉止所率的兵车。尉止俘虏了敌人，子驷又和他争功。子驷故意压制尉止说："你的兵车太多不合规定。"不准他进献俘虏。当初子驷以兴修水利为由挖沟修埒，司氏、堵氏、侯氏、子师氏都因此而失去了田地。于是尉止和司氏五族网罗了一批不得志的人，依靠公子们的族党发动了叛乱。

此时子驷掌管郑国政权，子国任司马，子耳任司空，子孔任司徒。冬季十月十四日，尉止、司臣、侯晋、堵女父、子师仆率领叛乱分子闯入宫中，于当天早晨在西宫的朝廷上围攻执政者，杀了子驷、子国、子耳，把郑简公劫持到北宫，子孔因为事先听说了这一阴谋，所以才没有被杀死。《春秋》记载说："盗杀……"，意思是说并没有大夫参加这次叛乱。

子西听说发生了叛乱，没有防备就来到西宫，先是收敛了父亲子驷的尸首，然后才去追击叛乱分子，叛乱分子逃入北宫后，子西才回去分发皮甲组织攻打。但家里的男女奴仆大多已逃走，而且器物也已大多丢失。子产听说发生了叛乱，派人守住大门，紧急召集官员，关闭府库，把贵重财物藏好，迅速做好防卫准备，然后组织甲兵，出动了兵车十七辆，先收敛了父亲子国的尸首，然后到北宫攻打叛乱分子。子蟜率领国都的人从旁助阵，杀了尉止、子师仆，其他叛乱分子全被杀死。侯晋逃亡到了晋国。堵女父、司空、尉翩、司齐逃亡到了宋国。

　　子孔执政，重新起草了盟书，要求官员各守其位，听取命令。大夫、各部门官员以及大夫的儿子都不肯顺从他，子孔准备把他们都杀死。子产劝阻他，并请求把那份盟书烧掉。子孔不干，说："拟定盟书就是为了安定国家，如果大家不同意就烧了它，等于是让大家来执政，这样国家势必面临祸难。"子产说："众人的愤怒不敢触犯，专权的目的很难达到，企图把这两种难以实现的事情搅合在一起来安定国家，是一种危险的途径。不如焚毁盟书以求安抚众人，这样您既能掌握政权，大家也能安定下来，不也可以吗？专权的愿望无法实现，触犯了众怒会导致祸乱，您一定要听我的。"于是在郑都仓门之外焚毁了盟书，众人这才安定下来。

　　诸侯的军队在虎牢筑城之后，又留下加以戍守。晋国军队在梧地和制地筑城后，由士鲂和魏绛戍守。《春秋》记载说："戍郑虎牢"，意思是虎牢虽然不是郑国领土，但马上就要还给它了。郑国和晋国讲和。

　　楚国的子囊救援郑国。十一月，诸侯军队环绕郑国向南开进，到达阳陵，楚军仍旧不退。荀䓨打算退兵，说："现在我们逃避楚军，楚军必然产生骄傲轻敌思想，一旦骄傲，就可以和他们作战了。"栾黡说："逃避楚军是晋国的耻辱。联合诸侯到头来却增加了自己的耻辱，还不如死了的好。我准备独自率领部队进攻。"联军只好前进。十六日，和楚军隔着颍水驻扎下来。郑国的子娇说："诸侯军队已经准备好了要退兵，肯定不会和楚军作战了。我们顺从，它们要撤兵，不顺从，也要撤兵。如果他们撤退了，楚军必定要围攻我们。既然顺从不顺从诸侯都要退兵，还不如顺从楚国，使楚国也退兵。"就在夜里渡过颍水，和楚国人订立了盟约。栾黡想攻打郑军，荀䓨不让，他说："是我们不能抵抗楚军，又不能保护郑国，郑国有什么罪过？不如回去，这样可以促使郑国对楚国的怨恨。如果现在攻打郑国军队，楚军必然要救援，攻打而不能取胜，就会被诸侯嘲笑。既然没有取胜的信心，不如知难而退。"二十四日，诸侯联军撤退，顺路攻打了郑国的北部边境后就回国了。楚国人也回国了。

　　王叔陈生和伯舆发生了权利之争。天子站在伯舆一边，王叔陈生一气之下逃了出来。来到黄河岸边，天子请他回去，并杀了史狡以安慰他。王叔不肯回去，就在黄河边上住了下来。晋悼公派士匄去调解王室的争端，王叔和伯舆互相指控。王叔的总管家和伯舆的大夫瑕禽分别作为代理人，在天子的庭院中申述理由，士匄负责公断。王叔的总管家说："伯舆这种下贱之人却要欺负比他高贵的人，可见是目中无上！"瑕禽说："过去平王东迁时，伯舆的祖先和其他六姓曾跟随平王，天子祭祀用的牲畜，他们全部准备停当。天子依靠他们，并宰杀红牛盟誓说：'让你们世世代代承袭卿职。'如果是蓬门小户，能跟随天子东迁吗？天子能依靠他们吗？如今王叔把持朝政，处理政事全靠贿赂进行，并把执法大权交给他的宠臣，军中官员全都暴富。这样，我们怎能不变成蓬门小户呢？请大国明察！如果地位低下就不能有理，还有公正可言吗？"士匄说："天子所赞同的，也就是寡君要赞同的，天子所反对的，也就是寡君要反对的。"让双方提出各自的理由和证据来。王叔举不出任何理由和证据，便逃亡到了晋国。《春秋》没有记载此事，是因为王室没有通报鲁国。单靖公代替王叔出任卿士，辅佐王室。

襄公十一年

经　十有一年春，王正月，作三军。夏四月，四卜郊，不从，乃不郊。郑公孙舍之帅师侵宋。公会晋侯、宋公、卫侯、曹伯、齐世子光、莒子、邾子、滕子、薛伯、杞伯、小邾子伐郑。秋七月己未，同盟于亳城北。公至自伐郑。楚子、郑伯伐宋。公会晋侯、宋公、卫侯、曹伯、齐世子光、莒子、邾子、滕子、薛伯、杞伯、小邾子伐郑，会于萧鱼。公至自会。楚人执郑行人良霄。冬，秦人伐晋。

传　十一年春，季武子将作三军①，告叔孙穆子曰："请为三军，各征其军②。"穆子曰："政将及子，子必不能。"武子固请之，穆子曰："然则盟诸？"乃盟僖闳③，诅诸五父之衢④。

正月，作三军，三分公室而各有其一⑤。三子各毁其乘⑥。季氏使其乘之人，以其役邑入者，无征⑦；不入者，倍征。孟氏使半为臣⑧，若子若弟⑨。叔孙氏使尽为臣。不然，不舍⑩。

郑人患晋、楚之故，诸大夫曰："不从晋，国几亡。楚弱于晋，晋不吾疾也⑪。晋疾，楚将辟之。何为而使晋师致死于我，楚弗敢敌，而后可固与也⑫。"子展曰："与宋为恶，诸侯必至，吾从之盟。楚师至，吾又从之，则晋怒甚矣。晋能骤来，楚将不能，吾乃固与晋。"大夫说之，便疆场之司恶于宋⑬。宋向戌侵郑，大获。子展曰："师而伐宋可矣。若我伐宋，诸侯之伐我必疾，吾乃听命焉，且告于楚。楚师至，吾乃与之盟，而重赂晋师，乃免矣。"

夏，郑子展侵宋。

四月，诸侯伐郑。己亥⑭，齐大子光、宋向戌先至于郑，门于东门。其莫⑮，晋荀罃至于西郊，东侵旧许⑯。卫孙林父侵其北鄙。六月，诸侯会于北林⑰，师于向⑱，右还⑲，次于琐⑳，围郑。观兵于南门㉑，西济于济隧㉒。郑人惧，乃行成。

秋七月，同盟于亳。范宣子曰："不慎㉓，必失诸侯。诸侯道敝而无成㉔，能无贰乎？"乃盟，载书曰："凡我同盟，毋蕴年㉕，毋壅利㉖，毋保奸㉗，毋留慝㉘，救灾患，恤祸乱，同好恶，奖王室㉙。或间兹命㉚，司慎司盟㉛，名山名川㉜，群神群祀㉝，先王先公，七姓十二国之祖㉞，明神殛之，俾失其民，队命亡氏㉟，踣其国家㊱。"

楚子囊乞旅于秦，秦右大夫詹帅师从楚子，将以伐郑。郑伯逆之。丙子㊲，伐宋。

九月，诸侯悉师以复伐郑。郑人使良霄、大宰石㚟如楚㊳，告将服于晋，曰："孤以社稷之故，不能怀君。君若能以玉帛绥晋，不然则武震以摄威之㊴，孤之愿也。"楚人执之，书曰："行人"，言使人也。

诸侯之师观兵于郑东门，郑人使王子伯骈行成。甲戌㊵，晋赵武入盟郑伯。冬十月丁亥㊶，郑子展出盟晋侯。十二月戊寅㊷，会于萧鱼㊸。庚辰㊹，赦郑囚，皆礼而归之。纳斥候㊺，禁侵掠。晋侯使叔肸告于诸侯㊻。公使臧孙纥对曰："凡我同盟，小国有罪，大国致讨，苟有以藉手㊼，鲜不赦宥。寡君闻命矣。"

郑人赂晋侯以师悝、师触、师蠲㊽，广车、軘车淳十五乘㊾，甲兵备。凡兵车百乘㊿，歌钟二肆(51)，及其镈磬(52)，女乐二八(53)。

晋侯以乐之半赐魏绛(54)曰："子教寡人和诸戎狄，以正诸华(55)。八年之中，九合诸侯(56)，如乐之和(57)，无所不谐(58)。请与子乐之。"辞曰："夫和戎狄，国之福也。八年之中，九合诸侯，诸侯无慝(59)，君之灵也(60)，二三子之劳也，臣何力之有焉？抑臣愿君安其乐而思其终也！《诗》曰：'乐只君子，殿天子之邦。乐只君子，福禄攸同，便蕃左右，亦是帅从(61)。'夫乐以安德(62)，义以处之(63)，礼以行之，信以守之，仁以厉之(64)，而后可以殿邦国，同福禄，来远人，所谓乐也。《书》曰(65)：'居安思危。'思则有备，有备无患，敢以此规。"公曰："子之教，敢不承命。抑微子，寡人无以待戎(66)，不能济河。夫赏，国之典也，藏在盟府，不可废也，子其受之！"魏绛于是乎始有金石之乐，礼也。

秦庶长鲍、庶长武帅师伐晋以救郑(67)。鲍先入晋地，士鲂御之，少秦师而弗设备⑱。壬午⑲，武济自辅氏⑳，与鲍交伐晋师㉑。己丑㉒，秦、晋战于栋，晋师败绩，易秦故也㉓。

【注释】

①作三军：编制三个军。　②各征其军：三家各有一军。　③僖闳：鲁僖公宗庙大门。④诅诸五父之衢：诅，诅咒，即祭神使加祸于不守盟誓者。五父之衢：地名，在曲阜县东南五里。　⑤三分公室：指季孙、叔孙、孟孙三家将公室军队分而为三。　⑥毁其乘：取消原私家车兵。　⑦役邑：提供兵役的乡邑。入者无征：从军服役者，不征收赋税。　⑧半为臣：私邑战士的一半作臣仆（奴隶兵）。　⑨若子若弟：或自由民之子，或自由民之弟，均为年轻力壮者。　⑩不舍：不改编制。　⑪疾：怨恨。一说为"急"。　⑫固与：指与晋牢固结好。　⑬疆场（yì）之司：边境官吏。　⑭己亥：十九日。　⑮莫：同"暮"。　⑯旧许：许国旧地，在今许昌市东。　⑰北林：地名，在今新郑县北。　⑱向：郑地，在今河南尉氏县西南。　⑲右还：转向西北。　⑳琐：郑地，在新郑县北十余里。　㉑观兵：显示军威。　㉒济隧：水名，旧为黄河支流。　㉓不慎：指盟辞不慎。　㉔道敝而无成：往来奔走疲敝且无功。　㉕毋蕴年：不囤积粮食。年，谷熟。　㉖雍利：专断山川之利。　㉗保奸：保护他国罪犯。　㉘留慝：收留坏人。　㉙奖：助。　㉚或间兹命：有人违犯这些命令。间，犯。　㉛司慎司盟：二司，天神。司慎，主察不敬的神。司盟，主察盟誓者。　㉜名山名川：大山大川之神。　㉝群祀：在群神之外凡列入祀典之中的。　㉞七姓十二国：指姬姓五国，晋、鲁、卫、曹、滕；曹姓二国，邾、小邾；子姓，宋；姜姓，齐；己姓，莒；姒姓，杞；任姓，薛。此时郑尚未与盟，故不在其列。　㉟队命亡氏：死其君主。队同"坠"。亡氏，灭亡其族氏。　㊱踣（bó）：灭，破。　㊲丙子：七月二十七日。　㊳石奠（chuò）：人名。　㊴武震以摄威之：用武力使之慑服。　㊵甲戌：九月二十六日。　㊶丁亥：九日。　㊷戊寅：初一日。　㊸萧鱼：当在今许昌市。　㊹庚辰：初三日。　㊺纳斥侯：撤回侦察、巡逻兵。　㊻叔肸（xī）：即羊舌肸，字叔向。　㊼藉手：少有所得。　㊽师悝等：三人均为乐师。　㊾广车、轷车淳十五乘：广车，横陈之车；轷（tún）车，屯守之车。淳，同"纯"，即偶。为广车与轷车相搭配为一对。共三十辆。　㊿凡：总共。　51二肆：二套。　52镈（bó）磬：乐器名。　53二八：即二佾。古乐舞八人为一列，称为佾。二八即十六人。　54乐之半：乐器、乐女的一半。　55正诸华：整顿中原诸国。　56九合：九次会合。　57如乐之和：如同音乐的和谐。　58谐：协调。　59无慝：不违背。　60灵：威。　61《诗》曰：以下诗句出自《诗经·小雅·采菽》篇。只：句中助词。殿：镇抚。攸：所。便蕃：《毛诗》作"平平"，《韩诗》作"便便"，均为治理之意。帅从：帅而从之。　62乐以安德：音乐用以安定德行。　63处：对待，处理。　64厉：勉励。　65《书》：以下为逸书文。规：规劝。　66待戎：对待戎人。　67庶长：秦爵位名称。　68少秦师：认为秦军人少。少，用作动词。　69壬午：十二月初五日。　70济自辅氏：从辅氏渡河。辅氏，在今陕西大荔县东。　71交伐：夹击。　72己丑：十二日。　73易秦：轻秦。

　　十一年春季，季武子准备把鲁国军队重新编为三个军。他对叔孙豹说："请允许我编成三个军，以使我们孟孙、叔孙、季孙三家各统帅一个军。"叔孙豹说："国家政权将要由你来掌管，你如果想军权政权全揽，恐怕难以做到。"季武子再三要求这么做，叔孙豹说："那么就为此盟誓吧。"就在僖公庙的大门口盟了誓，又在五父之衢诅了咒。

　　正月，鲁军被编成三个军，三族把公室的军队一分为三，每族拥有一军。三族把自己的私家车兵撤销。季氏规定凡原为私兵如今参加军队者免除征税，不参加者则加倍征税。孟氏把私兵编入军队后，其中一半年轻力壮的作为奴隶对待。叔孙氏的私兵本为奴隶，编入军队仍旧为奴隶。不这样就不让他编入。

　　郑国人对晋、楚两国仍然极为担心，大夫们都说："如不顺从晋国，国家就几乎要灭亡。楚国比晋国要弱一些，晋国人又不急于需要我们。如果晋国急需我们，楚国肯定会向他们退让的。怎么才能让晋国下决心拼死攻打我们，从而使楚国不敢抵抗，以便使我们和晋国的关系牢不可破呢？"子展说："向宋国挑衅，诸侯必定来救，就与他们结盟。楚国来到，再和楚国结盟。这样晋国就会被激怒。晋国能够经常前来，轮番进攻，楚国则做不到。这样就能和晋国结下牢固的同盟。"大夫们表示赞赏，便授意守卫郑国边境的官员向宋国挑衅。宋国的向戌入侵郑国，俘获很多。子展说："现在可以出兵伐宋了。攻打宋国，诸侯必然会奋勇攻打我们，我们就马上俯首听命，并迅速报告楚国。楚军来到，再马上和他们结盟，并重重地贿赂晋军。这样我们就可以免于年年遭受兵患以至于亡国了。"夏季，郑国的子展攻打宋国。

　　四月，诸侯们攻打郑国。齐国的世子光和宋国的向戌率先到达郑国，驻扎在郑都东门。当天晚上，晋国的荀罃来到郑都西郊，向东侵入旧许国地区。卫国的孙林父入侵郑国的北部边境。六月，诸侯在北林会见，军队驻扎在向地，又挥师西北，驻扎在琐地，包围了郑都。在南门外举行了阅兵演习，又向西渡过济隧。郑国人害怕了，马上求和。

　　秋季七月，郑国和诸侯在亳地结盟。士匄说："这次拟定盟书，如果再不谨慎就必定会失去诸侯。让诸侯千里迢迢远道而来，结果却一事无成，能不产生二心吗？"于是结盟。盟书中说："凡是我们的同盟国家，不要囤积粮食，不要独占山川之利，不要庇护他国罪人，不要收留奸邪之辈，要互相救济，消除祸乱，同仇敌忾，辅佐王室。如果违犯上述规定，司慎、司盟两位天神，名山大川的神灵，各种天神和名列祀典者，先王、先公、七姓十二国的祖先，圣明的神灵都要诛杀他，让他失去百姓，丧失国君，全族灭亡，亡国亡家。"

楚国的子囊到秦国请求出兵支援，秦国的右大夫詹率军随从楚王准备攻打郑国。郑简公出来迎接，表示顺服。二十七日，郑国又一次攻打宋国。

九月，诸侯又全部出动再次攻打郑国，郑国人让良霄、太宰石㚟到楚国报告，说是他们要向晋国投降："为了国家的生存，我们不能再怀念国君了。如果国君能用玉帛等物安抚晋国，或者以强大的武力慑服他们，这都是我们所希望的。"楚国人一气之下把良霄和石㚟抓了起来。《春秋》称他们为"行人"，表示他们是外交使节，不应被抓起来。

诸侯的军队又在郑都的东门举行阅兵演习，郑国人派王子伯骈求和。二十六日，晋国的赵武入城和郑简公结盟。冬季十月九日，郑国的子展出城和晋悼公结盟。十二月一日，双方在萧鱼会谈。三日，赦免了郑国的俘虏，全都给以礼遇，放了回去。同时撤去侦察和巡逻人员，严禁随便掠夺。晋悼公派叔肸把上述三项决定通报诸侯。襄公派减孙纥答复："凡是我们的同盟国家，小国犯了罪，大国予以讨伐。只要是少有收获，就很少有不对小国赦免的，寡君完全服从国君的命令。"

郑国人把师悝、师触、师蠲三位乐师送给晋悼公，还送给他广车、𫐉车各十五辆，每辆上的盔甲武器都配备齐全。此外还有其他兵车一百辆，歌钟两架以及与之配套的小钟和磬，还有十六名能歌善舞的美女。

晋悼公把乐器和乐人送给魏绛一半，说："是你让我与戎狄各部落讲和，使中原诸国都归服我国。在这八年之中，我们曾九次会合诸侯，和诸侯之间的关系犹如音乐一般的和谐，没有任何不谐之处。请你和我一起来享用这些礼物。"魏绛辞谢说："与戎狄讲和是国家的福气，八年中九次会合诸侯，诸侯都欣然听命，这完全是国君的威信，也是您那几位大臣的功劳，我哪里出什么力了？但我希望国君既安于这种快乐，又要做到持之以恒，善始善终。《诗经》说：'快乐的君子，镇抚天子的家邦。快乐的君子，积聚了无数的福禄。治理好邻近的小国，让他甘愿顺从。'音乐是用以强化德行的，只有用道义对待它，用礼推行它，用信用保守它，用仁爱勉励它，然后才能够镇抚邦国，同享福禄，怀柔远方的人，这才是所谓的快乐。《书经》中说：'生活在安定之中，要时刻提防危险的到来。'想到了危险就有所提防，有所提防就没有了祸患，谨此规劝国君。"悼公说："您的劝教我怎敢不听！因为没有您，我就不能安抚戎狄，也不能渡过黄河征服郑国。论功赏赐，这是国家的典章制度，在盟府中保存着，是不能随便

中華藏書

春秋左传

中国书房

二○九九

废除的，您一定要接受！"魏绛因此开始享受到金石音乐，这是合乎礼的。

　　秦国的庶长鲍和武领兵攻打晋国以救援郑国。鲍首先侵入晋国土地，士鲂领兵抵抗，由于认为秦军人少而没有认真进行准备。五日，武从辅氏渡过河，和鲍一起联合攻打晋军。十二日，秦、晋两军在栎地交战，晋军大败，这就是过于轻视秦军的结果。

襄公十二年

　　经　十有二年春，王二月，莒人伐我东鄙，围台。季孙宿帅师救台，遂入郓。夏，晋侯使士鲂来聘。秋九月，吴子乘卒。冬，楚公子贞帅师侵宋。公如晋。

　　传　十二年春，莒人伐我东鄙，围台①。季武子救台，遂入郓②，取其钟以为公盘③。

　　夏，晋士鲂来聘，且拜师。

　　秋，吴子寿梦卒。临于周庙④，礼也。凡诸侯之丧，异姓临于外⑤，同姓于宗庙⑥，同宗于祖庙⑦，同族于祢庙⑧。是故鲁为诸姬，临于周庙。为邢、凡、蒋、茅、胙、祭临于周公之庙⑨。

　　冬，楚子囊、秦庶长无地伐宋，师于扬梁⑩，以报晋之取郑也。

　　灵王求后于齐⑪。齐侯问对于晏桓子⑫，桓子对曰："先王之礼辞有之，天子求后于诸侯，诸侯对曰：'夫妇所生若而人⑬。妾妇之子若而人。'无女而有姊妹及姑姊妹⑭，则曰：'先守某公之遗女若而人⑮。'"齐侯许昏，王使阴里结之⑯。

　　公如晋，朝，且拜士鲂之辱，礼也。

　　秦嬴归于楚⑰。楚司马子庚聘于秦，为夫人宁⑱，礼也。

【注释】

　　①台：鲁邑，在今山东费县东南。　②郓：邑名，此时属莒。　③盘：食器，亦可作浴器。　④临：哭丧。　⑤外：城外。　⑥宗庙：周文王庙，即周庙。　⑦祖庙：始封君之庙。　⑧祢（nǐ）庙：父庙。　⑨邢、凡等：此六国皆为周公支子。　⑩扬梁：宋地。在今河南商丘县东南。　⑪灵王：即周灵王。　⑫晏桓子：即晏弱。　⑬若而人：若干人。　⑭姑姊妹：即今之大姑、小姑。　⑮先守：先君。　⑯阴里：周大夫。　⑰秦嬴：秦景公妹，楚共王夫人。　⑱宁：归宁。即妇女回娘家省亲。

十二年春季，莒国人攻打鲁国东部边境，包围了台地。季武子为了救援台地，攻打莒国的郓地，夺取了他们的铜钟，为襄公改铸成盛食物的盘子。

夏季，晋国的士鲂来鲁国聘问，对鲁军出兵助战表示感谢。

秋季，吴王寿梦去世。襄公到周文王庙中吊唁，这是合乎礼的。凡诸侯有了丧事，异姓国家到城外吊唁，同姓国家到文王庙中吊唁，同宗国家在祖庙中吊唁，同族国家在父庙中吊唁。因此，鲁国遇到姬姓国家有了丧事就到文王庙中吊唁。遇到邢、凡、蒋、茅、胙、祭等国有了丧事，就到周公庙中吊唁。

冬季，楚国的子囊、秦国庶长无地攻打宋国，军队驻扎在扬梁，这是对晋国征服郑国的报复。

周灵王向齐国求娶王后。齐灵公请教晏弱怎样答复，晏弱说："先王之礼中有这样的规定，天子向诸侯求娶王后，诸侯就回答说：'我夫人所生的女儿有……'我的爱妾所生的女儿有……'。如果没有女儿而有姐妹和姑姑时，就可以说：'先君某公留下女儿有……'。"齐灵公同意了这桩婚事，天子派大夫阴里先做了口头约定。

襄公到晋国朝见，同时拜谢士鲂对鲁国的访问，这是合乎礼的。

秦嬴嫁给了楚共王。楚国的司马子庚到秦国聘问，是为了护送夫人回家探望，这是合乎礼的。

襄公十三年

经　十有三年春，公至自晋。夏，取邿。秋九月庚辰，楚子审卒。冬，城防。

传　十三年春，公至自晋，孟献子书劳于庙①，礼也。

夏，邿乱②，分为三。师救邿，遂取之。凡书"取"，言易也。用大师焉曰"灭"。弗地曰"入"③。

荀罃、士鲂卒。晋侯蒐于绵上以治兵④，使士匄将中军，辞曰："伯游长⑤。昔臣习于知伯，是以佐之，非能贤也。请从伯游。"荀偃将中军，士匄佐之。使韩起将上军，辞以赵武。又使栾黡，辞曰："臣不如韩起。韩起愿上赵武⑥，君其听之！"使赵武将上军，韩起佐之。栾黡将下军，魏绛佐之。新军无帅，晋侯难其人⑦，使其什吏⑧，率其卒乘官属，以从于下军，礼也。晋国之民，是以大和，诸侯遂睦。

君子曰："让，礼之主也。范宣子让⑨，其下皆让。栾黡为汰⑩，弗敢违也。晋国以平，数世赖之。刑善也夫⑪！一人刑善，百姓休和，可不务乎？《书》曰⑫：'一人有庆⑬，兆民赖之，其宁惟永。'其是之谓乎？周之兴也，其《诗》曰：'仪刑文王，万邦作孚⑭。'言刑善也。及其衰也，其《诗》曰⑮：'大夫不均，我从事独贤⑯，'言不让也。世之洽也，君子尚能而让其下⑰，小人农力以事其上⑱，是以上下有礼，而谗慝黜远，由不争也。谓之懿德。及其乱也，君子称其功以加小人⑲，小人伐其技以冯君子⑳，是以上下无礼，乱虐并生，由争善也。谓之昏德。国家之敝，恒必由之㉑。"

楚子疾，告大夫曰："不穀不德，少主社稷，生十年而丧先君，未及习师保之教训㉒，而应受多福㉓。是以不德，而亡师于鄢，以辱社稷，为大夫忧，其弘多矣㉔。若以大夫之灵，获保首领以殁于地，唯是春秋窀穸之事㉕，所以从先君于祢庙者，请为'灵'若'厉'㉖。大夫择焉！"莫对。及五命乃许。

秋，楚共王卒。子囊谋谥。大夫曰："君有命矣。"子囊曰："君命以共，若之何毁之？赫赫楚国，而君临之，抚有蛮夷，奄征南海㉗，以属诸夏㉘，而知其过，可不谓共乎㉙？请谥之'共'。"大夫从之。

吴侵楚，养由基奔命㉚，子庚以师继之㉛。养叔曰㉜："吴乘我丧，谓我不能师也，必易我而不戒。子为三覆以待我㉝，我请诱之。"子庚从之。战于庸浦㉞，大败吴师，获公子党。

君子以吴为不吊。《诗》曰："不吊昊天，乱靡有定㉟。"

冬，城防，书事，时也。于是将早城，臧武仲请候毕农事，礼也。

郑良霄、大宰石㚄犹在楚。石㚄言于子囊曰："先王卜征五年㊱，而岁习其祥㊲，祥习则行，不习则增修德而改卜㊳。今楚实不竞㊴，行人何罪？止郑一卿㊵，以除其逼㊶，使睦而疾楚，以固于晋，焉用之？使归而废其使㊷，怨其君以疾其大夫，而相牵引也㊸，不犹愈乎？"楚人归之。

【注释】

①劳：功勋。　②邿（shī）：鲁附庸国。　③弗地：不占有其地。　④绵上：地名，在今山西翼城县西。　⑤伯游：荀偃字。　⑥愿上赵武：愿使赵武在上面。　⑦难其人：对新军人选感到困难。　⑧什吏：十个官吏。即新军所属之军尉、司马、司空、舆尉、侯奄及其副手。　⑨范宣子：即士匄。　⑩汰（tài）：专横。　⑪刑善：取法于善。　⑫《书》曰：以下出自《尚书·吕刑》。　⑬庆：善。　⑭仪刑文王，万邦作孚：句出《诗经·大雅·文王》篇。仪刑，效法。孚，信。　⑮《诗》曰：以下诗句出自《诗经·小雅·北山》。　⑯贤：多。　⑰

中華藏書

四书五经·最新校勘精注今译本

中国书房

二一〇二

尚能：崇尚贤能。　⑱农力：即努力。　⑲加小人：驾陵小人。　⑳伐其技：夸耀其技能。冯：凭陵。与"加"同义。　㉑恒：常。　㉒师保：指君王做太子时的师与傅。　㉓多福：指君王之位。　㉔弘多：太多。　㉕春秋窀穸之事：指祭祀安葬的事情。诸侯死后，有月祭，有四时之祭等，春秋即指祭祀。窀（zhūn）穸（xī）：墓穴，此指安葬。　㉖为"灵"若"厉"：请谥为"灵"或"厉"。"灵"、"厉"于当时均为恶谥。据杜预注，"乱而不损曰灵，戮杀不辜曰厉"。　㉗奄：大。　㉘属诸夏：归属于中原。　㉙共：同"恭"。　㉚奔命：急行军中为前锋。　㉛子庚：公子午，时为司马。　㉜养叔：养由基。　㉝覆：三处伏兵。　㉞庸浦：楚地名，在今安徽无为县南。　㉟不吊昊天，乱靡有定：句出《诗经·小雅·节南山》。不吊，不善。　㊱卜征五年：为征伐连续占卜五年。　㊲岁居其祥：年年占卜均吉祥。习，重复。　㊳增修德：加强道德修养。　㊴不竞：不强。　㊵止：留止，拘留。　㊶除其逼：除去对郑君的威逼。　㊷废其使：废弃出使楚国的使命。　㊸牵引：牵制。

【译文】

十三年春季，襄公从晋国回来，孟献子到宗庙中记载功勋，这是合乎礼的。

夏季，郜国发生了动乱，分裂为三部分。鲁国发兵救援郜国，乘机将其占领。《春秋》中凡是称"取"的，说明是轻易取得。动用了大批军队则称"灭"。征伐某一国家但并不占有其土地则称为"入"。

荀罃、士鲂去世。晋悼公为了练兵，在绵上举行了军事演习，任命士匄率领中军，士匄辞谢说："荀偃比我年长。从前我熟悉知罃，所以才作为他的副手，并不是我多么贤能。请任命荀偃。"于是任命荀偃率领中军，士匄仍为副帅。任命韩起率领上军，但他推辞，要让给赵武。赵武又推荐栾黡，栾黡说："我比不上韩起，既然韩起愿意让赵武为主帅，就请国君听他的。"于是任命赵武率领上军，韩起为副帅；栾黡率领下军，魏绛为副帅。新军没有将帅，悼公对此人选难以决定，便让新军的军尉、司马、司空、舆尉、候奄正副共十人率领所属步兵骑兵和军官，归附到下军中，这也是合乎礼的。从此晋国百姓极为和睦，诸侯之间也很友好。

君子认为："谦让是礼的主要表现。士匄谦让，他下面的人也都谦让。栾黡即使一向专横，也不敢违背礼。晋国因此而团结安定，连续几代人都受到了好处。这是取法于善的结果啊！一人取法于善，百姓都高兴和睦，能不尽力这样做吗？《尚书》中说：'一人行善，万民受益，国家因此而千秋永存。'说的就是这个意思吧！当周朝代殷而兴时，有首诗说：'效法文王，万邦信赖，'说的就是取法于善。等到周朝日趋衰落时，有首诗又说：'大夫不公平，只有我最贤能。’说的就是不知互相谦让。在天下大治的时代，君子贤能，对下面做到礼让，小人则努力事奉他的上级，上下有礼，奸诈邪恶就会销声匿迹，这就是因为大家不去争夺。这就是美德。至于动乱的年代，君子炫耀自己的功劳而陵驾于小人之上，小人也夸耀自己的技能企图陵驾在君子之上，上下都不讲礼，动乱残暴同时产生，这是因为大家都毫不谦虚。这是昏德。一个国家的衰败往往都是由此开始。”

楚共王患了病，他告诉大夫说：“我缺乏德行，从小就掌管国家，十岁失去了先君，没有来得及学习师保的训教就匆忙继位了。正因为缺乏德行，才在鄢陵使军队灭亡，给国家带来了耻辱，给大夫们增添了忧愁，都是很严重的。如果能托诸位大夫的福气，使我得以保全尸首于地下，那么在祭祀和安葬时，我只希望能在祢庙中追随先君的神灵，给我一个‘灵’或‘厉’这样的谥号就可以了。请大夫们决定吧。”大夫们都不回答，共王一连催促五次，众人才答应了。

秋季，楚共王去世。子囊和大家商量给共王什么谥号。大夫们说：“国君生前不是已经取好了吗？”子囊说：“国君命令是取‘共’字，我们怎能改变这一决定呢？我楚国威武强大，国君治理有方，安抚了蛮夷，征服了南海，让他们归属中原各国，而且又认识到了自己的过失，能说不恭敬吗？请谥为‘共王’吧。”大夫们都同意。

吴国入侵楚国，养由基迅速迎了上去，子庚领兵随后赶到。养由基说：“吴国乘我国处于国丧期间，以为我们不能出兵，肯定轻视我们而丧失戒备之心，你设下三批伏兵等候我，我去引诱他们。”子庚听了他的话。双方在庸浦交战，把吴军打得大败，俘获了公子党。

君子因此认为吴国不善。《诗经》说：“如果上天认为你不善，动乱就会无休无止。”

冬季，鲁国在防地筑城，《春秋》记载此事，是因为合乎时令。当时本来要提前动工，但臧武仲坚持要到农闲时才动工，这是合乎礼的。

郑国的良霄、太宰石奠还被扣留在楚国。石奠对子囊说：“古代的君王每当征战时，都要在五年之前就开始占卜，每年占卜的结果都吉祥才出兵，有一年不吉祥，就努力修补德行，并重新开始占卜。如今楚国不能与人争强，作为外交使节有什么罪呢？如果继续扣留良霄，就等于消除了对郑国君臣的威胁，使他们和睦团结，并怨恨楚国，而且和晋国更加友好，这对楚国又有什么好处呢？如果让他回去，郑国撤销他外交使节的职务，他就会怨恨国君并恼恨郑国的大夫，他们就会互相牵制，产生不和，这不更好吗？”楚国人便把良霄送回去了。